国家统计局 编

2001 中国发展报告

——中国的『九五』

中国统计出版社
China Statistics Press

(京)新登字 041 号

图书在版编目(CIP)数据

2001 中国发展报告——中国的"九五"/国家统计局编 .
- 北京:中国统计出版社 .2001.7
ISBN 7 - 5037 - 3488 - 4

Ⅰ.中…
Ⅱ.国…
Ⅲ.①经济发展 - 分析 - 中国 - 2000 ②经济发展趋势 - 研究 - 中国 - 2001
Ⅳ. F123.2

中国版本图书馆 CIP 数据核字(2001)第 26281 号

2001 中国发展报告——中国的"九五"

作　　者/国家统计局
责任编辑/陈悟朝
封面设计/张　冰
出版发行/中国统计出版社
通信地址/北京市西城区月坛南街 75 号　邮政编码/100826
办公地址/北京市丰台区西三环南路甲 6 号
电　　话/(010)63459084、63266600 - 22500(发行部)
印　　刷/科伦克三莱印务(北京)有限公司
经　　销/新华书店
开　　本/880×1230mm　1/16
字　　数/980 千字
印　　张/31.75
印　　数/1 - 2000 册
版　　别/2001 年 7 月第 1 版
版　　次/2001 年 7 月第 1 次印刷
书　　号/ISBN 7-5037-3488-4/F·1256
定　　价/108.00 元

《2001 中国发展报告——中国的“九五”》
编委会和编辑人员名单

编　委　会

编　辑　部

前　言

2000年是中国国民经济和社会发展第九个五年计划(1996～2000)的结束之年,基于这一考虑,《2001中国发展报告》在兼顾2000年的基础上,以整个"九五"计划时期为背景,分析和总结过去的五年中国国民经济和社会发展所取得的成就以及存在的问题,并对今后特别是对"十五"计划时期的发展趋势作一粗线条的展望。

国民经济保持较快稳定发展,综合国力进一步提高。"九五"计划时期,我国经济继续保持较快发展,国内生产总值年平均实际增长8.3%,在国际上名列前茅,高于同期世界经济年平均约增长3.8%、发达国家年平均约2%和发展中国家年平均约5%的经济增长速度,超额完成"九五"计划年平均增长8%的预期目标,人均国内生产总值提前三年于1997年实现了比1980年翻两番的战略目标。2000年国内生产总值达到8.94万亿元,按现行汇率折算,突破1万亿美元,综合国力进一步提高。

农业生产结构有所改善,主要农产品产量迈上一个新台阶。"九五"期间,适应主要农产品需求结构的变化,在稳定主要农产品产量的同时,大力调整农业生产结构,加快了传统农业向现代农业的转变,取得了明显的成效。主要农产品产量迈上一个新台阶。粮食产量于1996年突破5000亿公斤大关后已连续4年稳定在5000亿公斤左右的水平上,粮食生产和供给基本稳定,为整个国民经济持续快速健康发展奠定了坚实的物质基础。

工业生产在结构调整中快速发展,国有企业改革与脱困三年目标基本实现。"九五"期间,工业生产继续保持了快速增长的态势。到2000年末,工业增加值达39570亿元,按可比价格计算,比1995年增长62.6%,平均每年增长10.2%。工业结构调整取得积极成效。技术含量高、附加值大的高新技术产品快速发展,成为经济增长的主要拉动力量。

基础产业得到加强,基础设施明显改善。"九五"期间,特别是从1998年开始,我国实施积极的财政政策,逐年增加国债发行,投入防洪防涝、农田灌溉、储备粮库、铁路公路、重点空港、邮电通信、环保设施、城乡电网、城市公共设施等基础设施建设,"九五"期间,全社会固定资产投资总规模超过13万亿元,比"八五"累计增加一倍多,基础产业和基础设施明显改善,经济发展后劲增强。

国际经济往来成绩显著,对外开放进一步扩大。"九五"期间,我国进出口总额达17739亿美元,比"八五"时期增长74.9%。其中出口9617亿美元,增长85.5%;进口8122亿美元,增长63.7%。外贸顺差累计达1495亿美元,比"八五"时期的223亿美元增加1272亿美元。到2000年,我国进出口贸易总额位居世界各国和地区的位次已从1995年的第11位提升至第7位。利用外资规模不断扩大,质量继续提高。"九五"期间,我国实际利用外资2894亿美元,比"八五"增长近80%,其中外商直接投资2136亿美元,增长87%。外汇储备达到一个较高水平,人民币汇率保持稳定。外汇储备由1995年底的736亿美元升至2000年底的1656亿美元，增加1.25倍，位居全球第二。

城乡人民生活进一步改善，总体上达到小康水平。城乡居民收入稳定增长。2000年城镇居民家庭人均可支配收入为6280元，剔除价格因素，“九五”期间年平均实际增长5.7%；农村居民人均纯收入为2253元，剔除价格因素，年平均实际增长4.7%。城乡居民储蓄存款大幅度增加，到2000年底，已突破6.4万亿元，比1995年增加3.5万亿元，增加1.2倍。

科技教育快速发展，各项社会事业全面发展。科技成果硕果累累；教育结构调整步伐加快，教育产业发展迅速；文化、卫生、体育也取得新的成就。

“九五”时期，我国国民经济和社会发展取得了巨大成就，宏观调控积累了许多有益的经验，但是，也应该清醒地看到，经济和社会生活中还存在不少矛盾和问题。主要有：社会就业压力加大，经济结构不合理现象仍比较突出，农村居民收入增长缓慢，城乡部分居民生活还比较困难，地区经济发展不协调，科技创新能力较弱，一些领域市场经济秩序相当混乱等。

从新世纪开始，我国进入了一个全面建设小康社会、加快推进社会主义现代化的新的发展阶段。我们相信，在以江泽民同志为核心的党中央领导下，在全国各族人民的共同努力下，我们一定能够克服前进中的各种矛盾和困难，迎来一个充满希望、更加辉煌的“十五”。

《中国发展报告》是国家统计局向社会各界展示的统计部门对过去国民经济和社会发展情况的回顾和对未来发展趋势展望的大型资料书，书中内容广泛，涵盖国民经济和社会发展的主要方面。为了满足广大读者的要求，保证其时效性，2000年的数据继续使用统计快报数，虽然统计快报数与正式年报数之间有些差别，但趋势基本不会变动，不影响广大读者对中国经济的分析研究和判断。

本书在编辑过程中得到最高人民法院、国家发展计划委员会、中国人民银行、财政部、对外经济贸易部、文化部、教育部、卫生部、公安部、民政部、信息产业部、中国证监会、国家广电总局、国家体育总局、国家环保总局等部门的大力支持，在此表示衷心感谢。同时，也感谢广大读者对本书的编辑出版工作提出许多有益的建议，也欢迎对报告中的不足之处提出批评指正。

编　者

2001年5月20日

目　录

国内市场与物价

对外经济

财政、金融

教育、科技与社会发展

人口与就业

人民生活

国际对比

附录Ⅰ

附录Ⅱ

统计资料

专栏短文

重要文献

中共中央关于制定国民经济和社会发展第十个五年计划的建议

（2000年10月11日中国共产党第十五届中央委员会第五次全体会议通过）

从新世纪开始，我国将进入全面建设小康社会，加快推进社会主义现代化的新的发展阶段。在复杂的国内外形势下，经过全党和全国各族人民的共同努力，第九个五年计划胜利完成，国民经济和社会发展取得巨大成就。20多年的改革开放和发展，使我国的生产力水平迈上了一个大台阶，商品短缺状况基本结束，市场供求关系发生了重大变化；社会主义市场经济体制初步建立，市场机制在配置资源中日益明显地发挥基础性作用，经济发展的体制环境发生了重大变化；全方位对外开放格局基本形成，开放型经济迅速发展，对外经济关系发生了重大变化。我们已经实现了现代化建设的前两步战略目标，经济和社会全面发展，人民生活总体上达到了小康水平，开始实施第三步战略部署。这是中华民族发展史上一个新的里程碑。

今后5到10年，是我国经济和社会发展的重要时期，是进行经济结构战略性调整的重要时期，也是完善社会主义市场经济体制和扩大对外开放的重要时期。根据党的十五大提出的远景目标，第十个五年计划期间（2001至2005年）经济和社会发展的主要目标是：国民经济保持较快发展速度，经济结构战略性调整取得明显成效，经济增长质量和效益显著提高，为到2010年国内生产总值比2000年翻一番奠定坚实基础；国有企业建立现代企业制度取得重大进展，社会保障制度比较健全，完善社会主义市场经济体制迈出实质性步伐，在更大范围内和更深程度上参与国际经济合作与竞争；就业渠道拓宽，城乡居民收入持续增加，物质文化生活有较大改善，生态建设和环境保护得到加强；科技教育加快发展，国民素质进一步提高，精神文明建设和民主法制建设取得明显进展。

发展是硬道理，是解决中国所有问题的关键。实现现代化建设的宏伟目标，解决经济和社会生活中存在的矛盾和问题，不断提高人民的生活水平，必须保持较快的发展速度。当前，经济全球化趋势增强，科技革命迅猛发展，产业结构调整步伐加快，国际竞争更加激烈。发达国家在经济上科技上占优势的压力、霸权主义和强权政治的压力将长期存在。对于当今世界形势的深刻变化和发展趋势给我国带来的机遇和挑战，我们要有清醒的认识，增强紧迫感和忧患意识。要积极进取，努力提高我国的综合国力和国际竞争力，决不能因循守旧，丧失发展机遇。国内外形势要求我们，必须坚定不移地贯彻党的十五大精神，坚持以经济建设为中心不动摇，抓住机遇，加快发展。

实现国民经济持续快速健康发展，必须以提高经济效益为中心，对经济结构进行战略性调整。经济结构存在的问题，主要是产业结构不合理，地区发展不协调，城镇化水平低，这是当前我国经济发展中的突出矛盾。把经济结构问题解决好，才能扩大国内需求，增加有效供给，也才能切实提高国民经济的整体素质，在日趋激烈的国际竞争中赢得主动。要坚持在发展中推进经济结构调整，在经济结构调整中保持快速发展。经济结构战略性调整的主要任务是：优化产业结构，全面提高农业、工业、服务业的水平和效益；合理调整生产力布局，促进地区经济协调发展；逐步推进城镇化，努力实现城乡经济良性互动；着力改善基础设施和生态环境，实现可持续发展。继续完成工业化是我国现代化进程中的艰巨的历史性任务。大力推进国民经济和社会信息化，是覆盖现代化建设全局的战略举措。以信息化带动工业化，发挥后发优势，实现社会生产力的跨越式发展。

推动经济发展和结构调整必须依靠体制创新和科技创新。要深化改革，充分发挥市场机制的作用，推进国有经济布局和所有制结构调整，使生产关系适应生产力发展的要求，进一步解放和发展生产力；继续实施科教兴国战略，加快科技进步和人才培养，充分发挥科学技术作为第一生产力的决定性作用。完成“十五”计划，保持经济持续快速健康发展，有赖于在体制改革和科技进步方面取得突破性进展，推进经济体制和经济增长方式的根本性转变。

“十五”计划是进入新世纪的第一个五年计划，是开始实施现代化建设第三步战略部署的第一个五年计划，也是社会主义市场经济体制初步建立后的第一个五年计划。制定“十五”计划，要把发展作为主题，把结构调整作为主线，把改革开放和科技进步作为动力，把提高人民生活水平作为根本出发点。要全面估量加入世界贸易组织后的新形势，充分体现发展社会主义市场经济的要求。面对改革开放和现代化建设新阶段的形势和任务，必须坚持党的基本理论、基本路线和基本纲领，进一步解放思想，实事求是，正确处理改革、发展、稳定的关系，推动经济发展和社会全面进步。为此，必须着重研究和解决重大的战略性、宏观性和政策性问题。

一、巩固和加强农业的基础地位

加强农业是经济结构调整的重要内容，也是保持经济发展和社会稳定的基础。耕地和水资源紧缺，是我国农业发展的长期制约因素。人口增加和消费水平的不断提高，将对农业生产提出更高的要求。要高度重视保护和提高粮食生产能力，建设稳定的商品粮基地，建立符合我国国情和社会主义市场经济要求的粮食安全体系，确保粮食供求基本平衡。必须充分认识发展农业的重要性、艰巨性，始终把农业放在发展国民经济的首位，保证农业在提高整体素质和效益的基础上持续、稳定发展。

千方百计增加农民收入，不仅关系到农业和农村的发展，而且关系到国民经济的全局。要大力调整农业结构，积极拓宽农民增收领域，加大对农业的支持和保护力度，切实减轻农民负担，实现农民收入的持续增长。

农业和农村经济结构调整，要面向市场，依靠科技，不断向生产的广度和深度进军。以优化品种、提高质量、增加效益为中心，大力调整农产品结构。加快发展畜牧、水产业，提高农产品加工水平和效益。合理调整农业生产的区域布局，发挥各地农业的比较优势。引导乡镇企业推进结构调整、技术进步和体制创新，实现健康发展，加快农业富余劳动力转移。大力推进以科技服务和信息服务为重点的农业社会化服务体系建设。支持农业科技创新和推广，使先进适用技术进入更多农户。加快建立农产品市场信息、食品安全和质量标准体系，引导农民按市场需求生产优质农产品。

深化农村改革，是保护和调动农民积极性的根本措施。加快农村土地制度法制化建设，长期稳定以家庭承包经营为基础、统分结合的双层经营体制。在认真总结试点经验的基础上，加快推进农村税费改革。积极稳妥地搞好乡镇机构改革。深化农产品流通体制市场取向的改革，发展农产品销售、储运、保鲜等产业，发挥各类中介组织在搞活农产品流通中的积极作用。完善粮食收购保护价、粮食储备和风险基金制度。改革农村金融体制，改善金融服务，增加对农业的信贷投放，充分发挥农村信用社支持农户生产经营的作用。继续深化农村供销社改革。要把农业产业化经营作为推进农业现代化的重要途径，鼓励、支持农产品加工和销售等企业带动农户进入市场，形成利益共享、风险共担的组织形式和经营机制。

多渠道增加对农业和农村的投入，坚持群众性农田基本建设，加强农村道路、供电、供水、通信等基础设施建设，改善农村生产、生活和市场条件。

二、加快工业改组改造和结构优化升级

工业改组改造和结构优化升级，是经济结构战略性调整的一项十分紧迫的任务，对于经济持续增长至关重要。要坚持以市场为导向，以企业为主体，以技术进步为支撑，突出重点，有进有退，努力提高我国工业的整体素质和国际竞争力。

我国工业具有相当基础，是国民经济发展的重要依托。要切实转变工业增长方式，增强技术创新能力，积极采用高新技术和先进适用技术，加快传统产业技术改造。紧紧围绕增加品种、改善质量、节能降耗、防治污染和提高劳动生产率，在能源、冶金、化工、轻纺、机械、汽车、建材及建筑等行业，有重点地改造一批骨干企业，提高工艺技术和装备水平。大力振兴装备制造业，依托重点技术改造和重大工程项目，提高设计和制造水平，推进机电一体化，为各行业提供先进和成套的技术装备。采取措施积极推进老工业基地改造，充分发挥其基础雄厚、人才聚集的优势，努力提高产业水平。资源开采为主的城市和大矿区，要因地制宜发展接续和替代产业。要加快发展电子信息、生物工程和新材料等高新技术产业，形成工业发展新的增长点。把改造传统产业同发展高新技术产业紧密结合起来，推

动整个工业优化升级和持续发展。

综合运用经济、法律和必要的行政手段，依法关闭产品质量低劣、浪费资源、污染严重、不具备安全生产条件的厂矿；淘汰落后设备、技术和工艺，压缩部分行业过剩生产能力。完善企业的市场退出机制，对长期亏损、资不抵债、扭亏无望的企业实施破产。积极稳妥地关闭资源枯竭的矿山。通过主动退出和积极调整，提高资源配置效益。

按照专业化分工协作和规模经济原则，加快企业组织结构调整。通过兼并、联合、重组等形式，形成一批拥有自主知识产权、主业突出、核心能力强的大公司和企业集团，提高产业集中度和产品开发能力。积极扶持中小企业特别是科技型企业，促进中小企业向“专、精、特、新”的方向发展。在国家宏观调控下，充分发挥市场机制的作用，逐步形成大企业为主导、大中小企业协调发展的格局。

工业改组改造要遵循市场经济规律，正确引导投资方向。要依靠现有基础，防止盲目扩大规模和重复建设。要从我国劳动力富余的国情出发，重视发展劳动密集型产业。要坚持引进技术同自主创新相结合，技术的先进性与适用性相统一。

三、大力发展服务业

对经济结构进行战略性调整，必须加快发展服务业，扩大总量，优化结构，拓宽服务领域，提高服务水平。要发展现代服务业，改组改造传统服务业，明显提高服务业增加值占国内生产总值的比重和从业人员占全社会从业人员的比重。

现代服务业要提高服务水平和技术含量，大力发展信息、金融、会计、咨询、法律服务等行业，带动服务业整体水平提高。传统服务业要运用现代经营方式和服务技术进行改造，着重发展商贸流通、交通运输、市政服务等行业，推行连锁经营、物流配送、多式联运、网上销售等组织形式和服务方式，提高服务质量和经营效益。

发展服务业要面向城乡居民消费。进一步发展以经济适用住房为重点的房地产业，推广和规范物业管理。积极发展旅游产业，开发和保护旅游资源，丰富旅游产品。加快发展社区服务业，提供便民利民服务。引导文化娱乐、教育培训、体育健身、卫生保健等产业发展，满足服务性消费需求。发展农村服务业，增加服务内容，改善消费环境。

加快服务业市场化、社会化步伐。打破服务行业中的垄断经营，放宽市场准入，引进竞争机制，鼓励企业优化重组。实现中介机构与行政部门脱钩和改制。加快企事业、机关单位服务社会化。积极推进流通体制改革，增强流通企业活力。

四、加快国民经济和社会信息化

信息化是当今世界经济和社会发展的大趋势，也是我国产业优化升级和实现工业化、现代化的关键环节。要把推进国民经济和社会信息化放在优先位置。顺应世界信息技术的发展，面向市场需求，推进体制创新，努力实现我国信息产业的跨越式发展。

要在全社会广泛应用信息技术，提高计算机和网络的普及应用程度，加强信息资源的开发和利用。政府行政管理、社会公共服务、企业生产经营要运用数字化、网络化技术，加快信息化步伐。面向消费者，提供多方位的信息产品和网络服务。积极创造条件，促进金融、财税、贸易等领域的信息化，加快发展电子商务。推动信息产业与有关文化产业结合。各级各类学校要积极推广计算机及网络教育。在全社会普及信息化知识和技能。

加强现代信息基础设施建设。抓紧发展和完善国家高速宽带传输网络，加快用户接入网建设，扩大利用互联网，促进电信、电视、计算机三网融合。健全国家公共信息网。加强信息化法制建设和综合管理。强化信息网络的安全保障体系。

加速发展信息产业。重点推进超大规模集成电路、高性能计算机、大型系统软件、超高速网络系统、新一代移动通信装备和数字电视系统等核心信息技术的产业化。加快发展软件产业和集成电路产业，支持新型元器件、计算机网络产品、数字视听产品的发展，提高信息化装备和系统集成能力，满足市场对各类信息产品的需求。积极发展信息服务业特别是网络服务业。

五、进一步加强水利、交通、能源等基础设施建设

加强基础设施建设是今后 5 至 10 年一项十分重要的任务。要优化结构，调整布局，提高工程质量，拓宽投资渠道，注重投资效益，把基础设施建设提高到一个新水平。

水利建设要全面规划，统筹兼顾，标本兼治，综

合治理。坚持兴利除害结合,开源节流并重,防洪抗旱并举,下大力气解决洪涝灾害、水资源不足和水污染问题。科学制定并积极实施全国水利建设总体规划和各大江河流域规划。加快大江大河大湖治理,抓紧主要江河控制性工程建设和病险水库加固,提高防洪调蓄能力。搞好中小水利工程维护和建设。加强城市防洪工程建设。搞好水利设施配套建设和经营管理,加快现有灌区改造。水资源可持续利用是我国经济社会发展的战略问题,核心是提高用水效率,把节水放在突出位置。要加强水资源的规划与管理,搞好江河全流域水资源的合理配置,协调生活、生产和生态用水。城市建设和工农业生产布局要充分考虑水资源的承受能力。大力推行节约用水措施,发展节水型农业、工业和服务业,建立节水型社会。抓紧治理水污染源。改革水的管理体制,建立合理的水价形成机制,调动全社会节水和防治水污染的积极性。采取多种方式缓解北方地区缺水矛盾,加紧南水北调工程的前期工作,尽早开工建设。

交通建设要统筹规划,合理安排,加强公路、铁路、港口、机场、管道系统建设,健全畅通、安全、便捷的现代化综合运输体系。加强公路国道主干线建设,完善公路网络,逐步提高路网通达深度。加强城市道路建设。加强铁路主通道建设,扩展铁路网络,改造既有线路,提高列车运行速度,适当发展高速铁路和大城市轨道交通。加强沿海枢纽港口建设和内河航道治理,发展水路运输,建设国际航运中心。发展支线机场,完善枢纽机场,优化航空网络。加强输油气管道建设,形成管道运输网。

能源建设要发挥资源优势,优化能源结构,提高利用效率,加强环境保护。调整煤炭生产结构,发展洁净煤技术,提高优质煤和洁净煤比重,淘汰落后生产能力。实行油气并举,加快石油天然气勘探、开发和利用。通过合作开发等方式,积极利用国外油气资源。电力建设要立足当前,着眼长远,调整电源结构,加强电网建设,推进全国联网。充分利用现有发电能力,发展水电、坑口大机组火电,压缩小火电,适度发展核电。深化电力体制改革,逐步实行厂网分开、竞价上网,健全合理的电价形成机制。发展新能源和可再生能源。推广能源节约和综合利用技术。

六、实施西部大开发,促进地区协调发展

实施西部大开发战略,加快中西部地区发展,关系经济发展、民族团结、社会稳定,关系地区协调发展和最终实现共同富裕,是实现第三步战略目标的重大举措。西部大开发是一项艰巨的历史任务,既要有紧迫感,又要有长期奋斗的思想准备。要坚持从实际出发,积极进取、量力而行,统筹规划、科学论证,突出重点、分步实施。力争用五到十年时间,使西部地区基础设施和生态环境建设有突破性进展,西部开发有一个良好的开局。

西部开发要加快基础设施建设,抓好一批交通、水利、通信、电网及城市基础设施等重大工程,实施“西气东输”、“西电东送”。加强生态建设和环境保护,有计划分步骤地抓好退耕还林还草等生态建设工程,改善西部地区生产条件和生态环境。积极调整产业结构,加强农业,发展特色产业,推进优势资源的合理开发和深度加工,加快培育旅游业,努力形成经济优势。发展科技教育,做好人才培养、使用和引进的工作,实行干部交流,推广高新技术和先进适用技术。依托亚欧大陆桥、长江水道、西南出海通道等交通干线,发挥中心城市作用,以线串点,以点带面,有重点地推进开发。国家实行重点支持西部大开发的政策措施,增加建设资金投入。加大对西部地区特别是少数民族地区财政转移支付力度。加快西部地区改革和扩大对内对外开放步伐,发挥多种所有制经济活力。

中部地区要发挥承东启西、纵贯南北的区位优势和综合资源优势,加快发展步伐,努力提高工业化和城镇化水平。以沿重要水陆交通干线地区为重点,积极培育新的经济增长点和经济带。大力发展农业产业化经营,建设区域化、专业化、规模化的农产品商品生产及加工基地。加大用高新技术和先进适用技术改造传统产业的力度,逐步形成各具特色的有竞争力的产业。

继续发挥东部沿海地区在全国经济发展中的带动作用,有条件的地方争取率先基本实现现代化。加快产业结构优化升级,发展高新技术产业,进一步发展外向型经济,着力提高国际竞争力。积极开拓国内市场,大力推进多种形式的地区经济技术合作,实现优势互补,支持中西部地区发展。

七、积极稳妥地推进城镇化

提高城镇化水平，转移农村人口，可以为经济发展提供广阔的市场和持久的动力，是优化城乡经济结构，促进国民经济良性循环和社会协调发展的重大措施。随着农业生产力水平的提高和工业化进程的加快，我国推进城镇化条件已渐成熟，要不失时机地实施城镇化战略。

发展小城镇是推进我国城镇化的重要途径。小城镇建设要合理布局，科学规划，规模适度，注重实效。要把发展的重点放到县城和部分基础条件好、发展潜力大的建制镇，使之尽快完善功能，集聚人口，发挥农村地域性经济、文化中心的作用。发展小城镇的关键在于繁荣小城镇经济，把引导乡镇企业合理集聚、完善农村市场体系、发展农业产业化经营和社会化服务等与小城镇建设结合起来。要广辟投融资渠道，鼓励企业和城乡居民投资，在政府引导下主要通过发挥市场机制作用建设小城镇。改革小城镇户籍制度。在保护耕地和保障农民合法权益的前提下，妥善解决城镇建设用地。尽快形成符合小城镇经济社会特点的行政管理体制。

我国不同地区的经济发展水平和市场发育程度差异很大，要从各地的实际情况出发推进城镇化，逐步形成合理的城镇体系。注意发展城市间的经济联系，发挥中小城市对小城镇发展的带动作用。在着重发展小城镇的同时，积极发展中小城市，完善区域性中心城市功能，发挥大城市的辐射带动作用，提高各类城市的规划、建设和综合管理水平，走出一条符合我国国情、大中小城市和小城镇协调发展的城镇化道路。

八、促进科技进步和创新

科技进步和创新，是增强综合国力的决定性因素。按照有所为、有所不为的方针，总体跟进，重点突破，提高科技持续创新能力，实现技术跨越式发展，为经济结构战略性调整和现代化建设不断提供强大的技术支持。

科技进步和创新的重点任务是，加强技术创新，发展高新技术，提升产业技术水平。积极推进具有战略意义的高技术研究，集中力量在信息技术、生物技术、新材料技术、先进制造技术、航空航天技术等关键领域取得突破，在一些关系国家经济命脉和安全的高技术领域，提高自主创新能力。通过实施重大高新技术工程项目，促进高技术成果转化，力争在亚微米深亚微米集成电路的设计和制造、高性能计算机、光电子材料与器件、生物工程药物、生物芯片、农业生物工程等领域，实现产业化。加快推进传统产业技术升级，选择装备制造、农产品深加工、资源综合利用等若干重点领域，加快开发能够推动结构升级的共性技术、关键技术和配套技术。加强基础研究和应用基础研究，瞄准世界科学技术发展前沿，选择我国具有一定优势、对国民经济和社会发展有重大意义的研究领域，集中力量，重点突破，力争在基因组学、信息科学、纳米科学、生态科学和地球科学等方面取得新进展。

体制创新是科技进步和创新的保证。要深化科技体制改革，形成符合市场经济要求和科技发展规律的新机制，优化科技资源配置，加强技术集成，进一步解决科技与经济脱节问题。推进国家创新体系建设，促进企业成为技术进步和创新的主体。加强产学研结合，鼓励应用开发型科研院所进入企业或改制为企业。建立服务功能社会化、网络化的科技中介服务体系，建立风险投资机制，发展资本市场，支持高新技术产业化。加大国家和全社会的科技投入，提高投资效益。完善促进科技创新的政策环境，形成鼓励科技创新的社会环境。扩大国际科学技术交流与合作，鼓励外资企业在我国设立研究开发机构，支持我国科技企业到国外进行研究开发，促进资源和信息共享。加强科普工作，在全社会大力弘扬科学精神。

九、大力开发人才资源，加快发展教育事业

人才是最宝贵的资源。当今和未来的国际竞争，说到底是人才的竞争。要把培养、吸引和用好人才作为一项重大的战略任务切实抓好。普遍提高劳动者素质，建设一支宏大的、高素质的人才队伍，尤其是培养一大批急需的信息、金融、财会、外贸、法律和现代管理等专业人才。

教育是培养人才的基础，对经济和社会发展具有先导性、全局性的作用，要适度超前发展。发展教育，要面向现代化、面向世界、面向未来，走改革和创新之路。更新教材内容，改进教学方法，改革考试制度，着力推进素质教育，重视培养创新精神和实践能力，促进学生德智体美全面发展，提高人才培养质

量。提高教育现代化、信息化水平,大力发展现代远程教育。合理调整和配置现有教育资源,加强学科建设,根据人才需求结构调整专业设置。优化教师结构,建设高素质的教师队伍。继续深化教育管理体制和办学体制改革,积极鼓励多种形式的社会办学。增加国家对教育的投入。继续普及九年义务教育和扫除青壮年文盲,扩大高中阶段教育和高等教育规模。积极发展各类职业教育和培训。完善继续教育制度,逐步建立终身教育体系。

加强人才队伍建设,努力营造用好人才、吸引人才的良好环境,形成尊重知识、尊重人才、鼓励创业的社会氛围。加快建立有利于各类优秀人才脱颖而出、人尽其才的机制。高度重视青年人才的培养和使用。优化人才的专业、年龄结构,促进人才在产业、地区的合理分布。完善知识产权保护制度。建立和完善机制健全、运行规范、服务周到、指导监督有力的人才市场体系,促进人才合理流动。采取多种措施吸引和聘用海外高层次人才。继续实行支持留学、鼓励回国、来去自由的方针,鼓励留学人员回国工作或以适当方式为祖国服务。

领导人才是社会主义现代化事业继往开来、开拓前进的关键因素。必须从战略高度,着眼于各项事业的长远发展和人才的总体需求,培养和造就一支坚持走有中国特色社会主义道路,有较高政治理论素养和开拓精神,掌握现代科学文化和管理知识,并经过实践考验的各级各类高素质领导人才队伍。加强各级领导干部特别是年轻干部队伍建设,把这项工作作为决定我国未来发展前途的大事来抓。要加大干部人事制度改革的力度,更新用人观念,广开渠道,为年轻优秀领导人才的成长、选拔和任用创造条件。

十、加强人口和资源管理,重视生态建设和环境保护

实施可持续发展战略,是关系中华民族生存和发展的长远大计。

继续严格控制人口数量,努力提高人口素质。稳定现行计划生育政策,保持低生育水平,促进优生优育。重点做好农村特别是中西部农村的计划生育工作。加强对流动人口计划生育的管理。加强计划生育宣传教育和法制建设。重视人口老龄化趋势,努力解决老龄人口社会保障和精神文化生活问题。

合理使用、节约和保护资源,提高资源利用率。依法保护和开发水、土地、矿产、森林、草原、海洋等国土资源。加强资源勘探,建立健全资源有偿使用制度。完善国家战略资源储备制度。严格执行基本农田保护制度,切实保护耕地。推进资源的深加工和综合利用。

加强生态建设,遏制生态恶化。大力植树种草,推进东北、华北、西北防护林体系建设,抓好长江上游、黄河上中游等天然林保护工程,提高国土森林覆盖率。加大防沙治沙力度,加快小流域治理,减少水土流失。加强草原建设,防止超载过牧,遏制草原退化和荒漠化。广泛开展城市绿化。抓紧环京津生态圈工程建设。加强自然保护区和生态示范区建设,保护陆地和海洋生物多样性。

加大环境保护和治理力度。强化城市大气污染、水污染、垃圾污染和噪音污染的综合治理,使大中城市环境质量得到明显改善。重视农村污染的治理。控制和治理工业污染,加快推广清洁生产技术。继续抓好重点流域、区域、海域的污染治理。大力发展环保产业,加强环境保护关键技术和工艺设备的研究开发。健全环境、气象和地震监测体系。加强防灾减灾工作。完善生态建设和环境保护的法律法规,加强执法和监督。开展环保教育,提高全民环保意识。

十一、进一步深化改革,完善社会主义市场经济体制

经济发展和结构调整归根到底要靠改革。要大胆探索,勇于创新,突破影响生产力发展的体制性障碍,逐步完善社会主义市场经济体制。

国有企业改革是经济体制改革的中心环节。国有大中型企业要进一步深化改革,建立产权清晰、权责明确、政企分开、管理科学的现代企业制度,健全企业法人治理结构,成为市场竞争的主体。积极探索国有资产管理的有效形式,建立规范的监督机制。鼓励国有大中型企业通过规范上市、中外合资和相互参股等形式,实行股份制。进一步放开搞活国有中小企业。

社会生产力水平的多层次性和所有制结构的多样性,是我国社会主义初级阶段的重要特征。公有制为主体、多种所有制经济共同发展是我国的基本经济制度,非公有制经济是社会主义市场经济的重要组成部分。要适应社会生产力发展的要求,继

续调整和完善所有制结构。要为各类企业发展创造平等竞争的环境，支持、鼓励和引导私营、个体企业尤其是科技型中小企业健康发展。

进一步开放市场，建立和完善全国统一、公平竞争、规范有序的市场体系。打破部门、行业垄断和地区封锁，进一步放开价格，发挥市场在资源配置和结构调整中的基础性作用。继续发展商品市场，重点培育和发展要素市场，促进生产要素合理流动。拓宽融资渠道，提高企业直接融资比重，促进企业转换经营机制。规范和发展证券市场，培育和发展机构投资者。加强市场监督和上市公司信息披露。

综合运用计划、财政、金融等手段，发挥价格、税收、利率、汇率等杠杆作用，引导和促进经济结构调整，保证经济稳定增长。坚持扩大国内需求的方针，根据经济形势实施相应的宏观调控政策。近期要继续实行积极的财政政策，并带动企业和社会投资，促进消费。进一步完善分税制。积极推进财政预算制度改革。完善财政转移支付制度。积极稳妥地推进税费改革。健全税收制度，强化税收征管。逐步提高国家财政收入占国内生产总值的比重和中央财政收入占全国财政收入的比重，提高财政保障能力，注意防范财政风险。严格财政监督管理。逐步建立适应社会主义市场经济要求的公共财政框架。

深化金融改革，完善金融组织体系、市场体系、监管体系和调控体系。实行稳健的货币政策，适时调节货币供应量，维护人民币币值稳定，支持经济结构调整和经济增长。稳步推进利率市场化改革。改进金融服务，增强我国金融企业竞争能力。按照现代银行制度对国有独资商业银行进行综合改革。完善和发挥政策性银行功能。发展保险业，拓展保险市场，改善保险企业的经营管理。强化金融监管，防范和化解金融风险，提高金融资产质量。保持国际收支基本平衡。完善以市场供求为基础的、有管理的浮动汇率制度。

继续推进行政管理体制改革和机构改革，按照发展社会主义市场经济的要求，进一步转变政府职能，实现政企分开。政府要集中精力搞好宏观经济调控和创造良好的市场环境，不直接干预企业经营活动，减少对经济事务的行政性审批。推进投融资体制改革。继续改革和精简政府机构，建立廉洁高效、运转协调、行为规范的行政管理体制。

十二、进一步扩大对外开放，发展开放型经济

“十五”时期我国对外开放将进入新的阶段。随着加入世界贸易组织，我国面临引进更多资金、技术和管理经验，促进产业结构优化升级，以及扩大出口等新的发展机遇，也面临国际激烈竞争的严峻挑战。要以更加积极的姿态，抓住机遇，迎接挑战，趋利避害，不断提高企业竞争能力，进一步推动全方位、多层次、宽领域的对外开放，促进我国现代化建设。

改善投资环境，扩大利用外资，提高利用外资质量。将吸收外资同产业结构调整、国有企业改革和西部大开发紧密结合起来。有步骤地推进银行、保险、电信、外贸、内贸、旅游等服务领域的开放，逐步对外商投资实行国民待遇。积极吸收外资特别是跨国公司投资高新技术产业，参与国有企业改组改造和基础设施建设。大胆吸收和借鉴一切符合社会化生产要求的经营方式和管理方法。适应跨国投资发展趋势，积极探索采用收购、兼并、投资基金和证券投资等多种方式利用中长期国外投资。合理利用国际金融机构和外国政府贷款，严格监督外债融资，防范外债风险。抓紧清理、修订和完善有关经济法律法规，提高透明度。

更好地实施以质取胜和市场多元化战略，重视科技兴贸，优化商品结构，努力扩大商品和服务领域出口规模，增加国内急需的关键技术装备和重要资源的进口。积极参与多边贸易体系，加强地区经济合作。加强和改善双边经贸关系，进一步加强与发展中国家的经济技术合作和交流。深化外贸体制改革，健全符合国际规范和我国国情的对外经贸体制。

实施“走出去”战略，努力在利用国内外两种资源、两个市场方面有新的突破。鼓励能够发挥我国比较优势的对外投资，扩大经济技术合作的领域、途径和方式，支持有竞争力的企业跨国经营，到境外开展加工贸易或开发资源，并在信贷、保险等方面给予帮助。抓紧制定和规范国内企业到境外投资的监管制度，加强我国在境外企业的管理和投资业务的协调。继续发展对外承包工程和劳务合作，在竞争中形成一批具有实力的对外承包工程企业。

积极创造条件吸引外商到中西部地区投资。经济特区、浦东新区和沿海其他地区要进一步扩大

对外开放，增创新优势，更好地发挥对内地经济的示范、辐射、带动作用。

十三、积极扩大就业，完善社会保障制度

扩大就业是促进经济发展和维护社会稳定的重要保证，也是宏观调控的一项重要内容。要继续保持经济较快增长，进一步发展劳动密集型产业，积极发展集体企业和个体私营企业，以提供更多的就业岗位。建立阶段性就业制度，发展弹性就业形式。发育和规范劳务中介组织与劳动力市场，完善就业服务体系，加强职业培训，形成市场导向的就业机制。引导下岗职工和失业人员转变就业观念，继续实行鼓励自谋职业的优惠政策，促进多种形式再就业。

完善的社会保障制度是社会主义市场经济体制的重要支柱，关系改革、发展、稳定的全局。要加快形成独立于企业事业单位之外、资金来源多元化、保障制度规范化、管理服务社会化的社会保障体系。建立可靠、稳定的社会保障基金的筹措机制和有效营运、严格管理的机制。坚持社会统筹与个人帐户相结合的城镇职工基本养老保险制度。推进城镇职工基本医疗保险制度和医药卫生体制改革。进一步完善失业保险制度，在试点的基础上逐步把国有企业下岗职工基本生活保障纳入失业保险。加强和完善城市居民最低生活保障制度，逐步提高城市贫困人口救济补助标准。积极发展社会福利、社会救济、优抚安置和社会互助等社会保障事业。切实保障妇女、未成年人、老年人、残疾人的合法权益。发挥基层组织、社区组织在社会保障对象管理和服务方面的作用。

十四、改善城乡人民生活

不断提高城乡居民的物质和文化生活水平，是发展经济的出发点和归宿，也是扩大内需、保证经济持续增长的动力。向更加宽裕的小康生活迈进，要进一步提高城乡居民吃穿用消费水平，优化消费结构，增加服务性消费；增加城乡居民居住面积，提高住房和环境质量；大力发展公共交通，鼓励计算机、轿车进入家庭，提高电话普及率；加强城乡公共设施建设，改善居民消费环境；丰富居民文化生活，提高医疗保健水平；重视安全生产，加强劳动保护；建立良好的社会秩序，保障人民安居乐业。

在经济发展的同时，不断增加城乡居民收入，特别是低收入者的收入。深化收入分配制度改革，坚持效率优先、兼顾公平的原则，实行按劳分配为主体、多种分配方式并存的制度，把按劳分配与按生产要素分配结合起来。鼓励资本、技术等生产要素参与收益分配。随着生产力的发展，科学技术工作和经营管理作为劳动的重要形式，在社会生产中起着越来越重要的作用。在新的历史条件下，要深化对劳动和劳动价值理论的认识。建立健全收入分配的激励机制和约束机制。对企业领导人和科技骨干实行年薪制和股权、期权试点。规范社会分配秩序，加强对垄断行业收入分配的监督和管理。强化国家税收对收入分配的调节功能，完善个人所得税税法，开征遗产税。保护合法收入，整顿不合理收入，调节过高收入，取缔非法收入，防止收入分配差距的过分扩大。

全面发展卫生、体育事业，提高全民健康水平。进一步改善城乡特别是农村卫生服务设施。加强预防保健。大力开展全民健身运动，发展竞技体育。

扶贫开发是一项长期而艰巨的任务。要重点做好中西部的少数民族地区、革命老区、边疆地区和特困地区的扶贫工作。坚持开发式扶贫，增加扶贫投入，加强贫困地区的基础设施建设，注重发展贫困地区的教育、文化、卫生事业，从根本上改善基本的生产和生活条件。

十五、加强社会主义精神文明建设

建设社会主义精神文明，发展有中国特色社会主义文化，是社会主义现代化建设的重要内容和保证。在改革日益深入，开放不断扩大，各种思想文化相互激荡的背景下，必须坚持两手抓、两手都要硬，切实加强精神文明建设，满足人民群众日益增长的多方面的精神文化需求，全面提高国民素质，增强民族凝聚力，为改革开放和现代化建设提供强大的思想保证、精神动力和智力支持。

坚持不懈地进行党的基本理论和基本路线教育，巩固和加强马克思主义的指导地位，弘扬爱国主义、集体主义、社会主义精神，在全社会形成共同理想和精神支柱。努力建立适应社会主义市场经济发展的思想道德体系。提倡自力更生、艰苦奋斗的创业精神，形成全民族奋发向上的强大动力。大

力倡导社会公德、家庭美德和职业道德，特别是加强青少年的思想政治和道德品质教育。重视对社会思潮及其表现形式的研究和引导。加强对新闻舆论、国民教育、社会文化、休闲娱乐等各种思想文化阵地尤其是新闻网站的建设和管理。加强科普宣传教育，反对封建迷信活动。大力开展群众性精神文明创建活动，倡导科学文明健康的生活方式。

坚持为人民服务、为社会主义服务的方向和百花齐放、百家争鸣的方针，以繁荣社会主义文化为中心，弘扬民族优秀文化，吸收外国文化有益成果，抵制不良文化，提高全社会的文化生活质量。重视发展哲学社会科学，加强对理论和实践重大问题的研究，推进学科建设和理论创新。坚持新闻舆论的正确导向，发展新闻出版、广播影视等各项事业。繁荣文学艺术创作，努力提高精神产品的质量，生产出更多的无愧于时代和人民的艺术精品。加强科技馆、文化馆、博物馆、图书馆和青少年活动场所等文化设施建设。坚持把社会效益放在首位、社会效益和经济效益相统一的原则，深化文化体制改革，建立科学合理、灵活高效的管理体制和文化产品生产经营机制。继续实行支持文化事业发展的有关政策，增加对重要新闻媒体和公益文化事业的投入。加强文物保护工作。完善文化产业政策，加强文化市场建设和管理，推动有关文化产业发展。

十六、加强社会主义民主法制建设

发展社会主义民主政治，依法治国，建设社会主义法治国家，是社会主义现代化的重要目标。要坚持和完善工人阶级领导的、以工农联盟为基础的人民民主专政，坚持和完善人民代表大会制度和共产党领导的多党合作、政治协商制度以及民族区域自治制度。适应经济体制改革和现代化建设的要求，继续推进政治体制改革，加强民主法制建设。

加强民主政治建设，发展社会主义民主。加强人民代表大会的立法和监督工作，密切人大代表同人民的联系，推进决策科学化、民主化。实行民主选举、民主决策、民主管理和民主监督，保证人民依法享有广泛的权利和自由，尊重和保障人权。加强城乡基层政权机关和群众性自治组织建设，扩大公民有序的政治参与，引导人民群众依法管理自己的事情。完善村民自治，加强社区民主建设，坚持和完善以职工代表大会为基本形式的企业民主管理制度。进一步扩大基层民主，实行政务、厂务、村务公开。

加强法制建设。重点建立和完善适应社会主义市场经济体制的法律体系，规范市场经济条件下的财产关系、信用关系和契约关系，维护市场秩序，保护公平竞争。推进政府工作法制化，从严治政，依法行政。完善公务员制度。加快推行执法责任制、评议考核制，提高行政执法水平。推进司法改革，完善司法保障，强化司法监督，依法独立行使审判权和检察权，严格执法，公正司法。健全依法行使权力的制约机制，加强对权力运行的监督，使廉政建设法制化。深入开展社会主义法制教育，提高全体人民首先是各级领导干部的法制观念。

稳定是改革、发展的前提。认真研究社会稳定面临的新情况新问题，正确处理新时期人民内部矛盾，确保社会稳定。进一步落实党的民族政策，发展平等、团结、互助的社会主义新型民族关系，促进各民族共同繁荣和进步。全面贯彻党的宗教政策，保障公民宗教信仰自由，依法管理宗教事务，积极引导宗教与社会主义社会相适应。依法打击民族分裂活动和利用宗教进行非法活动，取缔邪教。切实把社会治安综合治理措施落实到基层，严厉打击危害国家安全和社会治安的刑事犯罪和各种恶势力，扫除黄赌毒等社会丑恶现象。

加强国防建设，增强国防实力。强大的国防是国家安全和现代化建设的基本保证。在集中力量发展国民经济的同时，要积极推进国防建设。加强军队党的建设和思想政治工作，确保党对军队的绝对领导。加强人民解放军的革命化、现代化、正规化建设。贯彻积极防御的战略方针，坚持质量建军，科技强军，勤俭建军，从严治军，积极改革创新，全面提高官兵素质，走有中国特色的精兵之路，提高现代技术特别是高技术条件下防卫作战的能力。国防科技工业是国家战略性产业。要通过加速调整、改革和发展，坚持军民结合，寓军于民，大力协同，自主创新，建立适应国防建设和市场经济要求的新型国防科技工业体制。加强国防科技建设，发展高新技术武器装备，努力提高现代化水平。加强国防动员体系建设，增强平战转换能力。深化后勤保障改革，提高保障能力。完善国防立法。深入开展国防教育，提高全民国防意识。进一步密切军政军民关系。

实现“十五”计划的目标，夺取建设有中国特色社会主义事业的新胜利，关键在党。要不断提高党的执政水平，特别是提高驾驭经济和社会发展全局的能力。加强对经济和社会发展重大问题的研究，正确处理改革、发展、稳定，中央和地方，西部开发和东、中部发展，市场机制和宏观调控，经济发展和社会全面进步等重大关系。坚持群众路线，拓宽党在各个领域联系群众的渠道，善于从人民群众的实践中寻找解决问题的办法。各级党委要总揽全局、协调各方，充分发挥党的领导核心作用。

按照始终代表中国先进生产力的发展要求、中国先进文化的前进方向、中国最广大人民的根本利益的指导思想，全面加强党的建设，坚持从严治党，增强党的凝聚力和战斗力，巩固党的执政基础。要着眼于事业发展和新老交替与合作，加强干部队伍和各级领导班子建设。重视党的基层组织和党员队伍建设，加强和改进党的思想政治工作和群众工作。要讲学习、讲政治、讲正气。发扬党的优良作风，求真务实，真抓实干，反对和克服形式主义、官僚主义。深入开展反腐败斗争，积极探索社会主义市场经济条件下反腐败斗争的特点和规律，建立健全监督和管理制度，努力从源头上遏制腐败现象的滋生蔓延。

展望新世纪，任重道远。面对世界日新月异的新发展新变化，面对我国社会主义现代化建设的新形势新任务，共产党人必须站在时代的前列，肩负起历史的重任；必须以马列主义、毛泽东思想、邓小平理论为指导，观察形势，把握大局，敢于面对困难，善于解决矛盾，不断把我们的事业推向前进；必须坚持解放思想、实事求是的思想路线，加强学习，积极探索，不断积累新的实践经验，不断创造新的理论成果，使我们党永葆生机和活力，使我国社会主义现代化建设更加顺利。

全党动员起来，紧密团结在以江泽民同志为核心的党中央周围，高举邓小平理论伟大旗帜，振奋精神，开拓进取，扎实工作，团结带领全国各族人民，为实现“十五”目标，为建设富强民主文明的社会主义现代化国家和早日完成祖国统一大业而努力奋斗！

关于国民经济和社会发展第十个五年计划纲要的报告

——2001年3月5日在第九届全国人民代表大会第四次会议上

国务院总理 朱镕基

各位代表：

从今年开始，我国将实施新世纪第一个五年计划。中国共产党十五届五中全会通过的《中共中央关于制定国民经济和社会发展第十个五年计划的建议》，提出了未来五年国民经济和社会发展的奋斗目标、指导方针和主要任务。根据《建议》的精神，国务院认真听取各方面意见，制定了《中华人民共和国国民经济和社会发展第十个五年计划纲要（草案）》。现在，我代表国务院向大会作报告，请各位代表连同《纲要（草案）》一并审议，并请全国政协各位委员提出意见。

一、"九五"时期国民经济和社会发展的回顾

过去五年，全国各族人民在中国共产党领导下，团结奋斗，开拓创新，各个方面取得了重大成就。

国民经济持续快速健康发展，综合国力进一步增强。国内生产总值2000年达89404亿元，平均每年增长8.3%。人均国民生产总值比1980年翻两番的任务，已经超额完成。在经济持续增长和效益改善的基础上，2000年国家财政收入达13380亿元，平均每年增长16.5%。主要工农业产品产量位居世界前列，商品短缺状况基本结束。产业结构调整取得积极进展。粮食等主要农产品生产能力明显提高，实现了农产品供给由长期短缺到总量基本平衡、丰年有余的历史性转变。淘汰落后和压缩过剩工业生产能力取得成效，重点企业技术改造不断推进。信息产业等高新技术产业迅速成长。基础设施建设成绩显著，能源、交通、通信和原材料的"瓶颈"制约得到缓解。

经济体制改革全面推进，社会主义市场经济体制初步建立。国有大中型企业建立现代企业制度的改革取得重要进展。大多数国家重点企业进行了公司制改革，其中相当一部分在境内外上市。企业扭亏增盈成效显著，2000年国有及国有控股工业企业实现利润2392亿元，为1997年的2.9倍。国有大中型企业改革和脱困的三年目标基本实现。在公有制经济进一步发展的同时，私营、个体经济有了较快发展。市场体系建设继续推进，资本、技术和劳动力等要素市场迅速发展，市场在资源配置中的基础性作用明显增强。财税体制继续完善。金融改革步伐加快。城镇住房制度、社会保障制度和政府机构等方面改革取得重大进展。国家宏观调控体系进一步健全。

对外开放水平不断提高，全方位对外开放格局基本形成。对外经贸体制改革稳步推进，外向型经济迅速发展。2000年进出口总额达4743亿美元，其中出口2492亿美元，分别比1995年增长69%和67%。出口商品结构改善，机电产品和高技术产品所占比重提高。对外开放领域逐步扩大，投资环境继续改善。吸收外资规模增大、质量提高。五年累计实际利用外资2894亿美元，比"八五"时期增长79.6%。国家外汇储备2000年底达1656亿美元，比1995年底增加920亿美元。

人民生活继续改善，总体上达到小康水平。农村居民人均纯收入和城镇居民人均可支配收入，2000年分别达到2253元和6280元，平均每年实际增长4.7%和5.7%。市场商品丰富，居民消费水平不断提高，社会消费品零售总额平均每年增长10.6%。城乡居民住房、电信和用电等生活条件有较大改善。居民储蓄存款余额五年增长1倍多，股票、债券等其他金融资产迅速增加。农村贫困人口

大幅度减少，“八七”扶贫攻坚目标基本实现。

科技、教育加快发展，社会事业全面进步。“863”计划顺利实施。航空航天、信息、新材料和生物工程等高技术领域获得一批重要成果。基础研究和应用研究取得新进展。部门所属应用型科研院所企业化改革基本完成，其他科研院所体制改革全面展开。科技成果市场化、产业化进程加快。各级各类教育全面发展。基本普及九年义务教育和基本扫除青壮年文盲的目标初步实现。高等教育管理体制改革取得重大进展。扩大高校招生受到群众普遍欢迎。人口和计划生育工作取得新成绩。生态建设和环境保护的力度明显加大。文化、卫生、体育等各项社会事业继续发展。廉政建设和反腐败斗争不断取得成效。社会治安综合治理进一步加强。社会主义精神文明建设和民主法制建设取得新的进展。国防和军队建设迈出新的步伐。

“九五”期间，我国政府恢复对香港、澳门行使主权，祖国和平统一大业取得历史性进展。香港、澳门回归祖国以来，“一国两制”方针和基本法得到全面贯彻执行。特别行政区政府工作卓有成效，香港、澳门社会稳定，经济发展。

随着“九五”计划的完成，我们实现了现代化建设第二步战略目标，为实施“十五”计划、开始迈向第三步战略目标奠定了良好基础。这是我国社会主义现代化事业取得的伟大成就，是中华民族发展史上一个新的里程碑。

“九五”时期经济和社会发展的巨大成就，是克服重重困难取得的，来之不易。我们成功应对了国际突发事件的挑战，有效抵御了亚洲金融危机的冲击，既克服“九五”前期通货膨胀的影响，又抑制了中后期的通货紧缩趋势，并战胜了严重的水旱灾害。这些成就的取得，是以江泽民同志为核心的党中央面对诸多矛盾和困难交织的局面，运筹帷幄，及时作出一系列正确决策和部署，全国上下团结奋斗的结果。我代表国务院，向在各个领域和岗位上辛勤劳动、作出贡献的全国各族人民致以崇高敬意！向关心与支持祖国建设和统一的香港特别行政区、澳门特别行政区同胞和台湾同胞以及海外侨胞，表示诚挚的感谢！

“九五”时期的实践，丰富了我们按照发展社会主义市场经济的要求，加强和改善宏观经济管理与调控的经验。

第一，坚持用发展的办法解决前进中的问题。发展是硬道理。面对各种社会矛盾，我们始终抓住经济建设这个中心，采取有效措施促进国民经济持续快速健康发展，从而为处理好其他矛盾提供了基础。同时，坚持两手抓、两手都要硬的方针，不断加强社会主义精神文明建设和民主法制建设，为集中精力从事经济建设创造了良好的政治社会环境，并提供强大的精神动力。

第二，根据经济形势的变化，适时调整宏观调控政策取向和力度。在治理通货膨胀时，注意保持经济持续增长，成功实现“软着陆”。在抑制通货紧缩趋势时，坚持扩大内需的方针，果断实施积极的财政政策，并在实践中不断完善各项政策措施。既增发国债、扩大投资，又适当增加城镇中低收入居民的收入，鼓励增加消费，从两个方面拉动经济增长。采取提高出口退税率和严厉打击走私等措施，千方百计扩大出口，以平衡国际收支，稳定人民币币值。实行稳健的货币政策，运用利率等多种手段支持经济增长，同时注意调节货币供应量，引导信贷投向，防范和化解金融风险。

第三，把扩大内需和调整经济结构紧密结合起来。根据一般加工工业生产能力普遍过剩的现实状况，把国债投资重点放在基础设施建设方面，同时增加对农业和科技、教育的投入，支持企业技术改造。利用生产资料生产能力相对富余的时机，办成了一些多年想办而没有办成的大事，既拉动当前经济增长，又增强经济发展后劲。

第四，正确处理改革、发展、稳定的关系。在复杂、困难的情况下，改革没有停滞，而是迎难而上，积极有序地向前推进，有力推动了经济发展。同时，始终注意使改革的力度同社会承受能力相适应。在结构调整和改革深化不可避免地触及深层利益关系时，高度重视和采取各种政策措施，维护广大群众的基本利益。大力实施再就业工程，确保国有企业下岗职工基本生活费和离退休人员基本养老金按时足额发放，坚持按保护价敞开收购农民余粮，从总体上维护了社会稳定和经济持续增长。

在充分肯定成绩的同时，也要清醒地看到，经济和社会生活中还存在不少问题。主要是：产业结构不合理，地区经济发展不协调；国民经济整体素质不高，国际竞争力不强；社会主义市场经济体制尚不完善，阻碍生产力发展的体制因素仍很突出；科技、教育比较落后，科技创新能力较弱；水、石油等重要资源短缺，部分地区生态环境恶化；就业压力加大，农民和城镇部分居民收入增长缓慢，收入差距拉大；一些领域市场经济秩序相当混乱，重大安全事故时有发生;贪污腐败、奢侈浪费现象和形式主义、官僚主义作风还比较严重;一些地方社会治安状况不好。这些问题产生的原因比较复杂,不少也同我们工作中的缺点和错误有关。我们必须高度重视,进一步采取措施,努力加以解决。

二、“十五”期间的奋斗目标和指导方针

展望新世纪初的国内外形势,未来五到十年,是我国经济和社会发展极为重要的时期。世界新科技革命迅猛发展,经济全球化趋势增强,许多国家积极推进产业结构调整,周边国家正在加快发展。国际环境既对我们提出了严峻挑战,也为我们提供了迎头赶上、实现跨越式发展的历史性机遇。从国内看,我们正处在经济结构调整的关键时期,改革处于攻坚阶段,加入世贸组织又会带来一些新的问题。各方面任务十分繁重,许多深层次矛盾需要解决,形势要求我们必须抓住机遇,加快发展。同时,我们也具备许多有利条件,能够在一个较长时期实现国民经济较快发展。

根据“十五”期间的形势和任务,《纲要》提出今后五年经济和社会发展的主要目标是:国民经济保持较快发展速度,经济结构战略性调整取得明显成效,经济增长质量和效益显著提高,为到2010年国内生产总值比2000年翻一番奠定坚实基础;国有企业建立现代企业制度取得重大进展,社会保障制度比较健全,社会主义市场经济体制逐步完善,对外开放和国际合作进一步开展;就业渠道拓宽,城乡居民收入持续增加,物质文化生活有较大改善,生态建设和环境保护得到加强;科技、教育加快发展,国民素质进一步提高,精神文明建设和民主法制建设取得明显进展。

“十五”计划《纲要》,体现了以下重要指导方针。

坚持把发展作为主题。强调速度与效益相统一,在提高效益的前提下实现较快的发展。有市场、有效益的速度,才是真正的发展,才是硬道理。综合考虑各方面因素,“十五”期间年均经济增长速度预期目标为7%左右。这个速度虽然比“九五”实际达到的速度低一点,但仍然是一个较高的速度。要在提高效益的基础上实现这个目标,必须付出艰巨努力。同时,由于国际国内都存在一些不确定因素,计划的预期目标要留有余地。这样,有利于引导各方面把主要精力放在调整结构和提高效益上,也有利于防止经济过热和重复建设。

坚持把结构调整作为主线。我国经济已经到了不调整就不能发展的时候。按原有结构和粗放增长方式发展经济,不仅产品没有市场,资源、环境也难以承受。必须在发展中调整结构,在结构调整中保持较快发展。今后五年要着力调整产业结构、地区结构和城乡结构,特别要把产业结构调整作为关键。要巩固和加强农业基础地位,加快工业改组改造和结构优化升级,大力发展服务业,加快国民经济和社会信息化,继续加强基础设施建设。

坚持把改革开放和科技进步作为动力。经济发展和结构调整,都要靠体制创新和科技创新来推动。今后五年要坚定不移地推进改革,扩大开放,突破影响生产力发展的体制性障碍,为经济社会发展提供强大动力。要把发展科技、教育放在突出位置,进一步实施科教兴国战略,振兴科技,培养人才,促进科技、教育与经济紧密结合。

坚持把提高人民生活水平作为根本出发点。不断改善城乡人民生活,既是我们发展经济的根本目的,也是扩大内需、促进经济持续增长的迫切需要。要坚持把提高人民生活水平摆在重要位置,扩大就业门路,增加居民收入,合理调节收入分配关系,健全社会保障体系,保证人民群众向更加宽裕的小康生活迈进。

坚持把经济发展和社会发展结合起来。大力加强社会主义精神文明建设和民主法制建设,处理好改革、发展、稳定的关系,促进各项社会事业发展,确保社会稳定。高度重视和认真解决人口、资源和生态环境问题,进一步实施可持续发展战略,推动经济、社会、生态环境协调发展。

“十五”计划《纲要》突出了战略性、宏观性、政策性,减少实物指标,增加反映结构变化的预期指标;围绕要解决的主要问题和重点发展领域,提出努力方向和相应的政策措施。强调计划的实施要充分发挥市场机制的作用,政府宏观调控要更多地运用经济杠杆、经济政策和法律手段。在计划制定方法上,力求提高社会参与度,使计划制定过程成为发扬民主、集思广益的过程,成为各有关方面达成共识的过程。

三、加强农业基础地位,努力增加农民收入

农业、农村和农民问题是关系改革开放和现代

化建设全局的重大问题。“十五”期间要把全面贯彻党在农村的基本政策，加强农业基础地位和增加农民收入，作为经济工作的首要任务，着重抓好以下几项工作。

加快农业和农村经济结构调整。这是提高农业经济效益，增加农民收入的根本途径。在切实保护耕地，稳定粮食生产能力的同时，以优化品种、提高质量、增加效益为中心，积极调整种植业结构，加快发展畜牧业、林业、水产业。发挥各地农业的比较优势，合理调整农业生产的区域布局，发展特色农业，形成规模化、专业化的生产格局，提高商品率。大力促进农业产业化经营，扶持龙头企业，推广“公司加农户”、“订单农业”等多种形式，发展农产品加工、储运、保鲜等产业，提高农业的后续效益。引导乡镇企业结构调整、技术进步和体制创新。发展小城镇，繁荣小城镇经济，积极稳妥地推进城镇化，拓宽农民的就业空间和增收渠道。大力推进科教兴农，加强生物技术、信息技术等高新技术的研究与开发应用，推广优良品种和先进适用技术，积极扶持农业科技产业发展。加强农业社会化服务体系建设。建立农产品市场信息、食品安全和质量标准与检测体系。调整结构要因地制宜，依据市场规律，维护农民生产经营自主权，不搞强迫命令。

积极推进农村各项改革。在长期稳定土地承包关系的基础上，鼓励有条件的地区积极探索土地经营权流转制度改革。根据粮食生产和流通的新情况，继续深化粮食流通体制改革。在适当扩大中央储备粮规模的同时，粮食主销区要加快粮食流通市场化进程，通过与粮食主产区建立长期稳定的购销关系，以及中央储备粮的轮换与调控，保证粮食需要。粮食主产区要继续坚持“三项政策、一项改革”，按保护价敞开收购农民余粮，中央财政继续给予资金支持，以充分发挥其粮食生产的优势。这样做，既可为主产区腾出粮食销售市场，促进粮价合理回升，也有利于推进主销区农业结构调整，全面增加农民收入。要保护好基本农田，决不允许擅自将耕地改为非农用地，这是一条不可逾越的“红线”。推进农村税费制度改革，取消乡统筹、村提留和其他面向农民征收的一切行政性收费，同时适当提高现行农业税和农业特产税税率。这是保障农民合法权益，减轻农民负担的治本之策。要在总结安徽省试点经验的基础上，加快改革步伐。同税费改革相结合，精简乡镇机构，裁减人员，减少村组干部补贴人数；有条件的地方，适度撤并乡镇。继续深化农村金融改革，积极探索适应农村经济发展要求的农村金融体系。因地制宜加快农村信用社管理体制改革，关键是要明确产权关系，完善法人治理结构，落实防范和化解风险的责任。农村信用社要坚持为农业、农村、农民服务的方向，加强经营管理，充分发挥在农村金融中的主力军和联系农民的金融纽带作用。农业银行和其他金融机构要加强对农业和农村经济的支持。深化农村供销社改革。

加强农业和农村基础设施建设。进一步增加投入，加快大江大河大湖治理，抓紧主要江河控制性工程建设和病险水库加固，提高防洪调蓄能力。着力抓好大型灌区节水工程改造，积极开展群众性农田水利建设，搞好水土保持。加强国家商品粮和优质农产品基地建设，搞好农业综合开发。继续加强农村电网、通信、广播电视、道路、供水等设施建设，切实改善农村生产、生活和市场条件。

继续搞好农村扶贫工作。“八七”扶贫攻坚任务虽已基本完成，但从根本上改变贫困地区面貌，仍是一项长期而艰巨的任务。要继续加大扶贫力度，重点做好中西部少数民族地区、革命老区、边疆地区和特困地区的扶贫工作。坚持开发式扶贫，多方面增加扶贫资金投入，扩大以工代赈规模，支持贫困地区加强基础设施建设。

四、大力推进产业结构优化升级

产业结构调整和升级，是经济结构战略性调整的重点，要突出以下几个方面。

用高新技术和先进适用技术改造提升传统产业。要把传统产业的改组改造放在重要位置，以市场为导向，以企业为主体，以技术进步为支撑，抓好几个环节。一是围绕增加品种、改善质量、节能降耗、防治污染和提高劳动生产率，在能源、冶金、化工、轻纺、机械、汽车、建材及建筑等行业，支持一批重点企业技术改造，切实提高工艺和装备水平。二是通过自主创新和引进技术，加快对推动结构升级的共性技术、关键技术和配套技术的开发。振兴装备制造业，开发制造急需的大型高效和先进成套技术装备。三是通过上市、兼并、联合、重组等形式，在主要行业形成若干拥有自主知识产权、主业突出、核心能力强的大公司和企业集团，使之成为调整结构、促进升级的骨干和依托。四是积极支持和促进老工业基地改造，充分发挥其基础雄厚、人才聚集的优势，努力提高产业水平。以资源开采为主的城市和大矿区，要因地制宜发展接续和替代产业。

与此同时，要综合运用经济、法律和必要的行政手段，继续依法关闭产品质量低劣、浪费资源、污染严重、不具备安全生产条件的厂矿，淘汰落后和压缩过剩生产能力，并严禁转移重建。长期亏损、资不抵债、扭亏无望的企业和资源枯竭的矿山，要实施破产关闭。积极疏通和逐步规范企业退出市场的通道。

发展高新技术产业，以信息化带动工业化。从实际出发，有选择地加快信息技术、生物工程和新材料等高新技术产业发展。重点支持建设高速宽带信息网络、关键集成电路、新型运载火箭等重大高技术工程，形成我国高新技术产业的群体优势和局部强势。加快发展信息产品制造业，提高自主开发能力和系统集成能力。积极发展软件产业。加强信息基础设施建设。要在企业技术开发和生产营销、社会公共服务、政府行政管理等方面广泛应用数字化、网络化技术，把工业化和信息化更好地结合起来。

加强水利、交通、能源等基础设施建设，高度重视资源战略问题。水资源短缺，是我国经济和社会发展的严重制约因素。要把节水放在突出位置，建立合理的水资源管理体制和水价形成机制，全面推行各种节水技术和措施，发展节水型产业，建立节水型社会。加强水污染防治，搞好污水处理和利用。加紧南水北调等重大项目的规划和建设。要加强公路、铁路、港口、航道、机场、管道系统的建设，建立健全畅通、安全、便捷的现代综合运输体系。能源特别是石油问题，是资源战略的一个重要问题。国内石油开发和生产不能适应经济和社会发展的需要，供需矛盾日益突出。必须千方百计节约和替代石油，加快石油和天然气勘探与开发，积极利用国外资源，并尽快建立石油等战略资源的储备制度。积极推进大型煤矿改造，建设高产高效矿井，重视洁净煤技术的开发利用。充分利用现有发电能力，积极发展水电、坑口大机组火电，压缩小火电，适度发展核电。加强城乡电网建设和改造，推进全国联网。深化电力体制改革，逐步推进厂网分开、竞价上网。重视发展各种新能源。

加快发展服务业。这是促进结构升级和增加就业的重要途径。积极发展信息、金融、会计、咨询、法律服务等现代服务业，提高服务业整体水平。运用现代经营方式和服务技术，改造商贸流通、交通运输、市政服务等传统服务业，提高服务质量和效益。发展面向居民消费的房地产业、社区服务、旅游、餐饮、娱乐、健身等产业，增加服务内容。要深化改革和采取必要的政策措施，形成有利于服务业发展的环境。

五、实施西部大开发，促进地区协调发展

实施西部大开发战略，加快中西部地区发展，是我国迈向现代化建设第三步战略目标的重要部署。“十五”期间要突出重点，搞好开局，着重加强基础设施和生态环境建设，力争五到十年内取得突破性进展，同时使科技、教育有较大发展。

要集中力量建设西气东输、西电东送、青藏铁路等一批具有战略意义的重大项目。把水资源的保护、节约和开发放在突出位置，加强规划，合理配置，努力提高水的利用效率。有步骤而因地制宜推进天然林保护、退耕还林还草以及防沙治沙、草原保护等重要工程的建设，注意发挥生态的自我修复能力，逐步建成我国西部牢固的绿色生态屏障。积极发展教育事业，加快培养急需的各类人才。增加科技投入，提高科技开发能力。要从各地实际出发，调整和优化产业结构，加强农业，加快资源优势向经济优势转化，培育和形成各具特色的地区经济。西部开发要依托亚欧大陆桥、长江水道、西南出海通道等主要交通干线，发挥中心城市的集聚功能和辐射作用，以线串点，以点带面，培育西陇海兰新线经济带、长江上游经济带和南(宁)贵(阳)昆(明)等经济区，带动周围地区发展。

国务院已颁布重点支持西部大开发的政策措施，国家将增加对西部地区的投入和财政转移支付。西部地区要立足于主要依靠自己的力量，发扬艰苦创业精神，作好长期奋斗的准备；加快改革开放步伐，营造良好的投资环境，更多更好地吸引境内外资金、技术和人才参与西部开发。要加强干部交流。

中部地区要发挥区位优势和综合资源优势，加快经济发展步伐。以主要水陆交通干线地区为重点，发挥中心城市作用，积极培育新的经济增长点和经济带。巩固和发展农业，继续加强基础设施和生态环境建设。加大用高新技术和先进适用技术改造传统产业的力度，提高技术水平和竞争能力。

东部沿海地区要面向国内外市场，加快科技进

步和创新，着力发展高新技术产业和外向型经济，提高经济的综合素质和国际竞争力，有条件的地区要率先基本实现现代化。要采取多种形式，加强与中部、西部地区的经济技术合作，支持和带动中西部经济发展，拓展东部结构调整和经济增长的空间。

六、落实科教兴国战略，大力开发人才资源

这是《纲要》的重要内容，也是实现今后五年各项任务的重要保证。

促进科技进步和创新，为结构调整和经济发展提供强大动力。一要积极推进具有战略意义的高技术研究，力争在一些关系国民经济命脉和国家安全的关键技术领域取得突破。努力提高自主创新能力，促进高新技术成果产业化。二要为传统产业升级提供技术支持。重点在农产品加工及转化、装备制造、节水节能、纺织品后整理等方面的技术取得进展，加快高新技术向传统产业渗透。三要加强基础研究和应用基础研究，提高科技持续创新能力。加强基础科学重点领域的前沿性交叉性研究。选择我国具有优势和对发展有重大意义的领域，加强应用基础研究，力争在基因组学、信息科学、纳米科学、生态科学和地球科学等方面取得新进展。促进自然科学与社会科学的交叉融合，推动管理科学发展。重视发展哲学社会科学，推进理论创新。

加快科技体制改革步伐，进一步促进科技与经济紧密结合。加强国家创新体系建设。推动企业成为技术进步和创新的主体。继续鼓励技术开发类科研院所进入企业或改制为企业。积极推进社会公益类科研院所改革。培育和形成一批具有国际影响的科研机构。发展社会化的科技中介服务业。完善风险投资机制，建立创业板股票市场，支持中小企业技术创新。加大国家和社会对科技的投入。加强国家重点实验室建设。

坚持教育适度超前发展，为国民经济和社会发展服务。发展教育，要面向现代化、面向世界、面向未来，着力推进素质教育，促进学生德、智、体、美全面发展。巩固基本普及九年义务教育和基本扫除青壮年文盲的成果，加快高中阶段教育和高等教育的发展，重点建设一批高水平大学和学科。大力发展职业教育和职业培训，建立职业教育与普通教育相互沟通的教育体系。发展成人教育和多种形式的继续教育，逐步形成终身教育体系。重视发展儿童早期教育。利用信息技术发展远程教育。根据经济和社会发展的要求，继续调整教育结构和布局，优化专业设置，更新教材，改革课程体系、考试评价制度和教学方法，提高教学质量。加强德育，尤其要重视青少年的品德教育，改进学校思想政治工作。搞好教师队伍建设，全面提高教师的思想和业务素质。

深化办学体制和教育管理体制改革。依法落实高校办学自主权，继续推进高校后勤服务社会化。鼓励、支持和规范社会力量办学。增加国家和社会对教育的投入。适应农村税费改革后的新情况，县级政府要负责对基础教育经费的统筹，落实教师工资统一发放的措施。中央财政和省级财政要加大对困难地区、民族地区教育的转移支付和专项投入。健全奖学金、助学金和助学贷款等制度。采取有力措施，切实制止学校乱收费。

实施人才战略，把培养、吸引和用好人才作为一项重大任务。着眼于现代化建设全局和长远发展，培养和造就坚持走有中国特色社会主义道路，有较高政治理论素养和开拓精神，掌握现代科学文化和管理知识，并经过实践考验的高素质领导人才队伍。培养和造就具有公仆意识，廉洁、勤政、高素质、专业化的公务员队伍。培养和造就掌握先进科学技术和管理知识、创新能力强、适应经济和社会发展需要的各类专业人才队伍和企业经营管理者队伍。重视培养具有世界前沿水平的学科带头人。普遍提高全体劳动者的科学素养和劳动技能。深化干部人事制度改革，建立和完善对各级各类人才的选拔任用、考核评价、流动配置、激励监督的制度，形成有利于人才辈出、人尽其才的机制。建立和完善人才市场。依法保护知识产权。吸引聘用海外高级专门人才。鼓励留学人员回国工作或以适当方式为祖国服务。

七、进一步深化改革和扩大对外开放

要按照逐步完善社会主义市场经济体制，促进结构调整和经济发展的要求，积极推进改革，扩大对外开放。

继续深化国有企业改革，使企业真正成为市场竞争的主体。重点是加快建立和完善现代企业制度。鼓励国有大中型企业通过规范上市、中外合资和相互参股等形式，实行股份制，转换经营机制。

对关系国民经济命脉和国家安全的重要企业,国家必须控股;对其他企业,不必都要控股。积极探索国有资产管理的有效形式。健全企业法人治理结构。特别要建立和完善对国有企业的监管机制,充分发挥监事会的作用。深化企业人事、劳动和分配制度改革,建立健全激励机制和约束机制,强化科学管理。要结合产业结构调整,坚持"有进有退、有所为有所不为"的方针,推进国有经济布局的战略性调整。继续放开搞活国有中小企业。进一步实行政企分开,切实转变政府职能,减少行政性审批。发挥商会、行业协会等中介组织的作用。推进电力、铁路、民航、通信等行业管理体制改革,引入竞争机制。通过改革,使政府与企业的关系真正转到符合社会主义市场经济要求的轨道上来。继续调整和完善所有制结构。坚持以公有制经济为主体,发挥国有经济主导作用,发展多种形式的集体经济,支持、鼓励和引导私营、个体经济健康发展。

大力整顿和规范市场经济秩序,进一步发展市场体系。这既是保证当前经济正常运行的迫切需要,又是完善社会主义市场经济体制的重要举措。要健全市场法律法规,严格执法。完善市场监督机制,运用现代科技手段,加大监管力度。坚持不懈地打击制售假冒伪劣产品、偷税、骗税、骗汇、走私等违法犯罪活动。整顿建筑市场。整顿和规范金融秩序。严肃财经纪律。加强审计监督工作。规范社会中介机构的行为。强化安全生产管理和安全监察。打破部门、行业垄断和地区封锁,反对地方保护主义,尽快建立和完善全国统一、公平竞争、规范有序的市场体系。重点培育和发展要素市场,尤其是资本市场。大力倡导诚实守信的职业道德,加快建立健全社会信用制度。

加强和改善宏观调控,继续深化财税、金融、投资体制改革。根据经济形势变化,实施相应的宏观经济政策。近期要继续实施积极的财政政策,带动投资和促进消费。全面推进依法理财,强化税收征管,严格财政监督,加快税费改革和预算制度改革,健全税制。调整和优化财政支出结构,逐步建立适应社会主义市场经济要求的公共财政框架。在继续扩大国内需求和抑制通货紧缩趋势的情况下,注意防止可能出现的经济过热和通货膨胀。继续实行稳健的货币政策,适时调节货币供应量,保持人民币币值稳定。按照现代银行制度对国有独资商业银行进行综合改革,发挥政策性银行功能,办好中小金融机构。规范和健全证券市场,保护投资者利益。进一步发展保险业。改善和强化金融监管,实行严格的经营管理考核制度和责任追究制度,改进金融服务,努力提高金融资产质量,防范和化解金融风险。深化投资体制改革,全面实行投资项目法人责任制、招标投标制、工程监理制、合同管理制,健全投资约束机制。

适应经济全球化趋势,进一步提高对外开放水平。一要抓紧做好加入世贸组织的准备和过渡期的各项工作。采取切实措施,转变政府管理方式,提高企业竞争能力。深化改革,健全符合国际通行规则和我国国情的对外经济贸易体制。加快修订和完善相关的法律法规。抓紧培养熟悉国际贸易规则的专业人才。二要进一步发展进出口贸易。继续实施以质取胜、科技兴贸战略。优化出口商品结构,提高高新技术产品比重,增加大宗传统商品的技术含量和附加值,扩大服务贸易规模。规范加工贸易管理,提高加工贸易的增值率。大力推进市场多元化战略,开拓新的出口市场。同时,重点进口国内急需的先进技术、关键设备和重要原材料。积极参与多边贸易体系和国际区域经济合作。三要努力提高利用外资水平。有步骤地推进服务领域对外开放。鼓励外商特别是跨国公司投资高新技术产业、基础设施等领域,以及在我国建立研究开发机构,参与国有企业的改组改造。支持有条件的企业到境外上市。进一步改善投资环境。积极探索采用收购、兼并、风险投资、投资基金和证券投资等形式,扩大利用外资规模。积极引导外资更多地投向中西部地区。要继续办好经济特区、浦东新区。四要实施"走出去"战略。鼓励有比较优势的企业到境外投资,开展加工贸易,合作开发资源,发展国际工程承包,扩大劳务出口等。建立和完善政策支持体系,为企业到境外投资兴业创造条件。同时要加强监管,防止国有资产流失。

八、不断改善人民生活,完善社会保障制度

在经济发展的基础上,使人民生活有较大改善,逐步向更加宽裕的小康生活迈进,是今后五年的重要任务。

加快完善社会保障制度。这是关系改革、发展、稳定全局的大事。要确保国有企业下岗职工基本生活费和离退休人员基本养老金按时足额发放。同时,加快形成独立于企业事业单位之外、资金来

源多元化、保障制度规范化、管理服务社会化的社会保障体系。精心做好完善城镇社会保障体系的试点工作。完善社会统筹和个人帐户相结合的城镇职工基本养老保险制度。健全失业保险制度，逐步实现国有企业下岗职工基本生活保障和失业保险并轨。加强城市居民最低生活保障制度，关心困难群众的生活。积极推进城镇职工基本医疗保险制度、医疗机构和药品流通体制改革。鼓励有条件的用人单位为职工建立补充养老和医疗保险，并发挥商业保险的作用。建立可靠、稳定的社会保障资金筹措、有效运营和严格管理机制。发展社会福利、社会救济、优抚安置和社会互助等社会保障事业。切实保障妇女、未成年人、老年人、残疾人的合法权益。支持残疾人事业发展。

千方百计扩大就业。“十五”期间扩大就业的任务十分繁重。在保持较快经济增长的同时，要重视发展有比较优势的劳动密集型产业，特别是发展就业容量大的服务业，积极发展集体企业和私营、个体企业，努力增加就业岗位，拓宽就业渠道。加强社区建设，扩大社区服务。发展灵活多样的就业形式。引导人们转变就业观念，鼓励创业和自谋职业。加强劳动力市场建设，完善就业服务体系，发展职业培训，形成市场导向的就业机制。

不断增加居民收入，特别是增加低收入者的收入。建立健全与经济增长相适应的工资支付制度、最低工资制度和最低工资标准调整机制。各级财政要按照“一要吃饭、二要建设”的原则，保证机关事业单位工作人员工资和离退休费按时足额发放，逐步改善他们的工资待遇。深化收入分配制度改革。坚持效率优先、兼顾公平原则。认真贯彻按劳分配为主体、多种分配方式并存的制度，鼓励资本、技术等生产要素参与收益分配。要提高国有企业高层管理人员、技术人员的工资报酬，充分体现他们的劳动价值，可以试行年薪制。但同时要有严格的约束和监督，不能不管工作好坏、企业效益高低，都照拿高薪。对不称职、渎职的人要有相应的制裁措施。对国有上市公司负责人和技术骨干，还可以试行期权制，但不能把国有资产量化给个人。加强对垄断行业个人收入分配的监管。要规范社会分配秩序，强化税收对收入分配的调节功能，防止收入差距过分扩大。

调整消费结构，改善消费环境。着力改善城乡居民的住行条件。大力发展经济适用住房，建立廉租房供应保障体系。积极发展公共交通。加强城市绿化和城乡基础设施建设，改善城乡居民生活环境。发展社区卫生预防保健，努力改善农村卫生服务条件。加强群众性体育设施建设。

九、继续实施可持续发展战略

促进人口、资源、环境协调发展，把实施可持续发展战略放在更突出的位置。

坚持计划生育基本国策。要努力保持低生育水平，促进优生优育。重点做好农村和流动人口计划生育工作。建立计划生育利益导向机制，继续实行地方党政领导责任制。加快人口与计划生育法制建设。认真做好老龄人口的工作，发展老龄事业。

保护和合理利用资源。依法保护和合理利用淡水、土地、能源等宝贵资源。逐步建立战略性矿产资源储备和安全供应体系。加强对海洋资源的综合开发利用和保护。积极开展资源回收利用，大力提高资源综合利用率。健全资源的有偿使用制度。维护矿产等资源的国家所有者权益。完善资源保护和利用的法律法规，强化执法监督。

加强生态建设和环境保护。抓好长江上游、黄河上中游等地区的天然林保护工程建设。继续加强东北、华北、西北和长江中下游等重点防护林体系建设。加强天然草原的保护和建设。推进岩溶地区石漠化综合治理。抓紧治理京津地区风沙源。继续开展重点流域、区域、海域的污染治理。综合治理城市污染，搞好城市绿化，使大中城市环境质量明显改善。重视农村污染治理和环境保护。健全环境、气象和地震监测体系，做好防灾减灾工作。

十、加强精神文明和民主法制建设，加强国防建设

大力加强社会主义精神文明建设。坚持两手抓、两手都要硬的方针。巩固和加强马克思主义的指导地位，用马列主义、毛泽东思想、邓小平理论教育人民，弘扬爱国主义、集体主义、社会主义精神。在干部中深入开展“三个代表”重要思想的教育，坚持讲学习、讲政治、讲正气，树立正确的世界观、人生观、价值观。努力建立适应社会主义市场经济发展的思想道德体系，把依法治国和以德治国结合起来。普及科学知识，反对愚昧迷信，倡导文明健康的生活方式。进一步发展文学艺术、新闻出版、广

播影视等各项事业。坚持为人民服务、为社会主义服务的方向和百花齐放、百家争鸣的方针，生产出更多更好的精神产品。坚持正确的舆论导向。高度重视新的信息媒体的建设和管理。加强图书馆、文化馆、科技馆、博物馆、档案馆等文化设施建设，加强青少年、老年活动场所建设。继续开展群众性精神文明创建活动。深化文化体制改革，完善文化经济政策，推动有关文化产业发展。整顿和规范文化市场。坚持不懈地开展“扫黄打非”斗争。

积极推进社会主义民主法制建设。发展社会主义民主政治，依法治国，建设社会主义法治国家。继续推进政治体制改革。实行民主选举、民主决策、民主管理和民主监督，保证人民依法享有广泛的权利和自由，尊重和保障人权。继续加强人民代表大会的立法和监督工作。发挥人民政协的政治协商、民主监督、参政议政作用。完善适应社会主义市场经济体制的法律体系。各级政府要自觉接受同级人大的监督，主动听取政协的意见。推进政府工作法制化，依法行政，从严治政。深化司法改革，严格执法，公正司法。深入开展反腐败斗争，加强廉政建设。强化法制教育，增强全体公民的法制观念。加强政法系统基础设施建设，提高政法队伍素质。

进一步落实党的民族政策，坚持和完善民族区域自治制度，发展平等、团结、互助的社会主义民族关系。结合西部大开发，加大支持力度，加快少数民族和民族地区经济与社会全面发展，促进各民族共同繁荣和进步。全面贯彻党的宗教政策，保障公民宗教信仰自由，依法管理宗教事务，积极引导宗教与社会主义社会相适应。认真贯彻党的侨务政策，充分发挥海外侨胞在祖国现代化建设与和平统一大业中的作用。

进一步维护社会稳定。正确处理新时期人民内部矛盾。重视群众的来信来访。搞好社会治安综合治理，打击各种危害社会与国家安全的犯罪活动。依法打击民族分裂活动、宗教极端势力、暴力恐怖活动、邪教和利用宗教进行非法活动。继续开展同“法轮功”邪教组织的斗争，深入揭露和批判其反人类、反社会、反科学的邪教本质，及其沦为国内外敌对势力反对我国社会主义政权工具的反动面目，依法严厉打击极少数违法犯罪分子，坚持不懈地团结、教育、挽救绝大多数被蒙骗的群众。

加强国防和军队建设。这是国家安全和现代化建设的重要保证。在集中力量发展国民经济的同时，必须积极推进国防建设，增强国防实力。要大力加强军队思想政治建设，确保党对军队的绝对领导和军队建设的正确方向。认真贯彻新时期积极防御的战略方针，坚持改革创新，坚持质量建军，科技强军，勤俭建军，依法治军，走有中国特色的精兵之路，全面提高军队革命化、现代化、正规化建设水平。强化全民国防意识，健全国防动员体制。加强国防科研，推进国防科技工业调整、改革，发展新型武器装备，增强现代技术特别是高技术条件下防卫作战的能力，做好应付各种复杂情况的准备。

各位代表！进入新世纪，我们将继续按照“一国两制”方针和基本法，全力支持香港、澳门特别行政区行政长官和政府依法施政，加强港澳与内地的经济合作及交流，维护香港、澳门的长期繁荣稳定。

尽早解决台湾问题，实现祖国完全统一，是中华儿女的共同期盼，是我们面临的重大任务。我们将继续执行“和平统一、一国两制”的基本方针和江泽民主席提出的八项主张，与广大台湾同胞一道，坚决阻止任何制造分裂的图谋，尽一切可能争取和平统一。我们将坚持一个中国原则，在此基础上继续推动两岸对话与谈判，发展两岸经济文化交流和人员往来。我们坚信，经过中华儿女的不懈奋斗，祖国统一大业必将早日完成。

面对世界多极化和经济全球化深入发展的国际形势，我们将始终不渝地奉行独立自主的和平外交政策，在和平共处五项原则的基础上，进一步同世界各国发展友好合作关系，争取一个长期的国际和平环境和良好的周边环境。中国将积极参与国际事务，为维护世界和平、促进国际合作、实现共同发展，为推动建立和平稳定、公正合理的国际政治经济新秩序，作出新的贡献。

各位代表！2001 年是进入新世纪、实施“十五”计划的第一年。全面贯彻党的十五届五中全会和中央经济工作会议精神，做好今年的各项工作，对于实施“十五”计划起好步、开好局，至关重要。要坚持扩大国内需求的方针，实施积极的财政政策和稳健的货币政策。继续发行 1500 亿元长期建设国债，集中用于在建项目和西部开发项目。同时，适当增加机关事业单位人员工资，提高城镇低收入者收入。把加强农业基础地位和增加农民收入放在经济工作首位，采取有力措施切实解决当前农业、农村中存在的突出问题。巩固和扩大国有企业改革成果，在建立现代企业制度、转换经营机制和加强科学管理上狠下功夫。抓紧做好加入世贸组织的各项准备工作。加快完善社会保障体系,多渠道扩大就业,改善人民生活。要把大力整顿和规范市场经济秩序,作为一项紧迫的重要任务。加强精神文明和民主法制建设。继续处理好改革、发展、稳定的关系,搞好社会治安综合治理,维护社会稳定。支持北京市申办奥运。要统筹兼顾,乘势前进,保持经济和社会发展的良好势头。

各位代表!我们已经跨进了 21 世纪,迈上了向现代化建设第三步战略目标进军的新征程。任何艰难险阻都挡不住中国人民胜利前进的步伐!让我们紧密团结在以江泽民同志为核心的党中央周围,高举邓小平理论伟大旗帜,坚持党的基本路线,以“三个代表”重要思想为指导,振奋精神,扎实工作,为实现“十五”计划目标,为把我国建设成为富强民主文明的社会主义现代化国家而努力奋斗!

关于2000年国民经济和社会发展计划执行情况与2001年国民经济和社会发展计划草案的报告

——2001年3月6日在第九届全国人民代表大会第四次会议上

国家发展计划委员会主任　曾培炎

各位代表：

我受国务院委托，向大会报告2000年国民经济和社会发展计划执行情况与2001年国民经济和社会发展计划草案，请予审议，并请全国政协各位委员提出意见。

一、2000年国民经济和社会发展计划执行情况

过去的一年，在中国共产党的正确领导下，全国各族人民团结奋斗，国民经济和社会发展取得显著成绩，整体经济运行出现了走向良性循环的重要转机，计划执行情况是好的。

国民经济保持较快发展，增长质量和效益不断提高。国内生产总值完成89404亿元，增长8%，增幅比上年提高0.9个百分点。价格总水平止跌回稳，居民消费价格上涨0.4%。规模以上工业企业实现利润4262亿元，同比增长86.2%。其中，国有及国有控股企业实现利润2392亿元，增加1.4倍。工业品销售率97.71%，比上年提高0.46个百分点。

经济结构调整积极推进，有效供给能力进一步增强。农业结构调整迈出新步伐。优质专用小麦、优质早稻和大豆种植面积扩大较多。在遭受严重旱灾的情况下，粮食总产量达到4625亿公斤。重要农作物生产开始向优势产区集中。肉禽蛋奶和水产品产量稳定增长。高技术产业快速发展，成为新的增长点。电子通信产品制造业总产值首次突破1万亿元，成为制造业中第一大产业。移动通信手机增长130%，半导体集成电路增长51.5%。固定电话网和移动电话网规模均位居世界第二。以企业为主体的技术创新体系建设进一步加强，产学研合作项目14万个。纺织行业结构调整的重点从压缩淘汰落后生产能力逐步转到提高产品质量和档次，使一批企业增强了竞争力。煤炭、冶金、石油、化工、机械、建材、制糖等行业淘汰落后生产能力、加快产品结构调整也取得积极进展。

固定资产投资稳定增长，国债项目建设成效显著。全社会固定资产投资完成32619亿元，比上年增长9.3%。电子工业和科研技术服务业的基本建设投资分别增长48.9%和19.2%，技术改造投资增长13.2%。西部地区投资增长14.4%，分别高于东部和中部地区6.1和0.6个百分点。

中央财政增发国债对促进经济社会发展发挥了重要作用。三年来，共发行长期建设国债3600亿元，带动地方、部门、企业投入配套资金和银行贷款共7500亿元，集中力量办成一些多年想办而未办成的大事。一是加快了基础设施建设。加固大江大河大湖堤防16000多公里，新增节水灌溉面积6500万亩。新增公路通车里程174000公里，其中高速公路10230公里。增加铁路新线2070公里。基本完成农村电网建设与改造工程的县(区、市)达1000个，新建和改造高、低压线路近200万公里。建成和在建国家储备粮库仓容700多亿斤。城市供水、供热、供气和污水处理能力得到改善。二是推进了企业技术进步和产业升级。支持了300多个高技术产业化项目，880个项目列入国债重点技术改造贴息计划。三是加强了生态建设和环境保护。启动了重点地区生态环境建设综合治理、天然林资源保护、天然草场保护和中西部地区坡耕地退

耕还林还草试点工程。支持北京环境污染治理工程，开展京津风沙源区的治理。建成“三河三湖”流域水污染治理项目 44 个。这些重点地区生态环境状况有了初步改善。四是促进了社会事业发展。建设教学、实验、科研等基础设施项目 694 个，改善了高等院校办学条件。各地区、各有关部门不断完善国债项目管理措施，加强重大项目稽察工作。严肃查处一些挪用建设资金、工程发包违规操作和存在严重质量问题的项目，保证了工程质量和资金安全。

消费需求稳步回升，人民生活继续改善。社会消费品零售总额达 34153 亿元，实际增长 11.4%。住房、旅游等新的消费热点逐步形成。个人购买商品住宅的支出增长 50.6%，占全部商品住宅销售额的 84.8%。春节、“五一”和“十一”成为假日消费“黄金周”。全年国内共有 7.4 亿人次出游，旅游收入 3176 亿元，增长 12.1%。城镇居民人均可支配收入和农民人均纯收入分别达到 6280 元和 2253 元，扣除价格因素影响，实际增长 6.4% 和 2.1%。城镇和农村人均居住面积分别达到 10 和 25 平方米。扶贫教育工程取得进展。扶贫开发力度加大，尚未解决温饱问题的农村贫困人口继续减少，“八七”扶贫攻坚目标基本实现。

财政收入大幅度增长，金融运行保持平稳。全国财政收入 13380 亿元，比上年增长 16.9%；支出 15879 亿元，增长 20.4%。全国财政收支相抵，支出大于收入 2499 亿元，其中中央财政赤字 2598 亿元，比调整预算确定的赤字数额减少 200 亿元，地方财政节余 99 亿元。继续实行稳健的货币政策，运用信贷政策引导贷款投向。年末广义货币供应量(M2)、狭义货币供应量(M1)分别增长 12.3% 和 16.0%，全年现金净投放控制在 1500 亿元以内。全部金融机构各项贷款余额 9.9 万亿元，当年增加 1.3 万亿元。实行了个人存款实名制。年末国家外汇储备达到 1656 亿美元，增加 109 亿美元。

国有大中型企业改革和脱困三年目标基本实现，其他各项改革不断深化。国有大中型骨干企业建立现代企业制度工作取得积极进展，实施“债转股”，扩大企业上市规模和向国有重点大型企业派出监事会，促进了国有企业经营机制的转变和经营状况的改善。1997 年底亏损的 6599 户国有及国有控股大中型工业企业，到 2000 年底减少了 70% 以上。社会保障体系建设步伐加快。确保国有企业下岗职工基本生活费和企业离退休人员基本养老金按时足额发放工作得到加强。基本养老金社会化发放率超过 90%，失业保险制度逐步建立，基本医疗保险制度开始实施。

价格改革进一步推进。农村电网改造和农电体制改革已经完成的地区逐步实现城乡同网同价。国内成品油价格与国际市场逐步接轨。整顿药品和医疗服务价格秩序取得成效。取消了涉及交通车辆方面的 238 项收费。进行了电信资费检查，开展了旅游、电力、成品油价格和公安部门收费、农村中小学教育收费等专项检查。

粮棉流通体制改革取得新进展。国有粮食企业大量亏损的局面得到扭转。初步建立了中央储备粮垂直管理体制。粮食、棉花仓储设施建设力度加大。国家通过市场公开竞卖方式，抛售库存棉花和食糖，有效地调节了市场供求和价格水平。

西部大开发陆续展开，战略构想开始实施。研究制定了西部开发总体规划，出台了实施西部大开发的若干政策措施。西部地区交通、能源和水利建设积极推进。西安至南京和重庆至怀化铁路、重庆轻轨、青海涩北经西宁至兰州输气管线等新开工项目进展顺利。“西气东输”和“西电东送”等重大工程前期工作加快，贵州洪家渡、引子渡和乌江渡水电站，以及云南宣威 60 万千瓦电厂和一批高压输电线路开工建设。在建大中型项目进度加快。退耕还林还草试点工作稳步推进，试点地区共完成退耕还林还草面积 1129 万亩，宜林荒山荒地造林种草 787 万亩。天然林资源保护工程进展顺利。防沙治沙、水土保持综合治理等工程稳步展开。科技教育加大了对西部地区的支持力度。

外贸进出口增长迅猛，利用外资质量进一步提高。对外贸易摆脱了亚洲金融危机的不利影响，进出口强劲增长，贸易结构进一步改善。进出口总额 4743 亿美元，比上年增长 31.5%，其中出口增长 27.8%，进口增长 35.8%。机电产品出口 1053 亿美元，增长 36.9%，占出口总额的 42.3%。高新技术产品出口增长 50%，占总出口额的 14.9%。国内短缺的机械设备、原材料和工业中间产品进口增长较快。

利用外资形势好转。新批外商投资项目比上年增长 32.1%，合同利用外资金额增长 51.3%。实际利用外资 590 亿美元，其中外商直接投资 407 亿美元。一些大型企业集团在境外股票市场上市取得成功。积极推动“走出去”开放战略的实施，引导和鼓励有条件的企业对外投资。境外开发资源和生产加工项目取得进展，高新技术研究开发项目增多。多边和双边经贸关系取得重大进展，我国加入世界贸易组织谈判进入最后阶段。

实施科教兴国战略取得新进展，各项社会事业全面进步。科学技术在一些领域取得重大突破。"风云二号"气象卫星发射成功，使我国成为世界上能够同时研制、生产和发射太阳同步轨道和地球同步轨道气象卫星的第三个国家。超级杂交水稻研究取得重大成果，大规模并行计算机系统"神威Ⅰ"主要技术指标和性能达到国际先进水平，高速宽带互联网开通，在世界上首创电磁式生物芯片。国内独立研制的第一台类人型机器人问世，标志着我国机器人技术已跻身国际先进行列。科研院所管理体制改革取得重要进展。民营科技企业迅速崛起。国家创新体系建设逐步推进。

各级各类教育全面发展，素质教育继续推进。全国基本普及九年义务教育通过验收的人口地区覆盖率达到85%，青壮年文盲率下降到5%以下，"两基"目标初步实现。高等教育管理体制改革取得重大进展。普通高校招生221万人，比上年增加61万人。成人高等教育快速发展。"211"工程一期建设目标如期实现。

文化艺术、新闻出版、广播影视、社会科学、计划生育、卫生、体育和文物保护等各项事业发展加快。广播、电视人口综合覆盖率分别达到92.1%和93.4%。人口自然增长率控制在预期目标之内。医药卫生体制改革取得重要进展。社会主义精神文明建设和民主法制建设进一步加强。我国体育健儿在第27届奥运会上，创造了参加奥运会以来的最好成绩，极大地激发了全国人民的爱国热情和团结奋斗精神。

2000年国民经济和社会发展取得的成绩来之不易，这是全国人民共同努力奋斗，认真贯彻执行中央一系列正确决策的结果。这些成绩标志着我国第九个五年计划胜利完成，现代化建设第二步战略目标已经实现，为实施第三步战略部署奠定了坚实基础。与此同时，我们也清醒地看到，当前经济和社会生活中还存在一些不可忽视的矛盾和问题。有效需求正常增长的机制尚未完全形成，经济回升的基础还不稳固。社会投资不够活跃，集体和私营、个体投资增幅虽有所回升，但对整个社会投资增长的作用仍然有限；扩大消费还存在一些制约因素，启动农村消费市场仍需进一步努力；出口商品结构不尽合理，部分商品缺乏竞争力。农业抵御自然灾害能力不强，农产品价格持续低迷，农民收入增长缓慢，一些粮食主产区的农民收入还有所减少。产业结构还不尽合理，一般加工工业生产能力过剩的矛盾仍较突出，技术含量较高的新兴产业所占比重还不大。地区经济发展不够协调，农村剩余贫困人口的进一步脱贫任务仍很艰巨。国有企业经营机制尚未根本转变，创新能力较弱，部分企业经营比较困难。城镇就业压力加大，国有企业下岗职工还有600多万人没有实现再就业。部分地区养老保险基金入不敷出，工资和离退休费正常发放还有一定困难。收入分配不合理的矛盾有所加剧。一些地区制售假冒伪劣商品和偷税、骗税、骗汇、走私活动猖獗，社会信用紊乱，违反财经纪律的行为屡禁不止。少数国家工作人员以权谋私、贪污腐化、奢侈浪费现象还比较严重。安全生产存在不少隐患，重大特大事故给人民生命财产造成严重损失。有些地方社会治安状况不好。对这些问题，各有关方面都很重视，已经并将继续采取措施，认真加以解决。

二、2001年经济社会发展调控目标和主要任务

2001年是新世纪的第一年，是迈向第三步战略目标、实施"十五"计划的第一年，也是保持经济增长良好势头、乘势前进的关键一年。做好今年的经济工作，对于保持国民经济持续快速健康发展，为"十五"计划开好头、起好步，具有非常重要的意义。

今年经济工作的总体要求是：以邓小平理论为指导，按照"三个代表"的要求，贯彻落实党的十五大和十五届五中全会精神，抓住机遇，加快发展。坚持扩大国内需求的方针，继续实施积极的财政政策和稳健的货币政策，综合运用各种宏观调控手段，巩固和发展经济增长的好形势。依靠体制创新和科技创新，以信息化带动工业化，大力推进经济结构的战略性调整。强化农业的基础地位，加大对农业的支持和保护力度，努力增加农民收入。加快转变企业经营机制，加强企业管理，巩固和扩大国有企业改革和脱困成果。做好加入世界贸易组织的各项准备工作，提高对外开放水平，积极发展开放型经济。多渠道扩大就业，加快建立和完善社会保障体系，进一步改善人民生活。正确处理改革发展稳定的关系，促进国民经济持续快速健康发展和

社会全面进步，努力实现“十五”计划的良好开局。根据这一要求，2001年国民经济和社会发展的主要预期目标是：

——经济增长率7%；

——全社会固定资产投资增长10%左右；

——居民消费价格总水平上涨1%—2%；

——进出口总额增长8%左右；

——中央财政赤字控制在2598亿元以内；

——货币发行量1500亿元以内；

——城镇登记失业率控制在4%以内；

——人口自然增长率控制在10‰以内。

2001年国民经济和社会发展的主要任务是：

(一)坚持扩大内需的战略方针，努力保持国民经济的较快发展

坚持扩大内需，是我国经济发展的一项长期战略方针和基本立足点，也是解决当前经济生活中各种矛盾和问题的重要措施。为了保持经济发展的良好势头，必须坚持这一方针。近期要继续实行积极的财政政策和稳健的货币政策，努力增加有效需求。

采取积极措施，促进全社会固定资产投资较快增长。固定资产投资的重点是：抓好在建国债项目，加快农林水利、交通通信、城市基础设施和环境保护、城乡电网建设与改造、国家储备粮库建设，支持企业技术改造和高技术产业化，加强科教基础设施建设，落实西部大开发、加快中西部地区发展的战略部署。开工建设一批重大工程项目，主要有：淮河临淮岗洪水控制工程、嫩江尼尔基水利枢纽、右江百色水利枢纽、青藏铁路、西气东输管道工程、兰州经成都至重庆输油管道、广西龙滩水电站、广州新白云机场、吉林燃料酒精项目、海南天然气化肥厂、天津引滦水源保护工程、山西王曲电厂、浙江桐柏抽水蓄能电站，以及推进全国电网联网的贵州至广东、三峡至广东、三峡至华东三条500千伏直流输电工程。新建一批公路国道主干线和地区干线，包括京福路的福建和江西段、京珠路河南新乡至郑州段，以及北京至河北承德干线等。加快云南小湾水电站、塔里木河及黑河综合治理工程、上海国际航运中心、西北和西南进出境铁路的前期工作。抓紧做好南水北调的前期论证和各项准备工作，争取尽早开工建设。加快辽宁东水西调工程和山东胶东半岛引黄供水工程的前期工作。今年要建成投产一批重大项目，包括上海宝钢三期、江苏南京长江第二大桥、福建棉花滩水电站、湖南江垭水利枢纽、广东和海南粤海铁路通道、四川和云南的内昆线。继续抓好工程质量和资金管理，加强项目监管和稽察。清理和取消限制社会投资的不合理规定，创造平等竞争的环境，鼓励和引导非国有经济增加投资。

启动市场、扩大消费是增加有效需求的关键环节。改革福利型消费体制，完善鼓励消费的政策措施。继续清理和取消用电、买房、通信和购车等方面抑制消费的规定。建立健全个人信用制度，积极发展消费信贷。完善住房公积金制度，加快放开住房二级市场，培育住房租赁市场。进一步促进旅游观光、教育培训、社区服务、文化娱乐、体育健身和卫生保健等产业发展，拓宽消费领域，增加服务性消费。大力改善消费环境。继续加强城乡水、电、路、通信等基础设施建设，为扩大消费营造良好环境。

(二)巩固和加强农业基础地位，千方百计增加农民收入

加强农业和农村基础设施建设。加快长江、黄河等大江大河大湖堤防工程、疏浚工程和枢纽工程的建设步伐，加固病险水库。抓紧完成长江流域的平垸行洪、退田还湖、移民建镇续建工程，搞好蓄滞洪区建设。抓好大型灌区以节水为中心的配套与改造，重视解决农村人畜饮水困难。加大种子工程、畜禽水产良种工程和动植物保护工程建设力度。加强国家大型商品粮、优质农产品基地和农产品产地批发市场建设。基本完成全国农村电网改造，加快实现城乡用电同网同价，改善农村生产生活条件。

推进农业和农村经济结构调整。要切实保护好基本农田及配套农业设施。粮食主产区要继续发挥粮食生产优势，稳定粮食生产能力。建立农产品市场信息系统，引导农民适应市场需求变化，调整品种结构，扩大优质品种和专用品种生产。发展出口创汇农业。加快建立食品安全和质量标准体系。加快发展畜牧水产养殖业，扩大粮食、畜产品等农产品加工转化。重点扶持有条件的龙头企业建设农产品生产、加工、出口基地，引导龙头企业与农户在农业产业化经营的分工协作中互惠互利，共同发展。积极稳妥地发展小城镇，推进乡镇企业结构调整和技术进步。

多渠道增加农民收入。促进农村富余劳动力向多种经营、乡镇企业转移，引导农民外出务工有序流动，更多地吸纳农村劳动力参加基础设施建

设。健全农村金融体系,改善农村金融服务,加强对农业和农村经济发展的金融支持。加快农村税费改革,切实减轻农民负担。

努力解决尚未脱贫人口的温饱问题,防止和减少返贫现象。加大中西部少数民族地区、革命老区、边疆地区和特困地区的扶贫工作力度。坚持开发式扶贫,多渠道增加扶贫资金,努力改善贫困地区的基本生产生活条件。有计划地在自然条件恶劣、不适于生存的地区开展易地扶贫试点工作。

(三)保持积极财政政策的连续性,继续执行稳健的货币政策

从经济发展的要求看,由于社会投资持续增长的机制尚未形成,要保持投资对经济增长的拉动力,巩固和发展当前经济回升的良好态势,仍需继续实施积极的财政政策,并保持必要的力度。当前,物资供应充裕,社会资金相对宽余,有条件继续发行适当规模的国债。综合考虑各方面因素,建议今年由中央财政向商业银行发行1500亿元长期建设国债。全年全国财政预算收入14760亿元,支出17358亿元,中央财政赤字控制在2598亿元以内,地方财政收支平衡。发挥积极财政政策的效应,以政府投资带动社会投资和消费增长。新增国债投资除部分用于西部开发重大工程外,集中用于在建国债项目,使其尽快建成发挥效益。进一步做好增收节支工作,严格依法治税。

继续实行稳健的货币政策。全面落实扩大内需、调整结构、促进消费的各项金融信贷措施,在注重防范风险、提高资产质量的基础上,积极支持各方面对资金的合理需求。根据经济发展的需要,适时调节货币供应量。今年广义货币供应量(M2)预期增长13~14%,狭义货币供应量(M1)增长15~16%,现金净投放控制在1500亿元以内,全部金融机构贷款增加1.3万亿元。要进一步加大对各类金融机构的监管力度,降低不良贷款比率,提高盈利水平和资本充足率。继续做好中小金融机构的整顿、改革和重组工作,发挥中小金融机构的作用。强化证券市场的稽核监管力度,完善股票发行核准制度,保证上市公司质量。继续加强保险市场监管,促进保险业持续、健康、有序发展。

(四)调整和优化产业结构,不断提高经济运行的质量和效益

加快高技术产业发展。做好新一代高速宽带信息网络、数字高清晰度电视、广播电视直播卫星系统、生物技术、洁净煤技术等一批高技术工程的前期准备和组织实施工作。启动软件、第三代移动通信、水资源综合利用、现代中药产业化等一批重大专项。促进创业投资发展,培育有利于高技术产业发展的市场环境。

推进国民经济和社会信息化。积极推动信息技术在各行业的广泛应用,着力发展电子政务和电子商务,推进企业信息化。搞好信息基础网络建设。大力发展软件和集成电路产业,支持新型元器件、计算机网络产品、数字视听产品的发展,增强信息化装备制造和系统集成能力。

大力振兴装备制造业。依托重大项目,加快重点装备制造企业的技术改造,开发市场急需产品。着力抓好环保设施、城市轨道交通设备、石油化工装备、大型超临界发电机组、直流输变电、燃气轮机的开发和制造。

加快传统产业的改组改造。着力抓好石油化工、钢铁、有色金属的短缺品种生产和节能降耗改造,大力发展新型建材,加快汽车工业组织结构调整。积极开发应用节水、节油技术,推广煤炭清洁燃烧和转化技术,搞好燃料酒精使用的试点,开发新能源和可再生能源,促进能源结构调整。进一步淘汰落后设备、技术和工艺,依法关闭浪费资源、污染严重、不具备安全生产条件的企业。

积极调整、发展第三产业。改造和提高传统服务业,发展旅游、信息、会计、咨询、法律服务等现代服务业,努力提高服务业增加值占国内生产总值的比重及其从业人员占全社会从业人员的比重。

(五)巩固和扩大国有企业改革和脱困成果,积极推进各项改革

进一步深化国有企业改革。建立和完善全国统一、公平竞争、规范有序的市场体系,着力发展资本、劳动力、技术等生产要素市场,为国有企业的改革和发展创造条件。发展一批主业突出、管理水平高、竞争力强的大型企业集团。推动国有大中型企业的股份制改造,除少数国家垄断经营的企业改制为国有独资公司外,鼓励其他大中型企业通过规范上市、中外合资和相互参股等形式,改制为多元持股的有限责任公司或股份有限公司。关系国家经济命脉和国家安全的重要企业必须由国家控股。加快建立现代企业制度,规范法人治理结构,探索国有资产管理的有效形式。建立健全科学决策制度,全面改进和加强企业管理。深化企业内部人事、劳动和分配制度改革。采取多种形式放开搞活中小企业。加快完善社会保障制度,做好完善城镇

社会保障体系的试点工作，稳步推进国有企业下岗职工基本生活保障向失业保险并轨。通过调整财政支出结构、减持国有股等方式，充实社会保障资金。坚持公有制为主体、多种所有制经济共同发展的基本经济制度，支持、鼓励和引导私营、个体企业尤其是科技型中小企业健康发展。

加快转变政府职能。要在减少对企业的行政性审批、打破行业垄断两方面取得明显进展。努力推进投融资体制改革。继续清理行政审批事项，能精减的精减，可改为备案的改为备案管理，需要保留的也要简化程序，规定时限，改进服务，为各类经济主体发展营造宽松的政策环境。

继续推进价格改革。进一步完善价格形成机制，打破行业垄断和地区封锁。规范供电、供气、供水、电信、交通、医疗、教育等行业的价格行为。推进石油、天然气、水、电、药品和医疗服务价格改革。提高政府价格决策的科学性和透明度。推进交通和车辆税费改革。

进一步深化粮棉流通体制改革。继续完善粮食流通体制改革的各项措施，健全粮食工作省长负责制。适当扩大中央储备粮规模，增强国家宏观调控能力。有条件的粮食主销区，要加快粮食购销市场化改革；粮食主产区要继续坚持“三项政策、一项改革”，坚持按保护价敞开收购农民余粮。国有粮食购销企业要加大改革力度，切实成为自主经营、自负盈亏的经济实体。认真搞好粮食清仓查库。拓宽棉花流通渠道，加强市场和质量管理。

(六)努力扩大就业，关心和解决好人民生活问题

推行多种就业方式，拓宽就业门路。大力发展多种所有制经济，发展具有市场前景的劳动密集型产业，创造更多的就业岗位。开展多种形式的职业培训，提高劳动技能，促进再就业。引导人们转变择业观念，继续实行鼓励自谋职业的优惠政策。

坚持“一要吃饭，二要建设”的原则，把人民生活放在优先位置。确保国有企业下岗职工基本生活费和企业离退休人员基本养老金按时足额发放，防止发生新的拖欠。适当提高机关事业单位职工基本工资。统一建立艰苦边远地区津贴制度。着力改善低收入群体的生活，继续完善城市居民最低生活保障制度。确保救灾、救济资金及时拨付到位，妥善解决灾区群众和困难居民的生产和生活问题。进一步深化收入分配制度改革，对国有上市公司负责人和技术骨干，试行年薪制和期权制，加强对垄断行业收入分配的监督和管理。加大社会治安综合治理力度。

(七)做好加入世贸组织的各项准备，把对外开放提高到新水平

深入研究世贸组织规则，抓紧清理、修订和完善相关经济法律法规，建立健全符合我国实际、与世贸组织规则相衔接的涉外法律体系。加快政府职能和经济管理方式的转变，全力推进农业、汽车、石油化工、机电设备制造、电信、金融保险等领域的调整重组，增强竞争能力。大力培养熟悉国际法律和世贸组织规则的高素质专业人才。

实施科教兴贸和市场多元化战略，努力扩大外贸进出口。落实和稳定鼓励出口的各项政策措施，扩大货物和服务出口。优化出口商品结构，增加机电产品特别是高新技术产品出口的比重，提高增值率。组织好国内急需的关键设备、技术和重要原材料的进口。

稳定利用外资规模，提高质量和效益。有步骤地推进服务领域的对外开放。积极创造条件，吸引外资特别是跨国公司投资于高新技术产业，参与国有企业改组改造和基础设施建设。探索采取兼并、投资基金等多种形式，利用国外中长期投资。继续进行外商投资特许权项目，以及利用项目运营权或收益权对外引资的试点。合理利用国际金融组织和外国政府贷款，拓宽贷款使用领域。加强外债管理，防范外债风险。

积极贯彻“走出去”开放战略，更好地利用国内外两种资源、两个市场。加强区域经济合作。建立健全政策支持体系和监管体系，鼓励和引导有比较优势的企业到境外投资办厂，实行跨国经营。

(八)扎扎实实推进西部大开发，促进地区协调发展

加快水利、交通、能源、通信和城市基础设施建设。组织实施好“西电东送”、“西气东输”等重点工程。加快青藏铁路的前期工作，争取早日开工建设。

加强生态保护和建设。加大实施天然林资源保护工程的力度，继续搞好退耕还林还草试点工作，及时兑现各项优惠政策。稳步推进重点地区生态建设综合治理、防沙治沙、天然草地的恢复与建设等工程，加快林草良种基地建设。启动长江三峡库区生态保护和治理工程。

发展各具特色的优势产业。发挥资源优势，建设资源开发、加工、综合利用基地。加快青海钾肥、

广西氧化铝工程和造纸用材林基地建设。加强能源基地建设,充分利用水能、太阳能和风能资源等。开发丰富的自然和人文景观资源,大力发展旅游业。加强西部地区农业基础,扶持特色农产品生产。

优先发展科技教育,做好人才的培养、使用和引进工作。加快西部地区科技能力建设。加强基础教育,支持西部各省(区、市)建设一所大学和部分县职业技术教育。做好东西部地区教育对口支援工作。研究制定西部地区人才开发规划和政策,形成优秀人才脱颖而出和人尽其才的机制,加强干部和人才交流。

中部地区要发挥区位优势和综合资源优势,加快发展步伐。东部地区要在体制创新、科技创新、对外开放和经济发展中继续走在前列,积极支持中西部地区发展。

(九)坚持实施科教兴国战略和可持续发展战略,积极发展各项社会事业

加快开发推动结构升级的共性技术、关键技术和配套技术。大力推进新的农业科技革命。加强基础研究和应用基础研究。搞好国家重点实验室建设。促进自然科学与社会科学的交叉融合,推动哲学社会科学以及管理科学的发展。继续完善国家科技创新体系。全面推进知识创新工程试点。进一步深化科技体制改革,积极推进科技成果产业化,切实解决科技与经济脱节问题,努力把企业培育成科技进步和创新的主体。对高新技术产品实行税收支持政策。改进对科技型企业的信贷服务,扩大科技信贷投入。重奖有突出贡献的科技人员。具备条件的企业可以试行科技成果和技术专利作价折股。

加快发展教育事业。加大支持普及中西部地区九年义务教育的力度。在大中城市和经济发达地区逐步普及高中阶段教育。深化办学体制改革,加大教育结构调整力度,着力推进素质教育,加快教育信息化建设步伐。增加资金投入,支持高等院校基础设施建设。启动高等教育“211”二期工程。2001年研究生计划招生16万人,增长24%。普通高等学校计划招生250万人,增长13.1%。鼓励社会力量以多种形式办学。发展多形式、多层次的职业教育和社区教育。加强人才培训建设的投入。

加大环境保护力度。强化城市大气、水、垃圾和噪声污染的综合治理,改善大中城市环境质量。继续抓好“三河三湖”等重点地区的环境整治和以京津地区风沙源为重点的风沙区治理。加强东北、华北、西北和长江中下游等重点防护林体系建设。认真搞好国土资源调查,积极开展矿区生态恢复治理工作。全面推行清洁生产,积极探索污水、垃圾处理的企业化经营途径,大力发展环保产业。积极开展农村环境监测和综合治理,特别注意防治农业化学污染。

促进各项社会事业全面进步。加强社会主义精神文明建设,弘扬民族优秀文化。继续有效控制人口增长,提高人口素质。鼓励多渠道融资,促进文化、卫生、广播影视、新闻出版等各项事业发展。进一步提高广播电视覆盖率。加强文化设施的建设。深化医药卫生体制改革,改善城乡特别是农村卫生服务设施,预防和控制重大传染病流行。大力开展全民健身运动,发展竞技体育。加强公检法司基础设施建设。

三、整顿和规范市场经济秩序,为经济的健康发展创造良好环境

市场经济秩序混乱,是当前经济生活中的一个突出问题,不仅给国家和人民利益造成重大损失,败坏国家信誉和改革开放形象,而且严重影响经济的健康发展,必须下大决心进行治理。造成市场经济秩序混乱的原因是多方面的,很重要的是市场经济法律法规不健全,管理松懈,监督不力,纪律松弛,以及少数公职人员的腐败行为。要把整顿和规范市场经济秩序作为经济工作的重要内容。深化改革,加强法制,标本兼治,突出重点,坚持整顿与建设相结合,争取用一年左右时间取得阶段性成果。

集中力量,大力整治。继续开展打击走私犯罪、打击骗取出口退税和逃汇骗汇、打击制售假冒伪劣商品等专项斗争,全面整顿商品市场、金融市场、资本市场、建筑市场、文化市场,规范经营秩序。重点整治六个方面:一是认真组织严厉打击制售假冒伪劣商品犯罪活动的联合行动。搞好重点商品、重点市场、重点地区、大案要案的清查,重点查处群众反映强烈、涉及人体健康和人身、财产安全的假冒伪劣商品。二是深入开展严厉打击骗取出口退税、走私贩私、逃汇骗汇等专项斗争。重点打击虚开增值税发票、出口骗税作案团伙和“一条龙”作业等犯罪行为。三是继续整顿金融秩序。严肃查处金融机构违法违规经营活动,坚决取缔各种非法金

融机构和非法变相从事金融业务活动，依法严惩金融犯罪分子。四是整顿和规范市场主体行为。取缔无资金、无场地、无设备的“三无”企业和无照经营活动，严厉查处企业和中介组织作假账、隐匿收入、出具虚假资信证明等不法行为。五是整顿和规范建筑市场。认真贯彻落实《招标投标法》，严禁在招标投标中弄虚作假和滥用职权非法干预，打击违法分包、转包和“黑箱”操作等行为。六是制止地方保护和市场分割。严厉查处各种不正当竞争行为，打破部门垄断和地区封锁，努力维护市场公平竞争秩序。经贸、财税、价格、银行、证券、外汇、海关、工商行政管理、质检、商检和药品监管等部门，要切实履行职责，相互配合，搞好协调，加强管理，力求取得实效。

整顿和规范市场经济秩序要与严惩违法犯罪分子结合起来，与反腐败斗争结合起来。突破一批涉及面广、数额巨大、危害严重、影响恶劣的大案要案，依法惩处违法犯罪的首恶分子和惯犯，形成对违法犯罪分子的震慑力量。严厉查处国家机关工作人员中与犯罪分子相互勾结，包庇、纵容违法犯罪活动的腐败分子。

建章立制，依法行政。加强社会主义法制建设，建立健全市场规则，规范政府、企业和中介组织行为。清理、废除与国家法律法规相抵触的地方性法规和部门规章。加强海关、出入境检验检疫、税务、工商行政管理、质量技术监督、药品监督、价格检查和项目稽察等执法队伍建设。提高执法人员的政治业务素质，做到严格执法。国家机关工作人员要严格按照法律法规规定的权限和程序行使职权。

严肃法纪，加强监督。健全监控机制，严肃财经纪律，强化管理监督，堵塞各种漏洞，认真查处各种违反财经纪律的行为。加强对垄断行业产品和服务价格的监管。坚决制止价格欺诈等不法行为。继续清理整顿各种乱收费，依法打击逃废债行为。加强市场中介组织建设。各类社会中介组织要逐步与政府部门脱钩，自觉按照公平、公开、公正原则履行法定职能。进一步加强社会监督体系建设。建立健全以法规约束、政府管理、新闻监督和消费者参与为主要内容的社会化监督体系。充分发挥电视、广播、报刊、网络等媒体作用，搞好舆论监督。

加强教育，标本兼治。在全社会普遍开展市场经济法制教育和信用教育，使各方面充分认识整顿规范市场经济秩序的必要性和紧迫性。把依法治国与以德治国结合起来，加强职业道德教育，强化信用意识，牢固树立诚实守信和依法经营观念，形成抵制和打击制假售假、走私贩私、逃汇骗汇等各类违法犯罪活动的社会氛围，自觉维护和创造良好的市场经济秩序。要以改革的精神整顿和规范市场经济秩序，理顺体制，转换机制，规范信用关系。近期，国务院将研究制定相关法规，作出关于整顿和规范市场经济秩序的决定，落实责任，完善措施，加大整治力度，从源头上治理市场经济秩序混乱问题。

狠抓管理，安全生产。这事关人民群众的生命财产安全，事关国民经济的健康运行。要牢固树立安全生产意识。坚持安全第一、预防为主，切实加强管理，认真落实各项制度，增加安全设施投入，搞好设备维修，消除事故隐患。严格安全生产责任制，对发生重大事故的地方和单位要严肃查处，并依法追究当事人和有关领导者的责任。

各位代表，人类已步入新的世纪，我国进入全面建设小康社会、加快推进社会主义现代化的新的发展阶段。我们要紧密团结在以江泽民同志为核心的党中央周围，高举邓小平理论伟大旗帜，认真贯彻落实党的十五大和十五届五中全会精神，认清形势，坚定信心，扎实工作，乘势前进，促进国民经济持续快速健康发展，为完成“十五”计划确定的各项任务奠定基础。

关于2000年中央和地方预算执行情况及2001年中央和地方预算草案的报告

——2001年3月6日在第九届全国人民代表大会第四次会议上

财政部部长　项怀诚

各位代表：

受国务院委托，我向大会提出2000年中央和地方预算执行情况及2001年中央和地方预算草案的报告，请予审议，并请全国政协各位委员提出意见。

一、2000年中央和地方预算执行情况

2000年，在党中央的正确领导下，全国各族人民团结奋斗，开拓进取，认真贯彻中央确定的各项宏观调控措施，国民经济出现了重要转机，全社会固定资产投资、社会商品零售总额以及进出口总额都大幅度增长，企业经济效益显著改善，全年国内生产总值增长8%。党中央、国务院对财政工作予以高度重视，全国人大及其常委会对加强财政管理提出了一系列重要要求。2000年年初中央举办了省部级主要领导干部财税专题研讨班，江泽民总书记作了重要讲话，全面、系统地阐述了国家财政的重大理论和实践问题，进一步完善了新时期的理财思想，为今后一个时期的财政改革和发展指明了方向。11月下旬，经中央批准，中组部、财政部、国家行政学院又联合举办了省部级干部财政专题研究班，研究落实开创新世纪财政工作新局面的办法和措施。所有这些，都为推进财政工作和财政改革创造了良好的政治、经济和社会环境。各地区、各部门充分抓住这一难得机遇，努力开拓，扎实工作，狠抓预算执行，各项财政工作取得了较好成绩。

（一）中央和地方预算执行情况都比较好，中央财政赤字较调整预算有所减少

2000年中央预算确定以后，为了巩固和发展经济回升的良好势头，经九届全国人大常委会第十七次会议批准，调整了中央预算，增加建设性支出500亿元，中央财政赤字相应增加500亿元。全年预算执行情况是：2000年中央财政总收入7584.33亿元，比预算增加680亿元。其中，中央财政本级收入6986.14亿元，比预算增加680亿元；地方上解中央收入598.19亿元，与预算持平。中央财政总支出10182.54亿元，比调整预算增加479.75亿元。其中，中央财政本级支出5514.34亿元，比调整预算增加213.74亿元；补助地方支出4668.2亿元，比预算增加266.01亿元。中央财政收支相抵，赤字2598.21亿元，比调整预算赤字2798.46亿元减少200.25亿元。中央财政债务收入4180.1亿元，其中，用于偿还国内外债务本金1573.58亿元，弥补当年赤字2598.21亿元，补充中央财政偿债基金8.31亿元。此外，2000年中央政府性基金收入1365.18亿元，中央政府性基金支出1365.18亿元。地方财政总收入11062.17亿元，比预算增加628.35亿元。其中，地方财政本级收入6393.97亿元，比预算增加362.34亿元；中央补助收入4668.2亿元，比预算增加266.01亿元。地方财政总支出10963.29亿元，比预算增加529.47亿元。其中，地方财政本级支出10365.1亿元，比预算增加529.47亿元；上解中央支出598.19亿元，与预算持平。地方财政收支相抵，结余98.88亿元，但地区间也不平衡，有的地区还相当困难。中央和地方预算执行数汇总，2000年全国财政收入完成13380.11亿元，比预算增加1042.34亿元；全国财政支出完成15879.44亿元，比预算增加743.21亿元。上述预算执行数字，在中央和地方决算编制汇总后，还会有些小的变化。

（二）积极财政政策继续发挥重要作用，促进了国民经济持续快速健康增长

为了贯彻落实积极财政政策，2000年国务院

各有关部门一方面根据全国人大及其常委会的要求,按照国务院确定的方向和重点安排国债资金项目,不搞重复建设和盲目建设,加强工程监理,提高工程质量,并对国债资金使用实行了全过程的监督检查和追踪问效,防止和减少了损失浪费。另一方面,积极筹措资金,抓紧相关工作,认真落实1999年中央确定的调整收入分配政策,以及鼓励投资、刺激消费、支持出口等一系列政策措施。连续三年积极财政政策的实施,有效增加了国内需求,促进了国民经济的持续快速健康发展,三年分别拉动经济增长1.5、2.0和1.7个百分点,而且加强了重点建设,集中力量办成了一些多年想办而未办成的大事,促进了经济结构调整,提高了经济增长质量,改善了企业经济效益。实践证明,根据国际国内经济形势变化相机调整财政政策,是完全正确的。尤其是,从单一的投资拉动到扩大投资和刺激消费并重,使我们掌握和积累了应对通货紧缩趋势的经验,充分展示了以江泽民同志为核心的党的第三代领导集体驾驭宏观经济的高超艺术。

(三)财政收入稳步增长,国家财力进一步增强

2000年中央财政收入比上年增加1137亿元,加上地方财政收入增加799亿元,全国财政收入增加1936亿元,增长16.9%,高于"九五"期间年均增幅。收入增加较多的主要因素:一是持续实施积极财政政策,促进了经济的增长,加之一部分税收优惠政策到期恢复征税、原油价格上涨以及加快"金税工程"建设等,使增值税比上年增加670.64亿元,比预算增加232.14亿元;二是对外贸易增长加快,进口大幅度增加,进口税收比上年增加664.18亿元,比预算增加677.03亿元;三是国有企业改革和脱困三年目标基本实现,企业效益明显改善,企业上交收入增加;四是金融保险业、房地产销售、建筑安装业以及旅游、餐饮等服务业营业额增长较快,营业税比上年增加199.45亿元,比预算增加68.01亿元;五是证券市场交易活跃,交易额扩大,证券交易印花税比上年增加232.93亿元,比预算增加284.4亿元。

综上所述,2000年财政增收,主要是经济增长速度加快、经济效益提高,以及整顿财经秩序、加强税收征管、依法征税的结果。充分体现了中央实施积极财政政策等宏观调控措施所取得的显著成效。

(四)加大了重点支出保障力度,促进了各项改革和社会事业发展

2000年,各级财政部门按照建立公共财政框架的要求,加大了财政支出结构调整力度,努力保障了涉及改革、发展和稳定大局的重点支出需要。2000年全国财政支出增长20.4%,其中中央财政支出增长32.8%(扣除国债利息支出,中央财政支出增长15.3%)。中央重点支出(包括补助地方支出)完成情况是:文教科学卫生事业费完成361.9亿元,比上年增长16.2%;社会保障支出完成876.27亿元,比上年增长34.2%;农业支出完成217.05亿元,比上年增长50.9%;公检法支出完成66.55亿元,比上年增长10.9%;行政事业单位离退休费完成43.27亿元,比上年增长28%;基本建设支出为1406.7亿元,与上年基本持平。需要说明的是,按照《全国人民代表大会常务委员会关于加强中央预算审查监督的决定》中"中央预算超收收入可以用于弥补中央财政赤字和其他必要的支出"的规定,2000年中央财政超收680亿元,除200亿元用于减少中央财政赤字外,其余480亿元根据2000年社会经济发展的实际需要,主要也用于重点支出项目,其中补充全国社会保障基金300亿元、增加补助地方社会保障资金100亿元、增加粮食风险基金等80亿元。中央财政超收使用情况已按规定向全国人大常委会作过书面报告。地方财政超收362.34亿元,按《预算法》的规定,由地方各级政府安排使用。主要用于解决工资拖欠、增加社会保障补助支出,保证农业、教育、生态保护等项重点支出以及支持粮食流通体制改革等方面的资金需要。

(五)积极推进预算管理制度创新,支出管理改革迈出重要步伐

为了推进预算管理制度创新,规范支出管理,切实提高财政资金使用效益,2000年财政支出改革进一步贯彻《全国人民代表大会常务委员会关于加强中央预算审查监督的决定》的有关精神,所有中央一级预算单位都试编部门预算,并选择了教育部、农业部、科技部、劳动和社会保障部四个部门的预算上报全国人大审议。在九届全国人大三次会议批准中央预算后一个月内,中央一级预算单位的部门预算全部批复到了部门,较以往提前2至3个月。2001年,提交全国人大审议的国务院所属部门的部门预算由4个增加到26个,并对上报内容作了细化,对上报形式作了改进。上报审议的部门预算,不仅有原有的功能预算,又有所有部门的预算汇编,既反映这些部门的预算总额,又反映各个部门的不同特点;既包括中央财政预算拨款安排的项目,又包括部门用预算外资金、政府性基金和单

位其他收入安排的项目。同时,各地部门预算的编制试点和准备工作,已全面展开。国库集中收付制度改革开始起步,改革方案已经拟订并开始试点。政府采购工作进一步推进,采购行为不断规范,采购法规不断完善,采购规模不断扩大。据不完全统计,2000 年全国政府采购资金规模超过 200 亿元,资金节约率平均在 10%左右。

(六)税费改革稳步推进,分配秩序得到进一步规范

农村税费改革在安徽全省和其他部分地区的试点取得了成效。从试点情况看,农村税费改革规范了农民与国家、集体之间的分配关系,有效减轻了农民负担,遏制了农村"三乱"。据安徽省统计,实行农村税费改革后,农民负担水平减轻 25%左右,得到了广大群众的衷心拥护和支持。在及时总结试点经验的基础上,进一步完善了扩大改革试点的方案和配套措施,还研究制订了相关的转移支付办法。《中华人民共和国车辆购置税暂行条例》已经颁布,从 2001 年 1 月 1 日起实施。

2000 年预算执行总体上是好的,但也存在一些问题。一是偷税、骗税等活动仍然严重,财务失真,编造假账册、假数据等违反财经纪律的行为还屡禁不止。二是地区间财力不平衡,一些地区尤其是县、乡两级财政比较困难,拖欠机关事业单位职工工资现象比较突出。三是部门预算等支出管理制度改革虽然起步,但基础工作还需进一步加强,预算编制的准确性有待进一步提高。上述问题需要引起高度重视,通过加快经济发展,深化财政改革,规范财政管理,整顿财经秩序等措施,着力加以解决。

二、2001 年中央和地方预算草案

按照十五届五中全会、中央经济工作会议和国民经济社会发展计划有关指标的要求,综合分析国内外政治经济形势变化对财政收支的影响,国务院编制了 2001 年中央预算草案:

2001 年中央财政总收入安排 8422.91 亿元,比上年执行数增加 838.58 亿元,增长 11.1%,其中,中央本级收入 7830 亿元,比上年执行数增加 843.86 亿元,增长 12.1%;地方财政上解中央收入 592.91 亿元,与上年基本持平。中央财政总支出 11021.01 亿元,比上年执行数增加 838.47 亿元,增长 8.2%。其中,中央本级支出 5845.17 亿元,比上年执行数增加 330.83 亿元,增长 6%;补助地方支出 5175.84 亿元,比上年执行数增加 507.64 亿元,增长 10.9%。中央财政收支相抵,赤字 2598.1 亿元,与上年持平。

2001 年中央财政到期需归还的国内外债务本金为 2005.95 亿元,加上弥补当年赤字 2598.1 亿元和中央代地方发行 400 亿元,国债发行总规模为 5004.05 亿元。上述国债总规模中,中央本级发行 4604.05 亿元,比上年实际发行额增加 423.95 亿元,主要是 2001 年国债还本支出增加所致。此外,2001 年中央政府性基金收入预算安排 1089.25 亿元,基金支出预算安排 1089.25 亿元。

2001 年地方财政预算总收入 12106.04 亿元,比上年执行数增加 1043.87 亿元,增长 9.4%。其中,地方财政本级收入 6930.2 亿元,比上年执行数增加 536.23 亿元,增长 8.4%;中央补助收入 5175.84 亿元,比上年执行数增加 507.64 亿元,增长 10.9%。地方财政预算总支出 12106.04 亿元,比上年执行数增加 1142.75 亿元,增长 10.4%。其中,地方财政本级支出 11513.13 亿元,比上年执行数增加 1148.03 亿元,增长 11.1%,上解中央支出 592.91 亿元。地方财政收支平衡。

2001 年中央和地方预算汇总,全国财政收入安排 14760.2 亿元,比上年执行数增加 1380.09 亿元,增长 10.3%;全国财政支出安排 17358.3 亿元,比上年执行数增加 1478.86 亿元,增长 9.3%。

2001 年中央预算安排考虑的主要因素是:

(一)财政收入增长按略高于经济增长安排

2001 年国民经济将继续朝着良性循环的方向发展,经济增长的质量和效益将进一步提高,这将为财政收入的增长打下坚实的基础;税收征管的加强将进一步堵塞漏洞,减少收入流失。但是,前些年影响财政收入增长的一些特殊因素将有所变化,收入增幅估计不会像近两年那么高:一是今年世界经济增长中出现不稳定因素,这可能会对我国的出口产生不利影响。二是近两年进口环节税收大幅增加,主要是打击走私和进口超常增长,情况转为正常后,进口税收很难每年再增加那么多,同时,2001 年我国自主调减关税税率也将减少收入。三是 2000 年国有企业上交的收入增加较多带有恢复性质。四是证券交易市场情况难以估计准确,证券交易印花税的预算不宜安排过高。五是 2000 年因国际、国内市场油料价格大幅上涨,增加了不少收入,去年底至今,油料价格已经回落。综合考虑上述因素,按照积极稳妥的原则,2001 年财政收入预

算增长幅度按略高于经济增长的水平安排。

另外,2001年1月1日出台的车辆购置税,预计收入180亿元,将替代原来的车辆购置费,专项用于交通道路的建设和维护,已在中央预算中列收列支。在2001年中央预算总收入增长11.1%中占2.4个百分点。

(二)加大基础设施建设力度,支持西部大开发战略实施

为了巩固和发展当前良好的经济形势,促进国内经济的稳固回升,根据党的十五届五中全会和中央经济工作会议的精神,2001年要继续实施积极的财政政策。为此,拟发行建设国债1000亿元,其中列入中央预算600亿元,另400亿元代地方政府发行。同时,拟发行500亿元特种国债,主要用于支持西部大开发战略的实施,安排西气东输、西电东送、南水北调、青藏铁路、生态建设等项目,全部列入中央预算。

(三)增加机关事业单位职工工资,有效刺激消费需求

调整和完善工资政策,适当增加机关事业单位职工工资,是解决当前宏观经济运行中有效需求不足的一项重要措施。2001年拟从以下几个方面对机关事业单位职工工资进行调整:增加机关事业单位职工基本工资;实行艰苦边远地区津贴制度;实施奖励工资制度。落实上述措施要增加中央本级支出108亿元。

(四)增加社会保障支出,确保社会稳定

加快建立社会保障体系,是推进国有企业改革,维护社会稳定,实现社会可持续发展的重要保证。为了支持社会保障制度改革,做好“两个确保”工作,2001年中央财政将继续增加用于社会保障方面的资金。

(五)促进和支持农村税费改革,切实减轻农民负担

推进农村税费改革,是保护农民合法权益,减轻农民负担的治本之策。为了基层政权组织的正常运转和农村义务教育等公益事业的正常开展,中央财政将对推行改革所造成的政策性减收,给予适当补助。为此,中央财政安排支出200亿元。

(六)增加其他重点项目支出

根据有关法律、法规的规定,2001年中央财政相应增加教育、科技、支农、文化、卫生、计划生育等方面的支出(包括中央本级和补助地方支出)。其中教育支出219.63亿元,比上年增长27.9%,科技支出349.19亿元,比上年增长14.5%,农业支出263.55亿元,比上年增长21.4%。

(七)加大中央对地方的转移支付力度

2001年中央对地方的税收返还、定额补助和各项转移支付支出为5175.84亿元,比上年增加507.64亿元,增长10.9%。其中税收返还2335亿元,定额补助119.71亿元,中央对地方财力转移支付及民族地区转移支付161亿元,调整收入分配政策、社会保障补助和增加工资政策等转移支付1195亿元,重点支出项目、基本建设、支援不发达地区等专项转移支付1365.13亿元。

(八)适当增加国防支出

2001年中央预算安排国防支出1410.04亿元,增长17.7%。这主要是适应提高军官、文职干部、士兵和职工工资的需要,以及适应世界军事领域的深刻变革、做好现代技术特别是高技术条件下的防卫作战准备的需要。

三、深化财政改革,强化财政管理,严格依法理财,促进经济和社会发展

2001年是新世纪的第一年,也是实施“十五”计划的第一年。做好2001年的财政工作,确保圆满完成财政预算,对于顺利实现“十五”计划,保持国民经济持续、快速、健康发展,促进社会全面进步,为新世纪开好局、起好步,具有重要意义。

(一)管好用好国债资金,充分发挥积极财政政策的作用

中央经济工作会议要求:在抑制通货紧缩趋势的情况下,要警惕和防止通货膨胀;在继续扩大内需的条件下,要防止经济过热现象和重复建设。按照这一精神,2001年的建设国债主要用于弥补在建项目后续资金不足,中央财政支出部分除技术改造贴息以外,全部用于未完工程,不再上新的项目。要管好用好人民的血汗钱,认真实行国债资金重点项目责任制,严格项目预决算管理,对国债资金项目试行国库集中支付制度,并加强监督检查,切实解决前两年国债资金使用过程中一些地区和单位存在的虚报项目,骗取、挪用国债资金,项目管理不严格、工程质量不高,以及损失浪费等问题,努力提高国债资金的使用效益,发现问题,及时纠正并严肃处理。同时,还要继续贯彻落实增加机关事业单位职工工资、调整居民收入分配等积极财政政策措

施，确保这些政策落到实处。

(二)完善税制，依法征管，努力增加财政收入

税收是国家财政收入的主要来源，也是国家实行宏观调控的重要手段。根据我国即将加入世界贸易组织的新形势和我国社会经济形势的发展变化，按照"统一税法、公平税负、优化税制、扩大税基、合理分权"的指导思想，进一步完善现行税制，清理和规范税收优惠政策；调整营业税政策，加强对娱乐性消费行为的调节力度；改革和完善个人所得税制，建立分类与综合相结合的新的个人所得税制；统一内外资企业所得税等税收政策，贯彻税收的国民待遇原则。同时，要继续贯彻落实"加强征管、堵塞漏洞、惩治腐败、清缴欠税"的工作方针，坚决维护税法的统一性和权威性，认真清理地方自行制定的税收先征后返政策，改进税收征管手段，尽快全面实施金税工程，坚决打击各种偷税、逃税和抗税行为，特别是继续严厉打击出口骗税及走私犯罪行为，大力清理压缩欠税，并采取切实措施解决税收虚假问题，逐步建立起管理扎实、征管手段先进、征管查相分离、寓执法于服务之中的税收征管新模式，促进财政收入稳定增长。

(三)调整和优化支出结构，确保重点支出需要

一是要按照"一要吃饭，二要建设"的原则，认真落实中央统一的工资政策。基层干部和人民教师等机关事业单位人员在社会稳定和发展中具有重要作用，保证他们的工资及时、足额发放，是各级政府应尽的义务，也是坚持实事求是、群众路线的重要体现。各级财政在安排预算时，首先要足额安排国家规定的机关学校和其它事业单位职工工资性经费，并全部纳入财政在国库开设的工资专户，用于发放职工工资，不准挪作他用，以保证当年工资按时发放。同时，要进一步做好党政机关工资财政统一发放工作，做好农村基层中小学教师工资由县级财政发放的工作。二是进一步提高社会保障支出在财政预算中的比重，确保企业离退休人员基本养老金和国有企业下岗职工基本生活保障费按时足额发放，支持国有企业重组改制和产业结构调整。三是要努力保障国家政权建设、科技、教育、人才培训、文化等重点领域和项目的支出需要。四是加强农业的基础地位，大力支持农业基础设施建设、防灾体系建设、天然林保护、退耕还林(草)和防沙治沙工程建设，支持深化粮食流通体制改革和农村税费改革，加大扶贫力度，切实减轻农民负担。确保重点支出需要，必须按照公共财政的要求，大力调整和优化财政支出结构，进一步规范财政资金供给范围，解决财政供养人口过多，包揽过宽的问题；结合地方机构改革，做好定编定岗定员工作，严格控制行政事业经费；能进入市场取得稳定收入的事业单位，逐步削减财政拨款；逐步减少对竞争性领域的直接投资。同时，要大力提倡和发扬艰苦奋斗、勤俭节约的优良传统，狠刹铺张浪费、奢侈挥霍之风，努力提高财政资金使用效益。

(四)推进支出管理制度改革，强化预算管理

这既是提高财政资金使用效益的要求，也是反腐败抓源头的治本措施。一是加快实行部门预算的改革步伐。中央财政报送全国人大审议的部门预算今年已进一步增加。各省级预算单位都要编制部门预算，30%—50%的地市要试编部门预算。要细化部门预算，抓紧修订定额标准和试行项目预算。推进政府收支分类改革，建立部门分类、功能分类、经济分类等新的政府收支分类体系。二是扩大国库集中收付制度试点工作。目前实行的是分级分散的国库制度，财政资金需要通过许多部门和单位的多重账户"中转"，收入不能及时入库，支出不能及时到用款单位，中间环节太多，容易发生挤占、挪用等现象。国库集中收付制度将建立国库单一账户体系，所有财政性资金全部纳入国库单一账户体系管理，收入"直达"国库或财政专户，支出通过国库单一账户体系"直达"商品和劳务供应者或用款单位。今年将选择一、二个中央部门和若干省份率先实施国库集中支付改革试点。三是积极推进政府采购制度。要进一步扩大政府采购的范围和规模，能实行公开招标的，都要按规范的程序实施政府采购，提高政府采购工作的透明度，并对政府采购资金积极推行国库集中支付制度。

(五)加快社会保障体系建设步伐，做好社会保障工作

建立符合中国国情的社会保障体系，是构筑社会主义市场经济体制和公共财政体制极为重要的内容，是维护广大人民最根本利益的一项重大措施，也是支持国有企业改革和发展的重要手段。要确保国有企业下岗职工的基本生活费和企业离退休人员养老金按时足额发放，决不能再发生新的当期拖欠。要扩大养老、医疗、失业等社会保险的范围，提高社会保险费的征缴率。要调整财政支出结构，提高社会保障支出比重，保证资金不留缺口。积极探索规范筹措社会保障资金的方式，拓宽社会保障资金的筹资渠道。切实加强社会保障资金管

理，增强规范性和透明度。合理划分中央和地方政府在社会保障工作中的责任，建立事权清晰、责任明确、保障有力、运转高效的社会保障管理体系。积极推进城镇社会保障体系改革试点。

（六）积极稳妥地推进税费改革，规范政府收入分配

实行税费改革，对于规范收入分配，完善财政体制，减轻企业、农民、社会负担，推进依法行政，从源头上、制度上治理腐败，增强政府的宏观调控能力具有重大意义。2001年要加快全国农村税费改革的步伐。有条件的省份，要在全省范围内全面推开，其它省份要扩大试点范围，为全面推行创造条件。要用好中央财政转移支付资金，省级财政也要挤出资金增加对农村税费改革的转移支付。在农村税费改革中，要确保农村义务教育的办学经费和健康发展。要加强对转移支付资金的监督和管理，保证上级财政转移支付资金专款专用，落实到基层，并要积极推进精简机构和人员等配套改革。要抓紧做好车辆购置税的征管工作并择机出台燃油税，继续清理涉及交通和车辆的乱收费，落实已取消的收费项目，继续清理取消不合理、不合法的行政事业性收费和政府性基金，切实减轻社会各方面的负担。同时，还要积极做好收费多，群众反映强烈的一些部门税费改革的准备工作。

（七）严格依法理财，强化财政监督，规范财经秩序

这是整顿和规范市场经济秩序的重要方面，也是加强财政法制建设的重要内容。一是要进一步完善财政监督体系，健全财政监督机制。从原来注重对企业微观事项的管理，转向对收入征收机关、预算执行部门、金融机构、中介机构等的监督，逐步健全企业财务监督社会化体系；加强预算资金使用的监督，形成包括财政部门、主管部门、资金使用单位、审计部门在内的相互制约、相互补充的预算执行监督体系。二是要切实贯彻《会计法》，完善会计制度，加强会计基础工作，提高会计信息质量，严厉打击假凭证、假账册、假审计等违法行为。要在总结和扩大会计委派制试点的基础上，加强全社会的会计监督。三是要建立财政资金的追踪问效和反馈机制。四是要加强对金融机构，特别是地方金融机构的财务监管工作，切实防范和化解金融风险。五是要进一步加强财政内部监督。六是要继续清理整顿经济鉴证类中介机构，建立起与社会主义市场经济体制相适应的经济鉴证类中介机构管理体制和高效的运行机制。

各位代表：今年的财政预算任务十分繁重和艰巨。让我们紧密团结在以江泽民同志为核心的党中央周围，高举邓小平理论的伟大旗帜，坚持党的基本路线，深入落实"三个代表"的重要思想，认清形势，明确任务，坚定信心，把握重点，狠抓落实，乘势前进，全面完成今年的预算任务。

国民经济总体运行状况

“九五”时期国民经济和社会发展成就

“九五”时期(1996～2000年)是我国加快建立和发展社会主义市场经济的重要时期。这一时期,在党中央和国务院的正确领导下,经过全国人民的共同努力,我国成功地克服了复杂多变的国内外经济环境的不利影响,国民经济保持了持续快速健康发展,各项社会事业全面进步,全面完成“九五”计划的各项主要任务,顺利实现现代化建设的前两步战略目标。

一、国民经济保持较快稳定发展,综合国力进一步提高

“九五”计划时期,我国经济继续保持较快发展,国内生产总值年平均实际增长8.3%,在国际上名列前茅,高于同期世界经济年平均约增长3.8%、发达国家年平均约2%和发展中国家年平均约5%的经济增长速度,超额完成“九五”年平均增长8%的计划目标,人均国内生产总值提前三年于1997年实现了比1980年翻两番的战略目标。2000年国内生产总值达到8.94万亿元,按现行汇率折算,突破1万亿美元,综合国力进一步提高;人均国内生产总值超过800美元,整体上已从“八五”时期的世界低收入国家行列跃入世界中下收入国家行列。“九五”时期,在经济持续增长和效益改善的基础上,国家财力迅速增加,2000年国家财政收入达到13380亿元,平均每年增长16.5%,是增长最快的一个时期,五年累计超过5万亿元,比“八五”累计增加1.3倍。三大产业共同发展,按可比价格计算,“九五”期间,第一产业增加值年平均实际增长3.5%,第二产业年平均实际增长9.8%,第三产业年平均实际增长8.2%。三次产业结构比由“八五”期末的20.5:48.8:30.7变为2000年的15.9:50.9:33.2,第一产业比重持续平稳下降,第二、三产业比重有所提高。

二、农业生产结构有所改善,主要农产品产量迈上一个新台阶

农业生产结构有所改善。“九五”期间,适应主要农产品需求结构的变化,在稳定主要农产品产量的同时,大力调整农业生产结构,加快了传统农业向现代农业的转变,取得了明显成效。目前,全国优质早稻面积约占早稻总面积的50%,优质专用小麦面积约占小麦总面积的20%,优质专用玉米面积约占玉米总面积的20%,优质油菜面积占总面积的比重超过50%。

主要农产品产量迈上一个新台阶。粮食产量于1996年突破5000亿公斤大关后已连续4年稳定在5000亿公斤左右的水平上,粮食生产和供给基本稳定,为整个国民经济持续快速健康发展奠定了坚实的物质基础。棉花、油料、糖料、肉类、水产等主要产品产量继续保持较高生产水平,其中油料产量2000年比1995年增长31.1%,水产品产量增长70.4%,肉类产量增长19.2%,较好地满足了生产和生活的需要。

三、工业生产在结构调整中快速发展,国有企业改革与脱困三年目标基本实现

“九五”期间,工业生产继续保持了快速增长的态势。到2000年末,工业增加值达39570亿元,按可比价格计算,比1995年增长62.6%,平均每年增长10.2%。到2000年,发电量达1.36万亿千瓦小时、原油1.63亿吨、钢1.27亿吨、化肥3186万吨、汽车207万辆,分别比1995年增长34.6%、8.6%、5.3%、25%和42.8%。很多主要工业产品产量位居世界前列。其中钢、煤、水泥、化肥、电视机产量位居世界第一,发电量、棉布产量位居世界第二,糖产量位居世界第三。

工业结构调整取得积极成效。技术含量高、附加值大的高新技术产品快速发展,成为经济增长的主要拉动力量。2000年与1995年相比,电子及通信设备制造业增加了1.9倍,逐渐成为工业生产中的支柱产业。煤炭行业关井压产成效明显,2000年煤炭产量比1995年减少1/4以上;冶金行业总

量控制取得积极进展，钢产量增速趋缓，行业利润显著提高；连续四年亏损的制糖行业通过优化种植区域结构，调整压缩落后制糖生产能力，2000年实现了扭亏为盈；纺织行业经过“九五”前三年的调整，在1999年整体扭亏的基础上，2000年实现盈利大幅度增加。

国有企业改革与脱困三年目标基本实现。“九五”期间，国有企业改革不断深化，按照“产权清晰、权责明确、政企分开、管理科学”的原则，有步骤地对国有大中型企业实行规范的公司制改造，同时坚持将改革与改组、改造、加强管理结合起来，着眼于搞好整个国有经济，通过“抓大放小”，对国有企业实行战略性改组，鼓励兼并、规范破产、下岗分流、减员增效、实施再就业工程。大多数国有大中型企业初步建立了现代企业制度。企业改革的积极推进使工业结构逐步趋向合理，一批国有大中型企业重新焕发生机和活力，到2000年底，全国31个省(区、市)都实现了整体扭亏或盈利增加，国家重点监测的14个行业有12个实现了整体扭亏为盈或继续增盈。1997年底亏损的6599户国有大中型工业企业到2000年底已有70%以上摆脱亏损困境。

四、基础产业得到加强，基础设施明显改善

“九五”期间，特别是从1998年开始，我国实施积极的财政政策，逐年增加国债发行，投入防洪防涝、农田灌溉、储备粮库、铁路公路、重点空港、邮电通信、环保设施、城乡电网、城市公共设施等基础设施建设，“九五”期间，全社会固定资产投资总规模超过13万亿元，比“八五”累计增加一倍多，基础产业和基础设施明显改善，经济发展后劲增强。

“九五”期间新建城市道路1308公里，新增城市日供水能力1887万吨，日污水处理能力824万吨，日垃圾处理能力31317吨。城市综合功能进一步完善，城市面貌发生了巨大的变化。针对“九五”期间，洪涝和干旱等自然灾害频繁发生的情况，国家利用国债资金，加大了对农田水利建设的投入，加固和建成了一批防洪、排涝、灌溉等工程设施。累计加固新修大江大河堤防1.64万公里，增加行蓄洪面积1400多平方公里，有效地增强了抗洪涝灾害的能力。农村电网新建和改造取得积极进展，改变了农村电网布局不合理、技术装备落后和网架结构薄弱的状况，为提高农村的电气化水平、降低农村过高电费和改善农民生活质量创造了条件。

能源工业继续得到加强。“九五”时期，新增原煤开采能力9607万吨，新增大中型发电机组容量9418万千瓦，新增天然气开采能力146亿立方米，新增原油开采能力5895万吨。举世瞩目的长江三峡工程和黄河小浪底水利枢纽工程顺利实现截流，小浪底工程的部分机组已开始并网发电，世界最大的抽水蓄能电站—广州蓄能水电站竣工；现代化水平较高的神府东胜煤田和塔里木油田等重大项目开始发挥大的效益。

交通运输能力大为提高。“九五”期间，国家充分利用国债资金，共新建铁路主线正线交付运营里程6140公里，增建铁路复线交付运营里程4365公里。全长2553公里、跨越九个省市、贯穿南北的第二大经济动脉—京九铁路以及在复杂地质艰险山区修建的、全长899公里的电气化铁路—南昆铁路全线通车。累计新建公路88770公里，其中新建高速公路11449公里。全长1262公里、投资393亿元的我国第一条国道主干线京沪高速公路全线贯通。新建、改建、扩建了一些机场，投资87亿元、总建筑面积56万平方米的首都机场航站楼的竣工，使年输送旅客能力由原来的870万人次提高到2630万人次，提高了2倍。新扩建万吨级港口码头年吞吐量22588万吨。

通信设施明显改善。基本实现了以“八纵八横”光缆为主体的省际干线传输网的建设，数字微波和卫星通信也得到了长足的发展。兰西拉光缆通信干线正式开通并投入使用，工程总投资6.12亿元。

五、国际经济往来成绩显著，对外开放进一步扩大

“九五”期间，我国进出口总额达17739亿美元，比“八五”时期增长74.9%。其中出口9617亿美元，增长85.5%；进口8122亿美元，增长63.7%。外贸顺差累计达1495亿美元，比“八五”时期的223亿美元增加1272亿美元。到1999年，我国进出口贸易总额位居世界各国和地区的位次已从1995年的第11位提升至第9位。市场多元化战略取得新的进展。“九五”期间，在不断巩固和扩大对欧、美和亚洲市场出口的同时，积极开拓非洲、拉丁美洲等市场。我国对外出口超过1亿美元的国家(地区)由1995年的67个增加到2000年的

82个。

出口商品结构进一步改善,机电产品特别是高新技术产品出口快速增长。"九五"期间我国机电产品出口同比增加1.4倍,年平均增长19.1%,其占出口总额的比重由1995年的29.5%上升到2000年42.3%。出口商品中,2000年工业制成品比重由1995年的85.6%上升到89.8%,上升了3.2个百分点。

利用外资规模不断扩大,质量继续提高。"九五"期间,我国实际利用外资2894亿美元,比"八五"增长近80%,其中外商直接投资2136亿美元,增长87%。在总量不断增长的同时,利用外资质量和结构逐步改善。外商投资平均项目规模由80年代初期的120多万美元,90年代初期的130多万美元,迅速提高到"九五"期间的300多万美元。境外大公司、大财团来华投资增多,世界500强企业中已有约400家在华投资。随着对外开放领域的不断扩大和西部大开发战略的实施,国外厂商投向基础设施的资金和中西部地区的资金明显增多。"九五"期间我国利用发行证券吸引外资工作取得重要进展,通过境内外发行股票方式共筹集近140亿美元外资入境。

外汇储备达到一个较高水平,人民币汇率保持稳定。外汇储备由1995年底的736亿美元升至2000年底的1656亿美元,增加1.25倍,位居全球第二。面对亚洲金融危机和周边国家货币大幅度贬值的冲击,我国坚持人民币不贬值的政策,1997年以来,人民币汇率基本稳定在每100美元兑换830元人民币左右,总体上保持了基本稳定的态势。

六、城乡人民生活进一步改善,总体上达到小康水平

城乡居民收入稳定增长。2000年城镇居民家庭人均可支配收入为6280元,剔除价格因素,"九五"期间年平均实际增长5.7%;农村居民人均纯收入为2253元,剔除价格因素,年平均实际增长4.7%。城乡居民储蓄存款大幅度增加,到2000年底,已突破6.4万亿元,比1995年增加3.5万亿元,增加1.2倍。

居民消费结构不断改善,食物性消费支出比重继续下降。在城镇,居民消费中食物性消费的比重由1995年的49.9%降低到2000年的39.2%,下降了10.7个百分点,其中人均粮食消费量下降了15.2%。与此同时,牛羊肉、禽蛋、水产品、蛋类的消费量分别增长10.9-37.5%,鲜乳品及酸奶增加1.3倍。在农村,食物性消费所占比重由58.62%下降到50%左右,下降8个多百分点。居民食物性消费所占比重的下降,标志着居民消费结构的改善和生活质量的提高。

居民耐用消费品拥有量不断增加,并逐渐向高档化发展。到2000年底,每百户城镇居民拥有彩电达116.6台,比1995年增加26.9台,已经接近日本、美国等发达国家的水平;洗衣机拥有90.5台、家用电冰箱86.7台、沐浴热水器49.1台、抽油烟机54.1台,分别比1995年增加1.5台、17.6台、19台和19.6台;2000年每百户农村居民拥有彩电48.7台、冰箱12.3台、洗衣机28.6台,分别比1995年增加31.8台、7.2台和11.7台。与此同时,家用电脑、轿车等高档消费品也逐渐进入高收入城镇居民家庭,拥有量不断上升,到2000年末,每百户城镇居民拥有家用汽车0.51辆、家用电脑9.72台、家用摄像机1.34台。

居民住宅面积不断扩大,生活环境明显改善。据建设部资料,2000年城市居民人均居住面积达10.2平方米,比1995年的8.1平方米扩大了2.1平方米。随着住房制度改革的不断深化,城镇居民住房自有率明显提高,2000年已达77.1%,比1995年提高了41.4个百分点。住宅装饰水平不断提高,城镇绿地面积也逐步扩大;农村居民人均居住面积有所增加,住房结构质量不断提高。人均住房面积由1995年的21.01平方米增加到2000年的24.82平方米,增加了3.81平方米。其中砖木结构和钢筋混泥土结构所占比重达79.6%,比1995年提高了8.2个百分点。农村自来水、电力供应面不断扩大。电话普及率大幅度提高,全国平均每百人拥有电话机由1995年4.7部提高到2000年20.1部。

市场价格水平基本稳定。"九五"期间,居民消费价格年均上涨1.8%,市场价格总体上保持了基本稳定的态势。分品种看,农产品和家电耐用消费品价格的持续下降,粮食、油料、棉花、肉禽、鲜菜年平均分别下降6.2%、4.7%、5%、4%和4.1%,家电耐用消费品价格年平均下降6.4%。居住和服务项目价格年平均则分别上涨5.5%和13.4%。

七、科技教育快速发展，各项社会事业全面发展

科技成果硕果累累。“九五”期间累计投入科技经费 5828.3 亿元，比“八五”时期增长 88.9%。共缔结技术开发、技术转让、技术咨询和技术服务合同 128.9 万项，成交合同金额 2240.8 亿元，分别为“八五”时期的 1.15 倍和 2.4 倍。两系法杂交水稻技术的应用、水稻基因图谱的绘制、体细胞克隆羊的诞生、转基因试管牛的问世、“神舟”号飞船上天以及“神威”计算机、12 英寸单晶硅材料、纳米技术等一系列重大科技成果的取得，标志着我国科学技术水平又取得了新的重大进展。

教育结构调整步伐加快，教育事业发展迅速。“九五”期间，在继续普及义务教育的同时，加大了教育结构调整的力度，扩大了高等教育招生规模，提高了全社会成员的文化素质。2000 年普通高等学校在校学生达到 556.1 万人，比 1995 年增加 265.5 万人，增长了 1.1 倍。基础教育得到进一步加强，全国普及九年义务教育的人口覆盖率由“九五”初期的 50%提高到 2000 年的 85%。

此外，文化、卫生、体育也取得新的成就。“村村通”工程取得重大进展，广播电视覆盖率显著提高。截止 2000 年底，我国广播人口覆盖率和电视人口覆盖率分别达到 92.1%和 93.4%，分别比 1995 年提高 13.4 个百分点和 8.9 个百分点，基本形成了卫星、无线、有线等多种传输方式并存的广播电视覆盖网络。到 2000 年底，全国有线广播电视用户达 7950 万户。医疗保险体制改革和医疗卫生体制改革迈出了较大步伐，城镇社区卫生服务、农村合作医疗和初级卫生保健体系进一步健全，人民群众的健康水平有了新的提高。体育战线捷报频传，全民健身形成热潮。

（执笔：万东华　严于龙）

专栏 1.1　宏观调控既要治通缩又要防通胀

国家计委主任曾培炎在九届全国人大四次会议举行的记者招待会上指出，当前中国经济宏观调控的着力点在于要继续遏制通货紧缩的趋势，但同时也要防止通货膨胀的可能性；今年发行国债既有必要，也有可能。

中国经济去年已扭转增速连续七年下滑的局面，物价开始止跌企稳，中国经济已出现重大转机。不过，经济转机的基础还很薄弱，通货紧缩的趋势仍然存在，商品供过于求、农民收入增长缓慢、社会购买力不旺等问题依然存在，社会投资正常增长的机制尚未形成，世界经济存在不确定因素。如果处理不当，中国经济形势仍有可能发生逆转。

因此，中国经济宏观调控要继续遏制通缩趋势，但同时要防止出现通货膨胀的可能性，包括服务价格、油品价格的上涨，以及因为自然灾害引发粮价上涨。

鉴于中国社会投资正常增长机制尚未形成，加上过去几年开工的项目目前已完成六成，剩余部分要尽快完成，西部大开发也需要更多资金，继续发行国债完全必要。今年中国继续发行 1500 亿元人民币的国债。

目前中国物资丰富，社会资金充裕，物价较低，是发行国债的合适时机；中国目前的债务总额占 GDP 的比重还在国际通行的警戒线以下；所发国债用于建设项目，而不是用于经常性开支。在建项目已产生效益，因此发行国债是有可能的。

（执笔：钟禾）

“九五”时期宏观调控的主要经验

“九五”时期经济和社会发展的巨大成就，是克服重重困难取得的，来之不易。我们成功应对了国际突发事件的挑战，有效抵御了亚洲金融危机的冲击，既克服“九五”前期通货膨胀的影响，又抑制了中后期的通货紧缩趋势，并战胜了严重的水灾旱灾。这些成就的取得，是党中央、国务院面对诸多矛盾和困难交织的局面，运筹帷幄，及时作出一系列正确决策和部署，全国上下团结奋斗的结果。“九五”时期的实践，进一步丰富了我们按照发展社会主义市场经济的要求加强和改善宏观经济管理与调控的经验。

一、要牢牢抓住经济发展这一主题不放松

“九五”时期，宏观调控一个最重要的经验就是牢牢抓住经济发展这一主题不放松。早在1992年初，我们的改革开放总设计师邓小平同志就曾经反复教导我们，“发展是硬道理”，“抓住时机，发展自己，关键是发展经济”。“九五”时期，在经济成功实现“软着陆”后，尽管遇到亚洲金融危机和百年不遇的特大洪涝灾害，以及国内外各种敌对势力的干扰，由于我们牢牢抓住经济发展这一主题，坚持用发展的办法解决前进中的问题，加之实施有效的宏观调控政策，仍保持了国民经济快速平稳增长。而经济的快速平稳增长，又为我们摆脱亚洲金融危机的不良影响，克服严重自然灾害，战胜国内外各种敌对势力干扰提供了坚实的物质基础。同时，坚持两手抓、两手都要硬的方针，不断加强社会主义精神文明建设和民主法制建设，为集中精力进行经济建设创造了良好的政治社会环境，同时也为进行经济建设提供了强大的精神动力。

二、宏观调控要适时适事加以调整

“九五”前期，针对通货膨胀较为严重的情况，采取了“适度从紧”的宏观调控政策，使通货膨胀得到有效控制，保持了国民经济稳定健康发展，实现了国民经济的“软着陆”。1997年，为了巩固“软着陆”的成果，在继续实行“适度从紧”的宏观调控政策的同时，针对通货膨胀水平不断下降的新情况，实施稳中求进的政策，两次下调利率，使经济实现了“高增长、低通胀”的良好局面。1998年以后，随着亚洲金融危机影响的逐步扩大，商品供给短缺状况的基本结束，需求不足的问题成为主要矛盾。针对这一形势的重大变化，党中央、国务院及时调整宏观调控政策，由“适度从紧”、“稳中求进”转向了“扩大内需”。积极灵活的宏观调控政策，确保了“九五”时期国民经济持续快速健康发展。

三、坚持以扩大内需为主促进经济发展

在“九五”后期，受亚洲金融危机的影响，周边国家经济持续下滑，我国的出口受阻，外需明显减弱。针对这一情况，党中央和国务院果断地作出了以扩大内需为主促进经济发展的重大决策，采取了一些切实可行的措施，避免了我国经济可能出现的大幅下滑的局面。事实证明坚持以扩大内需为主促进经济发展这一指导思想是正确的，也是有成效的，成功地摆脱了亚洲金融危机对我国经济的不利影响，国民经济保持了较为稳定的快速增长。1998年经济增长7.8%，1999年增长7.1%，2000年增长8.0%。

四、扩大需求与改善供给同时并举

“九五”时期的宏观调控政策，既重视扩大需求促进经济回升，也注重调整结构、改善供给，把扩大内需与结构调整有机地结合起来，取得了较好效果。实施积极的财政政策，在扩大需求的同时，更有效地改善了供给，特别是加强了长期以来制约我国经济发展的基础设施和基础产业，加大了企业技术改造投入，促进了产业结构的优化和升级。针对一般加工工业生产能力普遍过剩的现状，采取了淘汰一批，

专栏1.2　我国财政将大力支持网络经济发展

财政部部长项怀诚在网络经济与经济治理国际研讨会表示，我国将充分发挥财政的作用，制定政策措施，支持网络经济发展。

为了进一步推动网络经济的发展，中国财政将按照公开、公平、公正的原则和WTO的有关要求，进一步减少行政审批事项，全面清理和调整现行的法律、法规和政策，规范财政支出管理，优化税制，逐步建立与国际接轨的公共财政框架和管理制度，为网络经济发展创造更加宽松的体制环境。

促进中国网络经济发展的五条政策建议。一是鼓励软件和集成电路产业发展。目前，我们已经制定了鼓励软件和集成电路产业发展的税收优惠政策，较大幅度降低了软件和集成电路的税收负担。二是鼓励信息技术广泛应用于传统产业，用信息化带动工业化。中国财政将通过推进税费改革，进一步完善税收制度，鼓励企业增加对科技创新的投入，提升企业技术创新能力和信息化水平。三是加大财政支出结构的调整力度，支持建立“电子政府”。四是财政要进一步加大对信息技术的科研投入，争取在微电子、网络和通信等关键技术和重大生产技术方面取得突破。五是本着有利于网络经济发展、简化税收征管和公平税负的原则制定电子商务的税收政策。

中国作为世界上最大的发展中国家和经济转轨国家，虽然在信息网络技术、产品和服务领域已经取得了长足的进步。但由于过去的基础差、底子薄，目前网络经济仍处在发展的初级阶段。主要表现在：信息基础设施还很不完备，关键技术和设备主要依赖进口；政府和企业的电子化还处在起步阶段，截至2000年底，中国的上网人数占人口的比重只有1.8%，还不到世界平均水平的一半；发达国家每百人拥有的计算机数量是我们的30倍至50倍。在国内，东部与西部也有很大差距，西部11省1市的上网人数占全国的比例不到20%。特别是中国工业化任务尚未完成，传统工业生产能力过剩，经济结构调整任务艰巨。因此，中国网络经济发展面临着信息化和工业化的双重挑战。

（执笔：钟禾）

压缩一批，对提高供给质量发挥了积极作用。

五、坚持投资和消费的双向启动

在扩大内需的政策上，坚持了投资和消费的双向启动。针对国内需求不足的情况，一方面采取了发行长期建设国债以启动投资需求。1998－2000年三年累计发行长期建设国债3600亿元，加之银行配套资金和企业资金，用于基础设施和基础产业建设，资金较为充裕，有效地促进了投资的快速增长；另一方面，在加大启动投资需求的同时，还注意启动消费需求，通过提高城镇中低收入阶层的收入水平，延长节假日以及扩大高校招生等措施，加之对一些限制消费增长制度的调整，有效地扩大了居民消费。

六、财政政策与货币政策的合理搭配和协调运用

“九五”前期，在宏观调控坚持适度从紧、稳中求进的总原则下，连续三次下调金融机构贷款利率，一年期存款利率由10.98%下调为5.67%，同时也严格地控制了货币供应量和财政支出适度增长。两者的密切配合，成功地实现了经济的“软着陆”。到了1998年，针对亚洲金融危机、国内需求不足的情况，宏观调控采取了以发行长期建设国债为主的积极财政政策，并注重货币政策的密切配合。在发行国债、提高出口退税率的同时，金融机构提供了相应配套资金，继续降低了金融机构存贷款利率水平，两者配合较为密切。

七、正确处理改革、发展、稳定的三者关系

改革是动力、发展是目的、稳定是前提。“九五”时期，在复杂、困难的情况下，改革没有停止，而是迎难而上，积极有序地向前推进，有力推动了经济发展。并始终注意使改革的力度同社会承受能力相适应。在结构调整和改革深化不可避免地触及深层利益关系时，高度重视和采取各种政策措施，维护广大群众的基本利益。大力实施再就业工程，确保国有企业下岗职工，基本生活费和离退休人员基本养老金按时足额发放，坚持按保护价敞开收购农民余粮，从总体上维护了社会稳定和经济持续稳定地增长。

（执笔：严于龙）

“九五”时期存在的问题及“十五”政策建议

“九五”时期，我国国民经济和社会发展取得了巨大成就，宏观调控也积累了许多有益的经验，但是，在充分肯定成绩的同时，也应清醒地看到，经济和社会生活中还存在不少矛盾和问题。主要是：微观经济主体的内在活力仍然不足，社会就业压力加大，经济结构不合理现象仍比较突出，农村居民收入增长缓慢，城乡部分居民生活还比较困难，地区经济发展不协调，国际竞争力不强，阻碍生产力发展的体制因素仍很突出，科技创新能力较弱，重要资源短缺，部分地区生态环境恶化，一些领域经济秩序相当混乱等。这些问题有的是多年积累下来的，有的是新形势下出现的，问题的最终解决有待于改革的进一步深化，有待于宏观调控的进一步完善，归根结底有赖于国民经济的不断发展。

从新世纪开始，我国进入了一个全面建设小康社会、加快推进社会主义现代化的新的发展阶段，党的十五届五中全会在正确分析国内外形势的基础上，制定了国民经济和社会发展第十个五年计划的宏伟蓝图。我们相信，在以江泽民同志为核心的党中央领导下，在全国各族人民的共同努力下，我们一定能够克服前进中的各种矛盾和困难，迎来一个充满希望、更加辉煌的“十五”。

改革开放20多年来特别是“九五”时期国民经济的快速发展为“十五”时期国民经济继续保持较快发展奠定了良好的基础。“瓶颈”制约明显缓解，物质供应充足，资金供应充裕，这些都确保了国民经济存在持续快速发展的潜力，“十五”时期国民经济保持较快增长是完全可能的。但同时我们也应看到，“十五”时期我国经济发展仍面临着不少矛盾和挑战。一是我国经济发展将进入一个新的时期，买方市场将会持续存在，需求不足是制约经济快速增长的主要矛盾；二是体制改革进入了攻坚阶段，涉及到个人切身利益的各项改革到了不改不行的地步，国有企业改革需要进一步深化，社会保障制度亟待建立完善；三是加入WTO时日已屈指可数，其必然有促进经济发展的一面，但对经济发展所产生的冲击和挑战更不可忽视；四是世界经济全球化和区域集团化将进一步加强，科技革命和知识经济将进一步发展，市场争夺更加激烈，国际经济矛盾进一步加剧，跨国公司在世界经济中的地位不断加强。

面对以上的形势，“十五”时期国民经济发展应坚持“以发展为主题，以结构为主线，以改革开放和科技进步为动力，以提高人民生活为根本出发点”的指导思想，牢牢抓住经济发展这一主题，在加强需求管理的同时努力改善供给；积极推进经济结构的战略性调整；努力加强“两个创新”，即体制创新和技术创新，积极推进各项改革。

一、在加强需求管理的同时努力改善供给

继续扩大投资需求。“九五”末期，国民经济出现了重要转机，显露好转势头，但回升基础尚不牢固，如果“十五”前期经济仍不能走出这种局面，积极的财政政策仍应是我们的重要选择。继续增发部分国债，加大国有投资，特别是借国家实施西部大开发之机，加强西部地区基础设施的投资，加大农村地区基础设施投入力度。与此同时，进一步改善政策环境，努力促进非国有经济投资的加快增长，这也是“十五”宏观调控的重中之重。促进非国有经济投资增长关键在于非国有投资的政策、融资和服务环境的改善。当前，要尽快清理对非国有投资的限制性、歧视性规定，如大部分向国外开放或即将向国外开放的行业和领域都要向非国有经济开放，对其投资利益要给予法律上更多的保护和支持，创造各种条件，挖掘非国有投资的潜力等，努力扩大非国有投资。

扩大消费需求。“十五”时期，扩大消费需求的着力点应在以下四个方面：一是努力增加农民收入，启动农民消费，确保农民消费持续快速增长；二是继续清理与扩大消费取向相矛盾、相抵触的一系列政策，把影响消费的消极因素减少到最低限度；三是建立并逐步完善社会保障制度，减少居民消费的后顾之忧；四是充分发挥财富效应对促进国民经

济增长的积极作用。其中，尤以第一个方面最为重要。只有占全部人口70%左右的农民消费稳定增长，整个消费增长才有基础，也才能对经济增长保持适当的拉力。

千方百计地扩大出口。我国加入WTO指日可待，这对我国经济发展既是机遇，也是挑战，我们应该抓住这个机遇，迎接挑战，争取使外贸出口再上新台阶。一是要借国内产业结构调整之机，大力调整出口产品结构，努力生产适合国际市场需要的产品；二是要引进国外先进生产技术和工艺，降低成本，提高出口产品质量，增强国际竞争力；三是更加灵活地运用金融、财政、汇率政策，鼓励和促进出口贸易。

在加强需求管理的同时，要下大功夫努力改善供给结构。当前我国出现的需求不足可以说是低水平、结构性的需求不足。“十五”时期，通过改善供给结构、优化结构，力促需求迈入稳定增长轨道。基本思路是：如不断开发新产品，满足人们不断增长的物质和文化需要；在逐步提高居民收入的同时，提高产品质量和档次，提高居民消费层次；为居民消费提供配套的设施和舒适的环境；建立相应制度，让那些没有市场前景的产品和消耗高、污染环境的产品尽快退出市场；考虑到城乡差别，生产满足不同消费层次的需求的产品；考虑到地区差别，生产满足不同地区居民消费需求的产品；不仅注重提供物质产品，还要提供优质的精神产品如教育、文化、娱乐、旅游等。

二、进一步发挥市场对资源配置的基础性调节作用

“十五”时期，是我国推进改革、加大市场对资源配置基础性调节作用的关键时期。第一，全面推进社会主义市场经济体制的微观基础市场化，加快国有企业市场化改革。一方面，加快国有企业改革步伐，使企业真正成为自主经营、自负盈亏、自我发展、自我约束的法人实体和市场竞争主体，构造产业结构优化和经济高效运行的市场经济的微观基础。另一方面，对国有经济实施战略性改组。国有经济要“有所为、有所不为”，允许非国有经济尽快进入可能即将面临强大的外部冲击和压力的行业，创造良好的国内市场竞争环境，提高国有经济与外商投资经济的竞争力，从而进一步增强国内企业的国际竞争力。第二，进一步发展和完善商品市场，培育和规范要素市场，逐步形成统一开放、竞争有序的市场体系。目前，我国的商品市场化可以说已经基本实现，但还存在市场秩序比较混乱、市场行为不够规范，恶性竞争，以及市场管理的法律体系不健全等，需要进一步发展和完善。要素市场化总体上是步伐加快，但市场化程度仍然较低。劳动力市场化已经走完40%左右的路，其中，城镇非国有单位劳动力市场化程度最高，农村劳动力市场化程度次之，由于国有企业改革不到位，城镇国有单位劳动力市场化程度最低。“十五”时期，配合国有企业改革，应加快改革城镇国有单位的用人制度，推进城镇国有单位劳动力市场化进程。作为要素市场化最基本组成部分的资本市场化，应该说起步较快，但市场化程度仍不够。比如资金的价格没有市场化，存贷款利率一定时期内相对固定不变；专业银行贷款市场化程度不高，而且大部分贷款贷给市场化弱的国有企业，还存在权力贷款和关系贷款。“十五”时期，资本市场化可谓任重道远。

三、加快城镇化步伐

“十五”时期实施城镇化战略，推进我国城镇化进程，是经济持续、快速发展的客观需要，也是解决我国农民问题的根本出路。首先，我们要有明确的总量目标，争取在五年内将城镇化水平提高到一个新的水平。其次，确定推进城镇化的原则。要遵守城镇化客观规律，促进大、中、小城市协调发展；以现有中小城市扩张为主，建设新城市为辅；适度发展大城市，合理引导大城市规模扩张；有序发展小城镇，突出特色，提高质量；优先加快人口和经济大省的城市化，促进城市化与人口分布和经济布局相协调等等。第三，“十五”时期，实施城镇化战略，推进城镇化进程，关键在于制度创新。一是户籍管理制度创新。户籍管理制度的改革创新，是“十五”时期我国实施城市化战略的关键，能否实现城市化目标也主要看我国户籍管理制度能否有所创新以及有多大程度的创新。二是推进城市化的手段和方式创新。调整以往通过“县改市”、“县改区”、“乡改镇”等“翻牌”式城市化的做法，适当规并现有建制镇，切实提高城市化对经济增长的实质性带动作用，从而提高城市化的质量。三是社会保障制度创新。逐步将城镇居民社会保障制度延伸到小城镇，建立适应小城镇发展要求的新的住房制度、医疗制度、劳动就业制度、教育制度和社会保障制度。四是建设资金融资方式创新。在进一步加强各级

财政对城市基础设施投资力度的基础上，加大改革力度，逐步建立适应社会主义市场经济的城市基础设施投融资体制。如允许有条件的城市发行城市基础设施建设债券，引导民间投资主体进入城市基础设施建设领域等。五是土地利用管理制度创新。

四、坚持公有制为主体，大力发展非公有制经济

第一，坚持运用市场经济的办法进行调整。充分运用市场对资源配置的优化调节作用，应成为所有制结构调整的基本方法和主要手段。市场原则实际上就是非歧视性原则，对不同的所有制经济、不同的经济组织形式、不同的市场主体普遍实行非歧视性原则即平等原则。第二，发挥多种宏观调控手段的作用。在所有制结构调整过程中，要充分发挥财政、金融、物价等多种宏观调控手段的作用。比如，各地对发展非公有制经济的积极性都比较高，但对非公有制经济的诸多方面的支持和服务却显得滞后，其中非公有制经济融资渠道不畅、贷款难的问题尤为突出。因此，利用宏观调控手段，适当加以扶持是必要的。第三，进一步建立健全社会主义市场经济法律体系。主要是为发展非公有制经济服务、引导、规范和保障非公有制经济的法律、法规显得相对不够，需要加快这方面的立法步伐，并保证其贯彻实施。第四，适当运用政策杠杆引导促进所有制结构调整。比如要清理那些不利于所有制结构调整，特别是阻碍非公有制经济发展的过时政策，放宽对个体、民营经济在从业人员、经营范围、组织形式和许可审批方面的限制；在资金、场地、税负、人才、科技等方面对个体、民营经济一视同仁；对不符合国家规定的乱收费、乱摊派、乱罚款、乱集资等要坚决取消等。同时，积极引导个体、民营经济依法经营，提高自身素质。

五、加快推进工业化步伐

“十五”时期，推进我国工业化主要应该抓以下两个方面的任务。第一，加快第三产业特别是信息产业发展以带动工业化进程。现阶段我国工业的较高速稳定增长，依赖于居民消费需求的扩大。而居民消费需求扩大很大程度上取决于农业剩余劳动力转移所带动的农民收入水平和消费水平的提高。但是，目前工业部门本身对农业劳动力的吸纳能力已相对有限，需要第三产业的迅速发展来主要承担剩余劳动力转移的任务。从这个角度来看，我国现阶段推进的工业化的模式应当是，由第三产业的较快发展来带动农业剩余劳动力的较快转移。由此带动农民收入水平和消费水平的较大幅度上升，再由此支持工业的较高速稳定增长和工业化阶段的演进。通过加快发展第三产业，消除我国由于人均收入水平与工业产出比重不协调所产生的工业化进程中的需求制约，实施推进工业化的迂回战略。加快第三产业发展，要从调整投资结构入手，关键是要加大对第三产业的投资力度。宏观产业政策应当引导社会投资更多地进入第三产业部门，如交通运输、邮电通信、金融保险、教育、科研、技术服务、咨询服务、公共服务和居民服务等产业，其发展远远落后于我国人均收入水平所决定的经济发展阶段的需要。这些产业的发展前景非常广阔，如果社会投资向这些产业倾斜，不仅可以支撑未来很长时期经济的较高速增长，还可以带动工业投资和发展的规模再上台阶，推进我国的工业化进程。第二，要加快以装备工业为重心的重制造业发展以带动工业结构升级。现阶段我国工业结构升级的中心内容是加快高加工度化向技术集约化阶段的转变，提高技术密集型产业的比重。但重制造业的基础薄弱制约了这个结构升级的进程。为了促进工业的产业升级，推动工业技术水平和增长质量的提高，我国需要进行第二次重工业化，加快以装备工业为重心的重制造业的发展。“十五”期间，应当推行工业结构适度重型化的工业化战略，控制消费品工业的投资规模和增长速度。提高重制造业在工业中的相对投资力度和相对增长速度，提高重制造业在整个制造业中的比重，尤其要提高装备工业的比重和技术水平。这是加快我国工业结构向技术集约化阶段转变的重要条件，也是将工业化与现代化结合起来同时推进的希望所在。

六、进一步加快对外开放的步伐

“十五”时期，我国对外开放主要有以下几个方面：第一，为了适应全球市场经济竞争需要，逐步建立适合我国国情的社会主义市场经济体制，在经济体制层次上与国际接轨，为全面参与国际分工做好基础性准备。“十五”时期的主要工作，是加快改革步伐，全面推进市场化，既包括竞争主体市场化，也

包括要素市场化，推动汇率、利率和关税税率的市场化，建立以法制化和市场化为基础的市场运行体系。第二，适应加入WTO的需要，改革和清理不适合WTO规则的外贸旧体制和旧规则，建立适应WTO贸易规则的新的外贸运行体制。如加快消除非关税壁垒和服务贸易市场准入方面的限制，进一步降低关税，开放各类市场，包括农产品、商业、电信、金融、保险和娱乐市场。注意建立规范的进出口市场管理体制，完善反倾销、反补贴、反不正当竞争等法律法规，创造公平合理的竞争环境。第三，确立"十五"时期我国对外经济贸易战略。作为国民经济整体发展战略的重要组成部分的对外贸易战略，必须有利于国内产业结构调整和升级，有利于进出口的总体平衡，有利于通过国内外资源优势的转换发挥我国的比较优势和增强国际竞争力，有利于增加就业和缓解国内结构性矛盾。因此，"十五"时期，我国对外经济贸易"国际化"战略，就是要以国际市场为导向，以提高出口商品的国际竞争力和充分发挥比较优势为核心，以国内产业结构升级和技术进步为基础，以市场多元化和拓展海外市场为目标，全面和积极地参与国际竞争和国际分工，合理利用外资和进口国外要素资源，有效发挥对外贸易对国民经济的支撑和带动作用，实现跨世纪对外贸易的适度、高效增长。为了实现这一总体战略，要实施以下具体战略：一是实施结构升级带动战略，提高出口产品竞争实力；二是实施加工贸易升级战略，增强结构优化带动作用；三是实施多元开拓市场战略，努力扩大出口市场容量；四是实施海外投资带动战略，积极开辟新的国际市场。

七、推进"两个创新"：体制创新和技术创新

体制创新。即是以建立比较完整的社会主义市场经济体制为目标的全面的体制创新。第一，对国有经济的战略重组要寻求突破。突破的原则最基本的有两条：一是关系到国民经济命脉的重要产业和关键领域，国有经济必须占支配地位；二是国有资本对竞争性行业要有进有退，但总体上是收缩战线。第二，围绕增强企业竞争力，推进企业特别是国有企业制度创新。由局部推向全局，建立并完善与社会主义市场经济相适应的现代企业制度；推进已建股份制企业股权结构的创新；要继续推进企业经营机制的转换；建立符合市场经济要求的法人治理结构。第三，大力发展民营经济，使民营经济真正成为社会主义市场经济的重要组成部分。要解除某些重点产业部门不准民营经济进入的限制，对外资开放的产业，应首先对民营经济开放，使民营经济有机会与外资展开公平竞争；要加强对民营经济在资金、人才等方面的支持；制定和完善有关民营经济的法律法规，为民营经济的发展提供法律保障等。第四，加大金融体制改革的力度。如对国有独资商业银行进行产权改革，并组建新的非国有商业银行；完善货币市场，实行利率市场化；大力发展资本市场，提高直接融资比重。第五，推进其他各项制度如社会保障制度、收入分配制度的改革等。

技术创新。主要是适应世界知识经济和技术经济发展的新趋势，大力发展资金和技术密集型的高新技术产业，加快我国经济结构调整，实现产业结构的全面优化和升级。我们所讲的技术创新，既包括传统产业的技术创新，也包括发展高新技术产业；即包括提高传统劳动密集型产业的技术含量，也包括在局部领域实现跨越式发展；既包括建设技术创新所需要的基础设施等"硬件"建设，又包括建立健全技术开发组织体系等"软件"建设。"十五"以及今后一段时期，加强技术创新的基本战略应该是"总体推进，局部突破"。在"有所为、有所不为"的原则下，实现有限的跨越发展战略，在主要产业领域力求跟踪世界先进水平，在一部分有相对优势的产业领域力求达到发达国家同一技术层面，在局部可跨越领域还要实现某些突破。在战略实施过程中，力求使政府干预与市场引导结合起来，全面提高与重点突破结合起来，传统产业与高新技术结合起来，技术引进与自主创新结合起来，民用技术与军用技术结合起来。而其中政府的作用尤显重要，发展社会主义市场经济，政府在技术创新中的职能有所变化，但决不意味着其作用的减弱和消失。尤其作为后起国家，通过行政、经济、法律手段，实施积极参与，促进技术创新，对提升我国的国际竞争力意义十分重大。政府既要在市场主体或者企业没有能力响应的领域发挥作用，特别是一些战略性和涉及国家安全的领域，政府应该"有所为"。政府还要选择一些科技基础设施、战略性技术制高点，进行直接投资。"十五"加强技术创新，政府要出台相应的政策措施。一是要参照国际上通行的做法，实行以关键技术为龙头、以大项目为突破口的运作体系。如美国的阿波罗登月计划、信息高速公路计划，欧洲的尤里卡计划等；二是改变

国家技改投资方式,放大投资效应。主要是解决投资分散问题,加大对关键领域的投资力度,突出重点;三是要加强技术创新基础设施建设,增强技术创新能力;四是建立和完善政府采购制度,促进民族高新技术的发展;五是要重视引进人才,实施积极的创新人才激励机制;六是要直接扩大外国的先进技术进口,为我所用。

(执笔:严于龙)

专栏1.3 社会保障体系

社会保障体系,包括社会保险、社会救济、社会福利、优抚安置和社会互助等内容。其中社会保险是社会保障体系的核心,它包括养老保险、失业保险、医疗保险、工伤保险和生育保险等。在各项保险中,养老和医疗保险涉及面最广,工作量最大。我国在现阶段,下岗职工基本生活保障也是社会保障的一项过渡性内容。现代社会经济发展的实践证明,社会保障制度与其他制度相比,有着不可替代的功能。主要是:维持社会稳定,调节经济发展,促进精神文明建设。社会保障制度最早起源于19世纪80年代。1883年至1889年,德国推出三项社会保险法,标志着社会救济发展到社会保险,社会保障趋向法制化、制度化的开始。20世纪30年代,美国罗斯福新政时期推出了《社会保障法》,它是美国第一个由联邦政府承担义务的、全国性的、解决老年和失业问题的社会保障立法。继之,其他欧、美国家先后仿效。60至70年代,是“福利国家”发展的鼎盛时期,西方发达国家不仅实现了社会保障全民化,而且西欧有些国家开始向全面社会保障方向发展。但到了70年代,在“石油危机”影响下,“福利国家”多陷入危机四伏的困境,主要表现在社会保障费用过多过高,政府和社会保障机构难以承担。新中国建立和发展的历史,也是一部社会保障制度建立和发展的历史。新中国建立初期,我国就重视并开始建立社会保障制度。1951年,政务院正式颁布《中华人民共和国劳动保险条例》,1953年,政务院修改并颁布《劳动保险条例》,由此奠定了中国社会保障制度的基础。在以后的20多年里,我国相继在国有单位和城镇集体单位建立了职工退休制度和工伤、医疗保险制度。改革开放的20年多来,社会保障制度改革也在同步进行。1982年,国务院颁布《关于老干部离职休养制度的几项规定》。1984年,劳动部在一些市县试行的基础上提出退休费用社会统筹,揭开了我国社会保险制度改革的序幕。1986年7月,国务院颁布改革劳动制度的四项规定。1987年,大病医疗费用统筹在北京等市试行。1992年,民政部下发《县级农村社会养老保险基本方案》,农村社会养老保险起步。1995年3月,国务院颁布《关于深化企业职工养老保险制度改革的通知》,明确养老保险实行社会统筹与个人帐户相结合的办法要加快推广实施。1997年,国务院颁布《关于建立统一的企业职工基本养老保险制度的决定》,这是我国社会保障制度改革的一个重要里程碑。同年底,国务院颁布《关于建立城镇职工基本医疗保险制度的决定》。1999年,城镇职工基本医疗保险改革的各项管理办法相继出台,部分省出台了医疗制度改革总体规划。同年,国务院颁布《失业保险条例》、《社会保险费征缴暂行条例》,社会保障制度向法制化规范化迈进。此外,1998年7月,《军人保险制度实施方案》颁布,我国军人保险制度正式启动。

(执笔:宋长青)

“九五”时期产业结构调整取得实质性进展

改革开放以来，伴随经济总量的快速增长，我国产业结构经历了两次大的调整。一次发生在1989—1991年，短短三年时间的治理整顿是针对经济过热所进行的被动调整；另一次始于“九五”初期的1996年，这次调整是经济出现“软着陆”后所采取的主动调整。经过“九五”时期的努力，我国在成功抵御东南亚金融危机冲击、积累反通涨和反通缩两方面经验、保持国民经济适度增长的同时，在产业结构调整方面也取得了实质性的进展。

一、“九五”时期我国产业结构调整取得明显成效

与“八五”时期相比，“九五”时期经济增长的一个最大特点就是速度明显放慢。而分产业观察，各个产业增长速度的下降幅度又有所不同，正是这种增长速度上的差异构成了“九五”时期我国产业结构调整的直接动因。

（一）三次产业结构变动及其特点

“九五”时期，我国国内生产总值年均增长8.3%，比“八五”时期下降3.7个百分点。其中第一产业增加值年均增长3.5%，第二、第三产业增加值分别增长9.8%和8.1%。三次产业增长速度的不同导致了产业结构的明显变化。三次产业增加值在宏观经济总量中的比例关系，由1996年的20.4% :49.5% :30.1% 变为2000年的15.9% :50.9% :33.2%。详见表1。

对比改革开放以来四个五年计划时期，可以发现：1. 第一产业比重始终呈下降的趋势。中间两个五年下降幅度较大，由“六五”时期的31.4%下降到“七五”时期的26.2%，再由此下降到“八五”时期的21%，几乎每年下降1个百分点。“九五”时期下降幅度略有缓和，五年下降2.8个百分点。2. 第二产业比重总体上呈上升趋势。除“七五”时期略有下降外，“八五”和“九五”都是上升的趋势。第二产业比重已由“六五”时期的44.2%上升为“九五”时期的49.8%。3. 第三产业比重先升后降。前三个五年计划时期，第三产业比重都是上升的趋势，由“六五”的24.4%上升为“七五”的30.6%，“八五”时期继续上升为32.2%，“九五”时期则下降为32%。

从“九五”时期年度间的连续变化上观察，三次产业增加值在GDP中所占比重的变动规律互不相同：第一产业比重呈稳步下降趋势；第二产业比重基本稳定，波动较小；第三产业比重持续上升。详见图1。

表1　三次产业增加值结构变化　　单位：亿元、%

年　份	GDP（绝对值）	第一产业		第二产业		第三产业	
		（绝对值）	构成（%）	（绝对值）	构成（%）	（绝对值）	构成（%）
“六五”时期平均	6445	2021	31.4	2851	44.2	1573	24.4
“七五”时期平均	14510	3809	26.2	6265	43.2	4436	30.6
“八五”时期平均	37626	7884	21.0	17628	46.9	12113	32.2
“九五”时期平均	78401	14255	18.2	39072	49.8	25074	32.0
1995	58478	11993	20.5	28538	48.8	17947	30.7
1996	67885	13844	20.4	33613	49.5	20429	30.1
1997	74463	14211	19.1	37223	50.0	23029	30.9
1998	78345	14552	18.6	38619	49.3	25174	32.1
1999	81911	14457	17.7	40418	49.3	27036	33.0
2000	89404	14212	15.9	45488	50.9	29704	33.2

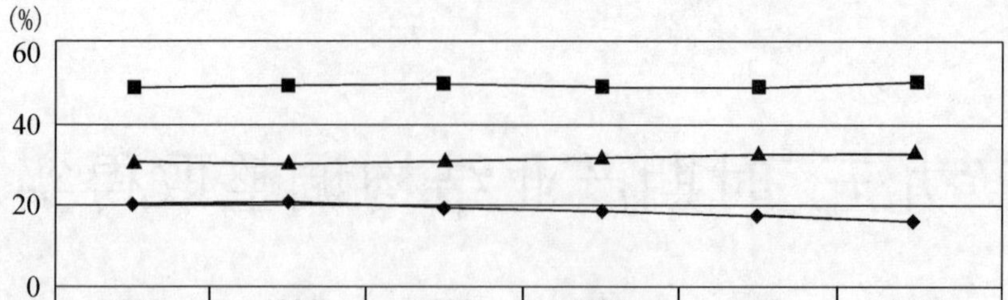

	1995	1996	1997	1998	1999	2000
—◆— 第一产业	20.5	20.4	19.1	18.6	17.7	15.9
—■— 第二产业	48.8	49.5	50	49.3	49.3	50.9
—▲— 第三产业	30.7	30.1	30.9	32.1	33	33.2

图1 “九五”时期三次产业比重变化

(二)第一产业内部结构变动特点

“九五”期间,农、林、牧、渔业产值在农业总产值中的比例关系进一步得到调整——纯农业比重下降,林、渔业比重上升。在1995年农林牧渔业总产值中,农业占58.4%,林、牧、渔业分别占3.5%、29.7%和8.4%;而到1999年,农业占57.5%,下降了0.9个百分点,林、渔业分别占3.6%和10.3%,分别上升了0.1和1.9个百分点。牧业比重为28.6%,有所下降。粮经比例成为种植业调整的主线。在农作物总播种面积中,粮食播种面积由1995年的73.4%下降为1999年的72.4%,棉花播种面积由3.6%下降为2.4%,而油料、蔬菜面积则分别由8.7%、6.3%上升为8.9%、8.5%。经过五年的调整,优质早稻、专用小麦、特用玉米、“双低”油菜、名特优水果和蔬菜正逐步走向产业化经营,大宗农作物向优质高产高效优势产区集中,种植业生产向区域化、专业化迈步。

(三)工业内部结构变动特点

工业结构调整是“九五”时期产业结构调整的重头戏。“九五”前三年,受1992年以来国民经济高速增长势头的影响,我国纺织、家电、化工等轻工业仍保持较快的发展,这期间轻工业在工业增加值中的比重① 呈上升趋势,由1995年的42.2%上升为1998年的44.8%。而自1998年起,针对亚洲金融危机、多数传统工业行业生产能力过剩和国内需求明显不足的困境,国家开始实施积极的财政政策,增加基础设施建设投资,大力调整工业行业结构,特别是对传统的纺织、钢铁、石油、建材等行业进行了较大幅度的压缩、调整、改造。受此影响,“九五”后两年我国重工业在工业增加值中的比重开始上升,由1998年的55.2%上升为2000年的59.9%。详见表2。

表2 “九五”期间轻重工业比重变化情况(%)

年　份	1995	1996	1997	1998	1999	2000
轻工业	42.2	41.8	43.2	44.8	42.8	40.1
重工业	57.8	58.2	56.8	55.2	57.2	59.9

注:1. 指标口径:1995—1997年为乡及乡以上全国工业企业增加值中轻重工业比重,1998年以后为全国规模以上工业增加值中的轻重工业比重;
2. 数据来源:《工业统计快报》(1995—2000年各期)。

从40个工业行业大类增加值的比重变化上,也可看出“九五”期间我国工业产业结构的明显改善。1995年,位于工业增加值比重前三位的行业分别为电力、蒸汽、热水生产供应业,黑色金属冶炼及压延加工业和化学原料及制品制造业,而到1999年,位于工业增加值比重前三位的行业则变为电力、蒸汽、热水生产供应业,电子及通信设备制造业及石油和天然气开采业,2000年电子通信、电力、电力机械等行业对工业经济增长的贡献率又有明显提高。工业统计资料反映,“九五”期间以电力、石油为主的能源工业明显加强,钢铁、纺织、建材等传统的原材料和加工工业明显萎缩,而以电子及通信设备制造业为主的信息产业迅速成长起来。信息产业的迅速崛起,不仅打破了传统的行业生产格局,同时也为其他行业和领域提供先进的技术、装备,促进了国民经济产业结构的优化升级进程。

(四)第三产业内部结构变动特点

从几个大的服务行业来看,“九五”时期第三产

① 为保持可比,这里使用的是工业快报口径。

业内部结构变动的主要特点是"批发和零售贸易餐饮业"比重明显下降而"其他服务业"比重迅速上升。1995年,"批发和零售贸易餐饮业"占全部第三产业的比重为27.5%,到2000年该比重下降为24.6%,下降了3.1个百分点;"其他服务业"在第三产业中的比重则由30.2%上升到35.2%,上升5.0个百分点。另外,由于交通运输业的增长缓慢以及金融机构效益不理想,导致"九五"时期"交通运输和邮电通信业"和"金融保险业"的比重有所下降。详见表3。

表3 "九五"期间第三产业内部结构变化(%)

年 份	1995	1996	1997	1998	1999	2000
第三产业总计	100	100	100	100	100	100
运输邮电业	17.0	17.1	16.5	16.4	16.5	16.6
商业	27.5	27.2	26.7	26.1	25.3	24.6
金融保险业	19.4	19.7	19.7	18.6	18.3	17.9
房地产业	5.9	5.6	5.5	5.8	5.9	5.7
其他服务业	30.2	30.4	31.6	33.2	34.0	35.2

从更细的行业看,归入"其他服务业"的"农林牧渔服务业"、"社会服务业"、"科学研究和综合技术服务业"和归入"交通运输和邮电通信业"的"邮电通信业"等发展迅速,其在第三产业中的比重呈上升态势。

二、目前我国产业结构中存在的主要问题

尽管"九五"期间我国产业结构调整取得了较明显的成效,但与保持国民经济持续、稳定、健康、协调发展的要求相比,特别是与发达国家走过的相应阶段相比,我国现阶段的产业结构仍存在许多值得关注的问题。

首先是农业的基础地位还比较脆弱,制约农业发展和产业结构调整的因素较多。1. 粮食生产仍未摆脱"靠天吃饭"的传统格局。由于自然灾害的影响,2000年全国粮食产量减少近一成,尽管由于前些年粮食库存充足,粮食减产尚不至于殃及农产品价格和居民生活,但如何在调整农村种植业结构的过程中,增强粮食安全观念和抵御自然灾害的能力应引起有关部门的足够重视。2. 农业人口向第二、三产业转移的速度下降,影响农业劳动生产率的进一步提高,也抑制了农民收入的稳定增长。我国农业人口自1992年出现绝对数量的下降以后连续5年保持了减少势头,而自1998年起,由于城镇国有企业下岗职工数量增多和乡镇企业进入全面调整时期,农业人口又开始上升,受此影响,在"九五"期间我国三次产业从业人员中农业人口所占比重变动很小,1999年的比重比1998年还略有上升。这将严重影响我国工业化进程,对我国扩大内需、开拓广大农村市场也是十分不利的。

其次,第二产业特别是工业"大"而不"强",参与国际竞争的能力有待进一步提高。1. 工业企业组织规模小而分散,专业化水平较低。1998年,我国520户国家重点企业年销售收入之和为26000亿元,折合3100亿美元,仅相当于世界500强前两名(美国通用汽车、德国戴姆斯-克莱斯勒)年销售收入之和的98%。我国年销售收入500万元以上的机械企业达4.02万户,前300户的生产集中度仅为20%。我国煤炭工业在1999年关闭大量小矿井后,仍有企业4万家,每家平均年产原煤不足3万吨,国家94户重点煤矿的生产集中度不到40%。我国汽车工业现有120多家企业,1999年产量仅185万辆,只相当于国外一个中等汽车公司的产量。这种状况,极大地限制了技术水平和经济效益的提高。2. 产品结构不合理,多数行业的低水平生产能力过剩。我国产品结构不合理的矛盾十分突出,一般产品相对过剩与技术含量高、附加值大的产品短缺同时并存。在主要工业品中,有80%以上的产品生产能力利用不足或严重不足,同时每年还要花大量外汇进口国内短缺产品。如冶金行业钢和钢材的生产能力已达到1.4亿多吨,1999年钢和钢材产量都是1.2亿多吨,生产能力只利用85%,但同时又要大量进口钢材。石化行业中低档次化工产品生产能力过剩,高档次产品又大量依赖进口,合成树脂自给率不足50%,合成纤维差别化率不足20%。机械行业多数产品档次低、质量不高,大型成套装备和关键产品不能满足需求。大型石油化工和大型化肥设备基本上要从国外成套进口。纺织行业棉纺压锭后仍有1/3属于相对落后的生产能力,毛纺和缫丝加工能力过剩,纺织品质量、档次、花色品种与国际先进水平差距明显,尤其是高附加值的产品比重低,每年仍需进口各类织物60亿米,目前出口服装的面料一半要靠进口。

第三,我国服务业比重偏低,内部结构尚需进一步调整完善。与世界大部分国家相比,我国第三

产业增加值在GDP中所占比重偏低。目前,绝大部分发达国家的这一比重在60～80%,大部分发展中国家在40%左右,而我国2000年这一比重仅为33.2%。从第三产业内部结构看,发达国家主要以信息、咨询、科技、金融等新兴产业为主,而我国仍以传统的商业、交通运输业为主,一些基础性第三产业(如邮电、通讯)和新兴第三产业(如金融保险、信息、咨询、科技等)仍然发育不足。另外,“九五”时期尽管我国第三产业从业人员比重有所提高(由1996年的26%上升为1999年的26.9%),但与产业结构调整的要求相比仍嫌过低。导致我国第三产业增加值和从业人员比重偏低的主要原因,一是制度性的垄断。单一或有限的供给商结构、民间投资进入的壁垒以及排斥竞争的价格政策等限制了许多第三产业的迅速发展。二是仍有些同志对第三产业的发展抱有歧视和偏见,如“无工不富”、“服务业的发展离不开工业的发展”等。这些思想在一些部门、一些地区还是根深蒂固的。

三、“十五”时期产业结构调整的方向与对策

针对目前我国产业结构中存在的“农业基础仍显薄弱,工业大而不强,服务业小而不新”问题,“十五”时期我国产业结构调整应着重抓好以下几个方面的工作:

(一)在稳定和加强农业基础地位的同时,继续搞好农业产业结构调整。1.稳定和加强农业基础地位。要大幅度提高对农业基础设施的投资,加强以水利为重点的农业基础设施建设,提高抗御自然灾害的能力,包括大江大河堤防建设、农田水利建设、农田灌溉及节水工程、生态工程的建设。2.以国内外市场为导向,加快农业结构调整。加强精准农业、绿色食品、创汇农业等项目的综合开发,引进国内外高新技术,实现农业资源更高层次、更高效益的开发,重点强化名、特、优、新和鲜活农副产品生产,并逐步向高档精细和无公害的方向发展,使高效农业和高科技农业成为新的经济增长点。3.加强小城镇建设,为农村剩余劳动力转移创造必要的条件。这既是农村产业结构调整的有效途径,同时也是提高农村居民收入的可行办法。

(二)在继续调整、改造我国传统工业行业的同时,大力发展信息产业和高新技术产业。1.加快对装备制造业的更新改造。为避免重复建设,装备制造业发展应重点放在新型机电装备工业上。要以光机电一体化设备、生产过程控制系统及数控系统、集成制造系统和柔性制造系统、新型工艺和自动生产线的成套设备为发展重点。利用现有的装备制造业基础,重点发展通讯电缆、机电一体化产品、发电设备、直流输电设备、大型石油和化工设备、环保设备,包装机械、新一代家用电器、办公自动化设备、现代化农业机械设备等。2.发展适合于我国国情的汽车工业。要以农用车和轿车开发为主体,在轻量、小型化、新产品开发上下功夫。加快发展汽车、摩托车零配件工业,加快建立标准化、系列化、通用化的汽车、摩托车零部件生产体系。3.大力发展高新技术产业。充分发挥技术组合优势、综合优势和尖端优势,培育具有国际竞争力的高新技术产业。重点加快电子信息、生物工程、新能源、航空航天、新材料等高技术的产业化,积极运用高技术改造传统产业。加快国民经济信息化进程,形成新的具有国际竞争力的高技术产业体系。4.积极发展环保产业。环保产业是世界最大的新兴产业之一,我国环境污染日益严重,环保产业已成为国家重点发展的领域,环保设备要以工业和城市污染处理设备开发为重点,重点开发工艺先进的废水治理、大气污染治理和垃圾处理等环保设备,大力提倡无公害农药、化肥等产品的生产。

(三)以加入WTO为契机,全方位开放和发展我国的第三产业。1.加快房地产业发展,使之成为新的经济增长点。关键要解决政策配套问题,金融、财政、计划、建设等部门要协同“作战”,建立住宅建设和消费新机制,促进住房商品化和市场化进程,建立健全住房产权制度、住房公积金制度,理顺租售房比价关系,规范税费,降低售价,完善住房售后服务,培育二级市场,加强物业管理。同时积极扩大并规范住房装修业的发展。2.大力加强交通运输和邮电通信业的发展。交通运输业要以加快铁路和高等级公路建设为重点,以发展运输大通道为中心,加快综合运输体系的建设。在人口较为密集的大城市,要重点加强公共交通网络建设,形成地铁、轻轨、工交、出租等多种方式的立体式城市交通网络。邮电通讯业要以高速、高质、大规模为基点,积极采用国际先进技术与装备,有重点、分层次地大力推进信息高速网络建设。3.逐步开放金融、保险市场,引进竞争机制,进一步鼓励并规范证券业的有序发展。4.大力促进与人民生活密切相关的科技、市政、社区、租赁、信息咨询服务以及法

律、会计、审计、评估等中介服务组织的发展。特别是要关注广大农村地区，大力开展多种形式的科技、文艺、卫生“三下乡”活动，积极推进农村社会化综合服务体系的建设。

（执笔：庄　健）

“九五”时期经济体制改革进展分析

“九五”是我国经济和社会发展承上启下的重要时期，也是经济和社会发展遇到前所未有的挑战的时期。“九五”期间，亚洲金融危机肆虐，给我国出口、利用外资、经济增长带来严重冲击；通货紧缩趋势、需求不足，造成经济增长乏力；下岗、失业增加，企业开工不足、效益下降。1998 年，南北夹击的特大洪水，对生产建设和内外贸易造成很大影响。面对错综复杂的国际国内环境，党中央、国务院审时度势，运筹帷幄，按照已确定的建立社会主义市场经济体制的要求，继续推进各项改革，坚定不移地以改革总揽全局，以改革促发展，以发展保稳定。

“九五”的改革贯穿该时期的各个阶段，涉及经济社会生活的各个领域，难以全面阐述，其中关系全局、影响深远的改革主要是在以下八个方面：

一、国有企业改革是各项改革的中心

国有企业是国民经济的支柱。作为一个社会主义国家，搞好国有企业改革和发展，是关系经济持续稳定发展的重大经济问题，也是关系巩固社会主义制度的重大政治问题。国有企业改革是经济体制改革的中心环节，也是难点所在。

建立现代企业制度是国有企业改革的方向。党的十五大关于调整和完善所有制结构、从战略上调整国有经济布局和全面认识公有制的含义等论述，实现了国有企业改革理论上的突破。十五大提出要用三年左右的时间，通过改革、改组、改造和加强管理，使大多数国有大中型亏损企业摆脱困境，力争达到本世纪末使大多数国有大中型骨干企业初步建立起现代企业制度。这也就为国有企业改革提出了奋斗目标和战斗任务。

按照党中央国务院的部署，在前期试点的基础上，“九五”期间全国现代企业制度试点工作全面推进。按照“产权清晰、权责明确、政企分开、管理科学”的原则，有步骤地对国有大中型企业实行规范的公司制改造；坚持将改革与改组、改造、加强管理结合起来，着眼于搞好整个国有经济；“抓大放小”，对国有企业实行战略性改组；鼓励兼并、规范破产、下岗分流、减员增效、实施再就业工程。

1999 年，中央十五届四中全会专门讨论了国有企业改革和发展的有关重大问题，通过了《中共中央关于国有企业改革和发展若干重大问题的决定》。《决定》指明了国有企业改革和发展的主要目标与指导方针，提出从战略上调整国有经济布局，推进国有企业的战略性改组，建立和完善现代企业制度，加强和改善企业管理等一系列重大决定。

“九五”期间国有企业改革取得的重要进展主要表现在：

——政企分开迈出新步伐。中央党政机关与所管理的 530 个企业实现了脱钩；军队、武警部队和政法机关所办 6380 多个经营性企业也已全部移交给地方。进一步理顺了国家与企业、中央与地方的关系，为国有企业转变管理方式创造了必要的条件。

——对重点行业与重点企业进行战略性调整与改组。纺织行业“压绽”，煤矿企业下放与关闭、石化石油与冶金行业重组等取得重要进展。一些资不抵债、扭亏无望的国有企业被关闭破产，资产超亿元的大型企业集团不断涌现。在组建石油、石化集团和宝钢集团的基础上，又先后组建兵工十大集团和有色金属三大集团、信息产业四大集团等。新组建的集团按市场经济要求运作，不再同时承担行政性职能，并由政府授权经营国有资产，增强了自我发展和参与国际竞争的能力。

——实行稽查特派员制度，探索新的国有企业监管方式。国务院任命的稽查特派员分别对国有重点大型企业进行监管，以后监管范围不断扩大，这是实现政企分开的重大举措，是对国有企业管理方式的重大改革，也是对国有企业领导人管理制度的重要改革。对于强化国有企业管理，减轻企业负担，保护国有资产权益，具有十分重要的意义。

——1999 年，债转股正式启动，到 2000 年底，中国四大资产管理公司已从国有银行收购不良资产近14000亿元,实现“债转股”签约的国有企业500多家,金额4000多亿元。通过债转股直接减轻国企公司长期以来由于缺少资本金而导致的负债过高、财务费用支出过大的状况,国有企业资产状况得到改善,国企解困速度加快,很多国有企业可以达到上市标准;债转股也使银行资产质量提高,从而进一步放松了银根,又促进了企业的发展。

“九五”期间,随着国有企业的改革,企业规模得到压缩,但效益提高,控制力增强。“九五”后两年,工业企业实现利润大幅度增长,多数行业、多数地区出现了扭亏增盈的良好态势,国有大中型工业企业改革三年脱困的阶段性目标基本实现。

二、金融体制改革进入新阶段

金融是现代经济的核心。保证金融安全、高效、稳定运行,是国民经济持续、快速、健康发展的基本条件。

“九五”期间,金融体制改革进入新阶段。特别是针对亚洲各国出现的金融危机,1997年11月中央召开了金融工作会议,会议针对金融体制不能适应经济改革和发展新形势的要求,金融法制不健全,金融监管薄弱,金融秩序比较混乱,乱办金融、违规经营等问题,强调必须按照建立社会主义市场经济体制的方向,深化和加快金融体制改革,进一步整顿和规范金融秩序,切实加强金融法制和金融监管,建立健全符合我国国情的现代金融体系和金融制度。会议强调要把银行办成真正的银行,强化人民银行的监管职能,加快国有商业银行的商业化步伐,健全多层次、多类型的金融机构体系。坚持依法治理金融,大力整章建制,严厉惩治金融犯罪和违规活动,把一切金融纳入规范化、法制化轨道。“九五”期间,金融体制改革主要表现在以下几个方面:

——改革中央银行体制及内部运行机制,使中央银行宏观调控能力得到加强。包括改革中央银行存款准备金制度,恢复了存款准备金清算和作为货币政策工具的职能;理顺利率体系,使宏观调控向市场化方向迈进;改革中央银行及其他金融机构管理体制,成立中共中央金融工作委员会和金融机构系统党委,对金融机构党组织实行垂直领导,对干部实行垂直管理;中国人民银行总行机关进行了机构改革,在组织上和制度了强化了中央银行的监管职能;中国人民银行在全国成立了九个跨省区市的分行,增强了中央银行执行货币政策的权威性,增强了中央银行金融监管的独立性、统一性和效能。

——国有四大商业银行实行商业化和非银行金融机构改革。实行自主审查贷款,取消贷款规模;增加国家资本金,提高商业银行抵御金融风险的能力;改进金融资产分类方法,将贷款按风险进行管理;国家还大力整顿资不抵债的银行和非金融机构,包括坚决关闭严重违规经营、资产质量过差、不能支付到期债务的海南发展银行、广东省国际信托公司、中国新技术投资公司等,使金融秩序趋于好转。

——规范和加强证券监管。成立中国证监会,推出证券投资基金,出台《证券法》,制定了《中国证券业协会会员公约》和《证券从业人员行为守则》,加强了行业自律。证券业得以健康发展,有力支持了经济建设。

——改革和规范保险市场。包括成立中国保险监管委员会,批准保险公司加入全国同业拆借市场,颁布实施《保险经纪人管理规定》,实行寿险与财险分开经营,坚决禁止保险公司间的恶性竞争,规范了保险市场的秩序。保险市场迅速扩大,增强了企业和居民抗风险能力。

——采取积极的金融政策。包括:取消贷款规模的限额控制,使商业银行有充分的贷款自主权;多次大幅度降低银行存贷款利率,刺激消费;多次下调存款准备金率,改革存款准备金制度;调整信贷政策,优化信贷结构;调整再贷款政策等,促进了经济的稳定增长。

“九五”期间金融体制的改革,使金融持续平稳运行,既成功地抵御了亚洲金融危机的冲击,又稳妥地化解了一些金融机构的风险,保持了人民币汇率的基本稳定,有力地支持了经济改革和发展,促进了社会稳定。

三、财税改革成效明显

建立稳固、平衡、强大的国家财政,发挥财政的宏观调控作用,是国民经济和社会各项事业稳步健康发展的客观必然要求。

“九五”期间,特别是1997年亚洲金融危机爆发以来,国家根据宏观经济形势的变化,果断出台了实施积极财政政策的重大决策。在增加收入、完善支出等方面采取了一系列改革措施,主要有:

——全面调整税制和改革征管体制。“九五”

期间，我国下调了关税税率，使中国税制进一步与国际接轨，更加贴近发展社会主义市场经济的需要；调整了保险税率，提高了证券交易印花税税率；对个人储蓄存款利息恢复征税，调整了流转税制，建立了以增殖税为主体、消费税与营业税为辅的流转税制调节体系，强化了税收功能；归并和统一了所得税制；积极进行费改税的改革，规范了税收体制；改革了税收征管体制，以统一税收，调动中央地方两个积极性为原则，明确划分了中央与地方税种及征收管理权限，实行中央税与地方税分开征收、两条线垂直管理的体制，有力地配合了分税制体制的实施。税制改革，强化了税收作为经济杠杆所具有的宏观调控职能，“九五”期间每年工商税收收入增收千亿元以上，2000年全国财税收入比1995年增长一倍，全国没有因税改而引起物价大幅度上涨。各项税收法律、法规及各项配套措施已基本落实到位，税收的调控作用更加明显，进一步与国际税收接轨，促进了对外开放。

——实行积极的财政政策，加快建立公共财政体系。针对“九五”期间国有企业改革力度加大，下岗职工增多的新情况，国家财政加大支出力度，确保国有企业下岗职工基本生活费、企业离退休人员养老金和城镇居民最低生活费的及时、足额发放；积极支持社会保障体系建设，促进社会稳定；积极稳妥地推进农村税费改革，进一步解决农民负担过重问题，增加农民收入；建立和完善中央财政对地方财政的税收返还和转移支付制度，促进地区经济协调发展；体现产业政策，对市场缺陷实施调整，以财政政策促进资源的优化配置；大幅度减少财政对营利性、经营性领域的投入，大力压缩财政直接用于企业的投资，将财力主要用于社会公共服务和社会保障方面；改革了国债发行方式，实现了国债发行市场化，作为特殊的时期内使用的特殊的手段，仅“九五”后三年就发行国债3600亿。通过国家预算、税收、国债等政策工具，调节宏观经济，促进了经济的发展。

四、外贸体制改革继续深化

“九五”期间，我国外贸发展面临的国际环境是改革开放20多年中所少见的。特别是亚洲金融危机不期而发，我国与发生危机国家的贸易额大幅下挫，与此同时，金融危机还使这些国家的货币大幅贬值，出口商品因此而增强了竞争力，在世界其它市场上对我国商品形成了更大的竞争压力。

面对亚洲金融危机前所未有的冲击，中国政府沉着应对，采取了一系列调控措施，并按照社会主义市场经济体制的要求和国际通行规则，加快外贸体制配套改革。主要有：

——中国做出了“人民币不贬值”的郑重承诺，为维护我国、亚洲乃至世界经济的稳定做出了重要贡献。

——按照中央“千方百计扩大出口”的部署，全国上下全力以赴，顽强拚搏，使我国的对外贸易顶住了压力，仍然保持不断增长的良好势头。积极实施“以质取胜”、“市场多元化”和“科技兴贸”战略，提高我国商品的国际竞争力。

——允许符合条件的外资银行在中心城市设立分行；《中华人民共和国外汇管理条例》发布施行，中国人民银行开展国债公开市场业务，1997年7月1日起，把外资企业纳入银行结汇售汇集团体系，允许外资银行办理外资企业的结汇售汇业务，实际上是对外资银行开放这一部分的人民币业务。

——大幅度减少国家实行配额许可证管理和统一联合经营管理的出口商品品种，并在配额分配中引入市场机制，提高了各类配额的使用率。国家对国有大中型生产型企业、商业企业和科研院所进出口经营权实行了登记备案制。历史性地放开了私营生产企业进出口经营权。

——国家先后数次调高部分商品的出口退税率，使平均出口退税率提高到近15%左右。国家对大部分机电产品和高科技产品实行出口零税率，有力地推动了我国外贸出口。国家三次大幅度降低关税，配额、许可证等非关税壁垒也大大削减。这些措施都大大支持和促进了外贸事业的发展，使我国基本形成了全方位、多层次、宽领域的对外开放格局。

五、粮食流通体制改革取得进展

粮食是国家的战略物资，是关系全局稳定的重要因素。自1978年以来，我国粮食流通体制经过多次局部性改革。1995年以后，我国连续三年获得的粮食大丰收，但粮食流通体制存在的问题也越来越明显暴露。如：国有粮食企业机制转换严重滞后，经营效益滑坡，财务挂帐剧增；政企不分，冗员膨胀，管理粗放；中央和地方粮食管理体制事权不分，既削弱了中央宏观调控，又抑制了地方积极性；粮食市场体系不健全，粮食价格机制不完善，市场信息不灵通等。

1998年,党中央、国务院将粮食流通体制改革列为我国各项改革之首。确定粮食流通体制改革的目标是建立起适应社会主义市场经济要求、符合中国国情的粮食流通体制。坚持"四分开一完善"的原则,即实行政企分开,中央与地方责任分开、储备与经营分开、新老财务帐目分开、完善粮食流通价格形成机制。改革的重中之重是"三项政策,一项改革",即坚决按保护价敞开收购农民余粮,粮食收储企业实行顺价销售,粮食收购资金封闭运行和加快国有粮食企业自身改革,转换经营机制,提高市场竞争力。

按照上述目标,国务院下达了一系列深化粮改的重要文件,召开了一系列的会议,通报查处了一批违反粮改政策的案件;各级政府主要领导亲自抓粮改工作,到第一线解决改革中的问题;粮食企业全面进行了整顿,端正了经营方向和经营方针,分流了一大批富余人员。经过改革,基本达到了预期目标,粮农、国有粮食企业、消费者、粮食经营者等多方的利益关系得到有效的调整,粮食收购价格大体呈升势,粮食企业主附营分离步伐加快,管理加强,效益提高;粮食收购和流通秩序明显好转;中央粮库建设进度加快。2000年,国家粮食局成立,从组织上保证了粮食流通体制改革的成果。

六、住房制度改革稳步推进

"九五"期间,住房制度改革进入快车道。1998年7月,国务院发出《关于进一步深化城镇住房制度改革和加快住房建设》的通知,明确规定,停止住房实物分配,逐步实现住房分配货币化,坚持"新房新办法,老房老办法",平稳过渡,综合配套的基本原则。

——改革住房分配制度。逐步实行住房商品化,使住房作为消费品直接进入市场;实行住房分配货币化,最终形成以个人产权为主的住房产权结构。1996年起普遍建立住房公积金制度,1998年下半年开始停止住房实物福利分配,这是我国住房制度发展史上的重大转折点。到2000年底,70%的可出售公有住房已向居民出售,商品住房的供应已占城镇住房供应的40%。

——改革住房供应制度。加快发展住房金融,商业银行优先发放经济适用房开发建设贷款,积极向个人发放住房抵押贷款;确定了住房投资由国家、单位、个人三者合理负担的原则;建立和完善以经济适用住房为主的住房供应体系。对不同收入的家庭实行不同的住房供应政策;加快建立住房供应新体系、满足住房实物分配停止后的个人购房需求、平抑商品房价格以及扩大住房的有效需求。

——改革住房流通体制。建立完善和规范的住房市场,扩大住房贷款发放范围,调整住房公积金贷款方向,完善住房产权抵押登记制度,积极开发住房二级和三级市场,保证住房商品自由、顺畅的流通,实现住房商品的合理分配。

——改革住房管理体制。逐步建立业主自治与物业管理企业专业管理相结合的社会化、专业化、市场化的物业管理体制。

住房制度改革的稳步推进,使城镇住房建设速度加快,居民人均住房面积迅速增加。"九五"期间,峻工城镇居民住宅面积比"八五"期间多出50%,2000年底城镇居民人均居住面积比1995年底扩大了近2平方米。住宅装饰水平不断提高,城镇绿地面积也逐步扩大,城镇居民生活质量大大改善。

七、政府机构改革取得明显突破

1998年3月举行的第九届全国人民代表大会通过了国务院机构改革方案,以此为标志,新一轮政府机构改革的帷幕正式拉开。

这次机构改革的目标是:建立办事高效、运转协调、行为规范的行政管理体系,完善国家公务员制度,建设高素质的专业化行政管理干部队伍,逐步建立适应社会主义市场经济体制的有中国特色的行政管理体制。机构改革的原则是:按照发展社会主义市场经济的要求,转变政府职能,实现政企分开。要把政府职能切实转变到宏观调控、社会管理和公共服务方面来,把生产经营的权力真正交给企业。按照精简、统一、效能的原则,调整政府组织结构,实行精兵简政。改革后的国务院组成部门由原来的40个减少到29个,机关人员编制由原来的3.2万人减少为1.67万人。改革初步解决了机构臃肿、人浮于事、效率低下的状况,强化了干部能上能下、激励竞争的机制,加大了干部交流的力度,改善了机关人员的结构。政府机构改革的成功,为国企改革攻坚创造了关键性条件,同时也为我国健全与完善宏观经济间接调控机制奠定了更为坚实的基础。

八、社会保障制度改革全面展开

“九五”期间,社会保障制度按照国民经济和社会发展总体规划,从改革、发展、稳定的全局出发,改革步伐明显加快。主要有:

——加快社会保障立法。“九五”期间,国务院颁布了一系列有关社会保险的法规,范围涉及养老、医疗、工伤、失业、下岗职工基本生活和再就业等方面,几乎涵盖了社会保险的各个领域;内容包括制度的建立、费用的征缴、项目的管理等诸多方面。形式多是以国务院决定、规定、条例等,这些法规、规章的陆续出台对逐步建立和完善我国的社会保障制度起到了重要的规范作用。

——确立社会保障的基本目标、原则和运作方式。如在养老保险改革方面,进一步明确了到本世纪末,要基本建立适应社会主义市场经济体制要求的、适用于城镇各类企业职工和劳动者,资金来源多渠道、保障方式多层次、社会统筹与个人帐户相结合、权利义务相对应、管理服务社会化的养老保险体系。医疗保险改革涉及医、患、商(药店)三个方面,十分复杂。在“八五”期间试点的基础上,1996年至1998年进行了大病统筹的改革试点,1999年初开始在全国范围内进行城镇职工医疗保险制度改革,到年底基本建立城镇职工基本医疗保险制度,以取代原有的公费医疗和劳保医疗。2000年开始进行将医院分成保障型和商业型两类的医院体制改革,使医疗体制改革向更深的层次推进。

——逐步扩大社会保障的覆盖面。覆盖面是社会保障的核心问题,扩大覆盖面也是“三个代表”的具体体现。“九五”期间,各级政府和有关部门按国务院的统一布置,综合运用法律、行政、经济等手段,尽可能地扩大社会保障的覆盖面,取得了令人瞩目的成就。到2000年底,城镇基本养老保险覆盖了10488万职工和3170万离退休人员,失业保险覆盖了10408万人,有力地促进了社会稳定。

——疏通资金筹集渠道。筹集必要的资金形成一定的积累是社会保障制度正常运转的基本条件。“九五”期间,遵循国家、集体、个人合理承担的原则,以多种手段坚决清理拖欠保险金的问题,使我国社会保障资金的筹集基本进入了一个正常的轨道,形成了资金筹集、管理、支出、积累的良性机制。

——促进社会保障管理的社会化。改单位管理、部门管理为社会管理,是社会保障制度改革的重要内容,也是社会保障制度的本质体现之一。1998年3月,劳动和社会保障部正式成立,统管城镇企业社会保险、人事部管理的机关事业单位社会保险、民政部管理的农村社会保险、各行业部门统筹的社会保险以及卫生部门管理的医疗保险,政府管理体制基本理顺。同年8月,国务院颁布《国务院关于实行企业职工基本养老保险省级统筹和行业统筹移交地方管理有关问题的通知》,要求1998年底以前要实行省级统筹,同年8月底以前行业统筹要移交地方。1999年开始,国务院又发文要求单位管理的离退休人员、下岗人员要逐渐交由街道管理。这些措施不仅减轻了企业的负担,也从制度上保证了社会保障体系的正常运转。

改革是一项宏大的社会系统工程。“九五”时期改革的成就充分展示了以江泽民同志为核心的党的第三代领导集体驾驭宏观全局,应对各种复杂局面,带领全国人民开拓前进的高超领导艺术。改革的实践为我们提供了丰富的经验,需要认真总结。回顾20年来我国改革的历程,可以发现“九五”时期的改革在广度、深度、力度和难度上都是前所未有的。但改革的任务没有完结,社会主义市场经济体制要进一步完善,一系列深层次的矛盾还有待解决。

(执笔:宋长青)

“九五”期间我国城市化水平继续提高

加快城市化进程是我国面向21世纪的重要选择，也是全面实现现代化的重大战略课题。“九五”期间我国城市化水平又有提高，城市经济继续发展，城市综合实力进一步增强，城市将会在未来社会经济发展中发挥更加突出的主体作用。因此，探索“九五”期间我国城市发展道路及城市化进程所面临的问题，对于推动新世纪国民经济的健康、可持续发展，加速城市化进程具有重要的意义。

一、“九五”期间我国城市化进程的主要特点

“九五”时期是我国国民经济和社会发展的重要时期，虽然受到亚洲金融危机的一些影响，但总体发展趋势是积极向上的。这一时期国民经济的持续发展对推动城市化进程起到了积极作用。1999年，按市镇总人口比重这一指标计算，我国城市化水平达到30.9%，比1995年提高1.9个百分点。这意味着这期间有约3700万农村人口转入城市(镇)。总体上看，“九五”期间我国城市化进程呈现如下特点：

1.城市化仍处在较低水平。“九五”期间我国城市化水平虽然继续稳步提高，但总体水平仍较低。有关资料显示，世界城市化水平在1999年已达到47%，我国要低16个百分点，严重滞后于世界整体城市化进程。“九五”期间城市化进展速度和“八五”期间大致相当，没有形成“加速”发展的局面。这一方面体现了在推进城市化进程方面我国采取的比较稳妥的逐步推进方针，以避免对城市形成过度压力；另一方面，也说明进一步加快城市化进程非一日之功，特别是长期的城市化滞后所带来的种种矛盾的显现及在推进城市化过程中遇到的困难和阻力，都形成了对未来加速我国城市化进程的较大压力，如何变压力为动力，加快城市化进程已成为我国解决一系列重大问题的关键所在。

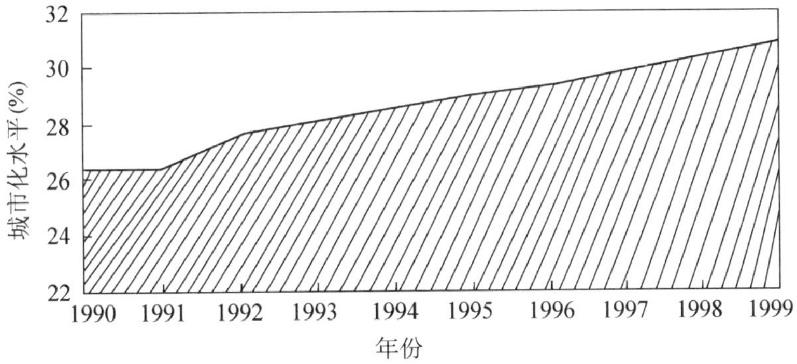

1990～1999年城市化进程

2.城市数目继续增加，但增速减慢。“九五”期间我国城市数目继续增加，初期县级市增加较快，以后受国家宏观调控影响县级市上升为地级市较多。统计资料显示，从1995年到1999年，我国城市数量由640个发展到667个，增长4.2%。和“八五”时期相比，增速减慢。从行政区级看，截止到1999年，地级及以上城市由213个发展到240个，增长12.7%；县级市没有增加。从地区分布看，东部城市增加10个，中部地区增加13个，西部地区增加4个。从城市规模看，特大城市发展最快，增长15.6%，中等城市次之，由192个增加到216个，增长12.5%。小城市发展缓慢。

表1　1995～1999年城市变动情况

单位:个、%

	1995	1996	1997	1998	1999	五年增长
按地域分						
东部地区	290	298	300	300	300	3.4
中部地区	234	245	247	247	247	5.6
西部地区	116	123	121	121	120	3.4
按行政级别分						
地级以上	213	221	226	231	240	12.7
县　级	427	445	442	437	427	0
按城市规模分						
特大城市	32	34	34	37	37	15.6
大 城 市	43	44	47	48	48	11.6
中 城 市	192	195	205	205	216	12.5
小 城 市	373	393	382	378	365	-2.1

3.大城市在城市化进程中起主要作用。1999年,地级及以上城市市区总人口达22106.9万人,占市镇总人口的56.8%,比1995年增加1.4个百分点。同期县镇非农业人口比重只增加0.7个百分点。从城市规模看,大城市(包括特大、超大城市)人口15532万人,占市镇总人口的39.9%,比1995年增加1.8个百分点。这意味着,“九五”期间大城市仍然是城市化进程的主要力量,大城市的规模效益及辐射作用明显优于小城市和县镇。

4.第三产业的蓬勃发展成为推动我国城市化进程的主要动力。

表2　1995～1999年产业结构变化和城市化水平

年　份	第二产业就业比重(%)	第三产业就业比重(%)	城市化水平(%)
1995	23	24.8	29.04
1996	23.5	26	29.37
1997	23.7	26.4	29.92
1998	23.5	26.7	30.4
1999	23	26.9	30.89

资料显示,第三产业就业比重和城市化水平均呈上升趋势,但第二产业在一定时期内仍占有相当重要的地位。此外,农业劳动力仍占50%左右,从一个侧面也说明我国城市化尚处于初级阶段。

5.城市群、城市带继续发展。改革开放以来,我国城市迅速发展,中心城市的辐射作用日益增强。在80年代和90年代初相继形成的环渤海、长江三角洲、珠江三角洲城市群以及沿长江黄金水道的城市带,成功推动了这些地区乃至全国经济的发展。“九五”期间,我国城市群带继续发展,1999年三大城市群创造的国内生产总值达到28565.2亿元,按可比价格计算,比1995年增长56.1%,占全国国内生产总值34.9%。城市群规模不断扩大,对周边地区辐射力进一步增强。这些城市群和城市带吸纳了大量劳动力和高技术人才,对推动我国城市化进程起到明显的作用。

表3　三大城市群人口和GDP增长情况

	总人口(万人)			GDP(亿元)		
	1995	1999	增长(%)	1995	1999	增长(%)
长江三角洲	7371	7471	1.4	8863.3	13740.3	55.2
珠江三角洲	2607	2772	6.3	4125.2	6670.7	64.7
环渤海地区	6691	6835	2.2	5479.9	8154.2	50

* 总人口系地区总人口包括市辖县,GDP比较按可比价计算。

二、制约城市化进程的主要因素

制约城市化进程的原因是多方面的,如发展战略的选择、各项政策的制订、体制原因等,自然因素也不可忽视,如我国人口总量的庞大是任何发达国家不可比拟的,要全面推进城市化也不是一朝一夕能完成的,需要解决诸多矛盾和问题。当前导致城市化滞后的主要问题来自加快城市化进程的拉力不足。

改革开放以来,我国城市化水平有了很大提高,1999年比1978年增加了13个百分点,20年来,我国有约2亿农业人口转变为城镇人口。但是目前农村劳动力供大于求仍然是我国经济发展中的重要问题之一,而且今后会更加突出。一是长期以来,我国不断加大对农业要素的投入,有专家分析我国农业已进入资本替代劳动的加速时期,农业劳动生产率不断提高,农业的科技含量也不断加大,使大量农村劳动力处于闲置状态;二是现有农业劳动力达3.5亿人,而可耕地又有限,还有进一步减少的趋势,使农业的就业余地越来越小;三是近年来,农产品价格已达到较高水平,农民靠提高农产品价格致富已不太可能,去城市寻求机会,提高收入水平,改善生活质量是唯一出路。因此多重因素导致农民渴望向非农产业转移的要求愈加强烈,不断形成强大的推力。

但城市吸纳农村剩余劳动力的能力有限,也就是城市的“拉力”不足,这是我国城市化滞后的根本原因。

1.城市体系尚不健全,地区发展失衡状况改观不大。经过多年的发展，我国已初步建立了围绕中心城市，以大、中城市为骨干，以小城市及县镇为枝叶组成的城市体系，在区域经济和国民经济发展中发挥重要作用。但“九五”期间，城市增加相对缓慢，城市人口增长有限，尤其是中、小城市虽然保持着一定的发展势头，但其基数小、区域辐射能力较弱，扩展规模的速度远不能达到加快城市化的要求。此外，城市空间分布不均衡的局面依然存在。1999年，全国667个设市城市，有300个分布在东部地区，约占50%。地区发展长期失衡不但会使部分地区人口过度集中，劳动力过剩，不利于城市化水平的均衡提高，而且会带来一系列社会问题。

2.依靠工业发展，并未形成就业的规模性扩张。“九五”时期，改革开放加速了城市产业结构的调整，市场经济体制逐步建立，企业全面引入竞争机制，提高经济效益，因此企业本身已产生大量富余人员，传统的依靠工业发展，特别是依靠制造业吸纳剩余劳动力的途径已不可能。从1996年开始制造业从业人员占全部从业人员的比重逐年下降，1999年制造业从业人员比重只占11.5%，绝对数也逐年下降。由此说明在我国城市化初始阶段并没有完全依靠工业企业的扩大再生产与资本的聚集达到大规模吸引剩余劳动力的目的，而主要是依靠行政和地域的机械变动，以及第三产业的快速发展来吸纳剩余劳动力。

但第三产业的发展不是孤立的，和工业发展、科技水平、生产的社会化程度及人均收入等密切相关，不可能短期内由发展潜力转化为强大的拉力。在我国城市化的初级阶段只依靠第三产业的发展来大规模吸纳农村人口也是不现实的，尤其是在今后加速城市化进程中一些大城市因自身的问题吸纳能力将十分有限。此外中小城市因规模效益不明显，没有能力提供大规模就业是拉力不足的重要原因。如不加以重视，对今后加速城市化进程十分不利。

3.城乡分割型户籍制度阻碍了城市化进程。我国长期实行城乡不同的户籍制度，这在稳定城乡社会、稳步发展城市方面起到重要作用，但人为增加城乡之间的壁垒对推进城市化进程极为不利，大量农村剩余劳动力不能取得城镇户口，在寻找工作、子女就学、医疗及失业保障等方面不能享受同等待遇，无疑给广大农村人口造成心理的、现实生活上的压力，降低了城市化的质量，阻碍了城市化进程。

4.城市的基础设施建设落后，不能充分发挥城市功能。改革开放以来，我国城市建设发展很快，基础设施状况也大有好转，特别是一些特大和超大城市发展速度明显加快。但和发达国家相比，差距依然存在。城市生活用水、教育设施、环境状况、邮电通讯状况、园林绿化及防灾减灾等都不能适应未来经济发展和城市化的要求。

三、21世纪初我国城市化发展展望

我国城市化水平尚在发展的初级阶段，要达到更高的水平还有很长路要走。党的十五届五中全会提出的“十五”计划建议，明确提出要积极稳妥地推进城镇化，提高城镇化水平，转移农村人口，为经济发展提供广阔的市场和持久的动力。因此，首先要从思想上转变观念，从过去被动的自发的城市化发展转变为有意识的、主动的推进城市化，寻求和建立适合我国国情的城市化发展模式，制订阶段性的发展目标，采取积极的政策，特别是要抓住西部大开发的历史机遇，推进西部地区城市化进程。初步预计“十五”期间我国城市化水平要达到33～35%，21世纪前10年争取达到和超过40%，这意味着城市化水平平均每年至少要提高1个百分点。这无疑将超速度推进城市化，以较短的时间达到发达国家城市化中期发展水平。要实现这一目标，未来几年应作好以下工作：

1.注重城市体系的发展，积极稳妥的发展小城镇。要实现“十五”期间城市化水平达到35%，年需增加城镇人口约1000万，相当于新增10个大城市。要贯彻执行控制大城市规模，合理发展中等城市和小城市，积极发展小城镇，促进大中小城市协调发展的方针。要强调控制特大城市的人口规模，注重发展其内在质量和综合功能，充分利用城市的聚集和辐射，发挥其中心城市的作用。对于中小城市，既要合理发展，也要强调积极发展和可持续发展。

“十五”计划建议明确提出“发展小城镇是推进我国城镇化的重要途径。”小城镇是沟通农村和城市经济发展的桥梁和纽带，未来吸纳农村剩余劳动力主要依靠小城镇，也是实现具有中国特色城市化道路的希望和根本所在。改革开放以来，小城镇建设取得了长足进步，推动了农村经济的巨大增长。但近年来，小城镇建设有一哄而上，盲目发展的趋势，按照“十五”计划建议中提出的基本思路建设小城镇，重点要加强小城镇建设的“合理布局，科学规划，规模适度，注重时效”。关键在于繁荣小城镇经济，把引导乡镇企业合理集聚、完善农村市场体系、发展农业产业化经营和社会化服务等与小城镇建设结合起来。

2. 充分发挥中心城市的作用，有计划有目的地发展城市群和城市带，特别注重西部城市的发展。经过 20 年的改革，我国初步形成了环渤海、长江三角洲、珠江三角洲等大规模的城市群，各中心城市在其周围也形成了相应的城市群带。中部地区也有广阔的发展空间，如中部地区的河南中原一带，地处中国腹地，有京广、京九、陇海铁路，有多条高等级公路等硬环境。中原城市群有城市相对集中，空间距离近的区位优势，以郑州为中心的中原城市群极具发展潜力。全国其他地区也有类似的发展环境和机遇，应充分加以利用。

在实施西部大开发的战略中，要关注西部城市群带的发展。尤其是人口密度小的地区要依照可持续发展的原则加大开发力度。如甘肃省有狭长地域的特点，可以兰州为龙头，以白银、天水为依托向西发展形成密集经济区域。对于新疆自治区的发展，北部地区除乌鲁木齐外可以发展一个大城市，重点发展一些历史悠久、地理位置重要的小城市和县镇；南疆以库尔勒或阿克苏市为中心再发展一个大城市，形成三个中心带动全区城市体系的发展。这些地区的发展要根据当地的特点，充分利用国家的各项优惠政策，采取利益吸引的策略，利用各种渠道增加开发资金投入，按照“十五”计划提出的“坚持从实际出发，积极进取、量力而行，统筹规划、科学论证，突出重点、分步实施。力争用五到十年时间，使西部地区基础设施和生态环境建设有突破性进展。”

3. 加快户籍制度改革步伐，解除城市化发展的制度约束。要加紧研究制订新时期适合我国改革和发展的户籍制度，改革不合理的体制，形成有利于城市化发展的制度环境。一是在国家宏观政策调控的基础上，不同规模的城市根据自身发展的特点和相关政策可以有不同的户籍政策，超大、特大城市紧一些，中小城市松一些，县以下小城镇户籍制度可彻底放开；二是消除农民进城的种种行政限制和不合理的限制措施，包括对外来人口的各项不合理收费；三是进一步加强对相对稳定在城市工作的农民的各项管理，并在居住、入学、社会保障等方面采取有效措施予以鼓励；四是加快和健全立法程序，依法管理和调控，以保护外来人口的合法权益；五是赋予“城市居民”以新的概念和涵义，改变目前在观念上的混乱局面，逐步建立以居住地划分城市人口、乡村人口的管理制度，同时要防止仅依靠行政辖区的扩展增加“城市人口”。

4. 深化城市经济体制改革，全面提升城市的“拉力”。对于大城市和特大城市应着重提高城市发展的内在质量，一是对城市基础设施的建设要有前瞻性和综合规划，进一步加大对改善基础设施的投入，对资金不足的可采用多种形式吸收资金，以缓解人口增长与基础设施不足的矛盾；二是加强产业结构的调整，积极发展高技术产业和新兴工业，促使产业的不断升级以吸引高素质人才，继续提高各行业的社会化程度，大力发展第三产业。虽然大城市第三产业发展迅速，但和城市的发展仍然不协调，特别是诸如金融、保险、房地产及社区的发展都有很大潜力。对于中小城市和县镇，应大力发展特色经济和劳动密集型产业，扩大工业化规模，突出专业化和区域特色，积极消化大城市扩散的产业、技术和信息，充分利用周围腹地的劳动力和资源，促进城市向集约型发展。在加强基础设施建设的同时，充分利用已有的基础设施提高承载能力，不失时机地加速城市发展，提高城市的综合实力。

“十五”期间，推进我国城市化进程的任务是非常艰巨的，要达到预期的目标，各级政府必须要在思想上给予足够的重视，切实按照十五届五中全会的精神积极贯彻执行各项方针和政策，从国家发展的长远利益和整体利益出发，在全面加强城市综合实力和竞争力的同时，发扬制度创新精神，消除限制我国城市化的制度壁垒，力争 10 年之内达到城市化发展的中期水平，为向更高的层次发展打下坚实的基础。

（执笔：陈晓杰）

农村经济

“九五”时期农业与农村经济发展步入新的历史阶段

“九五”时期，我国国民经济保持了快速健康的发展，各项社会事业取得了长足的进步，人民生活整体上实现了由温饱向小康的历史跨越。农业作为国民经济的基础产业，克服了前所未有的困难和挑战，保持了稳定发展的势头，为维护社会稳定和推动各项改革事业的发展做出了巨大的贡献。农产品供求实现了总量平衡，丰年有余。农产品市场供应充足，价格持续下降。农村产业结构逐步调整和优化，农村工业化、城镇化步伐进一步加快；农村基础设施投资增长较快，投资效益提高。农村居民收入持续稳定增长，农村居民生活水平又有了新的提高，居民住房、用电等生产条件有较大的改善，生活质量进一步提高。农村贫困人口大幅度减少，“八七”扶贫攻坚目标基本实现。“九五”时期，农业经济在稳定发展的同时，也面临着一些矛盾和问题，需要我们在“十五”时期高度重视并切实加以解决。

一、“九五”农村经济发展的主要成就

(一)农业生产稳定增长，农产品供求实现了总量平衡、丰年有余

“九五”时期，党和政府始终把农业放在各项工作的首位，高度重视农业和农村经济的发展，加强农业的基础地位，不断深化改革和完善农村的各项方针政策，积极推进农业生产结构的战略性调整，农业产出不断增长，整体质量不断提高。与“八五”末期的1995年相比，“九五”期间第一产业增加值增长19.4%，年均递增3.6%。

从主要农产品的生产看，关系国计民生的重要农产品产量保持了较高的水平。粮食产量于1996年突破5亿吨大关，提前完成“九五”计划确定的粮食产量目标，并且5年的平均产量达到4.96亿吨，表明我国粮食综合生产能力已经达到了一个新的台阶。2000年的粮食产量受严重旱灾和结构调整因素的影响减产9%，但仍达到了46218万吨。整个“九五”时期，粮食产量比“八五”时期累计增加23541万吨，平均每年增加4708万吨，国家储备量达到历史最高水平。棉花为适应纺织工业结构调整的需要，并受到出口及库存的影响，“九五”时期产量有所减少，但供需仍然达到了总量平衡有余；油料产量稳步增长，2000年产量达到2955万吨，比1995年增长31.3%，年均增长5.6%；肉类总产量2000年达6125万吨，比1996年增长1541万吨，年均增长7.5%；渔业快速发展，到2000年，全国的水产品产量已达4278万吨，比1995年增长70%，年均增长11%。

农产品产量的不断增长，为社会提供了丰富的生产生活资源，大大提高了我国人民的物质生活水平，改善了生活质量。“九五”期间，我国粮食人均占有量有4年达到和超过400公斤的世界平均水平；2000年，肉、蛋、奶的人均占有量分别达到48公斤、17.6公斤和7.2公斤。

(二)新一轮农业结构调整开始起步，农业生产结构趋于优化

“九五”时期，受宏观经济环境的影响，农产品的需求制约问题开始突现，农产品总量的扩张已不能为农民创造更多的就业机会和收入来源，农业增产不增收、或增产与增收严重不同步的矛盾比较突出。为此，新一轮的农业结构调整开始起步，并且开局良好。

农业生产以市场需求为导向，大力调整产业结构、品种品质结构，积极发展畜牧饲养业和水产养殖业，满足城乡居民对肉蛋奶产品日益增长的需求，丰富居民的菜篮子，改善生活质量。从农、林、牧、渔业占农业总产值的比重看，农业比重不断减小，畜牧业、渔业所占比重不断上升。2000年，农业、林业、牧业、渔业在农业总产值中的比重分别为55.7%、3.7%、29.7%、10.9%，与“九五”初期的1996年相比，农业所占比重下降了4.9个百分点，牧业、渔业则上升了4.7个百分点。从各业内部看，种植业中大宗农作物调整力度较大，优质农产品发展迅速，名特优新水果、蔬菜、茶、桑、烟、花、药

成为农民增收的新亮点。经过多年的整合，“九五”末期基本形成了16.5亿亩左右的粮食、6000万亩棉花、2亿多亩油料、2亿多亩蔬菜、2000多万亩糖料为主的种植业格局。同时种植业的品种结构也不断得以优化，目前，全国优质早稻面积约占早稻总面积的50%，优质专用小麦面积占小麦总面积的20%，优质专用玉米面积占玉米总面积的20%，优质油菜面积占总面积的比重超过50%。种植业生产正逐步向优势产区集中。

畜牧业积极适应市场需求的变化，由偏重数量增长向数量和质量并重的方向转变，畜产品结构逐步优化，并走上适合我国资源禀赋的道路。猪肉在肉类中的比重由1996年的68.9%下降到2000年65.8%，牛、羊肉的比重分别由1996年的7.8%、3.9%上升到2000年的8.7%和4.5%，草食性家禽和家畜的比重不断增加。优质品种普及率提高，特种养殖规模扩大。据有关部门统计，“九五”时期，猪牛羊的良种覆盖率分别达到90%、30%和55%。畜牧业收入成为农民增收的重要来源。2000年农民人均牧业纯收入达到207元，比1995年增加95元，增长85%。

渔业生产结构调整也有所加大，优质高效水产养殖已悄然成风，名特优新水产品的养殖面积和产量都有了很大提高。从保护和利用资源的角度出发，渔业生产进行了战略性的结构调整，减少捕捞，进行伏季休渔。与1995年相比，2000年水产品总产量中，养殖产量比重提高了6个百分点。

为保护生态环境，保持农业的可持续发展，在“九五”期间，国家启动了天然林资源保护工程，并开始实施中西部地区的退耕还林（草）战略性结构调整。2000年完成造林面积516万公顷，其中，退耕还林71万公顷。

（三）农村非农产业持续发展，工业化、城镇化步伐加快

“九五”期间，以乡镇企业为主体的农村非农产业以改革促发展，以市场为导向，加快体制创新，依靠科技进步，努力克服亚洲金融危机、国内产业结构调整、城乡就业结构变化、国内消费需求增长乏力等方面的影响，保持了持续健康发展的好势头。从总体上看，农村产业结构沿着农业比重下降，非农产业比重不断上升的轨迹变化。据农业部乡镇企业局预计，2000年乡镇企业增加值达到27300亿元，比1995年净增12700亿元，年均增长13.6%，占到国内生产总值净增部分的37%。农村非农产业的发展，一方面优化了农村就业结构、增加了农民收入，另一方面推进了国家工业化、城市化进程。2000年，农村劳动力就业结构中，农业（农林牧渔业）所占的比重为68.4%，非农产业所占比重为31.6%，，非农产业所占比重比1995年上升了3.4个百分点。农民从事非农产业所得到的纯收入由1995年483元提高到2000年的993.5元，增长一倍多。农民人均非农产业纯收入占农民人均纯收入的比重由1995年的31%提高到2000年的44%。农村非农产业尤其是乡镇工业的发展改变了我国工业的布局。据乡镇企业局预计，2000年乡镇企业工业增加值达18950亿元，比1995年增长75%，年均增长11.9%，占全国工业增加值的近50%。乡镇企业的许多产品特别是日用消费品，已占全国相当大的比重。一些发达地区出现城市工业和农村工业优势互补、产业协调发展的格局，实现了城乡工业“两翼”齐飞，走出了一条具有中国特色的工业化道路。农村工业化带动了农村城镇化。“九五”时期，乡镇企业的集中连片发展，各类乡镇工业小区的建设与完善，促进了农村第三产业的发展，改善了村镇基础设施条件，乡镇企业与小城镇互为依托、互相促进，共同发展，开创了中国特色的城镇化道路，我国城镇化水平由1995年的29%提高到1999年的31%。

（四）农业投入增加，农村投资加大，农村基础设施得到改善

“九五”时期，为改善农业基础设施和生产条件，国家加大对农业投资的力度。1999年，国家财政对农业的支出达到1300多亿元，比1995年增加700多亿元，增长1.3倍。在努力增加财政农业支出的同时，各级政府积极探索多渠道、多形式增加农业资金的路子。1999年中央在新增的1000亿元财政国债中，有375亿元用于改善农业生产条件和水利设施、保护天然林、治理生态环境、节水灌溉工程等。全社会农业基本建设投资总额达到836亿元，比1995年增长2.8倍，其中，水利基建投资达到536亿元，比1995年增长2.8倍。“九五”时期林业生态重点工程完成面积比“八五”累计增加292.4万公顷，增长23.2%。2000年乡村水电站发电量205亿千瓦小时，比1995年增长52.9%。“九五”时期，为启动内需，政府加大了农村基础设施建设的力度，鼓励集体和个人投资。2000年，农村集体和农民个人固定资产投资达到6696亿元，比1995年增长53%，年均增长8.9%。

随着国家和地区对各种基础设施投入力度的加大，“九五”时期，农村基础设施得到极大改善。2000年，在全国的行政村中，自来水受益村所占比重达到46%，比1995年提高了11个百分点。到2000年，全国农村有95%以上的行政村通了公路，比1995年提高6个多百分点；80%以上的行政村通了电话，农村电话用户2000年比1995年提高了2倍；95%以上的行政村通了电。农村交通、通讯、水电等公共事业的发展，改善了农村生产、生活条件，方便了城乡经济、文化交流，为农村经济的持续稳定发展奠定了坚实的基础。

(五)农业对国民经济的发展作出重要的贡献

农业兴、百业兴，农业衰、百业衰。随着国家工业化进程的加快，农业增加值在GDP中的比重会有所降低，但农业的作用不会削弱，相反，农业与国民经济互相推动、共同发展的关系会日趋紧密，农业在国民经济中的基础地位始终不可替代。

由于连续五年的农业丰收，主要农产品供应充足，价格稳中有降，居民食品类消费价格指数由1995年的122.9%下降到2000年的97.4%，为稳定社会和推动各项改革事业的发展做出了积极的贡献。一方面，农村在满足自身食品消费的同时，还丰富了城市居民的“米袋子”、“菜篮子”；另一方面，农业的发展推动了相关产业特别是以农产品为原料的轻工业的发展。1999年，以农产品为原料的轻工业产值比1995年增加1.9万亿元，年均增长9.6%；以农产品为原料的轻工业增加值占整个轻工业增加值的比重达65%。正是由于这一时期农产品供给比较充裕，国家才有条件进行国有企业的改革，也才有条件实施退耕还林(草)、移民建镇、生态环境保护等关系经济和社会可持续发展的重大战略部署。

农村是工业品的消费市场之一，2000年农村(县及县以下)消费品零售额比1995年增长58%(现价)，年均增长9.6%。农村消费品零售额的消长，与整个国民经济的消长有很强的相关性。随着农业现代化步伐的加快，农业物质投入水平提高，生产资料的需求增长，也带动了农用工业的发展。2000年，农业机械总动力比1995年增长1645亿瓦特；化肥、农药、农用薄膜使用量分别增长15.4%、17.8%、45.9%；农民人均生产经营费用现金支出544.5元，比1995年增加89.8元。

农业为国家工业化提供了大量的资金和劳动力。农业各税由1995年的278亿元增加到1999年423.5亿元；增长52.3%，年均增长11%，“九五”时期，农业劳动力继续大量向非农产业转移，农业从业人员占全部从业人员的比重由1995年的52.2 %下降到2000年的46.1%。

2000年农产品出口总额达到156.2亿美元，比1995年增长12%。

(六)农民收入持续增长，整体消费水平提高，生产质量得到改善

“九五”时期，随着农村居民收入增长渠道的不断拓宽，农村居民收入得以持续增长，为农村居民从温饱向小康生活的跨越奠定了坚实的基础。1995～2000年，农村居民人均纯收入由1578元增加到2253元，增长42.8%；年均实际增长4.7%。随着农村就业结构的变化，收入增长呈现多元化：一是家庭经营收入比重稳中趋降，在2000年农村居民人均纯收入中，家庭经营纯收入比重为63.3%，比1995年下降了8.1个百分点。二是农村居民工资性报酬收入成为农村居民收入增长的重要来源，2000年农村居民人均工资性收入占全年纯收入的比重为31.2%，比1995年上升了8.8个百分点。三是农村居民家庭经营收入构成中二三产业收入增长较快、比重提高。2000年二、三产业纯收入分别达到99元和237元，占全年家庭经营纯收入的比重分别为7.0%和16.6%，比1995年分别提高2.7和5.8个百分点。四是农村居民市场意识增强，农产品商品率提高，现金收入增长较快。“九五”时期，农村居民人均纯收入中，现金纯收入由1995年的987元提高到2000年的1654元，增长了67.6%，比纯收入的年均增长速度快3.5个百分点；占人均全年纯收入总额的比重由1995年的62.6%提高到2000年的73.4%，提高了10.8个百分点。

随着农村居民收入的不断增长，购买力水平提高，加上扩大内需的积极财政政策的实施，促进了农村居民整体消费水平的提高和消费结构的改善。1995～2000年，农村居民人均生活消费支出由1310元提高到1670元，增长了27.5%；年均实际增长3.4%。在总体生活消费水平提高的同时，农村居民生活消费结构向着逐渐减少生存性消费比重、不断提高享受和发展性消费比重变化。2000年农村居民消费的食品、衣着、居住、家庭设备用品的支出水平分别达到821元、96元、258元和75元，比1995年分别增长了6.8%、6.9%、39.1%和16.1%；而医疗保健、交通通讯、文教娱乐、其他几

个方面的消费水平提高更快,分别达到88元、93元、187元和52元,比1995年分别增长了1.1倍、1.8倍、82.4%和1.3倍。基本生存资料需求收入弹性已逐渐缩小,享受和发展资料的需求收入弹性逐渐增大。主要表现在:一是恩格尔系数由1995年的0.5862下降到2000年的0.5013,下降了8.5个百分点,成为农村居民总体生活消费由温饱区间迈入小康门槛的重要标志。二是享受和发展性消费支出的比重普遍提高。居住支出在农村居民生活消费中的比重5年间提高了1.3个百分点,医疗保健支出提高了2.0个百分点,交通通讯支出提高了3.0个百分点,文教娱乐支出提高了3.4个百分点,其他商品和服务性支出提高了1.3个百分点。三是货币消费支出比重提高较快。"九五"时期,全国农村居民生活消费现金支出额由1995年的859元提高到2000年的1285元,增长了49.6%,现金消费占总消费的比重由1995年的65.6%提高到2000年的76.9%,提高了11.3个百分点。

"九五"时期,我国大部分农村居民向小康生活过渡,消费档次提高,消费质量明显改善。食品消费中,肉、蛋、奶、鱼、水果等消费量增多,膳食结构向营养、科学型发展。1995～2000年,农村居民人均消费植物油增长了28.2%;猪肉增长了27%;牛羊肉增长了67.6%;家禽增长了55.7%;蛋类增长了54.3%;水产品增长了16.7%。水果消费量增长了40.7%。主要营养素已基本满足需要。2000年中国农村居民每人每日食物热能摄入量为2605千卡,已达到中国食物营养推荐供给量标准(2400千卡)的108.5%,高于1995年的2482千卡。衣着更趋成衣化。2000年农村居民人均用于衣着方面的支出达到96元,比1995年增长6.9%,其中购买服装支出人均54元,比1995年增长21.1%。居住质量、居住条件改善。1995～2000年,农村居民人均居住类消费支出由186元提高到258元,增长39.1%,年均增长6.8%。农村居民家庭年末人均住房面积由21.01平方米增加到24.82平方米,增加3.81平方米。人均住房面积中,砖木结构和钢筋混泥土结构住房面积2000年达到19.76平方米,比1995年增加4.75平方米;所占比重79.6%,提高8.2个百分点。彩色电视机、电冰箱、摩托车等需求弹性系数较大的耐用消费品支出明显增长,年末拥有量成倍增长。农村居民人均当年用于购买主要机电产品、车等耐用品支出2000年为42元,比1995年增长29.4%。2000年末彩色电视机百户拥有量比1995年增长1.9倍、录放像机增长1.9倍、电冰箱增长1.4倍、摩托车增长3.5倍、洗衣机增长69.1%。

二、面临的矛盾和问题

"九五"时期我国农村经济在取得长足进步的同时,也面临一系列新情况和新问题,这些矛盾和问题有的是因市场条件变化而出现的,有的则是农业与农村长期积累的深层次矛盾表象化而引起的。

(一)农业增产不增收,农民收入增长缓慢,成为启动内需的重要制约因素

"九五"时期,我国农业发展步入了一个新的历史阶段。农产品的供求平衡,由单纯总供给增长决定转变为总供给和总需求同步增长决定,由单纯供给数量增长决定转变为供给数量与质量同步增长决定以及供给结构和需求结构相互适应决定。由于当前农产品的品种品质结构不适应市场的需求的矛盾越来越突出,长期形成的重数量增长、轻质量优化的农业增长逾来逾受到需求的制约。农产品价格持续下降,加上农业生产成本加大,农业增长速度逐年放慢。"九五"时期,第一产业增加值增长速度由1996年的5.1%逐年下降到2000年的2.4%。农民从家庭经营第一产业农业获得的收入增长缓慢,且自1998年以来连续三年负增长,特别是农民从种植业得到的收入,不仅已连续三年下降,而且减收幅度呈扩大趋势。1998、1999年种植业纯收入分别比上年减少16元和45元,2000年农民的种植业收入出现大幅度下降,人均减收98元。受东南亚金融危机影响,我国国民经济整体运行速度放慢,国内市场疲软、消费需求不振、经济增长乏力。这些影响了农产品需求增长和价格走高。"九五"后期农民收入增长缓慢且增速逐年下降,1997年农民收入实际增长4.6%,比上年回落4.4个百分点,1998、1999年分别为4.3%和3.8%,2000年收入增长速度只有2.1%,农民增产不增收,产生了诸多不利影响。第一,收入的减少,影响了农民的生产积极性,必然减少生产投入,进而影响农产品的供给。第二,影响农民的消费支出,使扩大内需,开拓农村市场成为水中望月。第三,拉大了城乡收入与消费差距。第四,农民不能富裕起来,必将延缓"全面建设小康社会、加快实现现代化"目标的进程。

(二)一些深层次矛盾影响了农业结构调整的

绩效最大化

“九五”时期的农业结构调整，取得了明显的成效，也积累了一定的经验，但是制约结构调整的一些深层次矛盾比较突出。一是结构调整缺乏总体规划，盲目性、趋同性现象比较突出。一些地方把结构调整局限在农业内部，只停留在粮食和一般经济作物面积和产量的增减上，缺乏从农业与国民经济发展的战略高度对农业进行战略性调整的规划。二是小生产与大市场的矛盾比较突出。由于农民的组织化程度较低，农业产业化还刚刚起步，农民在结构调整中缺乏快速、准确的市场信息，缺乏流通的组织与社会化服务，结果是投入增加，效益下降，从而挫伤农民结构调整的积极性；三是农业社会化服务体系不健全，农产品流通市场建设严重滞后，使农产品的流通存在很大障碍。由于这些矛盾和问题的集中暴露，影响了农业结构调整的实际效果，其中农产品销售不畅和价格下跌问题尤为突出，全国农产品收购价格指数自1997年以来，连续四年下降。

（三）农业抵御自然灾害的能力薄弱，农业生态环境亟待改善

“九五”期间，国家对农业基础设施的投入逐年增加，但由于历史上对农业基本建设投入欠帐太多，农业基础设施陈旧老化问题日渐明显，再加上生态环境破坏严重，农业面临资源和生态环境恶化的双重压力，造成“九五”时期的几年间，自然灾害频繁发生，给农业发展带来无法弥补损失，同时也使得我国本已薄弱的农业基础更显脆弱。以耕地为例，全国有666个县人均耕地低于联合国粮农组织确定的人均0.8亩的警戒线；有463个县人均耕地不足0.5亩，人口生存的压力导致毁林（草）开荒、围湖造田，造成了严重的水土流失。1998年，长江流域发生的特大洪涝灾害，造成大量农田被淹的事实，就是上游地区长期破坏森林植被和陡坡垦种的结果。2000年入春以来，长江以北地区出现了90年代以来最严重的干旱，不仅给夏季农作物生产和春耕造成了严重影响，部分地区人畜饮水十分困难。这进一步暴露出农业基本建设方面欠帐较多，水利设施严重老化失修，水土流失严重，地下水过度开采，土地荒漠化加剧。

三、“十五”农业与农村发展的建议

“九五”时期，在党的农村政策引导下，广大农民充分发挥自已的勤劳和智慧，使十多亿中国人民衣食无忧，创造了中国农业的辉煌。今后的5到10年，是承上启下的关键时期，我国将开始实施第三步战略部署。农业是安天下的大业，国民经济能否发展得更快、更好，在很大程度上取决于农业基础是否稳固。没有农村的小康，就没有全国的小康，没有农业的现代化，就没有全国的现代化。因此，以改革促发展，进一步稳定和完善党在农村的各项方针政策，深化农村税费制度改革、粮棉流通体制改革，确保农民增收、农村稳定是新世纪农业和农村经济发展的主题。

（一）把加强农业、增加农民收入放在经济工作的首位

必须抓紧制订农业发展的长远规划，积极稳妥地推进农业结构的战略性调整。在保持总量平衡的前提下，着眼于总体上提高农产品的品质；下大力促进初级农产品的转化和加工；充分发挥各地比较优势，实现农业生产力的区域优化布局的农业结构调整。在农业结构调整的总体规划中，必须高度重视和保护粮食综合生产能力，保证粮食安全，加强农业的基础地位，绝不能使农业出现大的波折。未来五年对农业的保护和支持，应更多地转向改善农业、农村的生产、生活和市场条件，促进农业科技进步和先进适用技术的推广，建立农产品市场信息收集、发布系统和农产品质量标准体系，发展农业社会化服务和产业化经营等方面，注重改善农村生产条件和生活的基础设施、生态环境、提高农民素质。把政策的着力点放在提高农业综合素质、提高农产品品质和农业效益、提高农民收入、提高可持续发展上面。这样，当需要更多的农产品时，可以从容地生产出来；同时，可以实现农业增效、农民增收的目的。

（二）提高农业产业化经营水平，通过农业产业化将国际国内市场对中国特色农产品的潜在需求变为现实需求

这几年，我国不仅大宗农产品积压，而且蔬菜、水果、畜牧产品都不同程度地出现过卖难。尽管对微观生产单位来说，都有一个提高质量、调整结构、使产品适销对路的问题，但无论怎样调，最终将取决于市场需求的容量。加入WTO后，我国虽然在粮棉油等土地密集型产品上无法与欧美国家竞争，但在劳动密集型产品、特色种养业产品上，则具有明显的成本优势，也存在着巨大的潜在市场。实践证明，农业产业化是在家庭承包经营基础上实现农

专栏2.1 退耕还林还草试点工作

实施西部地区大开发战略，加快中西部地区的发展，是党中央贯彻邓小平关于我国现代化建设“两个大局”战略思想，面向新世纪所作出的重大决策。加强生态环境的治理对西部地区实现可持续发展具有十分重要的意义，也是当前和今后一段时期，西部开发中要集中力量抓好五个方面的工作之一。即大力开展植树种草，治理水土流失，防治沙漠化。加大长江上游、黄河中上游天然林保护工程的实施力度。坡陡耕地要有计划、有步骤地退耕还林还草。抓住当前粮食等农产品相对充裕的有利时机，采取“退耕还林（草）、封山绿化、以粮代赈、个体承包”的综合性措施，以粮换林换草。

2000年以来，按照党中央、国务院的部署，长江上游、黄河上中游各有关地区认真开展退耕还林还草的试点工作，进展比较顺利，得到广大农民的拥护和支持。但在各地的试点工作中也出现了一些新情况、新问题。主要是：一些地区由于试点范围偏大，工作衔接不够，种苗供需矛盾突出，树种结构不够合理，经济林比重普遍较大；有些地区由于严重干旱以及管理粗放，造林成活率较低。为了明确责任，严格管理，推动试点工作的健康发展，党中央、国务院就进一步做好退耕还林还草试点工作作出一系列规定，共六个方面31条。一、加强领导，明确责任，实行省级政府负总责；二、完善退耕还林还草政策，充分调动广大群众的积极性；三、健全种苗生产供应机制，确保种苗的数量和质量；四、依靠科技进步，合理确定林草种结构和植被恢复方式；五、加强建设管理，确保退耕还林还草顺利开展；六、严格检查监督，确保退耕还林还草工程质量。这一政策的出台对指导西部地区退耕还林还草工作有着十分重要的意义。据国家林业局统计，2000年退耕还林还草试点示范工程完成造林面积达68.4万公顷，其中退耕地造林32.8万公顷。

（执笔：李仁元）

业规模经营、引导农民进入市场的有效途径和农业结构调整的重要带动力量。因此，应采取有针对性的政策，重点培育和扶持一批了解市场、懂得贸易、能进行农产品深度加工、为农民提供服务带动农户发展商品生产的龙头企业，并尽可能做到规模大、水平高、外向型，使我国具有比较优势的农产品顺利进入国际市场，将国际市场上我国农产品的价格优势直接传导到生产者。

（三）提高城镇化水平，加快农村劳动力的流动与转移

从1997年开始，农民收入增长主要靠非农收入增长来推动，其中，农民外出打工或从业得到的收入增长是主要的推动力量。这是农村经济进入新的发展阶段后农民收入增长格局的新变化，是市场经济发展和结构调整的必然结果。因此，要正视这种变化，积极主动地出台一些大的政策，加快农村劳动力流动和转移，不断减少农村人口，引导和规范农民外出打工，发展劳务经济。未来15年，如果我国城镇化水平提高15个百分点，达到45%的世界平均水平，那么，将有2.5亿农村人口变成市民，这意味着在其他条件不变的情况下，农民收入会增长15%。如果考虑剩下的农村人口占有资源量的相对增加和由此有可能增加的规模效益，则农民收入的增长速度会加快。“十五”期间适逢农村劳动力供给高峰，根据每年新增劳动年龄人口和劳动的实际参与率测算，每年将新增劳动力850万人，比“九五”时期多增加近200万人。因此，高度重视“十五”期间农村就业问题，提高城镇化水平，加快农村劳动力的流动与转移已不仅仅是增加农民收入的需要，而是事关全局、事关稳定的大事。

（四）根据不同经济区域的特点，制定并实施不同的增收政策

东部地区工业化水平较高，应该以推进工业化和城镇化为目标，来组织农业和农村经济结构调整，加快农村劳动力和人口的战略性转移，实现农民增收。中部地区是我国粮食主产区，要继续发挥比较优势，在农业生产和结构调整上做文章。加快结构调整和粮食转化步伐，是新形势下粮食主产区

(五)水果、蔬菜生产继续保持快速增长

随着农业种植结构不断调整,"九五"期间我国水果和蔬菜的种植面积有了快速的发展。据统计,"九五"期间全国年均果园面积867万公顷,同比扩大208万公顷。"九五"期间全国水果年均产量达到5531万吨,同比增加2463万吨,增长80.3%,其中苹果、柑桔、梨、柿子和葡萄等几个主要品种都有不同程度增长。"九五"期间全国苹果、柑桔、梨、葡萄和香蕉年均产量分别为1900万吨、934万吨、713万吨、245万吨和362万吨,同比分别增长109.7%、41.2%、103.2%、84.1%和37.4%。"九五"期间全国蔬菜年均种植面积1253万公顷,比"八五"期间年均种植面积扩大452万公顷,增长56.4%。蔬菜的总产量、上市量都有增加,细菜、鲜菜和反季节蔬菜品种增多,南菜北运、西菜东调规模逐步扩大。水果、蔬菜市场供应充足,价格平稳。

(六)种植业结构调整进一步合理

"九五"期间,我国种植业优化了区域布局,基本形成了南方双季稻、黄淮海冬小麦和夏玉米、东北春玉米和大豆、西北和华北杂粮等粮食主产区;新疆内陆、长江流域、黄河流域三大棉区;长江油菜带、黄淮海花生等油料产区;华南和西南甘蔗、东北西北甜菜糖料产区;长沙柑桔带、黄河故道苹果带。大宗农作物向优质高产高效优势产区集中,种植业生产向区域化、专业化开始迈步。粮经比例是调整的大戏,经过多年整合,形成了16.5亿亩粮食、6000万亩棉花、2亿亩油料、2亿亩蔬菜、2400万亩糖料为主的种植业格局。

"九五"期间,种植业结构调整的主要特点是适应市场需要,种植品种不断向优质、专用、高效方向发展,优质早稻、专用小麦、特用玉米、"双低"油菜、名特优水果和蔬菜种植比例不断提高。据了解,目前我国优质专用小麦面积占小麦总面积的20%,优质早稻面积约占早稻总面积的50%,优质油菜面积占油菜总面积的比重超过50%;粮、棉、油、糖等主要农作物生产进一步向优势产区集中。优质专用玉米、水果"高接换种"、无公害蔬菜等优质农产品开发进程加快。

二、植树造林成绩显著,生态环境有所改善

"九五"期间,林业作为国民经济和生态环境的重要组成部分,改革与发展取得了长足进步,出现了前所未有的良好态势。林业"九五"计划全面顺利完成。全国累计完成造林面积2409.1万公顷,完成"九五"计划的105.4%。

(一)林业生态环境建设成绩斐然

"九五"期间,我国造林绿化全面完成"九五"计划。全国完成造林面积2409.1万公顷,完成"九五"计划的105.4%,其中人工造林2076.0万公顷,完成计划的115%,飞播造林333.1万公顷,完成计划的69.4%。"九五"期间累计新封山育林面积3005.9万公顷,完成计划的137.7%,比"八五"时期增长14.4%。目前全国人工造林保存面积已达4666.7万公顷,人工林畜积量10.1亿立方米,发展速度和规模均居世界第一位。全国平原绿化达标县达到869个,比"八五"末期增加100个。

(二)森林资源继续实现"双增长"

第五次全国森林资源清查结果显示,我国现有林地总面积26329.5万公顷,其中森林面积15894.1万公顷,森林覆盖率16.55%;现有活立木总蓄积量124.9亿立方米,其中森林蓄积量112.7亿立方米。我国森林面积、蓄积量继续保持双增长的发展趋势。5年内,我国森林面积净增1370多万公顷,年均增加273多万公顷,森林覆盖率由15.12%(按原森林标准为13.92%)增加到16.55%。其中全国人工林面积净增1025.2万公顷,年均增加205万公顷,全国人工林面积净增量占森林面积净增量的74.8%。全国活立木总蓄积量5年净增5.4亿立方米,森林蓄积量净增6.0亿立方米,用材林蓄积量净增2.4亿立方米。林木年均净生长量为4.57亿立方米,年均净消耗量为3.71亿立方米,林木蓄积生长量继续大于消耗量。

(三)林种结构得到合理调整

"九五"期间,在加强造林绿化工作的同时,特别注意调整林种结构,以提高营造林的生态防护功能。据统计,"九五"期间全国共营造用材林727.2万公顷,经济林719.2万公顷,防护林888.6万公顷,薪炭林65万公顷,特种用途林9.1万公顷,其中防护林比"八五"期间增长36.8%,用材林、经济林、薪炭林、特种用途林分别比"八五"期间减少47.5%、0.7%、37.2%和14.6%。用材林、经济林、防护林、薪炭林、特种用途林的造林面积比例由"八五"时期的48.2:25.2:22.6:3.6:0.4调整为"九五"时期的30.2:29.8:36.9:2.7:0.4;用材林占全部造林面积的比重比"八五"期间下降了18个百分点;防护林比重提高了14.3个百分点;经济林

继续得到稳步发展，其比重比“八五”提高了 4.6 个百分点。

(四)迹地更新、低产林改造得到明显加强

“九五”时期，各地普遍加强了迹地更新和低产林改造工作。全国“九五”期间完成迹地更新面积 436.2 万公顷，其中人工更新面积 316.3 万公顷，分别比“八五”期间增长 22.9%和 6.8%；低产林改造面积 559 万公顷，比“八五”期间猛增 56.7%。“九五”期间，全国完成荒山造林、迹地更新、低产林改造面积 3404.3 万公顷，其中迹地更新、低产林改造面积占 29.2%，比“八五”期间提高 9.3 个百分点。说明迹地更新、低产林改造在造林绿化、提高林分质量中的作用越来越重要。

(五)成林抚育改造力度进一步加大

“九五”时期，为保护天然林资源，国有林区普遍调减了木材采伐量，为了缓解木材供应的紧张局面，提高林地生产力，各级林业部门加大了成林抚育的力度。“九五”时期共完成成林抚育面积 3642.6 万公顷，其中，中幼龄林抚育面积 2405.4 万公顷，分别比“八五”时期增长 41.3%和 58.5%；年均成林抚育及中幼龄林抚育规模分别达 720 多万公顷和 480 多万公顷，分别比 1995 年增长 9.3%和 31.2%；抚育改造出材量占全部木材产量的比重呈上升趋势。

(六)大力发展名特优新经济林，主要林产品产量大幅度增加

“九五”时期，全国各地以市场为导向，以经济效益为中心，大力调整经济林种植结构，并加大对经济林树种和品种的改造力度，以不断适应市场对名特优新经济林品种的需求。“九五”时期，11 种主要经济林产品产量达 1459 万吨，比“八五”期间增长 37.5%；其中可食用的油茶籽产量达到 389.1 万吨，比“八五”时期增长 30.1%；竹笋干 129.5 万吨，增长 106.8%；核桃 134.1 万吨，增长 41.4%；板栗 232.1 万吨，增长 156.4%。工业原料中生漆、油桐籽、五倍子、棕片、松脂产量有所增加，“九五”时期产量分别达 2.4 万吨、219.7 万吨、5.2 万吨、31.3 万吨和 295.1 万吨，与“八五”时期相比分别增长 49.4%、8.7%、30.3%、34.1%和 13.2%。乌桕、紫胶产量有所下降，“九五”时期产量分别为 19.5 万吨和 1.1 万吨，分别比”八五”时期减少 5%和 12.8%。

(七)林业重点工程建设速度明显加快

“九五”时期，在全面推进十大林业重点生态建设工程的基础上，突出了长江、黄河流域的生态环境治理，启动了退耕还林试点示范工程，并全面实施了天然林资源保护工程。“九五”期间，还新启动了淮河太湖流域、珠江流域、黄河中游、辽河流域四大防护林体系工程及全国生态环境建设重点工程，林业重点生态工程建设上了一个大台阶。“九五”时期，全国林业重点工程完成投资 294.82 亿元，比“八五”时期增长 4.8 倍，年投资规模由 1995 年的 16.26 亿元增加到 2000 年的 113.19 亿元，年均递增 47.4%。其中，国家投资 185.99 亿元，比“八五”时期增长 11 倍，国家投资规模由 1995 年的 4.31 亿元猛增到 2000 年的 89.41 亿元，年均递增 83.4%，国家投资的比重由 1995 年的 26.48%提高到 2000 年的 78.99%，林业重点工程建设投资逐步由地方自筹和农民投工投劳为主转变为国家投资为主体。“九五”时期，全国林业重点工程完成造林面积 1550 万公顷，比“八五”时期增长 23.2%。

三、畜牧业生产经受价格走低的考验，继续保持稳定发展

“九五”以来，在畜禽及其产品处于买方市场激烈竞争的大环境下，畜牧业经受住了生猪价格下跌的考验，牧业生产继续保持了稳定增长势头，主要畜产品产量稳步增长，饲养规模不断扩大。

(一)主要畜产品产量继续增长，市场货源充足

据统计，2000 年肉类总产量达到 6125.4 万吨，比 1996 年增加 1541.4 万吨，增长 33.6%，年均增长 7.5%。其中：猪肉产量 4031.4 万吨，增长 27.7%，年均增长 6.3%；牛肉产量 532.8 万吨，增长 49.8%，年均增长 10.6%；羊肉产量 274 万吨，增长 51.4%，年均增长 10.9%；禽肉产量 1207.5 万吨，增长 45%，年均增长 9.7%；禽蛋产量 2243.3 万吨，年均增长 3.4%；牛奶产量 827.4 万吨，年均增长 7.1%。羊绒产量 1.1 万吨，年均增长 3.6%；

(二)牲畜饲养量和当年出栏量继续增加

到 2000 年底，全国大牲畜存栏达到 1.51 亿头，比 1996 年增加 1790.9 万头，增长 13.4%，年均增长 3.2%。其中：牛存栏 1.29 亿头，增加 1834.5 万头，年均增长 3.9%；羊存栏 2.9 亿只，增加 5303.6 万只，年均增长 5.2%；猪存栏 4.47 亿头，增加 8397.9 万头，年均增长 5.3%。2000 年全年出栏猪、牛、羊分

别达到5.27亿头、3964.8万头和2.05亿只,分别比1996年增长27.8%、47.6%和52.6%;年均分别增长6.3%、10.2%和11.2%。

(三)畜禽结构趋向合理

随着城乡居民收入水平的提高,人们对肉类的消费从以猪肉为主向牛、羊、禽等多元化方向发展,市场对牛、羊、禽等畜产品的需求越来越大。"九五"期间,畜牧业生产继续向牛、羊、禽等品种倾斜,从肉类总产量看,猪肉比重进一步下降,牛羊肉、禽肉占的比重进一步提高,据测算,"九五"期间猪肉产量占肉类总产量比重由"八五"期间的73.7%下降到67.4%;牛羊肉占的比重由"八五"期间的9.9%提高到12.6% ,禽肉由15.3% 提高到18.9%。

四、渔业生产健康发展,主要水产品市场供应充足

眼下走进超市,冰柜里各式各样的水产品活脱脱就是一个冰冻的海洋公园;人们从批发市场买到的也不再只是" 青草鲢鳙",三文鱼、白枪鱼以及一大批叫不上名字的水产品走上了人们的餐桌,"食有鱼"已开始向"食好鱼"转变。这种市场变化应归功于"九五"时期我国渔业生产的健康发展。

(一)水产品总产量大幅度增加,渔业综合生产能力显著增强

"九五"期间,我国渔业经济呈现良好的发展态势,水产品产量已达到较高水平,水产品供需关系已发生了根本性变化,渔业的作用已从原来的扩张数量、满足市场供应,丰富城乡居民"菜篮子"为主转向更多地体现地方经济的新的增长点以及促进农村和地方经济结构调整和增加农民收入方面。据统计,2000年全国水产品产量达到4278万吨(按新统计标准,下同),从1996年到2000年期间,我国水产总量平均每年增长约8%;全国人均水产品占有量为30多公斤,高于世界平均水平。

(二)养殖渔业快速发展

"九五"期间,我国继续坚持"以养殖为主"的渔业发展方针,走出了一条具有中国特色的渔业发展道路,使我国成为世界主要渔业国家中唯一养殖产量超过捕捞产量的国家。据统计,2000年全国海水、内陆水产养殖面积达651万公顷,比1995扩大了112万公顷,增幅为20.8%。其中海水养殖面积124万公顷,比1995年增长73%;内陆水域养殖面积526万公顷,比1995年增长13%。2000年全国海水、内陆水产养殖总产量为2575万吨,占水产品产量的比重为60.2 %,比1995年提高6.4个百分点。其中,海水养殖产量为1061万吨、内陆水养殖产量为1513万吨,分别比1995年增长150%和62%。据测算,"九五"期间,全国养殖水产品年均产量2209万吨,比"八五"年均产量增加1236万吨。

(三)捕捞渔业稳定发展

为保护我国近海渔业资源实现可持续发展,我国从1995年起开始实施伏季休渔制度。5年来的伏季休渔使主要经济鱼类资源得到了有效的保护,渔业资源种群结构得到一定的改善,渔获数量和质量明显提高。五年来我国渔业生产过度捕捞状况有所改善。虽然捕捞期有所缩短,但捕捞产量仍基本稳定。2000年全国捕捞渔业产量达1704万吨,五年年均增长7.1%。其中海洋捕捞产量达1477万吨,年均增长7%;内陆捕捞产量达226万吨,年均增长8%。

(执笔:王明华)

专栏 2.2　要特别关注中低收入农户农民负担问题

从总体上看，近三年来农村居民平均税费负担确有下降。据国家统计局农村住户抽样调查资料，1997 年农村居民人均税费负担额为 109 元，占纯收入的 5.12%，1999 年两项指标分别为 100 元和 4.43%，下降了 8.3 %和 0.7 个百分点；2000 年前 3 季度负担水平也没有超过去年同期水平。但是由于农民收入差距扩大，农村居民税费负担不平衡性加剧，突出的表现在中低收入农户、以农业为主的农户和中西部地区农户负担较重。

一、60%的中低收入农户负担比重超过 5%

对 1997～1999 年三年的农村住户调查资料按农村居民纯收入进行五等份分组（每组各占总户数的 20%）后发现，最低收入农户、较低收入农户和中等收入农户的负担比重均超过 5%，并且呈现出收入越低负担越重，越不容易减负的特征。

二、以农业为主的农户负担较重，这部分农户基本上是中低收入户

随着农村多种经营的发展和农业劳动力流动转移加快，农户结构发生了很大变化，家庭经营纯农业户和以农业为主的兼业户（一兼户）比重趋于下降，非农户和以非农产业为主的兼业户（二兼户）比重上升。1999 年纯农业户、一兼户、二兼户和非农户的比重分别为 9%、47.9%、40.1%和 3%，与 1997 年相比，纯农户和一兼户减少了 2.9 和 5.7 个百分点，而二兼户和非农户则增加了 7.7 和 0.8 个百分点。尽管如此，以农业为主的纯农户和一兼户仍占主导地位，1999 年两者合计为 56.9%，1999 年四种类型农户的税费负担都有所减轻，但以农业为主的农户的负担仍较重，其负担额和负担率都大大高于以非农产业为主的农户。1999 年纯农户和一兼户的人均税费负担额分别是 151.5 元和 105.9 元，负担系数分别为 8.28%和 5.48%，而非农户和二兼户的负担额只有 83.2 元和 81.5 元，负担率分别为 2.45%和 3.05%。

以农业为主的农户的负担水平和负担率都远远高于以非农产业为主的农户，有两个原因：其一，以农业为主的农户基本上都是中低收入户，特别是近几年，由于农产品价格下跌，使得农业增产不增收，以农业为主的农户的收入甚至出现了负增长。1999 年以农业为主的农户的人均纯收入不到 1918 元，远低于全国平均水平。其二，负担分摊方式不合理。虽然中央一再要求农民负担的收取要以收入为控制标准，但由于分户收入不好把握，各地实际上普遍采取了按地或与按人相结合的方式收税费，因而造成了地多的农户负担重，地少的农户负担轻；而以农业为主的农户的耕地面积和人口都普遍高于以非农产业为主的农户。1999 年以农业为主的农户的人均耕地为 2.92 亩，户均人口为 4.3 人，分别比以非农产业为主的农户高 45%和 30%。

三、中低收入农户或以农业为主的农户主要分布在中西部地区，这部分地区农民负担较重

1999 年东、中、西部地区农村居民人均负担额分别为 86.7 元、132.8 元和 75.4 元，负担率分别是 2.91%、6.53%和 4.90%，与 1997 年相比，虽然负担额和负担率都有所下降，但中西部地区农民负担仍然较重，特别是中部地区负担最重。

中西部地区农民负担较重也有两个原因：其一，东、中、西部地区农户收入差距大。1997 年东、中、西部地区收入差距比是 2∶1.4 ∶1（以西部为 1），1999 年收入差距比为 2∶1.3 ∶1，东部地区与中部地区农户收入差距反而扩大。其二，中低收入农户和以农业生产为主的农户基本上都集中在中西部地区。据测算，1999 年全国近 80%的中低收入户和以农业生产为主的纯农户或一兼户分布在中西部地区。

（执笔：盛来运）

“九五”时期农村经济体制改革及结构调整

农村经济体制改革在“九五”期间取得重大进展。全国农村已全面完成了土地第二轮承包工作，土地承包经营权证书和承包合同已全面发放到户，新一轮土地承包关系已经确立。深化了粮棉流通体制改革。进一步加强了对农民负担的监督管理，农村税费改革开始起步。农村集体财务与资产管理工作逐步走向规范。农村合作基金会清理整顿工作稳步推进，取得初步成效。农业和农村经济结构战略性调整步伐加快，农业产业化经营健康发展。农业法制建设也迈出坚实步伐，“九五”期间，制定并颁布了《乡镇企业法》、《种子法》等9个农业法律法规，并制定了相应的规章，对加强农业的基础地位和保护农民的合法权益发挥了重要作用。

1998年10月党的十五届三中全会通过了《中共中央关于农业和农村工作若干重大问题的决定》，认真总结了20年来农村改革的基本经验，对农业和农村经济跨世纪发展的目标和方针做出了全面的阐述，为新世纪的农村改革与发展提出了行动纲领。

——进一步稳定和完善以家庭承包经营为基础统分结合的双层经营体制 十一届三中全会后，我国农村普遍实行了家庭联产承包责任制。到90年代初各地土地承包期陆续到期。第一轮承包到期后是否继续推行家庭联产承包责任制？社会各界尤其是广大农民十分关注。为此，中共中央、国务院于1993年11月下发了《关于当前农业和农村经济发展的若干措施》。《措施》指出：在原定的耕地承包到期后，再延长30年不变；开垦荒地、营造林地、治沙改土等从事开发性生产的、承包期可以更长；提倡在承包期内实行“增人不增地、减人不减地”的办法，允许土地使用权依法有偿转让；大部分劳动力转向非农产业并有稳定收入的地方，可以从实际出发，尊重农民的意愿，对承包土地做必要的调整，实行适度规模经营；乡村集体经济组织为农户提供统一服务，在提倡服务的过程中逐步增强集体经济的实力。十五届三中全会再次明确指出：要坚定不移地贯彻土地承包再延长30年不变的政策，同时要抓紧制定确保农村土地承包关系长期稳定的法律法规，赋予农民长期而有保障的土地使用权。同时，全会通过的《中共中央关于农业和农村工作重大问题的决定》中，突出了农户在双层经营体制中的主体地位。

全国农村已全面完成延长土地承包期工作，土地承包合同和土地承包经营权证书签发到户，各地对延长土地承包期工作情况进行了检查验收，绝大多数农民对延长土地承包期工作和形成的新一轮土地承包关系感到满意，政策稳定感和生产投入积极性明显增强。这是保护农民积极性、促进农村发展的根本措施。

——深化粮棉流通体制改革 农村实行改革以来，国家曾先后进行多次粮食流通体制改革，但随着社会主义市场经济体制的逐步建立和“九五”以来粮食供求关系发生重大变化，粮食流通领域暴露出许多问题，如粮食经营亏损十分严重，粮食收购资金被挤占挪用，国家财政和银行不堪重负等。在此背景下，国家决定适时全面推进粮食流通体制改革，逐步解决粮食流通领域中存在的诸多矛盾。1998年5月国务院出台了新的粮食流通体制改革方案。这次粮食改革的原则是“四分开、一完善”，即实行政企分开、中央与地方责任分开、储备与经营分开、新老财务帐目分开，完善粮食价格形成机制。改革目标是转换国有粮食企业机制，完善粮食宏观调控体系，理顺粮食价格机制，减轻国家财政负担，搞活粮食流通，促进粮食稳定发展。中央和国务院还明确提出粮改工作的重点是“三项政策、一项改革”，即坚决按保护价敞开收购农民余粮、粮食收储企业实行顺价销售、收购资金封闭运行三项政策，加快国有粮食企业自身改革，转换经营机制，提高市场竞争力。

针对我国粮食由长期短缺转变为阶段性供大于求的新形势及由此带来的新问题，国务院于1999年5月发布《关于进一步完善粮食流通体制改革政策措施的通知》，要求在继续贯彻“三项政策、一项改革”的基础上，完善相关政策，制定新的措施，继续深化粮食流通体制改革。1999 年 10 月国务院还发布了《关于进一步完善粮食流通体制改革政策措施的补充通知》，要求在推进粮食流通体制改革的同时，加快农业和粮食生产结构的调整，促进粮食供求总量的平衡和结构的优化。

粮食流通体制改革对保护农民种粮积极性，提高粮食质量和生产效益，促进农业结构调整，推动农村经济持续健康发展，增加农民收入，维护社会稳定，都发挥了重要的作用。

纺织行业结构调整和棉花供求形势的变化，为推进新型棉花流通体制改革创造了条件。1998 年 4 月，国家决定首先对棉花价格进行改革，把棉花收购价格由政府决定转为政府指导价格，棉花供应价格实现市场调节价格。1998 年 12 月，国务院发布《关于深化棉花流通体制改革的决定》，明确了棉花流通体制改革的目标和任务。决定从 1999 年棉花年度起，在国家管好储备、进出口和质量的前提下，放开购销价格，拓宽流通渠道，逐步建立起在国家宏观调控下主要依靠市场机制实现棉花资源合理配置的新机制。

从总体上来看，棉花流通体制改革取得了明显的效果，开始发挥利用价格杠杆等经济手段来调控棉花供求。国内棉花价格结束了持续几年的跌势，开始逐步回升。棉花企业经营状况开始好转。

——减轻农民负担 减轻农民负担事关农民增收和农村稳定，党中央、国务院对此一直非常重视，多次下发有关减轻农民负担的专门文件。1996 年 12 月中共中央、国务院《关于切实做好减轻农民负担工作的决定》，提出了减轻农民负担的 13 条措施，要求必须做到“三不变”、“五严禁”、“三减轻(少)”和“两加强”。这 13 条措施出台后，1997 年农民减负力度明显加大，主要表现为：一是各级、各部门按《决定》要求，普遍清理了涉及农民负担的文件和项目。全国累计 17389 个，涉及金额 148 亿元，其中县乡两级清理的项目总数占清理总数的 80%，共取消、修改了 9581 项。二是规范了提留统筹费管理。三是精减干部，压缩开支。1997 年全国共精减县、乡、村干部 38.4 万人，直接减轻农民负担 13 亿多元。1998 年 7 月中共中央办公厅、国务院办公厅《关于切实减轻农民负担工作的通知》指出，鉴于目前农民收入增长缓慢的实际情况，1998 年农民承担的提留统筹费的绝对额，不仅要严格控制在上年农民人均纯收入的 5% 以内，而且不得超出 1997 年的预算额；坚决把向农民的乱收费、乱集资、乱罚款和各种摊派全部停下来，要实行农村“三乱”专项治理部门责任制，今后“三乱”出自哪个部门，就追究那个部门的领导责任等，同时要求严肃查处加重农民负担的违法乱纪行为，进一步加强对减轻农民负担工作的领导。自 1999 年以来，由于农副产品销售不畅，价格下跌，农民增收面临许多新的困难。在这种情况下中共中央、国务院对减轻农民负担工作多次进行部署。《中共中央、国务院关于做好 1999 年农业和农村工作的意见》指出，要认真落实合理负担一定三年不变的政策，抓紧研究和实施农村税费制度改革方案。国务院办公厅先后转发了《农业部、监察部、财政部、国家计委、法制办关于 1998 年农民负担执法检查情况的报告》、《农业部等部门关于做好当前减轻农民负担工作的意见》、《关于开展全国减轻农民负担工作大检查的通知》。中共中央办公厅、国务院办公厅发出《关于 1999 年上半年涉及农民负担恶性案件的通报》。国务院减轻农民负担联席会议还召开了全国减轻农民负担工作电视电话会议。

尽管各地对减轻农民负担工作抓得比较紧，取得了一定的成效，但农民负担过重仍是群众反映强烈的问题，少数地方的问题还比较严重。为了使农民负担问题标本兼治，中共中央、国务院要求进一步深化改革，千方百计增加农民收入。2000 年在安徽省农村率先进行农村税费改革试点工作，取得了明显的成效。

——农业生产结构调整 “九五”以来，我国农产品供给由长期短缺变为总量基本平衡、丰年有余，农业的发展由资源约束转变为资源与市场双重约束，人们对农产品的品种和质量提出了更高的要求。我国的农业进入了一个新的发展阶段。面对这一新的形势，1998 年 10 月党的十五届三中全会通过了《中共中央关于农业和农村工作若干重大问题的决定》明确提出调整和优化农业生产结构，“要着眼于世界农业科技加速发展的趋势和我国人多地少的国情，适应国内外市场，依靠科技进步，发挥区域比较优势，增强市场竞争能力，提高农村经济的素质和效益。按照高产优质高效原则，全面发展农林牧副渔各业，重点围绕农副产品加工和发展优势产品，调整、提高农村工业”。近几年的中央农村工作会议均提出要大力调整和优化农业生产结构，把农业的增长切实转到以提高质量和效益为中心的轨道上来。1999 年 7 月，国务院办公厅转发了农业部《关于当前调整农业生产结构的若干意见》，

专栏 2.3 安徽省农村税费制度改革试点取得阶段性成果

2000年,党中央、国务院决定在安徽全省进行农村税费制度改革试点。这次农村税费改革是建国以来继土地改革、实行家庭承包经营之后的又一次重大改革,必将对安徽省乃至全国的农村社会经济生活产生重大影响。据调查,安徽省农村税费改革取得阶段性成果,存在的问题包括方案本身的问题,有待进一步研究解决。

一、具体做法

安徽省农村税费制度改革具体内容体现在"三个取消、一个逐步取消、两个调整和一项改革"。即取消乡统筹费、取消在农村进行的教育集资、取消屠宰税;逐步取消统一规定的劳动积累工和义务工;调整农业税政策,以农民第二轮合同承包、用于农业生产的土地为计税土地面积,以1998年前五年间(1993－1997年)农作物的平均产量为计税依据,统一计税价格,实行地区差别比例税率,税率最高不超过7%。调整农业特产税政策,实行一个应税品目只在一道环节征税,农业税和农业特产税不重复交叉征收,税率略高于农业税税率;改革村提留征收和使用办法,以农业税附加和农业特产税附加的方式收取,农业税附加比例最高不超过改革后农业税的20%;农业特产税附加比例要根据村干部报酬、五保户供养、办公经费三项费用的实际支出需要从严确定,并保持长期稳定。原村提留中公积金支出项目的资金需要,不再固定向农民收取,通过一事一议的方式及筹资上限控制等方式解决。每人每年最高不得超过15元。同时,对按政策测算的负担实行上限控制,确保每户农民实际负担不超过1997年水平。

二、减负力度较大,阶段成果显著

减负力度是衡量税费改革试点工作成效的重要标准。安徽省税费改革以后农民负担过重的问题在很大程度上得到解决,税费改革给农民带来了实实在在的好处。据测算,2000年全省农业"两税"(农业税和农业特产税)及附加37.61亿元,比改革前的49.25亿元(农业税、农业特产税、乡统筹和村提留中的公益金、管理费合计)减少11.64亿元,减幅为23.6%;加上取消屠宰税和农村教育集资,农民总的税费负担减少16.9亿元,减幅达31%;全省农民人均现金负担由税费改革前109.4元减少到75.5元,人均减少33.9元。农民人均负担"两工"(义务工和积累工)由上年的29个减为20个。同时,省政府取消各种面向农民的收费、集资、政府性基金和达标项目50种,基本堵住了农民称之为"无底洞"的"三乱"现象,提高了农民负担的透明度。改革对促进农村基层民主政治建设和农村基层政权的职能转变,改善党群干群关系,维护农村稳定产生了积极的作用。

三、问题尚待解决

农村税费改革是一项十分复杂的系统工程,涉及到各方面利益的重新分配,同时,这项改革是在过去问题积累较多、较深,在当前农业结构调整和农民增收又很困难的情况下进行的,精简乡镇机构和压缩人员、调整支出结构等许多问题,解决起来需要一个过程,不可能一蹴而就。从安徽省农村税费改革试点的跟踪调查情况看,也还存在一些问题,如:土地税赋加重问题、权利与义务对等原则难以操作问题、一些地方计税价格和计税常产较高、农林特产税应税品种不规范问题等,这些问题需要进一步研究并妥善解决。

(执笔人:孙梅君)

从指导思想和原则、调整重点、政策措施等方面对农业生产结构调整做出了全面安排。

各地认真研究和探索新阶段的农业结构调整问题,广大基层干部和群众对结构调整的认识比较一致,采取了许多行之有效的措施,取得了初步的成效。总的来看,农业结构调整的大环境已基本形成,各地农业结构调整工作已开始起步,开局比较好。从全国来看:一是种植业中大宗农作物和主要产区的结构调整力度较大。2000年粮食面积占总播种面积的比重首次降到70%以下,重点调减早稻、南方冬小麦、北方春小麦种植面积。二是优质农产品发展迅速。优质早稻、专用小麦、"双低"油菜面积逐年扩大。优质专用玉米、水果"高接换种"、无公害蔬菜等优质农产品开发进程加快。2000年蔬菜面积扩大至1470万公顷,名优、精细、新特品种增加。三是畜牧养殖结构有所改善。牛、羊、禽肉增幅均高于猪肉增长幅度。四是水产品产量继续增加,养殖产品比重有所提高。渔业生产实施海洋捕捞"零增长计划",不断调整养殖结构,名特优新水产品快速增长。

农业结构调整也存在一些问题。一是对农业结构调整的认识还不够全面。一些地方的结构调整还局限在种植业内部,仅停留于粮食和经济作物的面积、产量的增减上。二是指导农业结构调整的工作思路和方式还不适应。在农产品阶段性、结构性过剩的新形势下,各地在适应市场和开拓农产品市场方面的经验还不足,优化供给结构的方法还不多。三是结构调整的方向和重点还不够突出,结构和布局还没有大的变化,品种和质量还没有得到根本改善。四是农业基础设施和物质技术条件总体水平还比较低,农业社会化服务体系建设比较滞后,很难适应广大农民调整农业结构的需要,特别是信息和技术服务还不能满足要求。五是农民分散经营与大市场的矛盾比较突出,面向市场需求调整结构的难度较大。

"九五"期间,农村集体财务与资产管理工作逐步走向规范。农村合作基金会清理整顿工作稳步推进,取得初步成效。1998年4月中共中央办公厅、国务院办公厅《关于在农村普遍实行村务公开和民主管理制度的通知》指出:村务公开的重点是财务公开,财务公开的主要内容包括:财务计划及其执行情况、各项收入和支出、各项财产、债权债务、收益分配、代收代缴电费、水费、以资代劳情况以及群众要求公开的其他财务项目。公开的内容要简明,便于群众了解;时间要及时,一般一个月或两个月一次,至多不超过三个月。同时进一步加强村级财务管理,防止集体资金流失,提高集体资金的使用效益。

农村合作基金会是1984年开始在少数地方试办的,当时办会的初衷是为了管好用好农村集体资金,后来逐渐发展成为农村社区内的资金互助组织。但是到了90年代,相当多的农村合作基金会实际上已从事和变相从事金融业务,改变了原来的性质和宗旨,而且内部管理混乱,人员素质偏低,潜伏着很大的金融风险。1997年,中央作出了清理整顿农村合作基金会的决定,提出今后各地区一律不得再新设立农村合作基金会。现有农村合作基金会必须立即停止以任何名义吸收存款,停止办理贷款业务,同时要全面进行清产核资,冲销呆账,符合条件的并入农村信用合作社;对资不抵债又不能支付到期债务的,由当地政府组织机构批设者负责清盘、关闭。

"九五"期间,制定并颁布了《乡镇企业法》、《种子法》等9个农业法律法规,并制定了相应的规章,对加强农业的基础地位和保护农民的合法权益发挥了重要作用。正是由于"九五"期间农村经济体制建设取得重大进展,才逐步化解了农村经济发展过程中出现的各种新旧矛盾,促进农业和农村经济持续稳定发展。

（执笔:李仁元）

工业经济

“九五”时期工业经济发展状况

“九五”期间，我国工业面对错综复杂的国内外环境，在国家宏观政策的调控下，不断深化国有企业改革和扭亏脱困，加大结构调整力度，优化资源配置，使工业经济保持了持续健康平稳的发展。

一、“九五”的成就与变化

（一）工业生产平稳增长，总量规模不断扩大

“九五”时期，承接“八五”经济“软着陆”的惯性，和受亚洲金融危机的冲击，工业生产增长速度有所回落。2000 年工业增加值达到 39570 亿元，比 1995 年增加 14852 亿元，按可比价计算增长 62.6%，平均每年增长 10.2%，比“八五”回落了 7.5 个百分点。但工业生产仍然保持了比较平稳、快速的增长，完成了“九五”计划目标。

工业总量规模不断扩大。2000 年，规模以上工业（全部国有企业和年产品销售收入 500 万元以上的非国有企业）完成工业增加值 23685 亿元，比 1995 年增加 8239 亿元，增长 53.3%；销售收入达到 82314 亿元，增加 29378 亿元，增长 55%；资产 123984 亿元，增加 44750 亿元，增长 56.5%；税金总额 4975 亿元，增加 1587 亿元，增长 46.8%。

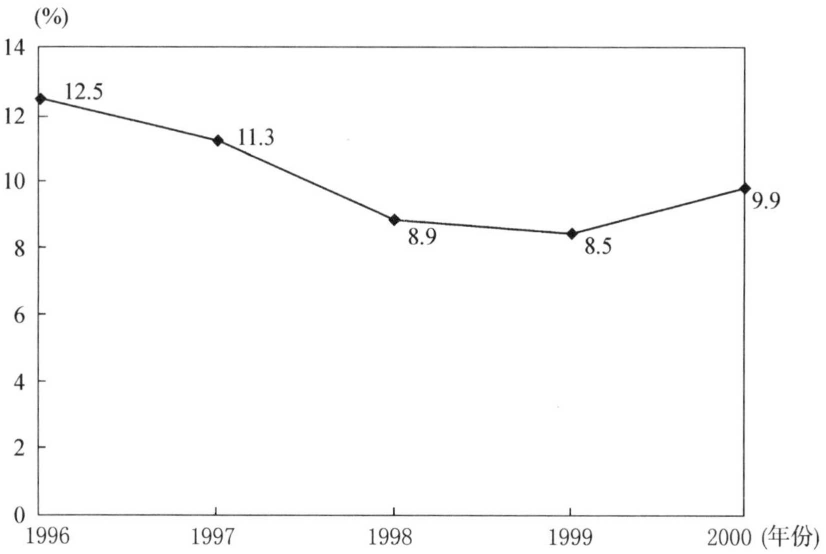

图 1 工业增长速度

（二）经济效益先抑后扬，国企脱困成效明显

“九五”前三年，受国家继续实行适度从紧的财政和货币政策影响，经济增长速度放缓，同时市场需求不足，工业品价格下跌，使工业经济效益逐年下降。1997 年下半年爆发的亚洲金融危机，东南亚一些国家内需受到抑制，进口减少，货币贬值，出口增加，从而导致我国出口下降，进一步加剧了经济效益的下滑。1995 年规模以上工业企业实现利润 1635 亿元，1998 年下降到 1458 亿元。与此同时，亏损大幅增加，亏损额由 1995 年的 1199 亿元逐年上升到 1998 年的 1737 亿元；亏损面居高不下，1995 年为 25.1%，1996、1997 年略有下降，1998 年上升到 28.9%。可以说，我国工业经济效益在 1998 年已滑落到了谷底。

“九五”后两年，国内外宏观经济环境发生了积极的变化，工业经济效益出现了有力攀升。随着亚洲金融危机影响的减小，东南亚国家经济日趋复苏，北美和欧盟经济增长加快，国际贸易增加。同时企业积极调整出口产品结构，国家提高出口产品退税率，促使出口大幅度增加，2000 年工业出口交

货值达 14122 亿元,比上年增长 24.6%,出口对工业生产的贡献和拉动明显加大。从国内经济环境看,国家实施了积极的财政政策和稳健的货币政策,1998 年下半年起加大了打击走私的力度,给企业创造了较为宽松的宏观经济环境。现代企业制度的建立和完善使企业的内部经营机制发生了深刻的变革,企业已经从改革的阵痛中缓解过来从而走上了良性的发展道路。工业实现利润大幅上涨,1999 年达到 2288 亿元,涨幅达 56.9%;2000 年继续高速增长,达 4262 亿元,涨幅为 86.2%;1999 年亏损额下降到 1464 亿元,降幅为 15.7%,2000 年亏损额为 1028 亿元,下降 29.8%;亏损面也呈下降趋势,2000 年为 24.2%。

国有企业改革与脱困三年目标基本实现。随着我国经济体制由计划经济转向市场经济,国有企业在转轨过程中遇到了前所未有的困难,产品积压,生产下降,效益降低,亏损增加,职工下岗现象增多。1997 年新一届政府提出用三年左右的时间使大多数国有大中型企业摆脱困境的目标,1999 年召开的九届人大二次会议再次强调了这一目标。通过三年的努力,国有企业改革与脱困的目标已基本实现。到 2000 年底,全国 31 个省(区、市)都实现了整体扭亏或盈利增加,国家重点监测的 14 个行业有 12 个实现了整体扭亏为盈或继续增盈。1997 年底亏损的 6599 户大中型工业企业到 2000 年底已有 70%摆脱困境。

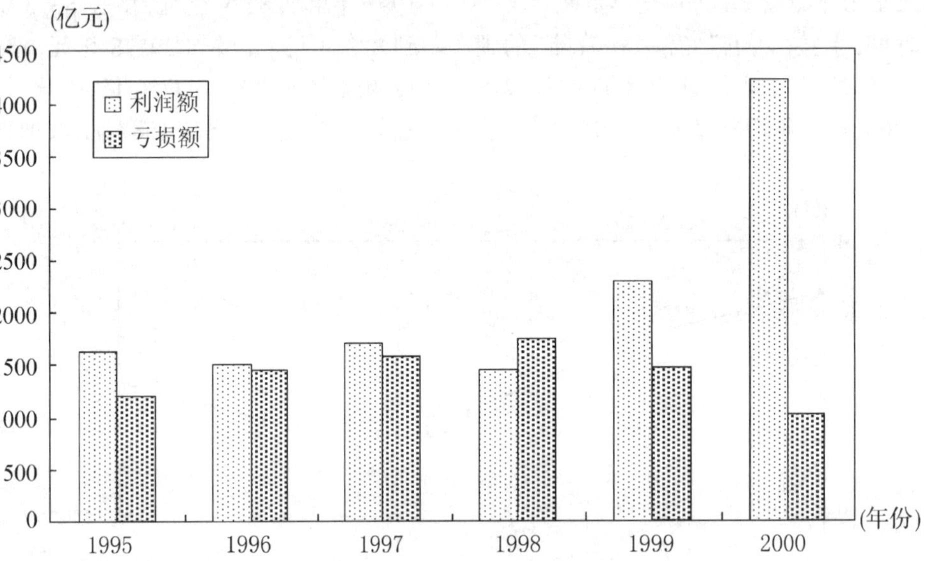

图 2　规模以上工业利润额和亏损额

(三)工业产品产量大幅增长,主要产品由卖方市场转为买方市场

"九五"时期,伴随着产品结构调整和产品的升级换代,主要工业产品产量实现了大幅增长,2000 年末,发电量达到 13556 亿千瓦小时,比 1995 年增加 3486 亿千瓦小时;原油 16300 万吨,增加 1295 万吨;化肥 3186 万吨,增加 638 万吨;钢 12850 万吨,增加 3314 万吨;乙烯 470 万吨,增加 30 万吨;汽车 207 万辆,增加 62 万辆;集成电路 58.8 亿块,增加 3.6 亿块。基本完成了"九五"计划的目标。1997 年开始,产品由卖方市场转为买方市场,大量低档次的产品库存积压,生产能力利用不足,产品结构性矛盾突出。据国内贸易局 609 种商品供求排队资料显示,2000 年下半年供过于求的商品占 80%。

(四)结构调整取得突破性进展

"九五"时期,我国工业在所有制结构、行业结构、企业组织结构和产品结构的调整中均取得突破性进展。

1. 所有制结构呈现出以公有制为主体,国有工业为主导,多种经济成份共同发展的多元经济结构。"九五"时期,国有大中型企业进一步深化改革,全面推进现代企业制度建设;国有小型企业积极采取改组、联合、兼并、破产、租赁、承包等形式,进一步放开搞活,使产权单一的纯国有企业比重下降,产权多元化的国有控股企业比重上升,国有经济仍然保持对国民经济重要领域和关键部门的控制和支配地位。按规模以上企业的工业总产值计算,1995年纯国有企业的比重为47.1%,2000年降为28.7%,国有企业的改制、改组、改造取得重大进展;非国有企业中的国有控股企业比重大幅上升,由1995年的7.4%上升到2000年的19.6%;国有及国有控股企业的比重降低了6.2个百分点。“九五”是建立现代企业制度,进行公司制改造最快的时期,股份制(包括股份有限公司和有限责任公司)企业的比重由5%上升到21.4%。随着改革开放的深入,外商和港澳台商投资企业也获得了较快发展,比重由15.9%上升到27.1%。

2. 产业结构趋于优化,表现为以下几个特点:(1)能源工业得到较快发展,大大缓解了对工业经济发展的制约作用。“九五”时期,除煤炭工业受结构调整影响,增长缓慢外,其他能源工业的增长均快于全部工业,在工业经济中的比重上升。其中石油和天然气开采业增长1.3倍,比重上升1.16个百分点;石油加工及炼焦业增长1.2倍,比重上升1.69个百分点;电力、蒸汽、热水的生产和供应业增长1.1倍,比重上升1.98个百分点;煤气生产和供应业增长1.4倍,比重上升0.1个百分点。(2)高新技术及新兴产业快速发展,促进了我国产业结构的升级。2000年与1995年相比,增长最快的行业是电子及通信设备制造业,增长了1.9倍,比重上升4.1个百分点;仪器仪表及文化、办公用机械制造业增长96.1%,电气机械及器材制造业增长75.6%,交通运输设备制造业增长60%,医药制造业增长76.6%,在工业中的比重也有所上升。产品更新换代加快,新兴产品发展迅速。新产品产值2000年达到7374亿元,比1995年增长1.3倍,占工业总产值的8.7%。“九五”时期是微电子、计算机、核工程、生物工程、航天工程、通信工程、新材料、新能源、环保产品等新兴产品迅速发展的时期。1995年与2000年相比,电子计算机由1416部增长到8625部,增长5.1倍;微型电子计算机由83.6万部增长到672.3万部,增长7倍;大规模半导体集成电路由7.8亿块增长到23.9亿块,增长2.1倍。(3)一些传统加工工业增长放缓,比重下降。“九五”时期,纺织工业仅增长11.6%,比重下降2.27个百分点;食品加工业增长20.3%,比重下降1.22个百分点;普通机械和专用设备制造业增长23.3%,比重下降1.42个百分点。

3. 企业组织结构优化,竞争力提高。“九五”时期,建立现代企业制度和投、融资体制改革使企业基本建立了以资产为纽带的资本运营机制,企业规模不断壮大,组织结构优化,竞争力提高。涌现出了一批大型骨干企业和企业集团,成为国民经济的中流砥柱。2000年大中型企业达21305个,其工业总产值和资产分别占规模以上工业的57.1%和69.5%。通过改制重组,涌现出了中国石油化工股份公司、中国石油天然气股份公司等大型企业集团,并成功到国外上市融资,实现了规模效益,体现了工业企业的国际竞争力和工业经济的发展水平。

4. 淘汰落后的生产能力,限产压库取得明显成效。针对部分传统产品出现结构性过剩的矛盾,国家在“九五”时期对纺织、煤炭、冶金、建材、石化、烟草、电力等7个行业采取了控制总量、限产压库政策,关闭了一批技术落后、浪费资源、产品质量低劣、污染环境、不符合安全生产条件的“五小”企业(小玻璃厂、小水泥厂、小炼油厂、小火电厂、小炼钢厂),取得了明显成效。至1999年底,纺织行业累计压缩906万棉纺锭,提前一年达到压锭目标。1999年关闭非法和不合理小煤矿3.1万处,压缩乡镇煤炭产量2.5万吨,完成了年初提出的关井压产目标。2000年关闭糖厂150家,淘汰生产能力273万吨。市场供大于求的一般消费品、部分机电产品生产增长有所放缓,价格回升,行业利润显著提高。

二、当前工业发展面临的主要问题

虽然“九五”时期我国工业取得了令世人瞩目的成绩,但进入新的世纪,在新的国内外环境下,工业发展也面临着许多问题。

(一)机制还不完善,运作还欠规范

我国即将加入WTO,这就要求企业在国际惯例的市场规则下运作,因此,不论是管理部门还是企业都应尽快熟悉世贸规则,完善市场机制,规范运作。

(二)工业增长质量有待进一步提高

长期以来,我国工业增长主要依靠外延型扩大再生产实现,增长质量不高,资源效率低下。“九五”后期工业经济效益的大幅提高也主要依靠价格上涨和政策性因素,而真正依靠转换企业经营机制,提高增长质量而实现的经济效益还很少。国有企业虽然实现了三年脱困的目标,但基础尚需巩固,如何防止出现新的亏损和已脱困企业的返困仍将是今后工作的重点。

(三)企业科技开发能力低，竞争实力不强

近年来，我国的科技经费支出虽然有了较快的增长，但与世界其他国家相比，研究与发展经费支出占GDP的比重仍然较低，1999年只有0.8%，而美国是2.64%，日本2.8%，德国2.41%。企业的科技开发投入更低，1999年大中型工业企业的科技开发经费支出占销售收入的1.35%，企业很难依靠技术进步提高自身实力，增强国内外市场竞争力。也正因为如此，在我国产品整体出现供过于求的情况下，许多高、精、尖的产品品种和关键零部件依然需要大量进口。

(四)市场需求不足制约工业经济发展

市场需求不足是制约“九五”时期工业经济快速发展的主要因素。目前，城市居民的大件需求已趋于饱和，基本生活必需品的需求量又是相对固定的，增长的空间不大；而广大的农村市场由于受农民收入增长的限制，也难以启动。因此市场需求不足仍将制约工业经济发展。

三、促进我国工业发展的几点建议

(一)继续加大科技投入力度，提高企业技术创新能力

全球经济一体化使企业竞争更加激烈，而企业的技术创新能力是企业竞争力的核心，企业只有不断加大科技投入力度，掌握核心技术，同时积极参与国际分工与协作，利用技术发展中的互补性，才能在竞争中保持优势。

(二)加快企业制度创新改革，切实转换企业经营机制

我国的现代企业制度建设虽然取得了很大进展，但总体来说，企业体制仍然落后于市场经济发展的需要。还存在企业的所有权与经营权不分，监视会不能独立发挥作用，国有股权过于集中，不能通过多元产权制衡来实现企业运行的规范化等问题。这就要求我国必须加快和完善现代企业制度建设，否则很难适应国际化市场经济竞争的需要。

(三)以结构调整为主线，促进工业经济发展

今后要紧紧抓住结构调整这条主线，把发展高新技术产业作为切入点和突破口，加快技术改造步伐，将新工艺、新技术、新材料引入传统产业，提高存量资产的利用效率和工业增长质量。鼓励企业通过资本运营做大做强，着力培育一批能与国外企业抗衡的企业集团，提高规模效率。要加大产品结构调整力度，继续淘汰落后的、供过于求的产品生产能力。要重视和规范私营、个体经济的健康发展，坚持公平、公正、公开的原则，进一步放开行业准入条件，在法律、信息、技术、土地使用、税收等方面为私营、个体经济创造良好的环境，促进其健康发展。

送走“九五”，迈入“十五”，我国工业面临着更大的发展机遇与挑战。西部大开发的号角已经吹响，我国即将加入WTO，高技术、新经济的迅猛发展和经济全球化趋势的加快，促使我们必须加快改革和发展的步伐，缩短与发达国家的差距，在新的世纪创造新的辉煌。

(执笔：王晓辉)

专栏3.1　工业发展速度计算方法简介

工业发展速度是综合反映一段时期内工业生产成果动态变化趋势的重要指标，主要用于衡量部门、地区乃至国家工业生产成果总规模和总水平的发展变化情况。具体来讲，工业发展速度反映的是工业经济纯物量的变化。

鉴于各种工业产品计量单位不同，不能简单相加，通常采用价值量指标或价值量指标加权计算工业发展速度。按照是否包括中间产品的转移价值，价值量指标可分为两类：一类是总值类指标，如工业总产值、工业销售产值等；一类是净值类指标，如工业净产值、工业增加值等。前者主要反映一定时期内工业生产的总周转额，后者则是反映一定时期内工业生产新创造或新增加的价值。目前我国反映的是工业增加值的发展速度。

工业发展速度的计算方法世界各国并不一致，归纳起来，大致可分为三种类型：

一、固定价格法

固定价格法是将产品某一时期的价格固定下来，分别与不同时期的产品产量相乘得出可比的总量指标，用以计算工业发展速度，因此这种方法也叫不变价格法。用公式表示为：

$$K = \frac{\sum Q_1 P_n}{\sum Q_0 P_n} \times 100\%$$

K 为工业发展速度；Q_1 和 Q_0 分别为报告期和基期的产品产量；Pn 为单位产品的不变价格。

不变价格法是建国以来我们计算工业发展速度一直采用的方法。这种方法的特点是首先需要编制一套全面、准确的产品价格目录。由于工业产品种类很多，编制工作量很大，最少也要一、两年时间完成，因而我国一般每10年编制一次。二是该方法要求企业必须严格执行不变价格。工业企业根据所生产的产品在不变价格目录中查找相应的价格，有些未列明的，还需根据相关产品价格计算取得，进而计算出企业的不变价格总产值。经各级汇总企业的不变价格总产值后，即可计算出各级的工业发展速度。因此企业是否严格执行不变价格直接影响工业发展速度的准确性。三是便于计算以企业属性为标识的分组速度。不变价格法是按工厂法原则计算的，按企业的属性如经济类型、企业规模等分组速度的计算，可直接汇总各个分组的不变价格总产值，用于计算速度。

二、价格因素剔除法

价格因素剔除法是将工业名义发展速度(即直接利用现行价格价值量指标计算的速度)中的价格变动影响去掉，反映工业生产纯物量的变动，具体包括价格变动差额法和价格指数紧缩法。

(一)价格变动差额法是直接计算价格变动影响的差额，然后将按现行价格计算的价值量指标，调整为按可比价格计算，进而对比计算生产速度的方法。这里以工业总产值和增加值为例加以说明。

工业总产值受产品出厂价格变动的影响，而工业增加值是工业总产值扣除中间投入(主要是原材料、燃料、动力)以后的价值，因而还受原材料、燃料、动力购进价格变动的影响，所以影响总产值和增加值的价格变动因素为：

A、由于产品提价而增加的总产值；

B、由于产品降价而减少的总产值；

C、由于原材料等提价而增加的支出额；

D、由于原材料等降价而减少的支出额。

据此，可计算出消除价格变动因素影响与基期可比的报告期工业总产值和增加值，计算公式如下：

$$\text{与基期可比的报告期工业总产值} = \text{报告期按现行价格计算的工业总产值} - (A - B)$$

$$\text{与基期可比的报告期工业增加值} = \text{报告期按现行价格计算的工业增加值} - (A - B) + (C - D)$$

将与基期可比的报告期工业总产值或增加值，与按基期价格计算的基期工业总产值或增加值对比，即可计算出工业生产发展速度。

这种方法由于企业填报资料较多且复杂，时效性较差，因而不是计算工业发展速度普遍采用的方法。

(二)价格指数紧缩法是用价格指数紧缩价值量指标的名义发展速度，消除价格变动的影响，从而计算工业发展速度的方法。仍以工业总产值和增加值为例说明。

$$\text{工业总产值发展速度} = \frac{\text{总产值名义速度}}{\text{工业品出厂价格指数}}$$

$$\text{工业增加值发展速度} = \frac{\text{总产值名义速度}}{\text{出厂价格指数}} - \frac{\text{中间投入名义速度}}{\text{购进价格指数}}$$

价格指数紧缩法根据紧缩内容的不同分为单紧缩和双紧缩，即利用工业品出厂价格指数紧缩工业总产值的名义速度进而计算速度即为单紧缩；利用出厂价格指数和购进价格指数分别紧缩工业总产值和中间投入的名义速度进而计算增加值的发展速度即为双紧缩。

采用价格指数紧缩法计算月度工业发展速度，需要分行业进行紧缩，即利用分行业价格指数将分行业的现价价值量指标紧缩成与基期可比的指标，各行业加总后计算速度。因而价格指数的编制需满足以下几个条件：一是编制价格指数的代表产品及其权数应与工业行业结构相匹配。二是如各级均采用该方法计算速度，则各级需具备反映本地工业品价格变动的价格指数资料。三是价格指数资料从时间上应能满足计算工业发展速度的需要。

西方发达国家大多采用价格指数紧缩法测算季度或年度国民生产总值的变动情况。

三、生产指数法

生产指数法是直接利用工业产品实物量的变动加权计算工业发展速度的方法。由于该方法只需各月统计产品的实物量即可计算速度，能够及时、快速地反映工业经济发展变化的趋势，成为目前发达国家普遍采用的方法。其计算公式如下：

$$K = \frac{\sum kW}{\sum W} \times 100\%$$

K 为工业生产指数，k 为产品产量个体指数，$\frac{W}{\sum W}$ 为权数。

采用工业生产指数法计算工业发展速度的步骤是，首先确定科学合理的代表产品目录。通常是分行业选取，原则是选取行业中的重要产品以及能够代表行业未来发展方向的产品。其次是权数结构要能准确反映工业产品的结构状况。权数资料是根据产品的产量、价格资料计算取得的，鉴于工作量较大且工业产品结构在短期内不会发生较大的变化,一般每五年制定一次权数。第三工业生产指数是按产品法原则编制的,因而可以计算以产品属性为标识的分组速度,而不便于反映以企业属性为标识的分组速度,如分经济类型企业的速度。

由于实物量统计不能反映产品规格的变化、质量提高的情况,目前实行生产指数的国家大多采用产品的价值量替代实物量计算工业速度,为了消除价格变动的影响,用相应的价格指数紧缩代表产品的价值量,从而更加准确地反映工业经济的变动趋势。

总之,工业发展速度的各种计算方法都有不同的适用条件和特点,因而采用何种计算方法必须要从各国具体国情出发,既要考虑方法的科学性,更要注重应用的可行性,从而达到及时、准确地反映工业经济运行趋势的目的。

(执笔:于新华)

“九五”时期国有企业改革回顾与思考

“九五”时期，我国国有企业改革继续向前推进。现代企业制度建设取得积极进展；政企分开力度加大；建立再就业服务中心，分流企业富余人员，为国有企业减员增效作出了贡献；国有企业战略改组成效显著；及时实施债转股措施，“三年脱困”目标顺利实现；对国有企业经营者的激励和约束机制逐步建立。今后影响国有企业改革进程和成效的三个关键因素是：全国社会保障制度的建立和健全情况；国有企业的战略退出和进入情况；对国有企业经营者激励和约束制度的建立和执行情况。

一、“九五”国有企业改革回顾

（一）现代企业制度建设取得积极进展

1993年11月党的十四届三中全会提出：“建立现代企业制度是发展社会化大生产和市场经济的必然要求，是我国国有企业改革的方向。”1994年国务院决定，选择100家国有大中型企业进行试点。之后，各地区有关部门根据本地区的实际情况，也先后确定了一些试点企业，按照：“产权清晰，权责明确，政企分开，管理科学”的基本要求，积极稳妥地推进现代企业制度试点工作。

“九五”之初的1996年，建立现代企业制度试点企业已遍及全国31个省、自治区、直辖市，试点企业个数达2343家，在这些现代企业制度试点企业中，改制为股份有限公司的有540家，占23%；改制为有限责任公司的也有540家，占23%；改制为国有独资公司的有909家，占38.8%；尚未实行公司制的国有独资企业有307家，占13.2%；其它类型的企业有47家，占2%。实行改制的公司中，71%已成立了董事会，63%已成立了监事会，33%已成立了股东会。由于我国《公司法》已明文规定，国有独资公司不设立股东会，可以说，股份有限公司和有限责任公司的法人治理结构已初步形成。

到2000年，大多数国有大中型骨干企业初步建立现代企业制度。国务院确定的及各地选择的建立现代企业制度试点企业共2700户，绝大部分实行了公司制改革。国家统计局调查的2473家试点企业中，已有2016家企业进行了改制，比重为81.5%，在改制企业中，有限责任公司为603家，占改制企业的29.9%；股份有限公司为713家，占35.4%；国有独资公司为700家，占34.7%。在已实行改制的企业中，82.2%的企业成立了股东会，95.1%的企业成立了董事会，84.5%的企业成立了监事会，公司法人治理结构进一步完善。列入520户国家重点企业的514户国有及国有控股企业中，有430户进行了公司制改革，占83.7%。其中282户企业整体或部分改制为有限责任公司和股份有限公司，实现了投资主体多元化，初步建立起了现代企业制度的框架，公司法人治理结构已基本形成。

（二）政企分开力度加大

实现政企分开，建立适应市场经济要求的国有资产管理体制，是国企改革需要解决的一个重点难点问题。”九五”期间，我国结合政府机构改革，政企分开取得了重大进展，政府机关的机构设置、队伍结构日趋合理，政府职能得到进一步转变。

始发于1998年的这次机构改革，是改革开放以来，我国政府进行的第四次机构改革，通过这次机构改革，国务院组成部门由原来的40个减少为29个，各部门的内设司局级机构比原来减少200多个。全国省级政府工作机构由平均55个减为40个，平均精简20%左右，人员编制平均精简47%，共减编7.4万人，是历次机构改革精简力度最大的一次。

国务院在这次机构改革中，向企业、社会和下级组织下放的职权约200余项，一些专业部撤销或改为国家局，政府不再直接管理企业，政企分开迈出了实质性步伐。围绕政企、政事分开，采取了一系列深化改革的措施：解除政府主管部门与所办经济实体和直属企业的行政隶属关系；对国有企业的监管方式和体制进行了调整，进行了国有重点企业稽察特派员制度的试点。一批重点企业下放地方管理，军队、武警部队和政法机关所办经营性企业已全部移交地方,中央党政机关与所办经济实体和所管理的企业脱钩,中央党政机关非金融类企业脱钩涉及 52 个部门、530 个企业,资产总额 11199 亿元,在全国非金融类国有企业中所占的比例为 10.8%,负债总额 7074 亿元,所有者权益 4125 亿元,在职职工 285 万人,离退休人员 106 万人。目前这些企业已基本处理到位,实现了与原政府主管部门彻底脱钩。2000 年 9 月国务院办公厅转发了国家经贸委起草的《国有大中型企业建立现代企业制度和加强管理的基本规范(试行)》,确定了政府与企业要由行政隶属关系改为产权关系,取消企业行政级别,不再比照党政机关干部的行政级别来确定企业经营者的待遇。

(三)建立再就业服务中心,分流企业富余人员

企业人员过多一直是困扰国有企业改革的一大难题。长期以来,盲目投资、重复建设,许多产品的生产能力大大超过社会需求,加上项目资本金普遍不足,企业用人过多,致使许多企业陷入困境。合理安排国有企业的部分职工下岗并保障他们的基本生活,直接关系到广大职工群众的切身利益,关系到国有企业改革的成败,关系到改革、发展、稳定的大局。

富余职工下岗分流,是振兴国有企业的一项重要措施。“九五”期间,国家出台了一系列相关政策。1998 年 6 月中共中央、国务院下发了《关于切实做好国有企业下岗职工基本生活保障和再就业工作的通知》,要求各地要自下而上地建立再就业服务中心组织体系。凡是有下岗职工的国有企业,都要建立再就业服务中心或类似机构。再就业服务中心用于保障下岗职工基本生活和缴纳社会保险费用的资金来源,原则上采取“三三制”的办法解决,即财政预算安排三分之一、企业负担三分之一、社会筹集三分之一。下岗职工在再就业服务中心的期限一般不超过 3 年,3 年期满仍未再就业的,应与企业解除劳动关系,按有关规定享受失业救济或社会救济。1998 年 8 月国家劳动和社会保障部等六个部委就加强国有企业改革和再就业服务中心的建设等有关问题联合下文,强调凡有下岗职工的企业必须 100%建立再就业服务中心,企业下岗职工必须 100%进入再就业服务中心。再就业服务中心必须建立在企业,行使为下岗职工发放基本生活费、代缴社会保险、组织职业培训和开展就业服务等职能。企业不能把下岗职工推到行业主管部门或者其他政府机构去托管。

据统计,1998 年底,有下岗职工的企业都建立了再就业中心或类似机构,99%的下岗职工进入再就业服务中心,有 93.2%的人基本生活得到保障。1999 年国有企业共下岗职工 1174 万人,当年走出再就业服务中心和实现再就业的有 524 万人,其中,实现再就业 492 万人,到 1999 年底,还有下岗职工 650 万人,其中 90%领到了基本生活费。1999 年共筹集到下岗职工基本保障资金 245 亿元,其中中央财政支持地方 90 亿元。从 1999 年 7 月起,有关部门为下岗职工提高了基本生活待遇标准,增幅达到 30%。1998 年全国开始实施的“三年千万”再就业培训计划,即在三年中为 1000 万下岗职工提供职业指导和职业培训,据初步统计,截至 2000 年第三季度,全国已经累计培训下岗职工 1200 万人,其中有 780 万人实现了再就业,占培训人员的 65%。

(四)国有企业战略改组成效显著

“九五”期间,通过改组、改制、改造、兼并联合,培育出了一批跨地区、跨行业、跨所有制的大企业和大集团,同时对小型国有企业进行了放开搞活。国有企业的战略改组取得新进展。

1991 年,国务院批转发布了国家计委《关于选择一批大型企业集团进行试点的请示》,确定 55 家企业集团进行首批试点。1996 年,国家确定重点抓 300 户大企业,1997 年扩大到 512 户,1999 年又根据发展变化了的新情况调整为 520 户。1997 年,国务院和各级地方政府积极推进重点行业、重点企业的改革和发展,抓紧培育大企业和大集团,国家大型企业集团试点企业发展到 120 户。几年来,结合行业性结构调整,按照现代企业制度的要求,探索建立以资本为纽带的母子公司体制,培育了一批具有一定竞争力的具有战略意义的大集团。1998 年经国务院批准,在原中国石油化总公司、中国石油天然气总公司的基础上,重组的中国石油化工集团公司和中国石油天然气集团公司,这两家企业集团的资产总计都在 4000 亿元以上,实现了上下游、内外贸和产供销一体化,大大提高了我国石油石化工业的集约化程度和国际竞争能力。以宝钢为主体的上海钢铁企业联合重组,本着“做高”“做强”的原则,为发展成为我国冶金行业的精品基地奠定了基础。1999 年又组建了军工十大集团,有色金属三大集团,2000 年上半年,中国电信、中国移动通信、中国联合通信、中国卫星通信按照国务院批复的方案组建和重组后,已经开始正常运

作,四大公司的注册资本分别为2220亿元、518亿元、170亿元和40亿元,我国通讯与信息服务领域的市场竞争新格局已经初步形成。结合企业组织结构的调整,同时也加快了大型企业重组上市的步伐。中国石油天然气集团公司把核心业务从集团公司分离,组建中油股份公司,将通过改组改造、减员增效、分离办社会职能等措施逐步走出困境。2000年4月,中油股份在境外上市成功,筹集资金28.9亿美元,成为中国在海外资本市场上市的最大企业。2000年6月,中国联通股份公司股票分别在纽约证交所和香港联交所挂牌交易,筹资规模62.8亿美元,这是除日本以外亚洲地区最高的一次海外筹资。石化集团、海洋石油、宝钢集团的海外上市工作正在积极准备。

对于量大面广的国有小企业,按照党的十五大精神,各地根据不同情况,采取改组、联合、兼并、租赁、承包经营和股份合作制、出售等多种形式放开放活,使一大批国有小企业寻找到适合自身发展的具体形式,促进了经营机制的转换,增强了市场竞争力。针对有的地方在出售国有小企业中出现的一些偏差,遵照中央领导同志指示,及时进行了纠正,出台了《关于出售国有小型企业中若干问题意见的通知》,对小企业出售中一些关键环节进行了规范。

(五)及时实施债转股措施,"三年脱困"目标顺利实现

1997年,党的十五大明确提出力争用三年左右的时间,通过改革、改组、改造和加强管理,使大多数国有大中型亏损企业摆脱困境。1997年底,国有大中型亏损企业数为6599家,三年脱困的主要内容,就是要使这6599家亏损企业中的大多数扭亏为盈,走出困境。

三年脱困是国有企业改革过程中特定阶段的攻坚战。为实现国有企业三年脱困目标,国家加大了企业兼并、破产、关闭"五小"(小高炉、小炼油、小水泥、小玻璃、小造纸)等政策的实施力度;出台了债转股、技术改造贴息等一系列政策措施。债转股措施对促使三年脱困目标的实现、促进企业管理重组、降低国有商业银行不良资产比率、防范和化解金融风险都具有特别重要意义。

1999年9月2日,中国信达资产管理公司与首家实施债转股的企业北京水泥厂的母公司北京建材集团在北京签订了9.78亿元的债权转股权协议,这标志着我国的债转股工作的正式启动。

实施债转股的企业大都是国有重点企业和企业集团,不少是行业排头兵企业,主要集中在轻工、纺织、建筑、交通运输、能源、机械、冶金、房地产等行业。到2000年12月,已确认对580家企业实施债转股,债转股总金额4050亿元。这些债转股企业从2000年4月1日开始停息,当年可减轻的利息负担为200亿元左右,债转股企业的资产负债率可由债转股之前的70%以上降到50 %以下,80%的债转股企业当年可扭亏为盈。

经过多方面的努力,多数行业、多数地区出现了扭亏增盈的良好态势。作为三年脱困突破口的纺织行业,到1999年底三年累计压缩落后棉纺锭906万锭,基本完成了限产压锭减员增效工作;有色、建材行业实现了扭亏为盈;石化行业控制总量基本到位,全年原油、成品油和主要化工产品的供需大体平衡;轻工、机械、电子、医药、冶金等行业经济效益都有明显提高;作为扭亏脱困老大难的煤炭、军工等行业,亏损势头也得到了有效遏止。关停"五小"工作全面展开,截止到1999年底,取缔和关闭非法开采和布局不合理的小煤矿3.1万处;淘汰小高炉生产能力近千万吨、炼钢、炼铁能力2000多万吨;关停和淘汰小水泥能力4000万吨、小玻璃能力1500万重量箱;关停小糖厂、小糖精厂、小造纸厂的工作也已逐步展开。控制总量初见成效。

至2000年底,国有企业三年脱困目标已经实现。1997年,国有大中型亏损企业为6599户。到2000年11月,已减少了4391户,占66.5%。这些企业有的实现了扭亏为盈,有些通过关闭破产退出了市场,有的被兼并或进行了改制。到2000年底,已有70%摆脱了困境。

(六)企业经营者的激励和约束机制逐步建立

企业经营者是经济发展中的一种重要人力资本。当今中国,高素质的企业经营者还没有大量涌现,其原因之一就是没有一套能够造就优秀企业经营者的激励和约束机制。年薪制作为一种激励手段在西方已实行了几十年,它是一种以年度为单位确定企业经营者的基本收入,并视其生产经营成果挂钩考核,发放效益收入的工资制度。

我国国有企业试行年薪制起步于90年代初,经过几年试点后,原劳动部经国务院同意印发了《企业经营者年薪制试行办法》,并在全国100家国有企业进行试点。1997年3月,原劳动部在印发的《关于"九五"时期企业工资工作的主要目标和政策措施》中,明确提出要在具备条件的国有企业中

积极稳妥地推行年薪制。中国共产党十五届四中全会指出：“少数企业试行经理(厂长)年薪制、持有股权等分配方式，可以继续探索，及时总结经验，但不要刮风。”

据调查，到 1999 年，全国除云南、贵州、海南、江西、宁夏、西藏 6 个地区外，其余 25 个省区市都不同程度地对国有企业的领导人实施了年薪制试点，试点企业总数有 9000 余家。其中，湖北、江苏、四川、天津等省市的年薪制起步较早，目前已实施年薪制的企业数量较多，甘肃、内蒙、新疆等地，年薪制还刚刚起步，只在个别企业进行了试点。各地区实施年薪制情况虽有较大差别，但大多集中在国有大中型企业。

根据国家的总体政策要求，很多省市相应地制定了本地区的试行办法，并各具特色。四川省的年薪制主要有三种形式：业绩计提、目标定酬和准公务员报酬。业绩计提年薪制，经营者的年薪由基薪和业绩计提两部分构成。基薪主要根据企业规模、本地区和本企业职工平均工资收入水平确定，业绩计提根据实现利润、净资产增长、上缴利税等情况确定。目标定酬，这种形式报酬结构单一，实现经营目标后，就可得到事先约定好的固定数量的年薪，考核指标十分具体，如减亏额、实现利润、净资产增长率、资产利润率、上交税利等等，对国有宾馆、饭店、旅游公司以及部分商贸企业的经营者一般采用这种形式。准公务员报酬的报酬结构由工资、津贴、奖金等构成，主要适宜于非竞争性国有企业实行。

江苏省 1999 年 7 月颁发了《江苏省企业经营者年薪制试行办法》，目前全省 13 个省辖市中，除连云港、镇江两市外，均已出台年薪制试行办法。经营者年薪一般由基本年薪、效益年薪和奖励年薪三部分构成。基本年薪是指以本企业当年度职工平均工资为基数，依据经营者经营管理的企业规模和效益分类确定的经营者年度基本收入。效益年薪是指依据经营者实际生产经营管理业绩，以基本年薪为基数，按一定办法计核的经营者年度效益收入，主要依据销售收入和利润总额的增长幅度、国有资产增值率和职工年均工资增长率等多项指标加权确定。奖励年薪是指少数经营业绩特别突出或有特别贡献的经营者所获得的奖励性报酬年薪，如新产品开发、创名牌、技改投入见效等。

广东省企业经营者的年薪分为基本薪酬和效益薪酬两部分。基本薪酬与企业资产规模挂钩，根据企业的资产总额和营业额确定，按月支付；效益薪酬与经济成果挂钩，根据企业净资产收益率和利税增长幅度确定，以年度为单位，分期发放，当年发放的具体比例视情况确定，未发部分作为风险基金存入企业专用帐户，待任期届满考核合格后再兑现，考核不合格的予以扣除。

福建省年基薪以当年本地区职工平均工资的 40％与本企业职工平均工资的 60％之和为基础，再按国家统一规定的企业类型确定年基薪，即小型企业的年基薪按基薪增加 1 倍，中型企业增加 1.5 倍，大型企业增加 2 倍。加薪部分分别按一定比例提取，超额完成资产保值增值和利润考核指标 50 万元以内的按 0.4％计提；50 万元至 100 万元的按 0.35％计提；100 万元至 300 万元的按 0.3％计提；300 万元至 500 万元的按 0.25％计提；500 万元至 1000 万元的按 0.2％计提；1000 万元以上的按 0.15％计提。同时还规定，经营者年收入的 20％转入风险基金，任期届满统一结算，因经营决策失误的按损失的一定比例扣除风险收入。

北京市政府有关部门将市国有工业企业分成七类，一类企业的经营管理者的基本年薪最高，可为本企业职工平均工资的 3 倍，二类至七类企业从 2.8 倍至 1.5 倍不等。风险年薪根据经营者实际工作业绩而定，其标准控制在基本年薪的 2 至 3 倍以内。基本年薪和风险年薪两项相加最高不超过本企业职工平均工资的 10 倍。企业经营者的年薪考核，由企业出资人依据企业完成当年经营管理责任目标的实际情况确定。试行年薪制的企业还将建立经营管理者风险抵押制度，把经营者的部分风险年薪(不少于 50％)转入风险抵押金，用于部分抵补由于决策失误或经营管理不善给企业造成的损失。

武汉市除出台了《武汉市国有企业经营者年薪制试行办法》外，还针对实行了资产经营责任制、年度实现利润在百万元以上的国有企业和国有独资公司法定代表人出台了《武汉市年利润百万元以上国有企业经营者年薪制试行办法》，该办法规定年薪由基薪和风险收入两部分组成，前者是年度经营的报酬，后者是年度经营效益的具体体现和年度经营业绩的积累，并对年薪标准按五个档次分别作出了规定：基薪根据企业规模确定，达到规定标准的企业经营者，最高可拿到 4.2 万元，最低为 2 万元；风险收入根据资产经营责任书中经营业绩考核指标完成情况确定，当综合考核评价结果为 100％时，风险收入最高可拿到 6.2 万元，最低为 3 万元。

当综合考核评价结果超过100%时,每超过1个百分点,风险收入增加2000元,综合考核评价结果不满100%的,则风险收入为零。

各地的具体作法虽然有所不同,总体来看,年薪的构成一般分为基本薪酬(岗位薪酬)和效益薪酬(风险收入或风险金)两部分。个别地区和企业还包括奖励薪酬(特别奖励)。基本薪酬与企业规模、企业职工平均工资挂钩,效益薪酬一般与企业的经济效益指标相关联,奖励薪酬根据企业领导人某方面的突出业绩确定。

年薪的兑现形式以货币为主。河南、北京、江苏、广东、重庆和山东六省市的年薪以货币兑现;上海、湖北和四川的年薪兑现以货币为主,并辅之以期权(期股)形式。北京市某商业企业的总经理1996年、1997年、1998年和1999年的年薪分别为6.12万元、8万元、11万元和20万元,公司职工1999年平均工资为2万元。1998年,江苏省无锡市的最高年薪为47万元,徐州市兑现的最高年薪为8.66万元,南通市的最高年薪为7.31万元,泰州市的最高年薪为16.27万元。广州市实行年薪制的主要形式为现金制,没有实行期权制。大多数实行年薪制的国有企业领导人的年薪为职工平均收入的3~4倍,也有达到8倍和低于3倍的。湖北省1999年最高的年薪为100万元,其中70万元为期权。四川还出现了辅之以实物(主要是房产、汽车)、企业股票、企业债券等形式。年薪兑现时,税务机关按规定征缴了所得税。

在对国有企业经营者实行激励的同时,国家还加强了对国有企业的监管。一方面,国家对一些重点企业实行了稽察特派员制度,加强了国有企业监事会工作。1998年出台了《国务院稽察特派员条例》,先后任命两批38位稽察特派员进驻到62户国有重点企业开展实地稽察。2000年3月,国务院发布了《国有企业监事会暂行条例》。另一方面,为保证激励和约束的依据的真实性,大部分地区对一些国有企业实行了会计委派制。企业会计委派制主要是指企业的会计人员或部分会计人员由企业外部派进,他们的人事调配权和工资变动权由派出部门掌握。据我们2000年的调查显示,全国31个地区中,除内蒙、江西、福建、湖南、海南、重庆、云南、西藏、陕西、宁夏、青海外,其它20个地区已对国有(含国有控股)大中型工业企业进行了会计委派制试点。试点企业总数618家,占全国国有大中型工业企业总数的4.3%。上海、江苏和广西的试点企业都在百家以上,其它地区的试点企业从1到40家不等。90%以上的企业是1998年以来开始试点的,其中有63家是1998年开始试点的,有109家是1999年开始试点的,另有34家是今年上半年开始试点的。这说明,随着近几年国有企业改革的深入,政府有关部门对国有企业的财务监督力度在加大。

二、对国有企业改革的思考

国有企业改革已经走过了20余年的历程,现在已经进入攻坚阶段。今后影响国有企业改革进程和成效的三个关键因素是:全国社会保障制度的建立和健全情况;国有企业的战略退出和进入情况;对国有企业经营者激励和约束制度的建立和执行情况。

(一)社会保障制度的建立和健全

人员问题一直是制约国有企业改革的一大难题。国有企业人员问题主要表现为:人员多,真正需要的经营专家和技术专家留不住、招不进,不需要的富余人员又没法消减;离退休人员多,企业负担的有关离退休人员的费用高。下岗分流政策实施之前,国有企业的富余人员平均占企业从业人员1/3,严重者达1/2。平均每三个在职职工要负担一个离退休人员。随着近两年国有企业富余人员下岗分流和社会保障有关政策的落实,企业的人员包袱有了一定程度的减轻,但问题还没有从根本上得到解决。1999年4月份,我们对815家国有大中型亏损企业的调查显示:富余职工还占全部职工的19%;离退休人员占在职职工的37%,半数企业将离退休人员多视为影响企业亏损的主要因素,37%企业把不能按生产需要清退富余职工列为企业亏损的主要原因。

制约国有企业人员难题没能彻底解决的根本原因是由于我国的社会保障制度还不健全。

虽然自1998年,我国对国有企业的富余人员实施了下岗分流进中心(企业再就业服务中心)的政策。三年内,下岗职工的生活费和社会保险费实行三家抬的办法,这在一定程度上减轻了企业的人员包袱。但效益差的企业负担重的状况仍难改变,因为效益差的企业富余人员的比例高。此外,由于下岗分流进中心的人数指标由上级部门下达,有的企业想多下岗分流一些富余人员,但由于指标少而不能实施。有的企业虽有一定量的下岗分流指标,但又因有相当一部分职工担心三年后自己的社会保障无着落,而不愿意签协议进企业再就业服务中心。这些都会使国有企业的人员富余状况难有彻底改变。这在很大程度上又和社会保障制度不健全有关。

目前,我国的社会保障制度是以社会保险为基础的。虽说社会保险和商业保险有区别,但保险在人们的头脑中是可以投保,也可以不投保。再加上这几年社会上保险市场的混乱,更加重了人们的这种认识。企业职工的失业、养老、大病统筹等社会保险费是由劳动和社会保障机构(系统)按照职工工资的一定比例负责征缴、监督和管理的,社会保险费由企业和职工个人共同负担。这一制度至少存在以下问题:(1)企业间执行得不一致,损伤国有企业的竞争力。国有企业一般执行得较好,其职工基本上都参加了养老保险;集体企业次之;其它所有制企业尤其是私营或“三资”企业则执行得很差或根本就不执行。这一状况会从两个方面损伤国有企业的竞争力:第一,国有企业的劳动力成本与不缴社会保险费的企业相比相对较高;第二,不利于一般劳动力尤其是工龄较长的劳动力从国有企业流向非国有企业,造成国有企业的冗员包袱长期积重难卸。(2)不利于劳动密集性行业的发展。(3)制度的执行成本很高。

从根本上解决国有企业人员多的问题还要靠建立健全全国统一的、覆盖所有企事业单位及行政机关职工的、由政府承担管理并依靠政权力量强制执行的社会保障制度。这样的社会保障制度不仅要在全社会执行得好,而且执行成本要低。因此,制度的选择应该是:开征社会保障税,以税收立法来保证社会保障所需费用,依靠现有的税务系统来完成保障税的征缴。

(二)国有企业的退与进

党的十五届四中全会通过的《中共中央关于国有企业改革和发展若干重大问题的决定》指出:要从战略上调整国有经济布局,对国有企业实施战略性改组,坚持有进有退,有所为有所不为。这无疑是今后调整国有经济、改组国有企业的战略方针。

在传统的高度集中的计划经济体制下,国有企业广泛分布于国民经济的各行各业,包揽了社会经济生活的方方面面,大到火车、火箭、飞机、大炮的制造,小到碾米、磨面,都由国有企业来承担;在计划经济和市场机制交织,以短缺经济(供不应求)为特征的80年代,非国有经济在宽松政策环境和市场环境下进入了绝大多数行业领域,非国有企业承担了一部分国有企业难以圆满承担的一些经济职能;在市场体制逐步确立、市场机制日益健全的90年代,非国有企业得到了长足的发展,对市场机制的适应性也日益增强。相反,国有企业在告别短缺经济的情况下,对日益激烈的市场竞争很难适应。国有企业退出市场机制可以充分发挥作用的一般性竞争领域、进入市场机制失灵的行业领域已成为必然。

国有经济应尽快从一般性竞争行业退出,抽出资金来武装公共行业和自然垄断行业。国家组织的高新技术开发和研究也要重点放在公共产业的高新技术上,如国家战略防御技术、环境保护技术、传染病的治疗和预防技术等等。把一般性竞争行业的高新技术留给已经走向企业化经营的科研机构去研究开发,这样更能加快技术成果的产业化进程。积极财政政策的着力点也应放在公共产品行业和自然垄断行业。

(三)激励和约束机制

建立一种制度,根据经营业绩的优劣,对国有企业经营者实施恰当的激励和约束。在对国有企业经营者的激励机制上存在两个方面的问题,一方面激励过度,比如企业利润高一点,就奖高薪,这容易导致经营者短期行为,不利于企业的长远利益和长期发展,还容易助长企业虚增利润或虚盈实亏。另一方面是激励不够,还是平均主义、大锅饭,遏制了经营者的积极性和创造性的发挥。在对国有企业经营者的约束方面,普遍存在约束不力的问题。经营者负盈不负亏、易地为官的事并不鲜见。

最近,我国的一些上市公司开始尝试用股权作为激励企业经营者的方式之一,即把年薪的一部分换成企业的股份奖给企业经营者。这种在70年代始于美国的激励制度,目前在全球500家大企业中有89%在实行,在企业管理人员的薪酬中,股票期权占到30%甚至更高。党的十五届四中全会也倡议各地可以积极探索用股权激励方式,但同时提醒不要刮风。

对国有企业经营者建立一个激励和约束的规章制度并不难。难的是这种激励和约束的依据的客观真实性。传统体制下,企业的会计人员处于企业厂长经理的指挥和控制之下,是很难提供这种基础的。对国有企业实施会计委派制有利于从制度上解决这一问题。

会计委派制在一些企业已经开始试行,其效果是好的,会计报表的真实性大有提高。此种机制应尽快引入国有大中型骨干企业。但在试行中要防止因追风而走形式，搞所谓“虚拟委派制”，即企业会计主管的工资及人事管理实际上还由企业领导人掌握。

对国有企业应实施多方位监督。对企业的重要人事变动和年度奖惩必须有专职监督部门如审计部门的企业年度审计报告作依据，同时要发动群众监督、新闻监督和企业职工监督的作用，并从制度上对群众监督和企业职工监督的有功人员给予一定奖励。

（执笔：杨玉民　王萍　郭雷）

专栏 3.2　国有企业的利润增自何处？

2000 年，国有工业企业（含国有控股，下同）实现利润成倍增长，利润总额达到 2392 亿元。亏损企业的减亏力度也进一步加大，国有企业三年脱困的总体目标已经实现。国有企业的利润增自何处？

一、31 个地区全部实现净盈利，6 个地区的国有企业实现利润占利润总额的六成以上。1999 年，全国 31 个地区中，有 9 个地区的国有企业在盈亏相抵后出现净亏损。这种情况在 2000 年有了根本的改变，31 个地区全部实现净盈利。其中，黑龙江、山东、广东、上海、辽宁、江苏等 6 个地区的利润额都超过 100 亿元，利润合计达到 1536 亿元，占全部国有企业利润总额的 64.2%。

二、32 个行业实现净盈利。在 40 个工业行业大类中，有 32 个行业实现净盈利，其中，石油和天然气开采业等 6 个行业的利润额超过 100 亿元。在 8 个净亏损的行业中，以煤炭采选业为代表的 6 个行业的亏损额大幅度减少。

三、57%的利润增长来自石油和天然气开采业。受国际市场原油价格大幅上涨的影响，2000 年我国石油和天然气开采业实现利润达到创记录的 1064 亿元，比上年增长 1.8 倍。2000 年，我国原油的产量仅比上年增长 2%，而石油和天然气开采业的销售收入却增长了 62%，实现利润增加 786 亿元，占全部新增利润的 57%。据测算，2000 年，由于价格上涨给石油和天然气开采行业带来的利润超过 600 亿元。

四、24 个行业销售收入增幅超过 10%，生产增长与财务费用的降低是企业利润增长的主要原因。在 40 个工业行业中，有 24 个行业的销售收入增幅达到 2 位数，销售收入下降的仅有 3 个行业。在销售大幅度增长的同时，企业的成本费用并没有出现同步增长的现象，特别是企业管理费用的增幅得以有效控制，全年仅增长 9.6%；财务费用受降息效应的影响，出现了较大幅度的下降（比上年下降 11.5%）。因此，在企业销售收入增长 20.5%的情况下，销售利润增长 36.8%，利润总额增长 1.4 倍。在剔除原油、成品油价格因素的影响之后，石油和天然气开采业、石油加工及炼焦业以外的 38 个行业实现销售收入增长 14.3%，销售利润增长 20.4%，利润总额增长 78.3%。

（执笔：俞肖云）

“九五”期间我国能源工业的发展

80年代开始的能源短缺，持续了十五六个年头，成了经济生活中的顽症。进入90年代后，国家在实行宏观体制转轨的同时，对能源工业进行了一系列配套改革，继续坚持能源开发与节约并举，把节约放在首位的能源工作方针，终于在“九五”期间实现了能源供需状况的缓解，部分能源品种供应能力“过剩”，导致买方市场出现，从而使能源领域发生了巨大而深刻的变化。

一、“九五”时期我国能源工业发展的回顾

(一)能源消费减速，供需基本平衡，买方市场出现

90年代以来，体制转轨下的产业结构调整升级，工业化的进程加快，市场配置资源的作用增强，使我国的经济朝着质量和效益的方向发展。由于宏观调控的成功实施，经济增长速度从“八五”后期逐年回落，通货膨胀被有效的扼制，1996年我国经济实现软着陆，能源供需形势也发生了急剧变化，出现了能源供需总量基本平衡，劣质能源过剩，优质能源供应不足的新特点。

1. 能源生产与消费增长率下降。

1992年以后，我国经济步入高速发展阶段，“八五”期间国内生产总值年均增长达到11.6%，能源消费的增长幅度也在逐年增大，五年平均增长5.9%，能源消费弹性系数0.51。国内能源生产的增长不能适应经济快速增长的需要，年均增长率比能源消费增长率低1.4个百分点，能源生产对经济发展的“瓶颈”制约作用明显。为此国家对能源工业进行了一系列投资、价格体制的改革，为能源工业的发展注入了生机和活力，同时增强了能源供应的市场取向，使其迅速增加了生产供应能力。“八五”后期的1994和1995年能源生产的增长速度分别超过了能源消费增长速度1.1和1.8个百分点。进入“九五”的第一年1996年，宏观调控发挥作用，国内生产总值增长幅度从“八五”的高峰值1992年的14.2%，下降到9.6%，回落4.6个百分点，比上年低0.9个百分点；同时能源消费增幅也从上年的6.9%(“八五”的高峰值)下降到5.9%；能源生产则从1995年的高峰增长速度8.7%急剧下降到仅增长2.8%。煤炭的库存增加，电力生产的增长也从“八五”每年增长9%以上降为7.3%，能源生产能力的局部过剩已有显象。1997年经济增长速度进一步放慢，国内生产总值增幅为8.8%，能源消费和生产出现了负增长。电力增长也急剧下滑，1998年更降至2.07%。之后二年经济继续滑坡，能源消费和生产也随之减速，直到2000年经济回升，负增长的势头才有所减弱。

表1 “九五”期间国内生产总值、能源生产和能源消费的增长率(%)

	1996	1997	1998	1999	2000
国内生产总值	9.6	8.8	7.8	7.1	8.0
能源生产	2.8	-0.2	-6.16	-12.2	-0.12
能源消费	5.9	-0.6	-4.3	-1.6	-1.6

2. 能源供需基本平衡，买方市场形成。

据统计，1996年是迄今为止，我国能源消费和能源生产总量最高的年头，分别达到13.89、13.26亿吨标准煤，2000年则减少了1.09亿吨、2.46亿吨，达到12.8亿吨和10.9亿吨。能源消费下降，供应环境宽松，总需求与总供给达到了基本平衡并略有“过剩”，一改能源制约经济发展的局面。这是“九五”时期能源工业的突出特征。

从资源短缺型的卖方市场向资源合理配置型的买方市场的转换，是伴随着体制的转变和供需状况变化而产生的。90年代能源工业的一系列改革措施，包括公司化改组，商业化运营，以及市场

机制的导入，竞争和资产的重组，使能源工业从国家独家办能源和垄断经营中逐步解脱出来，进入了市场。从而能在比较短的时间里，拓宽了资金渠道，较快地提高了生产供应能力；另一方面，“九五”期间国家宏观调控力度加大，经济增长方式逐步从速度型向效益型转变，相应减少了能源需求。产业和产品结构的调整，高耗能的产业、产品生产下降；企业为了生存和竞争，加强管理，节能降耗、提高效率减少成本；环境成本的内部化，加快了优质能源的利用，有效地减少了能源的消耗。在能源供需基本平衡和供略大于需的情况下，1996年下半年开始到1997年实现了市场模式的明显转换，买方市场形成。一向紧俏的煤炭出现滞销，库存增加达2亿多吨；电力销售疲软，直接影响了电力生产，1996年增长7.2%，1997年降为5.08%，1998年下降到仅增长2.07%，不少电网售电量下降，甚至负增长，迫使发电机组停产；一向热销的石油及其制品，也从1997年底开始，销路不畅。面对买方市场供大于求的状况，能源工业重新审视自己与市场的结合点，及时调整计划经济时期的盲目扩大生产能力和能源消费的政策、改进服务。煤炭工业执行了限产压库、关停小煤窑和经济效益差、含硫量高的矿井的政策，到2000年底已关闭小煤窑4.73万处，减产3.48亿吨，库存压到1.36亿吨；电力工业积极开拓市场，取消不合理收费，整顿电价，改造农村电网和城市配电网；原油和成品油的价格加快与国际市场的接轨，利用价格杠杆，调节市场供求。

（二）能源工业在结构调整中有了新的发展

“八五”以来我国经济的快速发展，大大提高了人均GDP，不仅促进了我国产业结构的升级，也带动了用能结构向优质化的发展，特别是实施经济——能源——环境相协调的可持续发展战略，以及环境成本的内部化，提高了人们的环境意识。同时能源工业的市场化改革，摈弃了计划配置资源的利用能源方式，人们对开发利用成本较高的优质能源——油、气和电力，不仅具有了一定的支付能力，而且也能在市场的环境下去选购。国家从保护环境、实现人类生存的需要可持续发展的战略出发，适时提出调整和优化能源结构的政策和措施，加快优质能源的开发利用，逐渐改善能源结构，特别是终端用能结构，促进向优质化方向转变。在缺能的东南沿海地区，能源结构优质化的程度更高。1996～1999年间一次能源构成中煤、油、气、电的比重发生了显著的变化。煤炭的比重下降较快，已从75%左右降至68%，油、气、水电比重明显上升，原油的比重摆脱了数年徘徊竟提高了4个百分点。而在能源的终端结构中，用能优质化更为明显。

表2 能源生产总量及构成

年 份	能源生产总量	占能源生产总量的比重（%）			
	万吨标准煤	原 煤	原 油	天然气	水 电
1996	132616	75.2	17.0	2.0	5.8
1997	132410	74.1	17.3	2.1	6.5
1998	124250	71.9	18.5	2.5	7.1
1999	109126	68.3	21.0	3.1	7.6

表3 能源消费总量及构成

年 份	能源消费总量	占能源消费总量的比重（%）			
	万吨标准煤	原 煤	原 油	天然气	水 电
1996	138948	74.7	18.0	1.8	5.5
1997	138173	71.5	20.4	1.7	6.2
1998	132214	69.6	21.5	2.2	6.7
1999	130119	68.0	23.2	2.2	6.6

终端用能结构的优质化，表明煤炭等劣质能源直接用于燃烧的数量减少，有利于提高能源利用效率，改善环境，从而起到了抑制能源消费总量过快增长的作用。

“九五”期间我国的能源工业以市场为导向，对能源的开发生产进行了相应的调整，取得了新的进展。

表 4 煤和优质能源在终端消费结构中比重的变化（%）

	1991 年	1996 年	1998 年
煤 炭	65.32	58.70	52.3
石 油	18.00	20.60	26.4
天然气	2.44	2.16	2.5
电 力	9.53	11.60	13.9

1. 煤炭业适应市场，实行总量控制和战略调整

在环境保护得到强化，宏观经济结构、能源结构进行调整的大的经济环境变化下，“九五”期间煤炭工业陷入了十分严峻的生产经营局面。国内煤炭的消费量 1997 年为 13．1 亿吨，1998 年减为 12 亿吨，1999 年又进一步下降到 11 亿吨，三年间减少 2 亿吨，而且尚有近 2 亿吨的库存。面对需求不旺和市场萎缩以及自身结构的不合理性，煤炭工业加大了战略性结构调整的力度，采取应对措施，实行总量控制，主动限产压库，大刀阔斧地取缔非法经营的小煤窑，关闭布局不合理的煤矿，使煤炭产量从 1996 年的最高值 13.97 亿吨，压产到 2000 年的 9.98 亿吨，减少产量约 4 亿吨。乡镇煤矿产量 1999 年与 1997 年相比减少 2.53 亿吨，占总产量的比重从 43.1%下降到 30.4%；国有重点煤矿的产量虽有减少，但比重已从 39.9%提高到 49.1%。2000 年煤炭产量 9.98 亿吨，国内需求已显回升之势，出口也在扩大，仍保持了供需总量平衡。为了提高煤炭质量，满足用户的要求，煤炭业努力提高原煤的入洗率，从 1995 年的 15.61%升高到 1999 年的 25.2%。

我国煤炭工业的技术装备水平相对落后，生产效率低，加上政策因素，是亏损大户。在结构调整的同时，通过减人提效，关闭严重亏损、效益差、产品没市场的煤矿，减少亏损源，有效控制了国家补贴额度。为寻找煤炭的新的发展空间，加强煤炭洁净利用的研究，已经在煤炭液化生产石油产品的科研项目上取得突破性进展，即将进入商业性开发阶段。扩大煤炭的出口，几年来成效显著，1995～1998 年间煤炭出口规模 3000 万吨左右，1999 年达到 3858 万吨已接近 4000 万吨，2000 年则突升至 5505 万吨。

2. 加快油气勘探开发，扩大利用国外资源

“九五”期间，油气需求在能源结构的调整中显得格外旺盛。现代化工业建设，交通运输业突飞猛进的发展，人民生活舒适度的提高，加大了油气的消费量。但石油开采受到后备资源的制约，东部油田已经进入后期开发阶段产量递减，西部油田尚未形成产量接替，开采原油量 2000 年仅为 1.63 亿吨，满足不了国内 2 亿多吨的需求。因此，从国外进口石油资源逐年增多，特别是原油的进口规模急剧扩大，继 1993 年成为石油的净进口国以后，1996 年又成了原油的净进口国。据海关统计，2000 年进口原油及成品油 8832 万吨，出口 1871 万吨，进出口相抵，当年净进口石油 6961 万吨。其中原油就达 7000 多万吨，比 1999 年增加 3362 万吨，而原油产量仅增长 267 万吨，预计当年石油消费量 2.3 亿吨，近 1/3 依赖进口。石油进口的主要来源是中东和非洲，石油输出国组织（OPEC）的比例约占 57%。目前我国的原油加工量已突破 2 亿吨。

天然气的开发生产在“九五”期间有了很大的发展。2000 年产量达到 277.26 亿立方米，比 1995 年增加近 100 亿立方米，年均增加约 25 亿立方米，而“八五”时期每年仅增几亿立方米。主要因为天然气是一种清洁的、利用效率较高的能源。大量使用天然气，对改善环境、优化能源结构，是非常有效的途径。天然气作为民用燃料和交通工具的动力燃料，用以取代煤炭和成品油，在城市能源的供应系统中，受到越来越高的重视。北京市引进陕西的天然气 2000 年的利用量即达 10 亿立方米。

表 5 石油进出口情况

单位：万吨

年 份	出 口			进 口			净进口总计
	原 油	成品油	合 计	原油	成品油	合 计	
1996	2033	418	2451	2262	1582	3844	1393
1997	1983	559	2542	3547	2379	5926	3384
1998	1560	436	1996	2732	2174	4906	2910
1999	717	645	1362	3662	2082	5744	4382
2000	1044	827	1871	7027	1805	8832	6961

市场需求和国家政策的引导，大大加快了油气的开发进度。中国石油天然气集团公司，是我国油气的主要勘探开发者，据初步统计，“九五”新增探明地质储量24.4亿吨，比“八五”增长18.4%，累积探明储量达到145亿吨；天然气“九五”新增探明地质储量9298亿立方米，比“八五”增长72%，累积探明储量已达1.99万亿立方米。国家为了开发西部丰富的天然气资源，在20世纪末，“西气东输”工程批准立项。根据规划，该项工程西起新疆的轮南，途径7省市，铺设4200公里的输气管道，向长江三角洲输送120亿立方的天然气。这是一项跨世纪的浩瀚工程。为解决东南沿海地区的能源资源短缺和利于环境，国家还批准在广东引进国外液化天然气(LNG)，建设200万千瓦发电站，并向深圳、东莞、广州和佛山等城市输气。

3. 电力工业努力开拓市场，进行结构调整

电力工业“九五”期间取得了很大的发展，全国发电装机跃上第三个1亿千瓦的新台阶，达到3.16亿千瓦，其中水电7710万千瓦，火电2.37亿千瓦，核电210万千瓦；发电量13556亿千瓦小时，其中水电2400亿千瓦小时，火电10920亿千瓦小时，核电164亿千瓦小时。五年间发电总装机年均增长7.5%，发电量年均增长6%，比“八五”时期的9.5%和10.1%有了较大的回落。由于80年代中期以来国家采取了集资办电发展电力工业的政策，又在90年代对电力工业进行了一系列投资、价格和管理体制的改革，拓宽了电力工业的融资渠道，发电装机的增加很快，已从“八五”的平均每年增加装机1500万千瓦，升高到“九五”的1976万千瓦。但是1997年电力需求疲软，导致买方市场的出现，竟然有电卖不出，使电力工业经历了持续高速增长后的低迷。为此，采取改造城乡配电网、整顿电价、取消不合理的收费等促销手段，开拓电力市场，随着经济形势的好转，电力需求在2000年又有了较大的增长，达到10.69%。

电力供需关系的缓解，为电力工业赢得了进行结构调整的时间。低效高耗的中低压火电机组约有3000多万千瓦，到2000年底已关闭小火电1000万千瓦；1998年实施了城市配电网和农村电网改造工程，以解决长期以来重发轻供，送电能力不足、输电损耗大，影响电力销售的问题。至2000年底上述两项投资已占全国电力工业“九五”期间累积完成固定资产投资的27%。

针对我国能源资源分布不合理，资源地远离消费地的特点，为在更大区域范围内优化配置资源，充分发挥西部发电资源的优势，电力开发的又一重大工程——“西电东送”工程开始实施。洪家渡水电站、程引子渡水电站等西南地区的7大水火电站、输电工程，被国家列为“西电东送”的首批项目，于2000年11月开工建设。“九五”国家还加强了核电建设，浙江秦山二、三期，江苏田湾和广东岭澳核电站，先后开工建设，总规模达到660万千瓦，标志我国的核电建设已步入小批量建设的新阶段。可再生能源发电也取得了较大突破，风力发电能力2000年已达到34.4万千瓦。国家为了进一步开发可再生能源，解决农村用电问题，先后由国家科委、国家计委、国家经贸委负责启动了光明工程、乘风计划和“双加”工程，将对风电开发、提高国产化水平，起到推进作用。

(三)节能工作取得显著成效

节能与能源开发始终是解决我国能源供需平衡的两个重要方面，80年代提出的经济增长需要的能源一半靠开发、一半靠节约的方针，在“九五”计划的执行中仍然发挥着作用。“九五”末期每万元国内生产总值能耗已由“八五”末期的3.97吨标准煤下降到2.77吨标准煤，年均节能率为5.6%，五年间节约和少用能源4亿吨标准煤左右。相当于减少二氧化碳1.8亿吨——碳、二氧化硫720万吨。

节能量的取得主要是产业结构调整，高耗能、低产值产业的比重下降，耗能少、附加值高的第三产业有了较大的发展；一些浪费能源、严重污染环境的小水泥、小火电、小炼油厂、小土焦、小煤窑被关停；主要耗能产品的单位能耗有了不同程度的下降，如火力发电的供电煤耗降低了4.1%，吨钢综合能耗下降了18.1%。国家经贸委等13个部门组织实施的“中国绿色工程”，在推广使用高效照明灯具，减少电力消耗上取得了成效。节能的法制化管理，通过节能法的颁布实施，带动了一批配套法规的制订，有力地强化了体制转轨情况下的节能工作。

(四)能源工业改革和立法有了新的进展

伴随着社会主义市场经济体制的建立，能源工业以政企分开、市场化为取向的改革，在煤电油三大行业中，按国家的统一部署在“九五”期间展开。改革的主要成果如下：

1. 政企分开，把政府职能从国有大型企业中分离出来。石油石化企业实行上下游一体化经营，

组建中国石油天然气集团公司、中国石油化工集团公司、中国海洋石油总公司以及后来划入石化集团公司的中国新星石油公司；中央国有重点煤矿企业全部下放地方；撤消电力工业部，组建国家电力公司。煤炭和石油、化工行业的政府职能划归新成立的国家煤炭局、国家石油化工局，由国家经贸委代管，国家经贸委设立电力司承担政府管电职能。

2．能源价格从政府定价，走向由市场定价。煤炭除发电用煤暂时保留略低于市场价外，其他煤炭在市场上出售，价格随行就市。原油和成品油价格基本与国际市场接轨。电力工业已经开始了厂网分开、竞价上网的电力体制改革的试点，新的价格形成机制正在探讨中。

“九五”期间能源立法进程加快，《中华人民共和国电力法》、《中华人民共和国节约能源法》、《中华人民共和国煤炭法》相继颁发实施，对完善社会主义市场经济法制、促进能源工业的发展起到积极作用。

二、“十五”能源工业展望

（一）能源需求预测

2001年3月15日全国人大九届四次会议通过的《中华人民共和国经济和社会发展第十个五年计划纲要》提出，“十五”期间国民经济要保持较快发展速度，经济结构战略性调整取得明显成效，经济增长质量和效益显著提高，为2010年国内生产总值比2000年翻一番奠定基础。预期“十五”期间，经济增长速度为年均7%，2005年国内生产总值按2000年价格计算达到12.5万亿元左右，人均国内生产总值达到9400元，第一、二、三产业增加值占国内生产总值的比重分别达到13%、51%和36%。根据上述社会经济发展情景，“十五”期间的能源需求，作出了两种预测方案：

1．常规方案：以现有的技术经济水平外推的能源需求预测。

2．综合方案：是一个强化节能，提高能源利用效率，较多地利用优质能源改善和优化终端能源消费结构的能源需求预测。

（二）能源工业发展分析

1．煤炭生产

目前煤炭产量已超过消费量，库存仍有1亿多吨，并有充足的资源保证。“八五”期间，煤炭年均增产0.5亿吨，在后期的1994年和1995年其产量的增长，已达每年1亿吨左右。现在由于市场消费萎缩，生产受阻，1996年后年增量已减至3000多万吨，近几年则大幅度减产。“十五”期间，煤炭仍将维持以需定产，能源结构的优质化对煤炭的开发和生产的挑战将继续存在。但2000年煤炭销量略有回升的迹象，随着库存被消纳，煤转电比例继续提高，煤炭的洁净利用技术也会促进煤炭的利用。预计煤炭生产在保证国内需求和增加出口的情况下，2005年达产13.0～13.5亿吨是有可能的。但要实现这样的目标，必须以提高煤炭的质量，即大大提高煤炭的入洗率，减少灰份和硫份，为用户提供质优品种对路的煤炭，来促进煤炭的销售。

表6　2005年一次能源需求预测

	常规方案	综合方案
一次能源总量　（亿吨标准煤）	14.9	14.0
其中：煤　炭　（亿吨）	14.0	12.1
原　油　（亿吨）	2.2	2.8
天然气　（亿立方米）	450	545
一次电力（亿千瓦时）	3300	3300

2．石油、天然气开发

石油和天然气的资源量为940亿吨和38万亿立米，其探明率较低，具有开发潜力，特别是天然气。但石油产量在2005年前不会有大幅度增产的可能，因为陆上东部油田已进入衰减期，稳产的难度大，近年虽然石油的新增储量有明显增加，但主要在西部的自然条件恶劣地区，勘探开发的难度大，短期内大幅度增产困难。按常规预测陆上的油产量在2005年为1.65亿吨左右。海上油田，现在已达1500～1600万吨，预计2000～2005年其产量只能维持1000～1500万吨左右。可以预计，石油供应对国际石油市场的依赖度会进一步提高，石油供应安全和石油储备问题将特别突出。天然气的开发潜力和开发条件比石油要好，主要受市场需求的制约，预计2005年产量在市场驱动下可生产450～500亿立方米。“西气东输”的一期工程“十五”建成，以及东海气田的开发，都将有效地增加东南沿海地区的天然气供应量。

3．电力工业发展

电力供应，未来的电源结构仍将以煤电为主，水电次之，核电有所发展，同时引进的液化天然气（LNG）有可能在东南沿海地区建成发电。虽然

"九五"初期，电力市场销量增长幅度下降，但应看到我国目前用电水平较低，人均年用电量仅900多千瓦时，还有3000多万人口的农村用电市场尚待开发，市场仍有很大潜力。随着我国工业化水平和人民生活质量的进一步提高，以及电力市场消费政策的调整和城乡配电网改造的完成，预计在"十五"期间电力消费的增长会超过5%,。电力供应是以产需平衡为特征的，"十五"末期发电量为1.72万亿千瓦时。届时宏伟的三峡电站机组将陆续投产发电，"九五"新建的660万千瓦的核电也将建成发电。全国发电装机总容量达3.5亿千瓦，其中水电装机9000万千瓦，核电870万千瓦，风电等120万千瓦，天然气发电200～300万千瓦。

(执笔:吴钟瑚)

专栏3.3　电子及通信设备制造业迅猛发展

90年代以来，随着全球信息化时代步伐，我国电子及通信设备制造业得到迅猛发展，成为支撑经济增长的一支不可忽视的力量。其主要特点是：

一、电子及通信产品生产增长速度最快。1990年，我国的电子及通信设备制造业完成工业总产值（不变价格）为668亿元，到1999年该行业总产值达8189亿元，平均每年递增32.1%，远远高于同时期全部工业年均增长14.2%的速度。在工业经济40个大类行业中，电子及通信设备制造业是发展速度最快的行业。其中，电子计算机和交换设备制造业表现更为突出。1999年与1990年相比，电子计算机及外部设备生产年平均增长54.6%，在整个电子及通信设备制造业中所占比重由4.4%上升为18.1%；交换设备制造业年均增长52.3%，所占比重由2.4%上升为8.6%。而比较传统的电视机、录像机、摄像机以及收、录音机制造业的生产增长相对较慢，在大行业比重由1990年的41.8%下降为1999年的28%。2000年，电子及通信设备制造业总产值增长27.9%，增速快于全国12.3个百分点，仍高居工业各行业首位。

二、产出和销售总规模跃居工业各行业之首。1999年，电子及通信设备制造业总产出为5831亿元，实现销售额为5573亿元，超过了纺织、化工、冶金、电力等传统产业，产出和销售总量列工业各行业首位，成为工业经济的第一支柱。而1990年该行业在工业各行业中的排位仅为第9位。生产规模的迅速扩大，使其在全部工业中的比重由1990年的3.1%上升为1999年的8%。2000年，电子及通信设备制造业实现销售额7148亿元，超出列行业第二位的电力工业738亿元，占工业比重进一步上升为8.7%。

三、对经济增长的贡献最大。由于电子及通信设备制造业的快速成长，对整个工业增长的贡献明显提高。据测算，2000年在工业增长11.4%中，电子及通信设备制造业约拉动2.4个百分点，贡献率为20%，远远超过了其他行业对经济增长的贡献。

四、行业盈利状况位居前列。1999年，电子及通信设备制造业实现利润总额307.5亿元，占全部工业利润的13.4%，成为工业行业第一利润大户，并首次超过了电力行业（305.2亿元）盈利额。而1990年，该行业利润总额为22.9亿元，占全部工业利润比重仅为4.1%，列在电力（75.9亿元）、化工（75.8亿元）、冶金（71.4亿元）、交通运输设备制造（32.6亿元）、纺织（29.9亿元）、电气机械制造（29亿元）、化纤（28亿元）和食品（27.7亿元）之后的第九位。2000年，由于原油价格的大幅度上涨，原油开采业实现利润总额1103亿元，比上年净增807亿元，成为盈利第一大行业。电子及通信设备制造业实现利润459亿元，列第二位。需要指出的是，由于电子及通信设备制造业技术进步快、更新快，大部分产品价格呈下降趋势。据测算，2000年与1990年相比，该行业产品价格平均下降近20%，而同时期整个工业品价格约上升18%。

作为信息产业重要组成部分的电子及通信设备制造业迅速崛起，对于我国经济和社会发展有着极为广泛和深远的意义。首先，它符合了当今世界发展的潮流。信息革命浪潮正在席卷全球，信息产品和信息技术的蓬勃兴起，迅速改变着人类的生产和生活方式。第二，它促进了经济结构的调整和产业优化升级。多年以来，我国工业一直是纺织、冶金、化工、建材、煤炭及食品等传统行业所主导，特别经过80年代和90年代中前期发展，上述行业都不同程度存在着生产能力和产品过剩，导致企业间过度竞争、产品价格下降，经济效益呈现不断下滑的局面，国家不得不采取措施，大力压缩和淘汰不良生产能力。信息产业的迅速崛起，不仅打破了传统的行业生产格局，同时也为其他行业和领域提供了先进的技术装备，促进了整体产业结构优化升级的进程。第三，它将是今后一个时期支撑经济增长的重要力量。从全球范围看，我国的信息化水平还很低，目前我国互联网用户只占全部人口的2%左右，远远落后于美国的45%、韩国的21%和日本的15.5%。即使在城镇，每百户居民家庭中拥有移动电话仅为7.14台，拥有计算机数量更少。由此可见，我国的信息产品市场有着巨大的需求空间，而这种空间是其他传统行业可望而不可及的。这也预示着信息产业必将继续成为今后一个时期推动经济发展的主导力量。

（执笔：张卫华）

固定资产投资与建筑业

“九五”时期固定资产投资完成情况

“九五”期间我国遭遇了百年不遇的洪涝灾害，经历了波及全球的亚洲金融风暴，也出现了机构、体制改革过程中国内一部分人员下岗分流等社会问题。党中央、国务院及时作出英明决策，采取了一系列有力的措施，成功地克服了困难，保持了较高的经济增长速度。在这一过程中，投资作为主要宏观调控手段，为确保 GDP 的较高增长速度发挥了积极有效的作用，同时也为我国在“十五”时期保持国民经济持续、快速、健康发展奠定了良好的基础。

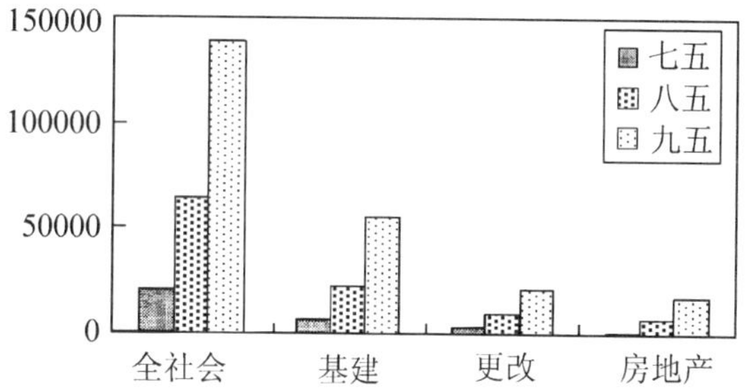

图 1 “七五”至“九五”时期按管理渠道划分的投资情况（单位：亿元）

一、“九五”时期固定资产投资规模及在宏观调控中的作用

（一）“九五”时期投资规模

“九五”时期全社会固定资产投资完成 138734.5 亿元，与“八五”时期相比，增长 117.4%，完成“九五”计划的 106.7%，“九五”期间各年增长速度分别为：14.8%、8.8%、13.9%、5.1% 和 9.3%。

“九五”时期全社会投资年平均增长速度为 11.1%，其增长速度与“六五”时期的 19.4%、“七五”时期的 16.5%、“八五”时期的 36.9% 相比，是改革开放以来最低的一个时期。投资低速增长一方面是国际经济环境变化、国内买方市场形成，市场有效需求不足造成的；另一方面是随着市场机制的逐步确定，投资饥渴症得到抑制，投资者的投资行为趋于理性化，开始注重效益所致，从这方面看应该说是一个可喜的变化。

分管理渠道看，“九五”时期基建投资 56075 亿元、更新改造 21616 亿元，房地产开发投资 19014 亿元，年均增长速度分别为：12.3%、9.0% 和 9.3%。基建、更改和房地产投资占全社会投资的比重依次为 40.4%、15.6% 和 13.7%，与“八五”时期的 37%、17.1% 和 13.6% 相比，更改投资比重下降，房地产投资比重基本不变，基建投资增长最快。

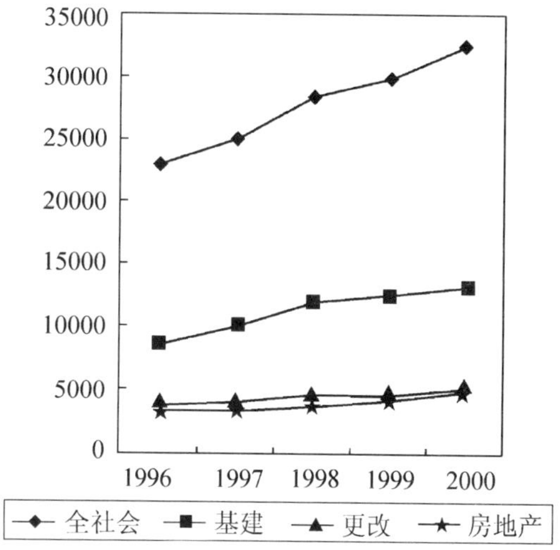

图 2 “九五”时期各年度按管理渠道划分的投资情况（单位：亿元）

（二）“九五”时期投资在宏观调控中的作用显著

1. 积极的财政政策确保了经济的高速增长

“九五”期间面对洪涝灾害、亚洲金融风暴的严峻考验和有效需求不足的问题，为继续保持经济平稳增长，国家实施了积极的财政政策。1998 年、1999 年和 2000 年，国家共发行了 3600 亿元国债资金。主要用于基础设施项目、重大项目装备国产化和高技术产业化、环保与生态建设以及科技教育等基础设施及西部开发等方面的支出。直接带动地方、部门、企业投入配套资金和银行安排贷款 7500 亿元。

国债资金的投入，扩大了有效的投资需求，大大改善了基础设施状况，也给了中西部地区以积极的扶持，为支撑经济的稳步回升起到了重要作用。

经国家统计局及发展计划委员会的测算，1998年投资对经济增长的贡献率达到61%，拉动当年GDP增长4.7%，这其中由于1000亿元国债资金的注入，带动经济增长1.5个百分点。

1999年第二季度GDP增长出现下降趋势，对此，党中央和国务院采取果断措施及时出台了包括增发国债、提高中低收入阶层收入水平、提高出口退税率等一系列措施在内的综合对策，抑制了经济增长明显放慢的势头，保持了经济的平稳增长，全年GDP增长速度仍达到7.1%。当年发行国债1100亿元，带动经济增长2个百分点。

2000年党中央、国务院继续实施积极的财政政策，发行国债1500亿元，投资增长速度比上年高出2.2个百分点，达到9.3%的较高增幅，经初步测算，带动经济增长1.7个百分点。可以说，从2000年上半年国民经济开始出现的重大转机，增发国债、扩大投资起了不可低估的作用。

2. 西部大开发战略开始实施

“九五”后期，随着西部大开发战略的贯彻实施，国家在资金安排、项目审批等方面注意向中西部倾斜，使西部地区基础设施投资增长速度逐年加快，其投资占全国的比重不断上升。以2000年为例，西部地区投资3943亿元，增长14.4%，高于全国平均速度5.1个百分点，分别比东中部地区投资增速快6.1和0.6个百分点。

2000年国家开始启动西部地区十大工程，这十大工程分别为：西安至南京铁路西安到合肥段、重庆至怀化铁路、西部公路建设、西部地区机场建设、重庆市高架轻轨交通、柴达木盆地涩北－西宁－兰州天然气输气管道、四川紫坪铺和宁夏黄河沙坡头水利枢纽、中西部退耕还林(草)和生态建设及种苗工程、青海钾肥工程和西部高校基础设施建设。

具有战略意义的西电东送、西气东输、南水北调、青藏铁路等工程有的已经启动，有的即将启动。其中“西气东输”作为仅次于三峡工程的又一个千亿元级的巨型基础设施工程，投资巨大，对西部开发具有重要的意义。

上述政策的实施，将在西部形成巨大投资，并大大改变西部的投资环境，并将为国内外投资者提供诸多投资机会，从而吸引国内外资金流入西部，把西部丰富的资源变成现实的经济效益，以促进西部的经济发展。

二、“九五”时期投资结构的变化

（一）从经济类型看：国有、集体投资比重下降，个体投资比重上升

“九五”时期前四年国有经济完成投资56415亿元，比“八五”时期增长49.8%；集体经济投资16033.2亿元，比“八五”时期增长53.8%；个体经济投资14580.7亿元，比“八五”时期增长73.3%。“九五”时期国有、集体和个体投资比重分别为53.2%、15.1%和13.7%，而“八五”时期分别为59.0%、16.3%和13.2%。国有、集体经济的比重分别下降5.8和1.2个百分点，个体投资增加0.5个百分点，虽然个体投资增长的幅度最大，但国有经济依然占主导地位。

表1　按经济类型分的固定资产投资比较　　单位：亿元

	国有投资		集体投资		个体投资	
	投资额	比重%	投资额	比重%	投资额	比重%
“八五”时期	37651.6	59.0	10422.8	16.3	8411.9	13.2
“九五”前四年	56415.0	53.2	16033.2	15.1	14580.7	13.7

（二）从资金来源看：自筹及国内贷款占据主体地位

“九五”时期前四年国家投资4372.15亿元、国内贷款20625.06亿元、利用外资10054.3亿元、自筹及其他72038.3亿元，所占比重分别为4.12%、19.4%、9.5%和67.9%。与“八五”时期相比，只有国内贷款所占比重下降3.3个百分点，其他依次分别增长0.5、0.6、3.2个百分点，自筹及其他投资所占比重最大，增长最快，已成为最重要的投资资金来源。

（三）分三次产业看：第三产业投资比重占六成

“九五”时期前四年第一产业3010.3亿元、第二产业38581.8亿元、第三产业64889.7亿元。三次产业所占比重分别为2.8%、36.4%和61.2%；第三产业投资占据很大优势。

表2 全社会固定资产资金来源的比较

单位:亿元

	国家投资		国内贷款		利用外资		自筹及其他	
	绝对值	比重(%)	绝对值	比重(%)	绝对值	比重(%)	绝对值	比重(%)
"八五"时期	2362.18	3.6	14797.12	22.7	5806.67	8.9	42132.9	64.7
"九五"前四年	4372.15	4.1	20625.06	19.4	10054.3	9.5	72038.3	67.9

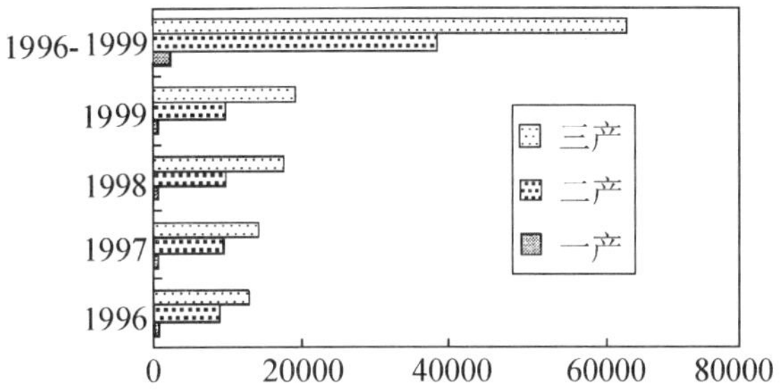

图3 "九五"时期前四年分三次产业投资(单位:亿元)

(四)能源、交通、农业、电子等重点行业投资情况

"九五"时期国有经济中能源投资11158.57亿元、交通10380.36亿元、农业838.58亿元、电子232.51亿元,占国有经济投资56415.03亿元的比重依次为19.8%、18.4%、1.5%和0.4%,而在"八五"时期相应的比重为20.5%、13.4%、1.3%和0.8%。从中可以看出交通和农业的投资力度有所加强,比重有所上升。

表3 国有投资中重点行业投资

单位:亿元、%

	能源投资	交通投资	农业投资	电子投资
"八五"时期所占比重	20.5	13.4	1.3	0.8
"九五"前四年投资额	11158.57	10380.36	838.58	232.51
所占比重	19.8	18.4	1.5	0.4

我国电子通信产品制造业总产值首次突破1万亿元,成为制造业中最大的产业,固定电话网和移动电话网规模均位居世界第二。

(五)"九五"时期前四年从地区结构看:西部地区投资比重上升、东部地区投资比重下降、中部地区基本持平

"九五"时期东部地区完成64357.43亿元、中部地区23590.77亿元、西部地区14897.38亿元;占全社会投资的比重分别为60.6%、22.2%和14.0%;而"八五"时期其比重是62.7%、21.4%和12.5%。西、中部地区的投资力度确实应该加强,以消除投资在地域上的不均衡。

三、"九五"时期的固定资产投资效果

(一)重大项目进展顺利,投产项目大大改善了基础设施状况

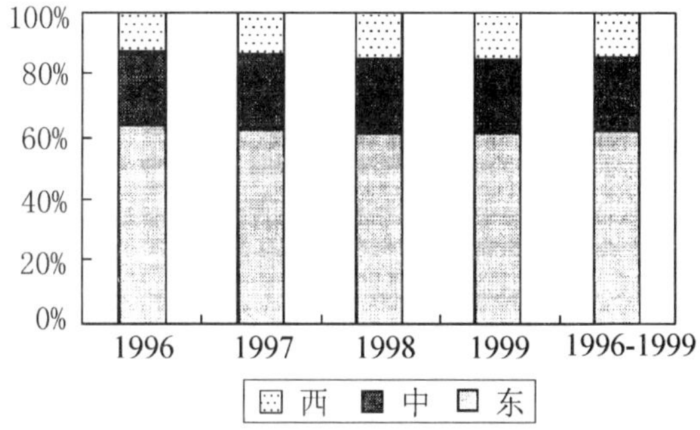

图4 "九五"时期前四年东、中、西部地区投资结构

"九五"时期,除了原来已经安排的重点建设项目以外,随后增加的国债项目更加强了农林水利、交通通信、城市基础设施和城乡电网改造等基础设施的建设,建成了一大批重大项目,使基础设施建设取得突破性进展:

1.国家明显加大了对农业和水利建设的投资力度。中央直属储备粮库现已建成仓容517亿斤。我国最大的两项水利工程——长江三峡工程和黄河小浪底工程都实现了截流并进入施工高峰,其中小浪底工程已经发电,三峡工程也将如期在2003年发电。对鄱阳湖、洪湖、太湖和淮河进行了综合治理建设。2000年世界最大的抽水蓄能电站——广州蓄能水电站竣工。几年来,共加固大江大河大湖堤防1.64万公里,在长江沿岸移民建镇120万人,增加行蓄洪面积1400多平方公里,有效增强了抗洪涝灾害的能力。

2.有针对性地加强农村电网改造,解决输变电方面的问题、缓解瓶颈的制约。农村电网建设与改造,改变了农村电网布局不合理、技术装备落后和

网架结构薄弱的状况，有效降低了变损、线损，农村供电质量明显提高，减轻了农民负担。

3. 依照“九五”规划，交通运输业也取得了重大成就。“九五”期间我国重点建设项目——南昆铁路、京九铁路全线通过竣工验收，其中南昆铁路总投资191亿元，全长899.7公里是我国复杂地质艰险山区修建的大能力电气化线路；京九铁路全长2553公里，规模大、投资多而且是一次建成线路最长的铁路。全长1262公里，投资393亿元的我国第一条国道主干线京沪高速公路全线贯通。

4. “九五”时期基本实现以“八纵八横”光缆为主体的省际干线传输网的建设，数字微波和卫星通信也有了长足的发展。兰西拉光缆通信干线正式开通并投入使用，工程总投资6.12亿元。

5. 首都机场航站楼已经竣工，共完成投资额87亿元，总建筑面积56万平方米，年输送旅客由原来的870万人次提高到2630万人次，增加了2倍。南昌昌北机场、乌鲁木齐机场、昆明巫家坝机场等机场建成投产，极大地改善了交通运输条件。

(二)“九五”时期新增主要生产能力：原煤开采9607万吨，大中型发电机组容量9418万千瓦，天然原油开采5895万吨，天然气开采146亿立方米，新建铁路主线正线交付运营里程6140公里，增建成铁路复线交付运营里程4365公里，新扩建万吨级港口码头年吞吐量22588万吨，高速公路11449公里。

“九五”时期前四年累计基本建设新增主要产品生产能力如下：铁矿开采1605万吨，生铁260万吨，炼钢633万吨，铜选矿处理原矿147万吨，原煤开采8012万吨，合成氨271万吨，化肥467万吨，塑料1016108吨，轮胎外胎709万条，发电机组容量7534万千瓦，其中火电5205万千瓦，水电2272万千瓦，汽车制造454059辆，胶合板30万立方米，水泥2664万吨，化学纤维573507吨，棉纺锭19万锭，年处理机制糖24万吨，日处理机制糖19406吨，原盐43万吨，机制纸及纸板215万吨，皮鞋1477万双，日用陶瓷2997万件，新(扩)建港口码头396个，新建公路56655公里，改建公路92060公里，商业石油库144万立方米，物资储备石油库35万立方米，粮食仓库494万平方米，1692543万公斤，高等院校学生席位526654个，医院病床床位251179张。

发行国债以来，新增城市日供水能力1887万吨、日污水处理能力824万吨、日垃圾处理能力31317吨、城市道路1308公里，城市基础设施的承载能力大大提高，城市面貌发生巨大变化。

(三)房地产投资步步走高，在投资增长中扮演重要角色。“九五”期间房地产投资19014.24亿元，比“八五”时期增长118.4%。“九五”前四年施工面积975849.4万平方米、其中住宅654344.7万平方米；竣工面积687168.3万平方米、其中住宅510183万平方米。

城乡居民的居住条件有所改善，城镇人均居住面积由1995年底的8.1平方米增加到2000年的10平方米，农村人均居住面积由1995年21平方米增加到2000年的25平方米。

“九五”时期前四年住宅投资达24021.81亿元，比“八五”时期增长66.8%。“九五”时期前四年年均增长速度9.8%，比“八五”时期的年均增长速度回落22.1个百分点。

住房逐步成为居民消费热点，个人购买商品住宅的支出增长50.6%，占全部商品住宅销售额的84.8%。

(四)“九五”期间前四年累计新增固定资产86454.98亿元，固定资产交付使用率81.5%。

四、“九五”时期投资领域存在的主要问题

1. 更新改造建设投资增长速度回落，比重直线下降。“九五”期间，更改投资年平均增长9.0%，“八五”时期，年均增长速度是31.8%，“九五”时期比“八五”年均增长速度回落22.8个百分点。“七五”、“八五”和“九五”时期固定资产投资按管理渠道分：更新改造投资的比重由19.3%、17.1%回落到16.5%，而基建投资比重从35.7%、37.0%上升到40.4%。说明固定资产投资仍然是以外延扩张为主，投资增长方式应进一步下气力转变为以内涵为主、以结构调整为主、以追求效益为主。

2. 工业投资比重下降。1991年至1998年工业固定资产投资逐年增长，1999年工业投资9195.67亿元，下降2.7%。过去，工业投资曾占国有及其他经济类型投资总量的40%以上，近年来受市场需求不足等因素的制约及有关政策的影响，投资比重逐步转为下降态势。1996年至2000年工业累计投资44659.27亿元，比重比“八五”时期下降5%，工业投资比重下降将影响今后经济增长的后劲。

3. 投资增长过度依赖国债的发行，其他投资尚未有效带动。发放国债的初衷不仅在基础设施建设上加大投资力度，而且目标在于带动其他社会投

专栏 4.1 西康铁路

2001年1月8日，国家"九五"重点工程——西安到安康的铁路全线正式通车，这是铁路建设者在新世纪奉献给西部大开发的一份厚礼，沉睡的秦岭山区为之沸腾了。为解决长久以来西部地区运能与运力的矛盾，1992年党中央、国务院作出加快西康铁路建设的战略决策。1996年12月，西康铁路全线正式开工。西康线自陇海铁路西安枢纽，向南跨灞河，沿产河，经引镇、青岔，翻越秦岭后顺干佑河南下，经柞水、镇安、旬阳，在襄渝铁路吕河车站接轨，并增建二线，引入安康东编组站，途经陕西七个县市，正线全长268公里，总投资102亿元。

西康铁路设计为Ⅰ级单线电气化铁路，预留双线条件。该线主要通过渭河平原区和秦岭山区。秦岭地区地质构造十分复杂，全线通过9条区域性断层，72条一般断层，主要不良地质和特殊地质有滑坡、湿陷性黄土、活动性断层、高地震区、岩溶等，工程的艰巨可想而知。经过全体设计、施工人员的共同努力，建隧道97座，桥梁160公里，成功克服了这一难题。其中的秦岭隧道被誉为"中国第一长隧"。

西康铁路开创了我国铁路建设史上多项之最：隧道长度之最，秦岭隧道居亚洲第三、世界第六；桥隧比之最，6个施工段的桥隧比达90%以上；在我国铁路建设史上第一次使用GPS全球定位系统进行秦岭长隧的控制测量；第一次应用V5大地电磁测深仪进行勘测；第一次使用全断面敞开式掘进机施工。

西康铁路建成后，形成近期1500万吨/年，远期2000万吨/年，日通过8对旅客列车的运输能力，有效地分流宝成铁路的运量，而且比宝成铁路进出渝的路程缩短583公里。在路网布局上，形成连结包头、延安、西安、重庆、贵阳的又一条南北铁路大干线，对解决北煤南运、开发陕西煤田和沿线矿产资源、发展西北地区的工农业生产都具有十分重要的意义。

（执笔：付睿敏）

资，主要是调动企业的投资积极性。为此国家采取了取消固定资产投资方向调节税，开始发放个人投资消费品贷款和实行有利于高新技术产业发展的新的融资方式，但是市场供过于求，产品价格下跌，投资的利润率下降，企业对未来缺乏信心，再加上自有资金不足，从而引起投资需求不足，投资增长对国债的依赖加重，其他投资尚未有效带动。

4.项目储备不足。1999年，全国新开工项目个数97655个，比上年减少了5221个；新开工项目占施工项目个数的比重由上年的64.6%下降到60.4%。这种态势对今后一个时期保持一定的投资规模和增长幅度将产生不良影响，这与当前没有真正形成新的消费热点有关，大部分企业选择投资项目时没有明确的目标。项目储备是投资的重要支撑点，而支柱产业确立又是项目储备的基础。

五、对"十五"时期固定资产投资的政策建议

"十五"时期，为进一步发挥投资对经济增长的重要拉动作用，需要做到：

1.继续坚持积极的财政政策，确保经济高增长。鉴于其他投资尚不能有效带动，积极的财政政策在今后仍有必要坚持。增发的国债主要用于加快已有国债投资项目的竣工投产，尽快发挥效应；用于增加技术改造贴息，更好地发挥财政资金对社会的带动作用；用于加大广大农村地区和中西部地区基础设施的投入力度。还要进一步加强对国债资金使用的追踪检查监督，努力提高国债使用效益。

2.加大"西部大开发"战略的实施力度，促进西部地区快速发展。西部投资在全国的增长速度虽然上升，但西部投资比重在全国还是最低的，需要多方引进和加大西部开发的投资力度。

3.继续加强基础设施，特别是农村基础设施建设力度，促进城乡一体化。"十五"期间基础设施仍然是建设重点，尤其要高质量地完成农村基础设施建设，要适当增加国家对改造农村电网、水利、道路等基础设施的投入力度，采取有效措施，加快农村基础设施建设，实现城乡一体化，减轻农民负担，改善农民生活条件。

4.加快投融资体制改革步伐。"九五"期间投融资体制改革力度不大,步伐不快,"十五"期间要结合经济结构的调整,以政企分开为突破口,明确企业投资主体,转变政府职能,划分政府、企业各自的投资范围与责任,规范政府投资行为,建立风险约束机制。建立适应市场经济的投融资体制。

5.加大工业投资特别是技术改造投资力度。工业投资、技改投资增长缓慢,比重下降趋势必须扭转。要在政策上倾斜,引导企业进行技术改造,加大投入力度,把技术开发与技术引进紧密结合起来,切实提高投资的技术含量,在开发的基础上引进,在引进的基础上创新,真正用高新技术来改造传统的产业,特别是传统工业部门。

6. 提高投资效益。当前我国固定资产投资的使用效益不高,并存在着重复建设、盲目建设,因此必须注重提高投资效益。

(执笔:高毅)

“九五”时期房地产业蓬勃发展

“九五”期间,全国房地产开发成为固定资产投资增长的主要力量,也是国民经济持续增长的重要因素。

“九五”期间,房地产开发呈现出以下特征:一是房地产开发总量明显扩张,全国房地产业综合景气水平稳步回升;二是房地产投资结构进一步改善,经济适用房成为商品住宅的重要组成部分;三是土地开发的过快增长有所缓解,商品房销售持续升温,商品房销售价格保持稳中趋升的走势;四是城镇住房制度改革取得突破性进展,福利性分房的传统模式已经退出历史舞台;五是全面建立了住房公积金制度。目前,全国住房公积金归集总额已经突破2000亿元,各省、自治区、直辖市和绝大部分城市都已经出台和实施了住房分配货币化方案;六是国家对房地产市场的宏观调控力度不断加强,房地产交易二级市场逐步开放,房地产市场的管理逐步规范化。国家压缩空置面积和平抑房地产价格过快增长的各项措施初见成效。

“九五”期间房地产开发投资的发展避免了“八五”期间大起大落的过程,增长速度虽然低于“八五”期间的水平,但波动幅度明显趋缓,特别是1998年以后,房地产开发出现了良好的运行态势。随着我国即将加入世界贸易组织以及住房制度改革的进一步深化,房地产开发业面临着前所未有的发展机遇,“十五”期间的房地产业将继续保持快速增长。

一、“九五”期间房地产开发投资的基本情况

1. 投资规模

“九五”期间房地产开发投资累计完成19014.2亿元,比“八五”时期增长118.4%。其中商品住宅累计完成投资1.1万亿元,比“八五”期间增长68%。“九五”时期房地产开发投资占同期固定资产投资的比重是13.7%,比“八五”时期增加0.1个百分点。其中:1996～1997年,由于前两年房地产开发过热,造成商品房空置面积大量增加,销售价格居高不下,商品房的供应规模偏大。同时,城市住房制度改革滞后,国有企业经济效益下降,社会有效需求不足。房地产开发投资的增长速度明显下降,1997年甚至还出现了负增长。1998～2000年,国家提出把住宅建设培育成国民经济新的增长点,启动了经济适用房建设计划,城镇住房制度改革也取得实质性进展,国有企业“脱困”取得成效,房地产开发的景气程度明显回升。房地产开发投资的增长逐步加快,其中,2000年的增长幅度达到19.5%,是“九五”期间的最高增幅。

“九五”期间房地产开发完成投资情况

指标 \ 年份	1996	1997	1998	1999	2000
房地产开发完成投资(亿元)	3216.4	3178.4	3614.2	4103.2	4901.7
其中:商品住宅	1669.2	1539.4	2081.6	2638.5	3318.7
房地产开发完成投资比上年同期增长(%)	2.1	-1.2	13.7	13.5	19.5
房地产开发完成投资占全社会固定资产投资比重(%)	14.0	12.6	12.7	13.7	15.0

“九五”期间房地产开发投资结构继续得到改善。分地区看，东部地区房地产开发投资继续保持快速增长，中西部地区投资规模稳步扩大，占全部房地产开发投资的比重有所提高；分物业看，商品住宅的投资比重明显增加，商业营业用房和办公楼的投资比重有所下降。在个人购买成为商品房消费市场主体的情况下，这种变化将有利于房地产开发的进一步发展。“九五”期间，累计完成商品住宅投资 1.1 万亿元，完成办公楼投资 1960.3 亿元，商业营业用房 2402.5 亿元，所占比重分别为 57.9%、10.3%、和 12.6% 。

“九五”期间，房地产开发企业的规模与效益同步稳定增长，房地产开发规模基本适应市场的有效需求，基本扭转了“八五”期间粗放型的生产特征。“九五”期间，房地产开发合计新开工面积达到 9.8 亿平方米，与“八五”时期相比增长了 36.1%；商品房竣工面积达到 9.3 亿平方米，与“八五”同期相比增长 72.2%，总量明显扩大。由于国家在此期间加强了对土地使用的管理，尤其是在《土地管理法》颁布以后，盲目进行土地开发行为得到有效控制。“九五”期间，商品房累计完成土地开发面积 4.2 亿平方米，而“八五”时期土地开发面积达到 12.4 亿平方米，几乎是“九五”时期的 3 倍。“九五”与“八五”期间房地产开发主要指标如图 1 所示：

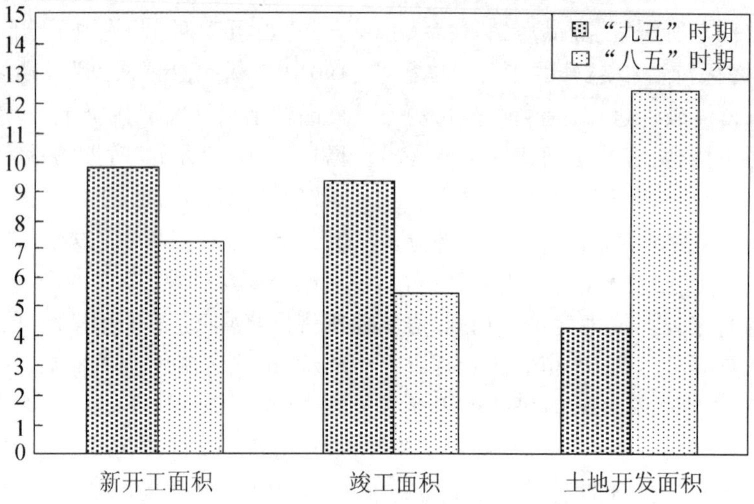

图 1　“九五”与“八五”期间房地产开发主要指标(单位:亿平方米)

2. 商品房销售情况

“九五”期间，商品房销售增速明显加快，尤其是“九五”后两年，商品房销售面积的大幅增长成为拉动全国房地产开发业景气水平的主要动力。“九五”期间，全国累计销售商品房 6.07 亿平方米，比“八五”期间增加 3.19 亿平方米。其中，销售商品住宅 5.37 亿平方米，是“八五”期间的 2.1 倍。2000 年，商品住宅销售面积达到 1.51 亿平方米，其中个人购买面积为 1.32 亿平方米，占商品房销售面积的 87.4%，而“八五”末期 1995 年个人购买商品住宅的比重仅为 53.1 %。“九五”期间，商品房销售额合计为 1.23 亿元，是“八五”期间的 3.4 倍。

进入 90 年代，商品房销售价格保持逐年上升的势头(见图 2)。“九五”期间的销售价格趋于平稳，但整体水平仍然偏高。1996 年商品房销售价格为 1806 元/平方米，2000 年商品房平均销售价格达到 2103 元/平方米，同期每平方米商品房的竣工价值为 1367 元，是商品房平均销售价格的 65%。分物业看，商品住宅销售价格为 1952 元/平方米，而办公楼和商业营业用房的价格分别高达 4438 元/平方米和 3321 元/平方米。分地区看，东部地区的商品房价格明显高于中西部地区，而北京、上海和广东成为全国房价最贵的地区。

“九五”期间，商品房空置面积的绝对量仍然偏大，但增长幅度得到控制。2000 年底，全国累计商品房空置面积相当于当年竣工商品房屋面积的 40%。其中空置一年以上的商品房接近 5000 万平方米，空置商品住宅占全部空置面积的比重为 69%。由于国家加大了对商品房空置面积的消化力度，出台了一系列优惠措施控制空置面积的增长，各地也做了大量卓有成效的工作，空置面积的增长幅度由 1996 年的 11.5% 回落到 2000 年的 6.4%。

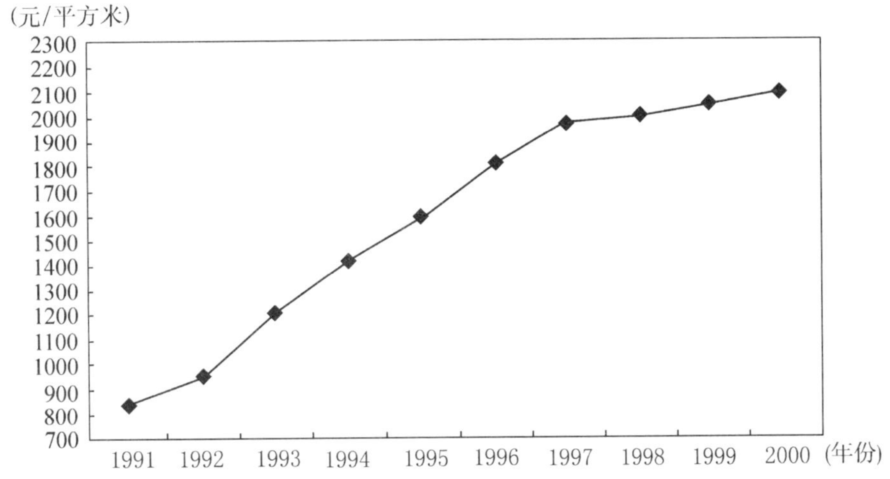

图 2 1991 年以来商品销售房销售价格走势图

二、"九五"期间房地产开发业快速发展的成因

我国的房地产业经过近 20 年的发展，已经成为一个独立的行业，在国民经济体系中扮演着越来越重要的角色。"九五"期间，房地产业能够稳定、快速增长，主要有以下几方面原因：

1. 住房制度改革是促进房地产业快速发展的根本原因。国务院在 1998 年发布了《关于进一步深化城镇住房制度改革，加快住房建设》的通知，明确了"九五"后几年的改革指导思想为：稳步推进住房商品化、社会化，逐步建立适应社会主义市场经济体制和我国国情的城镇住房新制度；加快住房建设，促使住宅业成为新的经济增长点，不断满足城镇居民日益增长的住房需求。国家确立的住房分配货币化，发展住房金融，培育和规范住房交易市场的宏观目标已经基本实现。尤其是在全国范围内停止实物分房的决定出台后，房地产市场的供求关系发生了本质性转变，个人购房已经取代集团购买成为市场消费的主体。国家为了促进这种转变的顺利进行，积极推进住房货币化分配方案和住房信贷政策的调整，居民申请购房贷款的手续大大简化，增强了普通消费者的购房信心。个人购买商品房的快速发展，为房地产开发商带来直接的市场信息，大量符合居民需求的商品住宅不断投放市场。国家为了照顾低收入阶层的住房需求，不断加大经济适用房的建设力度，仅在 2000 年，经济适用房的施工面积就达到近 2 亿平方米，计划总投资 1800 亿元，已经成为商品住宅的主要组成部分。经济适用房在推动商品住宅销售与抑制房价的过快增长方面起到积极作用。

2. 国家为扶持房地产业的发展，采取了一系列宏观调控措施，把房地产业作为国民经济新的增长点来培育，为房地产业的健康发展提供了新的机遇。近几年来，国家不断实施积极的财政政策和稳健的货币政策，放宽对房地产企业开发贷款的规模限制，金融机构对房地产开发的扶持力度逐渐加大。"九五"期间，国家为房地产开发投入大量资金支持，国家预算内资金累计近 40 亿元，尤其是国家在 1998 年以后通过国债形式对住宅建设提供了支持，5 年合计发放国内贷款 5422 亿元，明显高于"八五"时期。

3."九五"期间，国家加大了对国有土地资源的管理力度，土地盲目开发和炒买炒卖现象得到有效控制，保障了房地产业的健康发展。近两年来，国家为保证土地的占补平衡，实行建设用地项目补充耕地与土地开发整理项目挂钩制度，国土资源审批会审制度，建立和推进土地出让招标拍卖制度和土地登记公开查询制度等，使土地开发面积的增势有所减弱。出现了房地产业快速增长的同时，土地开发面积明显低于"八五"时期的良好势头。

三、"九五"期间房地产开发业存在的主要问题

1. 商品住宅销售价格仍然偏高，经济适用房建设亟待规范。"九五"期间，全国商品房平均销售价格在 1900 元/平方米左右的水平波动，房地产平均价格水平总体上呈现稳定攀升的走势。2000

年，全国商品房平均销售价格为 2103 元/平方米，每平方米商品住宅平均销售价格为 1952 元，按此测算：购买一套 60 平方米的住宅，需要支付近 12 万元。而 1999 年全国城镇居民家庭人均可支配收入是 5854 元，这就意味着如果一个三口之家把全部可支配收入全部用于购房也需要近 7 年的时间，明显高于国际标准。北京、广东和上海的房价更是远远高于全国平均水平。

房价偏高的主要原因，主要是土地开发费和各种收费、摊派仍然维持在较高的水平，特别是土地开发成本居高不下。国际上土地开发费用占房价的比重一般为 5%左右，而中国房地产开发业远远高出这一比重，平均为 30%左右，部分地区甚至达到了 50%。同时，土地转让中的炒买炒卖行为，也破坏了土地交易市场的正常秩序。有些地方政府开办的房地产开发公司，可以通过政府的无偿划拨得到区位良好的土地资源，但这些企业不进行正常的开发经营，而是通过提高价格转手给其他房地产开发企业，加价的幅度在房价的比重最高可以达到 20%左右。

“九五”期间，国家大规模兴建经济适用房的主要目的是实现中、低收入阶层改善住房条件的目标，但经济适用房在实施过程中仍存在一些问题，表现为经济适用房的上限价格普通百姓仍难以承受，非中、低收入阶层购买经济适用房的现象比较普遍。此外，经济适用房还存在计划与实施之间的脱节问题，部分地区在组织实施经济适用房的建设过程中缺乏强有力地监督检查措施，也没有按照国家的要求做好计划的分解、落实和项目的跟踪管理。

2. 商品房空置面积的增长虽然得到一定控制，但空置总量依旧偏大。“九五”期间，国务院非常重视消化空置面积的工作，出台的一系列优惠政策对减缓空置面积的增幅起到关键作用，但空置面积绝对量依旧是限制房地产开发良性发展的消极因素。2000 年底，全国商品房空置面积净增 678 万平方米，比上年增长 6.4%，其中空置商品住宅所占的比重接近 70%。大量空置面积的存在，不仅占用大量的开发资金，而且浪费了土地资源。初步分析，近几年商品房空置面积存量较大除了商品房供应总量偏大的因素以外，还包括如下原因：

(1)房改政策难以很快达到预期目标。部分城市住房分配货币化方案尚未出台，已经出台方案的城市货币补贴到位情况也不够理想，直接影响了个人购房的全面启动；在 35 个大中城市中，有近一半城市的住房二级市场尚未开放，已开放的城市有关政策不尽合理，使潜在的住房需求难以实现。

(2)房地产开发投资企业投资决策失误，使商品房的供需结构脱节，影响了商品房的销售。受房地产开发企业规模与实力的限制，部分开发商开发的商品房项目在地域、用途、建筑结构、配套设施、周边环境等方面不符合市场消费需求，造成商品房的空置。

(3)商品住宅的工程质量不过关和物业管理水平不高的现象时有发生，严重影响了开发商的公众信用，也制约了消费者购房的积极性。

四、对“十五”期间发展房地产开发业的政策建议

“十五”期间，房地产业将面临着新的发展机遇：国家将继续采取积极的财政政策和稳健的货币政策，中央和地方各级政府高度重视住宅建设和住宅消费，将住宅作为重点产业来培育，这有利于房地产业的发展；其次是随着货币化分房的全面启动和房改资金的逐步到位，居民货币购房意识正在加强，将对住宅建设和住宅消费产生巨大的影响；我国即将加入世界贸易组织，这对房地产业来说，意味着将会有大量的外资企业及驻华机构涌入，将加大对写字楼和外销公寓的需求。同时，由于国外企业的进入，将使房地产开发商之间的竞争加剧，加速市场的优胜劣汰。我国房地产业结构的调整将在所难免；特别是目前我国的房地产中介市场呈现出规模小、从业人员经验不足等特征，必须进行规范。今后一段时间，我们应该加强以下几个方面工作。

1. 把保持住宅建设的稳定增长与消化商品房空置面积以及抑制房价过快增长的工作结合起来。我国已经把住宅建设作为拉动经济和扩大内需的结合点，保持住宅建设的速度是必要的。要充分利用西部大开发的契机，大力发展西部的住宅建设和房地产开发。但建设速度不能过快，快了就会带来负效应，表现为空置面积的增加和房价的上涨。因此，在保持住宅建设稳定增长的同时必须高度重视消化空置商品房和抑制房价上涨的工作。

“九五”期间空置商品房的类型主要有：房地产开发过热期产生的积压商品房，空置期一般较长；户型设计结构不合理或使用面积太小的新增商品

房;住宅配套不全,交通不便等因素形成的新增空置商品房。对积压商品房可采取分担损失的办法压价出售或拍卖出售,或者制定有效办法,实现以租待售的方式盘活部分空置积压房;对已无望出售的(包括停缓建商品房)可由政府主持转作他用或收回土地再卖,待取得收入后再部分补偿积压商品房的产权所有者;对新增空置的商品房应根据实际情况再适当增加投入,努力改善供应结构。商品住宅可改进户型结构、改善小区的居住环境,配合住房供应体系改革,直接转化为经济适用房或廉价屋,还可通过拆迁安置、旧城改造进行转化。空置量大的地区,要从严控制新开工商品房。

"九五"时期,商品住宅的销售价格在逐年上涨,使普通消费者的收入与商品房的销售价格之比明显高于国际平均水平,成为影响全面启动住宅消费的重要因素。降低商品房价格主要应该采取以下措施:规范土地转让和出让行为,杜绝土地的炒买炒卖;取消不合理收费、打破行业垄断,降低房地产开发成本;此外,房地产开发企业的利润也还有减少的空间。

2. 进一步深化住房制度改革,完善社会保障制度。"十五"期间,住房制度改革的重点首先是全面推进住房分配货币化工作,努力落实各项政策,保证补贴资金及时到位,增强居民的购买力;其次,要放开搞活二级市场。鼓励存量住房上市交易,同时,配合国家西部大开发和小城镇发展战略,努力拓展西部和中、小城镇住宅市场;此外,加快发展住宅金融改革。加入 WTO 之后,房地产信贷风险将会加大,金融监管的难度也会明显增加。国内房地产金融机构要充分利用对国情熟悉、与企业有长期密切关系、各种信息灵通等有利因素,积极研究对应之策;房地产金融管理机构要制定相应的政策,以规范竞争,逐步放开房地产金融市场,进一步完善房地产金融市场体系,建立我国房地产政策性金融机构。继续探索成立政策性城市住宅银行等专门的住宅金融机构,完善国有商业银行的住房金融信贷业务,简化手续,建立贷款激励机制等措施。

"十五"期间,设计和建立住房供应体系的目标应该是满足社会多层次的住房需求,必须保证中、低收入阶层也能享有适当住房。这就要求我们必须建立起一种兼顾公平与效率的住房社会保障制度。形成高收入阶层购买商品房,中、低收入购买经济适用房,最低收入者租用廉租房的住房供应体系。

经济适用房的发展应该与地方经济水平、居民收入状况与住房商品化的程度相协调,加强对经济适用房的管理,使其对中、低收入阶层来说,能够真正体现出社会保障的性质。作为社会保障体系重要组成部分的廉租房,要在确保建筑质量的前提下,确定必要的建设标准,通过租金减免政策等方式保证低收入家庭的最基本住房条件。1999 年 4 月,建设部出台《城镇廉租住房管理办法》,规定廉租房的来源主要是出资新建、出资购置、公房腾退和社会捐赠等形式。今后 5 年,廉租房的规划应该在此基础上,进一步拓宽思路,把市场选择与租金补贴结合起来,建立更加灵活的房屋供应方式。

3. 完善社会化的物业管理制度,开放公房交易市场。物业管理是我国近年来发展起来的一个新兴行业。它随着我国房地产业的发展,以及传统房屋管理体制的改革而逐步发展起来,成为一种不同于房地产开发业,向社会提供特殊服务产品的独立行业。物业管理所实行的企业化经营、专业化管理、社会化服务的运行模式,是适合市场经济发展并且具有较高工作效率和社会效益的产业运行管理模式。"十五"期间,我们应该继续探索和建立一系列既符合国际惯例,又适合中国国情的物业管理体系。改变目前房地产管理体制行政化、福利化、封闭型的特点,使其与正在建立的社会主义市场经济体系协调起来。建立起适应住宅产权的多元化与社区管理复杂化的物业管理制度,要加快物业管理的法制化建设,明确业主与物业公司之间的权利与义务关系,规范业务市场的主体行为,建立公平的市场竞争机制,培育出一批具有良好信誉以及较高服务水平的管理企业,带动全行业的健康发展。

开放公房交易市场,是深化住房体制改革,实现住房消费货币化的必要条件之一。将承租公房的使用权上市出售交易,可以极大地激活房地产市场。因为与一、二级市场比较,公房交易市场不涉及住房的产权,只是使用权的转移,经过产权部门的同意即可完成交易,可以避免一、二级市场中繁琐的交易程序。同时,公房交易市场也为中、低收入阶层的住房消费创造了条件。因此,尽快开放公房交易市场可以将巨大的住房潜在需求转化为现实需求,对房地产业今后几年的健康发展能起到巨大地推动作用。

4. 完善法律环境,加强宏观调控。今后几年,国家应加大住宅领域的立法工作,通过完备的法律规范房地产业的建设与开发,为住房金融的高效运转创造完备的法律环境。国家要继续坚持市场调节与宏观调控相结合的方式，促进房地产业健康、有序的发展。政府要在市场需求预测、房地产业发展景气预警的基础上，进行总量控制，既要保持快速发展，指导结构调整，又要符合市场不同层次的实际需求，避免空置面积过快的增长。要在整个房地产市场领域建立市场规则，规范市场行为，采取多种手段保护经营者的合法权益，促进房地产业持续增长。

（执笔：贾海　许春伟）

专栏 4.2　经济适用房建设情况

一、经济适用房

经济适用房是根据国家经济适用房计划安排建设，为解决中低收入家庭住房问题，并由政府提供了相关优惠政策而建造的商品住宅。它是具有社会保障性、经济性和适用性的商品房屋。经济适用房计划由国家统一下达，地方政府统一组织建设；建设用地实行行政划拨的方式，国家免收土地出让金，并且对各种经批准的收费实行减半征收；经济适用房销售价格实行政府指导价，按保本微利的原则确定。

与经济适用房有密切关系的是安居工程。经济适用房与安居工程性质基本相同，都是为了解决中低收入家庭住房问题的商品房；安居工程先于经济适用房，但是实行的时间较短，规模也小，经济适用房是安居工程的延续或替代，发展较快；两者虽都是享受政府优惠政策的商品房，但是其销售价格还是有区别的。安居工程一般按成本价销售，而经济适用房则按成本加微利销售（经济适用房的利润一般控制在3%）。

二、经济适用房的建设及其作用

（一）经济适用房建设快速发展，拉动投资明显。

我国从1995年开始实行安居工程计划以来，规模逐年扩大，1998年国务院《关于进一步深化城镇住房制度改革加快住房建设》的文件中明确提出：要建立和完善以经济适用房为主的多层次城镇住房供应体系，对不同收入家庭实行不同的住房供应政策。这一决策，对房地产业的生产经营起到了重要的推动作用，积极引导了房地产业健康有序地发展，对拉动投资、启动经济、刺激消费起到了不可替代的作用，特别是近几年经济适用房建设进展顺利，成为支持固定资产投资增长的主要力量。

实施经济适用房建设以来，经济适用房投资完成额快速增长，生产规模稳步扩大。1995～1999年，累计完成投资额1183亿元，占商品住宅投资总额的12.2%。当年完成经济适用房投资额从1995年的134.7亿元增长到1999年的437.0亿元，四年的平均增长速度为28.5%，比“九五”时期房地产开发总投资的年均增长速度高出22.1个百分点。2000年，在固定资产投资拉动GDP增长9.3个百分点中，房地产开发占到了2.7个点，其中经济适用房的建设起到了重要的支撑作用。

（二）有效地调整了住宅生产结构。

在住宅投资总额中，经济适用房比重越来越大。近几年，住宅建设发展较快，随着国家对经济适用房计划规模的不断扩大，经济适用房建设速度尤其突出，经济适用房当年完成投资额占商品住宅投资总额的比重，从1995年的7.7%上升到1999年的16.6%；竣工和销售面积也逐年增加。1996～1999年，经济适用房竣工面积分别为1437.3、1902.9、2352.2、4063.5万平方米，占商品住宅竣工总面积的比重分别为：11.7%、15.3%、16.6%、23%，四年累计竣工面积9756万平方米，占商品住宅竣工总面积的17.3%；1996～1999年，经济适用房实际销售面积分别为：762.5、1211.9、1666.5、2701.3万平方米，占商品住宅销售总面积的比重分别为：11.1%、15.4%、15.4%、20.8%，四年累计销售面积6342.2万平方米，占商品住宅销售总面积的16.4%。结构调整以后，经济适用房的竣工面积和实际销售面积也都从1996年仅相当于别墅、高档公寓的3倍多，上升到1999年的6倍以上。经济适用房以生产、销售两旺的实绩显示着强大的生命力。最近几年房地产市场销售畅通，有的地区甚至出现火爆的销售场面，其中，经济适用房的旺销起到了中坚作用。

三、经济适用房售价合理

在国家政策的支持下，经济适用房的平均售价大大低于其他类房屋，以适销对路的经济适用房为主的普通住宅已成为住房市场的主体。1996年以来，全国经济适用房平均销售价格一直保持在970～1100元/平方米以内，远低于别墅、高档公寓4200元/平方米以上的平均售价，比住宅总的平均售价低630～760元/平方米左右。在各类住宅售价中，经济适用房价格最低，因此经济适用房空置面积较少。1998和1999年，经济适用房空置面积占住宅总空置面积的6.8%和9.6%，而当年竣工面积占住宅竣工总面积的比重则为16.6%和23%。可以预见，经济适用房的销售前景将继续看好。

四、应提起注意的问题

一是经济适用房的质量问题。建筑产品与工业产品不同，由于建筑产品耗资巨大和一般不便返修的特点突出，所以建筑产品百年大计，质量第一。目前，虽然经济适用房市场销售较好，但是和其他建筑房屋一样也存在着粗制滥造现象。在建造过程中，为压低成本，偷工减料、以次充好的现象时有发生。所以，必须加强对经济适用房的建设监理工作，严格验收制度，禁止虚假广告，对违反者要加大处罚力度。二是经济适用房的销向问题。按照规定，经济适用房的销售对象是中低收入家庭，但在实际工作中，存在着把关不严的问题，有些人试图利用经济适用房搞投机。所以，建议有关单位在实际工作中，应该把防范的关口前移，对购买者家庭经济收入要严格审查，以保证经济适用房真正用于解决中低收入的家庭。

（执笔：刘秀荣）

“九五”时期建筑业取得的成就及面临的问题

“九五”期间，在党中央、国务院领导下，在有关部门的支持和配合下，我国建筑业取得了长足的发展，为实现中央关于扩大内需，保持国民经济增长起到了重要作用。

一、“九五”时期建筑业取得的主要成就

(一)建筑业生产稳定增长，生产经营保持较好增长势头，利润总额大幅度增长，经济效益不断提高

“九五”期间，由于国家采取积极的财政政策，扩大对高速公路、铁路、电网等基础设施的投资规模，大力推进经济适用住房的建设，为建筑业的发展提供了难得的机遇，建筑业企业总产值、竣工面积稳定增长。“九五”期间，全国建筑业企业(四级及四级以上，下同)累计完成建筑业总产值50382.55亿元，建筑业企业增加值13689.2亿元，实现利润总额657.1亿元，房屋建筑施工面积累计700906.7万平方米，房屋建筑竣工面积累计338203.6万平方米。建筑业税金总额和人均创利增幅明显。“九五”期间，建筑业企业利润、税金总额分别为657.1亿元、1628.7亿元，比“八五”期间的285.9亿元、516.8亿元分别增加371.2亿元和1111.9亿元，增长了1.3倍和2.2倍。

(二)企业施工技术水平提高显著，市场竞争力加强

“九五”期间，全国建筑业企业技术水平提高显著，建筑产品的产品结构由原来的单一化呈现出多元化的趋势，技术含量由低变高，企业不断提高技术装备水平，资质等级普遍提高。“九五”末期，全国建筑业企业拥有机械设备总台数638.66万台，企业固定资产原值2908.91亿元，比“九五”初期提高932.69亿元。

经过五年的发展，随着企业自身实力的加强，企业的生产能力的扩大、产品质量的提高以及品牌效应的影响，1999年全国拥有一级资质等级的建筑企业2410家，比“九五”初期增加548家，拥有二级资质等级的建筑企业7773家，比“九五”初期增加1809家。大型建筑业企业的规模经济效应逐步显现，大型企业在建筑市场上占有份额逐步扩大，企业的产值水平明显提高。

(三)改革、整顿和规范建设市场取得了阶段性的成果，建筑业市场日益完善，招投标面不断扩大，工程质量管理进一步得到加强，工程质量明显提高

随着1996年建设监理制度在全国的推广，以及《建筑法》和《招投标法》的实施，全国建筑业企业紧紧围绕提高工程质量、效益水平，不断完善监督管理机制，规范建筑管理，“九五”期间，建筑业市场日益完善，招投标面不断扩大，工程质量管理进一步得到加强，工程质量明显提高。

1. 工程招标投标率特别是公开招标投标率明显上升。2000年，全国四级以上建筑业企业投标承包工程31.19万个，同比增长4.2%，占全部施工个数的45.82%；其中：国有建筑业企业实行招投标的单位工程个数也达到13.91万个，占全部施工个数的53.29%。

2. 有形建筑市场健康发展，有效地规范了市场主体行为。截止1999年，全国已有319个地级以上的市建立有型建筑市场，有形建筑市场的建立，对承发包双方形成了强有力的监督约束机制，提高了招投标比例，有效地遏制了建筑市场中的不正之风和腐败现象的滋生，建筑业的规范管理得到加强。

(四)建筑业企业管理体制和经营机制变化显著，企业组织结构调整初见成效，亏损面不断减少，劳动生产率不断提高

“九五”期间，建筑业企业现代企业制度日益完善，企业改革与组织结构调整结合进行，切实转变经济增长方式，通过推进经营管理层与劳务作业层分离，开始形成了以总承包或高资质优秀企业为核心、专业化、劳务企业与其协力合作的企业群体。上海建工(集团)通过“削枝精干、强大治小”，采取

“剥离、改制、重组”措施，作强了总公司，精干了子公司，全集团设立了121家专业分工明确，产权清晰、机制灵活的中小企业，企业组织机构日趋合理。推进项目管理体制改革，企业组织结构进一步合理，形成了以总承包或高资质优秀企业为核心，专业化、劳务企业与其合作的企业群体。1999年，资质等级一、二级以上的企业个数占全部企业的5.10%、16.46%，比“九五”时期分别增加了548、1809家，增长29.43%、30.33%。勘察设计业出现了以环球、成达、石化北京公司为代表的国际接轨的工程公司。

“九五”期间，建筑业企业建立起能够调动企业大多数积极性的激励机制和约束机制的人事制度，减员增效，实行“能上能下，以岗定用，以职定则”的方针政策，中港集团到1999年底，集团各单位通过多种途径分流13732人，占职工总人数的18.1%；大连建筑工程总公司减员增效，公司人员由1998年的21890人减少到14620人，减少了1/3的职工。整个“九五”期间，我国建筑业企业劳动生产率不断提高，总产值劳动生产率、增加值劳动生产率分别达到48293元/人、13122元/人，比“九五”初期分别提高22236元、5746元。

(五)“九五”期间，建筑业企业所有制结构发生了重要变化，多种经济成份并存的多元化格局。

在“九五”期间，非国有建筑企业累计完成建筑业总产值26625.19亿元，增加值7047.6亿元，分别占全部总产值和增加值的52.84%、51.48%，经过“九五”时期，非国有建筑业企业充分发展，非国有建筑业企业在建筑业行业中占有重要地位，多种经济成份的建筑业企业并驾齐驱的发展局面已经形成。

经过“九五”的发展，现行建筑业企业的管理体制、建筑业企业的生产经营，组织管理模式，以及行业队伍建设、组织结构调整都有了很大的改善和发展，但在建筑业的发展中还存在管理机制不健全、价格体系不完整、市场行为不规范等，阻碍着建筑业的进一步发展。

二、“九五”期间建筑业存在的主要问题

1. 国有建筑业企业产权制度改革相对滞后。

“九五”期间，根据党的十四届三中全会关于转换企业经营机制，建立现代企业制度的要求，建筑业国有企业进入了建立现代企业制度的新阶段，进展相对较快的建筑业企业已有12827家进行了改制，占等级以上企业总数的28%。

随着全球经济一体化进程的加快，许多建筑业企业组织结构不尽合理，企业“大而全”、“小而全”，大的不强，小的不专，产业集中度和专业协作水平较低，全行业缺乏行业地位突出、经济规模大、效益好，具有国际竞争力的企业。

2. 建筑业企业偿债能力依然较差，资金紧张的矛盾依然存在。

1999年，资质等级一级施工企业资产负债率为78.80%，流动比率1.01，速动比率0.74，建筑业企业财务状况不容乐观，无论短期偿债能力还是长期偿债能力均显不足，有相当多的企业面临财务危机的风险，加之企业累计拖欠工程款高居不下，造成企业的资金更加紧张。

3. 拖欠工程款情况相当严重，严重威胁施工企业的生存和制约建筑业发展。

拖欠工程款问题已构成威胁施工企业生存和制约建筑业发展的顽症，1996年拖欠工程款1360亿元，占施工产值的16.4%，1999年拖欠2221.4亿元，占施工产值的19.9%，比“九五”初期提高3.5个百分点。1996年建筑业企业负债6895.8亿元，占施工产值的83.26%，1999年企业负债猛增到10367.8亿元，占施工产值的88.16%，比“九五”初期提高4.9个百分点。

4. 未采取有效措施，无力推动建筑业施工企业走向国际工程承包与劳务合作领域。

国际工程承包与劳务合作领域是一个广阔的市场。据统计，近年来国际工程的年发包额均在1万亿美元以上，国际劳务合作的年需求总量达1000万人以上。而我国建筑业施工企业1999年对外承包工程金额才102亿美元，仅占世界市场份额的1%；我国1999年外派劳务为30多万人次，仅为世界需求量的3%左右。随着改革的深化和产业结构调整，国内施工队伍和劳动力大量过剩，国际市场需求具有广阔的发展空间。经过多年的发展，我国建筑业施工企业已经具备了承接较大工程的能力，但在国际工程承包与劳务合作领域，尚存空白。

5. 供需严重失衡，生产能力过剩，劳动效率低下，已成为当前中国建筑业和建筑市场最突出的问题和最基础性的矛盾。

三、对策及建议

(一)调控建筑业行业规模,扭转市场供需严重失衡的局面

当前建筑市场的供需严重失衡,是导致市场混乱,效率低下的主要原因。必须综合利用经济、法律和必要的行政手段,压缩建筑行业的过剩生产力,是实现改革整顿规范建设市场,为企业创造良好的市场环境的一项十分紧迫的任务。具体解决的途径,就是通过改革资质管理办法,实施新的资质制度,压缩施工总承包的数量。

(二)加快建筑业行业组织结构调整,提高产业集中度,逐步形成以大企业为主导、大中小企业协调发展的格局

积极稳妥实施企业资质改革方案,优化企业组织结构。实现施工总承包、专业承包、业务分包的合理结构。调整现行企业资质标准,引导一些施工总承包企业通过重组、合并,联合做强;以即将出台的建设部施工企业改革方案为契机,提出扶优扶强政策,通过资质改革的引导,国家扶优扶强改革的支撑,形成一批主业突出,核心能力强大的企业和集团。各省应花大力气打造自己的“航空母舰”。同时扶持一些对外承包企业。

(三)积极采用高新技术和先进实用技术,加快建筑业技术进步,实现建筑业增长方式的根本转变

应促使建筑业向“资金密集、技术密集、劳务密集”有机结合体的产业方向发展。要用信息技术改造项目管理、施工过程、成本控制及行政管理等的水平。

(四)积极调整所有制结构,建立现代企业制度

有力有序推动结构调整,需要彻底清理现有的经济类法规。清理的办法不是像过去那样废止一批,又重新炮制出一批,形成新的堆积。应该仿效当年财务会计制度的改革,实行一揽子改革和模式性转换。第一,对各部门现行法规中有约束性的条款,按照一定的序列进行系统集成,形成《经济规典》。第二,《经济规典》公开颁布,既显示出有教无类,同时可接受社会检验。第三,此后各部门新出台的约束性措施,统统按照集成顺序纳入规典,从此不再堆积文件;规典中成熟的部分可以陆续升格为法律。

这样一个模式,当可在一定程度上破除部门法规的四大弊病,而仍然保留其快速拾遗补缺的优越性。

1. 以分级所有为产权框架建立出资人制度。

按目前规定,全部“国有企业”都属国务院所有,各级政府只是在“分级管理”。这样一种产权安排是不现实的,一方面说“谁投资,谁负责,谁拥有”,另一方面说“地方政府投资,中央政府拥有”,这在逻辑上解释不通,在法权上也不能协调。我们可以从理论上说明“分级管理”的悖误和“分级所有”的确然,但是最直观的检验还是看一看国外情况。任何一个市场经济国家,只要政府是分级的,那么政府所办的企业像政府的其他资产(财政收入、非经营性资产等)一样,必然是分级所有,没有哪个地方政府是以自己的财政收入替中央政府(或联邦政府)开办公司。对于政府所办的企业(俗称“国有企业”或“全民所有制企业”),必须像市场经济国家那样建立起分级所有的产权框架,才能实现企业改革改制的最基本的要求:产权清晰。“分级所有”并不实质性解决“国企”的任何问题,它只是确立应该由哪一级政府来解决哪些企业的问题,确立政府与企业之间,以及各级政府之间的责权利关系。但是另一方面,以产权为界明确各级政府的职责,恰恰是贯彻落实十五大和十五届四中全会大政方针的关键性措施——建立组织保证。

要实现政资分开,就必须建立起出资人制度。在分级所有的产权框架中,政府和所有者代表机构应该具有一一对应的关系,即某一级政府只有唯一的所有者代表机构,某一个代表机构只唯一行使本级政府的所有者职权。至于下设多少个总公司或控股公司实施经营管理(包括资本经营),那是属于资本纽带如何延伸的问题,需要因地制宜、因时制宜,它与政资分开是不同层面的两个范畴。

股东权益在总公司(或控股公司)内沿子母公司的资本纽带逐级上交,首先用于解决公司内部的遗留问题。肥公司的盈余权益沿资本纽带上交所有者代表机构,用于解决瘦公司的遗留问题。在资本范围内仍然难以解脱的历史包袱,同级政府应出面协助。对于中西部地区政府在企业脱困中的为难之处,中央政府应加以援手。这是在分级所有、政资分开的前提下,解决“国企”历史遗留问题的责任顺序。

2. 解决两大负债关键是制度基础。

国企的资产负债率过高,企业间应付不付应收

专栏4.3 三峡工程确定三年攻坚目标

三峡工程开工近8年来,工程施工形象进度达到初步设计预定的目标,工程静态和动态投资均控制在国家批准的概算范围内,工程质量满足了设计要求。从2001年起,三峡工程将进入施工最为艰巨的3年建设期,为确保2003年实现水库初期蓄水、首批机组发电和永久船闸通航,三峡工程确定了3年攻坚目标。

三峡大坝浇注是攻坚的关键所在。虽然三峡大坝在1999年和2000年连续高强度施工,并两次刷新混凝土浇注世界记录,但从今年起,三峡大坝浇注开始进入孔洞工程等,并与金属结构埋件交叉进行,施工异常艰难。目前,三峡大坝都达到140米高程以上,部分坝段要浇注到185米坝顶高程。2002年10月,三峡大坝混凝土将全线浇注到185米坝顶高程,在2003年5月前,大坝要完成接缝灌浆和防渗帷幕灌浆,并安装调试好导流底孔闸门及起闭机,使大坝完全具备挡水条件。

世界上装机容量最大的三峡电厂,在2003年将有4台装机70万千瓦的机组发电。目前,发电机组已经在7个国家的14家制造厂生产。特大型机组的制造和安装调试,是三峡工程3年攻坚目标中技术难度最大的一项工程。今年年底,三峡电厂首批发电机组要基本完成混凝土浇注和金属结构安装,从年底开始全面展开机组安装,到2003年5月前4台机组安装全部结束,6月中旬机组进入调式和试运行阶段,10月并网送电。

船闸线路总长6.4公里,上下游最大落差113米的三峡永久船闸,是世界上最大的船闸。虽然永久船闸已闯过170米立直高边坡开挖的难关,但在2003年船闸建成通航前,还要闯过特大规模金属结构和启闭机安装及船闸整体调试等一系列难关。今年年底,永久船闸要将上下游航道全部开挖出来,并完成3个闸首的人字门和反弧门启闭机安装,2002年5月底以前,所有闸门、启闭机等金属结构及机电控制系统将安装完毕并完成调试,6月至12月永久船闸进行无水调试,2003年1至5月进行有水调试,6月开始试航。

(执笔:李 莉)

难收形成庞大的三角债,国有银行的坏账居高不下,现有投融资体制还在继续加剧这种状况,这些都是显性负债问题。老职工(包括离退休职工)的社会保障缺口很大,这是隐性负债问题。政府资本的这两大负债具有积累性,今天的严重局面是过去几十年的积累,如果不能标本兼治,必将形成今后更严重的积累。蓄之既久其发必速,这实在是不仅危及经济稳定、而且危及社会稳定的重大隐患,是政府在结构调整中必须解决的大事。

从分级所有的角度来审视,政府资本在两大负债中具有"负盈不负亏"的特性,并由此而造成互相侵犯权益的事实。

中央资本负盈不负亏集中表现在隐性负债问题上。在资产重组时只组织尚属优良的资产,而把困难企业置于不顾,实则是推给了地方政府;在企业改制时坐收"减员增效"之红利,而把"下岗分流"的包袱留给地方政府。这一类挑肥弃瘦的结构调整措施必然是不可持续的,它是迟迟不能摆脱"东北现象"的根本原因。

地方资本负盈不负亏主要表现在显性负债问题上。地方企业改制中以各种方式逃废债务,从而侵犯中央资本(国有银行)的权益;地方政府争办各类金融机构,继而大量出现亏空,不得不由中央资本出面施救(广信事件后责任有所明确);等等。投融资体制对这些全无信用的做法缺少遏制,强化了"投资在地方、风险在中央"的危险格局。

要缓解并进而解决两大负债,关键在于制度基础。对于隐性负债,必须明确哪一级资本的欠账哪一级资本去还,绝不能统统推给地方政府。对于显性负债,需要解决的是全社会普遍缺乏信用这一根本性问题,要建立起信用机制。必须以各级所有者作为资信评价的对象,并由此而确定它们各自的融资资格和融资条件,仅仅评价企业的资信是不行的。

(五)继续改革整顿规范建设市场

一要加强市场准入和交易行为的管理,严格执行《招投标法》严厉打击市场欺诈行为。改善行业监管机制，包括对有形市场和招投标活动严格规范，严格中标报告制度、实施分包备案制度等。二要规范市场经济条件下的信用和契约关系，积极探索创造条件建立工程担保、保险制度，力争今年在“业主付款担保”和“施工企业履约担保”方面的有重大突破。三要强调严格执法，违法必究。

加强工程质量监督工作。要以《建设工程质量管理条例》为准绳，以强制性标准和法定程序为依据，对违法行为进行严惩。以经济手段和清出市场为手段，建立一个完善的质量监督体系。要把贯彻执行《建设工程质量管理条例》和强制性标准做为今后政府质量监督的中心内容和执法检查工作的主要内容。要针对质量管理工作中的薄弱环节，清除质量隐患，加强城乡结合部、县乡级建筑管理工作。完善质量监督机构建设，提高从业人员素质。

（执笔：翟善清）

“九五”时期国家重点建设项目情况

重点建设项目是关系国民经济和社会发展的骨干工程，对我国社会主义现代化建设具有重要意义和作用。集中精力加强重点项目建设，是我国经济建设长期以来一直坚持的一个重要方针。“九五”期间，我国先后共安排国家重点建设项目213个，五年间累计完成投资7291亿元（不含全国农村电网改造项目），占同期基本建设投资的13%。至2000年底，已经全部建成投产和单项投产的重点建设项目有237项，新增了一大批生产能力。这些项目的建成投产，增强了国家的经济实力，为我国经济到2010年实现第三步战略目标打下了良好的基础。

一、规模宏大，项目进展顺利

国家重点建设项目是国家在不同时期，从国民经济和社会发展的全局出发，根据国力确定进行重点建设的行业中的骨干工程。这些项目一般都具有建设规模大、投资多、建设周期长的特点。“九五”期间的国家重点建设项目，计划总投资大都在10亿元以上，其中很多是跨世纪的宏伟工程。如计划总投资900多亿元、建设周期18年的长江三峡水利枢纽工程；肩负晋煤外运重任、计划总投资177亿元的朔黄铁路；计划总投资577亿元、被誉为“中国的绿色长城”的三北防护林体系建设工程等。

我国是一个发展中国家，资金短缺一直是长期面对的一个现实问题。为了保证国家重点建设项目的顺利进行，“九五”期间，国家及时制定和实施了一系列正确的方针政策。一是在1996年6月份由国家计委制定出台了《国家重点建设项目的管理办法》，为保证国家重点建设项目的资金来源、工程质量和投资效益提供了政策依据。其中明确要求国务院计划主管部门和地方人民政府计划主管部门应当按照项目的建设工期，安排国家重点建设项目的年度投资计划，并应当预留一定比例的资金，用于建设过程中的特殊需要。二是在“九五”期间，根据国家“保投产，保收尾”的宏观调控政策，重点建设项目个数逐年减少，资金供应更加集中，资金到位情况较好。三是建立和完善了项目的投资风险约束机制，大多数重点建设项目积极推行了项目法人责任制、资本金制度、招投标制和施工监理制，提高了资金的使用效益，有力地促进了国家重点建设项目的顺利进行。

据统计，“九五”期间，由于政策明确、措施得力，国家重点建设项目资金到位情况良好，投资的完成情况比较理想。

“九五”期间国家重点建设项目情况

	1996年	1997年	1998年	1999年	2000年
施工项目个数（个）	131	129	118	102	85
年度投资计划（亿元）	1386	1526	1631	1510	1286
完成投资（亿元）	1330	1457	1658	1526	1320
计划完成率（%）	96.0	95.5	101.7	101.1	102.6
完成投资占同期基建投资比重（%）	15.4	14.7	13.9	12.3	10.0
同期基建项目计划完成率（%）	93.6	96.4	93.7	92.6	91.5
到位资金总额（亿元）	1329	1475	1613	1440	1203
资金到位率（%）	95.9	96.7	98.9	95.4	93.5

资料显示,“九五”期间,国家重点建设项目的年度计划完成率均高于95%,也基本高于同期全部基本建设项目的计划完成率,1998年至2000年还超额完成了投资计划。尽管1998年后,当年投资完成量有所下降,但平均每个项目的年度完成投资却是上升的。从资金来源情况看,总体上也是正常的。1999年和2000年资金到位率有所下降,主要是因为利用外资和银行贷款的资金到位率较低,利用外资的资金到位率两年分别为69.8%和81.5%;银行贷款的资金到位率分别为89.7%和82.7%。

二、重点突出,关键行业得到加强

根据“九五”计划的要求,“九五”期间国家继续加强了对农业、水利、能源、交通、通信等基础设施和一些支柱产业的投资建设。国家重点建设项目的安排也正是按照这个原则进行的。其中的关键行业均得到了一定程度的加强。

1. 农林水利和支农工业得到强化。

农业是国民经济的基础,而水利是农业的命脉。“九五”期间,国家在大江大湖治理、增加有效灌溉面积、建设大型生态防护林体系、重要农产品生产基地和支农工业方面进行了重点建设,先后共安排重点建设项目24个,占全部重点建设项目的11.3%。安排的重点建设工程有“三北”防护林三期工程、长江三峡水利枢纽工程、黄河小浪底水利枢纽工程、万家寨水利枢纽工程、淮河、太湖、洞庭湖综合治理工程、淮河入海水道工程、宁夏扬黄扶贫灌溉工程、南京化学工业公司大化肥工程,广西鹿寨化肥厂等。其中三峡水利枢纽工程和小浪底水利枢纽工程已按期在1997年实现了截流。这些项目的建设,增强了大江大河的防洪能力,增加了农田有效灌溉面积,大大改善了农业生产条件,为保证农业增产做出了积极贡献。

2. 电力建设得到进一步加强。

“八五”期间,我国电力工业高速发展,供需紧张的矛盾得到了一定的缓解,但结构性的问题依旧存在。“九五”期间的电力建设主要集中在以下几个方面:一是针对电网建设落后,电网调峰能力不足的问题重点加强了电网和输变电工程建设,主要有长江三峡50万伏、二滩50万伏、华东江苏50万伏和辽长吉哈50万伏输变电工程等。二是针对农村用电紧张、同网不同价的现象加大了全国农村电网的建设和改造,为提高农村用电质量、减轻农民负担、促进农村经济的发展提供了保障。三是进一步加大了水电和核电的建设。在水电方面,除了长江三峡水利枢纽外,主要还建设了四川二滩、青海李家峡和浙江天荒坪等水电站。在核电方面,除了秦山核电站外,还建设了江苏田湾和广东岭澳核电站。据统计,“九五”期间,国家重点建设电力项目达到52个,占全部重点建设项目的24.4%。

3. 交通运输建设高速发展。

“九五”期间,交通运输业仍是我国重点建设中的重点。五年间先后安排了重点建设项目57个,占全部重点建设项目的1/4强。铁路建设主要是打通西南通道,继续建设运煤通道,拓宽南北通道。建设项目有南昆线、内昆线、水株复线、西康线、朔黄铁路等。交通领域“九五”期间主要是按照“三纵两横”和两条重要干线的行业规划,进行重点项目建设,主要进行了京沪、京哈、京深高速公路建设;民航领域的重点建设则有桂林两江、上海浦东、海口美兰三地的机场建设及北京机场航站楼的扩建。

4. 城市市政建设和社会公益事业得到明显加强。

城市基础设施是现代城市赖以生存和发展的基本条件。长期以来,由于缺乏稳定的资金来源,我国城市基础设施建设严重滞后,影响了城市综合功能的发挥,制约了人民群众生活质量的提高。目前,我国的大多数城市都不同程度存在着水质污染、交通拥挤、住宅紧张等问题。因此,“九五”期间,国家加大了对城市基础设施建设等公用事业的投入,共安排了7项市政重点建设项目。包括北京、上海、南京、广州、深圳5个城市的轨道交通和地铁项目,以及为解决昆明市用水的掌鸠河引水供水工程。

另外,为丰富人民群众的文化生活,实施“科教兴国”战略,国家还先后安排了国际广播中心工程、卫生部疫苗工程、高等教育“211”工程等项目的建设。

三、向西挺进,兼顾扶贫开发

我国各地区自然资源和经济发展水平差异很大,合理指导不同类型地区的投资建设,优化固定资产投资的地区布局是提高固定资产投资效益的关键。我国西部地区幅员辽阔、资源丰富,但是由于历史的原因,经济发展水平较低,经济基础比较薄弱。因此,开发西部,加强东部、中部、西部地区间的经济联系和互补一直是我国地区投资的根本原则。在“九五”国家重点建设项目安排上，中西部地区的项目占大多数。主要集中在以下几个方面：一是利用中西部地区丰富的资源优势而进行的能源开发和利用项目：如水利水电方面的长江三峡、黄河小浪底、山西万家寨、四川二滩、天生桥二级、青海李家峡等水电站；煤炭方面如山西、内蒙古、河南、宁夏等矿区建设；石油方面如新疆、陕甘宁长庆等地油田的开发。二是为解决中西部资源外运确定的交通运输建设项目：西南铁路通道如南昆线、内昆线、西康线、株六复线等；西北通道如宝兰复线、南疆铁路等；晋煤外运通道如朔黄铁路、侯月线等。三是为改善中西部地区生态环境而进行的公益性项目，如甘肃疏勒河农业灌溉及移民综合开发项目、宁夏扬黄扶贫灌溉工程等。

中西部地区的重点建设项目，实际上也是一批扶贫项目。一方面，这些项目的实施，为当地人民提供了就业的机会，增加了他们的劳动收入；另一方面，从长远看，这些项目的建成投产，为当地投资环境的改善、丰富资源的充分利用、从而为其经济的快速发展提供了坚实的基础。如计划总投资 30 亿元的宁夏扬黄扶贫灌溉工程，规划开发荒地 200 万亩，通过电力泵站上扬黄河水灌溉，直接解决宁夏南部山区 100 万贫困人口的生存问题，工程受益人数占自治区人口的 1/3，同时为自治区的发展提供了较为宽松的环境。总投资 117 亿元的内昆铁路是一条跨世纪的经济线，其建成投产后，可有效地缓解西南地区运输紧张状况，并使成都至防城港经内昆线的距离比经成昆线缩短 385 公里，比经川黔线缩短 279 公里。如经内昆铁路引黔煤入川，其运距是山西、陕西和内蒙古西部煤炭入川的 1/3 至 1/4，对拉动沿线经济发展意义重大。1997 年投产的西南重要通道——南昆铁路，是我国 90 年代最大的扶贫项目，全国有 1/5 的贫困人口从这条铁路上受益。

四、硕果累累、技术先进

“九五”期间，由于国家在项目计划安排上按照突出重点，保投产、保收尾、保重点的原则，首先保证国家重点工程，从而有力地促进了重点建设的发展，一大批项目和单项工程得以投产使用。这些项目主要有：水利水电方面的四川二滩水电站、青海李家峡水电站、广州抽水蓄能电站、浙江天荒坪抽水蓄能电站、内蒙古伊敏电厂、贵州安顺电厂等；交通运输方面的京九铁路、南昆铁路、西康铁路、南疆铁路、江苏江阴大桥、京深高速公路、桂林两江机场、上海浦东机场、北京机场航站楼等；支农工业方面的江西九江化肥厂、云南磷肥基地、贵州瓮福磷肥厂等；以及其他项目如广东茂名乙烯工程、上海宝钢三期工程、天津振兴水泥厂等。其中总投资 285 亿元的四川二滩水电站是我国本世纪最大的水电能源项目；总投资 57 亿元的广州抽水蓄能电站是世界上最大的抽水蓄能电站；全长 2553 公里的京九铁路是我国一次建成线路最长的铁路。

据统计，五年间，共投产国家重点建设项目和单项工程 237 个，新增的主要生产能力有：电力装机容量 3339 万千瓦，新增铁路 4897 公里，增建铁路复线 2608 公里，电气化铁路 2795 公里，新建高速公路 1977 公里。

重点工程的建设，也是我国科学技术的利用和创新过程。大多数重点项目都具有技术水平先进、自动化程度高的特点。如 1997 年 3 月竣工的南昆铁路是我国科技含量最高的电气化线路；其中的清水河桥是全国铁路最高桥，家竹箐隧道被称为“天下第一险洞”。2001 年初竣工的西康铁路则开创了我国铁路建设史上的多项之最：在我国铁路建设中第一次应用 V5 大地电磁测深仪进行勘测，第一次使用全断面敞开式掘进施工，其中的秦岭隧道被誉为“中国第一长隧”。1999 年 10 月开工建设的江苏田湾核电站是我国装机容量最大的核电站。2000 年 5 月份投产的鞍钢热轧带钢厂 1780 毫米工程则是当今世界最先进的工程，使鞍钢的产品档次跻身于国际一流水平。云南大朝山水电站尾水隧洞二号岔管混凝土衬砌是当今亚洲最大的岔管混凝土衬砌工程。

（执笔：王明亮）

运输、邮电业与旅游业

“九五”期间的交通运输业

伴随着国民经济快速稳定健康发展，“九五”期间交通运输业也取得了长足的进步，成为建国以来发展最快的时期。

一、交通运输基础设施建设成绩显著，综合运输能力大大增强

经过“九五”期间的加快建设，我国的交通基础设施规模扩大，运输能力增强，整体技术水平有所提高，综合运输体系逐步形成，交通运输落后被动的局面初步扭转。

1. 铁路建设稳步推进，“瓶颈”制约明显缓解

“九五”期间，铁路建设部门集中力量加强在建重点项目建设，各项重点工程取得突破性进展。据统计，“九五”时期铁路行业共完成基建投资2450亿元，比“八五”时期增长近1倍。其中，2000年铁路全行业共完成基本建设投资570亿元。截止2000年底，全国铁路总营业里程达到6.8万公里，比“八五”期末增加0.6万公里，是改革开放以来新增营业里程最多的时期。其中，复线里程和电气化里程均有所增加，分别比“八五”期末的1995年增加0.47万公里和0.53万公里。

“九五”期间，全国铁路先后实施了三次列车大提速，提速总里程接近1万公里，覆盖了全国铁路主要干线。随着京九线、南昆线、西康线、朔黄线等一批对国民经济具有重要意义的铁路建设相继铺通或投产，西南铁路通达能力有所扩大，主要干线进一步配套完善，大通道能力有所增强，全国铁路初步形成了“四纵两横”干线提速网络，扭转了我国铁路列车长期在低水平徘徊，不适应市场需求的局面，铁路运输对国民经济的“瓶颈”制约有了一定的缓解。

2. 公路建设投入创历史最高水平，实现跨越式发展

1998年以来，国家将公路作为加快基础设施建设的重要内容，连续三年大规模安排财政专项资金，并相应增加银行贷款，使公路建设投入有了重大突破。1998年至2000年连续三年投资规模突破2000亿元，整个“九五”期间公路建设投资完成8900亿元，是“八五”时期的5.5倍。其中，2000年，公路建设取得了新的突破。据统计，全年全社会公路建设完成投资2315.8亿元，同比增长5.8%。

到2000年底，全国公路里程已达到140.27万公里，比上年增加5.10万公里，比“八五”末的1995年增加24.57万公里。“九五”期间公路里程年均增长达到3.93%。伴随公路里程的增长，公路密度及通达深度进一步提高，特别是中西部地区公路通达条件有较大改善。2000年底，全国公路密度达到14.6公里/百平方公里，比“八五”期末的1995年增加2.5公里。全国通公路的乡(镇)和行政村的比重分别达到了98.3%和89.5%，比上年分别增加了0.1个和0.5个百分点。随着国道主干线建设速度的加快，我国公路总体技术水平进一步提高。高速公路飞速发展，2000年新增高速公路4709公里，超过“九五”期间年均增加2835公里的水平，使“九五”期间平均增长速度达到了50.1%。到2000年，我国高速公路里程达到1.6万公里，比“八五”期末增长7倍，跃居世界第3位；二级以上高等级公路里程达到18.9万公里，占公路总里程的比重由“八五”期末的8.4%提高到13.5%，公路网质量有了明显提高。目前，公路建设以“五纵七横”国道主干线为重点，已建成1.8万多公里，占规划总里程的50%以上。京沈、京沪两条重要交通干线年内相继全线通车，使连通东北、华北、华东的交通运输通道进一步完善。

3. 骨干航道投资力度加大，水运建设取得新进展

“九五”期间，水运建设重点改善内河航道，加快沿海主枢纽港口建设。五年间，内河航道建设共完成投资198亿元，其中，2000年完成投资54.5亿元。重点建设了“两横”(长江和西江干线)、“一纵”(京杭运河)、“两网”(长江三角洲和珠江三角洲水运网)中的一批骨干航道。“九五”期间改善航道

里程3780公里,使达到规划标准的水运主航道里程增加到6870公里,完成规划里程的46.8%,比“八五”期末增加了近10个百分点。到2000年底,全国内河通航里程已达11.9万公里,等级航道占总里程的比重达到51.4%;千吨级以上航道达7855公里,比上年增加92公里,比“八五”期末增加1140公里。目前基本形成了江南水网和珠江三角洲航道网五百吨级和千吨级的骨架航道。

为适应沿江、沿河的产业结构变化,及时调整了泊位建设方向,建设了一批为原材料、外贸物资运输服务的集装箱、多用途、散货等通用泊位,港口深水泊位增加,吞吐能力增强。2000年,内河港口新增码头泊位59个,新增吞吐能力888万吨;沿海港口新增码头泊位23个,新增吞吐能力3749万吨。目前,全国内河港口生产用码头泊位达到29158个,其中万吨级泊位达到133个,比上年增加24个;沿海港口拥有泊位3700个,其中万吨级以上泊位达到651个,同比增加64个。上海港外高桥二期、深圳盐田港二期等集装箱码头以及青岛港20万吨级矿石专用泊位等一批枢纽港深水泊位于2000年相继建成投产,沿海港口专业化、现代化水平不断提高,专业化运输系统逐步完善。

4．民航建设再创佳绩,机场网络初步形成

“九五”期间,民航基础设施建设采取集中力量保重点,精心组织安全施工等措施,一批重点项目顺利完成。五年间,全行业累计完成固定资产投资920亿元,完成48个机场的新建、扩建和改造,是我国建设机场最多的时期。其中,杭州萧山新机场经过3年的建设,已于世纪末顺利竣工并通航;四川新建的南充、绵阳两座支线机场也相继竣工投产,为西部大开发完善了航空运输条件;首都机场西跑道改造工程按期完工,航站区扩建通过了国家验收;成都双流、兰州中川、西安咸阳、重庆江北、济南遥墙、长沙黄花等重点机场改扩建的航站区或飞行区部分已竣工验收,其他在建及新开工的机场建设项目都进展顺利。通过“九五”时期的建设,全国机场网络基本形成了以北京、上海、广州为大型枢纽,省会和主要开放及旅游城市为干线,干线与支线机场相配合的格局。

到2000年底,我国民航定期航班机场已达到129个,比“八五”期末增加11个;航线条数达到1120条,比“八五”期末增加323条。其中,国内航线990条,国际航线130条,分别增加278条和45条;运输飞机达到510架,比“八五”期末增加270架。

二、运输生产平稳增长,运输结构日趋合理

“九五”期间,交通运输总体形势呈现平稳发展、稳中有升的良好态势。据统计,2000年全社会货运量完成134亿吨,货物周转量完成43374亿吨公里,同比分别增长3.6%和7.1%,比“八五”期末的1995年分别增长8.5%和21.4%,年均分别增长1.7%和4.0%;全社会客运量完成146亿人,旅客周转量完成12216亿人公里,同比分别增长4.7%和8.1%,比1995年分别增长24.5%和35.7%,年均分别增长4.5%和6.3%。综观“九五”期间的运输生产,主要有三大特点:一是旅客运输量年均增长速度比货物运输量年均增长速度高2个百分点,反映出客运快于货运的大趋势;二是货运形势在“九五”末期出现好转,持续低迷的货运需求加速攀升,开始实现恢复性增长,尤其是国家铁路全年完成货运16.55亿吨,创历史最高水平,水运和民航货运量增幅也创近年之最;三是平均运距继续延长。2000年客货平均运距分别达到84公里和324公里,同比分别延长3公里和11公里,致使全社会货物周转量增幅高于全社会货运量3.5个百分点,全社会旅客周转量增幅高于全社会客运量3.4个百分点。

在运输量稳步增长的同时,运输结构进一步得到改善和优化,客货运输不再依赖单一或少数运输方式,各种运输方式的优势开始得到较好发挥。铁路运输仍保持着大通路、主干道的重要作用,承担着长距离和大宗货物的运输任务,但在各种运输方式中完成的客货运输量所占比重有所下降。货运量和货物周转量所占比重由1995年的13.4%和36.0%分别下降到2000年的12.8%和30.1%,客运量和旅客周转量所占比重也由1995年的8.8%和39.4%分别下降到2000年的7.0%和37.0%;公路运输所占比重继续上升,客货运量所占比重由1995年的88.8%和76.2%上升到2000年的91.2%和76.7%,客货运输周转量所占比重则由1995年51.1%和13.1%上升到2000年的54.3%和13.8%,公路的基础性作用日益显现;民航运输在客运中所占比重也明显上升,客运量和旅客周转量所占比重分别由1995年的0.4%和7.6%上升到2000年的0.5%和7.9%;水上货运的长距离、

大运量的优势继续得到发挥，水运货物周转量所占比重由1995年的49.1%上升到2000年的53.4%。

1. 铁路运输

“九五”期间，铁路部门大力开拓运输市场，取得显著成效。客运方面，自1997年以来，连续三次大面积提速，并对运输产品进行了调整和优化，进一步吸引了客流，促使旅客运输持续保持较快的增长速度；货运方面，紧紧把握住运输市场的变化，积极开拓货源，努力开辟新的经济增长点，同时大力挖掘运输潜力，扩大运输能力，改善运输组织，使货物运输摆脱了近年需求不旺、增长有限的低迷状况，使货运量和货物周转量在2000年均创历史最好水平。据统计，2000年货运量完成17.4亿吨，货物周转量完成13902亿吨公里，比“八五”期末的1995年分别增长5.2%和8.0%，年均分别增长1.0%和1.6%；客运量完成103172万人，旅客周转量完成4532.6亿人公里，比1995年分别增长0.4%和27.8%，年均分别增长0.1%和5.0%。

2. 公路运输

“九五”期间，伴随着高速公路的延伸，高速客运和快速货运迅速崛起，扩展了公路运输的空间，提高了服务效能，公路客货运输生产继续保持平稳发展的趋势。据统计，2000年货运量完成1038813万吨，货物周转量完成6129亿吨公里，比“八五”期末的1995年分别增长10.5%和30.6%，年均分别增长2.0%和5.5%；客运量完成1347392万人，旅客周转量完成6657.4亿人公里，比1995年分别增长29.5%和44.6%，年均分别增长5.3%和7.7%。

3. 水上运输

“九五”期间，水上货运和港口货物吞吐量都呈现出快速增长的态势；水上客运总体上尚未摆脱持续下滑的局面。据统计，2000年货运量完成122391万吨，货物周转量完成23734亿吨公里，比“八五”期末的1995年分别增长8.1%和35.2%，年均分别增长1.6%和6.2%；客运量完成19386万人，旅客周转量完成101亿人公里，比1995年分别下降19.0%和41.6%，年均分别下降4.1%和10.2%。

港口货物吞吐量持续增加，其中外贸货物吞吐量和国际集装箱吞吐量增势强劲。“九五”期间，全国主要港口货物吞吐量以年均8.8%的速度递增，到2000年底，主要港口货物吞吐量达到17.0亿吨，比“八五”末增加5.8亿吨。其中，外贸货物吞吐量完成5.7亿吨，比“八五”末的1995年增加2.4亿吨，年均增长11.6%。目前，我国已有3个港口货物吞吐量达到亿吨以上。其中，上海港已突破2亿吨，跃居世界第3位；宁波港吞吐量则首次突破亿吨大关，跃居全国第2位；广州港继1999年成为我国第2个亿吨大港后，再次突破亿吨大关。全国港口集装箱吞吐量年均以30.9 %的速度递增，“九五”末达到2348万国际标准集装箱(TEU)，比“八五”末增长了2.8倍。目前，我国已有7个港口集装箱吞吐量达100万TEU以上，其中上海港首次突破500万TEU，达到561万TEU，跻身世界第6位。

4. 民航运输

“九五”期间，民航部门积极开拓市场，改进服务，深化改革，采取对108条国内航线实行联营，出台促进支线运输发展等新政策，使航空运输生产取得了较快增长。据统计，2000年货运量完成196.7万吨，货物周转量完成50.3亿吨公里，比“八五”期末的1995年分别增长94.6%和125.4%，年均分别增长14.2%和17.7%；客运量完成6722万人，旅客周转量完成971亿人公里，比1995年分别增长31.4%和42.5%，年均分别增长5.6%和7.3%。

三、体制改革稳步推进，经营管理得到加强

“九五”期间，各项改革稳步推进，行业管理进一步加强。统一开放、竞争有序的交通运输市场得到进一步培育和发展。国有交通企业转换机制，加强管理，经营状况不断改善。几个全国性的大型交通企业集团相继建立，不断开拓市场并取得成效。

1. 机构改革继续深化，政企分开又有进展

交通部门在机构改革方面，推进了直属企事业等单位的改革，大部分已顺利实现了与政府主管部门的脱钩。铁道部对非运输企业进行重组脱钩，除将10所普通高校及一批中专、技校、成人教育学校移交教育部或地方管理外，还顺利实现了将中国铁路工程总公司、中国铁道建筑总公司、中国铁路机车车辆工业总公司、中国铁路通信信号总公司、中国土木工程集团公司等五大公司与铁道部脱钩，完成了战略性重组，实现结构性分流人员近80万人，铁路职工总数由320万人减少到248万人。交通

部除指导完成省市一级政府交通部门机构改革外，还进行了水上安全监管体制改革、口岸管理体制改革试点、直属企业及行业中介机构脱钩，交通科技、教育、勘察设计体制改革等等。民航总局除抓紧民航空管体制改革、试点成立空管中心外，还按照“企业自愿、政府引导、发挥集团优势”的原则，设计将直属的10家航空公司以国航、东航、南航为基础，组建成三大航空运输集团公司，并在三大集团重组后实现与民航总局脱钩，重组工作已开始启动并取得一定进展。

2．铁路运输管理体制改革总体思路基本确立

运输管理体制改革一直是铁路改革中的重点。经过多年的改革摸索和多方案的反复比较，“九五”期间铁道部确立了以“网运分离”为基本模式，对铁路运输传统管理体制进行根本性改革的总体思路，力争用10年左右的时间全部完成“网运分离”。2000年，昆明、呼和浩特、柳州和南昌等4个直管站段的铁路局，作为试点先行组建了客运公司，广州铁路集团客运公司也于12月正式挂牌，标志着铁路旅客运输管理体制改革迈出了实质性的步伐。

3．经营管理得到加强，经济效益有所提高

铁路部门利用实施大面积提速和新的列车运行图为契机，进一步推进了客货运输改革，调整和优化了运输产品结构，增加符合市场需求的产品开行数量，并积极开发新的运输产品，使客货列车比例、各类客车比例更加合理，并在运行时刻的安排上更好地适应市场需要。交通部门重点推进国有交通企业改革，引导企业以资产为纽带实行兼并和资产重组，组建企业集团，建立现代企业制度，实现了国有交通企业改革和发展的阶段性目标。此外，为进一步发挥公路和水运的优势，提高运输服务水平，在调整结构、优化产品的进程中，重点发展快速客运、旅游运输、快件运输、零担运输、集装箱运输、特种运输等，改善了运输企业经营业绩，提高了经济效益。民航部门为巩固初步实现的行业扭亏成果，制止日趋严重的恶性削价竞争态势，2000年决定国内25家航空公司在108条多家共飞航线上实行联营，经过实践，实现了客座率上升2个百分点的业绩，在航油连续9次大幅度涨价的情况下，实现了全行业盈利7.89亿元的目标。

4．规范和强化行业管理，加快交通立法步伐

为规范和整顿市场经济秩序，加强交通行业管理，交通部门开展了“公路建设质量年”、“道路运输市场管理年”、“水上安全管理年”活动，整顿了道路运输市场秩序，打击了非法运营和不正当竞争，制止了违章超载，淘汰了一批技术性能不合格的营运车辆，使市场秩序明显好转，市场监管能力明显增强，行业整体形象得到改善。铁道部则继续加强安全基础建设，开展全路范围的安全大检查活动。经过努力，运输安全实现了逐步稳定的态势，交通安全形势总体趋好。“九五”期间，交通立法工作步伐也有所加快，交通部提出了“公路水路交通法律体系框架和实施意见”，制定出台了“公路建设四项制度实施办法”、“公路建设监督管理办法”、“公路建设市场准入规定”、“超限运输车辆行驶公路管理规定”、“水运工程质量监督规定”和“国内水路货物运输规则”等11个规章。

四、问题与建议

“九五”期间，我国交通运输建设与生产取得较快发展，供需状况有了很大改善，但与经济发展和进一步扩大开放的总体要求相比，交通运输仍处于国民经济与社会发展的薄弱环节。一是运输网规模总量不足，地区发展不平衡；二是技术装备水平与运输质量不高；三是交通运输管理体制和企业经营机制改革相对滞后。

“十五”期间，我国对外开放将进一步扩大，对外贸易会有较快增长。经济结构、产业与产品结构的调整与优化升级，使我国的货运需求总量仍将呈增长态势，货物运输结构将发生较大变化，高附加值产品、特种货物及鲜活货物将有较大幅度增加。随着经济的不断发展，人民生活水平的不断提高，人员交往和出行将更加频繁，客运需求增幅将高于货运需求。

为适应国民经济与社会发展，根据交通运输业现状、存在的问题及所面临的形势。“十五”期间的交通建设要统筹规划，合理安排，扩大网络，优化结构，完善系统，推进改革，建立健全畅通、安全、便捷的现代综合运输体系。

交通建设的具体任务目标是，加快以“五纵七横”为重点的公路国道主干网建设，全面贯通“三纵两横”。起步建设西部公路的八条新通道，完善路网结构，提高路网通达深度。2005年，公路通车里程达到160万公里左右，其中高速公路2.5万公里。

建设和改造“八纵八横”铁路主通道，扩大西部铁路网，加快铁路既有线路技术改造，提高列车运行速度。建设青藏铁路、京沪高速铁路和西北、西

南进出境铁路。2005年,铁路营业里程达到7.5万公里。

加强沿海主枢纽港口大型集装箱运输系统、专业化散货运输系统及主要港口出海航道建设,建设上海国际航运中心。2005年,沿海港口深水泊位达到800个。加强长江、珠江及京杭运河等水运主通道建设,积极发展内河航运。

突出支线机场建设并向西部地区倾斜,完善枢纽机场和干线机场,提高空管技术装备水平。加强油气管道建设,初步形成管道运输网。

"十五"期间,要充分发挥各种运输方式的优势,发展和完善城市间旅客快速运输、大城市旅客运输、集装箱运输、大宗物资运输和特种货物运输五大系统。以信息化、网络化为基础,加快智能型交通的发展。加快以政企分开为核心的交通运输管理体制和经营机制的改革,铁路实行"网运分离",民航机场和港口下放地方管理,航空运输企业实行重组,形成大集团。

到2005年,运输服务质量将有明显提高,旅客运输的安全、快捷、舒适、方便性将进一步增强,各种运输方式的衔接更加紧密,货物运输更好地满足用户的需求,并向现代物流方向发展。运输领域中建设和经营的市场化机制基本形成,交通设施建设与经营的市场准入、运输市场规范及法律、法规建设等方面将迈出更大步伐。

(执笔:刘玉麒)

专栏5.1 旅游对外开放从旅馆业向旅行社业发展

我国旅游业的对外开放是从旅馆业开始的。1979年,北京建国饭店作为国内第一家境内外合资的旅游宾馆诞生,此后利用外资特别是外商直接投资建立的宾馆、饭店越来越多,到1999年底,全国共有外商投资的宾馆、饭店472家,港澳台商投资的宾馆、饭店247家,合计占我国旅游涉外饭店总数的10.2%。随着改革开放的不断深入,扩大旅行社业的对外开放也提到议事日程上来。1998年,经国务院批准,对外贸易经济合作部和国家旅游局联合发布了《中外合资旅行社试点暂行办法》,标志着我国旅行社业市场正式对外开放。1999年批准成立的3家中港合资的旅行社,实现了旅行社业利用外资零的突破。到2000年年底,我国与外资合建的旅行社已达到8家。尤其是首家中日合资旅行社的成立,表明中国在加入WTO的进程中迈出了新的步伐。2000年5月31日,由中国国际信托投资公司的全资子公司中信旅游总公司(1987年成立)和日本株式会社的全资子公司日本交通公社(已成立88年)合资建立了新纪元国际旅行社。由于日本交通公社拥有65家国外分支机构,有广泛的旅游网络和良好的商业形象,中信旅游总公司也有一定经济实力和良好信誉,新纪元国际旅行社将实现双方的优势互补,有利于提高管理水平,促进规范经营,加速旅游的新产品、新项目、新线路的开发和销售,为广大中外旅游者提供更加优质的服务。我国的涉外旅行社正在积极向国外发展。在旅行社中被独家认定为中国驰名商标的中国国际旅行社,总社成立于1954年,经过近46年的发展,除在国内拥有150多家子公司和企业,从事多行业业务外,现已与境外数十个国家和地区的数百家旅行商进行了业务合作,并在美国、日本、法国、瑞典、丹麦、澳大利亚等重要客源地设立了14家分支社。中国国际旅行社总社除在全国率先加入了"亚太旅游协会"、"国家航空运输协会"、"美国旅游代理商协会"等主要国际旅游组织外,还在2000年通过申请批准成为世界旅游组织内中国唯一的企业会员。

(执笔:黄大中)

“九五”时期的邮电通信业

“九五”期间是我国信息产业发展速度最快、改革力度最大、整体水平实现质的飞跃的时期。信息产业提前超额完成了“九五”计划目标，增加值占国内生产总值（GDP）的比重由“八五”末的2%提高到4%，对国民经济和社会发展发挥了有力的促进作用。

五年间，累计完成邮电业务总量13670亿元，是“八五”期间累计完成量的5.2倍。通信业务收入年均增长28.8%，高于同期GDP增长幅度20多个百分点。通信业固定资产投资累计完成8000亿元，是“八五”的3.3倍。邮政企业圆满完成扭亏增盈阶段性目标，经济效益进一步提高，物流、资金流、信息流合一的服务网络逐步形成，全国邮政电子化局所达到1.6万个。电信网已实现由小容量向大容量、模拟技术向数字技术、单一业务向多样化业务的转变，主要通信能力和业务量比“八五”末翻了一番以上，电话网规模容量和用户数位居世界第二位；通信投融资体制逐步实现由依靠政策为主向依靠政策和市场相结合的转变，融资渠道进一步扩大；通信技术装备基本实现以引进为主向以国产为主的转变，通信网上新增局用交换机实现国产化，光通信、移动通信装备的国产化比重也明显提高。“九五”期间，我国固定电话网和移动通信网平均每年扩容4600万线，新增用户3700万户，发展速度创下了世界之最。

2000年是“九五”的最后一年，也是通信业改革重组后，按新机制运作的第一年。面对国内外电信市场的激烈竞争，我国通信业在党中央、国务院领导下，锐意改革、积极创新，在改革、发展、服务等方面都取得了显著成绩，保持了持续、健康、快速发展的势头。为“加速发展信息产业、大力推进信息化”起到了推动作用。全年通信业完成业务总量4793亿元，比上年增长43.9%；收入完成3498亿元，比上年增长24.8%；实现利税433亿元。通信业增加值完成2098亿元，比上年增长24.7%，通信业增加值占国内生产总值的比重达到2.35%（上年2.1%）。全年完成固定资产投资2314亿元，比上年增长35.5%，占全社会固定资产投资比重达到7.1%。

邮政事业发展与建设

“九五”期间，我国邮政业抓住机遇，开拓进取，克服各种困难，圆满完成各项经营目标，为“十五”计划打下了坚实的基础。

中国邮政在由计划经济向市场经济的转变中发生了深刻的变化。突出表现在以下五个方面。

（一）业务经营发展迅速，扭亏增盈成果显著

“九五”时期，是中国邮政历史上发展速度最快的时期。邮政业务收入年均增长23.5%，2000年达到424亿元，是1995年的2.9倍。各类业务收入的年均增幅：函件为17%、包件为22.9%、速递为17.8%、报刊发行为9.7%、集邮为8.4%。特别是邮政储蓄业务，在市场竞争日趋激烈、利率连续下调的情况下，仍保持了快速发展，年均增幅达到32.4%。邮储余额由“八五”期末的1668亿元，增加到2000年的4578.9亿元，市场占有率由“八五”期末的5.4%提高到7.06%。“九五”期间，邮政业务收入年均增长幅度高于同期国民经济增长幅度15个百分点，业务收入占GDP的比重由“八五”末的0.25%提高到0.46%。

根据市场需求和业务发展需要，中国邮政积极推进专业化经营，先后成立了中国邮政速递服务公司、中国邮政广告公司、中邮邮购有限公司、中国邮政储金汇业局、报刊发行局等专业化经营机构。逐步调整形成包括传统和新型业务在内的邮政业务系列，即函件、包裹、汇兑、发行、特快、储蓄、集邮、物流、信息服务等。集中精力发展了邮储、特快和集邮业务；大力培育商业信函、邮购、广告明信片业务增长点；重视“代”字业务的开发、承接和发展。借助邮政网络和网点优势，拓宽经营思路，在互惠互利的基础上，进行联合经营，满足社会多层次的需要。

在保持业务快速发展的同时，各级邮政部门注

重增收节支并举，开源节流并重，严格控制成本费用支出，重点压缩管理费和业务费。2000 年，业务费对收入的贡献率提高了 3.7 个百分点，管理费占总成本的比重下降了 1.2 个百分点，实现了企业经济效益的稳步提高。邮政独立运行两年来，共减亏 147 亿元，减亏幅度达到 82%，2000 年减亏幅度达到 51.1%，为邮政全行业扭亏为盈打下了良好的基础。“九五”末全员劳动生产率达到 7.9 万元，比“八五”末提高 3.9 万元。全国有 12 个省(区、市)邮政企业实现了收大于支。

(二)投资在结构调整基础上规模有所增加，科技含量不断提高

“九五”期间，邮政建设更为注重投资效果和技术含量的提高，从初期的注重中心局土建的投入逐步转向加大局内工艺设备和高技术、电子化网络的投入，投资结构逐步调整，全网资产结构不断优化。到“九五”末，工艺设备和信息网络投入占总投资的比重由“八五”的 46.5%提高到“九五”的 50%。在不断调整投资结构的同时，邮政的投资规模明显增加。“九五”期间累计完成投资 527 亿元，达到“八五”投资规模的 5.9 倍。

在投资增加的同时，科技含量不断提高。中国邮政坚持“科教兴邮”的方针，引进国外先进技术和设备，不断革新邮政管理手段、生产手段和服务手段，促使邮政部门从劳动密集型向技术密集型转变。国家邮政局科学技术委员会的成立，是面向新世纪，提高决策科学化、民主化的重要举措；在保持邮递类、金融类、集邮类业务“三足鼎立”、稳步发展的基础上，积极开发电子邮政等信息类业务，形成“四业并举”的发展格局；通过高新技术的推广应用，实现运输和装卸机械化、处理自动化、营业电子化和信息服务网络化。达到业务创新、生产作业手段创新和经营管理的有机统一，技术应用与业务开发的有机结合。

(三)通信能力明显增强

邮政通信网有了新的发展，邮件运输能力明显增强，邮件处理的机械化水平进一步提高，邮政综合计算机网的建设和“绿卡”网改造取得了明显成效。表现为以下两个方面：

一是网络规模明显扩大，运输和处理能力显著增强。在经济发达、人口稠密的地区增设网点，使网点布局、结构更趋合理。到 2000 年底，全国邮政局所、服务网点合计 70968 处，其中，电子化局所以 63.4%的速度增长，达到 15346 处。邮路已达 21908 条，其中快速邮路 498 条。邮路总长度达到 307 万公里，农村投递路线总长度 336 万公里。全国现有邮政汽车 44066 辆，比“八五”期末增加了 4134 辆，其中大吨位汽车 2460 辆；组建了邮政自己的航空公司，拥有邮运飞机 3 架；建立了邮政船务公司，现有邮船 13 艘；火车邮厢 509 辆，邮政运输能力显著增强。中心局内信函、包件分拣设备的配置率分别达到 35%和 45%；信函自动分拣机达到 118 套，信函分类理信机达到 116 套，包裹自动分拣机达到 142 套，商函制作设备达到 460 套，邮件处理机械化和自动化水平明显提高。

二是综合计算机网建设取得明显成效。“九五”期间，完成了综合网各级广域网、局域网的联网试行，保证报刊、集邮、速递、汇兑四个子系统稳定运行，推进了中心局、邮运、国际、机要等四个应用系统的开发工作。绿卡网实现了全国中心和各省中心联网运行。电子邮政完成了可行性研究的评审、批复，并进行了硬件设备的安装和调试。目前，全国邮政储蓄计算机网覆盖 31 个省(区、市)的 1763 个县(市)，邮政储蓄异地存取网点达 17839 个。特快专递查询系统实现 201 个老站点和 73 个新建站点的联网，并与 39 个国家和地区联网。省内发报刊局、省内订销局分别与省局联网率达到 90%。

(四)服务水平明显提高，服务质量显著改善

邮政部门通过深入开展“树邮政形象，创优质服务”活动，切实履行了普遍服务义务，服务水平明显提高，质量显著改善。

各种业务已覆盖全国大部分地区，农村邮政通信服务取得新的进展。到 2000 年底，全国提供邮政全功能服务的局所 31138 处。邮政信筒信箱 239356 个，邮政报刊图书销售点 44210 处，集邮品销售点 18941 处。邮政储蓄点 33698 处，邮政储蓄联网网点 20003 处，邮政储蓄异地存取网点 17839 处。全国住宅区信报箱群 115740 处，邮政妥投点已达到 2190 万处。全国开办邮政储蓄业务的乡(镇)23373 个，开办特快专递业务的县(市)1941 个，开办 185 特快专递查询业务的地(市)311 个，开办 185 特快专递查询业务的县(市)1250 个，开办邮购业务的县(市)1441 个。人均函件量达 6.4 件，局所服务人口达 1.8 万人，每百人报刊量为 16.4 份，已实现 145 个国家和地区通邮。

在提高服务水平的同时努力改善服务质量，报刊短缺和邮件丢失现象逐年减少，楼房通邮率超过

95%，纪特邮票按时、足量供应，营业窗口生、冷、硬、顶现象基本杜绝。邮件综合准时率达到99.8%，部分地区报刊订阅实现了网上订阅、同城互订、上门揽收、上楼投递，社会对邮政通信服务质量综合满意度达到83分。具体表现为：1. 修改并实施了《国内邮件处理规则》，县以上城市城区范围内的包裹直投到户工作基本落实，服务质量有了较大提高；2. 根据市场需求变化，增加了邮简、直递包裹、邮政公事及收件人总付邮费等业务，扩大了回执的使用范围和印刷品的准寄范围，放宽了包裹的规格重量限度；3. 充分考虑邮政综合网的建设，把科技进步和传统业务有机融合，提高工作效率和企业经济效益；4. 注重对外服务，缩短邮件传递时限；5. 注重管理，加强监督检查。建立了内外监督相结合、长期检查与集中检查相结合的监督体系。制定了规章制度，奖优罚劣，并加大了奖惩力度。

（五）改革步伐加快，有力地支持了业务发展

1998年邮电分营，给邮政企业带来了挑战，同时也带来了机遇。中国邮政围绕物流网的改造，加快投递体制和网路运行体制改革。各地以城市投递为重点，完善和强化投递网络的营销功能，拓展邮政物流递送服务的广度和深度，完成网路的调整、优化工作，省会一、二级邮区中心局管理体制的调整基本到位。改革后的投递网、运输处理网，由邮政内部生产运行的一个环节向相对独立经营的方向转变，由封闭型向开放型转变，由服务型向经营服务型转变。突出表现在以下两个方面：

一是邮区中心局体制实施工作取得重大进展。中国邮政借鉴国外成功经验，结合中国实际，不断对邮政网络体制进行改革，围绕实行中心局体制，减少经传层次，加快传递速度。通过优化组合，基本取消了县市局的邮件分拣封发功能，逐步将原来分散在2200个单位的邮件处理功能集中到201个邮区中心局。截至去年底，已有30个省会邮区中心局挂牌运行。邮区中心局体制的建立和运行，对于调整网络运行组织，优化干线邮路，组建区域快速网，降低邮件处理和运输成本，提高全网运行效率和质量起到了重要作用。

二是为适应市场需求，推进了投递体制改革。邮政部门克服重重困难并在交通运输部门的配合支持下，实现了国内信函、包裹、印刷品等邮件的全面提速。为压缩内部处理时限，23000多名邮政职工重新恢复了夜班作业。提速后省会城市之间的函件时限平均加快1～2天，包裹、印刷品时限平均加快2～4天。特快专递实现了京、沪、穗之间和东部地区之间的次日递，7个一级中心局之间次日递率达到80%；全国中央、省级日报实现早报早投率达到57%。各类邮件妥投时限准时率达到90%以上。从2000年7月1日起，全国基本实现了省会城市城区普通包裹免费直投到户；11月1日起，全国又实现了县以上城市城区邮购包裹免费投递到户。邮件提速和包裹投递到户，拓展了邮政服务的深度和广度，标志着邮政服务水平迈上了一个新台阶。特别是北京邮政投递局的成立标志着投递服务走向规范化、系统化，打破了条块分割的局面，将原来分专业的邮政投递网整合为全市统一的投递网，其服务功能也由原来单纯投递生产型向营销服务型转变。

“九五”期间，虽然我国邮政事业取得了显著成就，但也存在一些问题和不足：一是技术创新力度不够，技术与业务配合不够紧密，未能发挥显著效益。综合计算机网业务应用开发有所滞后，新技术未能充分发挥作用，投资效益有待增强；二是管理力量薄弱，经营秩序混乱。存在跨局界揽收、低资费收寄、大量集邮票品违规操作以及邮票低面值销售等无序竞争，政企合一的管理体制与市场经济环境及建立现代企业制度的要求不适应，制约了业务的发展，须加强企业管理，加大市场监管力度，维持经营秩序；三是普遍服务影响了邮政企业的自我发展。邮政企业不断提高经济效益的同时，还要克服种种困难，履行好普遍服务义务，正确处理好社会效益与经济效益两者之间的关系，是邮政企业取得长期稳定发展的保证；四是基础业务增长缓慢，业务拓展与市场开发比较薄弱。与“八五”末相比，函件、报刊、包裹、汇兑等基础业务增长率均有所下降，并且受市场竞争影响，上述业务的市场占有率有所下降。同时，邮递类业务收入在邮政总收入的比重有所下降，收入比重偏低，结构不合理，经营风险加大；五是邮政人员的整体业务素质偏低，人员结构不合理。存在着人员多，传统观念重，知识水平低，业务素质差等现象，特别是企业急需的复合型管理人才、营销人才和高级技术人才严重缺乏，制约了邮政的发展。

电信业发展与建设

“九五”期间，是我国邮电通信发展历程中极不平凡的时期。五年间，我国电信业在深化改革的同

时，进一步快速发展。电信业务总量累计完成12795亿元（1990年不变价），年均增长44%；是"八五"期间累计完成量的5.7倍。电信业务收入累计完成9380亿元，年均增长22.8%。电信业取得了举世瞩目的辉煌成就。

（一）企业改革取得显著成效 管理体制基本理顺

"九五"期间，我国电信体制改革迈出了重要的一步。1998年信息产业部成立后，按照中央关于"政企分开、转变职能、破除垄断、保护竞争与责权一致"原则的要求，在电信领域进行了大刀阔斧的改革，相继完成了政企分开、邮电分营、电信重组等重大改革举措。特别是2000年，中国电信业采取了一系列改革措施，顺利完成重组，实施政企分开，推进公司化运作，管理体制、运营机制均发生了深刻变化。随着2000年4月中国电信集团公司、中国移动通信集团公司的挂牌成立，目前，我国通信和信息服务市场已形成中国电信、中国联通、中国移动、中国卫星、中国网通和吉通通信等骨干企业与大量中小企业相互竞争、共同发展的局面，电信领域的市场竞争格局初步形成。

中国电信集团公司成立后，根据自身发展的实际和国内外通信业变革的新形势，提出了"力争用五年左右的时间，通过机制创新、管理创新、技术创新，把中国电信发展成为能够体现中国电信业实力，真正具有国际综合竞争力的大型企业集团"的战略目标。围绕这一目标，重点落实了抓解放思想，更新观念；抓发展战略的调整；抓改革的深化和管理的改进；抓服务水平的提高；抓队伍的建设等工作。加强了领导班子和人才队伍的建设，较好的处理了改革、发展与稳定的关系，保持了持续、快速、健康的发展势头。

中国移动集团正式组建后，采取了一系列改革措施，成功地完成了企业内部改革任务，打破依据行政区域层层设立管理机构的惯例，组织完成了非上市省（区、市）公司中省会公司的撤并工作，使管理层、操作层的界面更加清晰，为今后的改革和发展奠定了基础。同时在原六省公司上市的基础上，2000年11月集团公司又将北京、天津、河北、辽宁、上海、山东、广西七个省（区、市）移动公司资产重组，注入更名后的中国移动（香港）有限公司，成功进入国际资本市场。加快了企业运营机制转换，促进了企业的发展。

中国联通公司坚决贯彻国务院的指示和信息产业部的精神，经过艰苦细致的工作，完成了除联通寻呼合作项目外的所有"中外"项目的清理工作，解决了历史遗留问题，明晰了产权关系，为上市创造了必要条件。完成了国信寻呼成建制划入和国家注入资本金、原有股东增资以及调整分支机构等工作。在完成重组上市的同时，扩大网络规模，加速业务发展，提高经营效益，取得了可喜的业绩。

通过重组，管理体制基本理顺，资本结构明显改善，运营机制大大加强。

（二）网络建设继续加快通信能力不断增强

"九五"期间，通信业固定资产投资累计完成8000亿元，是"八五"时期的3.3倍。投资力度的加大，加快了传输网、基础业务网建设的步伐，通信能力不断增强。

干线光缆建设："九五"时期，电信部门继续加大了光缆干线建设力度。覆盖全国省会以上城市和70%地市的"八纵八横"格状形光缆骨干网提前两年于1998年底基本建成。"八纵八横"光缆干线的提前建成，为信息化建设提供了大容量、高速率的传输通道，对改善西藏地区的通信状况，促进西藏的经济发展、社会稳定和民族团结起到了重要作用。

"九五"期末，全国光缆线路长度达125万公里，其中长途干线光缆28.6万公里，比上年增长19.6%，是"八五"期末的2.7倍，目前，已能通达250多个地（市）。

固定通信能力："九五"期末，长途业务电路达425万路；长途电话交换机容量达到562万路端；局用交换机容量达到1.78亿门，分别是"八五"期末的5.7倍、1.6倍和2.5倍。目前，我国长途传输数字化比重达到99.6%，局用电话交换机程控化达到99.8%。支撑网建设取得新进展，七号信令网、数字同步网、电信管理网基本建成。1997年8月，随着四川省普格彝族自治县程控电话的开通，全国局用电话交换机总容量突破1亿门，网络规模跃居世界第二位，全国县以上城市全部实现电话交换程控化，这是我国通信发展史上一个重要的里程碑。

"九五"期末，中国电信互联网国内总带宽达到800G，速率提高16倍，国际出口带宽从年初的296M提升到近2000M；互联网端口达到348万个。中国联通长途通信网、数据通信网、IP电话网及互联网已形成全国规模。建成35个长途交换局，通达226个地市；北京、广州、上海国际通信局建成投产；数据网、互联网建设已扩展到 220 多地市；IP 电信网开通 231 个地市。

移动通信能力：“九五”期末，全国移动通信交换机容量达到 13686 万户，其中：中国移动交换机容量达到 10720 万户，中国联通移动交换机容量达 2966 万户。比“八五”期末增长 16 倍。目前，GSM 数字移动电话交换机容量占总容量的 93%，移动通信信道达 385 万个。移动通信机站达 8 万多。而“八五”期末时，GSM 数字移动电话交换机容量仅占总容量的 15%，85% 是模拟移动电话交换机。由于强化网络管理，开展大规模网络优化工作，网络运营质量进一步提高。

“九五”期末，中国联通无线寻呼网络容量突破 1.4 亿户，其中 198、199 网络系统覆盖 300 个地市，191、192 网络系统覆盖 115 个地市。

卫星通信能力：“八五”时期，国家电信部门增加了卫星通信网的建设力度，建成了一大批卫星地球站。“九五”期间，又对已建的卫星地球站进行了大规模扩容，使卫星通信网的能力大大增强。到 1998 年底，全国所有省会城市及部分沿海开放城市都开通了卫星地球站。1999 年中国电信完成了 32 座省、直辖市、自治区及主要城市卫星地球站的建设(其中 15 座新建站、17 座扩容改造站)。卫星通信建设的加强，进一步完善了国际卫星通信网，开通并扩大了东南亚及欧洲等国的国际卫星的通信业务。

目前，卫星通信已经在广播电视、国际互联网、IP 电话等领域得到了广泛的应用，在解决农村及边远地区通信等方面发挥巨大的作用。

(三)电信业务迅速发展，经济效益明显提高

“九五”时期，电信业务量继“八五”后继续保持较好的发展势头，普及程度进一步提高。电信部门在发展固定电话业务的同时，以移动通信、数据通信、国际通信为重点，大力发展各类电信新业务，积极培育新的业务增长点，为社会提供多样化、多层次的电信服务，获得了良好的社会效益和企业效益。五年间，全国电信业务总量年均增长达 44%。

——固定电话发展创历史最好水平。“九五”期末，固定电话用户达到 14485 万户，五年间累计新增用户 10414 万户，是“八五”末期的 3.6 倍。目前，加上移动电话用户，全国城乡电话用户总数已达到 2.3 亿户。全国电话普及率达到 20.1 部/百人，城市电话普及率达到 39 部/百人，其中，北京、天津、上海、南京、杭州、福州、武汉、广州、海口、昆明等省会以上城市已超过 40 部/百人。我国东部地区电话普及率达到 52.4 部/百人。电话已进入千家万户，住宅电话比重达到 81.6%。

——农村电话发展明显加快。“九五”期末，农话电话用户总数已达到 5171.3 万户，占全国固定电话用户总数的比重由“八五”末期的 19.8% 上升到 35.7%。同期，农村电话用户中住宅用户的比重也由 68.3% 上升到 88.9%，全国行政村通电话的比重达到 77.9%，江苏、河南、广西等省区已基本实现村村通电话。在沿海和经济发达地区，农村电话已成为电信业新的增长点之一。

——IP 电话的开通受到用户普遍欢迎。1999 年 4 月，信息产业部批准中国电信、中国联通、中国吉通在部分城市开展 IP 电话试验，试验成功后，已在全国正式开办这一新的业务。IP 电话开通一年多以来，通话量一直在成倍增长。中国联通 IP 电话业务与 17 个国家和地区的 32 个运营商实现国际漫游。

——“一线通”(N－ISDN)业务得到快速的发展，取得良好社会效益和企业效益。随着国际互联网在中国的逐步普及，“一线通”业务作为高速接入手段，得到广大消费者的青睐。到 1999 年底，“一线通”业务已实现在北京、上海等 25 个省会城市的长途业务联网。用户总数达到 16.8 万户。到 2000 年底，用户总数达到 69 万户，比上年底累计新增 52 万户，是前几年的 4 倍多。

——移动通信飞速发展，成为电信业新的经济增长点。“九五”中期，GSM 数字移动通信网已覆盖 330 个地(市)和 2022 个县(市)，实现全国联网漫游，并与 38 个国家和地区的 60 家运营公司实现了自动漫游。到“九五”期末，移动电话用户数达到 8453 万户，五年间年均增长 87.7%，移动电话用户数，跃居世界第三位。移动电话普及率达到 6.77 部/百人。移动电话业务总量占整个电信业务总量的比重由“八五”时期的 8.1% 上升到 57.8%。中国电信移动电话发展第一个 1000 万用户用了十年时间，第二个 1000 万用户仅用了一年的时间。无线寻呼用户年均新增 630 万户，2000 年底达到 4884 万户。

——数据通信业务发展迅猛。“九五”期末，互联网用户达 1601.7 万户，仅 2000 年累计新增 1301 万户。其中，中国电信用户达 1565 万户，累计新增 1282 万户；吉通公司用户达 36.7 万户，累计新增 19.1 万户。分组交换用户达到 11.4 万户，

数字数据(DDN)用户达到35.8万户,帧中继及ATM业务用户达4.4万户,分别均有较大幅度的增长。

(四)服务水平和质量得到明显的提高

“九五”期间,电信部门积极开拓新市场,引进新技术,推出新业务,服务工作迈出了新的步伐。

“九五”期末,全国电话普及率达到20.1部/百人;城市电话普及率39部/百人;移动电话普及率达到6.7部/百人。比“八五”期末,分别提高了16、23、6.4个百分点。目前,已通电话的行政村比重达80%。公用电话达357万部。移动通信网已覆盖全国所有地市和96%以上县(市)并与63个国家开通了国际自动漫游业务。

中国电信完成重组后,把抓服务水平的提高做为重点工作之一,首先确立了“用户至上,用心服务”的理念,要求标本兼治,建立以营业前台为重点,以后台为支撑,以网络服务为基础的完善的服务体系。推出了一系列改善服务的措施。

中国移动启动“业务流程再造”工程,对业务受理、信誉度动态管理、客户投诉等流程进行了梳理整合。各分(子)公司向社会推出新的服务承诺,旨在提高客户满意度。出台了全国服务质量考核办法和系列服务标准,进行了电话抽查及实地暗访活动,各级服务监督体系初步建立。大客户服务得到高度重视,服务力度明显加强。地市以上城市基本开通客户服务热线。2000年GSM移动体系网长途来话平均接通率61.14%,无线平均接通率99.06%,话音平均接通率60.09%,掉话率1.25%。

中国联通在大力发展通信建设的同时,注意抓各种规章制度的建立,努力提高服务,取得一定成效。

展望未来

经过“九五”建设与发展,改革重组,我国邮电通信业取得了长足的发展,已基本形成面向市场、面向未来的崭新格局,为新世纪邮电通信业的更快发展奠定了良好的基础。

2001年是“十五”计划的开局之年,也是跨入新世纪之年。在新的世纪里,科学技术突飞猛进,面对信息产业的高速发展,作为信息化重要基础设施的通信业,提出的未来五年发展目标是:要继续加强信息化法制建设,深化改革管理体制,创造有利于信息化的制度条件。大力发展高速宽带信息网,重点建设宽带接入网,适时建设第三代移动通信网。完成从窄带网向宽带网、从单一网向综合网、从自动网向智能网的过渡,实现网络的宽带化、个人化、综合化和智能化,成为一个兼有通信、计算机和媒体功能的高速信息网络。到“十五”期末,全国通信业务收入达到1万亿元,五年平均增长23%,其中邮政800亿元,电信9200亿元。固定、移动电话网的规模容量均跃居世界第一位,电话用户总数达到5亿户左右,全国电话普及率达到40部/百人,基本实现行政村通电话,邮政电子化网点达到4万处。到2010年,我国通信业整体水平进入世界先进行列,为国家的改革开放与现代化建设提供全面的信息技术装备支持与基础网络保障。

(执笔:焦友初)

旅游业发展形势分析

“九五”期间，我国旅游业快速发展，旅游生产力全面增长，旅游产品结构逐步完善，旅游业产出水平大幅度提高。旅游业在国民经济中的地位和作用日益增强，“九五”计划确定的各项经济目标都提前一年超额完成。特别是“九五”后期，我国旅游业推出的“2000神州世纪游”，开创了旅游全面大发展的新局面。

2000年我国接待入境旅游者突破8000万人次，达到8344.4万人次，比上年增长14.6%，其中，过夜旅游者3122.9万人次，增长15.5%，居世界第五位；外国旅游者首次突破1000万人次大关，达到1016万人次，增长20.5%；国际旅游收入162.2亿美元，增长15.1%，居世界第七位。国内旅游人数达7.4亿人次，增长3.5%，国内旅游收入3175.5亿元人民币，增长12.1%；旅游业总收入4518.9亿元人民币，增长12.9%。

一、“九五”期间旅游业发展的基本情况

(一)入境旅游、国内旅游、出境旅游全面发展，市场前景广阔

“九五”期间，我国入境旅游经受了亚洲金融危机的严峻考验，实现了持续稳定的增长。国内旅游业持续发展，形成世界上人数最多的国内旅游市场，国内旅游收入大幅度提高。出境旅游稳步发展，到“九五”末期，国务院已批准了14个国家和香港、澳门两个特别行政区作为中国(大陆)公民自费出境游的目的地，并开展了与所有毗邻国家的边境旅游。

表1　“九五”时期旅游市场的发展情况

项　目	1996年	1997年	1998年	1999年	2000年	年均增长(%)
入境人数(万人次)	5113	5759	6348	7280	8344	10.3
过夜旅游者人数(万人次)	2277	2377	2507	2705	3123	6.5
国际旅游收入(亿美元)	102	121	126	141	162	9.7
国内旅游人数(亿人次)	6.40	6.44	6.94	7.19	7.44	3.1
国内旅游收入(亿元)	1638	2113	2391	2831	3176	14.2
出境总人数(万人次)	506	532	843	923	1047	15.7

(二)旅游产业规模不断扩大，产业体系进一步健全和发展

“九五”期间，我国旅游生产力得到全面快速的发展，产业规模不断扩张。1996年，我国国际旅游收入首次突破100亿美元大关；2000年，我国旅游业总收入已达到4519亿元人民币；“九五”时期，旅游业总收入的年均增长率达到16.6%。到2000年底，我国各种档次的旅游住宿设施已超过25万个，拥有客房580万间；拥有旅行社8300家，其中国际旅行社1268家；我国的旅游交通状况大为改善，民航、铁路、高速公路、江河游船及城市交通等全面发展，旅游餐饮、旅游娱乐、旅游商品等也在旅游需求的刺激下不断有数量上的增长和质量上的提高；旅游从业队伍不断扩大，初步统计到2000年末全行业直接从业人员达550万人。

(三)旅游产品结构不断完善，旅游生产力配套水平明显提高

“九五”期间，全国策划建设了一批品位较高的重大旅游项目，同时加快了对城市周边旅游度假休闲产品的开发，建设了一批适应国内旅游市场需求的产品，重点规划指导开发了一批在国际市场上前景看好、国内又有旅游资源、符合环保国策和可持续发展战略的新型旅游产品。全国现有1万多个旅游景区(点)，涵盖了自然景观、历史古迹、社会生活等各个方面。各地系列主体旅游活动的成功举办也带动了新一代旅游产品的兴起。

(四)旅游促销高潮迭起,产品形象日益鲜明

以主题促销为主的海外市场宣传和国内宣传成效显著。'96中国度假休闲游、'97中国旅游年、'98华夏城乡游、'99生态环境游及2000神州世纪游等系列旅游主题活动的推出,集中体现了中国旅游的新魅力。近两年旅游全行业通过采取增大促销投入和促销频率,举办'98中国国际旅游交易会、2000中国国际旅游交易会,改进促销方式和技术手段,以及加强与主要客源国和国际旅游组织的交往等措施,使中国旅游业最大限度地克服了亚洲金融危机的严重影响,在1997年和1998年仍然保持了稳定发展,并从1999年起使其发展速度大幅度提高。

(五)旅游行业管理逐步深化,旅游市场秩序进一步规范

"九五"时期,全国各级旅游行政管理部门,从广度和深度上强化了职能,行业管理范围进一步扩大,力度进一步加强,在规范、协调及服务等方面水平不断提高,依法治旅得到普遍重视。《旅行社管理条例》、《导游管理条例》、《旅游统计管理办法》、《旅游景区(点)质量等级的划分与评定》等一大批法规和标准的发布实施,大大提高了旅游行业管理和质量监督的力度和规范性,到目前为止,全国已有122个城市荣获"中国优秀旅游城市"称号。

(六)综合功能全面发挥,旅游产业形象进一步树立

我国旅游业作为国民经济中发展最快、最具活力的新兴产业之一,对经济和社会发展的贡献日趋显著,已成为新的经济增长点和许多地区的支柱产业。到"九五"末期,我国旅游总收入已达到4519亿元,国际旅游收入已占全国服务贸易创汇额的半数以上。国内旅游的快速发展,刺激了相关行业的发展,扩大了国内需求,增强了经济活力,促进了地方经济结构的调整,加速了东部地区和中西部地区的发展。依托旅游资源而开展的旅游扶贫工程,已使400多万老少边穷地区的人民脱贫致富。此外,旅游业在优化投资环境、促进环境保护、弘扬民族文化、更新思想观念、提高人民生活质量等方面也发挥了重要作用。

二、2000年旅游业主要发展特征

(一)旅游消费成为假日经济的热点

1."黄金周"假日旅游业绩凸现。

假日旅游是国务院决定延长公众假期之后迅速形成的经济生活中的新亮点和消费领域的新热点。假日旅游的蓬勃发展,引发了"假日经济"现象,对扩大内需、拉动经济增长和提高人民生活质量发挥了重要作用。

表2 2000年"黄金周"国内旅游的实绩

	2000年国内旅游	春节	"五一"	"十一"
旅游人数(万人次)	74400	2000	4600	5980
旅游收入(亿元)	3176	163	181	230

春节、"五一"、"十一"三个公众假日的集中延长,"引爆"了公民国内旅游的消费热。初步统计,三个节日"黄金周"形成的国内旅游人数达到1.3亿人次,占全年总人次的16.9%;国内旅游收入574亿元,占全年旅游收入的18.1%。

2.假日旅游的主要特点:

假日旅游成为全民性消费活动,其特点一是旅游主体为普通家庭;二是全国各地区、各类景点全面火爆;三是"观光旅游"占绝大部分,度假型旅游有待发展;四是时段性供给不足较为突出。三个"黄金周"特点也各不相同,春节是城郊也"热","南来北往"、"进城下乡"、"探亲访友"的现象突出。"五一"是市场全面火爆,整体旅游平稳,长线旅游明显增加,出省、跨省旅游增多,山岳型景区(点)人满为患;"十一"是市场秩序井然,旅游环境舒适,旅游服务质量明显提高,长线旅游者减少,区域内旅行受到青睐。

3.假日旅游的经济影响明显

假日旅游具有相当强的经济产业关联功能,刺激了地区经济以及交通、商业、餐饮业和城市出租车等行业经济的发展。"五一"黄金周,铁路发送旅客2700万人次,同比增长26.3%;民航客运量170万人次,比春节增长34%,平均客座率74.2%,比春节高出18个百分点;假日旅游热也带动了商品和餐饮消费的热潮,5月与4月相比,全社会消费品零售总额增长2.5%,由于"五一"长假形成的消费热,拉动当月社会消费品零售总额增长约2个百分点。

(二)入境旅游市场保持较高增长幅度

2000年我国的入境旅游继续保持上年的涨势,

人数增幅达到两成以上，其中远程洲际市场稳中有升，近程洲内市场、周边市场和港澳台市场继续保持较高的增长，入境客源市场已大大超过“九五”计划指标，再创历史新高。

1. 外国人增势强劲，洲内市场快速增长，洲际市场稳步攀升。

2000年各月，外国人来华旅游的增长幅度一直保持在两位数，全年入境外国旅游者已达1016万人次，比上年增长20.5%，其中七——十4个月各主要客源国均出现了全部增长的“满堂红”局面，这一态势为近年来少有。

亚洲内市场：日本作为我国第一大客源国，在上年增长18%的基础上，2000年又比上年增长18.7%，入境旅游人数超过200万人次，达220.1万人次。这一方面是由于日本经济有所好转、日元升值等因素的刺激，另一方面是中日间新航线的开辟，增加了双方通航城市的数量和运输能力，为日本客人来华提供了有利保障。而驻日使馆自1999年8月开始实行的简化签证手续和降低签证费用等措施，也进一步方便了日本客人来华旅游。韩国市场在经过上年恢复性快速增长后，2000年依然增势不减，入境旅游人数达到134.5万人次，增长35.6%，增幅居15个主要客源国之首，成为继日本之后第二个向我国年送客量超过百万人次大关的国家。中韩间经济往来的频繁和交通运力的增加，是支持韩国客源迅速增长的主要原因。2000年东南亚的经济全面恢复增长，带动了出口、投资等一系列的增长，同时居民收入也在增加，加之与中国的友好关系继续加强，使来中国的旅游者大幅度增加。新、马、泰、菲、印尼5国当年向我国送客量达到166.6万人次，比上年增长17.3%。亚洲市场的快速增长，使其所占市场总份额的比重比上年又增加了0.7个百分点，超过了历史最高水平，所占外国人市场的比重已达到61.3%。

附：2000年外国旅游者地区构成情况

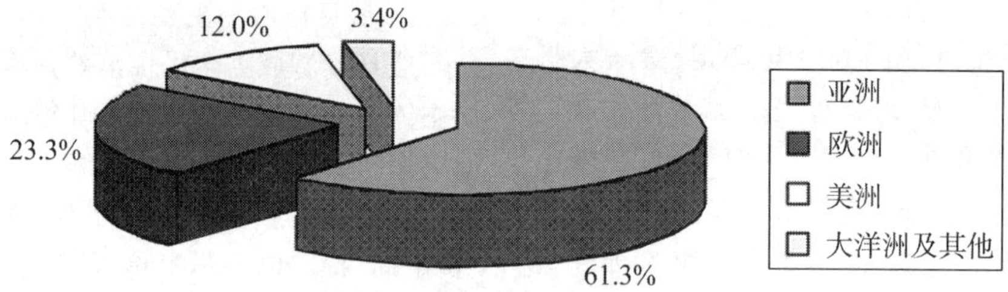

2000年外国人境旅游者地区构成情况

洲际市场：欧美市场是我国传统客源市场，经过了20年的发展，已进入成熟阶段，变化幅度小，呈现稳定发展态势。其市场份额虽趋于下降，但依然是我国客源市场的主体和稳定因素。2000年各月，欧美入境人数与上年同比增长均在15%以上。美国作为我国第四大客源国，近3年来，其增幅一直在10%以下，2000年则比上年增长21.7%，达89.6万人次，其中5月份的增长率达34.1%，为1991年以来的新高。英、法、德三国旅游者，2000年也有上佳表现，入境人数70.8万人次，增长12%，其中法国旅游者的增幅居首，达18.8%。

新兴客源市场：以俄罗斯为代表的原独联体各国和蒙古等周边国家，是近年来新兴的我国客源市场国。由于其游客主要以边贸旅游为主，因此受本国政治、经济和其他不可预见因素的影响极大，市场变数较大。俄罗斯1998～1999年受本国政治、经济动荡的双重影响，来华入境人数连续11个月大幅度下降至1999年4月的谷底，其后开始大幅度回升，到2000年下半年出现稳定增长趋势，2000年来华人数首次超过百万人次，比上年增长近三成。蒙古市场当年变化幅度较大，由于发生动物疫情，中蒙边境口岸曾一度关闭，导致5月份入境人数大幅度下降，下半年出现转机，入境游客稳定增长，全年入境人数近40万人次，比上年增长12.6%。

2. 港澳台市场，继续保持良好增长态势。

港澳游客一直占入境总人数的84%左右，至今已连续4年保持两位数增长。2000年入境港澳同胞达7009.9万人次，其中过夜旅游者2034万人次，占过夜旅游者总量的65.1%。其中除过境购物、探亲访友、办厂工作者外，周末、节假日来内地旅游度假的客源也逐月增长。有关部门批准关于实施港澳客人便利签证的办法，极大地方便了港澳同胞和经港澳入境的外国人在粤港澳大区域内旅游观光。同时，港澳经济已完全摆脱了亚洲金融危机的影响，经济增速较快，居民对未来持乐观态度，增加了旅游消费。

台湾游客来势较好。回大陆探亲观光旅游台胞，2000 年除 1 月份增幅较低外，其余各月增幅均在 10%以上，每月人数基本保持在 20～30 万人之间。全年回祖国大陆探亲观光旅游、投资建厂、进行经贸往来的台湾同胞达到 310.9 万人次，增长 20.3%。由于两岸文化相通、血缘相同，又没有语言障碍，大陆丰厚的旅游资源对台湾游客有着巨大吸引力；同时，扩大开放和经贸往来的增加，也使台湾同胞赴大陆的商务和旅游人数不断增加。然而两岸政治关系的不稳定，特别是台独势力的上台，给这一市场的发展增加了不稳定因素。

（三）规范出境旅游市场，有计划有组织地稳步发展出境旅游

中国公民出境旅游是我国综合国力增强、人民生活水平提高、对外开放扩大的必然结果。到 2000 年，我国已开展了几乎与所有毗邻国家的边境旅游，现已开放的中国公民自费出境旅游目的地国家也已有马来西亚、新加坡、泰国、菲律宾、韩国、澳大利亚、新西兰、日本、柬埔寨、越南、缅甸、老挝、文莱和尼泊尔等 14 个国家，内地公民赴香港、澳门地区的旅游规模也在不断扩大。中国作为亚洲地区一个新兴重要客源输出国，在国际市场上开始得到广泛重视。

中国公民自费出境旅游，历史虽然短暂，但发展很快，目前已形成了一定规模，并继续保持快速发展势头。2000 年中国公民出境总人数达 1047.3 万人次，比上年增长 13.4%，其中持因私护照出境 563.1 万人次，增长 32%，占出境总人数的 53.8%。2000 年中国公民出境旅游第一站的目的地主要有：香港、澳门、泰国、日本、俄罗斯、美国、韩国、新加坡、朝鲜和澳大利亚等国家和地区。

出境旅游人数的快速增长，使我国的国际旅游支出加大，从近几年的国际收支平衡表中可以看出，1995～1999 年间，国际旅游支出的年均增幅达 24.1%，高出同期国际旅游收入 14 个百分点。因此针对我国基本国情和目前旅游业的发展阶段，我国旅游业的发展方针明确了要进一步“适度发展出境旅游”的指导思想。

2000 年为了保证中国公民自费出境旅游健康发展，保障出境旅游者的合法权益，加强对出境旅游市场的规范管理，在公安部、国家工商局、国家外汇管理局的协调配合下，国家旅游局在全国开展了出境旅游市场的整顿工作。通过整顿，已对 4 家严重违规经营出境游的旅行社进行了查处，保证了出境旅游的健康发展。

三、旅游业“十五”计划目标和 2001 年形势展望

（一）“十五”期间旅游业的发展目标

“十五”计划期间，是中国旅游业承前启后的关键时期，也是为建设旅游强国夯实基础的重要阶段。我国经济将持续健康发展，对外开放程度将更高，宏观经济环境将更加优化，综合国力将进一步增强，这将推动我国旅游业登上新的台阶。其间，世界旅游业将继续增长，中国旅游业在世界旅游市场上的地位将日益提高，也为我国旅游业的更大发展展现了光明前景。

在上述发展环境下，“十五”期间，我国旅游业将以更加成熟的姿态进入全面发展的新阶段。国家已将旅游业确定为国民经济新的增长点，我国旅游业有望在 21 世纪前十年内成为多个地方的支柱产业，在 2015～2020 年间成为整个国家的支柱产业之一，并将成为世界旅游业最为发达的国家之一。而以国内客源市场为基础的国内旅游业前景广阔，将成为 21 世纪我国旅游经济的主体。

根据世界旅游组织的预测报告和我国的发展实际，国家旅游局提出了中国旅游业发展的“十五”计划目标和 2020 年远景目标。

“十五”计划目标：2005 年，接待入境旅游者 8500～9000 万人次，其中过夜入境旅游者 3450～3600 万人次，国际旅游收入 220～240 亿美元，国内旅游者 11～12 亿人次，国内旅游收入 5000～5500 亿元，旅游业总收入 7500 亿元，相当于国内生产总值的 5.8%。

2020 年远景目标：2020 年，接待入境旅游者 13500～14500 万人次，其中过夜入境旅游者 6200～7500 万人次，国际旅游收入 530～760 亿美元，国内旅游者 30～38 亿人次，国内旅游收入 19000～27000 亿元，旅游业总收入 33000 亿元，相当于国内生产总值的 8%。

“十五”期间，我国旅游业在发展速度上，将快于国民经济的总体增长水平；在发展模式上，将实

现效益型增长,收入水平的增长幅度高于人数的增长水平;在调控方式上,将充分发挥政府的导向性作用,进一步利用市场机制合理配置资源。

(二)旅游业2001年形势展望

2001年,是新世纪的第一年,是执行第十个五年计划的开局之年,也是我国旅游业向2020年建成“世界旅游强国”的目标迈进的奠基之年。为使新世纪我国旅游业能够继续保持快速健康发展,我国旅游业确定了2001年的工作目标:接待入境过夜旅游者3400万人次,比上年增长8.9%;其中外国旅游者1100万人次,增长7.9%;实现国际旅游(外汇)收入180亿美元,增长10.9%;国内旅游7.6亿人次,增长2.2%;国内旅游收入3500万元人民币,增长10.2%;旅游业总收入5000亿元人民币,增长10.6%。

为实现2001年旅游发展目标,我国旅游业将认真贯彻十五届五中全会和2000年中央经济工作会议及全国旅游发展工作会议精神,紧抓机遇,统揽全局,把握促进发展和整顿市场这两个重点,实现入境旅游和国内旅游继续强劲增长、出境旅游秩序明显好转、旅游管理水平和服务质量全面提高这三个目标,在培育旅游业成为国民经济新的经济增长点方面取得新的突破。

(执笔:任佳燕)

国内市场与物价

“九五”时期国内市场繁荣活跃

“九五”时期，在国家一系列扩大内需、活跃经济的宏观调控措施的持续作用下，国民经济成功地抵御了亚洲金融危机的冲击，保持了稳定增长的良好势头。在国民经济持续向好的大环境下，国内市场规模进一步扩大，新型商业业态充分发展，商品供应充裕，消费结构改善，市场供求格局发生根本性变化，国内市场进入持续、健康、繁荣活跃、稳定增长时期。

一、市场运行的主要特点

（一）市场规模不断扩大，新型业态形式发展迅速

“九五”期间，随着经济和市场建设的不断发展，市场规模呈不断扩大之势，社会消费品零售总额累计实现146513亿元，比“八五”时期增长1.1倍，扣除价格因素年平均增长10.6%；2000年全国批发零售贸易业商品销售总额达到65422.2亿元，比1995年增长61.4%；1999年全国城乡集贸市场成交额达到21707.8亿元，比1995年增长87.3 %。

随着改革和对外开放进程的不断加快，国内市场新型业态形式也获得了充分发展。长期以来，相对单一的传统百货店、副食店的销售形式被越来越多的连锁店、专卖店、仓储式商场、电视商场、邮购和电子商务等新型销售形式所取代。信用消费也初露端倪。

在各种经营方式中，商品交易市场和连锁超市发展最快。据有关资料显示，“九五”期间，商品交易市场异军突起、飞速发展，目前已到10万家左右，商品交易市场年成交额达到27000多亿元。连锁超市也以其低廉的价格、丰富的商品品种、便利的销售方式，深受广大居民欢迎而迅速发展起来。据第二届中国连锁业会议资料，目前我国连锁企业已达1800多家，拥有店铺26000个，年销售额达到1500亿元。

1998年国务院批准将外商投资商业企业试点范围进一步扩大到省会城市，各地中外合资、合作、独资商业企业数量不断增加。到1999年末，全国已有大中型外商投资商业企业132家，从业人员59025人；港澳台商投资商业企业161家，从业人员44122人。外商投资商业企业，不仅能够及时地将国外商品输入到国内市场销售，满足我国人民生活需要，而且也带来了国外先进的管理经验和营销理念；与此同时，外商利用本公司在国外的销售网络还能够将中国的商品及时地输送到国外市场，加强了国内外市场的联系。

（二）商品供应充裕，消费结构改善，供求格局发生根本变化

“九五”期间，国内生产总值年均增长8.3%；2000年国内生产总值达到8.94万亿元，比1995年增长52.9%。工农业生产的持续稳定增长，为国内市场的发展提供了充裕的货源。商品供应充裕，消费结构改善，供求格局发生根本性变化是这一时期国内市场发展的明显特点。

1. 商品供应充裕。“九五”期间，工农业生产保持良好势头。粮食产量连续4年稳定在5亿吨左右，棉花、油料、肉蛋、水产、蔬菜、水果等多种农副产品产量创历史最高记录，有的位居世界前列；工业结构调整进展顺利，与人民生活密切相关的轻工业生产稳步增长，主要工业消费品产量增加、质量提高，为城乡居民生活消费提供了丰富的货源。为满足居民生活多样性要求，“九五”期间国外生活消费品如服装、酒类、水果等进口也较多。市场上各类商品琳琅满目，供应充裕，价格平稳，消费者选择空间加大，市场到处呈现出一片繁荣活跃景象。

2. 消费结构改善。随着居民收入的稳定增长，居民消费结构得到明显改善。“九五”期间城镇居民家庭人均可支配收入年均增长5.7%，农村居民人均纯收入年均增长4.7%；城镇居民恩格尔系数和农村居民食物性消费比重也有较大幅度下降。居民在满足“吃”的同时，用于发展和享受性消费的支出增加，标志着居民消费结构的改善和生活质量的提高。彩电、冰箱、洗衣机、空调器、影碟机、热水器等耐用消费品已逐渐成为居民家庭生活的普通

用品；家用电脑、轿车等高档消费品也渐次进入居民家庭。据统计，1999 年每百户城镇居民耐用消费品拥有量同 1995 年相比，彩色电视机增加 21.78 台，电冰箱增加 11.52 台，电风扇增加 4.38 台，照相机增加 7.55 台；每百户农村居民耐用消费品拥有量也有了大幅度增加。

3. 供求格局发生根本性变化。“九五”期间，随着工农业生产的发展，人们一个明显的感觉就是商品越来越丰富。现在人们经常谈论的已经不是市场上“什么东西不好买”，而是市场上又出现了哪些新商品。据有关资料显示，“八五”期间市场上供不应求的商品仍占一定比重。“九五”期间，随着经济的发展市场上供不应求的商品逐渐被供大于求和供求平衡的商品所取代，供不应求的商品目前在市场上已基本消失。

(三)市场导向功能增强，假日消费引发新的商机

“九五”期间，随着买方市场的初步形成，市场对生产的导向作用进一步增强。计划经济时期生产者按照计划进行生产，生产与市场脱节较多的状况，在“九五”期间得到了根本性改变。适应市场经济需要的新型的生产与消费之间的关系初步形成。按需生产、市场主导，成为农业和企业产品生产的方向。市场上名、优、特、新商品逐渐占居主导地位，高质量、高档次、高营养、新口味、新用途、高技术的商品层出不穷，消费者地位逐步提高，生活质量明显改善。

“九五”后期，为了进一步扩大内需、推动市场发展，提高人民生活质量，国家在 5 天工作日的基础上又增加了法定节日休假天数，为居民外出旅游、购物创造了时间环境，提供了扩大消费的机会。现在由于节假日的增加，每年人民群众用于休息的时间已近全年日历天数的 1/3。特别是春节、“五一”、“十一”3 个七天长假，使假日消费形成高潮。各商贸、旅游、餐饮等相关行业企业，抓住有利时机，积极扩大销售，使假日消费成为“九五”时期市场发展中一道新的亮丽的风景线。假日消费为零售市场带来了巨大商机。据国家旅游局和国家统计局统计，2000 年“十一”黄金周期间，21 个旅游中心城市重点商业和餐饮业企业销售收入均达到 2 位数的增幅，其中商业企业零售额增长 28.7%，餐饮业企业销售收入增长 19.3%，部分零售企业销售额增幅达到 40%以上。节假日销售额占全年销售额的比重随着假日经济的成熟与发展不断提高。

(四)市场设施建设现代化程度大幅度提高，开放式商品流通网络初步形成。

一是商业设施建设明显加快，居民购物环境显著改善。在百货商场上规模、上档次和快速发展的同时，超级市场、购物中心、专卖店、便民店等以连锁经营为代表的现代化商业形式发展较快。二是随着商品条码应用技术的普及，我国销售管理现代化程度有很大提高。大型企业普遍采用了计算机网络技术；各商品交易所、批发市场利用计算机技术初步形成了跟踪商品供求、价格动态的全国市场信息网络。三是我国重要商品储备设施建设取得很大成绩，一批现代化骨干储备库已经建成并发挥作用。

“九五”期间，随着商业流通体制改革的不断深化，一个适应市场经济发展需要的多层次、全方位、大中小相结合、多种经济成分和运行方式并存的商品流通网络初步形成。

二、市场运行中存在的问题

(一)农村市场发展相对缓慢

“九五”期间，农村市场发展问题曾多次引起有关领导同志的高度重视，国家也采取了许多措施提高农民收入，促进农村市场发展，但效果都不太明显。2000 年全国县及县以下社会消费品零售总额占全国社会消费品零售总额的比重为 38.2 %，与 1995 年相比没有多大变化，与全国经济发展的总水平相比差距甚大。我国农村拥有全国近 70%的人口，其消费潜力是巨大的。当前制约农村市场发展的主要因素仍是农民收入水平低和消费环境差(包括基础设施落后等)。对于这一问题必须下大力气从根本上认真研究解决。

(二)流通秩序混乱和制售假冒伪劣商品问题有待进一步整顿

“九五”期间，国家加大了整顿流通秩序和打击制售假冒伪劣商品的力度，收到一定成效。但由于各方面经济利益驱动，部门分割、地区封锁、无序竞争，假冒伪劣现象仍屡禁不止。在某些地区、某些时期甚至加剧发展，严重扰乱了全国统一的市场秩序，损害了有关企业和广大消费者的利益，必须进一步严加整顿。

(三)大中型商贸企业市场竞争力亟需加强

“九五”期间，随着多渠道、开放式竞争格局的不断形成，各种新型业态形式和多种经济成份获得

专栏 6.1 繁荣兴旺的商品交易市场

我国商品交易市场经过20多年的培育和发展,已成为日用消费品和生产资料的重要集散地。年成交额在亿元以上的重点商品交易市场(简称亿元市场,下同),更是整个商品交易市场的支架和骨干,其成交额占全部商品交易市场成交额的70%以上。

到2000年末,我国拥有亿元市场3087个(注:浙江省为两亿元市场),各类市场中,以农产品及其初加工品的综合市场为最多,有820个,占亿元市场的26.6%;其次是工业品综合市场有436个,占14.1%;纺织品服装鞋帽市场有256个,占亿元市场的8.3%,其它数量较多的亿元市场还有:建材装饰材料市场、金属材料市场、蔬菜市场、食品饮料烟酒市场和机动车市场等。

亿元市场主要集中在东部沿海经济较为发达的地区,其中江苏、山东、广东、河北、浙江和辽宁6省的亿元市场个数达1669个,占东部地区的85.3%。

全国亿元市场拥有摊位211.5万个,摊位出租率达83.7%;营业总面积8000余万平方米。在各类摊位中,食品、饮料、烟酒类摊位最多,近80万个,占摊位总数的37.6%;其次是纺织品服装鞋帽类摊位近70万个。

2000年亿元市场实现商品成交额为16358.9亿元,其中东部沿海地区为12270亿元,占亿元市场总成交额的75%;中部和西部地区分别占15.7%和9.3%。浙江的亿元市场成交额最多,占全国亿元市场的18.3%;江苏、山东、河北三省的成交额也分别占全国亿元市场的13%、11.3%和10%。四省市场成交额就占到全国亿元市场成交额的52.6%。

在各类市场中,工业品综合市场实现成交额3609.8亿元,占22.1%;其次是农产品综合市场2301.3亿元,占14.1%;第三位是纺织品服装鞋帽市场2200.8亿元,占13.5%。这三类市场的成交额占亿元市场成交额的49.7%。金属材料、建材装饰材料和机动车这三类市场成交额为2748.1亿元,比重占16.9%,但这几类市场具有较强的发展后劲。

亿元市场成交额中,近三成为零售额。2000年,亿元市场实现商品零售额为4710.9亿元,占同期社会消费品零售总额的13.8%。东、中、西三大地区实现商品零售额分别占同期社会消费品零售总额的16.1%、9.5%和9.2%。浙江省的亿元市场零售额为610.8亿元,占该地区社会消费品零售额的26.6%,为全国之最;江苏、辽宁、河北和山东分别为22.3%、22%、20%和19.6%;而中、西部地区则相对落后于东部地区。

(执笔:李　敏)

了充分发展,商贸企业总体经济效益提高。但由于对竞争机制的不适应,部分大中型特别是国有大中型商贸企业竞争力下降,亏损严重。据统计,2000年全国大中型商贸企业亏损面仍高达40%。

三、"十五"市场发展展望

"十五"期间,国内市场发展将面临新的机遇。平稳发展,稳中有升,将构成市场运行的总基调。随着工农业生产的发展和产品结构的调整,市场上适销对路的商品将愈加丰富;在国家扩大内需政策的推动下,消费需求将进一步稳定增长,并将继续成为拉动经济增长的有效动力。据分析,"十五"时期我国消费需求将呈现五个特点。一是居民消费自主权扩大,个性化消费特征将更加明显;二是居民消费总量继续稳步增长,消费结构将逐步趋于合理化、高级化,恩格尔系数进一步下降,能提高居民生活质量的通讯、服务、教育、文化、医疗保健等的消费上升;三是居民的消费能力进一步提高,千元级消费商品将快速进入农民家庭,城镇居民万元级和十万元级消费商品明显增加,家用电脑、轿车进入家庭的速度将会加快;四是居民在物质生活迈上新台阶的同时,会更加重视文化素质和精神生活的提高,会加大发展型和享受型生活资料的消费;五是对公共消费品的需求会更加旺盛。居民消费需求的特点决定了商品市场销售的热点,具体来说,“十五”期间的商品销售热点将集中在:①电子信息产品。目前我国网民不断增多,以电子商务为核心开展的网上商场、网上购物、网上服务、网上教育、网上国际贸易等都将成为热点。信息技术商品化将为电子产品注入新的商机。信息家电、通讯设备、计算机、数字彩电等将会走俏。②与假日消费相关的商品。双休日和“黄金周”的推出将继续为居民扩大消费提供机会。各地反馈的信息显示,在促进消费增长的因素中,延长年节假日的措施将会有力地推动餐饮、旅游和娱乐等消费的增长。③与住房消费相关的商品。中央把启动住房消费作为实施扩大内需的重要宏观政策,在住房消费领域将继续产生明显效果。随着住房商品化进程的不断加快,居民购房支出大量增加。商品房销售增长将不仅带动房地产市场的回升,也将进一步推动建材、装饰装璜、家具、家电等商品的销售。④与教育消费相关的商品。据匡算,以现有的2亿中、小学生和556万高校在校学生计算,如果每个中、小学生年均教育支出1000元,在校大学生年均1万元,则一年的教育总支出为2556亿元,这将大大推动书报、文化、电子音像及日用品类商品的热销。

“十五”期间,随着市场秩序的整顿,消费环境将继续改善;农村市场的开拓将继续成为市场发展的焦点和重头戏,随着农业结构的调整和农村产业化发展,农村税费改革,减轻农民负担政策的落实和农民收入的逐步提高,将会带动农村市场加速发展。“入世”和对外开放,使国内商业企业所面临的竞争压力将会越来越大。但挑战与机遇并存,国内商业企业如果能认真对待,早作准备,不断提升自己的竞争力,其发展前景仍将是十分广阔的。

（执笔:王克臣）

“九五”时期生产资料市场稳步发展

“九五”时期，是我国生产资料市场发生深刻变化的时期，主要有三方面的特征：

一、结构调整是“九五”期间生产资料市场发展的主线

生产资料市场的结构调整是全方位的，主要有以下几个方面：

第一，生产资料的品种结构进一步优化，向高附加值、高科技含量、低能耗、多功能方向发展。例如，国内钢材生产中，高技术含量、高附加值的短缺品种的增产幅度不断加大，板管带钢材比逐年提高，由“八五”末期的38%左右，提高到2000年的41.7%。其中板带比由31%左右，提高到34.6%，中国汽车工业先后引进了“别克”、“雅阁”等国外90年代的最新技术产品，既大大提高了国内汽车工业的技术装备水平，也在一定程度上缩短了与国外先进水平的差距。在其他机械工业的设计、制造技术水平方面也有明显提高。如既生产了具有先进控制系统、国产化率达95%的大型火电设备，又开发生产了一批具有国际水平的水电设备巨型机组，还自主研制了核电设备机组等等。

第二，生产资料市场的企业结构有了重大变化。一方面是近年来生产企业积极参与流通，并在专业化分工规律的影响下发展成熟起来，一部分国有物资流通企业经过改制和重组后，也重新成为生产资料市场的重要力量。而另一方面则是国有资本逐步退出市场。各种民营企业在生产资料流通中显示出极大的生机，并保持高速发展态势。与此同时外国资本也开始渗透中国流通批发业，多元化的企业结构正在形成。

第三，生产资料流通方式发生了重大变化，流通效率和现代化水平得到提升。代理配送等新型营销方式相继涌现，并向规范化方向发展，品牌代理、佣金代理和特许经营等形式开始被广泛采用，代理经营范围由钢材、汽车向其他品种扩展。现代物流业开始成为生产资料流通发展的重点。

第四，生产资料流通国际化进程加快，国内市场与国际市场进一步融合。”九五”期间，生产资料流通开放度有显著提高，进出口成为调节国内供需的重要因素。生产资料出口占全部出口总额的比重上升较快，由1995年的42.9%上升到2000年的51.3%，已占据半壁江山。生产资料进口占全部进口总额的比重一直在70%以上，2000年更高达78.9%。有色金属、油品等一批重要生产资料在价格水平、行情走势等方面已逐步与国际市场接轨。

二、生产资料市场发展明显放缓

“九五”期间，在国内宏观紧缩和国际金融危机双重因素的制约下，生产资料市场总规模增长势头有明显减慢。据中国物资信息中心统计，这一期间全国生产资料销售总额年均增长幅度为8.7%，与“八五”时期年均32.4%的增幅相比，幅度减少23.7个百分点。

“九五”时期生产资料销售总额增长情况

	1996年	1997年	1998年	1999年	2000年
销售总额(亿元)	38323	41466	42710	45742	52100
增长(%)	11.4	8.2	3	7.1	13.9

其次是在这个时期初步形成了以市场为主的资源配置方式，出现了全局性的买方市场。其标志是继机电设备和原材料之后，能源也出现供过于求，煤炭开始被迫限产，电厂也感到负荷不足。据中国物资信息中心对钢材、煤炭、有色金属、木材、水泥等15种重要生产资料品种的资源与消费情况统计，“九五”期间重要生产资料一方面是资源与消费规模总体上继续保持增长，但增长速度有大幅度的减缓，其中资源增幅由“八五”期间的近20%减慢到6%左右，消费增幅减慢到5%左右。另一方面是供需状况从“八五”时期供不应求转变为供大于求。

第三方面是价格总水平连续四年的持续下降，从 1996 年开始，生产资料市场品种价格降多升少，到 1997 年除木材类价格略有上升外，基本上呈全面下降之势，整体价格水平 1996 年下降 1.1%，1997 年下降 2.3%，1998 年降幅进一步扩大到 7.1%，1999 年降幅有所缩小，为 4.8%。

三、2000 年生产资料市场发展出现拐点

在连续三年积极的财政和金融政策效应带动下，2000 年国民经济发展取得标志性的成绩，国内生产总值首次超过 1 万亿美元，同比增长 8%，止住了连续 7 年下滑的势头。与国民经济发展密切联系，2000 年国内生产资料市场也出现重大转折，需求扩大，销售增加，市场价格止跌回升。一是生产资料的社会需求回升加快。据统计，2000 年 19 种重要生产资料消费使用总量增长 11.3%。其中，柴油增长 27.4%，铜 23%，原油 19.6%，铝材 16.9%，铝 16.7%，硫酸 16%，钢材 13.6%，汽车 13.6%，锌 12.7%。国内市场销售活跃，全年全社会生产资料销售总额达 52000 多亿元，增长 13.9%。出口需求增幅较大，19 种重要生产资料出口量增长 58.4%。其中，汽车增长 184.8%，生铁 105.6%，钢材 68.4%。

二是资源总量得到初步控制。2000 年国家进一步加大结构调整的力度，坚决淘汰一批落后的生产能力，使不少盲目增长的生产资料产量得到控制，增幅有所回落。据统计，2000 年 19 种重要物资产量增长为 8.9%，低于需求的增长速度。其中，木材和煤炭的生产分别下降了 12.2% 和 1.2%。

三是生产资料市场价格开始止跌回升。2000 年生产资料价格总水平自 3 月开始出现正增长，并稳定回升，扭转了自 1996 年 4 月以来持续 47 个月价格下降的局面。全年累计平均价格总水平上升 3.8%。钢材、石油及其制品价格快速飙升，成为市场两大热点。据统计，2000 年原油及其制品价格同比增长 36.6%，其中汽油上涨了 38%、柴油 36.2%、ABS 树脂 31.9%。自 3 月下旬开始，一些钢材品种价格开始上扬，年底逐渐趋于平稳，全年钢材价格总水平上涨 5%，结束了长达 6 年之久的持续下滑势头。

四、2001 年生产资料市场展望

2001 年的生产资料市场走势，将会继续保持增长的势头，但增长幅度可能会小于去年。预计全社会生产资料销售总额将达到 57300 亿元，增长 10%左右；生产资料价格的增长幅度也会低于上年的水平。这是因为预计今年的国民经济增长速度大体保持去年水平或略有下降，而国际市场的需求增长将低于上年。从总量上看，无论国民经济的发展还是生产资料市场的发展都进入了一个相对稳定的时期，其发展速度大体可以根据惯性来把握。从主要品种情况看：

钢材：2001 年钢材市场需求增长幅度会明显低于去年，预计社会需求量在 14500 多万吨，增长 5%左右。由于全球钢材市场已供大于求，出口竞争将十分激烈，加之美国对钢板的反倾销措施的影响，全年出口量将低于 700 万吨，与去年大体持平。预计全年钢材产量超过 13000 万吨，增幅超过 5%。但由于加入 WTO，进口会有一定幅度增长，预计全年进口量超过 1600 万吨，主要为各类板材、特殊管材等。受政府机构改革影响，钢材限产的难度加大，成为影响总量平衡的一个关键，并直接影响到市场价格能否回升。从钢材的主要品种看，建筑类钢材总体呈现买方市场格局，全年线材、小型材的产量将分别超过 2600 万吨和 3300 万吨，消费需求增长幅度将在 4%以下。由于中西部地区基础设施项目开工较多，建筑用材的消费需求增长将快于东部沿海地区。生产用材如薄板、不锈钢材、硅钢片、造船板、高压管等，国内消费需求将保持快速增长，但出口需求受国际市场影响难有较大的增长。预计全年各类板材的需求量将超过 5000 万吨，增长在 6%以上。由于国内生产能力不足，仍有超过 1000 万吨缺口需要通过进口弥补。

铜、铝：2001 年全国继续进行城乡电网改造和大规模的电力建设，固定资产投资、住宅建设、包装、通讯和交通等亦需要更多的铜、铝材料，因此国内铜、铝的需求将分别超过 135 万吨和 280 万吨左右，增长幅度在 10%和 5%以上。由于国内外价差缩小和去年增加的库存需要消化，预计今年进口水平会出现较大幅度的回落，但进口量仍然较大，不低于 50 万吨和 70 万吨。今年铜、铝价格走势在很大程度上取决于国际市场的供求关系。国际研究机构的数据显示，到 2002 年之前，国际铜、铝市场

将连续呈现供不应求的倾斜局面。特别是今年上半年传统旺季时,市场将尤为紧俏。去年库存的大幅度下降,加强了人们的对价格上涨的心理预期。但是价格提高以后,会促使前期关闭的生产能力恢复生产,刺激供应增加,同时还会压抑需求,并使部分投机性囤积库存回流,在期货市场上主要表现为对高位抛售的担心,由此将引发市场行情的较大幅度波动。随着国际市场价格的上扬,与国内价格之间的差距即内外两地的套利空间也在逐步缩小。如果价格差距不被重新拉大,预计今年中国铜、铝的进口量会有所减少,这对国际基本金属价格也是一个不小的压力。除此之外,目前国内铜、铝行情相对软弱。在国际市场走强的同时,国内基本面去呈现相反的供大于求的局面。因此,今年国内铜、铝价格仍以追随国际行情大幅度振荡为主,但是振荡的中心价位将比今年有所提高,呈现出在波动中逐步上扬的态势。

油品:2000年油品市场发展活跃,成为生产生产资料市场的重要亮点之一。应该看到去年国际原油价格的大起大落,主要是国际金融市场的投机因素所致。所以未来油市能否稳定,看来也难以把握。国内原油和成品油价格虽然仍实行国家定价,但也开始逐步与国际接轨,去年内曾随国际市场9次调整成品油价格。今年国际原油市场有增长放缓的迹象,专家预计油价可能会回落。但国内油价跌幅不会太大。预计今年原油产量仍在1.55亿吨以下,难有大幅度增长,越来越大的缺口需要通过进口弥补,全年进口量将超过8000万吨。成品油由于需求较旺,以及进口原料充裕,将继续保持高速增产,汽油和柴油产品分别将达4000万吨和7000万吨以上。值得重视的是,我国原油供小于求的态势还将进一步发展,若没有重大发现和技术突破,石油进口比例会进一步提高,2010年中国石油进口量可能高达消费总量的40%。因此,重视石油安全问题,建立石油战略储备制度已成为当务之急。

橡胶:今年橡胶消费继续稳定增长,但增长幅度会出现回落。据测算,全年橡胶需求量将达到260万吨,增长幅度在8%以上。橡胶消费构成中,合成橡胶消费超过140万吨,天然橡胶消费在115万吨以上。受需求拉动影响,今年国内橡胶继续保持增长局面。如果不出现严重灾害,全国天然橡胶产量将不会低于46万吨,比上年有所增长。目前国内合成橡胶企业生产仍有潜力可挖。随着需求的增加,合成橡胶产量也会相应增加。预计2001年全国合成橡胶产量将超过85万吨,增长7%以上。目前国内外价格仍然存在较大的价差。如具有代表性的天然橡胶品种RSS3号胶,在新加坡现货市场上每吨还不到700美元/吨,按照现有汇率折算不超过6000元人民币,即使加上各种运费、杂费和税费后,如果有配额,进口到国内市场后仍有很大的竞争力。今后国际市场橡胶价格当然还有可能上扬,可无论如何,只是弥补现存的价差而已,对国内价格的推动力大大衰减。随着我国加入WTO,各类橡胶,特别是天然橡胶的进口配额管理还会进一步松动。预计全年橡胶进口量有增无减,合成橡胶和天然橡胶进口量都将超过70万吨,高于上年水平,全年橡胶市场继续呈现买方市场格局。廉价货源的大量进入,对于明显高于国际市场的国内价格来说,将会产生不小的压力。

建材:今年全国基本建设仍将保持中速增长态势,房地产开发投资增长将加快,这将带动建材需求的上升。预计水泥全年需求量超过6亿吨,增长水平在2.5%左右。各品种中,仍是高标号和特种水泥畅销,低标号的普通水泥过剩。如果国家限制小水泥生产的措施能够得到有效贯彻,市场关系将有所好转,价格稳中有升。受全球经济增长放缓和竞争加剧影响,今年水泥出口量不会超过700万吨,难有大幅度的增长。从地区结构分析,明年开发西部战略进入具体实施阶段,许多基础设施建设项目相继开工,西部地区水泥使用量增长较多。今年全国木材需求继续稳定增长,预计全年木材需求量在4000万立方米以上,增长幅度超过4%。木材需求结构中,矿井、模板、门窗、枕木等用材因为代用品的增加,使用量不断萎缩;各种装修用材和家俱用材则继续大幅度增长,并成为木材消费的主要增长点。今年国家将继续实行限伐政策,许多以砍伐为主的林业部门转向森林维护和其他经营。预计全年木材产量不超过1900万立方米,继续下降。木材产需中存在的缺口扩大,全年木材进口量(含锯材、胶合板)将超过2000万立方米,有较大幅度的增长。

汽车:今年国内汽车需求增幅将大体与去年持平,预计总量将增长10%左右,达到250万辆。生产将保持快速增长,预计总产量将比上年增长15%左右,达到230至240万辆。其中,载货车需求增长速度将有所回升。这是因为,西部开发战略将有实质措施出台,国家加强基本建设尤其是公路投资,将会带动部分载货车需求。初步预计,今年载货车需求98万辆左右,增速达到4.5%左右。客车需求增速将有所回落,但增幅仍达20%左右。今年轻型、微型客车需求仍将有较快增长,但增速将有明显回落,初步预计今年客车的需求量将在70万辆左右,同比增长20%。

(执笔:何 辉)

专栏6.2 西部市场不等于商品倾销地

我国是一个市场容量和潜力十分巨大的发展中国家,尤其是在广大的西部地区,潜在的市场需求正等待人们去开拓。但是,伴随着西部大开发热潮的兴起,西部地区出现了各种名目繁多的交易会、展销会、博览会,形形色色的会展接连不断,使西部一些省市出现了前所未有的“会展经济”热。这些会展多以销售商品为目的,且展销的商品雷同,缺乏特色,难以吸引该地区的消费者,更谈不上使潜在的消费需求转为现实的购买力。

究其原因,首先是长期以来,我们对广阔的西部农村市场不仅开拓不够,调查不深,研究不透,而且有所忽视。尽管有关部门制定了一些政策和措施,但并未真正得到落实。我国现有的工业生产结构也大都偏重于城市居民和发达农村地区的消费需求,而在西部地区,农民仍难买到物美实用、价格适中的商品。也有许多工商企业把城市和东部地区滞销的库存商品向西部农村推销,把西部地区当成了“过剩产品收购站”,忽视甚至低估了西部农民特殊的消费心理和需求,结果多数产品也只是库存易位,进不了消费环节。

西部农村在消费层次和消费时间上的滞后性,可以使同一种商品在城市或东部农村滞销时却在西部农村走俏,在城市或东部地区过时却在西部农村时兴。但这决不等于说在城市或东部农村质次价高的商品在西部农村就有销路。因为在消费结构和层次上区域之间存在一定差异,但对商品质量和信誉的要求是一致的,物美价廉是每一个正常消费者共同的基本心态。西部农民收入较低且来之不易。

住户调查数据显示,东部农村居民的消费水平基本达到或接近小康生活标准,中部温饱有余,西部农村居民则仍处于温饱线上,因此,在区域之间居民的需求结构差异度也较大,从而使某些必需的耐用消费品在东部经济发达区域市场上已趋向饱和,而在西部区域市场上(特别是广阔的农村市场)却缺乏有效需求。同时,由于西部地区受消费环境差,消费观念落后的限制,不少农民对多数商品需求仍是处于“买得起用不好或用不起”的窘境。一些地区供水、用电、道路、电视信号接转台等基本问题仍未解决好。目前西部地区有27%的农村至今尚未通电,34%的村不能接收电视节目。对一些中西部农村地区来说,大多数机电消费品由于农村电价过高,影响了家电的普及。加上农民受传统观念的影响较深,对一些新特产品难以接受,从而也限制了农民的消费面。

从近期来看,大规模的西征销售热潮充实了西部市场,带动了第三产业的发展,但从长远看,既不利于东部企业自身素质的提高,也不利于有效地开拓西部农村市场,更不利于西部地区经济可持续健康发展。给我们留下深刻教训的是,在90年代初的边贸热潮中,国内一些商家将一些低劣商品在中亚国家市场倾销,以致许多商铺挂出了“此店没有中国货”的标牌,这种为了一时的利益而失去市场的做法,确实令人深思。因此,有关专家提醒东部企业要有长远目光,尤其要防止假冒伪劣和质次价高产品进入西部市场,毁掉了商品声誉,更不应该将国家明令淘汰的落后设备、技术带入西部地区。

总之,西部市场潜力是巨大的,西部地区大开发战略的实施,将会逐步使西部巨大的潜在市场变为现实市场,给国内外投资者带来无限商机。

(执笔:严先溥)

“九五”时期价格总水平变动分析

“八五”后期，国家在金融、外贸、财税、价格等方面相继出台了改革措施，尤其是价格改革力度继续加大，先后调整了煤炭、原油、电力等工业品价格，提高了粮食、棉花等农产品收购价格，市场物价呈现强劲的上涨势头，1994和1995年全国居民消费价格总水平分别上涨24.1%和17.1%，国民经济和人民生活都受到了极大的影响。“九五”前两年，各级政府为抑制通货膨胀，控制物价的过快增长，采取一系列价格调控措施，取得了明显成效。1996年全国居民消费价格总水平比上年上涨8.3%，1997年上涨2.8%，物价大幅度上涨势头得到控制，价格涨幅出现明显回落。1998和1999年全国居民消费价格总水平则分别比上年下降0.8%和1.4%，年度居民消费价格总水平持续下降，是改革开放以来从未出现过的新情况，国内外各方面的议论较多，或曰通货紧缩，或曰过去过高价格的正常回归。2000年，全国居民消费价格总水平比上年上涨0.4%，扭转了自1998年以来居民消费价格总水平持续下降的局面。

鉴于“九五”期间我国价格总水平波动的特殊状况，有必要进行总结和研究，这将有助于在“十五”期间进一步完善价格形成机制，理顺价格关系，充分发挥价格的杠杆作用，优化经济结构，促进国民经济和社会事业的发展。

一、“九五”时期价格总水平变动的重要特征

(一)总体上看，价格总水平变动经历了惯性上涨、持续下降和回升三个阶段

1.“九五”前两年，即1996和1997年，受“八五”后期物价大幅度上涨的惯性影响，市场物价继续保持上涨态势，但由于各级政府的控价措施得力，价格上涨势头受到抑制，上涨幅度逐年回落。1996年和1997年，全国居民消费价格总水平分别比上年上涨8.3%和2.8%；全国商品零售价格总水平分别比上年上涨6.1%和0.8%。

在此期间，上游产品价格开始出现下降势头。1996年，全国农产品收购价格总水平比上年上涨4.2%，1997年比上年下降4.5%，其中粮食收购价格下降9.8%。1996年和1997年，全国工业品出厂价格总水平分别比上年上涨2.9%和下降0.3%。

2.“九五”中期，即1998和1999年，由于长期积累下来的产业结构不合理的矛盾在新的买方市场条件下充分暴露，加之亚洲金融危机的爆发，使我国出口贸易和利用外资增幅大幅度下降，导致国外需求萎缩，市场商品价格竞争加剧，导致价格总水平连续两年下降。1998和1999年，全国居民消费价格总水平分别比上年下降0.8%和1.4%；全国商品零售价格价格总水平分别比上年下降2.4%和3.0%。

上游产品价格中，1998和1999年农产品收购价格总水平分别比上年下降8%和12.2%，工业品出厂价格总水平分别比上年下降4.1%和2.4%。

3.“九五”末年，即2000年，由于积极的财政政策、启动消费市场、扩大内需的政策效果继续显现，国内需求不足的矛盾得到一定程度的缓解。与此同时，国家相继上调了春运期间客运交通费，杭州等城市调整了城市供水价格，江苏等省(区、市)调整了医疗服务收费标准，北京等城市调整了公有住房租金。加之受国际油价持续上涨的影响，国家相应地调整了国内原油基准价和成品油价格，带动了以石油为原料的加工产品价格回升，市场价格总水平出现反弹势头。全年全国居民消费价格总水平比上年上涨0.4%，扭转了自1998年以来居民消费价格总水平持续下降的局面。全国商品零售价格总水平虽然仍比上年下降1.5%，但比1998年和1999年降幅小，降势有所减缓。

2000年，工业品出厂价格总水平比上年上涨2.8%，上游产品价格出现回升势头。农产品收购价格总水平虽然仍比上年下降3.6%，但下降势头受到抑制。

“九五”期间，全国工业品出厂价格总水平年平

专栏 6.3 降价为何难以吸引更多的消费者?

价格,作为调节商品供求的重要手段,在市场经济的建立和发展中起到重要的作用。近几年来,我国居民消费价格一降再降,继 1997 年 12 月我国居民消费价格总水平出现改革开放 20 年以来的首次下降后,1998 年和 1999 已连续两年出现负增长,2000 年仅上涨 0.4%。价格的大幅降低,在极大程度上刺激了消费,推动了商品销售,消费者也从中得到了不少实惠。

但是,降价对消费的拉动作用正在逐渐弱化。延续多年的厂家、商家的降价、让利、打折促销之风,此起彼伏,一浪高过一浪。众多商家不断制造题材,甚至制造节日。尽管降价让利幅度之大,范围之广均前所未有,但人们再也难见到往日消费者蜂拥而至购买降价商品的场面。价格,这只看不见的手,似乎正在失去它原有的魔力。

降价难以吸引消费者的原因有:

1. 降价的商品多是居民家庭已饱和或“可买可不买的商品”。

据统计,2000 年在列入商品零售价格指数统计的 8 类商品价格中,除居住、服务和医疗保健用品价格比上年上涨外,其它商品价格均呈下降趋势。其中食品价格下降 2.6%,衣着下降 0.9%,家庭设备及用品下降 2.3%。以上价格下降的商品多是居民的日常生活用品,在消费上具有很大的刚性,消费弹性系数不大,且近几年消费量的变化已趋于稳定。因此,价格的下滑已难以吸引更多消费者的青睐。

2. 不少消费者已对降价销售失去兴趣。

“买涨不买落”是市场经济永恒不变的规律。一些消费者已从此起彼伏的降低价浪潮中悟出,商家打折重点是一些库存积压商品或过季的商品。如有些服装打折是为了增加销售额,完成销售目标和任务。这种以牺牲经营收益为代价的打折,常常不能取得很好的经营效益;另外,一些商家急功近利,搞一些虚假的打折销售,严重影响了消费者的利益,使不少消费者产生“越是降价的商品越不购买”的消费心理,这种消费行为已左右目前市场的基本走势。

3. 按需选购成为购物主流,使降价销售逐渐失去吸引力。

随着城镇居民生活水平的不断提高,多数居民对价格的涨跌变化已有较强的承受能力,不少居民已能较为理智地选购商品,居民消费雷同现象已经消失,正向消费多元化发展,昔日的盲目抢购和攀比消费已不可能重现。从市场现状分析,随着各地区、各部门、各行业、各阶层收入水平的差距越来越明显,消费层次的差别也越来越大,高、中、低档商品均有不同的消费群体,消费热点难以集中。从总体上看,居民收入差异及城乡差距形成的消费断层在短期内尚难耦合,消费结构已到了一个新的转折点。消费档次明显拉开,按需选购成为消费的主流。

4. 居民欲购的商品由于价高而买不起。

一方面居民的消费结构已经发生了很大变化,新增收入中用于服务性消费的部分所占比重越来越大。这从 1999 年高校扩招受到社会普遍欢迎,城镇家庭手机与计算机拥有量的快速增长中很容易得到证明。但另一方面,医疗、教育、旅游等服务性消费领域的价格呈现不断上涨之势,信息服务业仍维持着过高的垄断价格,2000 年,服务项目和居住价格分别比上年上涨 14.1% 和 4.8%。居民对衣食用消费品的需求趋于饱和,人们渴望拥有属于自己的住房和汽车等数万元以上的商品之时,却因其价格未降到合理水平而买不起。

面对这些具有巨大消费潜力的商品,如果企业能够在保证质量的前提下,进一步把价格降下来,就可能赢得更多的市场份额,争取市场的主动权。再者,WTO 的脚步已离我们越来越近,与国际市场价格完全接轨的调价已成为国内生产经营者的一种必然选择。一味不降价,再过几年,失去的不仅是市场,而是整个民族工业。我国家电工业所走的路可以说是在激烈的价格竞争中走出的一条成功的道路。

(执笔:严先溥)

均下降0.3%，农产品收购价格总水平年平均下降5%，居民消费价格总水平年平均上涨1.8%，商品零售价格总水平年均下降0.1%，意味着2000年主要消费品的零售价格水平与1995年基本持平。

(二)分商品看，农产品和家电耐用消费品价格普遍下降，居住和服务项目价格呈刚性上涨

1. 农产品由于连年丰收，价格下降幅度较大。"九五"时期，全国粮食收购价格年平均下降6.2%，食用植物油和油料价格年平均下降4.7%，棉花价格年平均下降5%，肉禽价格年平均下降4%，鲜菜价格年平均下降4.1%。受此影响，"九五"期间全国食品零售价格年平均下降0.6%，其中，粮食价格下降4.2%，猪肉价格下降2.6%，鸡蛋下降6.2%，水产品下降1.1%。鲜菜收购价格虽然下降，但零售价格则平均上涨4.9%。以粮食为龙头的农产品价格的大幅度下降，是"九五"中后期居民消费价格总水平持续走低的重要原因。

2. 工业消费品由卖方市场变为买方市场，价格竞争剧烈，家电产品尤为突出，爆发了彩电价格战、空调价格战、微波炉价格战，出现价格竞相降价现象。"九五"期间，在工业品出厂价格中，衣着商品年平均下降1.1%，一般日用品年平均下降1.6%，耐用消费品年平均下降4.3%。在零售环节，包括家具、洗衣机、电冰箱、空调器等商品的家庭设备及用品价格年平均下降0.4%，交通和通讯工具价格年平均下降4.0%，包括电视机、照相机、音响、摄像机等文娱用耐用消费品价格年平均下降6.4%。衣着商品出厂价格虽然有所下降，但零售价格却年平均上涨1.1%。

3. 居住商品价格调整力度较大。"九五"中后期，各级政府充分利用价格总水平持续走低的有利时机，相继提高了房租、水、电等收费价格标准，对于促使价格回升起了重要作用。"九五"时期，全国居住商品价格年平均上涨5.5%，其中，居民生活用水价格年平均上调16.6%，居民生活用电价格年平均上调7.5%，居民住房租金年平均上调23.7%，管道煤气年平均上调12.6%，液化石油气年平均上调6.0%。

4. 服务项目价格呈现刚性上涨，"九五"期间服务项目价格年平均上涨13.4%。其中，学杂保育费年平均上涨18.5%，医疗保健服务费年平均上涨15.0%，交通费用年平均上涨7.1%。

居住商品和服务项目价格持续上涨，是"九五"时期全国居民消费价格总水平年平均上涨1.8%的主要原因。2000年全国及大部分省(区、市)居民消费价格指数由负转正，也主要是受居住和服务项目政策性调价的影响。如果剔除居住商品和服务项目涨价因素的影响，2000年全国居民消费价格总水平仍比上年下降2.2%。

"九五"期间价格总水平的持续走低，出现通货紧缩的趋势，不利于国民经济的健康发展，但也有一定的积极作用。首先，城乡居民的货币收入获得增值，有助于减轻低收入户、特别是困难户的生活负担；其次，有利于保持社会的稳定，对国家利用三年左右时间，完成机构改革，推进医疗制度改革、粮食流通体制改革等都大有好处；再次，农产品价格下降，有助于减轻农副产品加工工业生产者成本负担，减少盲目投资，抑制粗制滥造，促使农民不断调整产业、产品结构，提高市场竞争意识，加强和改进科技生产和企业管理；此外还有利于商业竞争，提高服务质量，抑制价格欺诈和经营暴利。

二、"九五"期间价格改革的成果

(一)价格总水平的宏观调控机制日臻完善

1. 进一步完善了价格总水平调控制度。"九五"期间国家编制的价格计划，都提出了价格总水平的调控幅度，并列入国民经济和社会发展的年度计划。为更全面地调控市场物价，从2000年起，国家及各级地方政府在制定国民经济和社会发展计划时，还将商品零售价格指数改为居民消费价格指数，作为对各级地方政府政绩的考核指标。

2. 建立和健全了价格监测制度。国务院价格主管部门于1999年发布了《价格监测规定》，建立了一套完整的价格监测体系，对重要商品、服务价格和成本的变动定期进行监测分析，有利于发挥价格监测在宏观经济调控和价格管理中的重要作用，有利于正确引导生产、流通和消费，稳定市场价格总水平。

(二)市场价格形成机制初步形成

1. 绝大部分竞争性强的商品和服务项目价格放开，由市场决定。对"八五"时期为抑制价格上涨所采取的一些临时性价格干预政策，如提价申报、调价备案、最高限价、差率控制等，区别不同情况进行了清理和完善。1995年，在社会商品零售总额中，政府定价比重为8.8%，政府指导价比重为

专栏6.4　2000年全国房地产价格稳步上涨

2000年，我国全面实施住房制度改革，以积极的财政政策和稳健的货币政策，激活房地产市场，拉动内需，促进经济发展取得显著成效。特别是住宅建设作为国民经济新的增长点，各种配套措施相继出台，如：提高公有住房销售价格，提高公有住房的租赁价格，停止福利分房并实施货币分房等，有力促使全国房地产市场稳步升温。

一、受商品房价格、旧房交易价格和公有住房销售价格上涨的影响，2000年房屋销售价格逐季小幅攀升

与上年同期相比，房屋销售价格一季度上涨0.7%，二季度上涨1.1%，三季度上涨1.5%，四季度上涨1.2%。

（一）商品房销售价格逐季上涨。2000年，一至四季度商品房的销售价格与上年同期相比分别上涨0.3、0.5、1.2和1.2个百分点，全年上涨0.8个百分点。随着房改政策明朗化，货币分房逐步实施，人们对房改的意义有了进一步认识，金融部门一系列住房信贷措施出台后，个人购房的比例不断加大。此外，由于福利分配住房截止日期顺延，商品房的集体购买也继续发挥作用。2000年，需求的回升带动了价格的上涨，商品房市场状况良好。商品房销售中，住宅类销售价格逐季攀升，全年上涨1.4%。其中，安居工程、普通住宅价格分别上涨1.4%、1.6%。上年下跌的豪华住宅的销售价格也出现了上涨的态势，全年价格上涨1.3%。

（二）旧房交易价格和公有住房销售价格一路上涨。由于受公房购买的一些优惠政策取消和各地调高成本价房的销售价格等一系列政策、因素的影响，全国公有住房销售市场活跃，与上年相比，成本价房销售价格全年上涨0.9%。由于二级市场逐步完善和成熟，上年走低的转售价房的销售价格大幅攀升，全年上涨6.8%。在旧房交易中，商业用房的销售价格全年上涨3.4%，住宅销售价格则持平。

二、房屋租赁价格上涨2.4%

其中，住宅类租赁价格大幅上涨，全年上涨14.2%。由于政策性调租的影响，2000年公有住房的租赁价格比上年上涨14.2%。受其带动和刺激，私房的租赁价格也上涨14.1%。而生产经营类房屋的租赁价格继续走低，但下跌幅度减小，如办公用房租赁价格全年下降3.8%，商业用房租赁价格持平，三季度开始止跌的旅馆饭店的租赁价格全年仍下降1.4%。

三、土地交易价格小幅回升

2000年，土地交易价格全年微涨0.2%。其中，居民住宅用地价格上涨0.9%，工业用地价格下降1.4%，其他用地价格基本持平。

四、西部地区房地产价格涨幅大于中、东部地区

由于西部地区出台的房改政策较多，国家投资向西部倾斜的力度较大，西部地区房地产价格涨幅较大。全国三十五个大中城市中，西部11个城市平均房屋销售、土地交易和房屋租赁价格全年分别上涨1.6%、0.7%和2.9%，均高于全国，更高于中、东部地区。其中，成都、西安的房屋销售价格各季度均比上年同期上涨。

虽然2000年全国房地产市场较暖，但房改起步较早的上海、广州、深圳等，房地产价格仍在低位运行，房屋销售价格分别下降1.4%、2.7%和0.8%，房屋租赁价格分别下降4.2%、2.1%和4.3%，土地交易价格也降多涨少。

（执笔：胡修府）

2.4%，市场调节价比重为88.8%；在农产品收购总额中，政府定价比重为17%，政府指导价比重为4.4%，市场调节价比重为78.6%；在生产资料销售总额中，政府定价比重为15.6%，政府指导价比重为6.5%，市场调节价比重为77.9%。到2000年，在社会商品零售总额中，政府定价比重为3.7%，政府指导价比重为1.5%，市场调节价比重为94.8%；在农产品收购总额中，政府定价比重为6.7%，政府指导价比重为2.9%，市场调节价比重为90.4%；在生产资料销售总额中，政府定价比重为9.6%，政府指导价比重为4.6%，市场调节价比重为85.6%。

2. 建立和普及价格听证会制度，增强了普通老百姓对一些垄断、强制性商品和服务收费价格调整的参与度，提高了政府定价的科学、合理性。

（三）《价格法》从1998年5月1日起开始施行

从法律上规范了价格行为，有助于保护竞争，制止价格垄断、价格欺诈、价格歧视，为企业定价，市场形成价格，价格引导生产的正常运作创造了必要的条件。

（四）建立和健全了重要商品储备制度和风险基金制度，避免了一些重要商品价格的过度波动，克服了市场形成价格所带来的自发性、盲目性和滞后性等缺陷的影响

（五）利率、汇率、工资等要素价格市场形成机制逐步建立和完善

房地产价格、中介服务收费、技术服务、信息服务收费的管理已纳入管理轨道。

三、"十五"时期的政策建议

（一）继续把控制价格总水平作为宏观调控的长期目标，预防通货膨胀

通货膨胀，价格的大幅度上涨，对国民经济、人民生活以及社会稳定的影响是不言而喻的。通货紧缩，工业品价格的持续走低，必然会导致企业微利甚至亏损，下岗职工增多，失业人员增加。农产品价格的大幅度下降，农民生产性投入减少，造成耕地抛荒，农村劳动力大量外流。其危害性是相当明显的。

为保持国民经济的健康发展，通货膨胀和通货紧缩都是不可取的。因此，在"进一步开放市场，放开价格"的"十五"期间，应继续把控制价格总水平作为宏观调控的长期目标，将居民消费价格总水平上涨幅度控制在低于经济发展速度2～3个百分点以内，既有利于促进国民经济持续、快速、健康发展，也有利于保障居民生活，保持社会稳定。

"九五"后期，由于投资回升和国际油价上涨，国内相当一部分生产资料价格回升，势必会推动"十五"前期市场价格进一步攀升。如果粮食播种面积下降的趋势得不到有效的控制，再加上西部大开发所带动的巨大需求，"十五"后期价格总水平有可能在成本推动和需求拉动的共同作用下出现显著上升趋势。

（二）继续深化价格改革，理顺价格关系，为经济发展创造良好的环境

由于消费结构的变化，居民在住房、服务领域存在着巨大的潜在需求，而这些领域中价格水平过高是抑制需求实现的重要障碍。要对"九五"期间的住房价格进行认真研究，制定出切实可行的价格政策，促进住房合理价格和住房市场价格体系的形成。

继续深化垄断性行业的价格改革。一是要在价格形成中引入竞争机制，逐步打破现有的垄断格局。二是改革监管方法，从完善成本构成，建立公正报酬率标准，取消价外加价入手，制定规范、合理的定价方法；形成有效的成本调查、监督、控制机制；强化对垄断性行业价格的社会监督，尽快普及和完善价格听证会制度，避免听证会走过场现象。

（三）规范价格行为和价格竞争，完善法律法规体系，依法治价，实施明码标价制度

加快价格法制化建设步伐，构筑以《价格法》为核心，适应市场经济体制的价格法律法规体系。一是制定和完善规范政府定价行为的法律法规；二是制定和完善规范微观经济活动主体的各种价格行为的法律法规，严格实施明码标价制度，禁止讨价还价，维护消费者的公平权益；三是进一步完善价格行政执法行为的法律法规。

（四）加强价格监督管理工作，严格执法，保护公平竞争的价格秩序

不断提高价格监督管理工作水平，尽快建立和健全各项监管制度，树立价格管理部门的权威，切实保障政府定价以及各项价格政策和宏观调控措施的贯彻落实。对经营者涉嫌价格垄断、价格欺诈、价格歧视、低价倾销等不正当竞争行为，要及时调查，严格执法，严肃处理。对重大价格违法案件应公开处理，新闻媒介曝光，提高价格执法透明度。加强价格法律法规宣传，提高经营者的法制意识，增强经营者的自我约束能力。

（执笔：庞晓林）

专栏6.5　2000年我国油价走势逐步攀高

目前，我国的原油产量不能满足国内日益增长的消费需求，从1993年开始，我国已经成为原油净进口国，当年净进口原油905万吨。2000年已达5996万吨，占国内原油加工量的32%左右。随着我国对进口原油的依存度与日俱增，国际原油价格的波动对国内石油工业的影响愈来愈大。

受国际原油价格持续上涨的影响，国内油价不断调整，逐步攀高。如1999年11月，国际原油价格为每桶28美元，平均每吨原油按7.2桶计算，折合人民币1673元(按1美元=8.3元人民币)；而同期国内原油出厂价为每吨1349元，比国际油价低20%。为缓解国际油价上涨给我国原油生产和原油加工企业生产经营带来的压力，使国内油价与国际市场进一步接轨，国家从1999年11月至2000年9月共七次上调了成品油零售价格。与此同时也提高了成品油的出厂价格，如为减少炼油企业由于原油价格暴涨推动其成本大幅上升而带来的亏损，中国石油化学工业总公司于今年3月18日对所属企业的成品油出厂价平均每吨上调了100元。6月5日国家又调高了部分成品油的出厂价格，汽油每吨提高300元，提价幅度为11%，柴油每吨提高100元，提价幅度为4.3%。7月14日，国家再次将汽油出厂价格每吨提高200元，柴油每吨提高180元。8月17日和9月17日，国家又两次将汽、柴油出厂价格提高，汽油每吨分别提高270元和210元；柴油每吨分别提高160元和300元。10月19日再次将柴油出厂价格每吨提高370元。之后，根据国际原油市场价格变化的情况，国家又于10月和11月两次下调了汽油的价格，出厂价格和零售价格分别调低180元和250元；11月份首次下调了柴油的出厂价和零售价，每吨分别下调130元。至此，我国汽油、柴油出厂价分别为吨3185元和3310元。

在一年内，我国原油和成品油从出厂价、批发价到零售价进行多次调整，其频度和涨幅均属多年罕见。

(执笔：吴军)

对外经济

披荆斩棘“九五”外贸喜上新台阶

“九五”计划期间，由于亚洲金融危机的冲击，我国外贸发展经历了改革开放以来最为动荡的国际环境。对此，国家实行积极的财政政策和稳健的货币政策，并采取一系列鼓励措施，调动各方积极性，终于战胜困难，经受住了亚洲金融危机的严峻考验，保持了外贸发展的良好势头，提前完成了“九五”计划提出的外贸发展目标，使得外贸发展喜上新台阶。

2000年我国进出口总额提前一个月实现了“九五”计划确定的4000亿美元的目标，达到4743.1亿美元，比1995年增长68.9%，年均增长11%。其中出口2492.1亿美元，进口2251亿美元，分别增长67.5%和70.4%，年均增长率分别为10.9%和11.3%。我国在世界贸易中的排名由1995年的第11位上升到1999年的第9位，2000年又超过荷兰，位列第八。

“九五”期间，我国进出口总额达17739.3亿美元，比“八五”时期增长74.9%，其中出口9616.9亿美元，进口8122.4亿美元，分别增长85.5%和63.7%。其间外贸顺差累计达1494.5亿美元，比“八五”时期的222.8亿美元增加了1271.7亿美元。

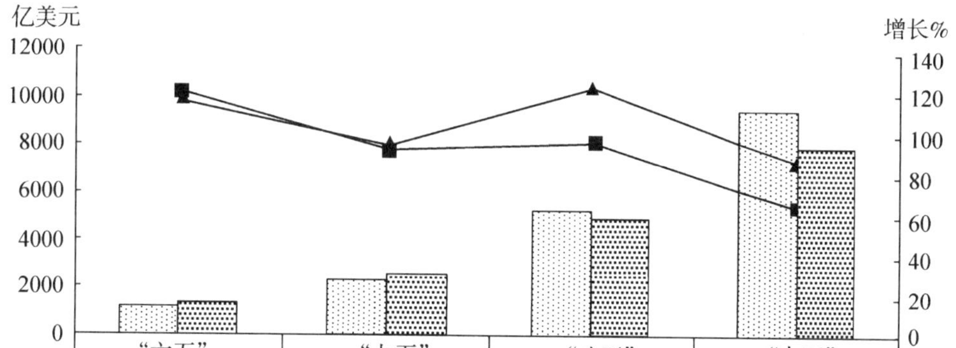

	“六五”	“七五”	“八五”	“九五”
出口额	1200.5	2325.3	5183.1	9616.9
进口额	1323.6	2538.8	4960.3	8122.4
出口增速	114.5	93.7	122.9	85.5
进口增速	119.2	91.8	95.4	63.7

“六五”～“九五”时期进出口变化表

取得的主要成就

一、对外贸易在国民经济中的地位更加重要

拉动经济增长。“九五”期间，国民经济对外贸的依赖程度进一步加强，外贸依存度由1995年的40.2%上升到2000年的43.9%。特别是在国内市场需求不足、经济增长受需求制约时，出口作为最终需求的一个重要方面，对国民经济的拉动作用进一步增强。2000年出口依存度达23.1%，当年新增出口额4470.8亿元，占当年GDP增量的59.7%，比1995年增加了42.4个百分点。

促进经济结构调整。“九五”期间，我国累计进口8122.4亿美元的生活和生产资料。其中，大量国内短缺资源和紧缺物资的进口，改进了国民经济的供需平衡；高技术含量的先进生产设备、技术的进口优化了产业结构，提高了我国各行业的装备技术水平，减小了与发达国家的差距。

增加就业机会。“九五”时期,我国累计出口占国内生产总值的1/5,出口规模的扩大,增加了对劳动力的需求。目前,仅在外商投资企业(均有进出口经营权)中的从业人员就有近2000万人,约占全国非农业劳动人口的10%左右。在东南沿海地区,对外贸易已成为吸收就业人口的一个重要方面。

增加财政收入。“九五”期间,随着进口额的大幅度增长以及海关、税务部门打击走私和依法征税力度的加大,进口关税和增值税进一步增加。五年间,通过海关系统净缴中央财政的关税收入达2320.2亿元,代征的增值税和消费税达4123.5亿元,分别比“八五”累计增长88.3%和2.4倍。

增加外汇收入。外汇储备是反映一国综合国力的重要指标,外贸出口则是一国获取外汇的主要途径。“九五”期间,我国累计实现贸易顺差1494.5亿美元,为国家外汇储备由1995年底的736亿美元增加到2000年底的1656亿美元作出了重要贡献。

二、外贸体制改革步伐进一步加快

“九五”期间,我国按照国际惯例和经济运行的市场规则,加快了外贸体制改革,在开放市场、降低关税壁垒方面迈出了新的步伐。一是大幅度减少了配额许可证管理和统一联合经营的出口商品,将1995年的200多种减少到目前的44种。在配额分配中引入市场机制,提高了配额的使用率;二是对国有大中型生产型企业、商业企业和科研院所的进出口实行了登记备案制,放开了私营生产企业的进出口经营权。截止2000年底,我国具有进出口经营权的企业达到3.2万家(其中私营企业近650家),是1995年的3倍;三是主动大幅降低进口关税,降税幅度达到53%,平均关税水平由1995年的35.6%降至目前的16.4%,与发展中国家的关税水平基本一致;四是调整、提高部分商品的出口退税率,使平均出口退税率由“八五”末期的8.3%提高到目前的14.75%左右,对服装和机械设备、仪器仪表、运输设备、电子电器等四大类机电产品实行了出口零税率,有力地推动了我国外贸出口。

三、贸易市场不断向多元化扩展

“九五”期间,我国积极实施“市场多元化战略”,特别是针对东南亚金融危机后国际市场的新变化,在努力稳定和发展原有亚洲市场的同时,不失时机地开发出一批新市场,促进了出口的持续发展,出口额超过1亿美元的国家(地区)由1995年的67个增加到2000年的82个。

在我国的200多个贸易伙伴中,“九五”期间与日本的进出口贸易规模最大,累计达3281.8亿美元,占同期我国进出口额的18.5%。我国最大的出口市场在亚洲金融危机后有所变化,美国取代香港跃居首位,2000年我对美国出口521亿美元,占我出口总额的比重达20.9%,比1995年提高了4.3个百分点。

四、出口商品结构进一步优化,进口商品结构趋于合理

“九五”期间,我国积极实施了“以质取胜”、“发展机电产品”和“科技兴贸”等外贸出口战略,机电产品特别是高新技术产品出口得到快速发展。

2000年我国机电产品出口额达1053.1亿美元,比1995年增长1.4倍,年均增长19.1%,占出口总额的比重由1995年的29.5%上升到42.3%,成为“九五”期间第一大类出口商品。90年代以来,随着科技进步和高科技产业的迅猛发展,我国高新技术产品出口从无到有,目前已初具规模,成为外贸发展重要的新增长点。2000年高新技术产品出口370.4亿美元,比上年增长50%,占出口总额的比重达14.9%。

进口商品结构趋于合理。国民经济发展和结构调整所需的技术设备、资源类商品进口大幅度增加。机电产品、国内短缺的资源类商品如原油、原木、天然橡胶等的进口增幅均较高,为促进我国经济结构和产业结构的调整,保持国民经济持续快速健康发展做出了贡献。

五、外商投资企业成为对外贸易的重要支柱

进入90年代,外商来华投资迅猛增加,特别是“九五”时期,大批外商投资企业进入了经营期,进出口额随之大幅度增加,目前已占据我国对外贸易的半壁江山。2000年外商投资企业进出口额为2367亿美元,比1995年增长1.2倍,占我国进出口贸易总额的49.9%,比1995年提高10.8个百分点,而国有企业进出口比重则由1995年的58.6%下降到2000年的45.4%。外商投资企业已和国有企业共同成为我国对外贸易的重要支柱。2000年外商投资企业实现出口1194.4亿美元,进口1172.7亿美元,分别比1995年增长1.5倍和86%。随着外贸体制改革的深化,出口经营主体呈现多元化的变化,集体、民营等其它企业出口迅猛发展,所占比重由1995年的1.8%提高到2000年的5.3%。

六、“西部大开发”战略的实施促进了中西部地区外贸出口的快速增长

自1999年国家提出“西部大开发”战略以来，中西部地区凭借在能源、矿产、旅游、土地等自然资源方面的优势，大力发展对外贸易，2000年外贸出口得到快速发展，其发展潜力已开始显现。2000年中部地区出口增长33%，比东部快5.5个百分点，西部地区出口增长28%，也高于出口总额增长速度，中西部地区均显示了良好的发展前景。

七、加入世贸组织取得突破性进展

1995年世界贸易组织成立，取代了原来的关贸总协定，中国的“复关”谈判也随之转变成加入世贸组织的谈判。在我国加入世贸组织的谈判过程中，有37个国家提出要与我国进行双边市场准入谈判，经过5年艰苦细致的工作，我国先后和包括美国、欧盟在内的36个世贸组织的成员（除墨西哥外）结束了谈判，目前，中国加入世贸组织的多双边谈判均已进入最后阶段。

问题与建议

“十五”期间我国将要加入世贸组织，在更大范围、更深程度上参与经济全球化进程。这五年，将是为基本上按照世贸成员同一行为规则进行经济往来作准备的五年，我们要按照对外谈判的承诺，初步建立起符合国际规范和我国国情的外经贸新体制。根据“九五”发展过程中出现的问题和面临的新形势，“十五”时期外贸工作应在以下几方面下大力气来抓。

一、搞好大宗商品的进出口综合平衡，对重要战略性物资应建立储备制度

我国进口具有较大刚性，2000年我国原油进口价格在猛涨67.8%的前提下，进口量不但没有减少，反而增长91.9%，出现国际市场价高买进、价低出口的现象，给国家造成巨大经济损失。在进口高增长时，有关管理部门应加强对国内紧缺的大宗商品和原材料的进口管理和监测，根据国际国内市场情况，在搞好总量平衡的基础上，给企业以适当的经营余地，使外贸经营能紧跟国际市场的机遇和行情。

同时，应着手对重要战略性物资建立储备制度。当前，应尽快建立石油储备制度。我国自1993年起已从石油出口国变为石油净进口国，当年石油净进口9.8万吨，此后进口量逐年攀升，2000年石油净进口已达6974万吨。我国已无法摆脱对外国油源的依赖，国际油价越高，不仅外汇支出要增加，而且由于石油是上游产品，其供给的变化，会直接带来国内物价波动，影响经济发展。因此，建立国家石油的战略储备，将有利于国家和企业应对突发事件，保障国家经济安全。

二、推进出口退税机制改革，建立稳定规范的出口退税机制

从1984年我国实施出口退税政策以来，出口退税对鼓励出口的作用日益显现，但是出口退税政策实施多年的情况也反映出，退税率与骗税活动近乎成正比例变化。出口骗税造成国家税款大量流失。“八五”末期，较高的出口退税率导致了两次骗税高潮，使国家财政支付退税大幅度上涨。1995年结转1996年的应退未退税款就达596亿元。亚洲金融危机后，为鼓励出口，我国多次提高出口退税率，特别是1999年7月1日出台的对服装和大部分机电产品等实行17%的出口退税率后，巨大的利益诱惑驱使不少犯罪分子铤而走险，大量骗取退税款。2000年我国出口退税完成811亿元，比上年增长29.2%，与出口额的增幅大体相当，但许多地方却反映，退税存在很大缺口，预计全国退税缺口近300亿元，这一现象从一个侧面反映出税款被骗退的问题仍很严重。

出口商品以不含税价格进入国际市场是国际通行做法，也是WTO认可的促进外贸出口的有效手段。我国必须着手推进出口退税机制改革，建立规范的出口退税机制，一方面要建立税收交叉稽核系统，实现全国联网，避免严重骗税的情况再次发生，另一方面要增强出口退税的透明度和科学性。

三、做好出口商品反倾销应诉和进口商品反倾销调查，加强我国反倾销队伍建设

我国在对外贸易实力显著增强的同时，也越来越多地受到来自国外的反倾销指控。“九五”时期，一些国际组织和国家对华商品反倾销起诉大幅度增加，近两年就发生了60多起，涉及我国出口商品金额约15亿美元。如我国彩电在欧盟遭受反倾销起诉，涉案金额上亿美元，在征收了44.6%的反倾销税后，我国彩电几乎无法进入欧盟市场，损失难以估计。目前我国已成为全球受反倾销损害最大的国家。

由于我国出口商品总体讲技术含量和附加值不高，多“以量取胜”，加之个别行业或个别企业确实存在低价竞销现象，因此一些国际组织和国家对

专栏 7.1 “反倾销”,中国对外贸易的拦路虎

倾销,是指一国向他国出口的出口价格低于其正常价值的行为。反倾销是国际上通行的进口国政府对进口的倾销产品依法进行调查并征收反倾销税的一种法律制度,是抵制不公平竞争的重要手段。

自从1979年欧盟对中国糖精发起首例反倾销指控以来,国际上对我国出口产品频频亮出反倾销的“红牌”。到2000年底,已有28个国家和地区对我提起反倾销、反补贴和保障措施案件近400起,中国已成为全球贸易反倾销最大的受害国。对中国反倾销位居前列的国家和地区是美国和欧盟。由于美欧是中国重要的出口市场,其对我大规模的反倾销构成了中国出口贸易的严重障碍。

随着我国外经贸的迅速发展,国际贸易纠纷呈上升趋势。特别是90年代以来,我国出口产品屡遭反倾销指控,给外贸发展带来许多不确定因素,突出表现在:一、实施反倾销指控的国家增多。1988年以前主要集中于美国、欧盟、澳大利亚、加拿大等4个发达国家和地区,现在则有近30个国家和地区对我国出口产品提起反倾销调查;二、被诉倾销的产品类别不断增多。目前涉及钢铁金属制品、轻工、机电、纺织、电子等多种产品。从1993年4月起,墨西哥对我国进行大规模反倾销调查,涉及产品多达4500余种,成为迄今世界贸易史上最大的反倾销案;三、裁定征收的反倾销税率直线上升。墨西哥对我国出口产品征收100%以上税率的就有:家电129%,自行车144%,玩具315%,服装537%,有机化学产品673%,而鞋类更高达1105%。

在此起彼伏的反倾销浪潮中,我国一些颇具国际市场竞争实力的产品惨遭封杀,许多拳头产品被完全逐出进口国市场;大量产品屡遭反倾销调查,也严重挫伤了国外企业对中国投资的积极性,一些新兴电子产品刚开始出口就遭到反倾销。“反倾销”已经成为中国对外贸易的拦路虎。

中国遭遇反倾销投诉大幅增加的原因主要有:一是国际市场竞争日趋激烈,尤其在全球经济不景气时,贸易保护主义抬头,反倾销作为世贸组织允许的自我保护手段,被一些国家滥用;二是一些国家对中国采取歧视性政策,把改革开放20年的中国依然看作非市场经济国家,采用不合理的“替代国价格比较”办法来衡量中国产品是否倾销;第三,近20年来,中国外贸出口迅猛增长,年均递增近13%,高于同期全球贸易增幅近一倍,也容易引起一些国家对中国产品的敌视,要保护自己的民族产业;第四,中国出口产品总体附加值不高,多“以量取胜”,也确有个别企业低价竞销,授人以柄。

中国政府对待反倾销的态度鲜明,即决不允许外国产品在中国倾销,也不允许中国产品到国外去倾销。首先,在规范和保护中国出口贸易方面,中国政府进行了大量努力;其次,政府还积极地进行宏观调控并对企业加以引导。此外,中国政府也高扬反倾销的利剑,依法开展反倾销调查,采取措施制止进口贸易中的倾销行为。1998年6月首次使用反倾销手段对原产于加拿大、韩国和美国的进口新闻纸征收反倾销税,此后中国又先后对外国产品进行了4起反倾销立案调查。

尽管国际上不同程度的贸易歧视和贸易保护主义依然存在,但终归阻挡不了经济全球化的历史潮流。随着中国市场经济的建立和即将加入WTO,中国将按经济规律和本国的法律,就外国产品对中国产品构成的损害进行反倾销。

(执笔:金红)

华产品反倾销这一问题将长期严峻地凸现在出口企业面前。为应对来自国外的反倾销,首先,要加强行业自律,避免压价竞争扰乱市场秩序,提高出口产品的技术含量和附加值,坚持“以质取胜”和“市场多元化”战略,从根本上降低遭受反倾销起诉的可能性;其次,要加强我国反倾销队伍建设,提高他们的专业技术水平。

四、大力发展和完善以出口信贷为重点的外贸金融支持体系

发达国家都高度重视构建完善的出口信贷体系,视其为对外贸易支持体系的核心部分。我国从1980年起开办了出口信贷业务,对鼓励机电产品和

成套设备出口、促进我国外贸发展发挥了重要作用，但在多年的发展中也暴露出信贷总体规模偏小，支持产品范围过于狭窄，支持对象过于单一、提供方式结构不尽合理等问题，需要进一步改革和完善。

一方面，在继续实行对高技术、高附加值产品出口信贷倾斜政策的同时，加强对技术服务出口的信贷支持力度；另一方面，扩大信贷支持的产品范围，从单一的国有大中型企业和企业集团，扩大为近几年迅速发展起来的中小企业、私营企业；此外，应加快发展买方信贷业务，以改变我国目前出口信贷几乎单纯采用卖方信贷，买方信贷业务开展极少的局面。

（执笔：金红）

中国利用外资正逐步从粗放型向质量型转变

“九五”时期，我国遵循“积极、合理、有效”利用外资的总方针，坚持扩大规模，注重提高质量，逐步实现从粗放型向质量效益型的转变，克服了亚洲金融危机和国内需求不足带来的不利影响，使我国利用外资取得了显著成绩，对国民经济发展和扩大对外开放起到了积极的推动作用。

“九五”我国利用外资成效显著。

1996年至2000年我国实际利用外资总额达到2811.4亿美元，占改革开放以来我国利用外资总额的55.8%，比“八五”利用外资总额增长了79.7%。“九五”利用外资在规模、领域、地域、方式等方面，都发生了较大变化，实现了全方位、多层次、宽领域对外开放的局面。

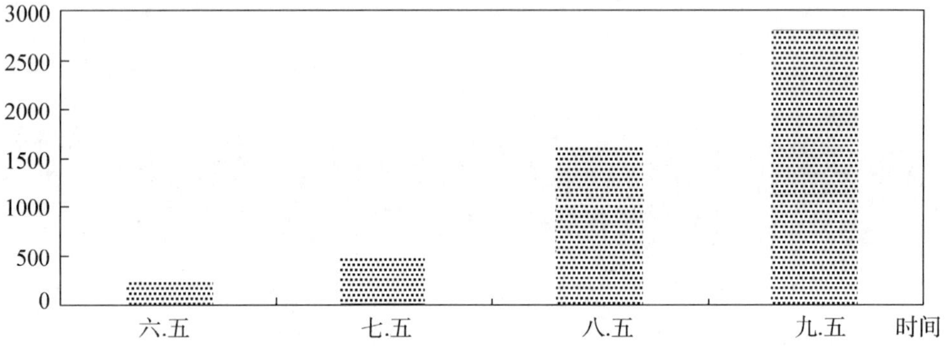

“六五”～“九五”时期我国实际利用外资情况

（一）实际吸收外商直接投资规模达到新的历史水平，外商投资的范围和领域进一步扩大

“九五”期间我国吸收外商投资发展迅速，规模不断扩大，五年间稳居发展中国家首位。累计吸收外商直接投资2134.8亿美元，占到改革开放以来我国实际吸收外商直接投资总额的61.6%以上，比“八五”增长87%；平均每年达427亿美元，年均增加近200亿美元。“九五”期间外商直接投资资金到位率高达76.2%，比“八五”时期提高44.1个百分点。外商投资企业在国民经济中的影响和作用明显提高，2000年外商投资企业工业增加值增长速度14.6%，高于全国平均水平；“九五”时期外商投资企业税收年均增长30.8%，成为增速最快的税收来源之一；外商投资企业进出口增长迅速，在我国进出口总额中的比重从1995年的39.1%增长到2000年的49.9%，有力地推动了国民经济增长；目前外商投资企业吸收就业人数，占全国城镇就业人口的10%，在一定程度上缓解了就业压力。

1．外商投资产业结构有明显改善。“九五”期间，随着众多跨国公司前来投资，外商直接投资对中国技术进步和产业升级的推动作用日益加强。从外商在华直接投资的意向看，以制造业为首选。在2000年的外商投资合同金额中，外商投资制造业的比重达63.5%，而其中的电子及通讯设备制造业从1995年的4.4%提高到11.3%。“九五”期间，外商投资电力、交通、城市公用设施等基础设施的协议比重合计已占到约8%。外商投资于资金技术密集型的企业明显增加，主要集中在电子、机械、化工、制药等行业。如上海通用汽车、华虹电子、重庆BP化工、镇江亚洲纸业等一批资金技术密集型的项目陆续实施，促进了我国相关产业技术水平的提高和结构的升级。

“九五”期间我国陆续在商业、金融、保险、外贸、旅游等服务领域对外商开放了市场，为外商提供了更广阔的投资空间。1996年允许外资银行试办人民币业务，1997年批准外商试办连锁商业、外贸公司，1998年开始试办中外合资旅行社，1999年宣布取消对营业性外资金融机构设立的地域限制。"九五"期间，我国新批准设立外资银行及分行50家，外资保险经营机构14家，外商投资领域的不断突破有力地促进了我国金融、保险等服务贸易领域的改革和市场化进程。

2. 外资投资方式向多样化方向发展。在中外合资、合作方式吸收外资继续发展的同时，外商独资企业迅速增加，"九五"时期外商独资企业实际投资额达800.7亿美元，比"八五"时期增长了1.8倍，自1999年起超过吸收外商直接投资合同额的50%，这反映了跨国公司的全球经营战略，也表明外商对我国的投资信心增强。"九五"期间，我国对吸收外资新方式进行了一系列探索，取得了一定经验。其中，火电、城市供水等项目引入外商投资特许权方式(BOT方式)取得初步成果；电力、钢铁项目采用有限追索项目融资方式，筹集了一定数量的国外资金；一些地方向外商转让基础设施经营权，为外商投资基础设施领域探索了新的途径。此外，我国在采用全球流行的兼并收购、资产重组、证券投资等投资方式方面也进行了有益的探索。"九五"期间，我国以境内外发行外资股方式利用外资也取得重要进展。1996至2000年，境内企业对外发行股票筹措外资入境近140亿美元。中国电信、中国联通、中国石油、中国石化等大公司在香港和境外的陆续上市，为国内企业资产重组、转变经营机制以及开拓国际资本市场走出了新的路子。

3. 资金来源和地域投向有所调整。"九五"期间，受亚洲金融危机影响，我国主要引资国家和地区对我国投资一度下降，但与以往相比，"九五"时期中国吸收外商直接投资变化最大的是，大型跨国公司在华投资额的增加。在美国《财富》杂志公布的世界500家最大的跨国公司中，除了部分公司因为我国限制外资进入某些行业而不能在我国投资外，大多数在我国进行了投资。目前，世界500强中已有约400家在华投资，有的跨国公司将亚太总部设在我国，基于对自身长远发展的考虑，外商在我国的投资正逐步从注重优惠政策转向注重完善、稳定的政策法律环境。

"九五"期间，各地吸引外资不仅仅依靠廉价劳动力和资源优势，而且更注重把利用外资与促进本地经济增长点结合起来。从全国看，外商在我国中、东、西部的实际投资额，累计分别比"八五"时期增长1.2倍、87%和64.7%。5年外商实际投资累计额已在百亿美元以上的地区也由"八五"时期的3个上升到5个，分别为广东、江苏、福建、上海和山东。

（二）对外借款保持平稳发展，对外偿债保持良好信誉

"九五"期间，我国利用国外借款达559亿美元，比"八五"增长22.6%，总规模基本控制在计划范围内，呈平稳发展态势。

1. 借用国外优惠贷款继续增长，国际商业贷款规模有所缩减。九五"期间，外国政府和国际金融组织对华贷款签约额为325亿美元。其中，外国政府贷款200亿美元，国际金融组织贷款125亿美元，分别比"八五"增长58%和37%。国外优惠贷款大多用于基础设施、基础产业，如：建设了二滩水电站、小浪底水利枢纽、朔黄铁路、南昆铁路、首都机场、浦东机场等一批重点项目，安排了部分河流的流域综合治理以及一批重点城市的污水处理、大气综合治理项目。

"九五"期间，我国借用国际商业贷款受到亚洲金融危机等不利因素的严重影响，从1997年下半年起对外签约急剧减少，一度处于停顿状态。1999年开始有所恢复，但筹资条件和成本明显提高。

2. 外债管理进一步加强，外债规模继续得到有效控制。"九五"期间，我国健全了对主权外债的管理，进一步完善了转贷机制和偿还机制；将主权外债对外窗口统一到财政部，使其偿还有了较为可靠的保障；在严格控制国际商业贷款规模的同时，加强了风险管理；对国有商业银行中长期外债继续实行余额管理，增强其防范外债风险的能力；金融机构规避外债风险的意识有所增强，注意利用国际资本市场有利时机，适时调整债务结构。从而抵御了亚洲金融危机的冲击，保持了总体对外偿债的良好信誉。

"九五"期间我国外债规模始终保持在安全警戒线内，外债余额从1995年底的1065.9亿美元逐步增长到2000年底的1457.3亿美元，年均增长幅度6.5%，比"八五"16%的增长率显著下降。1999年，我国外债的偿债率为11.3%，负债率为15.3%，债务率为69.5%，均低于国际公认的安全线。

（三）境外投资的规模和领域都有新进展

2000年，我国批准的境外企业共320家，批准

投资总额 8.1 亿美元，其中中方投资额 6.2 亿美元，继上年连续两年超过 6 亿美元。截止 2000 年底，我国批准境外企业累计 6298 家，批准投资总额达 114 亿美元，其中中方投资额为 76 亿美元。我国在境外投资的范围不断扩大，已从以境外小型贸易和机电轻纺项目为主逐步扩展到大型资源开发、高新技术和服务贸易等项目，涉及的投资领域有石油、矿产开发、木材、粮食油料、食品加工，以及家电、服装生产、卫星通信、软件开发和大型商业设施等多类项目。可喜的是，在国有大中型企业发挥对外投资主导作用的同时，民营企业对外投资也取得了一定进展。

回顾“九五”，我国利用外资取得了一些宝贵的经验。一是坚持对外开放、利用外资不动摇，始终遵循积极合理有效的利用外资方针，并牢牢把握主动权，根据国内改革与发展的需要与条件，不断扩大利用外资的范围和领域，积极探索发行股票等利用外资的新方式。二是适时调整利用外资政策，在亚洲金融危机的严峻形势下，根据国内经济结构调整的需要及时修改《外商投资产业指导目录》，并采取了加大对外商投资的金融支持力度、鼓励外资兴办高新技术企业和研发中心、强化外债管理、实行进口设备免税等一系列措施，使利用外资得以持续发展。三是注重完善涉外法律法规建设，大力改善投资环境。在进一步完善能源、交通、通讯等硬环境的同时，着力改进服务与管理，简化审批程序，增强信息引导，提高政策透明度，大力治理“三乱”，为利用外资创造良好的宏观经济环境、市场环境和经营环境。四是审时度势，贯彻“引进来”和“走出去”相结合的方针，积极稳妥地实施“走出去”的开放战略，有重点地开展境外投资，提高我国在国际竞争中的实力。

“十五”是我国经济和社会发展的重要时期，我国的对外开放和利用外资将进入一个新的阶段。因此，在总结“九五”利用外资成绩的同时，还应清醒地看到“十五”我国利用外资正面临着参与国际市场竞争的新课题。

首先，我国利用外资面临着如何加快提高国际市场竞争能力的问题。“九五”期间，我国利用外资协议项目共计约 10.5 万个，协议外资金额约 3300 亿美元，分别比“八五”下降 80% 和 20%。合同外资额的下降在 1999 年已经开始显露，意味着我国引资推动力和后劲的不足，导致了我国实际引资规模的波动。由于国际间跨国购并的增加，国际投资更多地流向发达国家。世界投资报告也显示，1999 年我国吸收外商直接投资已由 1997 年的列全球第二位降至第四位。国际资本流向的变化对我国吸收外资形成极大的挑战，我国将面临着如何加快提高国际市场竞争能力的问题。

其次，我国利用外资面临着如何更深程度参与经济全球化进程的问题。加入世贸组织，我国将遵循国际惯例和世贸组织规则进一步扩大对国外投资者的市场开放，与“九五”相比，这是“十五”外资发展环境的最大变化。我国与世界经济相互融合程度会日益加深，我们将面临着如何在更大范围、更深程度上参与经济全球化进程的新课题。

面临新的课题，针对目前我国利用外资仍存在一些薄弱环节和问题，必须采取切实有效措施。如：一些重要的产业国际竞争力不强，服务贸易发展相对缓慢，通过对外投资和境外生产参与全球资源优化配置的能力还比较低；利用外资的领域、方式、管理体制和环境还不能吸引更多的跨国投资，更难以适应与投资者进行高水平合作的需要等。为此在十五期间我国要根据《中共中央关于制定国民经济和社会发展第十个五年计划的建议》切实改善投资环境，扩大利用外资，提高利用外资质量。

1. 在投资方式上，要抓住国际兼并浪潮引发的发达国家新一轮产业结构调整的时机，积极吸收外资，特别是跨国公司投资高新技术产业，参与国有企业改组改造和基础设施建设，推动国有企业吸收外商投资和拓展新的引资方式。大胆吸收和借鉴一切符合社会化生产要求的经营方式和管理方法。适应跨国投资发展趋势，积极探索采用收购、兼并、投资基金和证券投资等多种方式利用中长期国外投资，吸引更多具有国际竞争能力的跨国公司来我国投资，加快国际资本与国内资本市场的接轨，切实提高我国在国际市场中的竞争能力。

2. 在资金来源上，要根据亚洲金融危机以来，中国利用外商直接投资的年度规模趋向下降和稳定，特别是香港、台湾、东南亚等亚洲地区的入资大大减少、而跨国公司的投资增加的情况，及时调整我国的引资政策，努力提高项目的外资入资率，同时要为到位外资创造最佳的投资环境，降低外商投资成本，寻求最佳效益。

3. 在资金投向上，将吸收外资同产业结构调整、国有企业改革和西部大开发紧密结合起来。在投资领域方面，要抓住入世以后开放和扩大新的投资领域的时机，有步骤地推进服务领域的对外开放,如金融、证券、商业、中介服务等,是跨国投资十分注重的领域,要积极引导外资的投向,为经济结构战略性调整拓宽发展空间;在投资地域方面,要鼓励东部地区继续发挥主导作用,同时抓住实施西部大开发的历史机遇,加大中、西部的投资力度,引导外国投资者参与中西部开发,把单纯引资与引进技术、经营方式结合起来,发挥外资在缩小地域经济差距中的作用。同时注意引导一些中小投资企业投向被跨国公司忽视的产业和服务业。要实现东、中、西部合作共进,把吸收外资与国内产业结构、地区结构、城乡结构的战略性调整紧密结合起来。

与此同时,随着我国加入世界贸易组织后市场经济调节份量的不断加大,可能会触发新一轮外资投资热潮。大量外资的流入,要求政府管理部门建立起一整套运用利率、税收、汇率与法律规范调控经济的新型管理机制和协调体系。为此,我国还要加紧健全利用外资宏观监控和调节机制,逐步形成一套适应社会主义市场经济发展要求的稳定、规范和有效的外资促进和服务体系。

(执笔:崔晓红)

专栏 7.2 “BOT”——涉外经济中投资和承包相结合的新形式

在国际承包市场上,针对发展中国家基础设施相对落后,又普遍面临着资金短缺的困难,国际承包商往往带资承包项目,以争取扩大业务。这也成为发展中国家吸收和利用外资的一种新形式。经验表明,发展中国家由于缺少技术和管理人才,在接手这些建设好的项目后,常常自己经营和管理不好,甚至损坏了这些项目,从而减少了招商建设的积极性。于是一种 BOT 投资承包方式在 20 世纪 80 年代初发展起来并得到广泛运用。

BOT 是英文 BUILD-OPERATE-TRANSFER(建设——运营——移交)3 个词的缩写,这种集投资、建设、运营于一体的投资方式,国际上通称之为“BOT”方式。即招商人(业主,一般为东道国政府)对急需建设的基础设施项目,通过招标方式选定国内外投资建设者(特许投资承包商),与之签定协议,规定投资者在协议条款范围和所订期限内直接投资建设项目,并在项目建成后一定期限内享有通过运营收回投资、维修费用、合理的服务费、租金及取得利润的特许权,并在特许权结束后把该建成项目按契约和有关规定移交给招商人。

由于 BOT 方式实施项目多涉及电力、公路、铁路、港口、码头、机场、废水处理工程等当地国家公共部门的一些大型基础设施项目和行业,因而外资投入量大,回收期长,而项目技术比较成熟,开发性不强,“市场”相对稳定,且能雇佣和培养当地技术人员和管理人才,因此受到广大发展中国家的欢迎。

我国一贯把对外承包劳务作为对外经济合作的主要内容和创汇的重要手段,因此在激烈的国际竞争中,外经贸企业要争取业务、拓展市场,实施“走出去”战略,必须研究和利用在国际经济合作中的 BOT 方式,但同时也要在实践中充分注意 BOT 投资方式的特点,知己知彼,最大限度避免投资风险。而在我国开拓利用外资方式以吸引外资、扩大对外开放中,也值得尝试利用 BOT 形式。1980～1985 年中国深圳电力发展公司曾利用 BOT 方式建成一座火力发电厂,这是中国采用 BOT 方式建成的第一个项目。2000 年,我国采用 BOT 方式引进外资又有了成功范例,由法国电力公司和阿尔斯通联合体联合兴建的我国第一个外商独资 BOT 电厂项目已获成功。

(执笔:崔晓红)

对外经济合作业务发展平稳、前景广阔

2000 年我国国际工程承包市场继续保持良好的增长态势，我国的对外承包工程、劳务合作、设计咨询也继续保持平稳的增长势头。

一、2000 年我国对外承包工程、劳务合作、设计咨询继续保持稳定的发展速度

2000 年是“九五”计划的最后一年，我国对外承包工程、劳务合作、设计咨询继续保持稳定的发展速度，全年完成营业额 113.3 亿美元，比上年同期增长 1%，其中承包工程 83.8 亿美元，劳务合作 28.1 亿美元，设计咨询 1.4 亿美元；新签合同额 149.4 亿美元，同比增长 15%，其中承包工程 117.2 亿美元，劳务合作 29.9 亿美元，设计咨询 2.3 亿美元；年末在外人数 42.6 万人，同比增加 4.3 万人。

表 1　2000 年承包工程、劳务合作、设计咨询增长情况

金额单位：万美元

项　目	完成营业额		新签合同额	
	金　额	同比增减%	金　额	同比增减%
承包工程	837,897	-1.7	1,171,870	+14.9
劳务合作	281,256	+7.2	299,135	+13.6
设计咨询	13,383	+49.4	23,325	+36.8

2000 年我国对外承包劳务业务呈现以下特点：

(一)对外承包劳务业务分布继续保持多元化的市场格局

以亚洲地区为主，非洲其次，欧洲、拉丁美洲市场保持一定的增长比例，继续开拓北美洲、大洋洲市场。

亚洲地区仍是我国对外承包劳务的主要市场，2000 年亚洲地区完成的营业额、新签合同额分别为 67.4 亿美元、83 亿美元，占当年总额的 59.5%、55.5%。其次，非洲地区的营业额、新签合同额分别为 12.9 亿美元、22.9 亿美元，占当年总额的 11.4%、15.3%。各传统市场继续保持旺盛的发展势头，如香港、新加坡、伊朗、孟加拉、利比亚、阿尔及利亚、马里、苏丹、尼日利亚等国家和地区。

在欧洲地区，我国企业抓住机遇，努力开拓，使欧洲地区的营业额、新签合同额均有较高的增长速度，业务主要分布在德国、南斯拉夫、俄罗斯联邦、哈萨克斯坦等国家。其中在东欧地区、中亚地区，新签合同额分别增长 1.4 倍、38%，完成营业额分别增长 85%、99%，中化建、石油、中油技术服务等企业以自身的技术优势在南斯拉夫、哈萨克斯坦承揽的石油、化工项目，表明了我国企业进军东欧、中亚地区，承揽石油化工项目大有可为。

表 2　2000 年完成营业额、新签合同额分洲情况

金额单位：万美元

洲　别	完成营业额			新签合同额		
	金　额	同比增减%	占总额%	金　额	同比增减%	占总额%
亚　洲	673,664	+7.8	59.5	829,672	+10	55.5
非　洲	128,721	-36.8	11.4	229,126	+22.9	15.3
欧　洲	54,239	+77.2	4.8	98,446	+19.4	6.6
拉丁美洲	23,216	+61.6	2	30,828	+3.6	2.1
北 美 洲	36,421	+10	3.2	32,827	-34.4	2.2
大 洋 洲	16,616	-8.8	1.5	10,610	-14.1	0.7
其　他	199,659	+0.4	17.6	262,821	+41.7	17.6

(二)企业实力不断增强，承揽的大型对外承包劳务项目有所增加

2000 年企业承揽的单项合同额在 1000 万美元以上的对外承包劳务项目有 164 个，比上年增加 1 个；其中 1 亿美元以上的项目有 9 个，比上年增加 4 个。

1 亿美元以上项目的合同额合计为 20.1 亿美

元，占合同总额的 13.4%。平均单个项目合同额为 2.2 亿美元，比上年 1 亿美元以上项目的平均单个项目合同额增加了 4785 万美元。

主要的大项目有中土公司在香港承揽的 9 号货柜码头项目，新签合同额为 50962 万美元；中建公司在香港的长实东涌站项目，新签合同额为 13590 万美元；中冶公司在缅甸的日产 200 吨纸浆厂项目，新签合同额为 10874 万美元。

（三）大型实体型企业仍起到骨干作用

截止到 2000 年底，全国共有 1900 多家企业具有对外承包工程和劳务合作经营权，其中完成营业额前五十家企业的完成营业额为 69.4 亿美元，占总额的 62.7%，新签合同额前五十家企业的合同额为 93.7 亿美元，占总额的 62.7%。这些企业绝大部分为实体型企业。

2000 年按完成营业额排名前 10 家企业为：中国建筑工程总公司（188928 万美元）、中国土木工程集团公司（29662 万美元）、中国港湾建设（集团）总公司（27158 万美元）、中设国际工程有限公司（25100 万美元）、中国国际技术智力合作公司（24903 万美元）、中国路桥（集团）总公司（23446 万美元）、上海建工（集团）总公司（20145 万美元）、上海振华港口机械公司（16767 万美元）、中水远洋渔业有限责任公司（16150 万美元）、中国江苏国际经济技术合作公司（15500 万美元）。

二、“九五”期间我国对外承包工程和劳务合作发展取得了良好的成绩

1.“九五”期间，我国对外承包劳务累计签定合同额 613.5 亿美元，完成营业额 487.7 亿美元，比“八五”增长 77% 和 116.6%；累计外派劳务人员 115 万人次，比“八五”增长 63%。合同额和营业额年均增长达 9.8% 和 10.1%；其中对外承包工程年均增长 11% 和 9.5%；对外劳务合作年均增长 7% 和 13.2%。“九五”期间我国已进入国际工程承包世界 10 强行列。

2. 对外承包工程的质量实现了较大幅度的提高，承包方式从分包为主逐步向施工总承包和“咨询设计－采购－施工”全过程总承包转变，大型总承包工程项目增多，技术含量增加。“九五”期间，合同额在 1000 万美元以上的项目 675 个，5000 万美元以上的项目 96 个，超过 1 亿美元的项目 32 个，大项目数量比“八五”有很大幅度增加。

3. 市场开拓成绩显著，多元化的市场格局初步形成。“九五”期间，我国对外承包工程和劳务合作已扩展到全球 180 多个国家和地区，基本形成了“亚洲为主，发展非洲、拉美和南太，恢复中东，开拓欧美”的多元化市场格局。与“八五”相比，“九五”在亚洲的营业额增长（下同）1.1 倍、非洲 1.3 倍、欧洲和北美洲 72%、拉美 2.1 倍、南太 1.9 倍。

4. 对促进“走出去”对外开放和国民经济的发展的作用日益明显。一是输出了大量的工程建设能力，引进了先进技术和管理经验，促进了国内产业结构的调整。二是扩大就业渠道，年在外劳务人数相当于全国城镇就业人数的 0.2%，贡献率达 1.2%。三是增加了国家外汇收入，促进了国际收支平衡。四是扩大了出口。据不完全统计，1996～2000 年对外承包工程带动国产设备材料出口近 31 亿美元。五是带动了地区开放和经济发展及国内航空、通讯、金融、保险、邮电等相关行业的发展。六是促进了企业“走出去”，培养了一大批国际型经营管理人才。

“九五”期间，我国对外承包工程和劳务合作业务获得了迅速发展，企业的实力也不断增强。根据美国《工程新闻纪录》评选的结果，1999 年我国有 33 家企业入选世界最大 225 家国际承包商行列，比上年增加 3 家；有 5 家企业入选世界最大 200 家国际工程设计公司，比上年增加 2 家。

三、我国的对外承包工程和劳务合作前景广阔

随着经济全球化的快速发展，虽然国际市场的竞争会更加激烈，我国企业对外开展工程承包、劳务合作、生产合作和设计咨询等也面临很大挑战，但用发展的眼光来看，我国的对外承包工程和劳务合作等前景依然十分广阔。

第一，世界经济贸易继续保持增长，国际工程承包市场需求增加，为我国企业提供了广阔的发展空间。据有关专家分析，21 世纪前 10 年世界经济总体环境较 20 世纪 90 年代中后期有明显改善，年均增长率保持在 3% 左右，其中发展中国家将保持 5% 左右的增长率。世界经济的增长将带动国际直接投资和各国对基础设施建设方面的投资增长，国际工程承包市场也不断扩大。据美国标准普尔公司的调查报告称，1999 年全球建设投资规模在

1998年32400亿美元的基础上增长了11.8%，达到36000亿美元；并预测今后4年将保持5.1%的年均增长率，2003年将达到41000亿美元。

第二，随着经济全球化进程的加快和世界经济的发展，资金、技术、劳务、信息、管理等生产要素在全球范围内加速流动、融合，国际间的经济技术合作关系更加密切，世界各国间的经济相互依存度增强，国际工程承包市场多层次和宽领域的需求增加；同时，在经济全球化的推动下，世界经济和产业结构调整，为国际工程承包市场的发展及分工与合作创造了条件。

国际劳务市场迅速增长。根据国际劳工组织(ILO)、经济合作与发展组织(OECD)的统计，90年代中期以来每年的劳动力跨国流动超过3500万人，比过去十年增加了50%。发达国家和一些新兴工业国家人口老龄化造成人口结构失衡，对外籍劳务需求潜力巨大；国家和地区间在经济发展阶段、结构调整、就业机会、劳动力供给和工资方面存在的差异，将进一步刺激和加速劳动力的跨国流动。欧、美、日、加、澳等发达国家为满足高新技术产业发展的需要，对技术劳务的需求也不断加大。

随着经济全球化步伐加快，贸易投资自由化进一步发展，完全封闭的区域和国别市场也越来越少。所有这些都为我们这项业务的发展带来了良好的机遇。

第三，加入世界贸易组织(WTO)将为我国参与经济全球化提供新的机遇，有利于改善我国外经贸发展的国际环境，我国将享受WTO各成员国贸易自由化的便利，各国的公共工程建设市场将进一步向我国开放。发展中国家采用公开招标的政府建设项目也会越来越多。

第四，我国的国民经济和外经贸发展形势良好，有利于改善我国企业对外开展工程承包和劳务合作等各项业务的环境。随着我国社会主义市场经济体制的确立，国民经济的市场化程度进一步提高，市场资源配置的基础性作用不断增强，政府机构、国有企业、外经贸、金融、社会保障体制等一系列重大改革稳步推进，经济结构调整和技术创新步伐加快，“科教兴国”、“走出去”和“西部大开发”等战略顺利实施，国内经济和社会发展形势更加良好，这将使发展我国对外经济合作业务的内部环境不断改善。我与世界各国的多双边经贸关系不断改善和发展，“大经贸”战略得到进一步贯彻落实，对外贸易、利用外资、境外投资、对外援助与对外承包工程和劳务合作等各种经贸方式相互结合，相互促进，共同发展，我国发展对外承包工程、劳务合作、生产合作和设计咨询业务的渠道扩大了，方式也增多了。

第五，经过20多年的发展，我国的对外承包工程、劳务合作、生产合作和设计咨询等取得了长足的发展，并已初具规模，我国具备了进一步发展对外经济合作业务的条件和能力。建国50年来，我国已建成独力完整的工业体系，综合国力和国际竞争力显著增强，建筑、石油化工、电力、交通、铁路、冶金、水利、通信电子等行业的实用技术在国际市场上具有一定的竞争优势。我国拥有9万多家各类工程建设企业，从业人员3000多万，许多大型企业具备了较强的工程总承包和市场营销能力；一些企业在参与国内大型基础设施和工业项目建设中与国外跨国公司合作，了解了国际惯例，积累了不少经验；许多企业在技术、设备、管理等方面无论与发达国家还是发展中国家的企业相比，都具有一定的比较优势。

“十五”期间，我国对外承包工程和劳务合作将继续以邓小平理论和党的十五大精神为指针，根据“走出去”对外开放战略的要求和对外经济贸易及国民经济发展的需要，以加入世界贸易组织为契机，深化改革，认真贯彻“大经贸”、“市场多元化”、“以质取胜”和“科技兴贸”战略，充分发挥我国的综合比较优势，利用国内国外两种资源和两个市场，大力发展对外承包工程、劳务合作、生产合作等各项业务，继续为促进我国对外经济贸易总体战略目标的实现和国民经济的发展发挥更大的作用。

（执笔：外经贸部国外合作司）

专栏 7.3 “技术壁垒”贸易战的新武器

在“比较利益”理论下发展起来的国际贸易，要求自由贸易的环境。尽管各国都鼓吹自由贸易，并在此基础上发展起地区集团性经济贸易区域，但由于各国经济发展水平的不同，自由贸易事实上始终未能真正实现。即使是经济一体化程度最高的欧洲联盟，其对外贸易也是壁垒重重，内部成员间的贸易往来也仍然存在诸多的限制。

在普遍的“自由贸易”呼声下，进口高关税政策作为传统的贸易保护措施，已越来越遭到全面抵制，特别是二次大战以来，经过关贸总协定的7轮谈判，世界平均关税水平已由40%降为目前发达国家的4%和发展中国家的13%左右，其中中国也已降至16.4%。但是近几年来由发达国家率先采用的隐蔽性非关税壁垒—技术性贸易壁垒(TBT)，正在悄然兴起。

TBT是指一国以维护国家安全、保护人类及动植物的生命和健康、阻止欺诈、保护环境、保护产品质量为目的，或以贸易保护为目的所采取的技术性措施，从而在客观上甚至主观上对自由贸易形成障碍。目前发达国家正在越来越多地使用TBT作为贸易战的新武器，在国际贸易非关税壁垒中，约有30%是由技术障碍引起的。我国由于产品质量的平均水平要比发达国家落后10－20年，又是新兴的贸易大国，对美国、日本、欧盟的出口已占我出口总额的53.6%，因而受其TBT限制的压力也特别严重。

美国早在1980年就开始限制和禁止进口中草药，1988年对我出口的陶瓷餐具提出重金属含量合格证书要求，1996年欧盟以我国动物防疫体系不完善为由，先后禁止进口中国禽肉和双壳贝类产品，并对挂中国旗渔船的水产品实行货到批批检验的制度，造成我国每年仅禽肉就损失6千多万美元的出口收益。1998年美国对来自我国的木质包装物提出高温、熏蒸或防护剂处理的要求并加强了检验，其后加拿大、澳大利亚、英国乃至欧盟也纷纷对我木质包装出口商品采取限制措施。由于处理费时(一个40英尺货柜消毒要7－10天)、费工(美国每年涉及从我国进口100万个集装箱)，费用又极高，本身成本损失很大(要增加1/3包装成本)，且影响商品特别是木质包装的大量机电产品的及时出口。仅此项限制，我国每年受影响商品价值即近500亿美元，其中对美国约130亿美元。此外美欧国家对我出口的家用小电器、儿童玩具、茶叶等提出安全调查、设立卫生限制等，更是屡见不鲜。我国出口的纺织品由于棉布横挡、印染布纬斜、色差、缩水等方面远落后于国际新标准，甚至已开始被韩国、新加坡等国家拒之门外。

因为TBT不仅涉及产品而且涉及生产过程，所以其限制面也会越来越广，如与环境卫生有关的绿色技术措施，与包装、标签、条形码有关的技术要求，与杂质、残留、添加剂、含菌量等有关的多变又高标准的检验检测。由于这些要求具有一定的合法性，进口方的TBT壁垒也就更具有隐蔽性。一旦中国加入WTO，发达国家将会更多地对我国产品采取TBT壁垒，以保护其国内的产业、市场和就业。因此中国企业应及早认清形势，一方面积极应对国外的TBT限制要求，维持和扩大国外市场；另一方面也要积极研究、制定我国的全面技术标准，在进口中实施我国的TBT保护，保护尚弱小的部分民族工业和市场。

(执笔：黄大中)

“九五”时期我国外经贸体制改革回顾

“九五”期间，我国外经贸发展的内外部环境出现了巨大变化。从外部看，世界科技革命和高新技术产业飞速发展，知识经济初见端倪，经济全球化与贸易投资自由化加速，给世界各国发展经济带来新的机遇和挑战。与此同时，1997年爆发的亚洲金融危机使全球经济增长明显放缓。从国内看，市场机制在资源配置中日益明显地发挥基础性作用，商品短缺状况基本结束，出现了明显的通货紧缩趋势和有效需求不足的问题。

作为国民经济的重要组成部分，我国外经贸积极适应这些新的变化和挑战，以改革为动力，通过不断深化改革，基本建立了适应社会主义市场经济发展、符合国际经贸通行规则的外贸体制框架：全国外经贸政策与管理的统一性和透明度进一步增强，涉外法规日益健全；“以公有制为主体、多种所有制经济共同发展”的外经贸经营主体多元化格局初步形成；行政干预大大弱化，外经贸宏观管理逐步走上以经济、法律手段间接调控为主的轨道；外经贸信息化建设进展迅速。

一、贯彻依法治国方略，清理、修改、制订外经贸法律法规，积极推进外经贸法制化建设

“九五”期间，我国外经贸领域积极贯彻依法治国方略，立法步伐明显加快，在外贸、外资、国际经济技术合作等方面制订并发布了一系列新的法律法规，外经贸法律体系不断完善。

根据世贸组织规则与实践以及我国的对外承诺，确保我国法律法规与世贸组织规则相符合成为我国加入世贸组织的关键问题，也是多边谈判中世贸组织成员关注的焦点。1999年底以来，我国政府开展了大规模的法律法规清理、修改、制订工作。2000年10月，九届人大十八次会议通过了对《中华人民共和国中外合作经营企业法》和《中华人民共和国中外合资经营企业法》的修改，其它法律法规的修改、制订工作正在按照程序有计划有步骤地顺利展开。

二、加大进出口经营权改革力度，下放审批权限，进出口经营权逐渐由审批许可制向依法登记制过渡

（一）加快实行有条件的国有生产企业、科研院所进出口经营权由审批许可制向登记制过渡

1997年，国家对5个经济特区的生产企业自营进出口权开始了自动登记制的试点；1998年，对国家批准的120家试点企业集团、千户重点企业和全国大型工业企业及所属生产型成员企业申请进出口权均实行登记备案制。上述生产企业除可经营本企业或成员企业自产产品的进出口业务外，若符合国家规定的标准，还可享有与流通企业一样的权利，即经营与本企业产品相关或同类商品的进出口业务，还可被赋予对外工程承包和劳务合作经营权。

从1999年10月开始，对国有、集体所有制的科研院所和高新技术企业实行自营进出口权登记制，条件是企业的注册资本不少于200万元人民币，且有本企业自产的科技产品和技术可供出口。这是外贸经营权第一次在全国范围内实行登记制。

（二）赋予符合条件的私营生产企业和科研院所自营进出口权

从1999年1月1日起，符合条件的私营生产企业和科研院所经审批被赋予自营进出口权。私营生产企业和科研院所系指依法登记注册、资本属于私人所有或私人资本控股的生产性企业或科研机构（包括独资企业、合伙企业、有限责任公司和股份有限公司）。2000年，外经贸部发布通知，自2001年1月1日起，生产领域的私营进出口企业和公有制企业享受相同待遇，即不再考核前两年销售收入和出口供货额等条件。私营成分进入外经贸领域，标志着我国外经贸体制改革在所有制结构上迈出了重要一步，体现了国家促进多种所有制经济共同发展的政策，营造了公平竞争的环境，也为

我国早日加入WTO创造了更有利的条件。

(三)逐步放宽流通性企业申请进出口经营权的资格条件

对省属外贸公司实行公司总量与所在省、自治区、直辖市及计划单列市出口额(以海关统计为准)挂钩的动态管理;对地(市)县所属外贸公司实行总量与所在地(市)县经济总量挂钩的动态管理;允许外贸公司设立子公司;放宽供销合作社企业、对外承包劳务公司、有外经权的设计院、生产企业成立进出口子公司申请进出口经营权的资格。赋予一大批企业边境贸易经营权。

(四)开展中外合资外贸企业的试点工作,并在现有的基础上扩大试点的范围

1996年9月30日,外经贸部发布《关于设立中外合资对外贸易公司试点暂行办法》,在上海浦东新区和深圳经济特区试办中外合资外贸公司。现有东菱贸易有限公司、上海兰生大宇有限公司等5家中外合资外贸企业正在运营。

(五)下放审批权限

从1999年1月开始,外经贸部授权各省、自治区、直辖市、计划单列市及经济特区外经贸主管部门一些审批权限,包括:办理地方进出口企业(包括有进出口经营权的省地市县外贸公司、商业物资企业、自营进出口生产企业和科研院所)更名手续、审核地方自营进出口生产企业和科研院所的进出口商品目录、审核自营进出口生产企业集团的成员企业名单,以方便企业办理有关手续。逐步放宽地县有实力的外贸企业申报对外经营权的条件,并对少数民族地区和西部地区给予一定的政策倾斜。

(六)建立进出口企业资格证书年审制度

为加强对进出口企业(外商投资企业除外)的管理,进一步推动进出口企业代码在海关通关、出口退税、外汇管理等环节的应用,保证进出口企业代码及有关数据的准确性和时效性。1999年起,进出口企业资格证书年审制度建立,凡经外经贸部或其授权机关批准或备案登记的各类进出口企业必须参加每年的年审,如不参加,将被视为自动放弃进出口经营权。

三、积极推进进出口商品行政管理措施的改革,使进出口商品的管理科学化、公开化

(一)减少进出口许可证管理的商品品种,改革许可证管理体制

目前,实行出口许可证管理的商品减少为66种,主要是涉及国计民生的商品、不可再生性资源产品及土特产品等。实行进口许可证管理的商品品种减少为33种。

按照"政策制定与具体实施相分离,配额管理与许可证签发业务管理相分离"以及"增强政府机关宏观政策管理职能,弱化微观事务性管理职能"的原则,1999年4月1日起,外经贸部改革了进出口商品许可证管理体制,实行政事分开、管理和发证分开,对许可证实行统一的网络化管理,提高配额使用率,为实行动态管理提供及时、准确的数据信息。许可证管理体制更加科学化、规范化。

(二)大幅减少实行配额管理的进出口商品品种,进一步完善出口商品配额分配机制,增加配额有偿招标品种,完善配额招标工作

目前,实行出口主动配额管理的商品已减少为45种,涉及331个商品编码。实行进口配额管理的商品为35种,涉及383个商品编码。

自1994年对部分出口商品试行有偿招标后,1998年国家又对纺织品被动配额实行招标。纺织品配额招标商品种类由1998年的7类扩大到目前的21类。

配额分配的科学性和透明度不断增强,传统配额管理体制的行政分配、无偿使用和垄断终身制被打破,对配额实行动态管理,向出口效益好、产品附加值高、拥有国产名牌产品的企业倾斜。为贯彻国务院关于为纺织行业解困的方针,从1998年起加大了对纺织生产企业扶植的力度,将纺织品被动配额的20%直接分配给国家纺织工业局推荐的纺织自营出口生产企业。

国家实行统一联合经营、指定核定公司经营的进出口商品品种进一步减少,其他商品由有进出口经营权的企业依法自主经营。

(三)加强特定机电产品的国际招标工作

1999年1月,为加强特定机电产品的国际招标采购工作,8种机电产品由进口审批改为国际招标采购,由各地区、部门机电产品进出口办公室转报外经贸部(机电司)办理进口手续。

(四)推行技术标准

1998年5月,国家颁布了《进口机电产品标准化管理办法》,规定进口的机电产品必须符合我国强制性标准的要求,即必须符合保障人体健康,人身财产安全的标准和法律、行政法规规定强制执行

的标准,并明确规定以实行进口单位自检为主的原则,然后向有关标准化管理部门备案,进口单位凭备案证书再到机电产品进口管理机构办理进口手续。除特殊需要经国家机电办批准外,不论何种外汇来源、贸易方式和进口渠道,一律不准进口旧机电产品。

四、利用外资

（一）修订《外商投资产业指导目录》

1997年12月31日,国家颁布了新修订的《外商投资产业指导目录》(以下简称《目录》)。

鼓励外商投资产业目录包括17个鼓励类产业和产品全部直接出口的允许类项目,涉及185个项目。其中不允许外商独资经营的项目有4个,中方控股或占主导地位的有16个。

限制外商投资产业目录列出了属于限制(甲)的有8个产业,共有26个项目;属于限制(乙)的16个产业,共有85个项目,其中不允许外商独资经营的有27个项目,中方控股或占主导地位的有17个项目。限制(甲)类项目产品出口占其销售总额70%以上的经批准可视为允许类项目。

禁止外商投资产业目录 与1995年《目录》中禁止类相比,1997年《目录》的禁止类加上金融期货等衍生金融业务,共列出12个产业,28个项目。

为积极引导和鼓励外资投向中西部地区,2000年6月16日,国家发布了《中西部地区外商投资优势产业目录》。

（二）出台新的吸引外资的鼓励政策

根据“千方百计利用外资”的方针,国家在税收、金融、外汇、保险、土地使用权等方面陆续出台了进一步吸收外商直接投资的鼓励政策,还特别出台了一系列鼓励外商向中西部地区投资的优惠政策。

（三）下放外商投资审批权限

1996年8月,国务院决定凡属鼓励类且不需要国家综合平衡的外商投资项目,均由省级人民政府审批,报国家计委、国家经贸委、外经贸部备案。国家计委、国家经贸委、外经贸部收到备案报告后,如有不同意见要在一个月内予以答复。

（五）修订外商投资法律法规

2000年新修订的《中华人民共和国中外合作经营企业法》和《中华人民共和国外资企业法》取消了原来的外汇平衡条款、原材料等物资的“当地含量”条款、取消了出口业绩要求和“企业生产计划备案”条款。《中华人民共和国中外合资经营企业法》业已提交全国人大。对上述三部法律的修改,适应了我国即将加入世界贸易组织和社会主义市场经济发展的新形势,有助于建立符合国际惯例和规则的社会主义市场经济法律体系。

五、不断深化对外承包工程、劳务合作与援外方式改革

进一步调整并优化经营主体结构,加快赋予大中型专业工程企业对外承包工程经营资格,实施大企业战略。加强对企业参加对外承包工程项目投标的协调和管理。继续加强对外承包工程技术质量管理,整顿对外承包工程经营秩序。同时,中国对外承包工程协会等中介组织的行业自律作用明显加强。

国家对对外劳务合作和外派劳务人员合法权益的保障进一步纳入规范化和法制化轨道。进一步严格执行对外劳务合作经营企业资格审定和年审制度,加强外派劳务人员出入境管理,依法查处、打击非法从事劳务合作,或以外派劳务为名从事非法移民活动等违法行为。

2000年,国务院办公厅发布了《关于大力发展对外承包工程的意见》(国办发[2000]32号)。这是国务院第一次转发对外承包工程的文件,为政府部门及银行等方面提供了支持对外承包工程发展的政策依据。

深化优惠贷款援外方式和援外项目合资合作改革。不断规范项目管理操作程序、简化项目审批手续;坚持“公平、公开、效益”的原则,择优选择承担援外任务的企业;加强援外项目的质量管理,援外工程全面引入和贯彻ISO国际质量体系标准,援外工程质量得到明显提高。

六、完善外贸宏观调控和管理体系,实现主要运用关税、退税、汇率等经济手段及符合国际经济通行规则的政策措施调节对外贸易

1. 实现人民币经常项目下的可自由兑换。继1994年1月1日实现汇率并轨、实行以市场供求为基础的单一的有管理的人民币浮动汇率制度

后,1996年12月1日,我国接受《国际货币基金组织协定》第八条第二、三、四款义务,实现了人民币经常项目下的可自由兑换。

2. 连续调低关税。1996年4月1日,我国调低了5000个税目商品的进口关税,算术平均税率由原来的35.9%降至23%;1997年10月1日,降低了4800多个税目的税率,算术平均税率降至17%;1999年1月1日,我国又下调了1041个税目商品的进口关税税率,算术平均税率下调至16.23%。从2001年1月1日开始,关税总水平将降至15.3%,加权平均税率达到10.54%。

此外,为有利于国内企业发展生产,降低成本,国家还对特定进口商品实行比规定税率低的暂定税率,以体现国家的行业管理政策。

3. 提高出口退税率。1998年,国家将七类机电产品和五类轻工产品的出口退税率从9%提高到11%。1999年,为加大对外贸出口的扶持力度,增强外贸出口对经济增长的拉动作用,将机械设备、电器及电子产品、运输工具、仪器仪表四大类机电产品及服装的出口退税率提高到17%;服装以外的纺织原料及制品、四大类机电产品以外的其他机电产品及法定征税率为17%且现行退税率为13%或11%的货物的出口退税率提高到15%;法定税征税率为17%且现行退税率为9%的其他货物和农产品以外的法定征税率为13%且现行退税率未达到13%的货物的出口退税率提高到13%;农产品的出口退税率提高到5%;船舶的出口退税率提高到16%。出口商品综合退税率已从原来的12.5%提高到15%左右。在调整出口退税率的同时,进一步完善了退税机制,提高退税效率。

七、强化进出口商会等外贸中介组织的职能,发挥中介组织在政府与企业之间的桥梁和纽带作用

作为政府与企业之间的桥梁和纽带,社会中介机构是我国改革开放和社会主义市场经济发展的必然产物。"九五"期间,我国外经贸领域中介机构的协调服务职能得到进一步加强。

按照目前的管理体制,中国机电产品进出口商会等六大进出口商会、中国对外承包工程商会和外商投资企业协会隶属外经贸部。"九五"期间,各商会初步建立了"民主选拔、竞争上岗、优胜劣汰、能上能下"的灵活用人机制和"协商共议、民主参与、民主决策"的决策机制;商会组织体系日趋完善,逐步形成了商会章程、内部管理、会员管理、业务管理制度等相互配套的制度体系;商会分会建设积极、稳妥推进。

在改革的同时,商会的服务领域逐渐拓宽,协调职能不断加强,正在逐步形成内部自律、互律、联合对外的行业自律机制;能够积极向政府反映行业的愿望和要求,向企业传达政府的的政策方针,较好地发挥了政府和企业之间的桥梁和纽带作用。

八、稳步推进政府机构改革,切实转变政府职能

1998年国务院新一届政府组成后,对外经贸政府职能部门作了调整。

原国家机电产品进出口办公室和管理国家级经济技术开发区的职能划归外经贸部。根据精简、统一、效能和权责一致的原则,外经贸部重新设置了内部司局,对机关人员进行了较大幅度的分流和调整。

根据国内外形势的变化,外经贸部还积极推进了我国驻外使(领)馆经商机构的改革,加强驻外机构信息化建设。在驻外人事制度方面,1999年召开的全国组织部长会议,第一次对驻外干部队伍建设提出了具体要求。通过完善驻外干部选拔机制,组织公开选拔和考试,拓宽了选人渠道,驻外干部的政治业务素质、年龄结构不断改善。

海关总署升格为正部级机构。原国家进出口商品检验局、原卫生部卫生检疫局、原农业部动植物检疫局共同组建成"国家出入境检验检疫局",由海关总署管理。原国家口岸办公室、原全国打击走私领导小组、外经贸部原负责的出口商品原产地规则管理等职能划归海关总署。海关总署还成立了走私犯罪局,组建海关缉私警察队伍,受海关总署和公安部双重领导,形成"联合缉私、统一处理、综合治理"的反走私新体制。

国家出入境检验检疫局的成立消除了过去口岸查验"政出多门"的弊端,把过去的三次申报、三次抽样检验变为"一次报验、一次取样、一次检验检疫、一次卫生除害处理、一次收费、一次发证放行"的高效率通关,而且执法主体集中统一,有利于增强执法力度。海关在进出境监管、关税征管、海关稽查、检验检疫标准建设、口岸体制改革、缉私体制改革等方面都取得积极进展。

九、外经贸企业改革

“九五”期间，根据党的十五大精神，中央和地方外经贸企业在建立现代企业制度方面进行了积极有益的探索，国有外经贸企业改革取得了新的进展。

（一）发挥国有经济在外经贸领域的引导和带动作用，积极推进国有外经贸企业战略性改组。一批大型外贸公司参加了国务院现代企业制度试点、大型企业集团试点和综合商社试点。

（二）推进股份制改造，组建上市公司。通过企业内部职工持股、股份合作制和在境内外股票市场上市等方式，部分国有外经贸企业规范了内部法人治理结构和经营机制，扩展了融资渠道，增强了发展后劲。目前，有二十几家外经贸企业分别在上交所和深交所挂牌上市，形成了独具特色的“外经贸板块”。

（三）加快建立符合现代企业制度的人事管理体制，推行以聘任制为主的人事任用制度，企业领导人员的职务逐步与行政级别脱钩。认真做好下岗职工和养老保险统筹工作，为企业深化改革提供保障。

（四）1998 年以来，军队、武警、政法和中央党政机关与所办和所管理的经济实体脱钩将国有外经贸企业改革推进到一个新的阶段。政府部门不再直接管理企业，企业完全自主经营，自负盈亏。政企分开，是适应社会主义市场经济体制的重大举措，有利于政府部门转变职能，加强宏观管理，有助于形成公平竞争的市场格局。

十、加快外经贸信息化建设，积极推动电子商务的发展

信息技术的发展，加快了经济全球化的步伐，不仅极大地改变了经济的增长方式，也将极大地改变世界贸易体制和经济格局。“九五”期间，我国加快了外经贸信息网络建设，积极推动电子商务的发展。

金关工程——外经贸专用网，是“九五”国家信息化建设的重点工程。1996 年 5 月，国务院批准由外经贸部负责统一组织金关工程的建设。2000 年 11 月，工程主干网建设顺利完成，并实现了与海关总署、外汇管理局、国家税务总局、银行等部门的联网与数据共享，政府贸易管理各环节可以在该主干网上安全运行。金关工程主干网建设的完成标志着我国外经贸用现代化手段实行电子化、网络化、规范化管理已经起步。

1998 年，经国务院批准，外经贸部、海关总署、外汇管理局、国家税务总局分头开始了配额许可证管理系统、进出口统计系统、出口收汇和进口付汇核销系统、出口退税管理系统的建设，现已基本完成并逐步推广应用。

目前，我国进出口配额电子招标、纺织品配额联网管理、进出口许可证联网签发与核查、外商投资企业联合年检等部分外经贸管理业务已通过中国国际电子商务网进行；EDI 在海关监管中得到广泛应用；国家进出口检验检疫局已经开始远程电子报检的试点工作；中国人民银行自 1998 年初开始对互联网支付机制进行研究，商业银行的网上支付服务已经起步。政府管理的信息化为企业开展电子商务打下了良好的基础。

（执笔：外经贸部政策研究室）

财政、金融

财政状况及面临的形势和任务

2000年,我国经济工作取得了显著成绩,国民经济发展出现了重要转机。在党中央、国务院的领导下,财政改革也取得了重大进展,财政工作取得了很大成绩。继续实行了积极的财政政策,加强和改善了财政宏观调控,促进了国民经济持续、快速、健康发展;进一步建立和完善了财政收入稳定增长机制;财政支出结构进一步优化,有力地支持了各项改革和重点事业发展;财政支出管理制度改革迈出重要步伐,财政法制建设和监督管理得到加强。

2001年是进入新世纪、实施"十五"计划的第一年,也是保持经济增长良好势头、乘胜前进的关键一年。从2001年开始,我国将进入全面建设小康社会、加快推进现代化的新的发展阶段,开始实施第三步战略部署,这既是一个里程碑,也是一个新起点。因此,做好2001年的财政工作,对顺利实施"十五"计划,保持国民经济持续快速健康发展,促进经济结构调整和社会全面进步,具有非常重要的意义。

2000年财政状况

一、2000年国家预算执行情况

2000年全国财政收入13380.11亿元(预算执行数,下同),完成预算的108.4%,比预算超收1042.34亿元,比上年增收1936.03亿元,增长16.9%。分中央和地方看,中央财政总收入7584.33亿元,比预算增加680亿元。其中,中央财政本级收入6986.14亿元,比预算增加680亿元;地方上解中央收入598.19亿元,与预算持平。地方财政总收入11062.17亿元,比预算增加628.35亿元。其中,地方财政本级收入6393.97亿元,比预算增加362.34亿元;中央补助收入4668.2亿元,比预算增加266.01亿元。

2000年全国财政支出15879.44亿元,完成调整预算的104.9%,比调整预算超支743.21亿元,比上年增加2691.77亿元,增长20.4%。按可比口径计算,即扣除国债利息支出后,比上年增长14.9%。分中央和地方看,中央财政总支出10182.54亿元,比调整预算增加479.75亿元。其中,中央财政本级支出5514.34亿元,比调整预算增加213.74亿元;补助地方支出4668.2亿元,比预算增加266.01亿元。

全国财政收入与支出相抵,支出大于收入2499.33亿元。其中,中央财政赤字2598.21亿元,比调整预算数减少200.25亿元;地方财政结余98.88亿元。

2000年中央财政债务收入4180.1亿元,其中,用于偿还国内外债务本金1573.58亿元,弥补当年赤字2598.21亿元,补充中央财政偿债基金8.31亿元。此外,2000年中央政府性基金收入1365.18亿元,中央政府性基金支出1365.18亿元。

2000年全国财政收入增长16.9%,高于"九五"期间年均增幅。财政收入增加较多的主要原因:一是我国国民经济稳定发展和企业效益好转。2000年随着积极的财政政策、稳健的货币政策和产业结构调整等宏观政策的逐步落实到位,加之受全球经济环境转好、国际市场趋旺的影响,我国经济运行出现重要转机,经济增长速度加快,运行质量显著提高,国有企业改革和脱困三年目标基本实现,这些都为税收增长提供了丰富的税源。二是依靠加强监管、严打走私和扩大内需的带动,进口税收增加较多。另外由于证券交易活跃,交易额扩大,使2000年证券交易印花税收入快速增长。三是税收政策和国际国内原油、钢材等原材料价格上涨因素带来一次性税收收入增加较多。四是金融保险业、房地产销售、建筑安装业以及旅游、餐饮等服务业营业额增长较快,带动营业税增加较多。五是税务部门进一步加强税收征管检查,为税收增长提供了保障。六是各级党政领导、各有关部门和社会各界的大力支持配合,为各项财政收入的应收尽收、及时入库提供了条件。由于上述各项因素,2000年全国财政收入在连续七年大幅度增长的基础上，又比上年增收1936亿元。

2000年，按照建立公共财政框架的要求，加大了财政支出结构调整力度，努力保障了涉及改革、发展和稳定大局的重点支出需要。

2000年预算执行总体上是好的，但也存在一些问题。一是偷税、骗税等活动仍然严重，财务失真，编造假账册、假数据等违反财经纪律的行为仍屡禁不止。二是地区间财力不平衡，一些地区尤其是县、乡两级财政比较困难，拖欠机关事业单位职工工资现象比较突出。三是部门预算等支出管理制度改革虽然已经起步，但基础工作还需进一步加强，预算编制的准确性仍有待进一步提高。上述问题需要通过加快经济发展，深化财政改革，规范财政管理，整顿财经秩序等措施，着力加以解决。

二、2000年财政工作回顾

（一）继续实行积极的财政政策，财政在宏观调控中的作用进一步加强

根据党中央、国务院关于2000年继续实施积极财政政策的决策，中央财政在1998年发行长期建设国债1000亿元和1999年发行1100亿元的基础上，2000年又陆续发行了1500亿元长期建设国债，用于加大基础设施投资力度，拉动社会性投资的增长。同时，各级财政部门认真贯彻落实1999年中央12号文件确定的调整收入分配政策，千方百计保证增加低收入居民收入所需资金；认真落实鼓励投资、刺激消费、支持出口等一系列政策措施。连续三年积极财政政策的实施，分别拉动经济增长1.5、2.0和1.7个百分点，有效增加了国内需求，加强了重点建设，集中力量办成了一些多年想办而未办成的大事，促进了经济结构调整，提高了经济增长质量，改善了企业经济效益，促进了国民经济的持续快速健康发展。

（二）加大重点支出保障力度，促进各项事业发展

一是努力保证机关事业单位职工工资的发放。积极努力，逐步实行对党政机关工作人员和教师工资实行财政统管、银行发放的办法。二是大力支持农业发展和农业结构调整。国家财政通过安排粮食风险基金，促进了国家关于按保护价敞开收购农民余粮政策的落实；为帮助遭受严重旱灾的地区抗灾救灾，中央财政在拨付抗旱救灾资金的同时，还减免了部分农业税收；中央财政加大了对贫困地区的支持力度，促进了“八七”扶贫攻坚目标的实现。中央财政通过增加对天然林保护、退耕还林还草工程等的投入，促进了重点生态工程建设的顺利进行。三是加大社会保障支出力度。2000年前11个月，中央财政安排的养老、失业、下岗职工基本生活保障和城市居民最低生活保障等社会保障支出比上年同期增长80％。四是预算内安排的教育支出、科学支出同比都较多的高于按可比口径计算的全国财政支出增长幅度，有力地促进了科教兴国战略的实施。五是积极支持国有企业改革和产业结构调整。

（三）财政支出管理改革稳步推进，税费改革迈出坚实步伐

部门预算改革取得突破性进展。中央预算单位全部编制了2000年部门预算，教育部等四个部门的部门预算报送全国人大审议，获得好评。2001年的部门预算编制工作在此基础上又进了一步。对中央单位进行清产核资，摸清了家底；国家计委等10个部门按新标准试编2001年部门预算，报送全国人大审议部门预算的部门将进一步增加。河北及其他许多省级财政部门编制部门预算工作取得了新的进展。同时，预算科目体系改革也取得了进展，一套既可进行国际比较又较符合我国实际的新预算科目体系已初步拟定。

推行国库集中收付制度初见成效。先后制定了《财政国库制度改革方案》、《财政资金支付管理办法》、《粮库建设资金实行财政直接拨付管理暂行办法》、《车辆购置税专项资金实行财政拨付管理暂行办法》等规章办法，并在行政单位职工工资由财政统一发放、粮库建设资金由财政直接拨付等方面进行了一些试点，取得了经验，为推行这项改革奠定了良好的基础。

政府采购工作进一步推进。先后下发了《关于2000年推行政府采购制度的意见》、《关于进一步加强地方政府采购工作的通知》等文件，各地都进行了政府采购的试点，政府采购行为不断规范。据不完全统计，2000年全国政府采购资金规模超过200亿元，资金节约率平均在10％左右。

农村税费改革在安徽全省和其他部分地区的试点取得了成效。从各地试点情况看，农村税费改革规范了农村税费制度和征收方式，有效遏制了农村“三乱”，减轻了农民负担。据安徽省统计，实行农村税费改革后，农民负担水平减轻25％左右。在及时总结试点经验的基础上，进一步完善了扩大

改革试点的方案和配套措施。财政部还研究制订了《农村税费改革中央对地方转移支付办法》，为扩大农村税费改革试点提供了资金准备。同时，交通和车辆税费改革也迈出重要步伐，改革方案已经发布，《中华人民共和国车辆购置税暂行条例》先期出台，2001年1月1日正式实施。

(四)财政法制进一步完善，依法理财取得新的进展

2000年先后开展了预算收入征管质量检查、企业会计信息质量检查和国债项目资金检查等多项执法监督工作，查处大量违法违规问题，对促进财政管理和整顿经济秩序起了积极作用。新《会计法》、《企业财务会计报告管理条例》等一些重要的法律法规已发布实施。会计委派制度试点，正在按照财政部、监察部联合制发的《关于试行会计委派制度工作的意见》的要求不断扩展。

2000年是"九五"计划的最后一年，财政工作成绩是在"九五"前几年的良好基础上取得的。回顾"九五"期间的工作，在邓小平理论和党的十五大精神指引下，我们适时调整财政政策方向和力度，促进国民经济持续快速健康发展。针对亚洲金融危机之后出现的国内有效需求不足和通货紧缩趋势，根据党中央、国务院的统一部署，从1998年起，连续三年实施积极财政政策，有力拉动了经济增长；财政收入稳定增长，"九五"期间平均每年增长16.4%，年均增加1420亿元；财政收入占GDP的比重每年提高近一个百分点，宏观调控能力逐年增强；财政支出结构不断优化，有力地支持了各项改革和重点事业发展，"九五"期间，国家财政支出完成57036.40亿元，是"八五"时期的2.3倍，在推进国企改革、扩大基础设施建设、完善社会保障体系、促进科教、农业以及全国各地区特别是中西部地区发展等方面发挥了重要作用；积极推进财税体制改革，进一步理顺了政府收入分配关系，规范了财政管理，强化了财政监督，健全了财政职能。

今后一个时期财政工作的基本思路是：以"三个代表"的重要思想为指导，认真贯彻以江泽民同志为核心的第三代中央领导集体对财政工作作出的一系列重要指示精神，牢固树立"比例适当，集散有度，收支合理，使用得当"的理财观念，通过深化财政改革和体制创新，构建公共财政的框架，建立强大、稳固和平衡的国家财政，促进经济发展和结构调整，推动社会全面进步。其主要任务是：根据经济形势的变化，实行适当的财政调控政策，促进国民经济持续快速健康发展；综合运用财政政策手段，切实加强农业的基础地位；通过增加转移支付等措施，积极支持实施西部大开发战略，促进区域经济协调发展；完善相关财税政策，大力推进城市化进程，推动城乡共同发展；改革和完善财税、财务制度，加快发展高新技术产业，促进产业升级；加快社会保障体系建设，推动国有企业改革和发展；加大对科教领域的投入力度和政策支持，促进科教兴国战略的实施，实现科技教育与经济建设和社会各项事业的协调发展。

2001年财政形势展望

2001年财政工作的指导思想是：以江泽民总书记"三个代表"的重要思想为指导，认真贯彻党的十五届五中全会、中央经济工作会议和省部级财政专题研究班的精神，综合运用各种财政政策手段，继续实施积极财政政策，积极发挥财政在宏观经济调控中的职能作用；进一步完善税制、加强征管，努力增加财政收入；调整和优化财政支出结构，保证重点支出的需要；推进财政支出管理制度改革，坚决落实"比例适当，集散有度，收支合理，使用得当"的十六字方针构建公共财政框架；坚持依法行政，强化财政监督，规范财经秩序；确保圆满完成财政预算，以优异成绩为新世纪开好局、起好步。

一、2001年财政工作重点

目前我国经济回升的基础还不稳固，有效需求不足的问题还没有得到根本解决，真正实现经济良性循环尚需继续努力。为了巩固经济发展的良好势头，2001年需重点抓好以下财政工作：

(一)继续实施积极财政政策，确保经济持续稳定增长

实施积极财政政策是巩固经济发展良好势头的正确选择。2001年需继续实施积极的财政政策。一是继续发行基础设施建设国债；二是发行特种国债，以支持西部开发；三是适当改善居民收入，刺激消费，扩大内需。2001年增发的国债主要用于弥补在建项目后续资金，其中中央财政支出部分全部用于未完工程，一律不再上新的项目。要认真实行国债资金重点项目责任制，严格项目预算管理，对国债资金项目试行国库集中支付制度，并加强监督检查，努力提高国债资金的使用效益。

(二)加强收入征管，确保财政收入稳定增长

一是继续贯彻落实国务院"加强征管,堵塞漏洞,惩治腐败,清缴欠税"的工作方针,严格执行税收法规,依法征税,改进税收征管手段,坚决打击各种偷税、骗税、逃税和抗税行为,大力清理压缩欠税,做到应收尽收,并采取切实措施解决税收虚报问题。二是各级财政部门要积极配合和支持税务、海关等征管部门的工作,加大稽查力度,按照国务院的统一部署,严厉打击出口骗税及走私犯罪行为。三是坚决维护税法的统一性和权威性,切实清理地方自行制定的税收先征后返政策,坚决制止擅自减税、免税、缓税行为。

（三）认真落实中央统一的工资政策,保证职工工资及时足额发放

按照国家统一的工资政策,保证机关事业单位职工工资按时、足额发放,是各级政府应尽的义务,也是刺激消费、扩大内需的重要措施。各级财政在安排预算时,应从讲政治的高度,严格按照"一要吃饭,二要建设"的原则,首先足额安排机关事业单位职工工资,并采取一切必要措施保证按时、足额发放。预算安排的机关事业单位工资经费,要全部纳入财政在国库开设的工资专户,只能用于发放职工工资,不准挪作他用。同时,要在总结经验的基础上,进一步做好党政机关和教育部门职工工资财政统一发放工作,并尽快在全国范围内推开。要努力落实机关事业单位调整工资政策,并相应增加机关事业单位离退休人员的离退休费;实施艰苦边远地区津贴制度。

（四）加大支出结构调整力度,努力保证重点支出

2001 年,财政支出安排压力很大。一是确保工资性支出。二是进一步提高社会保障支出在财政预算中的比重,确保企业离退休人员基本养老金和国有企业下岗职工基本生活保障费按时足额发放,支持国有企业重组改制和产业结构调整。三是要努力保障国家政权建设、科技、教育、文化等重点领域和项目的支出需要。四是加强农业的基础地位,大力支持农业基础设施建设,支持防灾体系建设,支持天然林保护、退耕还林(草)和防沙治沙工程,支持农村税费改革,加大扶贫力度,切实减轻农民负担。要足额筹措粮食风险基金,并及时拨付到位,认真落实以保护价敞开收购农民余粮为重点的各项粮食购销政策。为了确保上述各项重点支出需要,必须按照建立公共财政框架的要求,大力调整财政支出结构,进一步规范财政资金供给范围。要解决财政供养人口过多,包揽过宽的问题,抓住地方机构改革的时机,做好定编定岗定员工作,严格控制行政事业经费;对能够进入市场取得稳定收入的事业单位,逐步削减财政拨款;要逐步减少对竞争性领域的直接投资。同时,要努力提高财政资金使用效益。

（五）努力促进经济结构调整,积极支持国有企业改革

一是对资源枯竭、严重污染及"五小"企业要加快实施关闭破产,继续淘汰落后的生产能力。各级财政部门应抓紧将破产补助资金落实到位。二是要推动企业重组改制,加快股份制改造步伐。要认真研究企业重组改制中的有关问题,制定合理的财税政策,促进企业轻装上阵,以适应加入 WTO 后市场竞争的新形势。三是要抓紧实施国有股减持,促进社会保障体系建设,为社会稳定和企业发展创造条件。

（六）切实加强财政法制建设,整顿财经秩序

随着"十五"计划和第三步战略目标的实施,我国国民经济将保持较快的发展速度。经济增长质量和效益的提高,对建立和维护良好的市场经济秩序的要求将更加迫切。朱总理在中央经济工作会议上的讲话中指出:"当前经济生活中的一个突出问题,是经济秩序比较混乱","必须以改革的精神狠抓管理,把规范秩序和整顿市场经济秩序作为一项重要任务"。财经秩序是市场经济秩序的重要组成部分,我们必须认真落实总理的要求,依法行政、依法理财,切实加强财政监督管理,标本兼治,促进财经秩序和市场经济秩序的根本好转。一是进一步完善财政监督体系,健全财政监督机制。财政部门要从原来注重对企业微观事项的管理,转向对收入征收机关、执法部门、金融机构、中介机构等的监督,逐步健全企业财务监督社会化体系;加强预算资金使用的监督,建立财政部门、主管部门、资金使用单位、审计部门相互制约的预算执行监督体系。二是要认真贯彻《会计法》,完善会计制度,加强会计基础工作,提高会计信息质量,严厉打击假凭证、假账册、假审计等违法行为。要在总结试点经验的基础上,扩展和完善会计委派制度,加强全社会的会计监督。三是要建立追踪问效和反馈机制。四是要加强对金融机构,特别是地方金融机构的财务监管工作,切实防范和化解金融风险。五是进一步加强财政内部监督。六是要继续清理整顿经济鉴证类中介机构,建立起与社会主义市场经济体制相

适应的经济鉴证类中介机构管理体制和高效的管理机制。

二、稳步推进以建立公共财政框架为目标的各项财政改革

当前,建立公共财政框架面临着难得的改革机遇:一是党中央、国务院十分重视和支持,中纪委也将实行部门预算、推行国库集中收付制度等多项财政改革作为从源头上治理腐败的重要措施。二是经济的持续快速健康发展和1994年财税体制改革建立的财政收入稳定增长机制,为推动建立公共财政框架奠定了比较坚实的物质基础。三是经过二十多年的改革开放,社会对改革的支持程度和承受能力普遍增强,以及财政改革取得的初步成效,为继续深化财政改革积累了经验。四是财政部门内设机构和人员的调整,为推动和深化财政改革提供了组织保证。

(一)推进支出管理制度改革

推进财政支出管理制度改革,是提高财政工作质量的重要环节,是建立公共财政框架的一项关键性措施,是目前和今后一段时期财政改革的重点。

一是加快实行部门预算的改革步伐。第一,扩大编制和报送部门预算的范围。2002年,中央财政报送全国人大审议部门预算的部门要进一步增加。各省级预算单位都要编制部门预算,30～50%的地市要进行部门预算试点。第二,要细化部门预算编制,抓紧修订定额标准和试行项目预算。对行政事业性专项支出和建设性支出,将通过建立项目库和择优安排项目的方法编制项目预算,逐步实现项目预算的滚动管理。中央和地方都要进行试点,为全面推广积累经验。第三,推进政府收支分类改革,建立部门分类、功能分类、经济分类等新的政府收支分类体系。

二是开展国库集中收付制度试点工作。国库集中收付制度改革的基本构架是:建立国库单一账户体系,所有财政性资金都纳入国库单一账户体系管理,收入直接缴入国库或财政专户,支出通过国库单一账户体系支付到商品和劳务供应者或用款单位。实行国库单一账户制度,将改变预算单位自行开设账户的做法,统一由财政部门在国库单一账户体系内设立账户。在收入收缴上,将目前预算资金就地缴库、集中缴库、自收汇缴的三种缴库方式,简并为直接缴库和集中汇缴两种方式。在支出拨付上,根据支付管理的需要,分别实行财政直接支付和财政授权支付两种方式。为保证国库单一账户制度的高效运行,财政要建立管理信息系统,管理各预算单位预算信息,记录和监督资金收付的运行。2001年要选择几个中央部门和部分省率先实施国库集中支付改革试点。

三是积极推进政府采购制度。要加快制定《政府采购法》,完善有关法律法规体系。进一步扩大政府采购的范围和规模,在编制政府采购预算和政府采购计划的基础上,2001年在中央预算单位全面推行政府采购工作,明确集中采购和财政直接支付的项目范围。能实行公开招标的,都要以公开招标的方式,按规范的程序实施采购。要改革政府采购资金支付办法,积极推行国库集中支付办法。要研究开发政府采购网络系统,逐步建立政府采购信息公告制度和统计分析制度,提高政府采购活动的透明度。要研究制定政府采购业务代理机构及供应商政府采购市场准入办法,规范招标行为,保证政府采购的质量。要积极配合纪检、监察等部门的工作,加强对政府采购活动的监督。

(二)加快税费改革步伐,规范政府收入分配

实行税费改革,对于规范收入分配,完善财政体制,减轻企业、农民、社会负担,推进依法行政,从源头上、制度上治理腐败,增强政府的宏观调控能力具有重要意义。2001年要加快全国农村税费改革的步伐。有条件的省份,要在全省范围内全面推开,其它省份要扩大试点范围,为全面推行创造条件。为确保改革目标的实现,中央财政每年拿出200亿元用于对地方转移支付,补助改革后出现的基层经费的正常开支缺口。省级财政也要挤出资金增加对农村税费改革的转移支付。要加强对转移支付资金的监督和管理,保证上级财政转移支付资金专款专用,落实到基层,并要积极推进精简机构和人员等配套改革。要抓紧做好车辆购置税的征管工作并择机出台燃油税,继续清理涉及交通和车辆的乱收费,落实已取消的收费项目,继续清理取消不合理、不合法的行政事业性收费和政府性基金,切实减轻社会各方面的负担。同时,还要积极做好收费多,群众反映强烈的一些部门税费改革的准备工作。

(三)推进社会保障体系建设

建立符合中国国情的社会保障体系,是构筑社会主义市场经济体制和公共财政体制极为重要的内容,是维护人民最基本利益的一项重大措施,也

是支持国有企业改革和发展的重要手段。要确保国有企业下岗职工的基本生活费和企业离退休人员养老金按时足额发放，不能再发生新的当期拖欠。要扩大养老、医疗、失业等社会保险的范围，提高社会保险费的征缴率。要调整财政支出结构，提高社会保障支出比重，保证资金不留缺口。积极探索规范筹措社会保障资金的方式，拓宽社会保障资金的筹资渠道。切实加强社会保障资金管理，增强规范性和透明度。合理划分中央和地方政府在社会保障工作中的责任，建立事权清晰、责任明确、保障有力、运转高效的社会保障管理体系。积极推进城镇社会保障体系改革试点。

(四)进一步完善税制，优化税制结构

根据我国即将加入世界贸易组织的新形势和我国社会经济形势的发展变化，按照“统一税法、公平税负、优化税制、扩大税基、合理分权”的指导思想，进一步完善现行税制，清理和规范税收优惠政策；调整营业税政策，加强对娱乐性消费行为的调节力度；改革和完善个人所得税制，建立分类与综合相结合的新的国民待遇原则。

三、2001年国家预算安排情况

根据2001年财政工作的指导思想和工作重点，并综合分析国内外政治经济形势变化对财政收支的影响，2001年中央财政总收入安排8422.91亿元，比上年执行数增加838.58亿元，增长11.1%。其中，中央本级收入7830亿元，比上年执行数增长12.1%；地方财政上解中央收入592.91亿元，与上年基本持平。中央财政总支出11021.01亿元，比上年执行数增加838.47亿元，增长8.2%(按财政支出含债务利息计算，下同)。其中，中央本级支出5845.17亿元，比上年执行数增长6%；补助地方支出5175.84亿元，比上年执行数增长10.9%。中央财政收支相抵，赤字2598.1亿元，与上年持平。

2001年中央财政到期需归还的国内外债务本金为2005.95亿元，加上弥补当年赤字2598.1亿元和中央代地方发行400亿元，国债发行总规模为5004.05亿元。上述国债总规模中，中央本级发行4604.05亿元，比上年实际发行额增加423.95亿元，主要是2001年国债还本支出增加所致。此外，2001年中央政府性基金收入预算安排1089.25亿元，基金支出预算安排1089.25亿元。

2001年地方财政预算总收入12106.04亿元，比上年执行数增加1043.87亿元，增长9.4%。其中，地方财政本级收入6930.2亿元，比上年执行数增长8.4%；中央补助收入5175.84亿元，比上年执行数增长10.9%。地方财政预算总支出12106.04亿元，比上年执行数增加1142.75亿元，增长10.4%。其中，地方财政本级支出11513.13亿元，比上年执行数增长11.1%，上解中央支出592.91亿元。地方财政收支平衡。

2001年中央和地方预算汇总，全国财政收入安排14760.2亿元，比上年执行数增加1380.09亿元，增长10.3%；全国财政支出安排17358.3亿元，比上年执行数增加1478.86亿元，增长9.3%。

2001年中央在安排预算时考虑的主要因素：

一是按照积极稳妥的原则，财政收入增长按略高于经济增长安排。二是加大基础设施建设力度，支持西部大开发战略实施。拟发行建设国债1000亿元和特种国债500亿元。三是增加机关事业单位职工工资，有效刺激消费需求。四是增加社会保障支出，确保社会稳定。五是促进和支持农村税费改革，切实减轻农民负担。中央财政将对推行改革所造成的政策性减收，给予适当补助。六是增加其他重点项目支出。中央财政相应增加教育、科技、支农、文化、卫生、计划生育等方面的支出(包括中央本级和补助地方支出)。七是加大中央对地方的转移支付力度。八是适当增加国防支出。

(执笔：孙莉)

货币金融形势分析

2000年我国宏观经济运行出现重要转机。当年经济增长8%，物价升中趋稳，宏观经济运行接近“零通胀、高增长”的良好状态。货币政策作为扩大内需宏观政策的重要组成部分，在改进宏观调控，改善金融服务，适当增加货币供应，配合积极的财政政策增加国债资金配套贷款，培育金融市场，促进消费信贷，防范金融风险等方面，发挥了重要的作用。

货币政策分析的核心是货币供应量分析，因为货币供应量是现阶段我国中央银行货币政策的中介目标。全面解析2000年的货币供应量，有助于正确估价中央银行的货币政策取向。

一、2000年货币供应量调控目标及调控措施

若将物价负增长约定为通货紧缩的话，则中国在1997年后期就出现了通货紧缩的迹象。1998年物价负增长的势头有所加大，人们开始对需求不足的矛盾日益重视。1999年物价继续负增长，中央果断提出实施扩大内需的宏观政策，以扩大投资为引导，通过积极的财政政策增发国债筹集资金推动基础设施投资，同时通过适当的货币政策增加贷款支持经济增长，并配合推进住房、教育和社会保障等消费政策改革以促进消费增长。进入2000年后，物价负增长的惯性仍然存在，国家在宏观政策上继续实施积极的财政政策，同时要求充分发挥货币政策的作用，并要求推迟推行有关抑制当期消费的一些消费改革措施。在这些宏观政策中，货币政策作为其中的一个重要组成部分，近年来虽然具体提法在不同年份有所不同，但基本思想却始终是配合扩大内需的宏观政策，适当增加货币供应量，尤其是增加与财政资金的配套贷款，同时改善金融服务，防范金融风险，以金融的稳定来确保经济的稳定。可将其概括为稳健的货币政策。

2000年，在以上宏观背景下，中央银行实施货币政策所确定的调控目标是，广义货币供应量(M2)增长14～15%，狭义货币供应量(M1)增长15～17%，流通中现金(M0)增加额控制在1500亿元以内，国家银行指导性贷款计划增加8600亿元，继续保持国际收支和人民币汇率的基本稳定。

为实现以上调控目标，中央银行所采取的主要政策措施，除在前几年先后七次下调利率、取消国家银行贷款规模管理、改进存款准备金制度并下调准备金率、改进再贷款管理、加大公开市场操作力度、鼓励商业银行增加财政资金配套贷款、推进个人消费信贷、发布一系列信贷指导意见改善对农业、非国有经济和中小企业的金融服务的基础上，2000年又在以下五个方面取得了实质性的进展：

1. 大力推进利率市场化改革进程。年初进一步扩大了贷款利率的浮动幅度，年中基本放开了对外币利率的管制。利率改革正循序渐进分阶段地稳步推进。

2. 通过培育金融市场，打通货币市场与资本市场的联系，增强货币政策操作的灵活性。中央银行通过改进贴现和再贴现管理，积极促进票据市场的发展，缓解了企业拖欠的矛盾，加速了企业资金周转，减轻了银行贷款的压力。中央银行通过推行股票质押贷款办法，沟通了货币市场与资本市场的联系，解决了两个市场的分割状态，既有利于增加银行的资金运用渠道，又有利于促进两个市场的共同发展。

3. 改进基础货币调控方法。相对降低中央银行再贷款这个政策工具的运用力度，在基础货币管理中，增强公开市场操作的力度。

4. 增加对中小金融机构的融资支持。为支持中小企业的发展和防范中小金融机构的支付风险，中央银行采取较为灵活的方式增加了对城乡信用社和小商业银行的融资支持。

5. 有针对性地发布信贷指导意见，进一步促进商业银行改进信贷管理，支持农业、非国有经济、中小企业和个人消费信贷的发展，支持与财政资金配套贷款的增加。

这些政策措施的一个共同点是，通过改善宏观

调控和推进金融市场发展，来适当增加货币供应，改善金融服务，防范金融风险，促进经济健康发展。

二、2000年货币供应量运行分析

2000年货币运行的结果是，广义货币供应量(M2)余额达到134610亿元，增长12.3%，计入证券公司客户保证金后增长14%；狭义货币供应量(M1)余额达到53147亿元，增长16%；流通中现金(M0)余额达到14653亿元，增长8.9%。

从动态看，2000年M2的增势趋缓。月度走势见下表所示：

对M2变化影响最大的原因，从统计上看是准货币中储蓄存款增势乏力。2000年城乡居民储蓄存款余额达到64332亿元，当年只增加4977亿元，比上年同期少增1276亿元，增长7.9%，增幅比上年下降3.7个百分点。其内在的经济原因，一是居民收入增势减缓，2000年城镇居民人均可支配收入6280元，比上年增长7.2%，增幅比上年下降0.7个百分点；农村居民人均现金收入2253元，比上年增长2.0%，增幅比上年下降0.2个百分点。二是许多宏观经济政策的实施使储蓄存款被大量分流：(1)国债发行。2000年增发1500亿元国债使当年国债发行总额达到4657亿元，增长16%。居民踊跃购买国债的资金据典型调查约有半数是储蓄存款的转移。(2)股市活跃。居民投资股市分流了大量的储蓄存款。(3)消费增加。随着住房和教育制度的改革，2000年居民在这两方面的消费支出大量增加，减少了其在银行的储蓄存款。(4)因本外币利率差距大，部分本币储蓄转化为外币储蓄。2000年随着美联储的两次加息和日本银行取消零利率政策，为平衡国际收支和保持人民币汇率的相对稳定，中央银行在当年5月29日和9月21日先后两次调高了外币存款利率，一年期美元存款利率(含储蓄存款)由3.29%调至5.5%，外币储蓄存款与本币储蓄存款的利率差距由1.04%扩大到3.25%；直到12月23日，才将一年期美元存款利率再次调至5.0%，但即使这样，外币储蓄存款与本币储蓄存款的利率差距仍达2.75%，远大于当年加息前的水平，这使居民通过多种渠道增加外币储蓄存款。当年中资金融机构外汇储蓄存款余额达到730亿美元，当年新增176亿美元，比上年多增35亿美元。

表1 广义货币M2月度增长率%

年＼月	1	2	3	4	5	6	7	8	9	10	11	12
1999	14.4	18.0	17.8	17.9	17.2	17.7	15.7	16.0	15.3	14.5	14.0	14.7
2000	14.9	12.8	13.0	13.7	12.7	13.7	13.4	13.3	13.4	12.3	12.4	12.3

*计入证券公司客户保证金后，2000年12月末M2增长14%。

与M2相反，2000年M1起伏波动较大，增长率呈先升后稳的态势。月度走势见下表所示：

对M1变化影响最大的原因，从统计上看是企业活期存款的大量增加。2000年企业活期存款余额达到44094亿元，当年新增5198亿元，比上年多增1618亿元，增长18.9%，增幅提高2.2个百分点；在当年新增存款中，企业活期存款占各项存款的比重达到38%，比上年提高近11个百分点。其内在的经济原因是，(1)银行贷款的增加。2000年以来金融机构不仅对工业、商业及建筑业的贷款增加较多，而且对居民个人的消费信贷也有大量的增加。这促进了企业活期存款的上升。2000年金融机构贷款余额达到99371亿元，按可比口径增长13.4%，高于去年同期1个百分点。全年新增贷款13347亿元，同比多增2500亿元，其中，对个人住房、消费和助学贷款新增2592亿元，同比多增1693亿元。(2)企业效益逐步好转。2000年以来，

表2 狭义货币M1月度增长率%

年＼月	1	2	3	4	5	6	7	8	9	10	11	12
1999	9.6	16.0	14.9	14.1	13.3	14.9	13.4	14.4	14.8	15.1	15.9	17.7
2000	19.4	15.3	18.7	21.7	22.3	23.7	22.6	21.9	20.8	18.2	17.1	16.0

企业销售扩大，产销率提高，利润增加，库存下降，货款回笼情况有所好转，相对增加了企业的活期存款。2000年工业产品销售收入增长20.4%，远高于产出增长速度；工业企业实现利润增长86.2%，其中国有及其控股企业实现利润增长1.4倍；亏损企业亏损额下降21.4%，其中国有及其控股企业亏损下降27%，国企三年脱困的目标基本实现。(3)企业从股市上筹集了大量的资金，增加了其在银行的活期存款。2000年股市规模进一步扩大，股指大幅上升，成交量大幅增加。12月末，沪、深两市总市值达48091亿元，增长82%，上证综合指数收于2073.5，上涨51.7%，深证成分指数收于4752.8，上涨41.1%。全年累计，两市共成交60827亿元，同比增长94.2%。全年新上市公司139家，较上年同期增加41家，筹集金额2103亿元，比上年同期增长123.5%。(4)股市降温，部分资金回流银行。2000年以来，企业直接进入股市的证券投资大量增加，三季度后，股市有所回落，部分炒股资金回流银行，相对增加了企业的活期存款。

2000年现金净投放1197亿元，比上年少投放1054亿元，控制在当年调控目标1500亿元的范围之内。现金少投放的主要原因，除居民投资国债、股市和保险回笼现金外，还有一个重要原因就是，2000年末与上年末相比，没有计算机2000年问题，仅此一项就少投放现金约400亿元。

与上年相比，2000年在经济增长回升和物价止跌回升的情况下，三个层次的货币供应量增势均有所减缓，这是一个新现象。M2增速减缓2.3个百分点，计入证券公司客户保证金后的增速减缓0.7个百分点；M1增速减缓1.7个百分点；M0增速减缓11.2个百分点。主要原因，不是货币供应量增加力度减弱，而是通过改革，企业效益好转后，社会资金周转总体上比过去顺畅，由此带来货币流通速度相应加快所致。决定货币流通速度变化的因素较为复杂，其变动趋势不可能一成不变，随着社会环境和经济形势的变化，它既有可能减缓，也有可能稳定或加快。在90年代中期，随着各项改革的全面展开和金融深化程度的提高，货币流通速度呈减缓的趋势，到90年代后期，货币流通速度的变化渐趋稳定，2000年随着结构调整的深入和企业效益的回升，货币流通速度略有加快。这种变化是渐进的，不会在短期内出现大的起伏，所以也不会导致货币供应量的大幅波动。

三、2000年货币政策效果分析

（一）货币的增长与经济的增长基本相适应

2000年货币政策效果是显著的。从货币政策最终目标看，在经济出现回升的情况下，通货紧缩的趋势基本消除，宏观经济运行出现重要转机。

1. 经济增长持续保持回升势头。

2000年前三个季度国内生产总值各季增长率分别为8.1%、8.3%和8.2%，运行较为平稳。全年国内生产总值89404亿元，增长8%，明显高于上年同期水平。

从增长构成看，农业受旱灾和种植结构调整等因素的影响，夏粮和秋粮减产，全年减产9%。工业生产增长加快，全年全部工业增加值39570亿元，增长9.9%，其中，国有及其控股工业企业和年产品销售收入500万元以上非国有工业企业增加值23685亿元，增长11.4%，增幅高于上年同期2.5百分点。第三产业，尤其是通讯、房地产、旅游、餐饮等行业，发展较快。

从拉动增长的要素看，固定资产投资明显回升，全年全社会完成固定资产投资32619亿元，增长9.3%，增幅比上年提高4.1个百分点。其中，基本建设投资增长6.1%，更新改造投资增长13.2%，房地产投资增长19.5%，其他投资增长7%。

消费市场继续保持活跃的态势。全年社会消费品零售总额34153亿元，增长9.7%，增幅比上年提高2.9个百分点。考虑价格因素，实际增长11.4%。其中，城镇消费增长10.6%，农村消费增长8.3%。农村消费增长慢于城镇，除受农民收入增长过低的制约外，部分农村购买力转移到城镇实现也是一个重要原因。

进出口贸易增势迅猛。全年进出口贸易总额达4743亿美元，增长31.5%，增幅比上年提高20.2个百分点。其中，出口增长27.8%，提高21.7个百分点；进口增长35.8%，提高17.6个百分点；全年贸易顺差达241亿美元。全年外汇储备达到1656亿美元，比上年增加109亿美元。人民币对美元的汇率基本保持在一美元兑8.27元人民币的水平上。

2. 物价水平止跌回升。

2000年国内需求明显回升，物价负增长的问题得到缓解，物价总水平止跌回升且升中趋稳。全年居民消费物价上升0.4%，月环比自7月份以来连续保持正增长。目前物价水平渐趋稳定，其增长率在零附近波动，是供求关系渐趋平衡的重要标志。

3. 社会公众对未来经济形势好转的预期上升。

随着经济发展，公众预期对经济运行和经济决策影响加大。2000年供求关系的改善既得益于市场信心的恢复，又有利于进一步促进公众预期的好转。据《中国人民银行统计季报》披露，2000年第四季度所组织的5000户工业企业景气调查问卷显示，企业家认为当前经济形势持续好转的指数持续上升，四季度比年初上升了19.4个百分点。在对未来经济趋势的判断上，企业家认为2001年一季度经济形势继续好转的指数上升了0.8个百分点。2000年第四次城镇储户问卷调查表明，城镇居民未来收入信心指数比上季提高4.4个百分点。此外，股市的活跃，从另一方面也反映公众预期的好转。

(二)货币运行中值得注意的几个问题

客观地看，货币运行是宏观经济运行的综合反映。2000年经济增长回升是恢复性的，所出现的转机主要决定于宏观政策的推动和国际经济环境的好转。经济回升的内在基础并不稳固，经济结构的调整远不能适应经济持续均衡增长的要求，低层次供给过剩的矛盾没有彻底解决，结构矛盾仍是阻碍经济运行质量进一步提高和经济持续快速增长的主要原因。由此派生的以下几个问题在实施适度从紧货币政策过程中值得高度重视。

1. 投资增势乏力。

投资是推动经济增长的重要力量。2000年下半年后，投资增势有所减缓。原因是多方面的。从投资结构来看，虽然基建投资和更新改造投资摆脱了近几年增幅下降的趋势，但增幅波动较大。以基础设施投资为主要内容的基本建设投资，虽然项目数量较多，但规模小，且后备项目不足，因而对整个投资的拉动趋缓。更新改造投资虽然增幅较高，但据调查，因技改贷款贴息的政策优惠，许多与基础设施投资相关的配套项目也被“挤入”更新改造，使更新改造投资的增长不能完全反映最具潜力的企业技术设备投入的增加。企业设备投资的活力因市场和体制原因尚未被激发起来。2000年房地产投资的高增长主要得益于房改步伐加快，今后这个因素的刺激作用可能会减弱。而且，由于房地产投资在整个投资中所占的比重不到20%，其增长对整个投资的拉动作用也十分有限。

从投资主体来看，以国债投资和财政技改贴息为主要形式的政府投资是推动当前固定资产投资增长的主导力量。政府投资以外的社会投资虽然有所恢复，但增长缓慢，2000年上半年集体和个体投资仅增长7.9%，前11个月外商直接投资下降2.3%。目前投资领域过度依靠政府投资，民间投资虽在东南沿海部分省市有所回升，但在总体上启动仍然十分缓慢，这制约着投资的持续增长。

2. 农民收入增长缓慢及城镇就业压力制约着消费增长。

消费的增长决定于收入的增长。2000年城镇居民可支配收入增长7.2%，农村居民人均现金纯收入增长2%。农民收入增长缓慢，负担重，使农村市场的开拓难度加大，影响农村消费的增长。

城镇消费的增长受到双重制约。一是传统的生活必需品消费已近饱和，消费结构升级缓慢，新的消费热点尚未形成。二是就业压力或失业的预期增大了人们的储蓄倾向，降低了当期消费。2000年末国有企业下岗职工为657万人，比上年末增加4.7万人。年末城镇登记失业率为3.1%。目前我国失业增加是产业结构调整滞后的结果，呈现结构性失业的特征。就业压力及社会保障体系的不完善，影响居民收入预期的提高，抑制消费的进一步增长和消费结构的升级，阻碍着消费与投资间的良性循环。

3. 货币政策传导机制不畅。

中央银行为促进经济增长，采取了以适当增加货币供应量为主要内容的稳健货币政策，但面临的主要问题是货币政策传导机制不顺畅。突出表现在，中央银行的货币政策措施，其政策效果经过商业银行传导逐级减弱，到了实质经济即企业和居民这个环节，经济发展对货币的需要仍不能完全得到及时有效的满足。主要原因，是由于企业的经营机制和盈利状况还没有得到根本改善，加上金融市场和各种社会中介组织发育不健全，当前的信贷资金供给有向“大银行”、需求有向“大企业”集中的趋势，导致在信贷资金供求总量基本平衡的情况下，信贷资金供求结构矛盾突出。另一方面，我国的国有商业银行还不是真正意义上的现代商业银行，其信贷管理体制尽管有所改善，但仍不能适应当前市场经济发展的需要。

4. 直接融资和间接融资的“双高增长”值得警

惕。

往年，在股票、债券等直接融资发展较快的情况下，以银行贷款为主的间接融资则增势减缓。但2000年情况出现了一些新变化，在直接融资快速增长的情况下，银行贷款也加快增长。主要原因，一是企业用银行贷款进行证券投资，从事股市炒作；二是居民个人利用消费信贷向银行融资进入股市投资；三是银行资金通过银行间同业拆借市场、银行间债券市场和股票质押贷款等方式经证券公司和投资基金间接进入股市。这种融资格局潜伏着较大的风险，一旦股市波动，银行资产的安全性将受到直接威胁。

四、2001年货币供应量走势预测

在货币流通速度相对稳定的情况下，货币供应量的变化决定于经济增长和物价水平。

(一)2001年经济走势预测

1. 世界经济运行趋势。

据联合国经社事务部和贸发会议共同在2000年底发布经济预测报告说，世界经济增长速度预计将从2000年的4%下降到2001年的3.5%。国际货币基金组织则预计2001年世界经济增速为3.95%。2001年发达国家增长前景不如上年乐观，发展中国家将在巩固世界经济增长方面发挥重要作用。某些潜在因素，如部分国家国际收支平衡脆弱、国际市场油价上涨、金融和外汇市场不稳定等，可能导致经济增长突然减弱。

从地区看，美国经济虽然有“硬着陆”倾向，但从2000年后期美联储突然降息的预调措施来看，美国经济仍会保持一定增长，预计美国经济2001年增长3%以上。欧盟国家由于内部需求强劲和外部需求增大，就业机会增多，2000年经济处于10年来的最佳状态，据欧盟委员会2000年11月份的预测，2001年欧盟经济增长率为3.2%。石油价格的上涨对亚洲经济的恢复性增长产生一定的负面影响，但随着石油价格的稳定、美国经济的带动作用及国内经济结构的逐步调整，亚洲经济仍会保持高增长态势，据亚行的预测，2001年亚洲的经济增长将达到6.4%。

伴随着世界经济的增长，世界贸易增长迅速。据世贸组织预测，2000年世界贸易额增长10%，比1999年增加5个百分点，2001年增速将达到7%。

总体上看，2001年世界经济发展虽有美国的股市、日本的增长以及国际油价等不确定因素难以把握，但主导态势还是较为良好的。这为我国未来经济的发展提供了良好的国际环境。

2. 宏观经济运行的国内政策环境。

2001年是“十五”计划的第一年，我国将继续实施积极的财政政策和稳健的货币政策，通过各种宏观调控措施继续促进国内需求的增长。从财政政策看，2001年财政政策的着力点将主要在以下几个方面：(1)增发国债主要用于弥补在建项目的后续资金，而不再上新的项目。(2)在2000年财政贴息90亿元用于技改投资的基础上，继续增加财政贴息的额度，充分调动全社会投资的积极性。(3)在2000年增加社会保障支出458亿元的基础上，继续将发行的国债一部分用于补充社会保障基金，提高社会保障支出的比重。(4)利用财政收入政策，对企业和民间投资有选择地实行免、抵、退等税收政策，进一步放宽投资领域的各种税费限制，引导社会投资方向。(5)将大力支持农业基础设施建设，巩固农业的基础地位。

从货币政策看，我国将继续实行稳健的货币政策，强化商业银行的自我约束机制，稳步推进利率市场化改革，积极培育和推进金融市场的发展，努力改善金融服务，在防范金融风险的前提下，根据宏观经济形势适当增加货币供应量，促进经济增长。

此外，2001年中国加入WTO，中国经济和市场对外开放将会产生新的本质变化，中国将在调整各项宏观经济政策和有关法规的同时，着重加快经济结构调整，培养和提高企业竞争力，以迎接加入WTO以后的各种挑战。

3. 对主要宏观经济指标走势的预测。

在以上宏观经济背景下，利用定量分析与定性分析相结合的方法，对2001年宏观经济走势进行判断。预计2001年消费将继续保持平稳增长，增长8～9%；投资增幅将稳中偏缓，国有单位投资增长11～13%，全社会投资增长8～10%；进出口增势将逐渐减缓，出口增长15～17%，进口增长22～25%，全年贸易顺差在90亿美元左右。在此基础上，2001年全年经济(GDP)增长将在7.5～8%的平台上波动。在推进经济结构调整的同时，经济均衡发展的基础将得到进一步巩固。

(二)2001年物价走势预测

2000年最后几个月，虽然居民消费物价和商品零售物价的月环比保持正增长，但从累计同期比来看,消费物价增长率始终保持在 0～0.3%之间,零售物价则保持在 -2.4 至 -1.2%之间,可以说,物价下滑的趋势已得到遏制。2001 年会不会出现通货膨胀压力呢?

从国内需求方面看,尽管国内需求出现回升,但无论是投资还是消费,其回升的内在动力较弱,短期内不会对物价造成上涨的压力。

从工资成本看,虽然近年来提高了干部职工的工资,但由于失业下岗人员有所增加,两项抵销,工资成本因素短期内也不会对物价造成上涨的压力。

从产业部门看,第一产业中农业因 2000 年欠收减产,未来粮食市场价格估计会在波动中有所上升。第二产业中工业品买方市场的格局短期内不会出现转折性变化,未来其价格有可能在稳中有所下降。第三产业,尤其是服务业目前短缺现象较为普遍,未来其价格估计会继续上涨。

从国外因素看,国际石油价格上涨无疑会对我国物价造成上涨的压力,但未来国际油价的走势如何,尚有许多不确定因素。总的看,油价将在波动中趋稳。

从货币方面看,2000 年货币供应增长加快,这有金融市场,尤其是股市发育后货币需求增加的合理成分。总体上看,2000 年货币供应的增长与经济增长是相适应的。从创造货币的主要渠道看,近来贷款增长速度加快,2000 年新增贷款达到 13347 万亿元,据模型模拟计算,贷款每增加 10%,通胀率在 4 个季度后才开始增加,且增幅不超过 0.22 个百分点,因此,由贷款造成的通胀压力不大。但考虑到目前货币存量已经偏大,且造成货币失控的内在机制尚未完全消除,所以对货币供应问题不可掉以轻心。

综合看,未来既有促进物价上涨的因素,也有抑制物价上涨的因素,两种力量对冲的结果,物价有可能在现有水平的基础上略有波动。考虑到 2001 年在物价统计技术上将由零售物价全面转向消费物价,消费物价中服务价格影响加大,所以公布的物价水平将有可能高于上年。但这不宜视作通货膨胀压力。预计 2001 年物价水平总体基本稳定,消费物价增长 2%左右。

(三)2001 年货币供应量将保持稳定增长

根据上述经济和物价走势,运用金融规划测算,预计 2001 年广义货币、狭义货币和贷款将保持适当增长。预计广义货币增长 13～14%,狭义货币增长 17～19%,金融机构贷款增长 13～14%。金融机构贷款全年增加 13700 亿元左右,其中国家银行贷款全年约增加 10900 亿元左右。

五、正确理解实施稳健的货币政策

(一)为什么要实施稳健的货币政策

未来年份,尤其是“十五”期间,须继续实施稳健的货币政策。近年来为什么不比照积极的财政政策,明确提出实施积极的货币政策呢?这是因为,(1)单靠增加货币总量解决不了近年来出现的物价负增长问题。1997 年后出现的物价负增长,根本原因是由于多年来严重重复建设,造成工业部门严重供过于求所酿成的,它是长期来经济结构失调的结果,而不是货币总量不足。(2)当前宏观经济运行中的突出问题是结构问题而不是总量问题,解决总量问题,货币政策具有优势,而解决结构问题,单纯依靠货币政策总量扩张无济于事。(3)当前货币存量已经偏大,而引起货币失控的一些潜在因素和内在机制还未完全消除。长期以来,我国企业的生产建设资金主要依靠银行贷款,目前企业长期大量负债经营已经给金融业造成了很大的负担和风险,企业和银行自我约束力还比较差,信贷制度也有待健全。在这种情况下,如果实行积极的货币政策,过度增加货币供应量,不但不能扩大有效需求,反而会产生新的重复建设,加剧经济结构的不合理,甚至有可能导致经济秩序混乱和金融失控,这是非常危险的。(4)不提积极的货币政策,不等于不发挥货币政策的作用,也决不意味着货币政策是消极的和无所作为的。近年来中国人民银行按照中央的部署,主动地运用多种货币政策工具扩大货币供应量,既考虑了推动经济发展和改革对货币政策的要求,又注意避免盲目扩张货币供应,促进了经济增长。

实施稳健的货币政策就是要从根本上保持币值的稳定。币值稳定包括两个方面的内容,一是货币的对内价值,即物价的稳定;二是货币的对外价值,即汇率的稳定。从实践看,币值稳定不是固定,物价和汇率总是处于波动状态,两者上涨过多不行,下降过多也不行。因而,币值稳定也就是要求将物价和汇率的波动幅度控制在经济和社会可承受的范围之内。实践证明,货币政策对经济增长的贡献,主要在于创造一个良好的货币环境。偏离这一目标,可能使国民经济得益于一时,但却会给经济的长期发展埋下隐患,并危及社会稳定。

(二)怎样实施稳健的货币政策

实施稳健的货币政策,中心不在货币总量的扩张或收缩上,而是要根据一定时期经济发展的实际情况,采取可行的货币政策措施,改进宏观调控,保持货币供应量的适度增加,同时防范金融风险,以此促进经济的平稳快速增长。从某种意义上讲,实施稳健的货币政策,也就是要求货币政策相机抉择。

进行相机抉择,除了需要对宏观经济形势及其运行趋势进行准确、及时的把握外,还需要为相机抉择创造必要的宏观环境。

1. 改进宏观调控。应探索运用多种货币政策工具,在各种货币政策工具之间进行有效搭配,逐步转向间接调控,增强宏观调控的灵活性。当前,应加大对公开市场操作和再贴现政策工具的运用力度,逐步弱化中央银行信用再贷款政策工具的运用。

2. 加快商业银行体制改革。我国现行商业银行体制的现状是,大的太大,不利于中央银行宏观调控;小的太小,不利于抵御金融风险。面临加入WTO的挑战,应通过改革,将大的做强,将小的做大。应加快国有商业银行,尤其是国有独资商业银行的改革,完善法人治理结构,增强风险意识,加强自我约束,提高金融服务水平,提升市场竞争力。应加快中小商业银行的改革、重组和联合,通过银行持股公司的方式,完善中小商业银行的经营管理机制,通过集聚合力来提高市场竞争力。建立一个高效、有序、充满活力的现代商业银行体系,是中央银行实施稳健货币政策的重要保证。

3. 大力培育金融市场。目前我国金融市场虽然发展较快,但总体发育水平仍较低。一是交易主体尚缺乏自我约束,违规交易行为多;二是交易工具单一,尚难以满足多方面的融资需求;三是交易方式仅限于现货交易,没有期货、期权交易,缺乏市场风险规避机制,大量资金积滞于现货市场,加大了现货市场的供求矛盾、投机性和风险,不利于金融市场的健康发展;四是交易对象十分有限,目前金融市场上的交易对象,除与存贷款相关的头寸外,主要是股票、国债和外汇,而最有活力的商业票据市场或商业票据交易则严重滞后。

培育金融市场,当前的重点应放在两个方面。一是为筹资者创造一个更加宽松便利的环境。虽然目前企业融资主要还是依赖银行贷款,但随着企业改革的推进,近几年企业直接融资得到较快发展,且企业对直接融资的需求呈上升的趋势。发展企业直接融资,应逐步把重心转向企业债券市场,尤其是最具活力的企业票据市场(CPs)。二是为投资者创造一个规避风险的机制。当前我国的金融市场,无论是外汇市场,还是股票、国债市场,均是现货市场,没有期货、期权市场,不利于投资者实施最佳的资产组合,缺乏风险规避机制,其结果是,要么投资者缺乏动力和信心,要么投资者违规操作,使市场的积极面发挥不充分,而消极面却暴露无遗。应尽快解决这个问题。

4. 应探索银行和企业相互制约和支持的机制。从根本上讲,银行的利益和企业的利益是一致的。但在特定时期和个案中,则时有矛盾。当前,银行对效益良好大企业的依赖与大量中小企业对银行的依赖互为交织,但两者之间的向心力小,离心力大,值得高度重视。从效益良好的大企业来讲,其资金实力强,利用直接融资方便,对银行贷款需求相对减少,但其信誉好,贷款风险小,在银行存款多,是银行的黄金客户,银行往往降低条件企求稳定这些客户。对这些实力雄厚的大企业,应通过改革允许其认购银行的不良资产来实现对银行的参股。从大量的中小企业来讲,其效益一般,资金实力较弱,利用直接融资较困难,资金需求主要企求银行贷款来解决,但这些企业生产经营不稳定,信誉较低,贷款风险大,银行往往畏于对其贷款,所发放的贷款部分地沦为不良资产。在这种情况下,对于给中小企业贷款所形成的不良资产,应鼓励银行通过部分地债转股,实现对中小企业的经营控制,以督促中小企业改善经营管理,实现经济的良性循环。因此,银行和企业可以通过持股公司的方式,达到相互融合。

综合判断,实施稳健的货币政策,中心不在于总量的扩张或紧缩上,而在于通过改革,构筑市场,改善调控,防范风险,以此促进经济金融的稳定发展。

(执笔:万存知)

中国证券市场回顾

“九五”期间中国证券市场得到了迅速的发展：市场规模进一步扩大；一级市场发行筹资成倍增加；二级市场股指连创历史新高；网上交易迅速发展；历史遗留问题初步得到解决；市场化程度进一步提高；市场运行进一步规范。

一、市场规模进一步扩大

截止2000年底，在境内证券交易所上市的公司已达1088家，是1995年底的3.4倍，其中，仅发A股公司955家，仅发B股28家，同时发A、B股86家，同时发A、H股19家。在境外证券交易所上市的公司为52家（含3家在香港二板上市的公司），是1995年底的2.9倍，其中，仅发H股33家，同时发A、H股19家。我国基本走出了东南亚金融危机给我国的外资股发行工作造成的阴影，外资股发行重新走上了正轨。

截止2000年底，中国证券市场的市价总值为48091亿元，是1995年底的的19倍；流通市值8214亿元，是1995年底的的17倍。股票投资者开户数达5801万，是1995年底的4.7倍，其中，个人投资者5773万户，机构投资者28万户。

二、一级市场发行筹资成倍增加，为国企实现脱困和优化配置资源作出了巨大贡献

2000年共发行A股154只（其中，19只增发），筹集资金979亿元，比1999年增加了77%；外资股的发行也取得巨大突破，发行B股6只，筹资1.69亿美元，是1999年的4倍，发行H股6只，筹资67.9亿美元，是1999年的11倍，表明我国证券市场的外资股发行工作已最终走出了前年亚洲金融危机带来的阴影；2000年共有162家A股公司实施了配股，筹资519亿元，比1999年增加了62%。“九五”期间股票市场通过发行、配售共筹集资金5758亿元，是“八五”期间的7倍，为国企脱困和优化配置资源作出了巨大贡献。

三、二级市场股指连创历史新高，运行平稳健康

随着国家宏观经济逐步好转，监管部门去年和今年采取的一系列政策措施的效果逐步显现，市场供求关系明显改善，在一级市场扩容迅速增加的情况下，今年股票二级市场连创新高，基本走出了一种稳步上扬的态势。

具体可分为四个阶段：

第一阶段（1月～8月中旬），股指稳步盘升。

除3月中旬和5月中旬及7月初分别受台海危机、新股发行加速和转配股集中上市的影响而出现短时回调外，股指基本上呈现出稳步节节攀升的态势，交投十分活跃。高科技股、钢铁股、低价国企大盘股、西部概念股和资产重组股先后成为市场的领涨板块，带动指数连创历史新高。8月21日，沪深综合指数分别报收于2109和643点，比上年末上涨了54%和60%。

第二阶段（8月下旬～9月底），大盘持续下跌。

自8月22日开始，受B股大幅跳水的影响，沪深A股也出现大幅下挫，由于一级市场发行节奏加快，加之国有股减持和创业板即将推出等传闻的影响，9月份，两市股指承接上月末的跌势继续大幅下挫，9月23日，沪深综合指数分别报收于1876点和579点，比8月21日下跌了11%和10%。

第三阶段（10月初～11月底），大盘企稳回升，股指再创新高。

十五届五中全会将发展作为主题，加之“开放式证券投资基金试点办法”出台及二板市场暂缓设立，10月初，在资产重组股带动下，股指大幅上扬。月中随着资产重组股的回落，股指出现下调，但随后在高科技股的带动下，再度上涨。11月虽然市场扩容加速，有宝钢股份和民生银行两只超级大盘股发行，但由于国家宏观经济形势继续向好，前期制约大盘上行的创业板和国有股流通等的时间表

推后，市场资金面充足，股指继续呈现出单边上扬的态势，11 月 23 日，沪深综合指数分别报收于 2119 点和 654 点，再创历史新高，都比 9 月 25 日上涨了 13%。

第四阶段(11 月下旬～年底)股指箱形震荡。

11 月 24 日，中国证监会新闻发言人发表了强调加强市场监管、打击市场行为的讲话，引起了部分机构的恐慌，市场也将其理解为管理层对市场的利空态度，大盘出现急跌。随后，虽然在部分国企大盘股和上海本地股的带动下，股指出现回升，但终未能带动市场人气，大盘呈现出典型的箱形震荡态势。年末沪深综合指数分别报收于 2073 点和 636 点，比 11 月 23 日下跌了 2.2% 和 2.8%，比上年末上涨了 52% 和 59%。

2000 年股票累计成交 60827 亿元，比 1999 年增加了 94%，日均成交 255 亿元，比 1999 年增加了 97%。

四、证券监管思路发生重大转变，市场化进程进一步加快

进入 2000 年以来，我国证券监管部门的监管思路发生了重大转变，从原先带有较强计划色彩的控制风险转向了遵循市场运行规律的揭示风险，证券监管由此跨入了一个崭新的发展阶段，证券市场的市场化进程进一步加快。

证券监管思路的转变主要表现在如下几个方面：

(一) 一级市场新股发行思路的转变

(1)审批制转向核准制。

2000 年中国证监会公布了《中国证监会股票发行核准程序》、《股票发行上市辅导工作暂行办法》等一系列改革新股发行的规定和办法，标志着 1999 年 7 月 1 日实施的《证券法》中的股票发行核准制正式得到执行。股票发行核准制不仅有助于推进发行机制的市场化，确立市场机制对配置资本市场资源的基础性地位，发挥市场的自律功能。对企业来说，在打破上市指标按计划额度分配的制度后，选择和推荐企业上市由主承销商负责，把各种所有制的企业放在同一竞争起跑线上，一些高成长性的企业将得到市场的认可，使优秀企业更快地进入资本市场，以更高的成长性给投资者带来更多的收益，从而形成证券市场的良性循环。对监管机构来说，实行审核制后也可以从上市审批的繁琐工作中解脱出来，专心做好证券市场的“裁判员”，并加大监管力度，避免市场系统风险的发生。

(2)市场化的发行方式和定价模式不断深化

自 1999 年 7 月发布《关于进一步完善股票发行方式的通知》后，证券监管机构对新股发行模式进行了重大的改革和创新。如：对股本总额在 4 亿元以上的公司，采用对一般投资者上网发行和对法人配售相结合的方式，并提出了战略投资者的概念。这些措施既有利于保持新股上市后价格的稳定，避免由于过分的投机行为引起股价大幅度波动；另一方面也减少了市场对大盘股发行的恐惧，利于我国证券市场资源配置功能的发挥。2000 年 11 月，宝钢股份(18.77 亿股)和民生银行(3.5 亿股)两只超级大盘股在同月发行，但并未对二级市场形成任何冲击。

在股票定价方式上，改变了以往固定市盈率的定价模式，改由发行人与主承销商协商，并向机构投资者寻价，使股票发行确定的价格尽量真正地反映公司股票的内在价值。2000 年 6 月发行的诚志股份和宁波波导既不预设最高价，也不预设发行价格区间，只设定了一个价格底线(如诚志股份为 6.61 元/股)，最终的发行价格依据发行募集资金计划及实际的竞价配售结果确定。采用这一方法，一方面凸现了市场化的定价方式，尊重了市场判断；另一方面，也实现了市场判断与理性投资的较好结合。

(二)二级市场从关注指数涨跌转向做好裁判工作、维护市场的正常秩序

以前，为了控制二级市场风险，监管部门经常在行情火爆时泼凉水，在行情低迷时出利好，使市场参与者形成了非市场的惯性思维和市场预期，监管部门的市场监管也很容易陷入恶性循环。今年来，证券监管部门多次表示，今后的监管重点将从关注指数涨跌转向做好裁判工作、维护市场的正常秩序上，凡是市场起决定作用的就要由市场来决定。这一市场化转变在 2000 年得到了执行并取得了很好的效果。以往，新股发行速度一直是监管部门调控股市行情的一个手段。今年以来，证监会逐步修订了新股发行程序，企业发行新股的申请只要经股票发行审核委员会审议通过，材料修改完毕，即可根据市场接受情况，由发行人与主承销商共同商量，自主决定发行时间。这样，新股的发行节奏与股市行情的变化体现了市场供求的关系，大大缓解了投资者对于新股发行节奏加快必然是政府有意打压股市的惯性思维。因此，虽然 2000 年新股发行节奏明显加快，但并没有对大盘造成冲击，沪市综指不断创出历史新高，市场运行走上了依靠自

身规律发展的正确轨道。

(三)对上市公司监管思路的转变

在传统控制风险的监管思路下,监管部门更多地关注的是上市公司业绩的好坏,而忽视了对上市公司信息披露的监管。主要表现在:为了帮助上市公司提高业绩,对上市公司的发展定位、投资项目、资产重组甚至是日常经营决策和人事安排进行干预,而对上市公司的重大信息披露违规行为视而不见,以至证券市场上不时出现投资者“踩地雷”现象——一家上市公司的基本面已经出现重大恶化,而投资者事先竟一无所知。今年以来,在揭示风险这一新的监管思路的指导下,证券监管部门关注更多的是上市公司的信息披露,上市公司的运作和业绩交给上市公司自己去决定和考虑,监管部门不再去干预。在信息披露上,对所有上市公司——不论是绩优公司还是绩差公司一视同仁,要求信息披露充分、及时、客观。前不久,监管部门还表示,从明年开始,先从PT、ST公司实行季报制度,最后对全部上市公司统一实行季报制度,这是完善上市公司信息披露制度的又一个重大举措。这些市场化的措施,充分体现了风险揭示、风险自担的监管新思路,今年的市场运行更趋于平稳。

证券市场是一个高收益与高风险并存的市场,投资者参与其中,收益自享,风险自担。证券监管的真谛,在于维护市场的“三公”原则,为市场参与者提供一个信息对称、交易公平的环境。证券监管思路的转变必将对我国证券市场的健康发展产生深远的影响。

五、《网上证券委托暂行管理办法》出台,网上交易得到迅速发展

随着互联网技术的发展,近年来,我国的一些证券公司与计算机技术公司也开展了网上证券委托业务。自1997年3月中国华融信托投资公司湛江营业部推出视聆通多媒体公众信息网网上证券交易系统以来,国内很多证券营业部都开通了网上证券交易委托业务。不少具有证券或IT背景的企业也介入到网上证券电子商务领域。但由于缺乏相关的技术标准和严格监管,存在较大的风险隐患。为了鼓励市场创新,控制技术风险,维护市场秩序,保护投资者利益,促进市场的健康发展,中国证监会于2000年4月发布了《网上证券委托暂行管理办法》,标志着我国网上证券委托交易步入规范发展的轨道。《办法》发布后,网上交易得到了迅速的发展。据初步估计,现在国内主要证券公司都已建成或正在建设各自的网上交易系统,有约500家营业部提供了网上交易服务,全部股票成交金额中有3%以上是通过网上交易来进行的。

六、转配股上市,历史遗留问题初步得到解决

转配股问题是长期困扰股市的遗留问题。为了促进证券市场的规范发展,中国证监会于2000年3月发布《关于安排上市公司转配股分期、分批上市的通知》,规定转配股将从2000年4月开始24个月左右的时间逐步安排上市流通。之后,上海、深圳证券交易所分别公布了转配股总量、涉及转配股上市公司的名单、上市顺序以及每家公司转配股数量,并按季公布了预定的上市日期。由于时机选择成熟,措施得当,2000年沪深两市共有128家公司的29.85亿股转配股顺利上市流通,但没有对市场形成任何不利的影响。在维护证券市场稳定的前提下,实事求是地处理了这一历史遗留问题。

(执笔:何龙灿)

教育、科技与社会发展

“九五”时期社会事业发展综述

“九五”期间，我国各项社会事业稳步推进，基本实现了与经济协调发展的目标，为“九五”计划的顺利完成和“两个文明”建设做出了新的贡献。

教　　育

“九五”期间，我国教育以普及九年义务教育和扫除青壮年文盲，积极发展职业教育和成人教育，适度发展高等教育，优化教育结构，努力提高教育质量和办学效益为目标，在加快普及义务教育的同时，加大了教育结构的调整力度。普通高等院校连年扩招，鼓励社会力量参与高等教育。2000年全国普通高等学校本专科招生220.6万人，比上年增加60.9万人，全国普通高校在校生达到556.1万人，比1995年增加265.5万人。“九五”期间，高等学校实行了招生并轨[①]的改革。“九五”初期全国仅有660所高校实行了招生并轨，“九五”末期全面实现了全国高校的招生并轨。中等教育区分不同情况，坚持普通教育为主，同时强化技能教育，大力开办各类中等专业技术学校，为社会培养不同类型不同档次的人才。2000年全国各类中等职业技术学校的在校学生数达到1294.7万人，比1995年增加393.1万人；初等教育在认真贯彻“普九”教育方针的同时，大力推进素质教育，并取得明显成效。全国“普九”的人口覆盖率由“九五”初期的50%增加到2000年的85%。

“九五”期间，我国教育经费大幅增长。1999年，全国教育经费总投入达到3349.04亿元，比上年增长13.56%，比1995年增长78.3%。国家财政性教育经费占国内生产总值的比重为2.79%，比“八五”末期增加0.33个百分点。

“九五”期间，我国家庭教育支出逐年增长，到1999年，城镇居民家庭用于教育方面的消费年人均323元，户均教育支出1014元，占全年消费性支出的7%，创近十年来的最高水平。

“九五”期间，我国高等教育中的一项跨世纪重大建设项目“211工程”[②] 实施顺利并取得重大成果。全国有98所高校被批准进入“211工程”，共安排六百余个重点学科建设项目。“211工程”是建国以来国家直接投资最大的高等教育项目，极大地提高了我国高校的办学水平。

科　　技

“九五”时期，是我国经济和社会快速发展、全面完成国家现代化建设第二步战略部署的关键时期。为实现经济体制和经济增长方式的两个根本性转变，迎接世界范围科技革命的挑战，科技事业的发展倍受关注，五年来取得了瞩目的成就。

“九五”时期，国务院做出了深化科学技术体制改革的决定。通过大力推进和深化科技体制改革，促进科技资源合理优化配置，在面向经济建设和社会发展主战场、发展高技术和建立高新技术产业、加强基础性研究三个层次上，科技体制改革取得明显进展，使我国科技事业的发展更具活力，成为经济增长的直接推动力。

为了提高我国在世界的科技竞争力，“九五”期间启动的“知识创新工程”，瞄准科技发展中的前沿领域，进行重点研究，取得了突出的成就。在生命科学和信息技术领域的研究成果，使我国在相应领域跃入世界先进行列，开辟了对外合作交流的广阔天地。

为推动科技成果更好地为经济建设服务，“国家技术创新工程”五年来取得了重要成果，推动了企业的技术开发，加速了科技成果向实际应用领域的转化，增强了企业的市场竞争力。高新技术产业迅速发展，成为推动国民经济持续健康快速发展的主导产业。技术市场扩大，交易额大幅度上升，科研与经济长期脱节的现象发生了根本性转变。

“九五”时期，我国的科技投入有了大幅度的增长。“九五”期间累计科技投入5828亿元，是“八五”时期的1.9倍。实施“科教兴国”战略，国家财

① 招生并轨是指按国家任务招生计划和调节性招生计划形式分别划取两条录取分数线（双轨）来选拔新生的办法，改为按总的招生计划划定一条分数线（单轨）进行录取。

② 面向21世纪重点建设100所左右高等学校以及一批重点学科。

政的科技投入力度加大，1996～1999年间，国家财政科技拨款年均增长15.8%。研究与实验发展作为科技活动的核心，经费支出大大增加，达到了历史最高水平。企业科技活动得到加强，科技经费投入也明显增长，企业研究与试验发展经费1999年比1995年增加了一倍还多。

文　化

“九五”是我国文化事业发展最快、最为繁荣的时期。文化领域认真贯彻落实党的十四届六中全会精神，坚持党的基本路线，坚持“二为”方向和“双百”方针，积极推进文化体制改革，各项文化事业得到全面发展。

艺术事业蓬勃发展。“九五”期间，以庆祝中华人民共和国成立50周年，迎接香港和澳门回归祖国和新世纪的到来为契机，积极推动文艺创作，艺术事业呈现出蓬勃发展的局面。到“九五”末期，全国文化系统有艺术表演团体2622个，艺术表演场所1924个。仅1999年文化系统艺术表演团体新排上演剧目4579个，其中有2153个是新创作并首演的剧目。艺术表演场所共演出170.6万场，其中艺术演出6.5万场，观看艺术演出的人数3534万人次。全年艺术演出收入1.14亿元。

群众文化事业全面发展。到1999年末，全国共有群众文化事业机构45837个，其中群众艺术馆389个，文化馆2905个，文化站42543个。群众文化事业机构数比1995年增加了2.4倍。群众文化机构的增加，繁荣了群众业余文化生活，提高了群众业余文化创作水平。

“九五”期间，中直机关开展了丰富多彩的文化下乡活动，为革命老区和贫困山区广大人民群众送去了温暖和关怀。这是社会主义精神文明建设的有益探索，产生了广泛的社会反响。

“九五”期间，由文化部牵头组织实施的新时期发展群众文化、少儿文化、少数民族文化，以及推动实施的创建先进文化县、万里边疆文化长廊建设、少儿文艺蒲公英计划和知识工程四大社会文化重点工程都产生了巨大的社会效益。

“九五”期间，“村村通”工程取得重大进展，全国广播电视覆盖率显著提高。到2000年，全国广播人口覆盖率达到92.1%，电视人口覆盖率达到93.4%，分别比“八五”末期增加13.4个和8.9个百分点。全国基本形成了卫星、无线、有线等多种传输方式并存，卫星接收、无线传播、有线接入等多种接收方式并用，相互补充的广播电视覆盖网络。到2000年全国有线电视用户达到7920万户。

新闻出版事业取得长足发展。1999年全国共出版新版图书83095种，重版、重印图书58736种，总印数达到73.2亿册(张)，出版图书种类和图书总印数分别比“八五”末期增长39.9%和15.8%；全国共有杂志8187种，总印数为28.5亿册，分别比“八五”末期增长8.0%和21.8%；全国报纸总数达到2038种，总印数为318.4亿份，总印数比“八五”末期增长20.9%。

卫　生

“九五”期间，我国卫生系统积极推进城镇医药卫生体制改革，加快医疗保险制度改革进程，城市社区卫生服务全面展开，农民健康水平显著提高。

“九五”期间，国务院决定在建立城镇职工基本医疗保险制度的同时，进行城镇医药卫生体制的改革。改革的目标是，建立适应社会主义市场经济要求的城镇医药卫生体制，促进卫生机构和医药行业健康发展。以为老百姓提供预防为主，综合连续服务为基本特征的社区卫生服务在探索中全面起步。到2000年下半年，全国已有20个省(区、市)制定了开展社区卫生服务的基本政策，并结合本地实际提出了明确的发展目标和具体实施措施。目前，全国多数大中城市已开展了试点工作并取得许多有益的经验。

“九五”期间，备受社会关注的我国城镇职工基本医疗保险制度改革进程不断加快。到2000年9月，在全国346个地级统筹地区中，有257个统筹地区出台了实施方案，占地级统筹地区的74%，有150个统筹地区已正式启动实施，覆盖职工总人数约1744万人。

“九五”期间，我国的农村卫生工作取得了显著成绩。截止1999年，全国已有80%的县达到《中国农村“2000年人人享有初级卫生保健”规划目标》，农村医疗卫生网覆盖广大农村，全国已连续多年实现计划免疫“四苗”接种率以乡为单位达到85%的目标。此外，农村改水受益人口占农村人口的91.8%，农村卫生厕所覆盖率达到39.8%。

体　育

“九五”期间，体育事业坚持深化改革，以开展全民健身活动为基础,加速体育科技进步,抓好跨世纪体育优秀人才培养,促进了群众体育与竞技体育协调发展,各项体育事业取得较大成绩,为下世纪体育事业的持续发展奠定了基础。

群众体育蓬勃发展。“九五”期间,全民健身掀起高潮。各种健身演练、展示、会操活动连续不断,声势浩大。《社会体育指导员技术等级制度》和《中国成年人体质测定标准》的颁布实施,标志着全民健身计划正沿着规范化轨道深入发展。全国工人运动会、农民运动会、大学生运动会和残疾人运动会的成功举办,有利地促进了群众体育活动的开展。国家成年人体质监测网正式运行,成年人体质监测工作逐步展开,青少年国家体育锻炼标准达标率和优秀率明显提高。

竞技体育再创佳绩。“九五”期间,我国运动员参加各种国内外重大比赛均取得了较好成绩。1998年第十三届曼谷亚运会取得了129枚金牌,77枚银牌,68枚铜牌,奖牌总数274枚的成绩;2000年第27届悉尼奥运会取得28枚金牌,16枚银牌,15枚铜牌,奖牌总数名列世界第三的令人瞩目的成绩,实现了历史性的突破。

社会福利

“九五”期间,我国社会福利事业在保障人民群众基本生活权益,促进社会公平,维护社会稳定,推动社会进步等方面发挥了积极的作用。

城市居民最低生活保障制度在全国普遍实施。我国在制定国民经济和社会发展“九五”计划时,把逐步建立城市居民最低生活保障制度作为重要内容之一。1997年7月,国务院发出《关于建立城市居民最低生活保障制度的通知》,到1998年底,全国建立城市居民最低生活保障制度的城市已达584个,占全部建制市的87%,其中地级以上城市已全部建立,有200多万贫困居民受益。1999年,这项制度在全国城市普遍实施。到1999年9月,全国667座城市和1682个县全部建立了居民最低生活保障制度,使全国城市281.7万人收益,到2000年底,全国共有381.8万城市居民得到最低生活保障救济。此外,从1999年开始,中央财政安排专项资金用于提高中西部地区城市居民最低生活保障标准,北京、上海、江苏等7个省市也安排专项资金将城市居民最低生活保障标准提高了30%。随着《城市居民最低生活保障条例》的出台,将使城市居民的最低生活保障制度步入法制化轨道。

社区服务建设得到加强。社区建设是一项新的工作,大力推进社区建设,是我国城市建设和社会发展到一定阶段的必然要求,是面向新世纪我国城市现代化建设的重要途径。“九五”期间,我国的社区服务建设得到加强,在不断满足社区居民的社会需求,提高居民生活质量和文明程度等方面发挥了十分重要的作用。到2000年,全国城镇建立起各种社区服务设施20.1万处,其中社区服务中心8101个。

助老工程全面启动,工作卓有成效。助老工程是一项旨在造福华夏亿万老人的社会公益事业。自1996年启动以来,在向贫困老人提供社会扶助,发展老年社会化服务,倡导尊老助老的社会风尚,为老年人排忧解难,营造适应人口老龄化的社会环境等方面取得了很大成绩。4年来,助老工程先后向全国20多个省、市和自治区的15000名特困老人提供了生活助养。

环　　保

“九五”期间,环境保护作为实施可持续发展战略的重要内容,受到党和政府的高度重视。经过多年的努力,我国的环境保护工作取得明显成效。

环境生态保护和建设取得较大成绩。到2000年,全国生态示范区建设试点单位总数已达213个,全国自然保护区达到1227个,其中国家级自然保护区155个,自然保护区总面积9820.8万公顷,占国土面积的9.85%。全国自然保护区和国家级自然保护区数量分别比1995年增加428个和98个,自然保护区面积增加2635.8万公顷,自然保护区面积占国土面积的比重增加2.66个百分点。

国家重点江河流域治理成效显著。从“九五”初期对海河、辽河和淮河的治理,到“九五”末期对太湖、巢湖和滇池的治理,使我国的水污染状况得到有效遏制。到2000年,“三河三湖”流域5188家重点污染企业中,95%实现了污染物达标排放。

环境监测能力不断提高。环境监测是实现“九五”环保目标的重要内容。1999年6月,我国开始发布空气质量周报,2000年6月,全国有42个城市开始发布空气质量日报,到2001年6月,全国重点城市将发布空气质量预报。淮河、海河、太湖和滇池等流域实行了水质监测日报,建立了污染源定期监督监测制度。

环境法制建设取得成果。目前已形成了以《中华人民共和国宪法》为基础，以《中华人民共和国环境保护法》为主体，包括多项环境保护专门法及相关的资源法和环境保护行政法规等在内的环境法律体系。在建立健全环境法律体系的过程中，把环境执法放在与环境立法同样重要的位置，连续几年的全国环境执法大检查，对造成环境污染和环境破坏的行为进行了严肃查处，对环境违法犯罪行为进行了严厉打击。

（撰稿：肖丽）

专栏9.1　2000年中国十大科技进展

1. 我国超级杂交稻研究取得重大成果

由中国工程院院士袁隆平主持的“超级杂交稻选育研究”培育出的超级杂交稻先锋组合“两优培九”平均亩产超过700公斤，这一重大成果对保障21世纪我国粮食安全具有重要意义。

2. 我国在世界上率先破译对虾病毒遗传密码

我国科学家成功测定虾病“祸首”——白斑杆状病毒基因组的全部序列，从而在世界上率先全部破译虾病病毒的遗传密码，该病毒由约30万个碱基对组成，是世界上迄今已知的最大动物病毒。而国际同行仅完成对虾病毒1%的测序任务。

3. 我国首次观察到纳米金属材料室温下的超塑延展性

年轻科学家卢柯领导的科研小组，在世界上首次观察到纳米金属材料具备的“奇异”特性——室温下的超塑延展性。晶粒尺寸仅有30纳米的纳米铜在室温下可变形达50多倍而没有出现裂纹。这一发现缩短了纳米材料和实际应用的距离，意味着材料加工领域的一场革新有望到来。

4. 我国科学家率先合成高活性抗癌物质

抗癌物质——皂甙类化合物很难从自然界中分离获得，我国科学家采取有效的技术途径，一次性合成达20多毫克，这不仅使在实验室大量合成这种抗癌物质成为可能，为癌症患者带来福音，也使我国科学家在人工合成抗癌物质领域走在了世界最前沿。

5. 我国高性能计算机开发应用取得重大突破

国内最先进的大规模并行计算机系统“神威I”的峰值运算速度为每秒3840亿浮点结果，在世界已投入商业运行的前500台高性能计算机中排名第48位，其主要技术指标和性能达到国际先进水平，标志着我国成为继美国、日本之后，世界上第三个具备研制高性能计算机能力的国家。

6. 我国首次发现新的物质波干涉现象

当分子和分子碰撞时，也会像光波一样发生干涉现象。我国科学家在世界上首次观察到了这种现象，最终证明了量子干涉效应对分子碰撞传能的重要影响，受到国际同行的关注和高度评价。

7. 中国网通宽带高速互联网开通

由中国网络通信有限公司承担建设与运营的中国网通宽带高速互联网今年正式开通。一期工程全长8490公里，网络总传输带宽高达4万兆，贯通东南部17个重点城市，创造了三项中国之最：技术最新、带宽最宽、容量最大，总体水平处于国际电信网络领先地位。

8. 我国在世界上首次完成生物制氢中试研究

我国科学家利用细菌从污水中分解收集氢气，并率先成功完成中试实验，在世界上首次使工业化生物制氢成为可能。利用含碳水化合物的有机废水通过生物发酵制氢，使人类找到一种新的可再生洁净能源，具有广阔的应用前景和显著的环境效益。

9. 我国在世界上首次创电磁式生物芯片

我国科学家在世界上独创性地利用电磁方法研制出主动式生物芯片，从而在生物芯片这一新兴高技术领域走在了国际前列。这种独创性芯片的研制成功，使国际上利用生物芯片对核酸做杂交分析的研究迈上了新台阶，也使我国在生物芯片研究及产业化上拥有了部分自主知识产权，为产业开发打下了坚实基础。

10. 我国第一台类人型机器人诞生

国防科技大学研制成功我国第一台类人型机器人。该机器人身高1.4米，体重20公斤，具有类同人一样的身躯、脖子、头部、眼睛、双臂与双足，具备了一定的语言功能，其行走频率达每秒2步，动态步行快速自如，并可在小偏差、不确定环境中行走。在机械结构、控制系统结构、协调运动规划和控制方法等关键技术方面取得一系列突破，真正成为我国机器人研究走向新世纪的“先行者”。

（执笔：刘红玫）

专栏 9.2　广播电影电视事业发展简况

“九五”期间,在党中央、国务院的领导下,全国各级广播电影电视工作者高举邓小平理论伟大旗帜,坚持党的基本路线,认真贯彻执行党的各项方针政策,团结协作,努力拚搏,使我国的广播电影电视事业得到了很大发展。

一、广播

1.无线广播

到 2000 年底,全国拥有广播电台 307 座,其中:中央级 2 座,省、地(市)级 305 座。对国内广播节目套数 1854 套,比“八五”期间增加 440 套。对国内广播使用语言 40 种,比“八五”期间增加 7 种。对国外广播使用语言 43 种(包括 38 种外语、普通话及 4 种地方语言)。平均每日播音时间 19253 小时 45 分,比“八五”期间增加了 5517 小时 45 分,增长 40%。

2.有线广播

到 1999 年底,全国农村有线广播专用线路 1110502 杆公里,比“八五”期间减少 1495602 杆公里。广播喇叭 5438 万只,比“八五”期间减少 2453 万只。由于科技进步,广播电视信号的传输不断采用新的传输方式,农村有线广播逐步向有线电视、卫星接收等方式过渡。这是传统的农村有线广播呈下降趋势的主要原因。

2000 年底的全国广播人口综合覆盖率达到 92.08%,比“八五”期间增加 13.1 个百分点。

二、电视

1.无线电视

到 2000 年底,全国拥有电视台 357 座,其中:中央台 1 座,省、地(市)级 354 座。电视节目套数 1240 套,比“八五”期间增加 308 套。平均每周播出时间 84061 小时 25 分,比”八五”期间增加 37144 小时 35 分,增长 79%。

2.有线电视

到 2000 年底全国共有有线电视台 273 座,广播节目套数 170 套,电视节目套数 1124 套,传输网络总长 2211030 公里,有线广播电视用户数 7949.88 万户。卫星站(包括卫星地球站,收转站)381988 座,比“八五”期间增加 285460 座。

2000 年底的全国电视人口综合覆盖率为 93.41%,比“八五”期间增加 8.91 个百分点。

三、县级广播电视

经过“九五”期间的整顿调整,2000 年底全国有县级广播电视台 1397 座。从 1998 年广播影视部门开始实施“村村通广播电视工程”以来,在中央和地方各级党委、政府的有力领导下,在社会各界和广大人民群众的热情响应与支持下,全国各级广播电视部门把“村村通”工程作为一项重要的政治任务来抓,工程累计投资 16.2 亿元。经过各级广播电视工作者的艰苦奋斗,基本上实现了通电行政村的“村村通”的任务,解决了 10 万个行政村、7000 多万农民群众收听收看广播电视的问题。被广大农民群众誉为“是一项得民心,顺民心,暖民心,稳民心,聚民心”工程,是在广播电视发展历史上具有深远意义的一件大事。

四、电影事业

2000 年,全国有电影制片厂 31 座。“九五”期间全国生产电影故事片 473 部,科教片 99 部,纪录片 78 部。55 部(次)影片在各国际电影节上获奖。全国有电影发行公司 2723 个,电影发行放映单位 54190 个。

(执笔:王益洪)

"九五"时期文化事业发展情况

"九五"期间,全国广大文化工作者在党的"一个中心,两个基本点"的路线指引下,坚持"双百"方针和"二为"方向,积极深化改革,扩大开放,通过勤奋的努力,辛勤的劳动,使文化事业取得了较大的发展,特别是十四届六中全会以后,在各级党政领导和有关部门的积极支持与关怀下,文化投入也出现了较高的增长速度。

一、文化单位机构、人员情况

截止2000年底,全国共有各类文化单位机构28.4万个,比1995年增加22.5万个,从业人员149.2万人,比1995年增加104.6万人。机构与人员增加的主要原因是文化市场的迅猛发展。从下面主要分类看:

2000年全国共有艺术表演团体2630个,从业人员14.1万人,分别比1995年减少52个剧团,1.04万人,其中戏曲类剧团减少103个,1.19万人。

2000年全国共有各类艺术表演场所1912个,4.22万人,分别比1995年减少60个场所,3656人,其中剧场、影剧院减少55个,3872人。

2000年全国文化系统内共有艺术创作机构407个,3006人,分别比1995年减少4个机构,267人;艺术研究机构185个,3150人,分别比1995年增加8个机构,减少579人;艺术展览机构由1995年的15个增至49个,其中美术馆由15个增至26个。

2000年全国共有公共图书馆2677个,5.14万人,分别比1995年增加62个,6045人,其中县级公共图书馆(含县级市和市辖区)增加了2241个,2.8万人。

2000年群众艺术馆为390个,比1995年增加17个,从业人员1.16万人,减少97人;文化馆为2907个,比1995年增加21个,从业人员4.3万人,比1995年减少1323人。2000年全国共有文化站42024个,从业人员7.36万人,比1995年减少了3014个站,1003人,其中乡镇文化站3.9万个,从业人员6.17万人。

全国文物保护业共有机构3618个,6.8万人,分别比1996年增加301个,8136人,增长9.1和13.6%。文物保护机构2109个,3.09万人。全国共有博物馆1392个,3.42万人,分别比1996年增加173个,4856人,增长14.2%和16.5%。

2000年,全国文化娱乐业(含歌舞厅、舞厅、卡拉OK厅、电子游艺厅、台球厅、保龄球、旱冰场、综合娱乐场所等)共有机构13.15万个,69.7万人,分别比1996年减少2.02万个和18.9万人,下降13.3%和21.4%。全国文化市场其他经营机构(包括文化艺术经纪代理业、音像制品批发零售业、录像放映业、录像带出租、画店画廊、美术公司、艺术品拍买公司、图书批发等机构)共有9.2万个,22.1万人,分别比1996年增加3.1万个,2.02万人,增长51.6%和10.1%。

二、"九五"期间各地对文化的投入加大,但投入增幅仍低于同期财政支出增幅

2000年,全国文化事业财政补助收入63.16亿元,比1995年增加29.77亿元,增长89.2%。若扣除中央财政补助收入,2000年地方财政共对文化投入57.61亿元,比1995年增加26.32亿元,增长84.1%。全国各省、区、市的文化事业费投入均不同程度增加。全国有10个省、区、市的文化事业费2000年比1995年增长幅度超过全国平均水平(89.2%)。文化事业费增加额较多或增幅较大的省、市主要集中在沿海和发达地区,北京市、上海市、广东省对文化投入从增加额和增幅看都居全国榜首。

"九五"期间的文化事业费比"八五"更是大幅度增加,"九五"全国文化事业费累计达254.51亿元,比"八五"增加了133.28亿元,增长109.9%,全国文化事业费以每年平均增长13.6%的速度增加,使文化事业发展有了可靠保证。2000年全国人均文化事业费(含人均财政补助收入,下同)5.11

元,比“八五”期末增加2.36元,增长85.8%。在全国文化事业费中,“九五”期间国家累计对艺术表演团体的投入达70.3亿元,比“八五”增加40.1亿元,增长132.5%,年均增长速度18%;对公共图书馆业的投入是53.24亿元,比“八五”增加29.14亿元,增长120.9%,年均增长速度17%;对群众文化业的投入为49.02亿元,比“八五”增加28.0亿元,增长133.2%,年均增长速度18%。

2000年全国文化事业单位总收入(含财政补助收入,下同)100.9亿元,比1999年增加8.51亿元,增长9.21%。在总收入中,事业收入(事业单位开展业务活动及其辅助活动取得的收入)为21.74亿元,比上年增加0.56亿元,增长2.6%;事业收入占全部总收入的21.5%,比上年减少1.4个百分点。经营收入4.04亿元,比上年减少4733万元,下降10.5%,经营收入占全部总收入的3.7%,减少1.2个百分点。

2000年全国文化事业费总支出达100.44亿元,比1999年增加了8.24亿元,增长幅度为8.9%。在总支出中,事业支出90.58亿元,比上年增加8.18亿元,增长10.7%;事业支出占总支出的比重为90.2%,比上年增加1.5个百分点。经营支出2.83亿元,比上年减少7198万元,下降20.3%;经营支出占总支出的比重为2.8%,比上年减少1个百分点。全国文化事业单位的从业人员劳动报酬32.63亿元,比1995年增加9.54亿元,增长40.7%,占总支出的比重32.5%。全国文化事业单位的人员劳动报酬均呈上升趋势。

尽管全国各地文化事业费2000年比1995年无论是从绝对数,还是从相对数看,都有明显的增加,但只有北京、上海两个市的文化事业费的增幅超过同期全国财政支出的增幅133.2%。考虑到物价上涨和调整工资因素的影响,文化事业费仍然偏少,不利于文化事业的发展和繁荣。

三、“九五”期间全国文化事业基本建设形势喜人

1.国家对文化设施基建投入增幅较大。

在党和政府的关心支持下,“九五”期间文化事业基本建设投资又有较大进展,突出表现在国家投入的增加和多渠道集资等使年度投资额有较大幅度的增长。五年中累计当年计划投资额为125.54亿元,其中国家投资49.76亿元,分别比“八五”期间的累计投资额增加62.82和31.69亿元,增长100.2%和175.3%;“九五”期间累计完成投资额为98.85亿元,比“八五”期间累计完成额增加45.68亿元,增长86%。五年中共完成基本建设项目1174个,竣工面积413.2万平方米,比“八五”期间的累计竣工面积增加113.9万平方米,增长38.1%。

2000年全国文化事业当年计划投资额为33.31亿元,其中,国家投资10.88亿元,分别比1995年增长62.5%和108.96%,年平均增长速度分别为10.2%和15.9%;全年完成投资额为22.95亿元,比1995年增长42.5%,年平均增长速度为7.3%;交付使用项目209个,比1995年减少66个,竣工面积93.6万平方米,比1995年增加27.1万平方米,增长40.8%,竣工项目虽有减少,但由于大型建设项目比重加大,使竣工面积增幅较大。

虽然文化事业基建投资增幅较大,但“九五”期间的文化事业基建投资占国家基建投资比重仍在0.21%左右徘徊(2000年只占0.17%)。因此,在“十五”计划期间,为落实江总书记关于三个代表的精神,希望各级党政领导和有关部门继续关注文化建设,加大对文化设施基础建设的投入力度。

2.2000年全国文化设施在建规模加大。

2000年全国文化(物)系统固定资产投资项目略有调整。据统计,2000年全国文化(物)系统固定资产投资项目总数为1002个,比上年减少81个,计划总投资达226.79亿元,比上年增加24.55亿元,增长12.1%;计划施工面积(建筑面积)579.9万平方米;本年计划投资额为51.48亿元,比上年增加12.89亿元,增长33.4%;本年完成投资额为33.75亿元,比上年减少1.27亿元,下降3.6%,占全国投资实际完成额的比重由上年的0.28%减到0.26%,减少了0.02个百分点。建成项目373个,比上年减少8个。竣工建筑面积133.2万平方米,比上年增加11.7万平方米,增长9.6%。

2000年全国文化事业基建项目总数为626个,比上年减少61个,计划总投资达165.16亿元,比上年增加21.32亿元,增长14.8%;计划施工面积(建筑面积)390.4万平方米,比上年增加20.1万平方米,增长5.4%;本年计划投资额为24.23亿元。其中国家投资10.88亿元,比上年减少2.07亿元,下降16.0%;本年完成投资额为22.95亿元,比上年减少0.98亿元,下降4.1%,占全国

基建投资实际完成额的比重由上年的0.19%减到0.17%,减少了0.02个百分点。建成项目209个,比上年减少8个。竣工建筑面积78.4万平方米,比上年增加15.2万平方米,增长19.4%。

2000年除中央有7个投资在亿元以上的筹建在建项目外,部分省、市还筹建、新开工了投资在亿元以上的大中型文化项目3个,它们是:江苏剧院、杭州大剧院、浙江省嘉兴市一院三馆综合楼。全国投资在5000万元以上的文化在建施工项目38个,其中有19个投资在亿元以上的文化在建施工项目,它们是南京市图书馆、浙江艺术学校、杭州剧院、河北艺术中心、辽宁文化艺术中心博物馆、黑龙江省图书馆新馆、上海马戏娱乐城、上海黄埔区图书馆、南京市文化艺术中心、浙江红星文化大厦、山东省图书馆业务楼、湖南大剧院、河南省长沙田汉大剧院、广东演艺中心、广东新德文化广场、深圳音乐厅、深圳中心图书馆、汕头市图书馆、云南省图书馆。

2000年全国有10个投资5000万以上的较大文化工程竣工,它们是:首都图书新馆、武汉市图书馆、浙江图书馆、成都少儿宫音乐厅、上海市卢湾区文化馆、江苏京剧院影剧场、无锡市图书馆、绍兴市鲁迅图书馆、江西艺术剧院、武汉市电影城。

四、“九五”期间全国文化产业单位增加值增幅较大

文化产业单位在“九五”期间为国民经济的发展做出了较大贡献,主要表现在所创造的增加值增幅较大。2000年全国文化产业单位新创增加值203.08亿元,比1995年增长38.3%,“九五”期间全国文化产业单位新创增加值累计达1020.97亿元,年平均增长速度为6.7%。从主要行业增加值构成看:

“九五”期间艺术业(含表演团体和艺术表演场所)累计增加值为82.03亿元,占文化产业增加值总数的8%;公共图书馆累计增加值为30亿元,占文化产业增加值总数的2.9%;群众文化业累计增加值为46.61亿元,占文化产业增加值总数的4.6%;文化娱乐业累计增加值为499.64亿元,占文化产业增加值总数的48.9%。从以上增加值构成情况看文化娱乐业增加值所占份额最大,是目前全国文化产业增加值的重要组成部分,具有举足轻重的地位。

2000年艺术业(含表演团体和艺术表演场所)增加值为18.42亿元,比1995年增长了44.0%,年平均增长7.6%;公共图书馆增加值为7.59亿元,比1995年增长114.4%,年平均增长16.5%;群众文化业增加值为10.86亿元,比1995年增长145.7%,年平均增长19.7%;文化娱乐业增加值为103.36亿元,比1995年下降15.8%,年平均递减3.5%.从以上情况看图书馆业和群众文化业增加值的大幅上升带动了全国文化产业的发展。

五、艺术表演团体演出场次下降,观众人次上升

“九五”期间全国文化部门艺术表演团体累计演出209万场,累计观众24.09亿人次,比“八五”增加2.15亿人次,增长9.8%;累计财政补助收入70.35亿元,比“八五”增加40.09亿元,增长132.3%;累计演出收入22.29亿元,比“八五”增加1.02亿元,增长84.6%。2000年全国文化系统的2619个艺术表演团体国内演出共计41万场次,平均每团演出场次为135场,比1995年减少19场;观众人次由1995年的4.3亿人次增至4.6亿人次,增长6.98%,年平均增长幅度为1.4%;艺术表演团体的经费收支情况比1995年有较大的改善,2000年全年财政补助收入17.28亿元,比1995年增长99.5%,年平均增长14.8%;演出收入5.17亿元,比1995年增长50.3%,年平均增长为8.5%,全年总支出26.89亿元,其中排练制作费1.49亿元,分别比1995年各增长67.0%和60.2%,年平均增长速度分别为10.8%和9.9%,2000年艺术表演团体经费自给率为31.5%,比1995年减少了8.8个百分点,“九五”期间的平均经费自给率为35.4%,比“八五”期间的平均经费自给率减少了4.3个百分点。

“九五”期间文化部门艺术表演场所现状不容乐观,机构的减少,业务服务活动水平下降,主要缘于资金匮乏,陈旧的设施和设备无法及时更新,营造不出好的环境吸引观众到剧场来。2000年全国文化系统有各类艺术表演场所1912个,比1995年减少6个机构,可向观众提供的座席数减少了25.7万个;全年演(映)出场次138.2万场,其中放映电影53.1万场次,分别比1995年下降34.3%和53.6%,只有艺术演出6.4万场次,比1995年增长21%。观众由1995年的2.47亿人次减少到

2000年的1.32亿人次，下降了46.6%，年平均下降12.5%。全年总收入8.55亿元，比1995年增长0.5%，年平均增长0.09%；总支出8.67亿元，比1995年增长9.2%，年平均增长1.8%。

六、公共图书馆和群众文化事业稳步发展

“九五”期间全国公共图书馆稳步发展，图书借阅流通累计人次8.49亿，外借图书累计流通7.79亿册次，比“八五”增加1.66亿册次，增长27.1%；全国图书馆累计购书费14.08亿元，比“八五”增加8.5亿元，增长153.4%；新购图书累计3327万册，比“八五”减少102万册，下降2.97%。

2000年全国公共图书馆总藏量4.1亿册（件），比1995年增加8103万册（件），增长24.7%，年平均增长4.5%，全国人均藏书由1995年的0.27册提高到0.28册。2000年图书流通为1.89亿人次，比1995年增加556万人次；书刊外借1.69亿册次，比1995年增加5099万册次。全年总收入16.38亿元，比1995年增加8.4亿元，增长100.3%，年平均增长15.5%，总支出15.71亿元，比1995年增长112.2%，年平均增长16.2%，在总支出中，购书费支出为3.7亿元，比1995年增加了2万元，增长121.2%，年平均增长17.2%，全国人均购书费由1995年的13.9分提高到2000年的28.7分，增长106.5%，全年新购图书692万册。购书费占总支出的比重由1995年的22.6%升至23.6%，增加了1个百分点。

“九五”期间群众文化活动丰富多彩，累计举办展览43.71万个，组织文艺活动135万次，举办训练班65.79万班次。

2000年全国文化系统共有群众文化单位45321个，比1995年减少了2976个。全年共举办各种展览9.2万个，比1995年增加6.1万个；组织文艺活动27.66万次，比1995年增加16.6万次，群众文化单位共有藏书8562万册，比1995年增加5977万册，增长2倍多。全年总收入18.69亿元，比1995年增长109.1%，年平均增长15.9%，全年总支出18.84亿元，比1995年增长125.3%，年平均增长17.6%，在总支出中，业务费支出为2.79亿元，比1995年增长165.4%，年平均增长21.6%，业务费占总支出的比重由1995年的12.6%升为14.8%。

群星奖、孔雀奖、蒲公英奖的评奖活动，进一步丰富了群众文化生活，推出了一批优秀作品和人才。春节期间的“龙潭杯”花会邀请赛，“和平杯”京剧票友赛，九省市大河上下摄影展，“世纪民族之歌”征集活动，全国公共图书馆服务宣传周，“六一”少年儿童进京演出等示范性活动，在社会上产生了很好的社会效益。“世纪的歌声——2000年夕阳红老年合唱电视大赛暨‘永远的辉煌——第二届老年合唱节晚会’”，吸引了27个省、自治区、直辖市的300多个代表队4万多名老年人报名参赛，其中84个代表队5000多位老年合唱团员参加了在无锡举办的现场比赛，在社会上引起强烈反响。

农村小戏的调演，引起各地对农村小戏创作和演出的重视，逐步推出一批反映当前农村生活、深受农民群众喜欢的短小精悍，思想性、知识性、趣味性都很强的优秀文艺作品，反映了当代农村的新面貌，使人们感受到了浓郁的乡土气息，受到了领导、专家和群众的好评。

七、全国文物业保护、维修、应用并举全面发展

“九五”期间全国文物工作者坚持“保护为主，抢救第一”的方针，保护、维修、应用工作并举，树立精品意识，取得了显著成绩。全国文物业累计举办陈列、展览4.34万个，参观人次达12.3亿人次；全国文物保护单位维修费累计10.2亿元，使文物保护单位维修有了资金保证。

2000年，全国文物业有文物保护管理机构1984个，其他文物保护管理机构68个，博物馆1392个，文物商店117个。全国文物业共有文物保管品、藏品1249万件，其中一级品5.2万件，分别比上年增加124万件和0.4万件；共举办陈列6478个，展览11274个；参观人次达1.27亿人次，其中外宾参观人次达544万人次，比上年增加106万人次，增长24.2%；门票收入9.48亿元，比上年增加3574万元，增长3.9%。全年进行文物保护维修的单位1003个，维修面积69.5万平方米，比上年增加1.2万平方米；其中国家级222个，占总维修单位数的22.1%，维修面积15.9万平方米，占总维修面积22.9%。新建和改建了一批博物馆及文物库房，一大批濒临毁坏的文物得到有计划、有重点的抢救和保护。

“九五”期间，全国文博系统实施精品工程，特

专栏9.3　2000年我国的对外文化交流

大型活动有声有色

2000年我国在国内外成功举办了大型活动，提高了声望和国际形象。其中“2000相约北京——五月大联欢”、“2000年中华文化美国行”、“2000年法国中国文化季”等活动规模之大、内容之丰富、参加文艺团体之多，参与人数之众，影响所及之广是前所未有的。

“2000相约北京——五月大联欢”是继文化艺术系列主题年活动之后推出的又一大型国际文化艺术活动。在短短一个月的时间里，包括我国在内的25个国家的38个艺术团共演出109场，其间还举办了6个展览和4个国家的文化周。活动内容丰富，雅俗共赏，吸引了群众的广泛参与，观众总数达30万人次。江泽民主席、李岚清副总理等党和国家领导人亲自出席。在华访问的印度总统、丹麦首相等外国领导人也出席有关活动。

“2000中华文化美国行”由文化部和国务院新闻办联合主办，历时24天，先后在纽约、华盛顿、芝加哥、旧金山、洛杉矶等美国9个城市展开，以主题演讲、文艺演出和文物展览的形式，向美国人民生动展示了古韵悠远而又朝气蓬勃和充满自信、热爱和平的当代中国形象。是我国在美举办的最大规模的综合性文化活动，得到了中美两国及联合国领导人的重视和支持，江泽民主席、克林顿总统、安南秘书长均为该活动题词。

加强同发展中国家的文化交流

2000年，通过高层互访、举办研讨会、艺术团访演、经济援助等形式，进一步扩大了与广大发展中国家的交流。

“新世纪中非文化交流研讨会”邀请了来自非统组织和十几个非洲国家的21位副部级和司局级文化官员来京出席。李岚清副总理接见了非洲国家的与会代表。

积极邀请发展中国家在华举办文化日、文化周和艺术团来华参加大型活动。今年发展中国家在华相继举办了“土耳其文化日”、“约旦文化周”、“突尼斯文化周”、“伊朗文化日”等综合性文化活动。“相约北京大联欢”、“上海国际艺术节”、“第三届亚洲艺术节”等国内大型艺术活动共邀请了亚洲、西亚、非洲等23个发展中国家的35个演出团参加，其规模和人数都是空前的，大大增进了广大发展中国家和中国人民的友谊。

积极开拓对欧、美发达国家文化工作的新领域

利用重大政治访问和建交周年纪念的机会，邀请艺术团访演，举办大型展览，并派出富有特色的艺术团举办中国文化日等活动；同时积极开拓“演讲”、“论坛”、“圆桌会议”等新的交流途径。

2000年为配合西班牙首相访华，在短时间内促成了“达利绘画原作展”和西班牙著名舞蹈家专场演出。孙家正部长和西班牙首相出席了展览开幕式，朱镕基总理和西班牙首相出席了专场演出。达利画展获得巨大成功，引起了社会和媒体的极大关注。

为庆祝中国与丹麦、芬兰、瑞典、瑞士建交周年，我有计划地主动开展了一系列双边活动，派出了中央芭蕾舞团、长春杂技团、黑龙江青少年杂技小组及手工艺表演者赴丹麦参加与丹方合作举办的“中国年”和艺术节活动；派出了昆曲《窦娥冤》、山东杂技团等赴芬参加庆祝建交和“亚洲艺术节”活动并举办了《明代艺术展》；昆曲《窦娥冤》和中央乐团民乐小组访问了瑞典；中国红星舞蹈团赴瑞士参加了建交庆典活动。邀请了在世界芭蕾舞台上独树一帜的丹麦皇家芭蕾舞团、芬兰城市现代舞团、瑞典流行音乐演唱组（举办“激情2000——瑞典流行音乐演唱会”）、丹麦现代艺术展等来华。这些演展活动获得了当地人民的普遍赞誉，巩固了双边关系。

港澳台文化交流有了进一步发展

2000年注重对港澳文化交流的特色和质量，加强三地青少年之间的直接交流，积极扶持港澳传统艺术的发展；保持对台交流的良好势头，大力推动祖国民族传统文化优秀项目访台。截止11月中，与港澳交流425项，5211人次，与台湾交流295项，3077人次。

（执笔：李建军）

别是配合庆祝建国五十周年，推出一批具有较高水平和质量的文物展览，吸引了大量中外观众，取得良好的社会效果。

八、文化市场在调整中繁荣发展

“九五”期间，全国文化市场在清理整顿、优化结构中繁荣发展。文化市场管理部门面对迅猛崛起的文化市场经营出现的问题，加大文化市场立法工作力度，规范管理，健全稽查机构，调整优化结构，使文化市场健康有序发展。在“九五”期间文化市场经营单位累计利润 126.13 亿元，上缴各种税金 104.4 亿元，新创增加值 695.35 亿元。

2000 年，全国文化市场产业经营单位经过治理整顿，机构由上年的 27 万余家减少到 22 万余家，从业人员 91 万人；年实现利润 29.8 亿元，比上年增加 7.6 万元；创增加值 118.89 亿元。2000 年全国省、市、县三级文化市场管理稽查网络机构共有 3442 个，17622 人；其中稽查机构 1376 个，7893 人。

2000 年的文化市场管理工作，以电子游戏场所的专项治理和音像市场的结构调整及清理整顿为重点，推动整个文化市场工作的开展；以入世后面临的机遇和挑战为主题，认真搞好文化市场理论研究。

九、艺术教育、文化科技与文化艺术理论研究有了新的进展

2000 年，全国文化部门共有各类教育机构 220 个，其中，高等艺术院校 1 所，中等专业学校 137 所，文化干部院校 20 所，其他教育机构 62 所。2000 年，高等艺术院校招生 96 人，毕业 79 人，在校生 254 人；中等专业学校招生 23080 人，毕业 18047 人，在校生 73895 人。

2000 年，全国共有文化（文物）科研机构 242 个，从业人员 5950 人，其中，具有中高级职称的科研人员 2867 人，比上年增加 13 人，占从业人员总数的 48.2%，比上年减少 0.2 个百分点。本年完成科研项目 436 个，获国家奖 80 个，占科研项目总数的 18.3%，比上年增加 5.6 个百分点；获省、部级奖 126 个，占科研目总数的 28.9%。

十、对外文化交流不断扩大并取得显著成果

截至 2000 年，我国与 160 多个国家和地区有不同形式的文化往来，与数千个外国和国际文化组织保持着各种形式的联系。“九五”期间，经文化部审批的对外文化交流项目共计 5948 起，82274 人次，其中出访 3585 起，43710 人次，来访 2363 起，38564 人次。与港澳地区的文化交流项目共计 2503 起，31970 人次，其中赴港澳 2128 起，27380 人次，港澳来内地 375 起，4590 人次。海峡两岸文化交流项目共计 2412 起，24062 人次，其中赴台 1641 起，14510 人次，台湾来大陆项目 771 起 9552 人次。我国政府与外国共签订了 13 个文化协定，131 个文化交流执行计划。我国艺术家在各类国际艺术比赛中共获得金奖 51 个、银奖 34 个、铜奖 43 个、其它奖项 41 个。

“九五”期间我国文化事业的发展，取得了很大的成绩，但存在的问题也是不容忽视的。随着改革的不断深入，以及各项管理工作的不断规范化和细化，在“十五”计划期间，文化事业必将进入一个新的繁荣发展的阶段。

（执笔：李建军）

“九五”时期教育事业发展情况

2000年，是教育战线全面实现“九五”计划奋斗目标的一年，是深入贯彻第三次全国教育工作会议精神的一年，也是完成《中国教育改革和发展纲要》提出的各项任务的一年。一年来，全体教育工作者认真落实年初江总书记关于教育问题重要谈话的精神，素质教育继续向纵深推进，顺利实现了“两基”预定的奋斗目标，高中阶段和高等教育规模进一步扩大，职业教育继续发展，高等教育管理体制改革迈出了决定性步伐，高校后勤社会化改革取得新的进展。随着各项改革全面深化，我国教育事业发展上了一个新的台阶。

战略地位得到落实，教育改革全面深化

1999年，党中央、国务院召开了改革开放以来的第三次全国教育工作会议，做出了《中共中央国务院关于深化教育改革，全面推进素质教育的决定》，批转了教育部的《面向21世纪教育振兴行动计划》，进一步明确了教育在经济、社会发展中先导性、全局性、基础性的地位，制定了深化教育改革、全面推进素质教育的一系列重大政策措施，教育战线呈现出生机勃勃的新气象，教育工作越来越受到全党全社会的重视和关注。

教育投入继续增加。自1998年起，连续五年中央财政支出中教育经费所占比例每年增加一个百分点。大部分省市也比照中央的做法提高了本级财政支出中教育经费所占的比例。1999年，全国教育总经费达3349亿元，是1995年的1.8倍，其中全国财政性教育经费为2287亿元，是1995年的1.6倍。全国财政性教育经费占GDP的比例走出了低谷，连续4年保持增长，由1995年的2.41%提高到1999年的2.97%。

教师待遇与住房条件得到较大改善。1999年，全国教职工年平均工资达8474元，比1995年提高56%。在国务院领导同志关心下，加快了教职工住房建设步伐。到1999年底，共完成教职工住房建设投资908亿元，全国城镇中小学和普通高校教职工家庭人均居住面积达10.3平方米，比1995年提高2.28平方米。为解决高校青年教师的住房困难，从1997年至1999年，投资37.8亿元用于中央部委属高校筒子楼改建。2000年开始，中小学教师工资实行财政统一发放，教师工资拖欠问题将从制度上得以根本解决。

教育法制建设成绩显著。“九五”期间，国家先后颁布了《职业教育法》、《高等教育法》，和此前颁布的《教育法》、《义务教育法》、《教师法》、《学位条例》等构成了我国教育法律法规体系的基本框架，使我国逐步走上了依法治教的轨道。

高教管理体制改革取得突破性进展。按照“共建、调整、合作、合并”的方针，连续三年三大步调整中央部委属院校的管理体制，此工作涉及31个省、市、自治区，60多个国务院部门和900余所高校。迄今，已有556所高校经合并调整为232所，并调整了509所高校的管理体制，组建了一批新的综合性和多科性大学。目前，教育部和中央部委管理普通高校有120所左右，其中，教育部管理的71所，地方政府所属或以地方管理为主的高校达896所。中央和省级政府两级管理，以省级政府为主的高教管理新体制已基本形成。

进一步转变职能，简政放权。经国务院授权，将发展高等职业教育和大部分专科教育的权力下放给省级政府，使各省级政府都具备了自行审批高等职业技术学院设置的权限。从2000年起，地方所属高等职业教育(专科)的招生计划由省级政府制定并管理。在进一步转变职能、加强宏观管理的同时，鼓励和支持各地开展多种形式的教育改革，确定各具特色的发展格局。进一步落实了高等学校的办学自主权。

普通高校招生收费和就业制度改革进一步完善。1997年完成了招生收费并轨改革。随着高校成本分担机制的逐步形成，2000年又开始全面实行国家助学贷款制度，并已基本构建起适应社会主义市场经济体制的招生收费制度。高校毕业生就业机制发生重大变化，不包分配、竞争上岗、择优录

用的毕业生就业制度改革取得实质性成效。

高校后勤社会化改革全面推进。国务院决定用三年左右时间基本完成后勤社会化改革,经过一年的探索,已形成了政府主导统筹,高校及社会各方面积极参与的良好局面。2000年全国高校新建学生公寓800多万平方米,预计完成投资80亿元左右,有力保证了扩大高等教育招生规模任务的完成。

社会力量办学得到大的发展。到1999年,全国各级各类民办学校及教育机构达4.5万所,其中,幼儿园3.7万所,中小学近7千所,具有颁发学历文凭资格的民办高等学校37所,高等教育学历文凭考试试点学校370所,其他高等教育机构870所。政府为主办学和社会力量办学共同发展的局面开始形成。

各级各类学校全面贯彻教育方针,实施素质教育取得丰硕成果。召开了新形势下的中小学德育工作会议,提出了进一步加强和改进德育工作的意见,德育工作有了新进展,各种形式的社会实践蓬勃展开,体育、美育工作的加强促进了学生的全面发展。加强了青少年课外活动场所的建设,学校周边环境得到治理,推动了全社会关心、支持教育局面的形成。

重视学生创新精神和实践能力的培养形成共识,教育教学改革全面展开。基础教育课程教材改革取得阶段性成果,采取有力措施减轻了中小学生过重的学业负担,拓宽了学生主动发展的空间。职业教育教学改革增强了实用性、针对性,与经济社会发展的联系更加紧密,提高了学生的适应能力。

各级各类教育加快发展,教育事业迈上新台阶

一、义务教育普及率进一步提高,如期实现"两基"目标

在各级政府的直接领导和教育部门的努力下,"普九"人口覆盖率继续提高。到2000年底,全国普及九年义务教育的地区人口覆盖率达到85%,通过"普九"验收的县(市、区)总数达到2541个(含其他县级行政区划单位156个),11个省市已按要求实现"普九"。

由于学校布局调整和学龄人口减少,小学校数、招生数及在校生数均有不同程度的减少,但小学入学率继续提高,男女入学性别差异缩小。全国小学55.36万所,比1995年减少11.5万所;招生1946.47万人,比1995年下降23.1%;在校生13013.25万人,比1995年下降1.4%;小学适龄儿童入学率(按各地相应学龄、学制计算)达到99.1%,比1995年提高0.6个百分点,其中男女童入学率分别是99.14%和99.07%,性别差由1995年的0.7个百分点下降到0.07个百分点。小学生辍学率0.55%,比1995年下降0.94个百分点。小学五年巩固率为94.54%,其中女童五年巩固率为94.48%,分别比上年提高2.06和1.86个百分点。小学毕业生升学率为94.89%,比上年提高0.52个百分点。

小学教师学历合格率继续提高,民办教师人数大幅度减少。全国小学教职工645.49万人,比上年减少1.63万人。其中专任教师586.03万人,与上年基本持平。专任教师中,民办教师27.72万人,减少21.94万人,民办教师占教师总数的比重4.73%,比上年下降3.74个百分点。小学教师学历合格率96.9%,比上年提高1个百分点,小学生师比22.21:1,比上年的23.12:1有所降低。

由于学校布局结构调整,初中校数略有减少,但随着学龄人口高峰段上移,初中招生数和在校生数有所增加,辍学率降低。全国初中学校6.39万所,比1995年减少0.47万所;招生2295.57万人,比1995年增长28.9%;在校生6256.29万人,比1995年增长32.3%;毕业生1633.45万人,比1995年增长31.3%万人。初中阶段毛入学率88.6%,与上年持平。初中辍学率3.21%,比上年下降0.07个百分点。初中毕业生升学率51.17%,比上年提高1.17个百分点。全国初中专任教师328.69万人,比上年增加9.94万人。专任教师中民办教师2.49万人,比上年减少1.66万人。初中教师学历合格率87%,比上年增长1.5个百分点。生师比19.03:1,比上年的18.23:1有所提高。

普通中小学校办学条件进一步改善。全国普通中小学校舍建筑面积113402万平方米,比上年增加9332万平方米。普通初中理科实验设备、教学分组实验和图书达标学校占初中总校数的比例分别是72.74%、69.65%和75.15%,分别比上年提高1.24、1.35和1.75个百分点。小学理科实验设备、教学分组实验和图书达标学校占小学总校数的比例分别是45.13%、39.93%和65.22%,分别比上年提高0.73、1.33和2.22个百分点。

由于适龄幼儿减少，幼儿园及在园幼儿数比上年有所减少。2000年，全国幼儿园17.58万所，比上年减少0.53万所，在园幼儿（包括学前班）2244.18万人，减少82.08万人。幼儿园园长和教师共94.65万人，比上年减少1.14万人。

特殊教育继续稳步发展。全国特殊教育学校1539所，比1995年增加160所；招收残疾儿童5.29万人，比1995年减少0.34万人；在校残疾儿童37.76万人，比1995年增加27.7%。其中在盲聋哑学校就读的学生10.31万人，在弱智儿童辅读学校及辅读班就读的学生3.52万人，在普通学校特教班及随班就读学生23.93万人。残疾儿童毕业人数4.34万人。

二、高中阶段教育规模继续扩大，高中阶段毛入学率达到42%

全国高中阶段教育（包括普通高中、职业高中、普通中等专业学校、技工学校、成人高中、成人中等专业学校）共有学校3.65万所，招生913.95万人，在校学生2525.11万人。

全国普通高中1.46万所，比1995年增加近600所；招生472.69万人，比1995年增长72.7%；在校生1201.26万人，增长68.4%；毕业生301.51万人，增长14.7%。普通高中专任教师75.69万人，比上年增加6.45万人。生师比15.87:1，比上年的15.2:1有所提高。普通高中教师学历合格率68.43%，比上年增长2.58个百分点；普通高中图书达标率64.3%，比上年增长1.67个百分点；理科实验设备达标率65.35%，比上年增长0.73个百分点；实验室建筑面积达标率67.6%，比上年增长0.81个百分点；体育场馆面积达标率60.27%，比上年增长1.35个百分点。

全国职业高中7655所，比1995年减少957所；招生150.39万人，比1995年下降6.7%；在校生414.56万人，增长9.5%；毕业生149.92万人，增长40.1%。职业高中专任教师28.18万人，与上年持平。职业高中教师学历合格率44.33%，增长3.8个百分点。职业中学实验室建筑面积达标率44.75%，比上年增长1.29个百分点；体育场馆面积达标率41.08%，比上年增加1.31个百分点；理科实验设备达标率38.93%，比上年增长0.66个百分点；教学实验分组达标率38.57%，比上年增长1.25个百分点；图书达标率46.46%，比上年增长1.56个百分点。

全国普通中等专业学校3646所，比1995年减少403所；招生132.59万人，比1995年下降4%；在校生489.52万人，增长31.5%。教职工48.81万人，比上年减少4.05万人。专任教师25.64万人，减少1.73万人。专任教师中具有本科以上学历的教师比例达到72.86%，比上年增长1.37个百分点。生师比由上年的18.83:1提高到19.09:1。

全国技工学校3792所，比1995年减少715所；招生数50.38万人，比1995年下降32%；在校生140.1万人，下降25.7%；毕业生64.62万人，下降5.1%。技工学校教职工23.96万人，其中专任教师14万人。

全国成人高中1967所，比上年减少924所；招生30.56万人，减少5.11万人；在校生32.59万人，减少10.56万人；毕业生22.9万人，减少6.85万人。

全国成人中等专业学校4853所，比上年减少312所；招生77.34万人，减少20.63万人；在校生247.08万人，减少55.04万人；毕业生113.49万人，减少5.32万人。

全国中等教育自学考试报名1.84万人次，取得中专毕业证书0.56万人。

三、高等教育发展迅速，高等教育毛入学率达到11%左右

高等教育管理体制改革和布局结构调整迈出关键步伐。2000年全国高等学校共有1813所，比1995年减少397所。普通高等学校1041所，比1995年减少13所，其中中央各部委所属学校116所；成人高等学校772所，比1995年减少384所，其中中央各部委所属学校27所。全国培养研究生的单位738个，其中高等学校415个，科研机构323个。

高校扩招工作顺利完成，高等教育的招生人数大幅度增加。2000年全国招收研究生12.85万人，比1995年增长150%；其中博士生2.51万人，硕士生10.34万人。在学研究生30.12万人，比1995年增长107%；其中博士生6.73万人，硕士生23.39万人。毕业研究生5.88万人，比1995年增长84%。高等教育共招本专科学生376.76万人，比1995年增加192.77万人。其中普通高等教育招生220.61万人，比1995年增加128万人，增长138%；成人本专科招生（含电大普通班）156.15万人，比1995年增加64.77万人，增长70.9%。高等教育本专科在校生909.73万人，比1995年增加362.08万人。其中普通高等教育在校生556.09

专栏9.4 "九五"计划提出的教育发展目标提前实现

为提高我国人口文化水平，加快改变人口总体受教育水平低的状况，全面推进教育事业的发展规模，扩大教育覆盖面，是我国教育发展的当务之急。"九五"期间，通过全面推进九年义务教育，调整中等教育结构，分步落实高教改革目标，"九五"计划目标绝大部分提前达标。

"九五"教育发展目标实现情况

指　　标	1995年	1999年	2000年	计划目标	2000年为计划的百分比(%)
在校学生数(万人)					
高等教育	562.19	742.27	939.85	650	144.6
研究生	14.54	23.36	30.12	20	150.6
普通高校	290.64	413.42	556.09	350	158.9
成人高校	257.01	305.49	353.64	280	126.3
普通学校高中阶段	1652.53	2190.35	2248.84	2125	105.8
普通高中	713.16	1049.71	1201.26	850	141.3
中专和职业高中	939.37	1140.64	1047.58	1275	82.2
普通初中	4727.51	5811.65	6256.29	5500	113.8
普通小学	13195.15	13547.96	13013.25	13500	96.4
九年义务教育人口覆盖率%	36.2	80	85	85	
初中入学率%	78.4	88.6	88.6	85	
小学辍学率%	1.49	0.9	0.55	1	
初中辍学率%	3.98	3.28	3.21	3	

注：本表数据不包括成人中等教育和成人初等教育。成人中专在校学生数2000年为247.1万。

教育事业的快速发展，使我国居民的受教育水平显著提高。据人口抽样调查资料推算，我国居民人均受教育年数从1995年的5.05年提高到1999年的6.04年；青壮年文盲率1999年为4.8%，首次降到5%以下。

（执笔：刘　巍）

万人，比1995年增长91%；成人高等教育在校生353.64万人，比1995年增长37.6%。毕业生183.02万人，比1995年增加38.87万人，其中普通高等教育毕业生94.98万人，成人高等教育毕业生88.04万人。全国高等教育自学考试报考1369.13万人次，取得毕业证书48.89万人。

普通高等学校校均规模和生师比有较大提高。普通高等学校全日制本专科在校生平均规模由上年的3815人提高到5289人；对研究生、留学生、进修生和夜大、函授生、成人脱产班等各类学生，按国家规定折合为本专科学生计算，生师比由上年的13.4:1提高到16.3:1。

全国高等学校教职工129.98万人，比上年增加3.46万人。其中普通高等学校111.28万人，比上年增加4.77万人；成人高等学校18.7万人，比上年减少1.31万人。专任教师55.62万人，增加3.29万人。其中普通高校46.28万人，增加3.71万人；成人高校9.34万人，减少0.42万人。

四、成人各类培训教育蓬勃发展，扫盲任务基本完成

2000年，全国高等学校中举办的各类成人非学历教育结业生达49.13万人。全国成人技术培

训学校49.73万所，比上年减少3.69万所。其中职工技术培训学校1.1万所，比上年减少0.03万所；农民技术学校48.62万所，比上年减少3.67万所。成人技术培训学校共培训结业9642.11万人次。其中培训结业职工595.03万人次，培训结业农民9047.08万人次。目前仍有6579.1万人在校学习，其中职工369.51万人，农民6209.59万人。成人技术培训学校教职工49.89万人，比上年减少3.82万人，其中职工技术培训学校教职工9.03万人，农民技术培训学校教职工40.86万人。成人技术培训学校专任教师19.56万人，比上年增加0.98万人，其中职工技术培训学校4.8万人，农民技术培训学校14.76万人。

成人初等学校5.3万所，招生239.75万人，减少24.17万人；在校生232.25万人，增加21.38万人。教职工5.2万人，减少0.13万人，其中专任教师1.78万人，减少0.22万人。

扫盲工作基本完成年度规划目标。全国共扫除文盲258.04万人，有252.99万人正在参加扫盲学习。扫盲教育教职工10.87万人，比上年减少2.77万人。其中专任教师2.84万人，减少0.9万人。

（执笔：林志华）

专栏9.5　高等学校后勤社会化改革

高等学校后勤社会化改革，是实现高等学校后勤管理模式和运行机制的根本转变。也就是把原来完全由学校行政管理部门统包的高校后勤服务保障工作（包括学生生活后勤、教职工生活后勤，以及学校管理、教学、科研等服务性工作）从学校分离出来，在所在省、市区域内，组织跨学校的后勤服务集团，以专业化、集约化、企业化等形式，承担本地区范围内高等学校的后勤服务保障工作。

新中国成立50年来特别是改革开放以来，我国高等教育的改革和发展取得了令人瞩目的成就。在21世纪，高等教育肩负着伟大而又光荣的历史使命，将有更大更快的发展。但是，当前高等学校后勤服务模式落后、后勤社会化改革滞后、后勤负担沉重的状况，已经成为制约高等教育发展的"瓶颈"。因此，推进并尽快完成高等学校后勤社会化改革，关系到今后我国高等教育工作的全局，具有重要而深远的意义。

这项改革是我国高等教育领域的一项重大改革，是计划经济向社会主义市经济转变在高等学校后勤领域的具体体现。改革有利于提高高等学校后勤服务的质量和管理水平，有利于减轻学校的负担，有利于提高学校办学效益，有利于保证学校的发展和稳定。

高等学校后勤社会化改革的重点，是学生生活后勤改革。其特点是在对新建的学生宿舍及其他后勤服务设施的资金投入方面，主要依靠并充分利用社会的力量和资金；中央和省、市人民政府，区别情况，给予必要的经费支持。所有学生宿舍及其他后勤服务设施，将采用新机制经营和管理。

改革后的各种高等学校后勤服务实体，与学校、教育行政部门保持必要的责、权、利关系。采取"由省、自治区、直辖市和省会、首府城市或高等学校较集中的城市政府统筹主导、教育行政部门组织实施、学校参加、社会参与、市场引导"的做法。

这项改革从2000年初开始，计划用3年左右的时间，在全国绝大部分地区基本实现高等学校后勤社会化，建立起有中国特色、符合高等教育特点与需要的新型高等学校后勤保障体系。2000年，已经开始对高等学校的后勤服务经营人员、相应资源及操作运行，成建制地从学校行政管理系统中分离出来，组建自主经营、独立核算、自负盈亏的学校后勤服务实体。到2002年底前后，完成组建区域性的跨学校的后勤服务集团（实体、中心或公司）。

经过一年的探索，高校后勤社会化改革已形成了政府主导统筹，高校及社会各方面积极参与的良好局面。2000年全国高校新建学生公寓800多万平方米，预计完成投资80亿元左右，有力保证了扩大高等教育招生规模任务的完成。

（执笔：林志华）

“九五”时期卫生事业发展情况

“九五”时期，各级卫生行政部门在党的“十五大”精神指引下，深入贯彻《中共中央、国务院关于卫生改革与发展的决定》，重点抓好以医院为主体的城镇医药卫生体制改革。各级医院以改革为动力，努力满足广大人民群众的医疗服务需求，提高医院资源的利用，医疗卫生工作取得新的进展。

一、医院资源

“九五”期间，我国医院人力和物力资源投入不断增加。目前，全国医院卫生技术人员总数达244万人，医院床位220万张。医院资源发展主要表现以下几个方面：

(一)医院人员继续增长

2000年全国医院总人员达312万人，占全国专业卫生人员56%。与1995年比较，医院总人员增加17万人(其中：卫生技术人员增加16万人)，每年平均增加2.6万人，年平均增长1.4%。五年来，全国医院人员增长有如下特点：

1. 各类人员不断增加，增长幅度呈下降趋势；

2. 护士增长(年平均增长2.03%)快于医生增长(年平均增长1.96%)，护士短缺现象稍有缓解；

3. 人员内部结构发生变化。卫生技术人员比重增加1个百分点(现占78%)，工勤人员比重下降2个百分点(现占11%)，管理人员比重维持在8%。卫生技术人员中，医生与护师、士比重均增加1个百分点；

4. 人员业务素质有了提高。1996～1999年全国高中等医药院校共为卫生系统输送了74万名毕业生(大学生占1/3，中专生占2/3)，这部分人才大都进入各级医院。2000年医院主任和副主任医、护、药、技师16.8万人，主治(主管)医、护、药、技师66.3万人，两者占卫生技术人员34%；

5. 医生和护士增长均快于人口增长(年平均增长0.97%)，每千人口医生、护师(士)呈上升趋势。

(二)医院的财政拨款相对下降，医院业务收入约占总收入的90%

“九五”时期，国民卫生总费用不断增长，已由1995年2258亿元增至1998年3777亿元，人均卫生费用由191元增至303元。卫生总费用可分为政府、社会和居民个人卫生支出三部分。近年来，政府卫生投入相对下降，社会卫生投入也因受企业效益影响而减少，个人卫生支出部分比重逐年加大。1998年政府、社会、居民个人卫生支出分别占卫生费用总支出的16%、27%和58%。城镇和农村居民个人卫生支出差异较大，农村居民人均医疗费用为城镇居民的1/3。

卫生部门医院的经常性补助和专项补助经费占总收入的比重越来越小(1995年8.1%、1996年7.5%、1999年6.8%、2000年6.3%)。业务收入是医院资金来源的主要部分，所占比重1995年为89%，1996年88%，1999年90%，2000年91%，医院主要依靠业务收入来维持运转。医院级别越高，财政拨款所占比重越低。

(三)医院床位增长

2000年全国医院实有床位221万张，5年共增加10万张，年平均增长0.97%，低于“八五”时期增长速度。近几年来，医院床位呈低速增长状态，但因住院天数缩短，造成病床使用率普遍下降。从全国情况看，每千人口医院、卫生院床位数保持在2.40张左右，说明床位增长与人口增长持平。

二、医疗服务

(一)医院诊疗人次及住院人数有所增加

2000年全国医院总诊疗人次为12.9亿人次，比1995年增加0.4亿人次；住院人数3584万人，比1995年增加511万人。其中：县及县以上医院诊疗人次12.4亿人次，住院人数3543万人；与1995年比较，诊疗人次增加0.3亿人次，住院人数增加504万人。

(二)每一医生每天担负的诊疗人次上升，住院

床日下降

“九五”时期，全国卫生部门综合医院平均每一医生每天担负的诊疗人次呈上升趋势，住院床日呈下降趋势。2000年，卫生部门综合医院平均每一医生每天担负的诊疗人次为4.8人次，比1995年增加0.4人次；平均每一医生每天担负的住院床日为1.4床日，比1995年下降0.1床日。级别越高的医院，医生工作负荷量越大。

(三)医生人均年业务收入增加

“九五”时期，医院业务收入按医生人均计算呈递增趋势。2000年卫生部门综合医院医生人均年业务收入为27.1万元，比1995年增加14.4万元(未扣除价格上涨因素的影响)。级别越高的医院，每个医生的年业务收入越高。

(四)病床使用率下降，出院者平均住院日缩短

2000年，全国医院病床使用率为60.6%，比1995年减少6.3个百分点；出院者平均住院日为12.2日，比1995年缩短2.6日。其中：卫生部门综合医院病床使用率为67.3%，比1995年减少5.4个百分点；出院者平均住院日为11.0日，比1995年缩短1.8日。2000年全国医院病床使用率首次出现回升，比1999年增加1个百分点。卫生部门五个级别的医院中，级别越高的医院，病床使用率越高，出院者平均住院日越长。

三、医院收、支及医疗费用

“九五”时期，医院资源增长率与“八五”相比有所减缓，但资源总量仍在逐年增加，其增长率总体上高于同期人口增长率；医院资源利用略有好转，2000年病床使用率稍有上升；病人医疗费用增长幅度有较大下降，但医疗费用仍保持在较高水平。

(一)业务收入逐年增加，药品收入的比重略有下降

“九五”时期，卫生部门综合医院业务收入继续呈现增长趋势，但增幅则逐年下降。2000年卫生部门平均每所综合医院业务收入2941.4万元，比1995年增加1381.6万元，年平均增长13.53%；业务支出2959.3万元，比1995年增加1489.4万元，年平均增长15.02%。五个级别医院中，级别高的医院，业务收入增长速度较快。

业务收入构成中，门诊、住院收入所占比重有所上升，药品收入所占比重略有下降。2000年平均每所医院门诊收入占业务收入的比重为17.6%，比1995年增加4.7个百分点；住院收入比重为30.4%，比1995年增加5.3个百分点；药品收入比重为51.0%，比1995年下降0.2个百分点。从五年总体情况来看，五个级别医院中，级别高的医院药品收入比重相对较高。

(二)平均每一门诊病人和住院病人医疗费用继续增长，而增长幅度明显下降

“九五”时期，平均每一门诊病人和住院病人医疗费用都有不同程度的增长。2000年卫生部门综合医院平均每一门诊病人医疗费为85.8元，住院病人医疗费3083.7元。与1995年相比，门诊医疗费增加45.9元，年平均增长16.55%；住院医疗费增加1415.9元，年平均增长13.08%。从增长幅度来看，门诊、住院病人医疗费用增长率都有较大幅度的下降，其中住院病人医疗费用增长幅度下降快于门诊病人增长幅度。从整体上看，目前医疗费仍停留在较高水平。五个级别医院中，级别越高的医院，平均每一门诊病人和住院病人医疗费用越高。

(三)药品在医疗费用中的比重有所下降

1996年以来，平均每一门诊病人和住院病人的医疗费用构成中，药费所占比重均呈下降趋势。2000年门诊医疗费中，药费比重为50.3%；住院医疗费中，药费比重为46.1%。与1995年相比，门诊药费比重下降5.6个百分点，住院药费比重下降6.7个百分点，门诊药费比重大于住院药费比重。

四、原因分析

“九五”时期，我国医院资源与医疗服务情况所呈现出的特点主要归结于以下几方面原因：

(一)传统计划经济的影响

多年以来，由于传统计划经济的影响，各级卫生行政部门重视卫生事业发展的规模、水平和速度，忽略了市场经济条件下医疗服务需求的变化以及效益和质量等内涵问题。传统观念的“惯性”作用在很大程度上造成了医院资源的“过剩”。“九五”时期，虽然医院资源增长速度有所减缓，但仍以高于GDP和人口增长的速度增长，并难以在短期内解决。

(二)医疗服务需求受到抑制

在医疗服务供大于求的情况下，医院卫生资源利用程度主要取决于居民对医疗服务的需要和支

付能力。"九五"时期,我国城乡居民卫生服务需要量增加,但城市居民的就诊率与住院率呈明显下降趋势。造成这一状况的主要原因是,在计划经济向市场经济过渡时期,许多企业无力解决职工的医疗费用,加之医疗费用上涨,职工的医疗支付能力下降,致使医疗服务需求受到抑制。

(三)疾病模式的变化

随着我国人群疾病模式发生变化以及人口老化和生活质量的不断提高,必然引起疾病模式的流行病学转变。据1998年国家卫生服务调查显示:我国城乡慢性非传染性疾病患病率有了较大幅度的上升。由于慢性病病程长,病情复杂,并发症多,医疗资源消耗多,因此慢性非传染性疾病患者的增加是在一定程度上导致医疗费用上涨的原因之一。

五、几点建议

对于如何在社会主义市场经济条件下有效利用医院资源,促进医疗卫生工作健康、协调地发展的建议:

(一)加大区域卫生规划的实施力度

区域卫生规划是政府在社会主义市场形势下对卫生事业进行宏观调控的重要手段,是区域内合理配置和有效利用卫生资源的必然要求。在政府的领导和参与下,各级卫生行政部门要加大区域卫生规划的实施力度,不能让规划流于形式,成为空话。各级人大应加强对政府施政工作的监督,督促政府做好此项工作。

(二)加快医疗保障制度改革进程,尽快建立医疗费用约束机制

基本医疗保险制度建立后,各单位职工的医疗保障责任变为政府责任,职工医疗保障实行社会化统一管理,因此为医疗保险部门约束医院行为创造了基本条件。医疗保险部门对医院行为的约束(主要是医疗费用的约束),可以通过多种途径来实现:制定基本用药范围和诊疗服务项目;患者医疗费用核定,最大限度降低不合理部分,减少浪费;与医院确定合理结算办法。

(三)大力发展社区卫生,合理分流病人

建立规范的双向转诊制度,对城市大医院不必要的医疗需求应采取切实可行的措施将其疏导到社区去,使"大病进医院,小病进社区"。首先,应尽快把社区卫生服务机构纳入基本医疗保险定点范围。其次,在不同类别医院就医,应有不同的报销比例,通过经济手段合理调节病人流向;社区卫生服务机构应充分改善服务态度,以优质服务增收病人,促进发展。

(四)加强全行业管理,建立合理竞争环境

保证公正、提高效率是政府的主要责任。卫生部门要实现全行业管理,首先要为医疗机构创造一个公平、公正的竞争环境,变无效竞争为有效竞争,通过合理的竞争来提高卫生资源的使用效率,实现资源的合理配置。通过改革,建立医疗机构在竞争中的优胜劣汰机制。

(五)加快卫生系统内部机构运行机制改革

医疗机构要适应整个卫生体制改革的要求,必须加快医院内部人事制度和财务制度改革步伐。医院应以医疗质量作为考核医生的主要手段,逐步弱化经济指标,构建适宜的激励机制。另外,要建立内部严格的成本核算管理制度,最大限度地减少不合理支出。这样才能更加有效利用医院资源,提高医疗服务的社会效益。

(执笔:毛嘉文　胡建平　薛明)

专栏9.6　全面推进城镇医药卫生体制改革

为建立适应社会主义市场经济要求的城镇医药卫生体制，促进卫生机构和医药行业健康发展，让群众享有价格合理、质量优良的医疗服务，提高人民的健康水平，按照国务院的决定，国务院体改办等部委于2000年2月16日联合下发了《关于城镇医药卫生体制改革的指导意见》(以下简称《指导意见》)，在建立城镇职工基本医疗保险制度的同时，进行城镇医药卫生体制改革。

《指导意见》发布后，各有关部门在国务院领导下联合办公，出台了一系列配套改革的政策性文件。为了加快改革步伐，全面贯彻落实《指导意见》和相关配套政策措施，国务院于2000年7月在上海召开了全国城镇职工基本医疗保险制度和医药卫生体制改革工作会议，李岚清副总理发表了重要讲话。他指出，这次改革的总目标是“用比较低廉的费用提供比较优质的服务，努力满足广大人民群众基本医疗服务的需要”。在会议精神的指导下，各地及时明确了省级组织领导机构，加快了各部门协调的力度，在统一思想、提高认识的基础上，结合当地实际，制定了具体实施方案以及一系列办法和措施。城镇医药卫生体制改革正在全国由点到面逐步推开，并取得突破性进展。

区域卫生规划和卫生工作全行业管理得到稳步发展。全国已有近1/3的省(区、市)制定并颁布实施了卫生资源配置标准，还有1/3地区正在组织论证。辽宁、青海等省合理分流了医疗机构富余人员，分别对省、县级医疗机构进行调整、重组，提高了卫生资源配置效率。

医疗机构按非营利性与营利性分类进行管理。全国已有29个省(区、市)制定下发了本地区医疗机构分类管理实施办法，一些地区初步完成了非营利性与营利性医疗机构分开的登记、注册工作。

开展社区卫生服务试点工作已达178个城市，占全国地级以上城市的70%。试点工作已转入社区卫生服务网络的框架建设时期。上海市的所有街道卫生院转为社区卫生服务中心，并在经费上得到有力支持。深圳市健全社区卫生服务网络。苏州市让社区居民参与本地社区卫生服务项目的招标、评标工作。

各地深入开展卫生监督体制与疾病预防控制体制改革。江西、广西等15个省(区、市)政府批准了本省(区、市)的卫生监督体制与疾病预防控制体制改革方案。全国多数省(区、市)已制定了疾病预防与控制体制改革方案，同步推进卫生监督体制与疾病预防控制体制改革。

医疗机构进一步深化内部管理和运行机制改革，全国28个省(区、市)开展了“病人选医生”试点工作。天津、广东等省(市)已在全辖区内推行这项改革。多数省(区、市)推广山西省“住院费用一日清单”制度的经验。

医院药品收支两条线工作初步展开。卫生部在京医院对药品收支结余实行收支两条线管理工作，并制定了医药“分开核算、分别管理”的具体操作办法，规定卫生部京外医院的收支两条线由所在地卫生行政部门管理。

卫生经济政策进一步完善。全国已有13个省(区、市)制定出台了财政补助、税收和价格管理的相关文件。各地还努力建立医疗服务成本测算和价格监控体系，并逐步将服务价格向社会公布，接受群众监督。部分地区调整了技术劳务服务价格。

各地相继展开药品集中招标采购试点工作，并取得初步成效。全国有29个省(区、市)出台管理办法或实施方案，并开始试点。药品集中招标采购较大幅度地降低了医院的药品价格，让广大群众获得更多的利益。

各地抓紧实施卫生事业单位人事制度改革。全国已有15个省(区、市)在全省范围内开展了人事制度改革，其他省也在本省部分地(市)进行了人事制度改革试点工作。改革使各级卫生部门注入了新的活力，推动了卫生服务质量和效益的进一步提高。

(执笔：毛嘉文)

“九五”时期体育事业发展情况

“九五”时期是我国经济和社会发展取得重大进步的时期，也是体育工作取得了光辉成就的时期。

一、《全民健身计划纲要》第一期工程圆满完成

1995年6月20日，国务院颁布的《全民健身计划纲要》指明，1995～2000年实施《全民健身计划纲要》的第一期工程。五年来，在各有关部门和全社会的大力支持下，纲要的实施取得了令人瞩目的成绩。“全民健身”已逐渐深入人心，拥有一个健康的体魄已成为广大人民群众的热切需求。目前，经常参加体育活动的人数占总人口数的比例由1996年的31%增加到34%。群众体育健身活动的环境和条件有了明显改善。目前已初步建立起具有中国特色的全民健身体系的基本框架。

（一）各级党政领导更加重视群众体育工作

到1999年，全国各省、自治区、直辖市都成立了由政府领导同志挂帅、各有关部门负责人参加的全民健身工作领导机构。据统计，地市一级有此机构的占地市总数的98%以上，县一级有此机构的占县级总数的95%以上，许多街道、乡镇也成立了领导或协调机构。各级地方党委和政府把全民健身工作列入了当地社会主义精神文明建设重要内容，列入了“九五”计划和为群众办的好事、实事之一。

（二）群众体育组织网络初步形成，群众体育工作队伍日益扩大

体育社团类型包括体总、人群体协、项目体协、行业体协等。据对26个省、自治区、直辖市的调查，省以下各级体育社会团体有5.3万个，团体会员21.3万个，个人会员866.4万人。城乡共有体育指导站13.7万个，其中县级体育指导站增长最快，由1995年的1.03万个增至9.95万个，增长了8.7倍。

社会体育指导员队伍已是开展社会体育的一支重要力量。截至1999年全国已有各级社会体育指导员15万人，其中国家级1446人，初步形成一支以体育行政管理人员为主导，以体育社团人员和乡镇、街道体育干部为主线，以社会体育指导员为主体的群众体育工作队伍。

（三）群众体育健身逐步走向科学化

1997年在推行中国成年人体质测定标准的基础上，在全国19个省、自治区、直辖市建立了成年人体质监测中心和150个监测片，436个监测站，并首次对18岁至60岁的成年人进行体质监测和评定。被测的成年人中，有71.4%的人达到了合格级以上的标准，从而进一步了解了国民体质的整体状况，增强了群众体育活动的科学性。

（四）群众体育健身场地迅速发展

为了解决群众体育健身场不足并充分利用现有体育设施为广大群众服务的问题，1996年原国家体委下发了《关于加快公共体育场馆向群众开放的通知》。1997年国家体育总局从体育彩票公益金中央提存部分中提取60%用于全民健身工程的建设。在各级政府的支持下，1998年和1999年共建全民健身工程1112个，分布在全国77个城市，911个社区，其中健身路径1426条，其他体育设施1089个。《全民健身计划纲要》第一期工程的目标已经达到。

二、《奥运争光计划纲要》的目标胜利完成，成绩斐然

《奥运争光计划纲要》实施过程中，竞技体育取得长足进步，竞技实力显著提高。“九五”期间，我国体育健儿共获得世界冠军452个，超创世界记录198次。在1996年第26届奥运会上，获得金牌数居世界第四位。在第27届奥运会上取得了历史性突破，共获得28枚金牌、16枚银牌、15枚铜牌，金牌数列世界第三位，超过了三强之一的德国，拉近了与美、俄两强的距离，进一步提高了我国在国际体坛的地位。此外，在第13届亚运会、冬奥运会和一系列国际单项比赛，以及全运会、城运会等国内

综合性比赛上，均取得一批好成绩。

三、体育产业发展势头渐趋强劲

"九五"期间，体育产业发展势头渐趋强劲，已成为我国第三产业中的一项新兴产业。

1996 年以来，随着我国国民经济持续增长和产业结构进一步优化，体育产业进入了一个快速发展时期。发展体育产业，拉动内需，刺激消费成为新的共识，加快体育产业化进程成为体育改革的重要内容和方向。各省、自治区、直辖市和有立法权的省会城市制定和颁布体育市场管理法规 50 余项，体育市场的发展正在逐步走向规范化和法制化的轨道。据初步调查，在一些经济较发达地区体育产业已具备一定规模。1998 年上海市体育产业创增加值 164700 万元，占上海市同期国内生产总值的 0.47%。

从 1994 年国务院批准发行体育彩票到 2000 年 10 月，全国共发行体育彩票 167 亿元，彩票公益金收入达 50 多亿元，其中 60% 用于全民健身计划，40% 用于奥运争光计划。

1996 年以来，通过出售电视转播权、竞赛活动冠名权、举办权和经营权以及开发各类体育项目组织、团队名称、标志的专有权、特许使用权和经营权、体育广告代理权等活动，体育产业经营取得显著效益。仅国家体育总局所属运动项目管理中心 1996～2000 年收入就达 181342 万元。在无形资产开发方面，1996 年亚特兰大奥运会中国体育代表团共获赞助 4000 多万元(包括实物，下同)；1998 年亚运会获赞助收入 3800 多万元；2000 年悉尼奥运会获赞助收入 8000 多万元，上升趋势明显。

四、2001 年主要工作

今年是 21 世纪的开局之年，按照《国民经济和社会发展第十个五年计划》和《国民经济和社会发展"九五"计划和 2010 年远景目标纲要》中提出的体育事业发展目标、任务要求。体育工作的主题是发展，主线是结构调整，原动力是深化改革、科技创新，落脚点是为人民服务。工作重点是：

(一)把九届全运会开成高水平的、文明的、干净的体育盛会。统筹安排，精心准备参加五个国际综合性大赛，尤其是在北京举行的第 21 届世界大学生运动会。全力备战 2002 年盐湖城冬季奥运会和着手备战 2004 年雅典奥运会。

(二)制定新世记前 8 年奥运争光计划，明确我国竞技体育的发展目标和措施。

(三)全力配合北京市申办 2008 年奥运会，争取申办获得成功。

(四)巩固基础、完善制度，为全民健身计划第二期工程的实施开一个好头。颁布《中国国民体制测定标准》、《社会体育指导员国家职业标准》，实行《学生体制健康标准》。

(五)推动体育产业发展，加强监管，规范运作，搞好彩票发行工作。与文化部协力推出《公共文化体育设施管理条例》和发布《体育经纪人管理办法》、《保龄球场所等级评选标准》，开展体育产业调查。努力完成 120 亿元体育彩票的销售任务。保证体育彩票公益金真正用在发展体育事业上。

(六)加快体育科技、教育管理体制的调整改革步伐。

完成上述工作的政策措施有：

(一)贯彻落实"三个代表"的重要思想，努力构建面向大众的体育服务体系。青少年体育以学校为重点，农村体育以乡镇为重点，城市体育以社区为重点。通过这三个重点，建身边场地，抓身边组织，搞身边活动，将提高人民生活质量的重要任务落到实处。

(二)以雅典奥运会为主要目标，以调整项目结构、完善项目结构布局为主线，合理配置体育资源。统筹兼顾后备力量培养和梯队的建设。创建和扶持青少年体育俱乐部。

(三)加大体育产业的开发力度。积极地发行彩票，精心地经营门票，稳妥地试行股票。努力发挥协会、体育博览会、体育基金会的作用。坚持场馆开放、无形资产开发和新运动项目开拓。制定扶持体育产业的政策措施。

(四)利用西部大开发的有利时机，积极促进区域体育协调发展。

(五)进一步深化改革，扩大开放，加速体育机制顺利运行。

(执笔：赵时杰)

“九五”时期环保事业发展情况

“九五”期间，在党中央、国务院的高度重视下，环境保护工作取得重大进展。全国实行污染防治与生态保护并重方针，实施《“九五”期间全国主要污染物排放总量控制计划》和《中国跨世纪绿色工程规划》两大举措，全面推进工业污染企业排放达标和重点城市环境质量达标，重点治理“三河、三湖、两区、一市、一海”的污染，依靠科技进步，积极参与国际合作，结合经济结构调整和加强环保基础设施建设，较好地完成了“九五”计划确定的主要任务。

一、环境污染加剧的趋势得到基本控制

1.“一控双达标”任务基本完成

根据《国务院关于环境保护若干问题的决定》中“要实施污染物排放总量控制，抓紧建立全国主要污染物排放总量指标体系和定期公布的制度”的要求，1996 年，经国务院批准，国家计委、国家经贸委、国家环保局联合下发了《“九五”期间全国主要污染物排放总量控制计划》，并逐年下达年度计划，对 12 项主要污染物排放实行总量控制。我国的环境管理制度对污染物开始由浓度控制向浓度控制和总量控制相结合转变。

5 年来，结合国家经济结构调整，取缔、关停了 8.4 万多家污染严重又没有治理前景的“十五小”企业，淘汰了一批技术落后、浪费资源、质量低劣、污染环境和不符合安全生产条件的小煤矿、小钢铁、小水泥、小玻璃、小炼油、小火力发电企业，对高硫煤实行限产，有效地削减了污染物排放总量。近两年国家为拉动内需采取积极的财政政策，加大了对城市环境基础设施的投资力度，使城市生活污染得到一定程度的控制。截止 2000 年底，“九五”全国主要污染物排放总量控制目标基本实现。在国内生产总值年均增长 8.3％的情况下，2000 年全国二氧化硫、烟尘、工业粉尘、化学需氧量以及石油类等 12 项主要污染物的排放总量比“八五”末期下降 15～25％。

截止 2000 年底，全国 23.8 万家有污染物排放的工业企业中，90％的企业实现了主要污染物达标排放，其中，占全国污染负荷 65％的 1.8 万家重点污染企业有 85％实现了达标排放。国家考核的 46 个环境保护重点城市中，已有 36 个城市的地面水环境质量和 25 个城市的空气环境质量按功能区达标，其中 22 个城市的空气和地面水环境质量均实现功能区达标。国家环境保护模范城市和城区已达 18 个。

从总体上看，我国处于人均 GDP800 美元、企业工艺技术落后、城市基础设施建设滞后的发展阶段。在工业化、城市化快速发展和经济高速增长的情况下，全国主要污染物排放总量没有增加，反而有所减少，这是我国实施可持续发展战略的成就，也是对世界环境保护的重要贡献。

2. 重点流域、区域、海域和城市污染防治工作取得阶段性成果

90 年代以来，我国的污染防治工作在加强企业防治污染的同时，开展农村面源污染防治，大规模开展重点城市、流域、区域环境治理。“九五”期间，全国实施了《跨世纪绿色工程规划》，国家确定的“三河”(淮河、辽河、海河)、“三湖”(太湖、滇池、巢湖)水污染防治、“两区”(酸雨和二氧化硫控制区)大气污染防治、“一市”(北京市)和渤海的污染防治全面展开，并已取得了阶段性成果。

通过治理，淮河干流水体污染程度明显减轻，水质(化学需氧量)基本达到规划要求的三类地表水标准。海河、辽河流域正抓紧实施规划，水质有所好转。太湖流域工业污染源达标率稳定在 90％以上，建成了一批城市污水处理厂，太湖水质富营养状态有所减轻。滇池流域城市污水处理率已达 60％，富营养状态恶化趋势减缓。巢湖流域加快城市污水处理厂建设，全面开展水环境综合整治，巢湖富营养状态恶化趋势得到基本控制，湖体水质已接近规划目标。

“两控区”内各地市积极调整能源结构，推广清洁燃料和低硫煤，大中城市禁止民用炉灶燃用散

煤,关停小火电机组 369 台,截止 2000 年 11 月底,“两控区”内 175 个城市中已有 102 个城市实现了二氧化硫浓度达标排放。

北京市环境治理初见成效。2000 年 1 至 11 月,三级和好于三级的天数占全年的 84%,二级和好于二级的天数占全年的 45%,提前实现了环境质量目标。市区河道水质及景观明显改善。

城市环境综合整治继续加强,城市环境面貌都有不同程度的改善。国务院发出了《关于加强城市供水节水和水污染防治工作的通知》,对城市水污染防治提出了明确要求。各地环保部门协同有关部门出台了加快城市污水处理收费等经济政策,积极推动城市污水、垃圾处理设施建设,加强了城市机动车污染治理和检测工作,开展了重点城市空气质量日报。全国于 2000 年 7 月 1 日全面实现了汽油无铅化,每年可减少向环境排铅 1500 吨。

海洋环保工作稳步推进。沿海地区加强了陆源污染控制,特别是强化了对环渤海地区重点直排口的监管,加大了对海岸工程和海洋工程的环境监管力度。编制完成了《渤海碧海行动计划》和《全国近岸海域环境功能区划报告》,海洋污染防治工作已经启动。

重点区域的污染治理,带动了全国污染防治工作的全面展开。

二、生态环境保护和建设得到加强

“九五”期间,党中央、国务院把加强生态环境保护和建设提到了重要议事日程,制定了污染防治与生态保护并重、生态保护与生态建设并举的方针。国务院批准了《全国生态环境建设规划》和《全国自然保护区发展规划》、《全国生态环境保护纲要》,提出了加强生态功能保护区、重点资源开发区和生态良好区的“三区”保护战略构想。

5 年来,生态环境保护工作正在向建设和保护并重发展,一是在物种特别丰富地区建立自然保护区,加强珍稀濒危物种的保护;二是加强生态示范区和农业生态县建设,促进生态系统良性循环;三是加强水土保持、荒漠化防治等;四是长江特大洪灾后,国务院决定,全面停止长江、黄河中上游天然林采伐,对东北等林业基地的天然林实行限采或禁采,禁止毁林开荒、围湖造田,有计划、有步骤地退耕还湖、还林、还草等。

经过多年努力,我国森林覆盖率已由 1993 年的 13.92%上升到 16.55%,目前我国每年人工造林面积已占森林净增面积的 74.8%。全国综合治理水土流失面积达 7000 多万公顷,10%的沙漠化土地得到控制,一些破坏严重的生态环境正在恢复。截止 2000 年底,全国总计建立各类自然保护区 1227 处,自然保护区面积达到 9820.8 万公顷,占陆地国土面积的 9.85%,超过了“九五”规划目标。生态示范区创建工作进展顺利,100 多个市、县开展生态示范区建设,其中考核命名了 33 个国家级生态示范区。农村环境保护得到重视,开展了秸秆禁烧和综合利用,取得了明显成效。

国家把生态环境保护与建设列入西部大开发的重要内容,国家环保总局与国家经贸委联合下发了《关于禁止向西部地区转移污染的紧急通知》,制定了西部大开发环境保护对策措施。

三、环境法制建设取得重大进展

“九五”期间,国家修订了《大气污染防治法》、《水污染防治法》、《海洋环境保护法》,制定了《噪声污染环境防治法》、《水污染防治法实施细则》、《建设项目环境保护管理条例》等环境保护法规,修改后的《刑法》增加了“破坏环境资源保护罪”、“环境保护监督渎职罪”的规定。迄今为止,国家共颁布了 6 部环境保护法律、10 部相关资源法律和 30 多件环境保护法规;发布了 90 余件环境保护规章,地方性环境保护法规达 1020 多件;制定了 438 项国家环境保护标准。初步形成了符合国情的环境政策、法律、标准和管理体系。全国环境保护工作基本做到有法可依,有章可循。

环境执法不断加强。各级人大和政协分别对各级人民政府环境执法进行监督检查,国家环保总局和监察部连续四年对各地贯彻《国务院关于环境保护若干问题的决定》情况进行监察和检查。开展了关停“十五小”、淮河“零点行动”、“聚焦太湖”以及滇池“零点行动”、巢湖“零点行动”、“一控双达标”等声势较大的执法行动,司法机关依照《刑法》打击环境犯罪活动,有力地推动了环保工作法治化进程。

四、环境保护投入有所增加

“九五”以来,全国环境保护投入有所增加,1996 年至 1999 年累计投资达 2487 亿元;环境保护投入占 GDP 的比例逐年上升，四年平均达到 GDP 的 0.86%，高于“八五”期间 0.73% 的水平。1999 年环境保护投入首次达到占 GDP 的 1.01%。“九五”期间预计实现环境保护投资 3600 亿元，占 GDP 的 0.93%。

实施《中国跨世纪绿色工程规划（第一期）》取得了阶段性成果。截至 2000 年底，已竣工和开工 1053 个项目，占项目总数的 72.0%，累计完成投资 903 亿元，占项目总投资的 60.2%。

1998 年和 1999 年，中央财政增发国债资金，加大了城市环境保护投资力度，共安排城市环保基础设施建设、“三河三湖”污染治理、北京市环境综合整治、环保设备国产化等项目 543 个，总投资 1622 亿元，其中利用国债 325 亿元。“九五”期间，环保利用外资 40 亿美元。环保投入的增加，对改善环境质量、拉动内需和促进经济增长起了积极作用。

五、环境意识有较大提高

围绕提高全民环境意识，认真贯彻《全国环境宣传教育行动纲要（1996～2010 年）》，环境保护教育已纳入 9 年义务教育，全国有 140 所高校、上百所中等专业学校及职业高中开设了环保专业；在大、中、小学开展创建绿色学校活动；各级党校和行政学院教学中开设了环保内容课程；结合“三五”普法，开展了环境法制教育。开展了“保护生态环境，倡导文明新风”等大型宣传活动，环境宣传日益贴近生活及群众。全国现有 30 多家地方环境报和几百种环境专业期刊。配合环保重点工作，新闻媒体集中进行采访报道，连续多年的“中华环保世纪行”活动宣传了先进典型，揭露和批评了违法行为，促进了一批“老大难”问题的解决。围绕淮河 '97 达标、太湖 '98 达标，新华社、人民日报和中央电视台等新闻单位组织了声势浩大的宣传活动。

六、环保机构和队伍建设得到加强

1998 年国务院在机构改革中，将原副部级的国家环境保护局提升为国家环境保护总局，强化了环境监督执法职能。在 2000 年开始的省级机构改革中，全国省级环保机构原有的 26 个一级局全都保留，吉林、江西、青海、宁夏环保局升格为一级局，西藏自治区环保局升格为独立的二级局，江苏省设置环保厅并保留省政府组成成员。

全国环保队伍逐步壮大。目前，已形成了一支近 3 万人的现场执法队伍，环保系统建立了各级监测站 2200 多个，监测人员达到 4 万人。继先后建立 200 个站组成的国家环境质量监测网后，“九五”期间分别组建了长江暨三峡生态环境监测网、淮河流域监测网、太湖流域监测网和近岸海域环境监测网。通过完善监测和监控系统，建设信息系统，为环境决策和污染治理提供了重要依据，促进了环境管理向现代化迈进。

经过坚持不懈的努力，2000 年环保任务顺利完成，“九五”环保目标基本实现。实践证明，“九五”时期是党中央、国务院对环保工作高度重视的时期，是全民环境意识显著提高的时期，是经济发展与环境保护联系更加密切的时期，是环保执法监管和污染治理力度不断加大的时期。经过五年的奋斗，全国环境污染加剧的趋势总体上得到基本控制，部分城市和地区环境质量有较明显改善，生态环境保护逐步加强，环保工作有力地促进了改革开放和现代化建设。重点有以下几个方面：

第一，坚持以经济建设为中心，实现环境与经济“双赢”，是做好环保工作的重要前提。

环境与发展密不可分，环境问题是不可持续发展造成的，也必须在发展中加以解决。从国情出发，围绕逐步改善环境质量和促进可持续发展的双重目标，适时提出环境保护的任务，并坚持不懈地抓下去，是成功推进环保工作的重要经验。“九五”初期，面对通货膨胀的经济形势，认真贯彻中央关于实行经济结构战略性调整的方针，按照国务院“一控双达标”的要求，以关闭“十五小”为重点，强制淘汰浪费资源、污染环境的企业，促进了结构调整，树立了环保部门的执法权威。亚洲金融危机爆发后，我国出现了通货紧缩的迹象。党中央、国务院果断作出了扩大内需、实施积极的财政政策和结构调整的重大决定。环保部门抓住时机，依法淘汰落后工艺设备，关闭污染企业，在企业技术改造中推行清洁生产，找到了“一控双达标”和结构调整的结合点；同时，配合国家扩大内需，增加环保投入，积极促进加快城市环境基础设施建设，提高污染防治能力。在经济全球化的大潮中，我国的环保工作积极推行清洁生产，开展 ISO14000、环境标志和有机食品认证，为我国加入 WTO 后对外贸易适应国际市场的变化赢得了主动。正是由于将环境保护融于经济发展之中，发挥了积极作用，环保事业才能不断前进、不断发展和壮大。

第二,坚持"以人为本",切实改善环境质量,提高人民群众生活水平,身体力行"三个代表"的要求,是做好环保工作的根本。

保护环境就是保护生产力,改善环境就是发展生产力。环境保护是先进文化的重要特征,是保护人民群众身体健康的重要措施。因此,做好环境保护工作是落实"三个代表"的重要体现。"九五"期间,面对我国处于工业化快速发展和建设小康社会的重要时期,在党中央、国务院的领导下,我们将解决制约经济健康发展、危害人民群众健康的环境问题作为重点,发挥社会主义制度集中力量办大事的优势,集中人力、物力、财力,开展了大规模的污染治理,实施了《跨世纪绿色工程规划》和"33211"工程,赢得了社会各界和广大人民群众的广泛支持。环保治污工程成为党委、政府为民办实事、办好事的德政工程、民心工程,加强了各级党委、政府与人民群众的联系。实践证明,抓重点、抓热点、抓人民群众关心的环境问题,环保工作就抓住了根本,就会得到人民群众的支持,环保事业才能得以较快发展。

第三,不断拓展工作领域,实行污染防治和生态环境保护并重,是环保事业持续发展的关键。

改革创新是环保事业发展的动力。锐意改革、勇于进取是"九五"环保工作遵循的重要原则。这些年我国的环保工作,一方面在积极推动污染防治由末端治理向源头和全过程控制转变的同时,进行了大规模的区域污染治理,另一方面,按照江总书记全面加强污染防治和生态环境保护的指示精神,以编制《全国生态环境保护纲要》为突破口,提出了"三区"推进的生态环境保护战略,积极开展生态示范区试点,加强自然保护区的建设和管理,努力开拓农村和海洋环境保护,为全面加强环境保护奠定了基础。

第四,加强环境法制建设,依法实行统一监督管理,是做好环保工作的根本保障。

环保部门定位于执法和统一监管。强化环境法治是环保工作的立足之基,是加强环境管理的关键环节。"九五"期间,根据依法治国、建设社会主义法治国家的总体要求,不断完善环境法律法规体系,坚持依法行政,实行环境行政执法责任制,加强环境执法检查,依法打击环境违法和犯罪行为。通过严格执法,拉动了企业治污的巨大需求,促进了环境科技和产业的发展,增强了广大干群的环境意识,增加了污染治理投入,加快了环保工作进程。

第五,全面加强环境保护能力建设,是做好环保工作、提升工作水平的重要基础。

加强能力建设是适应环境保护任务不断加重、事业不断发展的迫切需要,是全面提高环境管理水平和严格执法监督的基本保证。"九五"期间,为适应政府职能的转变,环保部门把政策研究、环境规划、提高综合决策能力摆上重要议程,提高了环境决策的科学化和民主化水平。通过完善监测和监控网络,建设信息系统,促进了环境管理向现代化迈进。在队伍建设方面,贯彻落实江总书记建设一支"思想好、作风正、懂业务、会管理"的环境保护队伍的要求,加强思想政治工作和业务培训,注意提高队伍素质,保障了党中央、国务院确定的各项环保任务顺利完成。

在总结"九五"环境保护成绩的同时,我们必须保持清醒的认识,要看到全国环境形势仍然相当严峻。我国污染物排放总量仍处于相当高的水平,工业污染的排放总量仍然很大。生态破坏加剧的趋势仍未得到有效遏制,城市生活污染和农业面源污染仍在加重。特别是本世纪初的 5 到 10 年,我国每年将新增人口 1000 多万;按照第三步战略目标的要求,年经济增长速度将保持在 7% 以上;西部地区的生态环境相当脆弱,在大开发中如果对经济发展和环境保护处置不当,将直接危及国家环境安全;我国加入 WTO 后,将对环境保护提出新的要求。同时,经济结构调整和增长方式转变不可能一蹴而就,不可持续的消费方式还会在相当长的时期内对环境造成很大冲击。总之,在新世纪之初,我国环境保护仍将面临巨大压力和严峻挑战。对此,我们必须充分认识环境问题的长期性、艰巨性、复杂性,在各方面都要做好打持久战、攻坚战的准备。

(执笔:傅　芹)

专栏 9.7 "一控双达标"

1996年《国务院关于环境保护若干问题的决定》提出:"到2000年,全国所有工业污染源排放污染物要达到国家或地方规定的标准;各省、自治区、直辖市要使本辖区主要污染物排放总量控制在国家规定的排放总量指标内;直辖市及省会城市、经济特区城市、沿海开放城市和重点旅游城市的环境空气、地面水环境质量,按功能分区分别达到国家规定的有关标准"。经过各级政府、有关部门和全社会过去5年的共同努力,"一控双达标"任务已基本完成。

一、完成情况

1. 主要污染物排放总量得到有效控制。

2000年,全国12种主要污染物(烟尘、粉尘、二氧化硫、化学需氧量、石油类、六价铬、氰化物、砷、汞、铅、镉、固体废物)排放总量比"八五"期末下降15%左右,顺利完成污染物排放总量控制任务。

2. 工业污染源达标排放任务基本完成。

据统计,全国23.8万家污染企业中,90%以上实现了达标排放;其中,占全国污染负荷65%的1.8万家重点污染企业有85%以上实现了达标排放;520户国家重点企业中,实现达标排放的超过90%。

3. 部分城市完成环境功能区达标任务。

全国46个环境保护重点城市中,有36个城市的地面水、25个城市的空气环境质量按功能分区实现了达标,地面水和空气环境质量均实现功能达标的城市有22个。

二、主要成效

1. 全民环境意识普遍增强。

全国人大、全国政协和国务院有关部门组成的环保执法检查团在检查期间接到群众举报电话2335人次。为加大对超标排污和污染扰民的打击力度,一些地区建立了环保"110"或群众举报奖励制度,进一步调动了人民群众参与环境监督的积极性。

2. 环境执法的力度不断加大。

2000年全国环境监理机构进行了162万次现场检查,检查了30万家排污单位,15万套污染治理设施,有力地促进了污染企业的达标排放工作。为加大监控力度,在重点流域开始建立水质自动监测装置,在一些重点企业建立污染源自动监控系统。

3."一控双达标"与工业结构调整有机结合,实现了经济与环境"双赢"。

全国取缔关停15种污染严重的"土(小)"企业7.3万家,关闭各类小煤矿4.3万处。在大幅度降低污染负荷的同时,有力地促进了工业的改组改造和结构升级。在削减污染物排放总量和企业达标排放过程中,各地在区域范围内进行产业结构调整,在行业范围内进行布局、规模和发展战略的调整,在企业范围内进行工艺改革、技术改造、清洁生产和产品结构调整。在城市环境功能区达标过程中,各地从城市规划、布局和改善能源结构入手,加强城市环境基础设施建设,努力改善环境质量,拓展城市功能,变环境优势为经济优势。

4. 部分地区的环境质量有所改善。

全国已有16个城市和2个直辖市的城区分别获得国家环境保护模范城市或城区称号。重点流域加大了污染物排放总量控制力度,环境质量有不同程度的改善。渤海近岸海域一类、二类、三类海水比例由1998年的58.1%上升到2000年的71.4%。

"一控双达标"是我国实施可持续发展战略的一项重要措施,是遏制环境污染、改善环境质量、实现"九五"环保目标的重要保障,是一项具有深远意义的重大决策。

(执笔:汪 键)

科学技术事业取得辉煌成就

“九五”时期，我国科技事业获得迅速发展。科技体制改革取得了突破性进展，“科学技术是第一生产力”开始成为现实，适应社会主义市场经济的科技支撑体系初步形成，科技在推动我国国民经济持续、快速、健康发展，推动社会事业全面进步上发挥出越来越重要的作用。

一、科技改革稳步推进

1996 年以国家编制《全国科技发展“九五”计划和 2010 年远景目标纲要》拉开了“九五”科技大发展的序幕，纲要对科学技术的发展和改革做出了总体部署。同年成立了以总理、国务院各主要部门领导参加的国家科技领导小组。1999 年召开具有历史性意义的全国技术创新大会，颁布了《中共中央、国务院关于加强技术创新，发展高科技，实现产业化的决定》。五年来，在国家关于科技改革和发展的一系列方针政策的指引下，涵盖知识创新工程和技术创新工程的国家创新体系建设逐步展开，围绕着解放科技生产力，促进科技与经济的紧密结合，科技体制改革迈出了坚实的步伐。

——启动“知识创新工程”。始于 1998 年的“知识创新工程”，两年内共投入资金 10 亿元，建成创新基地 15 个。部署了生物芯片、存储转发小卫星、纳米材料、大熊猫克隆技术等 784 个以新学科、新领域前沿性探索研究为主要内容的高科技研究项目。从 3.6 万科研人员中选聘并组建了近 1 万名年富力强的科研队伍，实行鼓励出人才、出成果的分配制度，大幅度改善了重点科研院所的工作和生活条件，显著提高了科技竞争能力。

——推进技术开发类科研机构向企业化转制。1999 年，国家经贸委管理的 10 个国家局所属 242 个应用型科研机构通过转为企业，进入企业或转为中介机构等方式，完成了向企业化转制。2000 年，又有国务院 11 个部委管理的 134 个技术开发类科研机构完成企业化转制。科技机构转制为企业后，充分发挥面向市场研究开发和开展技术创新的优势。一些院所已经初步建立起现代企业制度。目前已有 151 家基本完成专业结构、组织结构和人员结构的调整，37 家完成公司制或股份制改造，其中 5 家骨干企业股票上市，12 家正在进行上市申请；已实行全员聘任制的院所 62 家，已实行企业财务制度的 97 家，已实行企业效益工资的 57 家。一批符合现代企业制度要求、具有较强研究开发能力的科技企业正在形成。

——建立“科技型中小企业技术创新基金”。创新基金通过直接投入缓解了企业创新资金的不足，而且通过它的政策引导，吸引和带动了各级政府、各金融机构对中小企业创新活动的关注与支持。截至 1999 年，共有 1089 项创新基金被批准立项，需新增投资 122 亿元，其中创新基金支持达 8.16 亿元，平均每个项目支持强度为 75 万元。地方政府匹配资金 9.8 亿元，企业自有资金 40 亿元，银行贷款 54.5 亿元。项目完成后预计新增工业增加值 328.9 亿元，增加税收 76.6 亿元，创汇 12.3 亿美元，增加就业 13.94 万人。

——大力实施技术创新工程，加强“产学研”联合。“九五”期初启动的“国家技术创新工程”，使得以建立企业技术中心为主要形式的国有企业和国有控股企业技术创新体系不断加强。1999 年，国有大型企业和特大型企业有技术开发机构的企业比重分别为 52% 和 73.3%，大大高于同期全部大中型工业企业有技术开发机构的企业比重 32% 的平均水平。五年来，国家技术创新工程共安排 1586 项重点创新项目，完成 176 项重大技术装备的研制及鉴定验收。同时，企业、高等学校和研究机构的合作不断加强。到 2000 年，参加产学研的单位达到 40 万个，参加人数 460 万人，达成合作项目 14 万项。这种企业、大学和研究机构之间密切而稳定地交流、合作制度，使科技资源得到了合理配置，加速了科技成果的转化，增强了企业的市场竞争力。依托学校丰富的科技人力资源和科技成果，结合科研产业化，高等学校科技型企业应运而生并成长壮大，1999 年全国高等学校科技企业达到 2137 个，实现经营收入 267.3 亿元。涌现出了北大方正、清华同方、紫光、东大阿尔派、上海交大昂立等 20 多家年销售总额超亿元的校办高新技术企业。

二、科技投入力度加大

“九五”期间,全社会科技经费投入显著增加,2000 年科技经费投入 1416.6 亿元,比 1995 年增长 67.3%,年均增长 10.8%。“九五”累计科技经费投入 5828.3 亿元,是“八五”累计 1.9 倍。其中,企业累计投入 2772.4 亿元,占“九五”科技投入总量的 47.6 %,与“八五”相比,提高了 5.6 个百分点。

——国家财政科技投入力度加大。国家财政科技拨款是我国科技经费的重要来源,全社会科技经费筹集总额有 1/3 以上是来自国家财政科技拨款。在中央提出“科教兴国”战略之后,国家财政把科技摆在优先发展的战略地位予以重点支持,“九五”期间财政科技拨款总量又有大幅增加,1999 年国家财政科技拨款达到 543.9 亿元,比 1995 年增加了 242 亿元,增长 80%,年平均增长 15.8%。

——研究与试验发展(R&D)经费较大幅度增长。作为科技活动的核心,研究与试验发展活动日趋活跃,1999 年研究与发展经费支出从 1995 年的 348.7 亿元增加到 678.9 亿元,年平均增长 18.1%,大大高于“九五”期间国内生产总值 8.8% 的年均增长率。占国内生产总值的比重从“八五”期末的 0.60%提高到 0.83%,达到历年来最高水平。其中,用于基础研究 34 亿元,应用研究 151 亿元,试验发展 493 亿元,分别比“八五”期末增长 87.7%、64.1%和 106.8%。企业、研究机构和高等学校的研究与发展经费支出所占比重分别为 49.6%、38.5%、9.3%,支出额分别比 1995 年增长了 120%、78.1%和 50.2%。

——企业科技经费投入增长较快。在国家大力推进技术创新,企业生产稳定增长的宏观环境下,企业的科技活动得到加强,科技投入经费明显增长,从 1995 的 412.2 亿元增加到 1999 年的 654.6 亿元,占全社会科技经费使用的比重从 48.7% 增加到 50.9%,其中,1999 年企业研究与试验发展经费达到 337 亿元,比 1995 年的 152 亿元增加了一倍还多,占全社会研究与发展经费总额的近一半,比 1995 年提高了 8.3 个百分点。企业的科技活动经费一半以上用于新产品开发,使新产品销售率从 1995 年的 8.5%上升到 1999 年的 13.2%。

三、科技队伍迅速壮大,结构逐步优化

到 2000 年,全社会从事科技活动人员总量已达 281.4 万人,其中,科学家和工程师 156.4 万人,从事 R&D 活动人员折合全时 83.8 万人年,比“八五”期末分别增长 7.2%、0.6%和 11.6%。就绝对量而言,我国 R&D 活动人员已位居世界第四,仅次于俄罗斯、美国和日本。

“九五”时期,科技活动人员的分布结构有较大变化,企业的科技人员大幅度增加,2000 年已达到 148.5 万人,占全社会科技人员的 52.8 %,比 1995 年提高了 5.8 个百分点 。

在制造业中,技术密集度高的行业科技活动人员增加较快,传统产业科技活动人员相对减少。增长最快的 3 个行业是交通运输设备制造业、电气机械及器材制造业、电子及通信设备制造业,比“九五”期末分别增长 13.9%、27.6% 和 29.1%;纺织业、设备制造业减幅最大,比“九五”期末分别减少 10.7%和 10.4%。

我国科技人才培养呈现出健康、快速发展的新局面。为进一步实施科教兴国战略,尽快培养大批高素质劳动者和各类专业人才,党中央、国务院做出了高等学校扩大招生的重大决定,高等教育的人才培养以前所未有的规模和速度发展。2000 年全国普通高等学校招生 220.6 万人,在校生规模达到 556.1 万人,是 1995 年的 2.4 倍和 1.9 倍。其中理工农医类招生 125.3 万人,在校生规模达到 329.0 万人,是 1995 年的 2.3 倍和 1.8 倍。研究生招生也有较快增长,2000 年高等学校和研究机构共招收研究生 12.85 万人,在学研究生 30.12 万人,分别是 1995 年的 2.5 倍和 2.1 倍,其中理工农医类研究生招收 9.06 万人,在学研究生 21.3 万人,分别是 1995 年的 2.35 和 1.9 倍。

四、科技成果举世瞩目

“九五”期间,我国每年平均取得重大科技成果 3 万余项。科技成果的推广应用,为国民经济做出了重大贡献。两系法杂交水稻技术、水稻基因图谱的绘制、体细胞克隆羊的诞生、转基因试管牛的问世以及重大疾病的基因测序和诊断治疗等技术的突破,使我国生物技术总体水平接近发达国家;高清晰度电视、“神威”计算机、12 英寸单晶硅材料、

6000米无缆自制水下机器人的研制成功、皮肤干细胞再生技术、纳米技术等重大成就的取得，使我国在相应领域跃入世界先进行列。

——多年来，我国农业围绕动植物育种技术、病虫防治、节水农业等重大问题开展科技攻关，在高产多抗、杂种优势利用、细胞工程、基因工程育种技术等方面取得了突破。水稻、麦、玉米育种在注重高产的基础上向优质专用化方向发展；安全、高效生物农药新制剂及其产业化的速度明显加快；持续高效种植模式和示范样板的建立促进了区域农业格局的形成；农产品的产地储藏、保鲜、加工增值技术也开始向高质量、高档次、产业化方向发展。以育种专家袁隆平教授为代表的中国科学家培育的超级杂交稻新组合连续两年试种亩产均在800公斤以上，并创造了亩产1140.85公斤的世界记录。从而使我国的超级杂交稻研究在世界上保持领先地位。我国的水稻生产也将形成少种、多产、优质、高效的新格局。

继美国之后，我国成为在世界上第二个培育出单价转基因抗虫棉的国家。培育转基因植物是当今国际生物技术发展的热点。1997年，我国第一个获准商品化生产的转基因植物——耐储藏番茄问世，使我国成为第三个将转基因番茄投放市场的国家。截止到目前，我国已批准商品化生产的转基因作物6件，其中转基因抗虫棉花累计种植面积达550万亩，产生了良好的社会和经济效益。7个抗黄矮病、白粉病和赤霉病的小麦新品种通过审定，累计种植面积已达1448万亩。此外，还有水稻、小麦、玉米、大豆、烟草等涉及100个以上基因的47种转基因作物处在不同研发阶段，中国已成为世界上转基因作物种植面积最大的国家之一。

——工业科技在数字程控交换机、镍氢电池、非晶材料等方面取得了重大技术突破，提升了我国重点产业技术水平，计算机辅助设计(CAD)、计算机集成制造系统(CIMS)等一大批重大共性技术的推广应用，大幅度提高了企业技术创新能力。据统计，到“九五”期末，CAD示范应用企业达到600家，重点应用企业3000家，近10万家企业应用CAD，使得广大设计人员、成千上万的工程甩掉了绘图板，提高了设计质量和设计效率，增强了产品的竞争力。我国计算机集成制造系统(CIMS)从空白起步到取得美国制造工程师学会的“大学领先奖”和“工业领先奖”，使我国成为世界上除美国以外唯一获得过这两项大奖的国家。目前，全国已有20多个省市建立了CIMS应用示范工程的领导专家小组，200家企业实施CIMS。

——我国自行研制的长征系列火箭连续五年23次发射成功，将31颗卫星包括19颗国外研制的卫星送入预定轨道。1999年，我国成功发射并回收了第一艘“神舟”号无人试验飞船，标志着中国已突破载人飞船的基本技术，在载人航天领域迈出了重要一步。中国航天已走向世界参与国际竞争，开辟了航天高科技对外交流合作的广阔天地。

——“九五”时期，我国科技人员在国内外发表的论文数逐年增加。1999年，我国科技人员在国际上发表论文(含期刊论文和会议论文)4.6万篇，是1995年的1.7倍。国际期刊和会议上发表的论文数的增长率都超过世界平均增长率，国际学术地位明显提高。按国际论文数排序，我国已从1995年的世界第12位上升到1999年的第8位。其中，反映自然科学基础研究成果的论文、反映工程科学研究成果的论文和国际会议论文数分别为24476、14807和6905篇，位次分别由1995年的第15、第7和第10位上升到1999年的第10、第3和第8位。国际论文被引用数也由1995年的7869篇上升到1999年的13024篇，被引用论文篇数最多的前六个学科是化学、物理、电子、通讯与自动控制、材料、动力与电气和数学。高质量论文在国际上的影响加大，在国际著名期刊NATURE和SCIENCE上发表的文献1999年已分别达到10篇和8篇。1999年，我国科技人员在国内科技期刊发表科技论文16.3万篇，比1995年增长51%。高等学校在科学研究工作中发挥着重要的作用，1999年，高校在国内科技期刊发表科技论文占论文总数的65%。

——“九五”期间，全国共受理专利申请64.4万件，授权36.8万件，分别是“八五”累计的1.81倍和1.78倍，年平均增长率达到15.5%和18.5%。其中，发明专利申请18.7万件，是“八五”累计的2.16倍。我国的专利制度在鼓励发明创造、加强技术创新、推动高技术产业化等方面发挥着越来越重要的作用。

五、高新技术产业发展势头强劲

——“九五”时期，全国高新技术企业孵化器数量迅速增多，并向专业化发展，形式日益多样化。有面向特定领域的软件产业园、新材料产业园、生物医药产业园和集成电路设计企业孵化器；有面向

专栏 9.8 “纳米”是什么？

纳米究竟是什么东西？纳米(nm)实际上是一种计量单位，如同厘米、分米和米一样，是度量长度的单位，具体地说，纳米是描述原子、分子等尺寸及其距离，一纳米等于十亿分之一米，人的一根头发丝的直径相当于6万个纳米。纳米科技就是一门以0.1至100纳米这样的尺度为研究对象的前沿科学。

20世纪50年代末，物理学家开始认识到“物理学的规律不排除一个原子一个原子地制造物品的可能性”。经过几十年的艰苦探索，纳米技术取得了关键性的突破，1990年IBM公司使用扫描探针移动35个原子，组成了IBM三个字母，创造了人类最“微乎其微”的伟大奇迹，纳米神话令世界震惊。随后，全球各个发达国家纷纷制定发展战略，投入巨资抢占纳米科技战略高地。

纳米虽小，却威力无比，它可以对材料性质产生影响，并发生变化，使材料呈现出极强的活跃性。纳米将给人类生活带来的震憾，会比被视为迄今为止影响现代生活方式最为重要的计算机技术更深刻、更广泛、更持久。现代科学研究发现：当物质被“粉碎”到纳米级，制成的“纳米材料”不仅光、电、热、磁特性发生变化，而且具有辐射、吸收、催化、杀菌、吸附等许多新特性，从而给人们生活带来突破性变化。比如，化纤布料在生产时加入少量的金属纳米微粒，就可以摆脱烦人的静电现象。采用纳米材料，新设计的冰箱、洗衣机等电器既可以抗菌，又可以除味杀菌。可以吸收紫外线的纳米微粒加入化妆品从而使其具备了防紫外线的功能。

现在世纪纳米技术和纳米材料，正向新材料、微电子、计算机、医学、航天、航空、环境、能源、生物技术和农业等诸多领域渗透，发展速度越来越快，正对世界和各国产业结构产生前所未有的冲击，到2000年底，全球纳米技术的年产值已达到500亿美元，到2010年，年产值将超过3000亿美元。相信在不远的将来，纳米技术在进一步广泛应用后，将会给21世纪的人类又带来一次工业革命。

(执笔：石毅华)

特定对象的大学科技园、留学生创业园和国企孵化器等。目前全国规模较大的各种类型企业孵化器已达近300个，大学科技园近30个。近两年海外留学人员带着技术和资金纷纷回国创业，据对35个留学人员创业园统计，留学回国人员近万人，其中90%以上拥有博士或硕士学位。这些孵化器和高新区一起，已经成为我国推动高新技术产业化的有效途径和发展高新技术产业的重要基地。

——高新技术产业开发区迅速壮大。从1995年至1999年，全国53个国家级高新技术产业开发区区内企业由12980家增加到17498家，其中，技工贸总收入超过亿元的高新技术企业从271家发展到970家，技工贸总收入从1529亿元增长到6775亿元，工业总产值从1403亿元增长到5943亿元，利税总额从176亿元增长到737亿元，出口创汇从29亿元增长到119亿美元，分别是1995年的4.4倍，4.2倍，4.2倍和4.1倍。高新技术产业开发区已成为经济增长快、投资回报率高、创新能力强、具有极大发展前景的经济增长点。

——高技术产业快速发展。1995年至1999年，技术含量高的电子及通讯设备制造业和医药制造业工业总产值分别增长了1.6倍和71.3%，均高于同期全部工业总产值41%的增长率。随着高技术产业发展步伐加快，高技术产品贸易额不断增加。“九五”期间，高技术产品出口贸易累计总额达到1099亿元，是“八五”累计的的3.9倍。年平均增长速度25.1%，比同期工业制成品出口额的年平均增长速度高出17.8个百分点。高技术产业已经成为推动国民经济持续健康快速发展的主导产业。

六、技术市场稳步发展

“九五”期间，通过技术市场，全国共缔结技术开发、技术转让、技术咨询和技术服务合同128.9

万项,成交合同累计金额2240.8亿元,分别是“八五”累计的1.15倍和2.4倍。技术合同的平均交易额大幅度上升,1999年每份技术合同平均成交金额19.8万元,比1995年增长了63.6%。企业是技术市场最活跃的主体,1999年,企业通过技术市场买进的国内技术成果和技术服务15万项,合同金额331亿元,占总成交额的63.2%,是技术市场上的最大买家。同时,企业也通过技术市场将自有知识产权的技术向社会扩散。1999年,企业出让技术的合同金额达到109亿元,是1995年的2.8倍,又成为技术市场交易中的第二大卖方。科研机构在科研和创新方面具有较强的优势和基础,多年来,一直是技术市场的最大技术输出方,1999年,科研机构通过技术市场签定的各类合同6.7万项,合同金额达到163.9亿元。我国技术市场的健康稳步发展,促进了科研和生产的紧密结合,加速了科技成果的转化,科研与经济长期脱节的现象发生了根本性转变。

回顾“九五”,从总体上看,我国的科学技术基础已经初步具备了支撑经济社会发展和参与国际竞争的能力,成绩是巨大的。但是,应当清醒地看到,由于体制、机制等多种因素的影响和制约,我国产业部门的技术基础还相当脆弱,企业的自主创新能力有待进一步提高。我们必须在“九五”奠定的基础上,百尺竿头,更进一步,贯彻江泽民总书记“有所为,有所不为”的方针,在涉及国家安全和经济安全的重要科技领域有所突破和创新,迎接世界范围科技革命的新的挑战。

(执笔:刘红玫)

专栏9.9　人类基因组研究计划

1990年10月,被誉为生命科学“阿波罗登月计划”的国际人类基因组计划启动。

1999年9月,中国获准加入人类基因组计划,负责测定人类基因组全部序列的1%,也就是3号染色体上的3000万个碱基对。中国是继美、英、日、德、法之后第六个国际人类基因组计划参与国,也是参与这一计划的唯一发展中国家。

1999年12月1日,国际人类基因组计划联合研究小组宣布,他们完整地破译出人体第22对染色体的遗传密码,这是人类首次成功地完成人体染色体基因完整序列的测定。

2000年3月14日,美国总统克林顿和英国首相布莱尔发表联合声明,呼吁将人类基因组研究成果公开,以便世界各国的科学家都能自由地使用这些成果。4月底,中国科学家按照国际人类基因组计划的部署,完成了1%人类基因组的工作框架图。5月8日,由德国和日本等国科学家组成的国际科研小组宣布,他们已基本完成了人体第21对染色体的测序工作。6月26日,科学家公布人类基因组工作草图。

2001年2月12日,人类基因组图谱及初步分析结果首次公布。

随着人类基因组大规模测序工作接近尾声,生命科学进入了后基因组时代,亦称功能基因组学时代。它以揭示基因组的功能及调控为目标,其研究成果有着十分广泛的应用前景。在医疗方面,研究成果可用于医药的发现和开发;致病基因或疾病易感基因的鉴定和克隆,可用于全新原理的诊断、治疗和预防方法的设计;医生将能够根据患者的个人遗传构成,进行更加个人化的药物治疗;科学家们在人体器官和组织重造以及修复方面将取得巨大进步。以基因组成果为基础的基因组工业,将带动一批高新技术产业向新的领域开拓。在农业、畜牧业方面,可用新的方式对动植物疾病进行诊断和处置,改善它们的品质,提高产量。在纺织业、废物控制和环境治理中,都将发挥重要作用。

(执笔:刘红玫)

专栏 9.10 克隆技术

克隆，是英文单词“Clone”的音译，其意为无性繁殖，与有性繁殖相反，具体是指用二倍体的体细胞或精原细胞替代合子核发育，因而所得后代的遗传内容与亲本完全一致，优良性状不会发生分离。在微生物和植物中，克隆是极为正常的繁殖方式，如酵母菌的出芽生殖，马铃薯块状茎繁殖等。高等动物在自然状况下无此繁殖方式。

在本世纪 30 年代，德国科学家提出“奇异的实验”，建议从胚胎中取出细胞核移植到一个卵子中，此即克隆。然而，由于当时的科学技术等种种条件的限制，实验没有取得多大进展。但设想之后至今 60 年间，动物克隆实验一直在默默进行，1952 年，科学家第一次在两栖动物中进行了细胞核移植实验，但没有成功。1970 年，科学家进行了同样的实验，移细胞核后胚胎发育到蝌蚪期；我国的童第周教授 60～70 年代曾向囊胚细胞进行鱼类细胞核移植工作，获得属间和种间移核鱼，被称为“童鱼”。1984 年，威拉德森用羊胚胎克隆了一只羊；1994 年美国福斯特实验室培育出胚胎克隆牛；1994 年，中国科学院杜淼教授获得移核羊，1997 年我国留美学者孟励获得克隆猴。但是，这些克隆实验中所供核细胞均只是胚胎细胞，而对于同体细胞作为供核细胞的实验却一直没有取得成功。直到 1997 年 2 月，英国科学家宣布用 6 岁成年羊的高度分体化的乳腺细胞进行了核移植，并获得成功，克隆出了小羊“多莉”。这是第一次用体细胞作为供细胞核克隆的成功，克隆绵羊的问世证明了高度分化体细胞也能进行无性繁殖，这是生物学技术上的重大突破，引起了全球范围内的轰动。

1998 年 1 月 6 日，美国物理学家锡德宣称，他要赶在国会立法出台之前着手进行克隆人的工作，他打算在一年的时间内完成复制第一个克隆人，并计划在今后的一年半时间内复制出 500 个克隆人，从而将人类的寿命“无限延长”。克隆人的方法是从被复制人的身上任意一个部位取出一个细胞，科学家以电击的方式将该细胞内的基因与另一个已剥离基因的卵子细胞结合。这个经过处理的细胞在实验室里长成胚胎后，再被移植到一个母体子宫内，等足月便可产下一个与被复制的人一模一样的克隆人。

对这项新的医学研究，英国科学家绘出了清晰的蓝图：采用体细胞克隆技术，利用人体细胞克隆出早期胚胎，让它在实验室里发育 6 到 7 天，然后阻止它继续发育，从中提取胚胎干细胞。由于这种细胞具备分裂成人体各种细胞的能力，可用来在体外培育出与提供细胞的病人特征完全相同的细胞、组织或器官，这对于治疗帕金森式症、白血病、心脏病和器官衰竭等疑难病症将有突破性意义。这项研究一旦成功，目前器官移植中的排异反应和供体器官严重不足两大难题就会迎刃而解。

（执笔：刘红玫）

“九五”期间民政事业的发展

“九五”时期，在党中央、国务院的领导下，各级民政部门以邓小平理论和江泽民同志“三个代表”的重要思想为指导，自觉服从服务于党的中心工作和改革、发展、稳定的大局，解放思想，深化改革，加快民政工作改革与发展步伐，各项民政事业都有了全面发展，为保障人民群众的基本生活权益，推动社会全面进步，维护社会稳定作出了贡献。

一、“九五”期间民政事业发展回顾

（一）民间组织管理法制化建设取得重大进展

根据党中央、国务院关于民间组织管理工作的一系列方针政策，积极稳妥地培育和发展民间组织，发挥其在我国社会生活各个领域的积极作用。同时，依照国务院《社会团体登记管理条例》和《民办非企业单位登记管理条例》，加强监督管理，清理整顿民间组织，完善管理制度，指导民间组织建立自律机制。截至2000年底，全国共有社团130768个。其中，全国及跨省域活动的社团1528个；省级及省内跨地（市）域活动的社团20756个；地级及县以上活动的社团53791个；外国商会及港澳台社团62个，其中全国及跨省域活动的14个。

民办非企业单位登记管理制度初步建立。2000年全国共有60余个市县开展了复查登记试点工作。试点期间，民政部与科技部、国家体育总局、卫生部、文化部联合制发了文件，就有关民办非企业单位登记管理问题作出具体规定。截至2000年底，复查登记民办非企业单位18622个；年末实有民办非企业单位22654个，分布在教育、文化、体育、科技、民政、卫生、劳动和社会保障等行业。

（二）拥军拥属、优抚安置工作有了新的进步

高举爱国拥军旗帜，深入开展了创建双拥模范城（县）和爱心献功臣活动，1996年到2000年，共表彰了全国双拥模范城（县）342个。新型的军政军民关系得到了不断巩固。

进一步落实优抚安置政策，优抚对象的生活水平有了明显提高。截至2000年底，国家抚恤补助各类优抚对象442.5万人；其中：革命伤残人员88万人；定期抚恤烈军属44.8万人；定期补助优抚对象309.5万人，其中：在乡退伍红军老战士、在乡西路军红军老战士和红军失散人员10万人。“九五”期间全国大部分省市建立了优待抚恤标准自然增长机制。多次提高重点优抚对象的抚恤补助标准，中央财政用于优抚对象的抚恤补助经费，由前年的18亿元增加到24亿元。各地还利用纪念抗美援朝胜利50周年的有利时机，采取多种措施解决抗美援朝老战士和烈士家属的生活、医疗等困难。2000年烈军属全年人均抚恤支出1507元，比上年提高17.6%；革命伤残人员人均抚恤支出1586元，比上年提高18.9%；在乡复退军人全年人均补助支出878元，比上年提高16.1%。群众优待工作成效显著，优待烈军属385.5万户，比上年增加3.5万户；统筹的优待金为46.9亿元，比上年增长16.4%。

“九五”期间，继续深化改革退役士兵安置办法，采取计划和市场两种手段，双向选择、自主择业以及经济补偿转移安置比重加大，到非国有企业就业的人数增加。2000年安置退伍义务兵、志愿兵和军队离退休干部61万人。同时，接收安置伤残军人5000余名，解决了困扰部队多年的伤残军人滞留问题。

军队离退休干部和军队退休退职职工得到妥善安置。截至2000年底，全国共有军队离退休干部休养所1531个，比上年增加81所；各种优抚卫生事业单位127个；光荣院1332个，比上年增长2.9%；烈士纪念建筑物管理单位795个，比上年增长2.7%；分散烈士纪念建筑物7427处。

（三）救灾工作成绩显著

“九五”期间，建立和完善了救灾工作分级管理、救灾款分级负担的新体制，全国所有的省级、地级和绝大多数县财政均列支了自然灾害救济费；建立了中央救灾物资储备制度，积极开展国际减灾活动，有效地提高了灾害救助能力和救灾工作管理水平；广泛开展社会互助活动，基本建立了经常性的

救灾捐赠制度;高效、有序地组织了抗灾救灾工作。

2000年,我国先后发生了旱灾、洪涝、风雹、台风、地震、雪灾等自然灾害。尤其旱灾是近20年来最严重的,农作物受灾面积、成灾面积和绝收面积远远超过常年平均水平。全国农作物受灾面积5469万公顷,其中成灾3437万公顷,绝收1015万公顷,分别比上年增长9%、28.5%、49.2%。全国共有4.56亿人受到各类灾害影响,比上年增长29.1%;成灾人口2.79亿人,比上年增长23.4%;因灾死亡3014人,比上年增加18人。紧急转移安置灾民467.1万人,比上年下降29.7%;因灾倒塌房屋147.3万间,比上年下降15.5%。部分地区的工矿企业、公共设施也因灾造成了不同程度的损失。全年各类灾害造成的直接经济损失达2045.3亿元,比上年增长4%。

党中央、国务院和各级党委、政府对自然灾害高度重视。党和国家领导人多次亲临灾区,指示全力以赴做好救灾工作,妥善安排灾民生活。在党中央、国务院的统一领导下,各有关部门相互配合,通力协作,及时向灾区提供救灾支持。群众生活得到了妥善安排,有效地保障了灾民的基本生活,维护了灾区人心安定和社会稳定。2000年共有4000多万人次得到口粮救济,720多万人次得到衣被救济,120多万人次得到医疗救济。中央和地方各级政府在灾民生活安排方面共投入资金47.5亿元,接收分配救灾捐赠款物3.1亿元。

(四)城镇居民最低生活保障制度全面推进

"九五"期间,城市居民最低生活保障制度得到进一步完善,覆盖面逐步扩大,国家继续加大对最低生活保障制度所需资金的投入力度。城市居民最低生活保障制度得到了党中央、国务院的高度重视。国务院下发了《关于在全国建立城市最低生活保障制度的通知》,颁布了《城镇居民最低生活保障条例》。中央明确规定"城市居民最低生活保障所需资金,由地方各级政府列入财政预算,专户管理,专款专用。"这一规定对全面推进和进一步完善城市居民最低生活保障制度提供了可靠保证。迄今为止,全国所有城市和县政府所在地的镇全面建立了最低生活保障制度。农村居民最低生活保障制度试点也因地制宜,稳步推进。这项制度的建立是建立社会主义市场经济体制尤其是深化国有企业改革的重要配套措施,也是保障人民群众生活权益的最后一道安全网,对于维护社会稳定具有重要意义。

2000年,国家用于最低生活保障救助支出34.5亿元,比上年增长45.6%;其中:城市居民最低生活保障支出27.2亿元,比上年增长76.6%,共有402.6万城镇居民得到了最低生活保障救助,比上年增长51.4%;部分农村也开展了最低生活保障制度,有300.2万村民得到了最低生活保障救助,比上年增长13%。

农村原有的社会救济工作得到巩固。2000年,农村共有社会救济对象5907.8万人。国家临时救济贫困人口1667.6万人次,比上年增长0.5%,定期定量救济贫困人口62.3万人,比上年增长12.1%,人均救济支出302元,比上年增长2.4%。农村集体组织为解决贫困户的生活困难,筹集生活困难补助资金2.9亿元,比上年增长1.2%。农村五保户政策得到了较好的落实,由集体供给的五保户208.1万人,比上年增长6.5%,集体供给金20.5亿元,比上年增长1.5%。救济精减退职老职工49.7万人。

(五)城市社区建设取得初步成效

城市社区建设得到党中央、国务院的高度重视,2000年11月19日中共中央办公厅、国务院办公厅转发了《民政部关于在全国推进城市社区建设的意见》,对加强城市社区建设具有深远的意义。"九五"期间,城市社区建设得到快速发展。截至2000年底,全国城镇社区服务设施18.1万处,比上年增长15.3%,从业人员从上年的67万人增加到75万人,安置下岗人员28.6万人,比上年增长23.9%。各类社区服务中心12674个,比上年增长66.3%;职工8.2万人,比上年增长57.7%;2000年开展社会服务活动2076.1万人次,比上年增长71.9%。便民利民网点45.2万个,比上年增长11.3%。各种社区服务志愿者组织6.6万个,志愿者377.2万人。目前,全国每万城镇人口拥有社区服务设施4个;每10万城镇人口拥有社区服务中心2.8个。社区服务活动的广泛开展,提高了城镇居民的生活质量,并为城镇下岗职工实现再就业创造了条件。

农村社会保障服务网络进一步完善。截止2000年底,全国建立农村社会保障服务网络的乡镇18855个,覆盖率43.3%,比上年上升0.4个百分点。

(六)基层政权民主政治建设卓有成效

全面推进以实行"四个民主"(民主选举、民主决策、民主管理、民主监督)、建立"三项制度"(村民直接选举制度、村民议事制度、村务公开制度)为主要内容的村民自治。目前,全国已有60%的农村初步建立了村民自治制度,村委会直接选举普遍进行了3至4届,村务公开、民主管理制度也在不断完善。截至2000年底,全国共设有建制镇20312个,比上年增加556个;乡23199个,比上年减少1546个,其中民族乡1356个;街道办事处5902个。全国县辖区255个,比上年减少90个。

全国设有居委会10.8万个(其中家属委员会1.1万个),比上年减少0.7万个,居民小组127.2万个,比上年增加2.5个;居委会委员48.4万人,比上年减少3.4万人。村委会73.2万个,比上年减少6.9万个,村民小组553.4万个,比上年减少2.3万个;村委会委员315.1万人,比上年减少36.3万人。

村民自治模范活动深入开展。全国开展村民自治模范的县(市、区)587个,比上年增加26个;模范乡镇14067个,比上年增加315个,占乡镇总数32.3%;模范村26.6万个,比上年增加2.4万个,占村委会总数36.3%。

(七)勘界工作进展顺利

根据国务院关于“九五”期间完成省县两级行政区域界线勘定的决定,全面开展了勘界工作。2000年是全面勘界的最后一年。各级党政领导高度重视,民政部门加大工作力度,解决了一些多年遗留下来的争议较大、矛盾集中的难点问题,全国勘界任务基本完成,结束了我国省、县无法定界线的历史,为今后行政区域界线的规范管理、依法治界打下了基础,对于促进社会稳定、经济发展和民族团结,具有重大而深远的意义。截至2000年底勘定省界5.97万公里,占总任务量的96.2%;勘定县界40.8万公里,占总任务量的98.0%。

(八)城市化进程不断加快

根据经济社会发展需要,积极稳妥地开展行政区划调整。目前我国共有城市663个,其中特大和大城市81个,中等城市206个,小城市376个,城市化总体水平已达到30%左右。在长江三角洲、珠江三角洲和环渤海地区形成了大城市为中心,多层次、功能互补的城市群,有力地促进了我国工业化、城市化进程以及经济社会的协调发展。截至2000年底,全国县级以上行政区划共设23个省,5个自治区,4个直辖市,2个特别行政区;其中大陆有74个地(州、盟),比1995年减少了50个;663个市(其中地级市259个,比1995年增加49个,县级市400个,比1995年减少27个);1674个县(自治县、旗、特区和林区),比1995年减少42个;787个市辖区,比1995年增加81个。全国设有5个民族自治区;30民族个自治州;116个民族自治县,3个民族自治旗。

“九五”期间,地名管理有所加强,地名标准化水平进一步提高。

(九)社会福利服务事业有了长足进步

社会福利社会化稳步推进,社会福利事业得到较快发展。多形式、多渠道发展社会福利事业的局面开始形成。截至2000年底,全国城乡有各种收养性福利事业单位4.0万个,床位113万张,比上年增长3.9%;收养85.4万人,比上年增长3.4%。社会福利单位实现收入39.8亿元,其中财政补助收入19亿元。国有社会福利单位拥有床位22.1万张,占总数19.6%,与上年基本持平;集体所有制福利单位拥有床位87.8万张,占总数77.7%,比上年下降1.2个百分点;民办福利单位拥有床位3.1万张,占总数2.7%,,比上年上升1.2个百分点。目前,全国每万人口平均拥有福利床位8.9张,比1995年增加0.8万张。

社会福利企业实现减员增效。截至2000年底,全国有福利企业4.0万个,比上年减少0.4万个;职工167万人,其中,残疾职工72.9万人。福利企业全年实现销售收入1831.7亿元,比上年增长15.9%,其中盈利企业共实现利润99亿元,比上年增长29%,亏损企业共计亏损11.4亿元,比上年下降18%。

(十)社会事务管理得到加强,管理规范化迈出新步伐

婚姻登记管理进一步规范,借婚姻登记搭车收费现象得到了初步治理。2000年全国办理结婚登记848.5万对,比上年减少36.8万对;结婚率为13.4‰,比上年下降0.7个千分点。在民政部门和法院办理离婚的121.2万对,比上年增加1.1万对;离婚率为1.91‰,与上年持平。

2000年全国收养登记机关共办理儿童收养登记5.6万件,比上年增加1.8万件。

截至2000年底,全国共有殡仪馆1363个,比上年增加45个;职工3.3万人,比上年增加0.2万人。全年实现营业收入32.4亿元,比上年增长21.8%;火化遗体373.7万具,火化率46%,比上年上升4.5个百分点。民政部门管理的公墓692个,比上年增长10.9%;安葬遗体200.9万具,比上年增长8%;其中,本年安葬遗体22.3万具,比上年增长8.3%。

积极配合流动人口管理和社会治安综合治理，强化了收容遣送工作。截止到2000年，全国共有收容遣送站800个，流浪儿童救助保护中心3个，安置农场54个。

(十一)社会福利彩票发行取得较大进展

2000年销售福利彩票113.4亿元，比上年增长8.6%；筹集社会福利基金41.9亿元，比上年增长37.4%，社会福利基金支出38.7亿元。从1987年以来，累计发行福利彩票500多亿元，筹集社会福利基金120多亿元，资助福利项目9万余个，资助兴建、改造了大量的福利院、敬老院、弱智儿童特教学校、社区服务设施，数百万贫困户、残疾人、老人、孤儿和优抚对象从中受益。

(十二)新的老龄工作体制基本建立

根据第五次全国人口普查，2000年11月1日，全国65岁及以上的人口为8811万人，占总人口的6.96%，比1990年上升了1.39个百分点，我国人口年龄结构已开始进入老龄化阶段。绝大多数省、区、市已经按照中央要求建立了老龄工作议事协调机构及其办事机构，为开拓老龄工作新局面打下了基础。目前，一个由党政领导亲自挂帅，有关涉老部门参加，办公室设在民政部门的上下贯通的老龄工作组织网络正在形成。老龄工作齐抓共管的局面，对进一步加强老龄工作，加快老龄事业发展起到了重要的作用。

(十三)民政事业资金保障

2000年全国用于民政事业支出383.8亿元，比上年增长10.8%。其中：属于国家财政性支出277亿元，占支出总额72.2%；福利企业上缴管理费3亿元，占支出总额0.7%；自筹基本建设资金16.9亿元，占支出总额4.4%；集体统筹支出70.5亿元，占支出总额18.4%，比上年减少2个百分点；社会各界捐赠16.4亿元，占支出总额4.3%，比上年减少3.9个百分点。

全国民政事业费支出230.5亿元，比上年增长18.5%，占全国财政总支出的比重为1.5%，与上年持平。其中：抚恤事业费60.8亿元，比上年增长19%；军队移交地方安置的离、退休人员费用24.7亿元，比上年增长34.2%；社会救济福利事业费65.4亿元，比上年增长25%；自然灾害救济费35.2亿元，比上年下降1.1%；地方离、退休人员费用11.7亿元，比上年增长4.5%；残疾人福利事业费9.9亿元，其他民政事业费22.8亿元。

全年民政部门组织筹集的社会捐赠资金及物资折合金额12.5亿元，比上年下降23.8%。慈善团体募捐资金3.9亿元。

民政事业“九五”期间存在的主要问题：一是民政事业投入与民政事业发展还不相适应，“九五”期间民政事业经费年均支出只占整个财政支出的1.4%，民政对象相对贫困问题突出，民政工作领域的社会福利、公益性设施更新改造进展缓慢；二是法制建设滞后，依法行政水平有待提高；三是民政工作管理体制和运行机制与建立社会主义市场经济体制还不适应。

二、民政事业“十五”期间发展目标和主要任务

(一)“十五”期间发展目标

继续坚持和完善救灾工作分级管理体制，建立和完善自然灾害紧急救助体系；建立比较完善的城市居民最低生活保障制度和较为规范的农村社会救济制度；

基本建成以老人福利服务为重点、多种所有制形式的收养性福利机构为骨干、社区服务网络为依托、居家供养为基础的社会福利服务体系，积极推进社会福利社会化进程，逐步实现投资主体多元化、服务对象公众化、运行机制市场化；

大力推进拥军优属工作的制度化和规范化建设。建立普遍的社会优待制度和国家抚恤补助标准自然增长机制，建立多渠道多形式的退役士兵就业安置制度和适应市场经济体制的军队干部安置制度；

普遍建立健全农村基层群众自治制度。全面推进城市社区建设，初步建立起与社会主义市场经济体制相适应，符合城市现代化要求的社区工作管理体制、运行机制和社会服务体系。

在民间组织管理、区划地名、收容遣送和婚丧管理等方面，进一步推进依法行政和规范化管理，提高整体工作水平，做到依法管理、文明服务。

(二)“十五”期间的主要任务

1.进一步完善救灾救济制度，切实保障灾民和困难户的基本生活。争取在2002年内将居住在城市和县城以外的其他非农业人口中的贫困人口全部纳入最低生活保障范围，形成以最低生活保障为主体、临时救济为补充、社会互助和优惠政策相配套的社会救助体系。到2005年全国80%左右的农村建立最低生活保障制度。

2.大力推进社会福利社会化进程，加快发展社

会福利服务事业。各类社会福利机构收养人员争取以每年10%左右的速度增长，到2005年城市中老年福利机构的床位数达到每千名老人10张，农村90%以上的乡镇建立敬老院。

3.继续深化改革，完善优抚安置制度，努力为国防和军队现代化建设服务。

4.建立健全社区组织，加快发展社区服务事业，全面推进社区建设。研究修订城市居委会组织法，普遍建立健全社区居民自治制度。到2005年，基本实现多种经济成分并存、质量高、效果好的社区服务网络。

5.全面推进村民自治，促进基层民主政治建设。到2005年，绝大多数的村委会做到组织健全完备，作用充分发挥，村务管理制度化、民主化，村干部素质全面提高。

6.培育发展和监督管理并重，促进民间组织健康发展。

7.以推进城市化为重点，加强区划地名规范化管理。“十五”期间，我国建制市预计增加120个，总数近800个；建制镇预计增加5000个，总数达到25000个左右，基本形成规模适度，布局合理，大、中、小城市协调发展的城市化发展格局。用5年的时间完成全国所有城市的标准地名标志的设置工作，建立国家级地名信息系统。

8.严格依法办事，提高婚姻登记管理水平；推行殡葬改革，倡导文明新风，到2005年，每个县市基本有一个殡仪馆，五年内全国殡仪馆数量增长25%；强化管理手段，做好收容遣送工作。

（执笔：何珊珊）

专栏9.11　中国福利彩票

中国福利彩票，是由国务院领导、民政部门主管、财政部门监督、福利彩票发行机构运作、专门为救助社会困难群体而采取的一种特殊性的社会募集资金的方式。

1987年，党中央、国务院批准成立了由民政部领导、各有关部委参加的中国社会福利有奖募捐委员会。到今天，中国福利彩票事业已经走过14年的发展历程，初步建立起与社会主义市场经济体制相适应的，具有中国特色的管理、监督体制和发行销售体系，为社会福利事业发展筹集了大量资金，有力推动了社会进步。

从成立中国社会福利有奖募捐委员会的那天起，就规定了发行销售中国福利彩票的宗旨是“团结各界热心社会福利事业人士，发扬社会主义人道主义的精神，筹集社会福利资金，兴办残疾人、老年人、孤儿等福利事业和帮助有困难的人”，明确了福利彩票是带有游戏成分的扶老、助残、济困的特殊社会募捐形式。

发行销售福利彩票的目的是发展社会福利事业和社会救助事业。1987年以来，各级民政部门和福利彩票发行机构，严格按照党中央、国务院的规定，把所募集到的资金全部用于发展社会福利事业和社会救助上，切实履行了扶老、助残、济困的宗旨。截至2000年底，累计发行销售中国福利彩票总额500多亿元，共筹集社会福利基金126亿元，主要用于帮助社会孤老、孤儿、残疾人员和有困难的人改善生活条件；资助兴办福利院、敬老院、儿童福利院、精神病福利院、老年公寓、光荣院、伤残军人疗养院、优抚医院。到2000年底，全国共有各种收养性福利机构4万多个、床位113.3万张、收养各类人员85.9万人；资助各级综合性的社区服务中心或老年大学、老年活动站、轻度精神病患者工疗站近万个，为老年人提供了各种活动场所；帮助福利企业进行技术改造，资助项目1.2万多个，为残疾人提供了比较稳定的就业机会；资助弱智儿童教育、聋儿语言训练、小儿麻痹后遗症治疗、白内障复明手术等特殊儿童康复项目近万个，受益人数超过60万；以及用于各种灾害的救助等。

有奖募捐活动的目的是借用博彩玩法，面向社会公众募集资金、专门为救助社会困难群体而采取的一种特殊的社会互助行为，是传统的社会捐赠在社会主义市场经济条件下的继承和发展，它优化了社会资源配置，促进了社会公平，是作为政府在社会福利和社会救济领域开支不足的一种补充。

（执笔：何珊珊）

“九五”期间全国法院审判工作情况

“九五”期间，全国各级人民法院在党中央的领导下，在全国各级人大及其常委会的监督下，坚持以邓小平理论为指导，认真贯彻落实江泽民同志“三个代表”重要思想，忠实履行宪法和法律赋予的职责，审判工作和其他各项工作取得了新的进展。

一、加强审判和执行工作，为社会稳定和经济发展提供司法保障

“九五”期间，最高人民法院紧紧围绕党和国家工作大局，全面加强审判工作。五年共审结各类二审、死刑复核、审判监督等案件24804件。

地方各级人民法院和专门人民法院五年共受理一审案件2706万余件，审结2700万余件。其中，审结刑事公诉案件235万余件，刑事自诉案件28万余件；审结各类民事（包括经济、知识产权、海事海商等）案件2392万余件，占结案总数的89%，结案诉讼标的总金额24609亿余元；审结行政案件45万余件。

（一）依法严惩严重刑事犯罪，保护广大人民群众的根本利益

2000年，人民法院以维护国家安全和社会稳定为首任，突出重点，依法严厉打击危害国家安全、颠覆国家政权、破坏国家统一的犯罪，杀人、抢劫、爆炸、绑架等严重暴力犯罪，黑社会性质组织犯罪，拐卖妇女儿童犯罪，毒品犯罪，制售、传播淫秽物品和非法出版物犯罪。依法严厉打击走私犯罪，骗汇和虚开增值税专用发票、骗取出口退税犯罪，伪造货币和贩卖、运输假币犯罪，生产、销售伪劣商品犯罪。依法惩处贪污、贿赂、挪用公款以及玩忽职守等犯罪。

“法轮功”邪教组织是破坏人类文明进步的一个社会毒瘤，对我国的经济建设、社会秩序和政治稳定造成了严重干扰。人民法院严格依照刑法和有关司法解释，认真审理组织和利用“法轮功”邪教组织破坏法律实施，致人死亡，聚众扰乱社会秩序，非法印刷、经营、传播邪教宣传品等刑事案件。对触犯刑律的极少数“法轮功”邪教组织骨干分子依法定罪判刑，充分体现了法律的严肃性。

黑社会性质组织犯罪严重威胁广大人民群众生命财产安全。最高人民法院制定了《关于审理黑社会性质组织犯罪的案件具体应用法律若干问题的解释》。全国法院集中力量审判了一批黑社会性质组织犯罪案件，打击了这类犯罪的嚣张气焰。黑社会性质组织头目梁笑溟纠集30余人，拉拢、贿赂国家公务人员，私藏武器、杀人抢劫、敲诈勒索、残害无辜、危及一方。有关人民法院依法判处梁笑溟等主犯死刑，以正国法，为民除害。

拐卖妇女儿童等犯罪严重危害了妇女儿童的身心健康。最高人民法院会同有关部门下发了《关于打击拐卖妇女儿童犯罪有关问题的通知》，加大打击力度。全国法院判处拐卖妇女儿童犯罪分子11048人。对拐卖或收买154名妇女、2名儿童的犯罪分子缪步黄、吴通住，强迫38名妇女卖淫的犯罪分子游德康、阙文聪，有关人民法院分别依法判处死刑，为受害的妇女儿童伸张了正义。

走私犯罪严重破坏市场经济秩序，给国家造成重大经济损失。全国法院审结走私案件847件，比上年上升122%。厦门特大走私案涉案金额特别巨大，情节特别恶劣，社会危害特别严重。最高人民法院依法核准第一批案件中王金挺等7名主犯死刑，有关人民法院依法判处73名犯罪分子有期徒刑、无期徒刑和死刑缓期二年执行。第二批案件的129名被告人，有关人民法院已作出一审判决。人民法院的严正审判，维护了国家经济安全。

伪造货币和贩卖、运输假币犯罪严重危害国家金融秩序的稳定。全国法院审结这类案件4740件，比上年上升12.14%。卓振沅等12人制贩假人民币6亿余元，是建国以来最大的假币案。最高人民法院依法核准卓振沅等7名主犯死刑，有力地打击了这类犯罪。

贪污、贿赂等犯罪是社会一大公害，人民群众对此深恶痛绝。全国法院依法判处这类犯罪分子

17931 人，其中省（部）级以上公务人员 3 人，地（厅）级公务人员 52 人，县（处）级公务人员 350 人。最高人民法院对成克杰、胡长清，以及贪污、挪用公款 5095 万元的周长青，贪污公款 7272 万元的许杰、杜建生等犯罪分子，依法核准死刑，体现了法律面前人人平等的原则，显示了党和国家惩治腐败的坚强决心。

“法有明文，情无可恕”。“九五”期间，全国法院共判处犯罪分子 298 万余人。人民法院依法惩罚犯罪，特别是依法严厉制裁罪大恶极的犯罪分子，保护了人民群众的根本利益。

人民法院坚持严格执行法律，加强人权的司法保障。五年共宣告无罪 23746 人，其中因事实不清、证据不足而宣告无罪的 9688 人，行为不构成犯罪的 14058 人，确保无罪的公民不受法律追究，遵纪守法的公民不蒙冤受屈。

（二）调节民商事和行政关系，化解社会矛盾，促进国民经济和社会发展

依法审理经济、知识产权、海事海商等案件，对规范市场秩序具有重要作用。人民法院依法审理涉及国有企业改制、农业和农村经济发展以及金融纠纷等案件，保障国有企业深化改革，保护包括非国有企业、外资企业在内的各类市场主体的合法权益。认真审理知识产权案件，加大对知识产权保护力度，制裁侵犯知识产权的违法行为，制止不正当竞争，保护权利人的合法权益。最高人民法院制定了《关于审理涉及计算机网络著作权纠纷案件适用法律若干问题的解释》，保护网络环境下的知识产权。

深入开展行政、国家赔偿审判工作是贯彻依法治国基本方略的重要方面。最高人民法院制定了《关于执行〈中华人民共和国行政诉讼法〉若干问题的解释》，全国法院进一步加强行政审判工作，特别注重妥善处理群体性纠纷案件，对与人民群众生产生活密切相关，矛盾容易激化的山林土地、自然资源、农民负担、拆迁安置等案件，分清责任，妥善解决纠纷，依法保护行政行为相对人的合法权益，促进依法行政。依法审理好国家赔偿案件，保护公民合法权益。认真做好信访工作，切实解决人民群众的合理要求，防止矛盾激化，五年共处理人民群众来信来访 4352 万余件（人）次，对维护社会稳定起了积极作用。

婚姻家庭案件直接关系公民的切身利益和社会安定。人民法院认真执行婚姻法和其他保护妇女儿童合法权益的法律，妥善处理离婚、赡养、抚养、扶养、继承以及家庭财产分割案件，制裁家庭暴力行为。2000 年审结婚姻家庭纠纷案件 134.8 万余件，依法保护妇女、未成年人、老年人、残疾人和婚姻关系中无过错方的合法权益，促进社会文明和进步。

依法妥善处理涉军案件对于维护国防利益、支持军队建设具有重要意义。最高人民法院和解放军总政治部共同制定了《关于认真处理涉军纠纷和案件，切实维护国防利益和军人军属合法权益的意见》，指导地方各级人民法院建立相应的工作机制，审理好各类涉军案件，维护军人军属合法权益，促进军政军民团结。

积极推进内地与香港、澳门特别行政区的司法协助。最高人民法院根据“一国两制”、高度自治的方针，在达成关于内地与香港特别行政区法院相互委托送达民商事司法文书和相互执行仲裁裁决的安排之后，又与澳门特别行政区就两地对民商事案件相互委托送达司法文书和调取证据的安排问题多次进行讨论协商，文件正式签署后，将进一步促进两地之间司法方面的联系与协助。

（三）继续解决“执行难”，维护司法权威

认真执行生效法律文书，维护胜诉当事人的合法权益，这是人民法院的重要职责。人民法院继续贯彻落实中央关于解决“执行难”问题的重要指示，进一步完善执行工作机制，提高执行效率。建立高级人民法院在其辖区内统一指挥、统一协调的执行管理新体制，并抓好委托执行。针对一些地方暴力抗拒执行事件增多，地方和部门保护主义严重阻碍执行等情况，采取指定执行、提级执行，以及被执行人财产申报、公告督促、举报奖励等方法，加大执行力度。与有关部门配合，严肃查处暴力抗法行为。健全执行监督制约机制，及时纠正执行错误。五年共依法执结当事人申请执行的案件 1071 万余件；执结标的总金额 8727 亿余元。

二、加强法院改革，维护司法公正，提高审判效率

2000 年，最高人民法院紧紧围绕提高审判质量和效率，积极推进法院改革，促进司法体制创新。

（一）坚持公正司法

“让那些确有冤情但正义难以伸张的群众，打

得赢官司”，这是最高人民法院在九届全国人大三次会议上作出的庄严保证。全国法院采取多种措施，努力实践这一承诺。全面落实公开审判制度，进一步加快裁判文书改革，不断提高审判活动的透明度，接受人民群众的监督。最高人民法院的裁判文书，已逐步在媒体和网络上公布。严格执行程序法，根据全国人大常委会检查刑事诉讼法执行情况的部署，全国法院普遍开展了执法检查活动，坚决纠正违反刑事诉讼法的行为，通过程序公正，保证律师和其他诉讼代理人依法参与诉讼活动，使当事人的诉讼权利得以充分行使。完善当事人举证制度，试行民事审判举证时限制度，庭前证据展示、交换制度，使当事人得以充分说理。严格执行实体法，依法平等保护各方当事人的合法权益，通过公正裁判，使正义得以伸张。

进一步强化内部监督制约机制和纠错机制。对案件出现新的证据、事实认定不清和适用法律不当的裁判，人民法院依法提起再审。通过重新审理发现判决不当的案件，及时予以纠正。对检察机关提起再审抗诉的各类案件，认真进行审理，审结15770件。其中，抗诉理由成立，依法予以改判的3765件；抗诉理由不能成立，原判正确，依法予以维持的4432件；检察机关撤回抗诉的359件；因有新的证据或原判事实不清而发回重审的1214件；双方当事人自愿作调解、和解等处理的6000件。

（二）开展司法救助

“让那些合法权益受到侵犯但经济困难交不起诉讼费的群众，打得起官司”，这是最高人民法院作出的又一郑重承诺。为了切实保障经济困难的人民群众依法行使诉讼权利，最高人民法院制定了《关于对经济确有困难的当事人予以司法救助的规定》，完善了司法救助制度。对民事、行政案件中经济确有困难的当事人，尤其是涉及老年人、妇女、未成年人、残疾人、下岗职工等追索赡养费、扶养费、抚育费、抚恤金、养老金和交通、医疗、工伤等事故的受害人要求赔偿等诉讼案件，依法实行缓交、减交或者免交诉讼费用。依法对当事人决定减、缓、免交诉讼费的案件共19万余件。对公诉案件中被告人因经济困难没有委托辩护人的，以及被告人是盲、聋、哑或者未成年人而没有委托辩护人的，人民法院依法为被告人指定辩护人。人民法院积极开展司法救助，显示了社会主义司法制度的优越性，对于维护公民的基本人权，维护社会正义，发挥了积极作用。

（三）清理超审限案件，提高审判效率

根据全国人大代表的建议，最高人民法院把清理超审限案件作为重点工作来抓，制定了《关于严格执行案件审理期限制度的若干规定》，明确要求决不把能在20世纪审结的案件拖到21世纪。全国法院进一步加强审限管理，建立审限警示、催办和通报制度，对超审限案件实行责任到人，限期结案。经过努力，最高人民法院清理超审限案件385件，全国法院共清理超审限案件13.8万余件，清理执行积案47.5万余件。

为了实现上述目标，全国法院根据《人民法院五年改革纲要》，继续推进法院改革，进一步强化审判组织建设。最高人民法院对原审判机构的设置和职能进行调整，完善了我国刑事、民事、行政审判体系；针对审判工作的特点，进一步落实了立案与审判、审判与监督、审判与执行三个分立制度；强化了内部监督制约机制；精简合并职能重叠的司法行政管理机构，充实了审判职能部门。

按照最高人民法院制定的《人民法院审判长选任办法（试行）》，全国法院推行了审判长选任制度。目前，全国高、中级人民法院和50%的基层人民法院基本完成了这项改革。通过实行审判长选任制度，一批具有较高素质的优秀法官担任了审判长，主持合议庭庭审活动，由合议庭依照法定职责对案件进行裁判，提高了办案质量和效率。同时，院长、庭长亲自担任审判长，加强了对合议庭审理案件的监督。

三、加强队伍建设，提高法官素质

2000年，人民法院紧紧围绕确保司法公正，大力加强队伍建设，进一步提高法官素质。

（一）以“三个代表”重要思想为指导，大力加强思想政治工作

全国法院认真学习邓小平理论，坚决贯彻落实江泽民同志“三个代表”重要思想，用正确的理论武装广大法官的头脑。开展全心全意为人民服务的宗旨教育，努力解决为人民掌好、用好审判权这一根本性问题。开展职业道德和纪律作风教育，加强对法官道德素质的培养。继续开展“争创人民满意的好法院、争当人民满意的好法官”活动，全国法院涌现出一大批先进集体和模范个人，对7908人、2604个集体给予了三等功以上奖励；通过新闻媒

体公示，广泛听取社会各界意见，全国法院评选出一百个“人民满意的好法院”和一百名“人民满意的好法官”，最高人民法院予以隆重表彰。

（二）以领导班子建设为重心，大力加强基层人民法院队伍建设

法院队伍建设，重点在基层。最高人民法院专门召开了加强基层建设工作会议，制定了《关于加强人民法院基层建设的若干意见》，进一步明确了加强基层人民法院思想政治、组织、业务和纪律作风建设的目标、任务和措施。最高人民法院院长、副院长确定了 16 个基层联系点，大多数高级人民法院也实行了基层联系点制度，及时帮助解决基层工作中的问题和困难。各高、中级人民法院还协助地方党委搞好基层人民法院的“三讲”教育，并对部分基层人民法院的领导班子进行考察、调整和充实。实行基层人民法院院长易地任职和法官交流、轮岗制度。继续推行人民法庭的规范化建设，目前已完成人民法庭设置的调整任务。

（三）以提高法官素质为根本，大力加强和改进法官培训工作

最高人民法院召开了全国法院教育培训工作会议，全面规划、部署全国法院“十五”期间的教育培训工作，制定下发了《法官培训条例》、《2001 年—2005 年全国法院干部教育培训规划》。最高人民法院通过公开招考吸收了一批高学历人才；与一些高等院校合作，开展在职学历、学位教育，并选派一些年轻法官出国深造。国家法官学院先后举办了高级法官的岗位培训、任职资格培训和多种专业培训班。各地法院也积极采取措施，基本完成了年内对 1/3 的法官进行岗位培训的任务。

为了保障西部大开发战略的顺利实施，最高人民法院认真进行了调查研究，提出了加强西部地区法院建设的任务、目标与措施；国家法官学院举办了西部地区基层法院院长培训班，对西部地区 100 多名基层法院院长进行了培训。

（四）以消除少数司法人员腐败现象为重点，大力推进党风廉政建设

2000 年，全国法院认真开展警示教育，利用重大典型案例，紧密联系法院实际，教育法官廉洁自律。开展正确对待手中权力、珍惜法官荣誉的教育活动，增强广大法官修身奉法的意识。

认真落实党风廉政建设责任制。从最高人民法院做起，全国法院普遍签订了《党风廉政建设责任书》。按照党风廉政建设责任制的规定，全国法院对 34 人追究了领导责任。按照领导检讨责任制的要求，共有 5 名高级人民法院院长在向当地党委、人大检讨责任的同时，向最高人民法院检讨责任。

严格执行回避制度。最高人民法院制定了《关于审判人员严格执行回避制度的若干规定》和《关于最高人民法院庭（局）级以上领导干部的配偶、子女从事有偿法律服务活动和商务活动的若干规定》，严格禁止审判人员的近亲属担任本院审理案件的诉讼代理人或辩护人；严格禁止领导干部的配偶、子女在其所辖地区开办律师事务所和在律师事务所从事诉讼代理活动。全国法院普遍建立回避人员档案，并向社会公布，接受当事人和群众的监督。根据回避制度的规定，全国审判人员自行回避的有 6759 人次，对防止“人情案”、“关系案”起到了积极作用。

进一步加大对违法违纪人员的查处力度。最高人民法院在全国法院开展了对贯彻执行《人民法院审判人员违法审判责任追究办法（试行）》、《人民法院审判纪律处分办法（试行）》的大检查，着重查处利用审判权谋取私利的人和事。全国法院共有 1292 人因违反上述两个“办法”而被追究党纪政纪责任，有 46 人因枉法裁判、违法执行而被依法追究刑事责任。

（执笔：最高人民法院研究室）

全国社会治安情况综述

2000年，在党中央、国务院和地方各级党委、政府的正确领导下，全国公安机关紧紧围绕全党全国工作大局，以维护社会稳定和国家安全为目标，充分发挥职能作用，积极主动地开展工作。一年来，全国各级公安机关积极开展“打击拐卖妇女、儿童”专项斗争，狠抓了大要案的侦破工作，破获了渝湘鄂系列持枪杀人抢劫案等一批影响恶劣、危害严重的重大案件。加大打击经济犯罪的力度，开展了打击制贩假币犯罪联合行动、打击涉税犯罪和走私犯罪的专项行动以及打击骗取出口退税犯罪专项斗争。开展打击冰毒犯罪和加强易制毒化学品管理专项整治行动，加强了堵源截流工作，对毒品危害严重地区进行了整治，深入开展了创建“无毒社区”的活动，全面推进了禁毒斗争。加强了治安行政管理工作，深入开展了烟花爆竹清理整顿工作；组织开展了加强娱乐服务场所管理，严厉打击卖淫嫖娼、赌博、吸毒贩毒等社会丑恶现象专项行动和电子游戏经营场所专项治理工作。开展了消防安全大检查，大力整治火灾隐患；深入开展创建“平安大道”活动，在全国35个大城市和103个中小城市组织实施了“畅通工程”。深入开展同“法轮功”邪教组织的斗争，为切实保障我国的改革开放和社会主义现代化建设顺利进行做出了应有的努力。2000年，从总体上说，我国社会治安大局稳定，绝大多数地方治安秩序良好。但是，我们也必须清醒地看到我国社会治安仍存在不少问题，有的甚至还较为严重。突出反映在以下几个方面：

——爆炸、投毒和非法制造、买卖、运输枪支、弹药、爆炸物品案件时有发生，给公共安全造成严重危害。一些犯罪分子因个人利益受挫，迁怒于社会和其他无辜群众，在公共汽车、铁路、广场等公共场所制造爆炸。一些犯罪分子还利用爆炸、投毒手段从事抢劫、敲诈勒索等犯罪活动。随着非法枪支不断流入社会，持枪犯罪增多，危害严重。

——经济领域的犯罪活动增多，严重危害社会主义市场经济秩序。走私，伪造金融票证，合同诈骗，伪造、虚开、倒卖增值税专用发票，骗取出口退税及证券犯罪等经济犯罪增加较多，涉案金额巨大。智能型犯罪突出，犯罪分子对抗侦查的手段越来越狡猾。

——杀人、伤害等侵犯公民人身权利案件比较突出，严重影响群众的安全感。2000年，全国公安机关共立杀人案件2.8万起、伤害案件12.1万起，分别比1999年上升3.7%和30.2%。持枪杀人、杀人劫车、系列杀人和一次杀死多人的案件增多，一些地方还不断发生暴力袭警案件。

——盗窃、抢夺、抢劫等侵财案件居高不下，给人民群众的生命财产安全造成重大损失。2000年，全国公安机关共立盗窃、抢夺、抢劫案件237.4万起、13.5万起和31万起，分别比1999年有较大幅度上升。立案数的上升，与2000年全国公安机关加大纠正统计不实工作力度有较大关系。但是，入室盗窃、盗窃机动车和扒窃等案件实际在增多，由于这几类案件数量多、涉及面广，直接影响了群众的安全感。发生在企业和商业场所的盗窃案件也较为突出。一些犯罪分子结伙抢劫银行等金融机构，犯罪气焰嚣张。

——毒品犯罪依然严峻，诱发大量刑事犯罪和治安问题。2000年，全国公安机关共破获毒品犯罪案件9.6万起，比1999年上升61.4%；共查获海洛因6.3吨、鸦片2.4吨、冰毒20.9吨。这一方面表明禁毒工作的力度在不断加大，同时也从一个侧面说明当前毒品犯罪的严重性。由于境外毒源的渗透、刺激，国内毒品消费市场有所扩大，制贩冰毒犯罪和非法买卖、走私易制毒化学品犯罪仍在发展。毒品犯罪不仅直接危害人们的身心健康，而且诱发了盗窃、抢劫、杀人、卖淫等多种违法犯罪活动。

——流动人口犯罪增多，犯罪的组织化程度提高。目前，在城市犯罪中，流动人口犯罪已占全部犯罪的40%以上，在一些沿海城市和城郊结合部甚至高达70%至80%。在一些城乡结合部、集贸市场和农村地区，恶势力欺行霸市，为非作歹，欺压群众，是导致少数地方治安不好的主要原因。一些恶势力逐渐演变成为黑社会性质组织，不仅组织严密，具有一定的经济实力，而且正在向政治、经济领域渗透，寻找“保护伞”。

——卖淫嫖娼、赌博等社会丑恶现象在城乡不同程度存在，毒化社会风气。2000 年，全国公安机关共查处卖淫嫖娼案件 22.2 万起，比 1999 年上升 3.3%；查处赌博案件 40.3 万起，比 1999 年上升 6.2%。去年一年来，虽然在公安机关和有关部门的大力整治下，卖淫嫖娼、赌博等违法犯罪活动增长的势头得到一定程度的遏制，但一些地区问题仍然比较突出，危害社会治安秩序。

——“法轮功”邪教组织仍在不断进行各种捣乱、破坏活动。在境外敌对势力的支持和李洪志及境外“法轮功”邪教组织的煽动下，境内一批“法轮功”分子继续进行策划、煽动活动，一些尚未转化的原地、市、县“法轮功”骨干又重新活动，相当一批“法轮功”顽固分子不断利用重大活动、重要节日进行捣乱、破坏，并散发、张贴、投递反动传单、标语，公开与党和政府对抗。

——由各种矛盾纠纷引发的群体性事件增多，对社会稳定造成不良影响。一些群体性事件规模扩大，人数增多，行为激烈。

针对上述问题，公安部就有关工作做了认真部署，要求各级公安机关本着对国家和人民高度负责的精神，充分发挥职能作用，全力做好维护社会治安稳定的工作。

一是继续深化同“法轮功”邪教组织的斗争，防范和打击“法轮功”顽固分子的捣乱、破坏活动，并积极配合有关部门，进一步做好对“法轮功”人员的教育转化工作。

二是积极预防、妥善处置群体性事件，维护社会稳定。各级公安机关要在党委、政府的统一领导下，积极协同有关部门，深入开展各种矛盾纠纷的排查调处工作。对各类群体性事件，依法履行职责，妥善处置，维护好社会治安秩序。

三是以开展“打黑除恶”专项斗争为龙头，严厉打击各种犯罪活动。公安机关要在党委、政府的领导下，与有关部门密切配合，广泛发动群众，深入开展“打黑除恶”专项斗争，坚决遏制黑恶势力发展蔓延的势头。同时，要因地制宜地开展严打整治斗争和专项治理行动，重点打击杀人、抢劫、绑架等暴力犯罪，涉枪涉爆犯罪和侵财犯罪。狠抓日常的大要案件的侦破工作，提高侦查破案水平和办案质量。

四是严厉打击各种经济犯罪活动，维护社会主义市场经济秩序。公安机关要积极参与整顿和规范市场经济秩序的工作，严厉打击制售假冒伪劣商品犯罪活动，打击骗取出口退税和逃汇骗汇犯罪活动。打击伪造金融票证和利用伪造的金融票证进行诈骗犯罪活动，进一步加强反走私的斗争，全力维护社会主义市场经济秩序。

五是以打击冰毒犯罪和深化堵源截流工作为重点，全面推进禁毒斗争。要加大打击冰毒犯罪的力度，加强对易制毒化学品的管理。强化对西南边境地区的堵源截流工作，深化对毒品危害严重地区的重点治理。同时深入开展禁毒宣传教育，重点抓好青少年特别是在校学生的毒品预防教育，推进创建“无毒社区”活动。

六是坚持打防结合，标本兼治的方针，积极推进治安防范工作。适应动态条件下社会治安形势的要求，努力建设打防控的工作机制。推进“安全社区”、“安全村镇”的创建活动，依靠各方面的力量推动社会治安综合治理各项措施的落实。深入开展扫黄打非、禁娼禁赌和打击制贩假证件、假印章的斗争。

七是切实加强公安机关自身建设，努力提高公安机关维护社会治安的能力。在抓好全心全意为人民服务的宗旨教育，实事求是的思想路线教育和严格、公正、文明执法的法制教育的同时，大力加强对广大公安民警的教育培训工作，加强对执法活动的监督与检查，进一步提高公安队伍的整体素质和执法水平。提高公安机关的实战能力和工作质量，以更好地维护社会治安稳定。

（执笔：公安部办公厅）

人口与就业

人口发展实现了历史性转变

随着我国计划生育工作的深入开展，“九五”期间，人口增长势头得到了有效的遏制。人口再生产类型实现了从“高出生、低死亡、高增长”向“低出生、低死亡、低增长”的历史性转变。

一、“九五”人口计划圆满完成，人口增长率下降到10‰以下

“九五”期间，我国人口出生率由“八五”期间的年平均18.17‰下降到1996～1999的年平均16.20‰，低于“九五”计划的17.55‰。自然增长率由11.56‰下降到9.70‰，低于计划的10.83‰。1998年人口自然增长率首次低于10‰，为9.53‰，到1999年又下降至8.77‰。年平均出生人数由“八五”期间2134万减少到1996～1999年的2001万人，自然增加人数由1358万减少到1197万人。“九五”期间，我国人口约增加了5500万人，比“九五”计划人口增加6700万少了1200万人。2000年普查数据表明，全国普查时点人口总数为126583万人。人口总量控制在2000年人口计划的12.78亿以内，圆满完成了“九五”人口计划。

“九五”初期，人口计划面临着许多困难。首先，在部分农村地区，计划生育政策同农民的生育意愿还存在着差距，农民“养儿防老”的传统生育观念还没有从根本上改变。其次，庞大的育龄妇女群给计划生育工作带来的压力没有减轻。15～49岁育龄妇女人数由“八五”时期的年平均3.2亿增加到“九五”的3.4亿。其中20～29岁生育旺盛期育龄妇女人数虽比“八五”时期有所减少，但年平均仍为1.1亿。第三，人口出生率的地区差距增大。从全国东、中、西部三大经济地带出生率分布来看，西部与中部出生率的差距由1990年的1.1个千分点增加到1995年的4.8个千分点，西部与东部出生率的差距由1990年的6.5个千分点增加到7.7个千分点。第四，人口、环境与发展三者之间的矛盾日益突出。1995年2月我国人口突破了12亿。我国政府将1995年2月15日定为中国的“12亿人口日”，以告诫全国人民对人口问题的重视。我国自然资源总量居世界前列，但人均占有量远远低于世界平均水平，资源分布很不均衡，承载能力有限。我国人口占世界人口的21%，而耕地面积仅占世界总耕地面积的7%，1999年我国人均耕地为1.59亩，世界人均耕地为3.75亩，仅是世界人均的40%。从分地区情况看，超过世界人均耕地面积的省仅有内蒙和黑龙江省，分别为5.33和4.74亩。超过全国人均耕地面积1.55亩的也只有12个省，多数集中在气候条件较差的西北和东北地区，有一些省的人均耕地面积还不足1亩。我国人均水资源仅为世界平均水平的1/4，人均草场占有量不到世界水平的1/2，人均森林面积不到1/8。

“九五”期间，在中共中央、国务院召开的计划生育和人口问题的座谈会上，计划生育与环境资源两项国策同时被列入议题，提出了在现代化建设中必须实施人口、资源、环境可持续发展的战略目标，将计划生育与发展经济，消除贫困，保护生态环境，合理利用资源，普及文化教育，发展卫生事业，完善社会保障，提高妇女地位等紧密结合起来。2000年3月《中共中央国务院关于加强人口与计划生育工作稳定低生育水平的决定》提出“坚持不懈把人口与计划生育工作抓紧抓好，确保人口与计划生育目标的实现。”

“九五”时期是我国人口与计划生育发展的重要时期，有中国特色的综合治理人口问题的各项措施得到进一步完善，计划生育工作地位不断加强。计划生育与经济社会发展相结合，特别是在西部地区同帮助群众脱贫致富相结合，同建立幸福家庭相结合，收到了显著的成效，西部地区的计划生育工作取得了明显的成绩。到1999年，西部地区的人口出生率由1995年的20.2‰下降到17.6‰，下降了2.6个千分点，出生率下降的幅度大于中部和东部地区。到“九五”末，西部与东部地区出生率差距由1995年的7.7个千分点减少到6.8个千分点，

西部与中部地区由 4.8 减少到 4.3 个千分点，中部与东部地区由 3 个千分点减少到 2.5 个千分点，东、中、西部地区人口出生率差距明显缩小。

二、人口再生产类型实现了历史性转变

“九五”期间，我国人口保持稳定的低增长速度，促进了人口再生产类型的转变。我国平均每个妇女终生生育孩子数从 70 年代的 4 个降为 90 年代更替水平 2.1 以下(更替水平是指子女数目刚好替代父母数目)。20 多年计划生育工作使人口出生率由 70 年代初的 33.43‰下降到 90 年代末的 15.23‰，死亡率由 7.6‰下降到 6.46‰，自然增长率由 25.83‰下降到 8.77‰。“九五”期间，保持了妇女低生育水平，妇女终生生育孩子数稳定在 1.8 左右，平均自然增长率稳定在 10%以下。我国用了不到 30 年，实现了人口再生产类型从“高出生、低死亡、高增长”向“低出生、低死亡、低增长”的历史性转变，人口进入了低生育水平发展时期。据测算，如果不实行计划生育，仍保持 70 年代初的人口增长速度，现在我国人口可能会超过 15 亿。

联合国人口基金把 1999 年 10 月 2 日定为世界“60 亿人口日”。按照目前世界人口增长速度，全世界每年增加约 8000 万人，3 年要增加 2.4 亿人，而我国在过去的 30 年中少增加了 3 亿多人，中国人口控制使世界人口到达 60 亿的时间推迟了 3 年，为减缓世界人口快速增长作出了重要贡献。当前，世界发达国家妇女终生生育孩子数为 1.6 个，人口增长率为 3‰，欠发达地区和最不发达国家妇女终生生育孩子数分别为 3.3 和 5.2 个，人口增长率分别为 16‰ 和 24‰。我国妇女终生生育孩子数和人口增长率已明显低于其他发展中国家，已进入了世界低生育水平国家的行列。

三、人口与社会经济进一步协调发展

出生人数大量减少，带来了实在的经济效益。我国家庭户平均规模从 1995 年的 3.70 人下降到 2000 年的 3.44 人。在 3.5 亿个家庭中，每个家庭少生 0.74 个孩子。如果每个孩子在 0～16 岁期间抚养费平均为 19000 元，则计划生育平均为每个家庭至少节省了 14000 元抚养费。对国家来讲，抚养新增人口费用的减少，使国家增加积累，创造更多投资机会以刺激经济增长。1995 年我国人均国内生产总值为 4854 元，1999 年增加到 6534 元。据测算，我国人均国内生产总值增加率约有 33%是生育率下降带来的效益。我国人均占有粮食产量 1996～1999 年平均达到 407 公斤，比“八五”期间增加了 28 公斤。这些成就的取得，一方面反映了我国经济有了飞跃发展，综合国力得到了切实加强，另一方面也与人口“分母效应”的作用分不开。到 20 世纪末，由于经济快速发展，人口有效控制，总体上，我国已经实现了解决人民温饱和达到小康生活水平的两个战略目标。

人口健康水平不断提高。“九五”时期，我国人口死亡率在 6.5‰左右，人口平均预期寿命达到 71.23 岁，男性为 69.07 岁，女性为 73.46 岁，比 1995 年提高了近 1 岁。目前世界发达地区的人口平均预期寿命，男性为 71 岁，女性为 79 岁。而欠发达地区男性为 62 岁，女性为 65 岁，最不发达的国家仅为 50 岁。我国人口平均预期寿命比发展中国家高出了 7 岁多，达到了中等发达国家的水平。特别是女性平均预期寿命达到了 73 岁，比联合国提出的到 2000 年世界妇女平均预期寿命达到 65 岁的目标高出 8 岁。

文盲人口大幅度下降，人口受教育程度继续提高。1995 年我国文盲人口占总人口比重(粗文盲率)为 12.01%。2000 年人口普查结果表明，我国粗文盲率下降到 6.72%。下降了 5.29 个百分点。文盲人口由 1995 年 14505 万人减少到 2000 年的 8507 万，文盲人口减少了 41%。除了受年龄结构变动和老年文盲人口自然减员影响外，青壮年文盲人口减少起了主要作用，当前我国青壮年文盲率下降到 5%以下，初步实现了扫除青壮年文盲的目标。与世界大多数发展中国家相比，我国已属于低文盲率的国家。

“九五”时期，我国教育事业快速发展。2000 年人口普查显示：2000 年我国平均每千人受大学教育人数由 1995 年的 21 人增加到 36 人，受高中教育人数由 83 人增加到 111 人，受初中教育人数由 273 人增加到 340 人，受小学教育人数由 384 人减少到 257 人。受小学教育人数的减少，一方面反映了小学学龄人口在减少，另一方面说明了我国人口受教育程度在向更高一级层次转化。受初中以上教育人口的不断增加，反映了普及九年制义务教育所取得的成绩。当前，我国普及九年义务教育人口覆

盖率已达到85%，基本普及九年义务教育目标初步实现。与此同时，各种成人高等、中等教育全面发展提高了大专以上受教育程度人口比重。受高等教育人数增加标志着我国劳动力队伍素质的提高，这是我国实现现代化建设的重要人才保障。

四、少年人口不断减少，劳动年龄人口快速增加

我国0～14岁少年儿童人口已由“八五”时期年平均的3.2亿减少到2000年的3.14亿，减少了近570万。0～14岁人口年平均增长速度“八五”期间为0.36%，“九五”期间呈现负增长为2.14%，出生人口减少是少年人口减少的主要原因。

“九五”期间，劳动年龄人口(男16～59岁，女16～54岁)由“八五”期间年平均7.14亿增加到年平均7.59亿。1999年劳动年龄人口为7.68亿，比1995年的7.32亿增加了3500万。1999年16～45岁的青、壮年劳动年龄人口达到6.4亿，占总数的83%。少年人口减少，劳动年龄人口增加，对我国社会经济的发展带来了几方面的影响。(1)人口总抚养比下降(总抚养比也称为社会抚养比，是指每100名劳动年龄人口大致要负担多少名非劳动年龄人口)。“八五”期间，我国人口总抚养比为49.3%，“九五”期间下降为47.9%。人口总抚养比下降，有助于减轻社会的供养负担，为扩大社会投入，提高积累水平，加快经济发展，奠定了基础。(2)社会就业压力增大。在由计划经济向市场经济的转轨中，经济结构调整使城镇失业人口增加，农村产生了大量的富余劳动力。在我国7.68亿劳动年龄人口中，农村有5亿，约占65%。我国人均占有耕地仅为1.55亩，人多耕地少和城乡生活水平的差异，必然导致更多农村人口向城镇流动。(3)当前，我国青、壮年劳动年龄人口有6亿多。对这一庞大劳动年龄人口进行有效的投资，10年以后，这一年龄结构变化将有利于我国建立人力资本和促进社会长期发展。

五、开始步入老年型社会

“九五”期间，我国65岁以上老年人口年平均为8329万人，比“八五”期间的年平均7057万人增加了1272万人。随着老年人口不断增加，人口年龄结构开始向老年型社会的年龄结构转变。2000年人口普查结果表明，0～14岁人口比重由1995年的26.7%下降到2000年的22.9%，65岁以上人口比重由6.7%上升到6.96%。老少比(老少比是指每100名0～14岁少年儿童对应着多少名65岁及65岁以上的老年人口)由1995年23.5%上升到2000年30.4%。按照人口学判断年龄结构类型的标准，0～14岁人口比重在30%以下，65岁及65岁以上人口比重在7%以上，老少比在30%以上为老年型社会的人口年龄结构。目前，我国0～14岁人口比重已降至30%以下，老少比上升到30%，老年人口比重接近7%。基本达到了人口学定义的老年型社会人口年龄结构的标准。

表1　“八五”和“九五”期间人口年龄结构变化

	0～14岁人口比重(%)	65岁及以上人口比重(%)	15～64岁人口比重(%)	老少比(%)
1990	27.7	5.6	66.7	20.1
1995	26.7	6.7	66.6	23.5
2000	22.89	6.96	70.15	30.4

资料来源：1990年、2000年人口普查、1995年1%人口调查。

从分地区的情况看，我国东部地区人口老年化进程快于中、西部地区。经济发展较快的东部沿海地区，人口年龄结构已转变为老年型社会的年龄结构。在“八五”期末，东部沿海地区12个省老年人口比重已达7%，到“九五”期末，老年人口比重上升到7.8%，老年人口比重最高的是上海，已超过了13%。在中部和西部地区的19个省、自治区，老年人口比重在“九五”末分别为6.5%和6.3%，明显低于东部地区。宁夏、青海和新疆老年人口比重低于5%，人口年龄结构刚步入成年型。

六、城镇人口比重达到36%，城镇化进程发展较快

2000年人口普查结果表明，2000年我国城镇人口比重达到了36.09%，城镇人口达到了45594万人。“九五”时期城镇人口5年增加了10842万。1995年我国城镇人口比重为29%，城镇人口为35174万。同“八五”相比，“九五”时期城镇人口年平均增长速度由3.59%上升到5.58%，增加了1.99个百分点。城镇年平均增加人口由1000万人增加到2170万。“九五”时期在城镇人口中，由于自然变动增加人口比重已由“八五”期间的25%

下降到“九五”期间的 10%。扣除自然变动因素，意味着“九五”时期平均每年有 2000 万农村人口转入城镇。

“九五”时期，我国城镇化速度发展较快，直接原因有三个。(1)农村富余劳动力向城镇转移。“九五”时期是我国流动人口增长最快时期。1997～1999 年人口变动调查结果表明，离开户口所在地半年以上人口规模逐年扩大。由 1997 年估计的 6100 万增加到 1999 年的 8200 万。考虑漏报原因，实际离开户口所在地半年以上人口数还会多，但数据反映了外出人口呈明显增加的趋势。在离开户口所在地半年以上人口中，离开县所在地人口占 80%。1995 年 1% 人口调查证明，从县出来人多数进入市辖区，这些人口是农村富余劳动力而导致的流动人口，构成了我国流动人口主体。(2)城市数目继续增加。我国行政体制改革，特别是在实现市管县的行政管理体制以后，城市得到了长足的发展。从 1995～1999 年，我国城市数量由 640 个增加到 667 个，增长了 4.2%。按非农业人口比例类型划分的城市个数都有不同程度的增加。同“八五”时期相比，非农业人口比例超过 100 万以上的特大城市个数明显增加，增长 15.6%。由 1995 年的 32 个增加到 37 个。100 万以下城市数目继续增加，但增速减慢。(3)我国东部沿海地区农村经济成倍增长，地区性生产、贸易、服务集聚地逐渐城市化，小城镇得到了进一步的发展。

表 2　1990－1999 年按城市非农业人口比例分组城市个数

年份	合计	200 万以上	100～200 万	50～100 万	50 万以下	其中 20～50 万
1999	667	13	24	49	581	216
1995	640	10	22	43	565	192
1990	461	9	22	28	402	

“九五”时期，我国城镇人口发展速度是前所未有的。1995～2000 年世界城市人口年平均增长速度为 2.5%，发达地区为 0.7%，欠发达地区为 3.3%。“九五”时期，城镇人口 5.58% 的年平均增长速度高于同期世界城市人口 2.5% 和发展中国家 3.3% 的年平均增长速度。“九五”时期，经济、社会快速发展极大地促进了城镇化水平提高，但总体水平仍较低，1999 年世界城市人口比重为 47%。1995 年发达国家为 75%，欠发达国家为 38%，我国城镇人口比重仍低于世界平均水平。

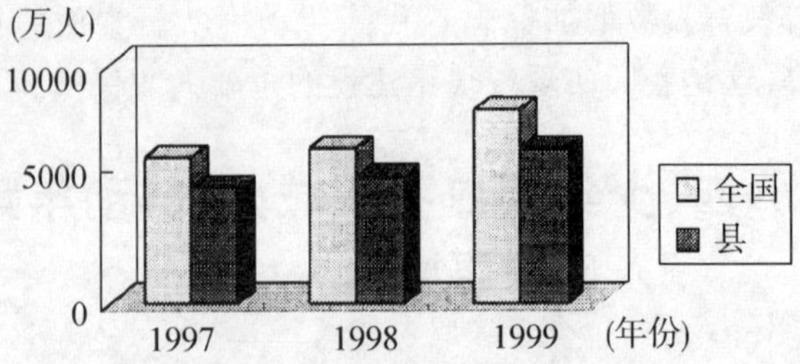

1997～1999 年外出半年以上人口变化趋势

七、继续稳定低生育水平，促进人口可持续发展

“九五”期间，我国人口成功地完成了传统意义上的人口转变，在世纪之交迎来一个以低生育水平为基本特征的时期，为“十五”期间的人口与经济社会、资源、环境的协调发展奠定了基础。但是在进入 21 世纪时，我国人口多，耕地少，底子薄，人均占有资源相对不足的基本国情没有变，我国地区间经济和社会发展不平衡的状况没有变。在今后一个较长时期内我国人口总量还将继续增加，稳定低生育水平的任务还相当艰巨。“十五”期间，劳动适龄人口将达到 8.3 亿，就业压力将继续增大。我国老龄化进程具有明显的超前性，是在经济欠发达的背景下进入老年型社会的。我国人口总体文化素质较低，特别是高级人才和专业技术人才远远不能满足现代化建设的需要。在完善社会主义市场经济体制的过程中，与人口有关的各种矛盾和问题将伴随着 21 世纪我国社会经济的发展而长期存在。

“十五”计划纲要规划提出人口可持续发展主要预期目标是，人口自然增长率控制在 9‰ 以内，2005 年全国总人口控制在 13.3 亿人以内。“十五”时期，稳定低生育水平仍是人口与计划生育的首要任务。要重点做好农村特别是中西部地区的计划生育工作，实现不同地区人口与计划生育工作的均衡发展，进一步建立和建全适合社会主义市场经济体制的人口调控体系和管理机制；要在青少年人口减少，大部分劳动者负担较轻的时期，积累养老保险基金，进一步完善养老和其他社会保障体系；提高人口文化素质是我国实现现代化的重要任务；要加快发展小城镇和中小城市，积极稳妥地推进城镇化；发展劳动力市场，完善就业服务体系，拓宽城乡就业渠道，促进人口在城乡、区域间的合理流动。总之，只有长期地坚持不懈地把经济发展与人口、资源、环境结合起来全盘考虑，才能确保新世纪宏伟目标的实现。

（执笔：胡　英）

专栏 10.1　五年内下岗与失业并轨

我国将花 5 年左右时间，分三步实现由国有企业下岗职工基本生活保障制度向失业保险制度的转变。

我国从 14 年前开始建立失业保险制度。经过不断调整和完善，1999 年初国务院发布了《失业保险条例》，确立了现行失业保险制度的基本框架。与此同时，为推进国有企业改革和经济结构调整，切实保障下岗职工的基本生活，国家要求企业建立再就业服务中心，担负起保障的职能。

随着经济体制改革的不断深入，加快建立市场导向的就业机制，实现由国有企业下岗职工基本生活保障制度向失业保险和市场就业的转变，成为建立全国统一、规范和完善的社会保障体系的紧迫任务。

国务院在 2000 年 12 月下发了《关于完善城镇社会保障体系的试点方案》。有关部门根据这个方案决定下一年在辽宁全省和其他省、自治区、直辖市自愿选定的具备条件的 1 个城市进行试点。试点的主要内容，一是在坚持社会统筹与个人账户相结合的基础上，调整和完善城镇企业职工基本养老保险制度，二是在 5 年内分三步实现下岗职工基本生活保障与失业保险的并轨：

第一步：继续办好再就业服务中心，按照“三三制”原则筹集资金，确保下岗职工基本生活；认真对待领取失业保险金人员数量逐渐增加的趋势，保障按时足额发放失业保险金，并提供再就业服务；积极创造条件，开展由中心保障基本生活向失业保险过渡的试点。

第二步：在计划经济体制遗留的国有企业人员富余问题基本解决之后，在社会保障体系初步形成、有稳定的资金来源渠道和较强的基金支撑能力的基础上，企业新的减员不再采取下岗进中心的方式，转为依法终止、解除劳动合同，领取经济补偿金，享受失业保险，直接走向劳动力市场就业。此前已进中心的下岗职工，仍维持原政策不变，直至协议期满出中心。

第三步：在下岗职工全部出中心后，作为过渡性措施的企业再就业服务中心，完成其历史使命。企业减员由下岗和失业两种形态变为失业一种形态，两种基本生活保障方式并为统一的失业保险。

（执笔：李慧民）

就业工作成绩显著
社会保障体系日趋完善

“九五”时期是我国经济和社会发展的一个重要时期,产业结构调整力度的加大,国有企业改革进程的加快,使下岗人员增加,就业压力明显加大。但随着《劳动法》和再就业工程的全面实施和启动,劳动就业工作取得了令人瞩目的成就,劳动力市场建设步伐加快,市场就业机制基本形成,再就业工作成效显著,各项社会保险制度渐趋完善,就业总量继续增长,从业人员素质普遍提高,就业结构显著变化。

就业总量继续增长

就业总量继续增长,增长速度放慢。“九五”期间,就业总量继续增加,到 2000 年末,全国从业人员 71150 万人,比 1995 年末增加 3203 万人,平均每年增加 641 万人,远少于“八五”期间年均增加 808 万人,是改革开放 20 多年来就业人数增长最慢的一个时期。从城乡来看,城镇从业人员的增长要快于乡村从业人员的增长。1995 年城镇从业人员只有 19093 万人,到 2000 年已发展到了 21274 万人,增加 2181 万人,年均增加 436 万人。乡村从业人员 49876 万人,与 1995 年的 48854 万人相比,年均只增加 204 万人,不到“八五”期间年均增加的 2/3 也远少于城镇新增从业人员数。

从业人员素质普遍提高。市场就业机制的逐步形成,使市场调节就业的能力越来越强,在劳动力市场上,一方面,为达到提高效益和市场竞争能力,企业对高素质人才特别是高新技术人才的需求日益高涨,“大专以上学历,有实际工作经验”越来越成为当今企业招聘的必要和首选条件。另一方面,为了增强在劳动力市场中的竞争力以适应市场需要,劳动者更加注重自身素质的提高,参加大专、大本自学考试,成人高考和各种培训班、研修班、在职研究生班成为许多青年人提高素质,取得学历的重要方式,接受教育的时间显著增加。而且随着国家对教育投入的增加,九年义务教育和“希望工程”的实施也使得劳动者的受教育程度有了较大提高。另外,为提高劳动者的素质和企业竞争能力,一些地区的劳动管理部门实施了新的就业上岗规定,要求求职者只有取得一定的上岗资格后才能到相关的职业介绍机构登记求职。同时在城镇未能继续升学的初高中毕业生中推行劳动预备制度,提高其基本素质和专业技能,增强其在劳动力市场上的就业竞争能力,减低失业的风险。2000 年,各种形式的就业培训已在 27 个省、自治区、直辖市陆续开展,全年共有 72 万城镇未能继续升学的初高中毕业生参加了劳动预备制培训。

就业结构变化显著,第三产业发展迅速。“九五”期间,农村劳动力继续向第二、三产业转移。与此同时,为适应经济发展的阶段性变化和日趋激烈的国际国内市场竞争环境,第二产业内部结构调整的进程也明显加快。在大力压缩纺织、煤炭、冶金、石化、建材、机电、轻工等过剩生产能力,关闭技术落后、浪费资源、产品质量低劣和污染严重的小企业的同时,积极鼓励和扶持发展高新技术产业、发展生物工程、新能源、新材料和高环保的产业。第三产业的迅猛发展,使第三产业中的从业人员继续以较快幅度增加。以 IT 技术为代表的新经济发展迅速,给信息技术业、电子传媒业、电信业带来了无限的机会,成为发展最快的产业。我国住房制度改革的不断深入和城镇居民生活水平的不断提高,同时带动了房地产业以及社区服务、物业管理服务、旅游服务、医疗保健服务、文化、教育服务等行业全方位的快速增长。

从三大产业看,2000 年末第一产业从业人员 35575 万人,比 1995 年增加 107 万人;第二产业从业人员 16009 万人,增加 381 万人;第三产业从业人员 19566 万人,增加 2715 万人。从所占比重看,第一产业占全部从业人员比重为 50%,比 1995 年下降了 2.2 个百分点;第二产业比重为 22.5%,下降了 0.5 个百分点;第三产业比重为 27.5%,提高了 2.7 个百分点。

按三次产业分的从业人员(年底数)

年份	从业人员(万人)				构成(以合计为100)		
	合计	第一产业	第二产业	第三产业	第一产业	第二产业	第三产业
1995	67947	35468	15628	16851	52.2	23.0	24.8
1996	68850	34769	16180	17901	50.5	23.5	26.0
1997	69600	34730	16495	18375	49.9	23.7	26.4
1998	69957	34838	16440	18679	49.8	23.5	26.7
1999	70586	35364	16235	18987	50.1	23.0	26.9
2000	71150	35575	16009	19566	50.0	22.5	27.5

多种经济成分共同发展,非公有制经济的就业比重迅速上升。社会生产力水平的多层次性和所有制结构的多样性,是社会主义初级阶段的重要特征。党的十五大明确指出,公有制为主体,多种所有制经济共同发展,是我国社会主义初级阶段的一项基本经济制度,非公有制经济是社会主义市场经济的重要组成部分。非公有制经济不仅在优化经济结构、促进市场竞争、方便群众生活等方面对我国经济发展发挥着越来越大的作用,而且在创造就业岗位、吸纳失业人员、促进社会稳定方面也发挥着重要的作用。

改革开放以来,特别是"九五"期间,我国非公有制经济迅速崛起,在国民经济总量中所占的份额不断提高,已成为国民经济的重要增长点。从就业结构的变化趋势看,国有和集体经济虽仍保持主导地位,但随着经济体制改革进一步深化,经济结构和产业结构调整带动了企业转制速度加快,下岗分流人员增多,与此同时劳动力供给总量还在不断扩张,致使这两种经济组织形式对劳动力的吸纳能力减弱。而非公有制经济则保持着强劲的增长势头,对劳动力需求旺盛,在劳动就业领域所占份额也不断增加。另外,随着经济和就业体制改革的深入,人们的就业观念发生了根本性的变化,工资收入高低和是否能发挥个人才华成为择业的主要标准,使得非公有制经济单位从业人数迅速增长。

到2000年末,城镇股份合作单位、联营单位、有限责任公司、股份有限公司等单位从业人员已发展到1369万人;外商和港澳台商投资经济单位从业人员642万人;城镇私营个体单位从业人员3404万人。由于非公有制经济的不断发展,其占全部从业人员的比重逐年增加,这种变化在城镇从业人员中更为明显。2000年末,国有单位从业人员有8102万人,城镇集体单位从业人员1499万人,占城镇国有、集体、其他和私营个体单位从业人员的比重从1995年的83%下降到2000年的64%。而城镇其他单位从业人员已达2011万人,是1995年的2.2倍,所占比重从1995年的5%提高到13%。城镇私营个体劳动者比重从1995的12%提高到23%。

劳动合同管理进一步规范,劳动力市场进一步完善。作为贯彻实施《劳动法》的核心内容,"九五"期间,劳动合同制度在全国范围内得到普遍推行,这对促进劳动关系的和谐稳定发挥了积极作用,也有力地促进了现代企业制度的建立和完善。集体协商和集体合同制度的实施,强化了工会组织代表职工参与协调企业劳动关系的重要职能,从整体上维护了企业职工的合法权益,预防和减少了劳动争议的发生。

到2000年底,全国城镇企业签订劳动合同的人数为10705万人。全年各地报送劳动保障部门审核通过的集体合同24万份,涉及职工6400多万人。下岗职工劳动关系进一步理顺。全年从再就业服务中心转出的417万下岗职工中,有159万人解除或终止劳动合同。

随着企业改革的深化和劳动就业制度改革的推进,企业作为劳动力市场的需求主体、劳动者作为供给主体的地位基本确立,市场机制已成为配置劳动力资源的主要中介。人们的就业观念迅速转变,不仅新成长的劳动力主要通过市场实现就业,大中专毕业生和退伍军人也基本上是通过市场找到合适的就业岗位。与此相适应,劳动力市场日益科学化、规范化、现代化,劳动力市场的信息网络建设也迅猛发展,全国已建成14个省级劳动力市场信息网络监测中心,76个试点城市建成城区广域网。职业介绍机构在配置社会劳动力方面发挥越来越重要的作用。到年末,全国各类职业介绍机构2.9万个。

再就业工作成绩显著。再就业工作源于解决下岗职工的就业问题。下岗职工问题始于90年代初。“九五”期间,国有企业改革进入“攻坚”阶段,按照“产权清晰、权责明确、政企分开、管理科学”的原则,“抓大放小”,改革不断深化,对国有企业实行战略性改组,鼓励兼并、规范破产、下岗分流、减员增效。一些不适应市场变化、污染严重、消耗高的企业被关停并转,使下岗职工和失业人员进一步增加。1998至2000年三年间全国共新增下岗职工2032万人。

为解决下岗职工的再就业问题,政府有关部门于1993年起在全国30个城市进行了“再就业工程”的试点,1995年开始在全国范围内全面展开。为促进下岗职工再就业,国家除采取各项有利政策和措施来帮助和促进下岗职工实现再就业外,为提高下岗职工素质,增强其适应劳动力市场需求的能力,从1998年开始,根据第一期“三年千万”的再就业培训计划,各级政府加大了对下岗职工的再就业培训力度,广泛开展了职业培训和再就业培训,对下岗职工提供及时的职业指导,鼓励下岗职工和失业人员转变就业观念,支持下岗职工和失业人员自谋职业和自主创业。从1998年到2000年末,全国已有1358万下岗职工参加了各种类型的再就业培训,有883万人通过培训实现了再就业。

与此同时,各地政府还在落实再就业优惠政策、开发社区就业岗位、强化就业服务等方面狠抓落实。政府把大力发展第三产业,特别是社区服务就业作为扩大就业的主攻方向,如商业、饮食业、旅游业、家庭和社区居民服务业等,开发和利用社区幼儿保育、养老服务、社区保洁、保绿、保安、家政服务、物业管理等就业岗位。

2000年末,全国企业下岗职工总数为911万人,比上年末减少26万人。国有企业下岗职工为657万人,其中有93.5%的人进入再就业服务中心。在进中心的下岗职工中,有97.3%的人领取了基本生活费。国有企业下岗职工中有361万人实现了再就业,再就业率为35%。

社会保障体系日趋完善

“九五”期间,我国的社会保障事业按照国民经济和社会发展总体规划稳步发展,又取得了显著成果。《关于建立统一的企业职工基本养老保险制度的决定》、《关于建立城镇职工基本医疗保险制度的决定》、《失业保险条例》、《社会保险费征缴条例》以及其他一系列配套改革条例和措施的出台有力地促进了我国社会保障事业的发展。

养老保险制度改革进程加快。一是城镇地区的养老保险制度完善速度加快。国务院在1991年6月发布的《关于企业职工养老保险制度改革的决定》基础上,1995年3月发布了《关于深化企业职工养老保险制度改革的通知》,规定企业职工养老保险实行社会统筹与个人帐户相结合的原则,并提出了两种具体的实施办法,供各地结合实际情况进行选择性实践。

1997年7月,国务院发布《关于建立统一的企业职工基本养老保险制度的决定》。1999年1月,国务院又发布《社会保险费征缴暂行条例》,确立了目前中国企业养老保险制度的基本框架。至此,城镇企业职工基本养老保险制度覆盖了城镇各类企业职工和个体劳动者。

到2000年末,我国养老保险制度已覆盖职工10448万人,离退休人员3170万人,比1995年末分别增加了1710万人和929万人。到2000年基本养老保险基金总收入达2278亿元,比1995年增加1328亿元,增长1.4倍;养老保险基金支出2115亿元,比1995年增加1267亿元,增长1.5倍。

我国长期以来一直实行养老金由退休人员所在企业发放的办法。自1999年起我国开始试行养老金社会化发放,由各类商业银行通过其服务网点直接向享受养老保险待遇的企业退休人员发放养老金。截止2000年末,实行养老金社会化发放的人数达2756万人,比上年末增加1353万人;社会化发放率为92%,比上年末提高了44个百分点。

二是稳步推进农村养老保险制度。农村养老保险制度是我国政府推行的一项旨在解决农民养老问题的社会保障政策,1991年经国务院批准组织实施。经过近10年的发展,全国已有6172万农村人口参加养老保险,积累基金196亿元。

失业保险工作取得新进展。自80年代中期我国开始改革用工制度以后,为配合劳动合同制度的实行,国务院发布了《国营企业职工待业保险暂行规定》,初步建立了有中国特色的失业保险制度。

专栏 10.2 2000年劳动和社会保障领域热点新闻

一、十五届五中全会提出劳动保障事业发展目标

党的十五届五中全会通过的《中共中央关于制定国民经济和社会发展第十个五年计划的建议》对我国劳动保障事业发展提出了明确目标，并提出建立阶段性就业制度，发展弹性就业形式，同时提出要深化对劳动和劳动价值理论的认识。

二、社会保障体系建设取得重大进展

我国的社会保障体系建设在党中央和国务院领导的高度重视下取得了重大进展，两个确保基本实现，三条保障线制度已基本建立起来。到2000年末，养老保险和失业保险参保人数实现了双过亿，分别为13618万人和10408万人。有2756万企业离退休人员实现了养老金社会化发放。

三、我国医疗保险制度改革在全国范围内启动

随着国家出台医疗保险的一系列配套政策，我国基本医疗保险政策体系已初步建立。到2000年末，全国349个地级以上统筹地区中，有320个地区的实施方案已经省级政府审批出台，占地级统筹地区总数的92%。其中284个统筹地区已经启动实施，覆盖城镇单位职工4332万人。

四、“三年千万再就业培训计划”圆满完成

为配合“再就业工程”，劳动和社会保障部制定的“三年千万”再就业培训计划圆满完成。1998年至2000年三年中，全国共培训下岗职工1358万人，培训再就业率超过65%。

五、积极稳妥进行社会保障试点

12月下旬，国务院下发了《关于完善城镇社会保障体系的试点方案》。试点主要内容：一是在坚持社会统筹与个人帐户相结合的基础上，调整和完善城镇企业职工基本养老保险制度；二是逐步实现下岗职工基本生活保障与失业保险并轨。

六、我国企业内部分配制度改革力度加大

2000年，我国企业内部分配制度改革力度明显加大。各地积极探索试点按劳分配与按生产要素分配相结合的分配制度。集体协商工资制、经营者年薪制、岗位工资制、带资入股、技术入股等分配方式已相继在企业中出现。11月18日，劳动和社会保障部颁发了《工资集体协商试行办法》。

七、我国劳动力市场开始实行就业准入制度

根据劳动和社会保障部颁布的《关于招用技术工种人员的规定》，从2000年7月开始，全国已在90个工种从业人员中实行就业准入制度。实行就业准入制度的目的是促进劳动者改善素质结构和提高素质水平，促进劳动者就业和再就业能力的提高。通过实行就业准入控制和推行职业资格证书制度，规范劳动力市场建设，为劳动者就业创造平等竞争就业的环境；实现劳动力资源合理开发和配置，使其纳入良性发展轨道；促进劳动者主动提高自身的技术业务素质，使我国的就业从安置型就业转为依靠素质就业，达到使劳动者尽快就业和稳定就业的目的。

八、劳动法制建设取得新进展

本年内，社会保险法（草案）起草工作全面展开。同时发布了《招用技术工种从业人员的规定》、《失业保险金申领发放办法》、《工资集体协商试行办法》、《劳动力市场管理规定》、《中华技能大奖和全国技术能手评选表彰管理办法》等5个部颁规章。

（摘编：李慧民）

1993年国家对这项制度进行过一次修改和补充。在多年实践的基础上，国务院于1999年1月发布了《失业保险条例》，进一步完善了我国的失业保险制度，为今后失业保险事业的发展打下了坚实的基础。

到目前为止，我国的失业保险覆盖面已扩大到城镇地区的全部企业（包括国有企业、城镇集体企业、外商投资企业、城镇私营企业等）和职工，以及部分事业单位和职工。

截止2000年末，全国参加失业保险的人数已达10408万人，比1995年末净增908万人。全年有330万人享受到不同期限的失业保险待遇。

医疗保险制度改革成绩显著。我国现行的职工医疗保障制度始建于50年代初。国家机关、事业单位实行的是公费医疗制度，即职工的医疗费用全部由国家财政统一拨款支付。城镇企业单位实行劳保医疗制度，职工的医疗费用由企业支付。

80 年代以来，各地开始探索医疗费用与个人利益挂钩、医疗费用定额管理和大病医疗费用社会统筹等改革办法。90 年代初，有 40 多个城市在有关政策指导下进行了社会统筹和个人帐户相结合的医疗保险制度改革试点。在此基础上，国务院于 1998 年 12 月发布了《关于建立城镇职工基本医疗保险制度的决定》，决定从 1999 年初开始在全国范围内进行城镇职工医疗保险制度改革，基本建立城镇职工基本医疗保险制度，以取代原有的公费医疗和劳保医疗制度。

两年来，政府有关部门又接连下发了一系列有关文件，如：《城镇职工基本医疗保险定点零售药店管理暂行办法》、《城镇职工基本医疗保险定点医疗机构管理暂行办法》以及《国家基本医疗保险药品目录》等。

到 2000 年末，全国 349 个地级以上统筹地区中，有 320 个统筹地区的实施方案已经出台，占地级统筹地区总数的 92%。其中有 284 个统筹地区组织实施，覆盖 4332 万人，相当于 1995 年末 746 万参保人数的 5.8 倍。

工伤保险和生育保险工作步人新轨。我国在 50 年代初就建立了企业职工工伤保险制度。1996 年根据《劳动法》的有关规定，有关部门颁布了《企业职工工伤保险试行办法》，开始按社会保险方式对原有的企业工伤保险制度进行改革。到 2000 年末，全国已有 4350 万职工参加了工伤保险，比 1995 年末的 2615 万人增加了 1735 万人。

50 年代我国发布的《劳动保险条例》和《关于女工作人员生育假期规定的通知》，对企业女职工生育待遇作了明确规定。1988 年国务院发布的《女职工劳动保护规定》，对女职工生育待遇进行了修订和完善。1994 年，为配合《劳动法》的实施，我国又发布了《企业职工生育保险试行办法》，按照社会保险方式对企业生育保险制度进行改革，改革的核心内容是生育保险费用实行社会统筹。

截止 2000 年末，全国参加生育费用社会统筹的职工为 3002 万人，比 1995 年的 1500 万人增加 1502 万人。

（执笔：李慧民）

专栏 10.3　2000 年企业工资工作取得新进展

2000 年是实现“九五”计划目标的最后一年，也是实现国有企业三年改革与脱困目标的关键一年。根据党的十五届四中全会的要求和国有企业建立现代企业制度改革的需要，2000 年工资工作的重点放在了根据国有大中型骨干企业建立现代企业制度的进程，建立与之相适应的工资收入分配制度上面。经过一年的实践，企业工资工作继续向前迈进，对年薪制等问题的研究逐步深化。2000 年 11 月，政府有关部门先后下发了《进一步深化企业内部分配制度改革的指导意见》和《工资集体协商试行办法》两个重要的政策指导性文件，加强了对企业工资工作的指导。在军工、石油等行业开展了岗位工资制度改革的试点。对企业经营者年薪制和职工期权期股问题进行了大量的调研，并选择部分国有大型企业研究制定了经营者年薪制的试点方案。有近 20 个省份配合国有企业改革制定了加强企业工资收入分配制度改革的办法。工资指导线试点地区由开始的 20 个增加到了 25 个。建立劳动力市场工资指导价位制度的城市由 31 个增加到了 58 个。

（执笔：李慧民）

城镇单位从业人员劳动报酬增长

“九五”时期是我国产业结构调整和国有企业改革与脱困的关键时期。为扩大内需，国家采取了提高国有企业下岗职工基本生活保障制度、失业保险制度和城镇居民最低生活保障制度“三条社会保障线”水平，增加机关事业单位职工工资和离退休人员离退休金的措施。城镇单位从业人员平均劳动报酬大幅增长，不在岗职工生活费明显提高。同时，为完善分配结构和分配方式，完善按劳分配为主体、多种分配方式并存制度，经过几年的积极探索，企业收入分配制度改革取得积极进展。

从业人员劳动报酬大幅增长

城镇单位从业人员劳动报酬水平迅速提高。 2000年全国城镇单位共发放从业人员劳动报酬10954.7亿元，已经突破10000亿元。城镇单位从业人员平均劳动报酬已达9333元，比“八五”期末的1995年增长了61.3%，年均增长10%，扣除物价因素，比上年实际增长11.3%，比1995年1.8%的增幅提高了9.5个百分点。其中，在岗职工平均工资9371元，比1995年增长了57.2%，扣除物价因素影响，实际比上年增长11.4%，比1995年3.8%的增幅提高了7.6个百分点。“九五”后两年是自1985年以来职工平均实际工资增长最多的两年。城镇单位从业人员劳动报酬水平迅速提高的直接原因是，“九五”初期，居民收入预期下降，支出预期上升，高收入者消费意愿不强，低收入者消费能力不足。为了刺激消费需求，促进国民经济持续快速健康发展，从1999年下半年起，国家较大幅度地提高了机关事业单位的职工工资。

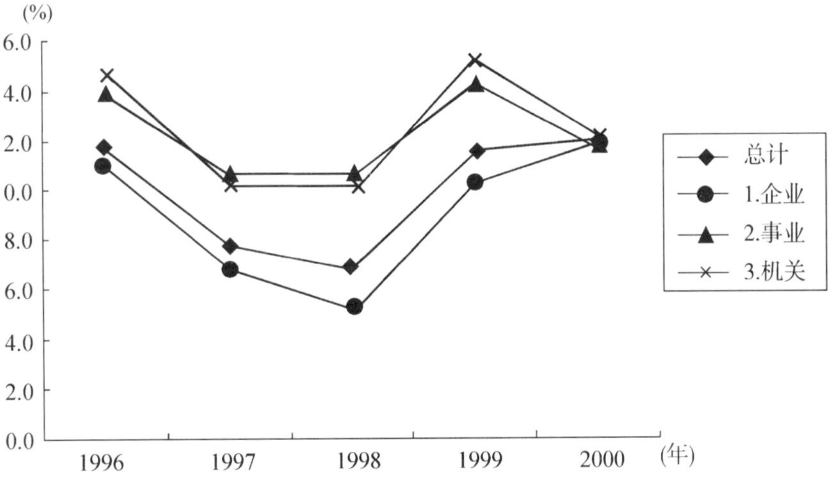

从业人员平均劳动报酬增长

机关、事业单位从业人员平均劳动报酬增长快于企业。 2000年，机关单位从业人员平均劳动报酬为9957元，比1995年增长80.3%，年均增长12.5%；事业单位9454元，增长78.7%，年均增长12.3%；企业单位9207元，增长54.5%，年均增长9.1%。机关、事业单位从业人员平均劳动报酬年均增长比企业高3个多百分点，机关单位从业人员平均劳动报酬继续高于企业，事业单位也已经超过了企业，三者之比由1995年的1:0.98:1.03变为1:1.03:1.08。这主要是因为：“九五”时期国有企业改革进入了“攻坚”阶段，按照“产权清晰、权责明确、政企分开、管理科学”的原则，“抓大放小”，改革不断深化，对国有企业实行战略性改组，鼓励兼并、规范破产、下岗分流、减员增效。一些技术落后、浪费资源、产品质量低劣和污染严重的企业被关停并转。在1997和1998两年，企业效益受到一定影响，企业从业人员平均劳动报酬的增幅较低。但2000年，由于国有企业改革与脱困三年目标基本实现，我国经济增长加快，综合实力增强，经济效益明显改善，经济运行质量进一步提高，企业利润大幅度增长，大多数企业相应提高了从业人员劳动报酬。与“九五”前四年相比，企业从业人员平均劳动报酬增速大幅度提高，改变了增幅大大低于机关事业单位的状况，基本上实现了与机关事业单位同步增长。

国有和其他单位从业人员平均劳动报酬与城镇集体单位的差距仍较大。2000年国有单位从业人员平均劳动报酬9441元，比1995年增加3888元，增长70%；其他单位11238元，增加3510元，增长45.4%。城镇集体单位平均劳动报酬6241元，增加2307元，增长58.6%。城镇集体单位与国有和其他单位差距仍较大。2000年这三者的比例关系为1:1.51:1.80，1995年为1:1.41:1.96。2000年城镇集体单位从业人员平均劳动报酬比国有单位和其他单位分别少3200元和4997元，与1995年相比，差距分别扩大了1581元和1203元。这主要是由于城镇集体单位从业人员中的75%都集中在制造业、批发和零售贸易、餐饮业和建筑业等传统产业，主要是七八十年代一些国有企业为了安置职工家属和职工子女而建立的，企业规模一般较小，产品技术含量低，竞争能力较弱，经济效益差。另外，一些企业并未参加社会养老统筹，退休金仍由企业自己负担，企业首先要保证退休人员退休金和下岗职工生活费的发放后，才发给在岗职工工资，因此从业人员劳动报酬难以提高。

各种服务行业从业人员平均劳动报酬显著增长。“九五”期间，随着产业结构的调整，我国经济取得了可喜的成绩，各行业从业人员平均劳动报酬也得到了较快增长，特别是各类服务业从业人员平均劳动报酬增长显著。在十六大行业中，科学研究和综合技术服务业从业人员平均劳动报酬已达13374元，比1995年的6818元增长96.2%，平均劳动报酬已居十六大行业之首。其中，计算机应用服务业从业人员平均劳动报酬已达27337元，比1995年的8901元增长207.1%，一些规模较大的计算机应用服务企业人均劳动报酬已超过20万元，该行业不论是平均水平还是增幅继续居各行业之首。信息、咨询服务业从业人员平均劳动报酬16491元，比1995年的6831元增长141.4%。另外，技术推广和科技交流服务业、其他综合技术服务业、商业经纪与代理业、居民服务业、房地产代理与经纪业、普通高等教育从业人员平均劳动报酬也显著增加。这主要是随着经济的发展和居民生活水平提高，社会上对各种服务的需求快速增长，从而使这些行业劳动报酬相应增加。

与此同时，2000年，制造业和采掘业从业人员平均劳动报酬较“九五”前几年也有了较大增长，分别达到8836元和8317元，比上年增长12.2%和10.8%，高于“九五”年均增长水平，其原因主要有三个方面：第一，高新技术的采用使得技术含量高、附加值大的产业有较快发展，从而拉动制造业整体的较快增长。第二，结构调整收效明显。冶金行业生产总量规模控制取得成效，全年钢产量低速增长，价格回升，行业利润显著提高。纺织行业经过前三年的调整，在上年整体扭亏的基础上，2000年实现盈利大幅度增加。煤炭采选业关井压产成果进一步显现，价格出现稳中有升的趋势，煤炭行业全年大幅度减亏。第三，国际油价飙升和国内连续多次提高成品油价格使石油和石化企业获利增加。

地区间差距拉大。由于我国经济发展的不平衡以及各地区经济结构和就业结构上的差异，“九五”期间，地区间的城镇单位从业人员劳动报酬水平差距拉大。首先，东部经济较发达的省市在原较高水平的劳动报酬基础上，由于经济效益较好，从业人员增资也较多。2000年，全国八个平均劳动报酬超万元的省、自治区、直辖市中除西藏外，其余七个都位于东部，分别为：上海（18035元）、北京（16098元）、广东（13859元）、浙江（13020元）、天津（12414元）、福建（10644元）和江苏（10288元），分别比1995年增加了8827、7882、5619、6429、5982、4786和4345元。而一些中部省份平均劳动报酬增长较缓，全国平均劳动报酬不到7000元的五个省区都集中在中部，为山西（6844元）、河南（6877元）、内蒙（6914元）、安徽（6921元）和江西（6934元），分别只比1995年增加2186、2617、2810、2405和2783元。全国31个省、自治区和直辖市从业人员平均劳动报酬最高与最低之比由1995年的2.24:1扩大为2000年的2.64:1。

2000 从业人员平均劳动报酬

	2000年(元)	1995年(元)	"九五"增长(%)	年均增长(%)	2000年比上年增长(%)
(一)农、林、牧、渔业	5142	3516	46.2	7.9	6.9
(二)采掘业	8317	5743	44.8	7.7	10.8
(三)制造业	8836	5199	70.0	11.2	12.2
纺织业	6398	4122	55.2	9.2	11.2
石油加工及炼焦业	15335	8426	82.0	12.7	18.7
有色金属冶炼及压延加工业	11164	6731	65.9	10.6	21.3
电子及通信设备制造业	14138	6387	121.4	17.2	15.4
(四)电力、煤气及水的生产和供应	12801	7829	63.5	10.3	11.4
(五)建筑业	8668	5755	50.6	8.5	9.1
(六)地质勘查业、水利管理业	9590	5953	61.1	10.0	9.1
(七)交通运输、仓储及邮电通信业	12170	6910	76.1	12.0	12.4
(八)批发和零售贸易、餐饮业	7188	4260	68.7	11.0	11.7
(九)金融、保险业	13178	7357	79.1	12.4	10.7
(十)房地产业	12551	7351	70.7	11.3	8.4
房地产代理与经纪业	11952	6469	84.8	13.1	17.9
(十一)社会服务业	10386	6037	72.0	11.5	10.6
居民服务业	8324	4736	75.8	11.9	17.3
信息、咨询服务业	16491	6831	141.4	19.3	9.0
计算机应用服务业	27337	8901	207.1	25.2	40.0
其他社会服务业	9405	5114	83.9	13.0	16.4
(十二)卫生、体育和社会福利业	10832	5831	85.8	13.2	12.5
(十三)教育、文化艺术及广播电影电视业	9224	4999	84.5	13.0	12.7
普通高等教育	14066	6427	118.9	17.0	21.3
(十四)科学研究和综合技术服务业	13374	6818	96.2	14.4	16.3
科学研究业	13397	6739	98.8	14.7	14.9
综合技术服务业	13357	6903	93.5	14.1	17.4
技术推广和科技交流服务业	12178	6064	100.8	15.0	23.5
其他综合技术服务业	14964	6784	120.6	17.1	24.4
(十五)国家机关、政党机关和社会团体	9978	5484	81.9	12.7	11.9
(十六)其他行业	11205	6250	79.3	12.4	10.4

不在岗职工生活费明显提高

长期以来,党中央和国务院不仅不断提高城镇单位从业人员的劳动报酬水平,同时还采取各种积极有效的措施和政策,大力提高"三条社会保障线"水平,确保国有企业下岗职工基本生活和确保企业离退休人员养老金按时足额发放。2000年,国务院发出《关于切实做好企业离退休人员基本养老金按时足额发放和国有企业下岗职工基本生活保障工作的通知》,要求各级人民政府要坚决贯彻落实党中央、国务院制定的有关方针、政策,一把手要直接负责,劳动保障、经贸、财政、民政等有关部门要密切配合,积极筹措资金,确保不发生新的拖欠。确保国有企业下岗职工基本生活费的发放,由财政对困难企业自筹和社会筹集不足的部分给予保证;由中央财政对财政确有困难的中西部地区和老工业基地的资金缺口给予补助。确保企业离退休人员基本养老金按时足额发放,加快实现管理服务的社会化，在年底前基本实现由社会保险经办机构发放或委托银行、邮局等社会服务机构发放基本养老金的目标。因此各地把“两个确保”工作作为大事来抓。两年多来，累计有2100万下岗职工进入再就业服务中心，进中心的下岗职工基本生活费发放比例一直保持在95%左右；企业离退休人员养老金按时足额发放率保持在98%左右，同时补发历史拖欠的养老金200亿元。为支持各地做好“两个确保”工作，中央财政共补助地方资金800多亿元。

不在岗职工生活费成倍增加。2000年，城镇单位发放不在岗职工生活费总额继续增加，共发放不在岗职工生活费399.8亿元，比“九五”初期的1996年增加317.3亿元，增长了3.8倍。其中国有单位289.8亿元，比1996年增加228.1亿元，增长3.7倍；城镇集体单位45.2亿元，增加29.2亿元，增长1.8倍；其他单位64.8亿元，增加60.1亿元，增长12.8倍。

不在岗职工平均生活费增长快于从业人员平均劳动报酬增长。2000年不在岗职工平均生活费1834元，比1996年的925元提高了909元，增长近一倍，增幅比“九五”期间从业人员平均劳动报酬增长高了近40个百分点。其中，内退职工平均生活费达到5113元。国有单位不在岗职工平均生活费2124元，增加1048元；集体单位811元，增加253元；其他单位2509元，增加970元。

各省（市、区）不在岗职工生活费大幅提高。“九五”期间，有17个省（市、区）不在岗职工平均生活费与1996年相比增长一倍以上，其中青海和内蒙增长超过三倍。2000年，全国已有一半的省（市、区）不在岗职工平均生活费超过2000元，其中北京达到4736元。

企业收入分配制度改革取得积极进展

为建立与现代企业制度相适应的收入分配制度，按照坚持按劳分配为主体、多种分配方式并存的原则，“市场机制决定、企业自主分配、职工民主参与、国家监控指导”的思路，“九五”时期，在国家的宏观指导下，企业结合推进劳动用人制度等项配套改革，工资收入分配制度改革取得积极进展。

企业经营者年薪制得到进一步推广。企业经营者是企业的核心和灵魂，是经济发展中的一种重要人力资本，只有具有一套合理的收入分配激励和约束机制，才能培养和造就出高素质的企业家队伍，从而促进企业深化改革、转换机制、提高市场竞争能力。到2000年底，全国28个省（市、区）正式出台了相关文件，7400户企业进行了经营者年薪制试点。年薪的构成一般分为基本年薪和效益年薪两部分。基本年薪与企业规模、企业职工平均工资挂钩，效益年薪依据企业的经济效益确定。同时为了解决经营者的短期行为，一些地区在年薪中引入了股权（或期权）激励和约束机制。

按生产要素分配的具体形式得到积极探索。为了充分调动生产要素所有者的积极性，实现生产要素资源的合理有效配置，促进生产力水平的提高，“九五”时期，企业进行了多种探索，如职工持股、技术入股与劳动分红等形式。一部分企业对在生产经营、产品开发、技术创新、市场开拓方面为企业提高经济效益作出较大贡献的经营者、技术人员、管理人员及其他职工，给予期权期股的奖励。

企业内部分配制度更加灵活多样。建立高效的企业内部分配制度，解决好企业对职工个人的分配关系，避免平均主义，发挥激励作用，最大限度地调动职工的积极性和创造性，提高企业经济效益，吸引人才，是现代企业制度的要求。“九五”时期，各地加快企业内部分配制度改革，企业参照劳动力市场工资价位，实行按岗定薪，竞争上岗，岗变薪变，采取岗位效能工资、岗位提成工资、岗位薪点工资等各种灵活的方式，提高了技术开发和市场营销等关键岗位从业人员的工资收入，体现了职工工资与企业效益、本人劳动成果以及本人技术水平的关系。

（执笔：杨建春）

人民生活

“九五”期间农村居民生活进一步改善

“九五”时期，随着市场经济的发展，社会物质的日渐丰富和农村居民收入的持续稳定增长，农村居民生活水平又有了新的提高。

一、收入增长为农村居民从温饱向小康生活的跨越奠定了基础

“九五”时期，随着农村居民收入增长点的不断拓宽，农村居民收入得以持续稳定增长，为农村居民从温饱向小康生活的跨越奠定了坚实的基础。据对全国31个省(区、市)6.7万个农村住户的抽样调查，1995～2000年，农村居民人均纯收入由1578元增加到2253元，增长42.8%；年平均递增7.4%；扣除物价因素，年均实际增长4.7%。“九五”时期农村居民收入增长呈现如下特点：

(一)收入结构变化，基本形成了多元化增长格局

“九五”期间，农村居民收入结构表现出三大变化。变化之一，家庭经营收入比重稳中趋降。5年间，农村居民收入虽然仍主要来源于家庭经营生产，但所占份额已经稳中趋降。在2000年农村居民人均纯收入中，家庭经营纯收入比重为63.3%，比1995年下降了8.1个百分点。变化之二，由于这期间更多农村劳动力外出从事其他劳动，农村居民工资性报酬收入成为农村居民收入增长的重要来源，1995年农村居民人均工资性收入占全年纯收入的22.4%，到2000年占全年纯收入的比重上升为31.2%，上升了8.8个百分点。变化之三，农村居民家庭经营收入构成中二、三产业收入增长较快、比重提高。1995年农村居民家庭经营纯收入中，二、三产业纯收入分别为48元和121元，占全年家庭经营纯收入的4.3%和10.8%，到2000年分别达到99元和237元，占全年家庭经营纯收入的比重分别为7.0%和16.6%，分别提高2.7和5.8个百分点。

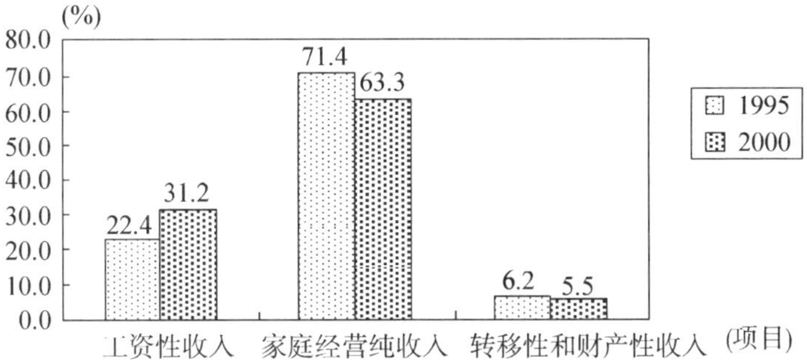

图1 1995和2000年农村居民纯收入结构变化

(二)市场意识增强，现金收入增长较快

“九五”时期，农村居民的市场经济意识增强，调整产业结构，在扩大非农择业的同时，不断提高农村产品商品率，促进了农村居民现金收入的较快增长。农村居民人均纯收入中，现金纯收入由1995年的987元提高到2000年的1654元，增长了67.6%，比纯收入的年均增长速度快3.5个百分点；占人均纯收入总额的比重由1995年的62.6%提高到2000年的73.4%，提高了10.8个百分点。总收入中，现金收入比重1995年为68.2%，2000年提高到76.1%，提高了7.9个百分点。

(三)收入差距仍处于合理区间，地区间收入差距缩小

从反映全国农村居民收入差距的基尼系数看，收入差距仍处于合理区间。5年来农村居民收入差距系数从动态趋势看逐步扩大。基尼系数1995年为0.3415，2000年为0.3536。分地带看，农村

居民收入差距有所缩小。2000年，随着国家加大实施对中西部地区开发的力度，促进了使中西部地区农村经济的持续稳定发展和中西部农村居民收入的较快增长。1995～2000年，农村居民纯收入增长中，东中西部地区分别增长40.7%、44.7%和46.7%，中西部地区比东部地区农村居民收入的增长速度分别快4和6个百分点。从东中西三大地带收入比率看，差距缩小，若以西部地区为1比较，1995年东中西部地区农村居民纯收入比率为2.01:1.32:1；到2000年，纯收入的水平差距缩小为1.92:1.30:1。

二、消费提高，农村居民整体生活改善

（一）消费水平普遍提高

“九五”时期，一系列体制上的变革，已成为农村居民提高生活水平、拓展消费领域的内在动力与保证，全国农村居民整体消费水平普遍提高。1995～2000年，农村居民人均生活消费支出由1310元提高到1670元，增长了27.5%；年平均递增5%；扣除物价因素，实际增长18.3%，年均实际增长3.4%。在农村居民总体生活消费的八大方面中，2000年农村居民消费的食品、衣着、居住、家庭设备用品的支出水平分别达到821元、96元、258元和75元，比1995年分别增长了6.8%、6.9%、39.1%和16.1%；医疗保健、交通通讯、文教娱乐、其他几个方面的消费水平提高更快，分别达到88元、93元、187元和52元，比1995年分别增长了1.1倍、1.8倍、82.4%和1.3倍。

按农户收入5等分分组的农村居民消费水平（未考虑价格因素影响）分析，“九五”时期不同组农户消费水平均有提高，其中高低收入组农村居民间生活消费的动态差距略有扩大。1995年，低收入组农户人均生活消费支出为794元，到2000年提高到977元，增长23%。这期间，中等收入组农户人均生活消费支出由1166元提高到1501元，增长28.7%；高收入组农户人均生活消费支出由2329元提高到3086元，增长32.5%。若以低收入组为1看，1995年高收入组与低收入组的消费比为2.93:1，到2000年消费比扩大为3.16:1。（详见表1）

表1　按农户收入5等分分组的农村居民生活消费水平比较

单位：元/人

	1 低收入户	2 次低收入户	3 中等收入户	4 次高收入户	5 高收入户
1995年	793.76	965.99	1165.70	1503.01	2328.96
2000年	977.37	1233.41	1501.31	1877.16	3086.37

不同省区比较看，“九五”时期随着国家对中西部地区的政策倾斜，中西部地区尤其是西部地区农村经济发展速度加快，地带间农村居民消费差距缩小。2000年东、中、西部地区农村居民人均生活消费支出分别为2116元、1518元和1273元，比1995年分别增长26.6%、27.9%和29.6%。若以西部地区农村居民的消费支出为1，东、中、西部地带农村居民生活消费的比率1995年为1.70:1.21:1，到2000年已缩小为1.66:1.19:1。

（二）消费结构明显升级

“九五”时期，随着农村居民整体生活的进一步提高，农村居民生活消费结构向着逐渐减少生存性消费比重、不断提高享受和发展性消费比重变化，基本生存资料中的食品、衣着等需求收入弹性已逐渐缩小，其他用、行等享受和发展资料的需求收入弹性则逐渐增大。这主要表现在：

一是恩格尔系数下降到50.1%。1995～2000年，农村居民消费构成中满足基本生活需要的吃的比重、即农村居民消费的恩格尔系数在经历了“八五”时期的徘徊波动后，“九五”时期呈现出较为明显的逐年下降态势。恩格尔系数由1995年的0.5862下降到2000年的0.5013，下降了8.5个百分点，这不仅改变了“八五”时期农村居民消费的恩格尔系数一直在1个百分点左右波动的现状，也是改革以来农村居民生活消费的恩格尔系数下降的最低点、成为继80年代中期以来农村居民总体生活消费由温饱区间迈入小康门槛的重要标志。

二是其他享受性和发展性消费支出的比重普遍提高。1995～2000年，农村居民生活消费中穿、用支出比重分别下降，其中穿的比重由1995年的6.9%下降到2000年的5.6%；家庭设备及用品支出的比重由1995年的5.0%下降到2000年的4.4%；与此同时，其他享受性和发展性消费比重则普遍提高。居住支出在1995～2000年间提高了1.3个百分点，医疗保健支出提高了2.0个百分点，交通通讯支出提高了3.0个百分点，文教娱乐支出提高了3.4个百分点，其他商品和服务性支出

提高了1.3个百分点。

三是货币消费支出比重提高较快。“九五”时期，农村居民现金收入的较快增长对农村居民增加现金消费开支起到了积极地作用。全国农村居民生活消费现金支出额由1995年的859元提高到2000年的1285元，增长了49.6%，现金消费占总消费的比重由1995年的65.6%提高到2000年的76.9%，提高了11.3个百分点。其中，用于购买食物的现金支出额由353元增加到464元，增加111元，食品的现金支出比重由1995年的46%提高到2000年的56.6%，比1995年提高10.6个百分点；居住的现金支出额由151元增加到231元，居住的现金支出比重达到89.4%，提高了7.9个百分点，其他穿、用、家庭设备用品及服务支出、医疗保健、交通通讯等项的商品化程度已基本达到100%。

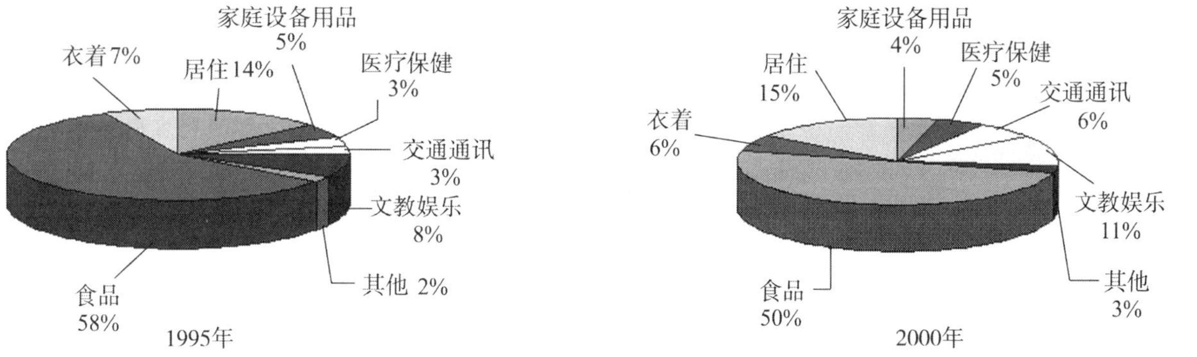

图2　农村居民生活消费支出结构变化(%)

(三)消费质量明显改善

“九五”时期，我国大部分农村居民向小康生活过渡，物质消费档次明显提高，生活消费由基本生存型向享受型及发展型转变，在这期间，农村居民消费质量持续趋优，尤其是在告别短缺经济后，农村居民对生活质量的追求已摆在较为重要的位置。主要特征如下：

1．食品

“九五”时期，农村居民食品消费的基本特征是：消费水平提高，在外饮食及其他食品支出增加较快；消费质量改善，肉、蛋、奶、鱼、水果等消费量增多，膳食结构向营养、科学型发展。

(1)主食支出比重下降较多，在外饮食及其他食品支出比重提高较快。2000年农村居民食品的消费水平达到821元，比1995年增长了6.8%，其中，农村居民主食支出在这期间下降，而在外饮食和其他食品支出则不断增加。平均每个农村居民用于主食的支出额由1995年的317元下降到2000年的248元，占食品支出的比重由41.2%下降到30.3%；农村居民人均用于副食的支出由316元提高到366元，占食品支出的比重提高了3.3个百分点；其他食品和在外饮食比重在这期间有较大提高，支出总额由1995年的127元提高到2000年的198元，占食物支出的比重2000年比1995年提高了7.6个百分点。

(2)消费质量改善，较高质量的食品消费数量增加。改革开放以来，随着中国农村居民收入的提高，吃好吃精并更注意营养丰富已逐渐突出。2000年和1995年比较，全国农村居民的粮食、蔬菜、动物油、食糖消费量有所下降，但其他诸如植物油、肉、禽、蛋、水产品、水果等具有较高质量的消费数量则增加较多。5年间，人均粮食消费数量减少了4公斤，其中主要是粮食中的谷物类食物消费数量减少，而营养丰富的豆类食品则有所增加，人均消费的豆类及豆制品食物2000年为5.5公斤，比1995年消费量增长48.8%。此外，1995～2000年，农村居民人均消费植物油增长了28.2%；猪肉增长了27%；牛羊肉增长了67.6%；家禽增长了55.7%；蛋类增长了54.3%；水产品增长了16.7%。水果消费量增长了40.7%。从膳食结构总体看，中国农村居民的膳食结构正在发生变化，食品消费的水平和质量已有较全面的改善。

(3)膳食营养状况好转，主要营养素已基本满足需要。随着中国农村居民消费较高质量的食物数量的增加，农村居民膳食营养状况有所改善，主要营养素摄入已基本满足需要，营养素能量来源的分配也发生了明显变化。2000年，中国农村居民每人每日食物热能摄入量为2605千卡，已达到中国食物营养推荐供给量标准(2400千卡)的108.5%，高于1995年的2482千卡。蛋白质摄入量71克，比1995年增加4克，增长6%。脂肪摄入量50克，比1995年增加10克，增长25%。

从2000年农村居民膳食营养素摄入的构成分析，优质蛋白质和动物性食品提供的热量、脂肪和蛋白质在总膳食的热量、脂肪和蛋白质中的比重提高。2000年，农村居民膳食中，热量、脂肪、蛋白质来源的动物性食物比重分别为8.6%、49.6%和12.1%，1995～2000年间，农村居民膳食热量中，动物性食物的热能比重提高了1.4个百分点，脂肪比重提高了9.8个百分点，蛋白质比重提高了2.3个百分点。与此同时，农村居民豆类植物的消费量有所增加，人均消费豆类植物量由1995年的5.17公斤提高到2000年的5.49公斤，膳食食物中优质蛋白质摄入比重提高。

表2　全国农村居民每日营养素摄入情况

	1995年	2000年	2000年比1995年增长%
热　能(千卡)	2482	2605	5.0
＃动物性比重(%)	7.2	8.6	19.4
蛋白质(克)	63	71	6.0
＃动物性比重(%)	9.8	12.1	23.5
优质豆类蛋白比重(%)	4.6	4.9	6.5
脂　肪(克)	40	50	25.0
＃动物性比重(%)	39.8	49.6	24.6

2. 衣着

“九五”时期，农村居民穿着由保暖型和传统型趋于潮流型和城市型。这5年间，尽管市场衣着价格指数总体趋降，农村居民的衣着支出额仍有一定增加，并以购买成衣服装为主，传统的手工自制服装已越来越少，对原布的购买量持续下降。2000年农村居民人均用于衣着方面的支出96元，比1995年增长6.9%，其中衣着服装支出额增加较多，人均54元，比1995年增长21.1%；人均用于购买衣着材料的支出额6元，比1995年减少57.2%。从衣着购买数量看，2000年农村居民购买各种成衣服装1.23件，比1995年增长23%。

3. 居住

“九五”时期，农村居民居住支出增加，居住质量、居住条件改善在农村居民提高生活消费水平的目标中始终占有重要的地位。1995～2000年，农村居民人均用于居住类消费支出由186元提高到258元，增长39.1%，年均增长6.8%。2000年农村居民居住支出中43.8%用于建筑材料，22.3%用于家居生活的燃料支出，12%用于生活用电用水支出，4.2%用于住房装饰装修。

农村居民居住支出的增长，带来了居住条件的改善。5年来，农村居民家庭年末人均住房面积由21.01平方米增加到24.82平方米，增加3.81平方米。人均住房面积中，砖木结构和钢筋混泥土结构住房面积2000年达到19.76平方米，比1995年增加4.75平方米；所占比重79.6%，提高8.2个百分点。在人均居住面积增加的同时，居住质量也有较明显的提高。农村居民住房有卫生设施的户数、有空调或暖气设施的户数比重均有所提高，家庭室内装饰装修也越来越受到重视。

4. 用品

“九五”时期，随着农村居民收入的增长，农村居民消费领域明显扩大，用于购买各种日常用品及耐用消费品的支出迅速增加，用品档次逐步提高。2000年农村居民家庭设备、用品及相关服务性支出额人均75元，比1995年增长16.1%。其中用于家具和家庭设备方面的支出增长27.8%，用于家庭日用杂品的支出增长9.1%。

耐用消费品的支出及存量增长速度较快。农村居民人均当年用于购买主要机电、车的耐用品支出2000年为42元，比1995年增长29.4%，其中主要是彩色电视机、电冰箱、摩托车等需求弹性系数较大的耐用消费品支出明显增长，年末百户拥有量成倍增长；而黑白电视机等耐用消费品收入弹性系数已为负值，消费支出及年末存量下降。

5. 交通及通讯

5年来，随着农村基础设施建设的明显改善，方便了农村居民的出行和联络，农村居民与外界的交流日益扩大，交通通讯支出快速增长。2000年农村居民人均用于交通和通讯的支出人均93元，比1995年增加59元，增长1.8倍，平均每年增长22.5%，其中：通讯工具支出由1.9元增加到6.23元，年均增长26.8%；交通工具支出由17.81元增加到26.13元，年均增长8%；交通费支出由10.8元增加到26.74元，年均增长19.9%；邮电费支出增长更为迅猛，1995年人均支出邮电费仅1.59元，到2000年则提高到24.94元，年均增长高达73.4%。

6. 文教卫生

“九五”期间，农村居民文教及医疗保健支出明显增加。2000年农村居民人均用于文化娱乐方面的支出为187元，比1995年增长82.4%，其中主

表3　农村居民购买及拥有主要耐用消费品情况

	全年人均购买支出			年末百户拥有量		
	2000年（元）	1995年（元）	2000比1995年增减(%)	2000年（台）	1995年（台）	2000比1995年增减(%)
黑白电视机	0.42	2.86	-85.3	52.96	63.81	-17.0
彩色电视机	15.09	10.28	46.8	48.74	16.92	1.9倍
收录机	0.35	1.26	-72.2	21.57	28.25	-23.6
录放像机	0.13	0.49	-73.5	3.30	1.12	1.9倍
照相机	0.08	0.09	-11.1	3.12	1.42	1.2倍
洗衣机	1.86	1.49	24.8	28.58	16.90	69.1
电风扇	1.14	1.76	-35.2	122.61	88.96	37.8
电冰箱	2.51	3.00	-16.3	12.31	5.15	1.4倍
摩托车	20.33	11.17	82.0	21.93	4.91	3.5倍

要是学杂费支出增加较快，学杂费支出5年间人均增加72元，占文教娱乐用品及服务支出的比重由66.6%提高到74.9%。与此同时，2000年医疗保健费用支出88元，比1995年增长1.1倍，其中主要是医药卫生保健用品支出提高快，比1995年增长98.7%，年均增长14.7%。5年来，农村居民用于文教娱乐和医疗保健支出合计占生活消费支出的比重提高了5.4百分点，这虽然可以反映农村居民消费层次的一定提高，说明农村居民在发展性消费方向上迈出了重要的一步，也有近年社会公共品和服务价格的提高，推动了农村居民被动性消费支出增多的影响。

7. 社区发展

农村社区发展对农村居民生活的改善具有重要影响。“九五”时期，随着国家和地区对各种基础设施投入力度的加大，对农村居民生活质量的提高起到了重要的作用。广大农村居民在自身生活质量提高的同时，生活条件，生存环境也逐步改善。到2000年，全国农村有95%以上的行政村通了公路，比1995年提高6个多百分点；设有邮电局、所的乡镇比重由1995年的78.1%提高到2000年的79.8%，提高1.7百分点；80%以上的行政村通了电话，农村电话用户2000年比1995年提高了2倍；95%以上的行政村通了电。农村交通，邮电，电力事业的发展，改善了农村生活，生产条件，加快了落后地区的脱贫步伐，更方便了城乡经济、文化交流，为农村经济的持续稳定发展奠定了坚实的基础。

三、“九五”时期农村居民生活消费存在的问题

“九五”期末，中国农村居民整体从温饱走进小康，是历史性的进步，但也应该看到，由于近年收入提高缓慢的制约，农村居民生活消费还具有相当的不稳定性，农村居民生活与城镇居民比较还有较大差距，此外，在基本解决了农村贫困人口温饱问题之后，还有相当一部分低收入农村居民家庭生活徘徊在温饱区间。

(一)生活消费增长不够稳定

1995～1999年，受收入增长速度放慢的影响，农村居民消费增长同步放慢。其中1996～1999年间，农村居民人均生活消费支出增加额合计仅为5元，增长幅度0.3%，年均增长0.1%，扣除物价因素后年均实际增长持平。其中1998年和1999年，农村居民生活消费总支出绝对减少，比上年分别减少27元和13元，农村居民消费呈现了停滞徘徊局面。

(二)城乡居民消费差距拉大

与城镇居民比较，“九五”期间城乡居民消费差距有所扩大。1995～2000年农村居民纯收入净增675元，平均每年增加135元，与此同时，城镇居民可支配收入净增1997元，平均每年增加399元，城镇居民可支配收入的净增总额比农村居民高1.95倍，城乡居民民收入比(以农村为1，下同)1995年为2.71:1，到2000年扩大为2.79:1，由于收入差距拉大，直接导致城乡居民消费差距拉大。5年间，农村居民生活消费支出净增360元，比同期城镇居民生活消费支出净增额1460元低3.1倍，城乡居民生活消费支出比由1995年的2.70:1扩大到2000年的2.99:1。

从农村市场商品零售额增长看，农村慢于城市，农村消费市场难以启动。1995～1999年，销往县及县以下农村的消费品零售额增长了46.1%，

而同期城镇增长54.3%；从国民收入消费额中居民的消费份额看，农村居民消费份额下降，非农村居民消费份额上升，这期间农村居民消费额占全体居民消费额的比重由56.3%下降到47%，非农村居民消费额占全体居民消费额的比重则由43.7%上升到53%。

(三)仍有相当低收入农户生活徘徊在温饱区间

尽管改革以来，我国在缓解贫困方面取得了很大进展，但由于长期形成的社会经济发展不平衡，仍有相当农村居民生活至今仍处于低水平的温饱型消费区间。

从20%低收入农户消费水平与全国平均水平比较，2000年20%最低收出入组农村居民人均生活消费支出为977元，只相当于全国平均水平的58.5%，其他各项支出与全国平均水平比较均存在较大差距。因此，要继续注重改善和提高低收入农户的消费水平。

表4　农村居民消费支出比较表　　单位：元/人

	1995年		2000年	
	全国平均	20%低收入组	全国平均	20%低收入组
生活消费总支出	1310.36	793.76	1670.13	977.37
1.食品	768.19	535.32	820.52	558.75
2.衣着	89.79	52.73	95.95	55.73
3.居住	182.21	84.23	258.34	123.11
4.家庭设备及用品	68.48	31.47	75.45	37.51
5.医疗保健	42.48	24.67	87.57	50.93
6.交通及通讯	33.76	10.43	93.13	32.28
7.文教娱乐	102.39	46.36	186.72	96.38
8.其他商品和服务	23.05	8.55	52.46	22.67

四、几点思考

未来10年是我国经济发展的重要时期，要使我国农村居民生活在新世纪里获得更大的改善，需要在以下几个方面努力。

(一)有效增加收入，稳步提高农村居民消费水平

收入是影响消费水平增长快慢的决定性因素。收入与消费的变动关联表明，只有收入的提高才能带来消费的持续有效增加。近年农村消费需求不旺、农村市场久难启动，主要缘由在于农村居民收入增长缓慢，因此，要促进农村居民生活消费的持续稳定提高，必须着力于增加农村居民收入。但在新的世纪里，农业生产发展必将受到资源条件的约束，农产品价格亦会受到资金市场和国际市场价格的约束，农村乡镇企业就业弹性已经下降，因此，增加农村居民收入必须找到新的途径，这就是应在坚持以市场为导向的基础上，调整农村产业结构，积极推进农业产业化经营。调整农村非农产业发展模式，适度发展中小城市，加快农业剩余劳动力转移速度，创造有利于农村劳动力转移的经济和社会环境。只有这样，才能拓宽农村居民收入渠道，消除制约农村居民消费更快提高的障碍。

(二)密切配合农村居民消费需求变化，拓展农村消费领域

农村居民消费需求具有动态变化特点。“九五”以来，随着农村和整个国民经济的发展，农村居民消费领域不断扩大，已由简单的生活消费扩展到劳务消费，由单纯的吃、穿、用等方面的物质消费扩展到更多精神文化方面的消费。消费结构正在呈现如下趋势：一是在收入提高的基础上，消费不断增加；二是消费的“恩格尔系数”持续降低，非商品消费比重不断上升；三是在食品结构中直接的粮食消费下降而间接的粮食消费(主要表现为肉禽蛋类)上升；四是随着农村商品经济的发展，自给性消费支出的比重越来越小，商品性消费支出比重越来越大；五是农村劳务性消费需要的支出，正以较快的速度增长，农村居民将从自身的家务劳动中逐步解放出来；六是随着家庭消费水平的提高，农村居民对家庭以外的社会性公共消费项目的需要不断

增加。这反映出在迈向新世纪的今天，农村居民消费的选择权、决策权不断增强，消费行为由被动逐渐变为主动，消费档次由低层次向高层次转变，消费类型由抑制性消费向个性化消费转变。因此，如何适应农村居民消费需求变动的发展趋势，对拓展农村消费领域、适应21世纪中国的竞争与发展具有重要作用。

(三)注重扶持低收入人群，促进农村消费水平的普遍提高

目前我国现有的低收入农村居民生活与全国比较存在较大差距，对农村消费水平的普遍提高产生了不利影响，由于这部分人收入水平低，自我发展能力弱，生存性消费特征明显，生活消费的更新升级难以在短时期内实现，因此，注重对这部分低收入人群的扶持与帮助，针对其贫困特点分类扶持，尽快提高其收入水平，切实增强这些低收入农户自我积累和自我发展的能力，是促进农村消费水平普遍提高不应忽视的方面。

(四)继续抓紧农村基础设施建设，改善消费环境

继续抓紧农村电力、道路、供水等基础设施建设，是缓解农村居民服务性需求对社会构成的压力，改善消费环境，促进新兴家电消费品在农村的销售与普及的重要举措。5年来的实践证明了发展农村基础设施建设的必要性和重要性。因此，应继续加大政府在农村电站、输变电设备和线路、公路、通讯等基础设施建设投资力度，也应鼓励农村居民集资办小水电、风力发电，共建小水塔等，尽快解决农村家庭家电消费所需的电和水。同时，政府还应大力发展农村流通体系，重新疏理农村市场上的购销渠道；扩大农村商业网点，加强农村市场建设；深化农村流通体制改革，鼓励农村居民进入流通领域；规范市场主体行为，提倡文明经商；整顿市场交易秩序，加强市场法制建设，维护消费者合法权益。

(五)优化工农产品结构和质量

生产城乡人民急需的受欢迎的产品，是扩大消费市场的前提条件。一方面，农村居民能够接受的是那些经济实惠、经久耐用、价格便宜、使用方便的商品。受收入水平的限制，多数农村居民在选购商品时都首先考虑价格因素。从现实情况看，只要企业把生产对准农村居民需求，把握农村市场和消费特点，搞好产品结构调整，农村市场就大有作为。另一方面，农产品要不断提高自然质量，并通过产后处理，进而提高农产品的总体质量水平。要通过农业结构的调整，实行农业生产的多样化和农产品的多样化。只有使农产品结构和质量符合市场需要，才能适应城乡居民生活由温饱走向小康的市场需求多样化、优质化发展要求，这也是解决现阶段农产品出售难、缺乏竞争力、农业增产不增收的重要途径，是扩大农村居民增收空间，进而提高农村居民消费水平的重要举措。

(执笔：唐平)

专栏11.1　城市高收入群体职业特征

一、城市高收入群体的职业构成

从职业角度看，企事业单位负责人在城市高收入群体中的比例最大，占31%，这比较符合收入分配的原则。企事业单位负责人拥有的社会经济资源比较多，在微观层面上又有分配的决策权，分配制度安排又对他们的劳动给以较高的报酬。所以，尽管企事业单位负责人在总人口中占有较小的比重，但却在城市高收入群体中的比重最大。

其次为专业技术人员，占城市高收入群体的25.2%。这是知识经济飞速发展、技术市场化的结果。可以说，“搞导弹的不如卖茶叶蛋的，拿手术刀的不如拿剃头刀的”这一现象已经逐步成为历史。

其它职业人员在城市高收入群体中的比重请见表1：

二、城市高收入群体中不同职业者收入比较

调查结果显示，2000年上半年城市高收入群体人均月收入为5467元左右。

表1　不同职业人员占城市高收入群体比重

序号	职业分类	人数	比重(%)
1	企事业单位负责人	3087	31.0
2	专业技术人员	2504	25.2
3	自由职业者	1773	17.8
4	办事人员和有关人员	945	9.5
5	商业服务人员	850	8.5
6	生产、运输设备操作人员	436	4.4
7	不便分类的其他从业人员	347	3.5
8	农、林、牧、渔、水利业生产人员	14	0.1
9	合计	9956	100.0

从具体职业来看，城市高收入群体中收入最高的是私营企业经营者，2000年上半年人均月收入是13445元；职业股民的人均月收入是8491元，位列第二。收入前10名中的另外8种职业是：社会中介服务人员、导游、股份制企业负责人、三资企业中高级管理人员、IT行业从业人员、个体经营者、工艺美术人员、国有企业负责人等。详情见表2：

表2　高收入者比较集中的职业及2000年上半年平均月收入情况

序号	职　业	平均月收入(元)
1	私营企业经营者	13445
2	职业股民	8491
3	社会中介服务人员	8096
4	导游	7699
5	股份制企业负责人	6908
6	三资企业中高级管理者	5713
7	IT行业从业人员	5676
8	个体经营者	5405
9	工艺美术人员	4615
10	国有企业负责人	4538
11	法律专业人员	4160
12	保险业务人员	4055
13	高级厨师	3819
14	新闻出版文化工作人员	3767
15	事业单位负责人	3713
16	购销人员	3636
17	国家机关负责人	3450
18	工程技术人员	3431
19	证券业务人员	3390
20	大中小学教师	3372
21	运输服务人员	3368
22	会计人员	3200
23	科学研究人员	3140
24	卫生专业技术人员	2728

(注：职业分类以国标分类GB/T6565—1999为基础)。

(执笔：曹子玮)

“九五”期间城市居民生活总体达到小康水平

改革开放以来，国民经济飞速发展，居民收入持续稳定增长，消费水平不断提高。在20世纪结束，新世纪正向我们走来之际，我国经济成功地实现了社会主义建设战略部署的第二个目标，人民生活水平明显提高，总体达到小康水平。

小康目标制定于改革初期，为实现这个目标，全国人民从“六五”到“九五”奋斗了四个“五年”。20年中，我们经历了“六五”的起步，国民经济迅速崛起，全国人民看到了改革的光辉前景，对未来充满了希望。我们也经历了“七五”的困惑，新旧体制交替引发了严重的通货膨胀，让大家认识到改革的艰巨性。“八五”期间国民经济逐步调整，改革向纵深发展，经济增长保持强劲势头，人们坚定了改革的信心。“九五”期间，亚洲金融危机席卷全球，严重冲击着我国经济，但是“九五”期间我们保持了经济的持续稳定增长，提前实现了预定目标，我们共同创造了一个奇迹。

表1 “九五”期间国民经济和人民生活增长情况

	2000年（元）	1995年（元）	实际增长 %	年均增长率 %
人均GDP	7063	4854	46.2	7.9
人均可支配收入	6280	4283	32.2	5.7
人均消费性支出	4998	3538	27.3	5.0

注：本文主要资料来自国家统计局城调总队全国4万户城镇居民家庭抽样调查资料。

一、城镇居民收入水平逐年提高

1995年，面对过热的经济，政府采取了适度从紧的货币政策，控制信贷总量，提高贷款利率，经济由总量增长转入结构调整。人均国内生产总值年增长幅度降到10%以下，物价上涨得到了有效控制，经济进入“软着陆”时期。“九五”期间，受国际国内多种因素的影响，特别是亚洲金融危机席卷全球，对我国经济造成很大影响，1999前，经济增长一直呈下降趋势。在这场风暴中，中国政府带领全国人民昂然挺立潮头，在保持人民币不贬值的同时，最终实现了经济复苏和稳定发展。“九五”期间，国民经济持续稳定增长，人均国内生产总值（GDP）年平均实际增长7.9%，1997年提前实现了人均GDP比1980年翻两番的目标。按现行汇率计算，2000年年底，人均GDP已经超过了800美元，这是我国实现第二步发展战略目标，人民生活达到小康的重要标志。

受经济不景气和下岗失业人员增加的影响，城镇居民收入增长速度明显减缓。1999年下半年，机关、事业单位普提工资，企业参照执行，政府提高国有企业下岗职工、失业人员以及城镇最低生活保障对象的生活保障水平，使半数以上城镇居民家庭受益，城镇居民人均可支配收入增长幅度明显提高。调查表明，2000年城镇居民人均可支配收入6280元，比1995年名义增长46.6%，扣除物价影响因素，实际增长32.2%，平均每年递增5.7%。

“九五”期间，我国政府对收入差距扩大和贫困问题加大重视程度，采取了一系列政策，包括进一步改革和完善社会保障制度，加大个人所得税的征收力度，在一定程度上规范和完善了初次分配和再分配体制，收入差距扩大得到了有效控制。1999年，反映收入差距的基尼系数为0.30，比1995年仅提高了2个百分点，说明收入差距扩大速度有所减缓。

二、消费领域不断扩大，消费步入新的转型期

根据经济学理论，人们的消费可以分为生存、享乐和发展三个层次。改革初期，城镇居民生活水平有较大提高，但是消费层次主要局限在温饱方面，消费重点放在吃、穿、用上，仅满足了第一层次，

表 2　“九五”期间主要经济指标

年　份	人均可支配收入(元)	收入实际增长速度(%)	基尼系数	城镇居民消费价格指数(%)	人均 GDP 增长速度(%)
1995	4283	4.9	0.28	116.8	9.3
1996	4839	3.8	0.28	108.8	8.4
1997	5160	3.4	0.29	103.1	7.7
1998	5425	5.8	0.30	99.4	6.7
1999	5854	9.3	0.30	98.7	7.1
2000	6280	6.4		100.8	9.7

少数富裕阶层的消费也大多是重物质轻精神。“九五”期间,这种状况有了明显改观,城镇居民的消费领域不断扩大,消费实现了由量向质的转变,由生存型逐步向发展型和享受型转变。主要表现为:吃、穿、用的消费比重逐年减少,文化教育、旅游、医疗保健、交通通讯、住房、保险等成为城镇居民新的消费热点,消费比重不断增加。

2000 年城镇居民人均消费支出 4998 元,比 1995 年增长 41.3%,扣除物价因素,实际增长 27.3%,平均每年递增 5.0%。

表 3　“九五”期间城镇居民人均消费性支出

年　份	恩格尔系数(%)	消费性支出(元)	支出实际增长(%)
1996 年	48.6	3920	1.8
1997 年	46.4	4186	3.6
1998 年	44.5	4332	4.1
1999 年	41.9	4616	8.0
2000 年	39.2	4998	7.4

(一)恩格尔系数逐年下降,跌破了 40% 的大关,食品消费不断由吃饱向吃好转变

随着生活水平的提高,吃在中国人生活中所占的比重越来越小。据调查,2000 年城镇居民人均购买食品支出 1958 元,比 1995 年增长 10.9%,而食品消费比重(恩格尔系数)却呈逐年下降态势,从 1995 年的 49.9% 下降到 2000 年的 39.2%,下降了 10.7 个百分点,跌破了 40% 的大关,从恩格尔系数上看,城镇居民生活开始进入小康水平。

表 4　“九五”期间城镇居民家庭恩格尔系数(%)

年　份	恩格尔系数
1996 年	48.6
1997 年	46.4
1998 年	44.5
1999 年	41.9
2000 年	39.2

在食品消费比重持续下降的同时,城镇居民中,吃好、吃精、注重营养、追求方便的倾向越来越明显,食品消费不断由吃饱向吃好转变。主要表现为:

(1)粮食消费量下降明显,其中:细粮消费量降低,粗粮消费量增加,主食的花色品种呈现出多样化和成品化。

(2)动物性食品的消费量明显提高。其中:猪肉的消费量略有下降,牛羊肉、水产品、禽肉和蛋奶的消费量明显提高,牛奶已成为许多家庭餐桌上不可缺少的食物,食品结构变得更富营养、更为合理。

(3)用于烟、酒、饮料、干鲜瓜果等奢侈品的消费支出明显增加。2000 年,人均支出 332 元,比 1995 年增长 24.3%。

(4)追求食品口味的多样化和方便化,各类加工食品不断涌现,商场和超市的净菜、速冻食品、绿色食品、方便食品、饮料、消闲食品、儿童食品日益受到青睐。

(5)在外就餐越来越多。2000 年,人均在外用餐 288 元,比 1995 年增长 78.9%。

表 5　“九五”期间城市居民购买主要食品数量

主要食品	2000 年消费数量(千克)	1995 年消费数量(千克)	增长幅度(%)
粮食	82.3	97.0	-15.2
其中:细粮	79.5	95.0	-16.3
粗粮	2.9	2.1	38.1
油脂	8.6	7.6	13.2
畜肉	22.5	21.5	4.7
其中:猪肉	16.7	17.2	-2.9
牛羊肉	3.3	2.4	37.5
禽肉	7.4	5.8	27.6
水产品	10.2	9.2	10.9
蛋类	11.9	10.4	14.4
鲜乳品及酸奶	11.1	4.9	126.5
菜	116.8	116.5	0.3
干鲜瓜果	58.1	45.4	28.0

(二)衣着消费支出增长缓慢,消费比重略有下降,居民着装继续向时装化和个性化发展

改革以来,城镇居民衣着消费一直平稳增长,消费比重一般维持在13~14%之间。"九五"期间,衣着消费发生明显变化,2000年人均购买衣着消费支出500元,比1995年的479元增长4.4%,年平均增长0.9%,增长缓慢。消费比重从1995年的13.5%下降到2000年的9.8%,减少了3.7个百分点。

衣着消费缓慢增长的同时,成衣消费率逐步上升。成衣消费率从1995年的84.8%上升为2000年的93.6%,上升了8.8个百分点。衣着消费的主要特点是:中老年青睐中高档服装,年轻一代不断追逐时装化和个性化,不同品牌不同风格的专卖店琳琅满目,市场上国际名品比比皆是,"T"字台上的风骚隔日便成为街头时尚。

(三)家用设备中,微波炉、空调、电脑成为都市人的新宠

我国城镇居民绝大多数完成了从自行车、缝纫机向彩电、冰箱、洗衣机的更新过渡期,彩电、冰箱、洗衣机的普及率非常高,在一些经济发达城镇,已经达到饱和状态。今后,城镇居民家庭家用设备将进入新的更新换代期,微波炉、空调、电脑成为都市人的新宠。同时,随着居住条件的改善,电炊具、沐浴热水器、抽油烟机,吸尘器的拥有量也相应增加。"九五"期间,家庭设备用品及服务支出稳步增长,增幅为47.8%,年平均增长8.1%。

表6 城镇居民家庭耐用消费品拥有量变化情况(1)

	彩 电	冰 箱	洗衣机	电炊具	沐浴热水器	抽油烟机	吸尘器
2000年(台/100户)	116.6	86.7	90.5	101.9	49.1	54.1	11.2
1995年(台/100户)	89.8	69.1	89.0	84.1	30.1	34.5	10.0
增长(%)	29.8	25.5	16.9	21.2	63.1	56.8	12.0

表7 城镇居民家庭耐用消费品拥有量变化情况(2)

	微波炉	空 调	电 脑
2000年(台/100户)	17.6	30.8	9.7
1997年(台/100户)	5.4	16.3	2.6
增长(%)	225.9	89	273.1

(四)医疗保健支出持续高速增长

随着生活水平的提高,人们的保健意识增强,各类医疗保健器材及医疗服务开始进入居民家庭,同时,随着医疗制度改革的深入,医疗费中个人负担的比重加大,"九五"期间城镇居民医疗保健支出持续高速增长。2000年,人均医疗保健支出318元,比1995年增长188.9%,年平均增长率为23.7%,医疗保健支出消费比重由1995年的3.1%上升为2000年的6.4%。其中,医药费支出一直是医疗保健支出的主要构成部分,比重在70%以上;医疗保健服务支出增长最快,增长了223.3%,其次是医药费和滋补药品,分别增长192.1%和182.5%。

表8 "九五"期间城市居民人均医疗保健支出

	2000年(元)	1999年(元)	增长(%)
医疗保健	318.1	110.1	188.9
其中:医疗器具	2.1	1.3	61.8
保健用品	4.3	2.6	65.4
医药费	243.3	83.3	192.1
滋补药品	24.4	8.7	182.5
医疗保健服务	41.7	12.9	223.3

(五)文化教育消费日趋火爆,城镇居民家庭越来越重视教育投入

随着市场经济的深入发展,人们越来越认识到知识的重要性,没有文化知识、不掌握现代科学技术,将很难在未来社会中立足。从整个社会到单个居民家庭都非常重视教育投入。中小学生的素质教育被提上议事日程,各种培训班如雨后春笋。"大学扩招"、在职研究生培训、成人高等教育为居民提供了大量的高等教育机会。自费留学的现象也越来越多,留学的目的不再局限于出国,更多地是作为一种深造和再教育的机会。居民愿意投入大笔费用去留学,一方面是收入提高后有这种支付能力,另一方面是留学的教育收益率比较高。

调查表明,2000年城镇居民人均娱乐、教育、文化服务支出628元,比1995年翻了一番,消费比

重从1995年的8.8%上升到2000年的12.6%，增加了3.8个百分点。其中，2000年人均教育支出364元，比1995年增长119.5%；人均文娱耐用消费品支出147元，增长88.6%；人均文化娱乐支出117元，增长69.4%。

（六）交通通信消费方兴未艾，成为持续的消费热点

随着经济发展和科技进步，人民生活节奏加快，现代化的交通通信迅速进入居民家庭，改变着居民生活。2000年城镇居民家庭人均交通通信支出395元，比1995年增长131%，交通通信支出占消费支出的比重从1995年的4.8%上升到2000年的7.9%。

汽车业发展迅速，私人轿车逐步进入高收入家庭，一般家庭用于出租车的费用也明显上涨。2000年，每千户城镇居民家庭拥有家用汽车5.1辆，比1997年增长168.4%；人均交通支出162元，比1995年增长95.2%，交通支出占消费支出的比重从1995年的2.3%上升到2000年的3.2%。其中，人均交通费89元，增长152.6%；人均出租车费用21元，增长235.6%；人均交通工具支出49元，增长12.2%。

计算机与通讯技术的不断创新和全球化浪潮推动了通信和网络的大力发展。电话初装费和手机购置上网费明显下调，家装电话更加普遍，手机也越来越普及。2000年，家装电话拥有率达80.5%，比1995年的39.9%提高了40.9个百分点，翻了一倍多；每百户拥有移动电话19.5部，比1997年增加了10多倍，每百户拥有家用电脑9.7台，比1997年增长273.1%。随着上网费用的下调、连接速度的提高、网上资讯的丰富，网上购物、网上教育、网上通讯以及从网上获得资讯越来越普遍，网络已成为现代城镇居民，尤其是年轻人生活中不可缺少的部分，1994年，我国只有1万多网民，至1999年，上网用户已达1690万，发展速度令人咋舌。家庭中用于通讯的支出也随着网络业的进一步发展而明显增加。调查表明：2000年城镇居民家庭人均通信支出233元，比1995年增长164.8%，交通通信支出占消费支出的比重从1995年的2.5%上升到2000年的4.7%。

表9　城镇居民家庭耐用消费品拥有量变化情况(3)

	家用汽车	移动电话	家用电脑
2000年（台/100户）	0.51	19.5	9.7
1997年（台/100户）	0.19	1.7	2.6
增长(%)	168.4	1047.1	273.1

（七）住房制度改革取得重大突破，购房和装修支出增长明显

“九五”期间，城镇住房制度改革取得重大突破，已经实行了50年的福利分房体制嘎然停止，住房分配货币化制度正全面实施。中国延续了几十年的实物性、福利性住房制度的彻底结束，给城镇居民住房消费带来了重大转变。调查资料表明，2000年城镇居民家庭住房自有率（包括部分自有房）已达到77.1%，比1995年提高了41.4个百分点。

表10　城镇居民居住条件

	人均居住面积（m^2）	人均居住面积小于$8m^2$的住户比重（%）	人均居住面积大于$14m^2$的住户比重（%）
2000年	13.6	18.9	41.6
1995年	11.4	32.1	28.2

随着居民住房条件的改善，居住消费显著增长，城镇居民购房和居住支出成为居民家庭主要的一次性大笔支出。2000年，城镇居民人均购房支出455元，比1995年增长150.8%；人均居住支出500元，比1995年翻了一倍，居住消费比重从1995年的7.1%上升到10%，增加2.9个百分点。其中，住房支出202元，增长101.6%，主要受房租影响，房租支出增长了141.3%；水电燃料等各种费用支出299元，增长103.9%，主要受水电费增加的影响，水、电支出分别增长146.5%和131.5%。

新世纪，居民将对小区服务及系列配套设施，二手房市场等投入更多的关注，同时，要保持居民对住房热情的不断增加，必须适当降低商品房的价格，使之与居民实际购买力相吻合。

（八）假日消费火爆，旅游成为消费新时尚

随着人们生活水平的提高和生活观念的转变，旅游成为都市人的新时尚，城镇周边游和近距离的周末游、国庆、元旦、春节长假假日旅游发展非常快，城镇居民用于旅游的支出逐年增加。调查表明：2000年，城镇居民人均旅游支出88元，比1995年增长167.6%。

与旅游热相比，旅游交通运输和配套服务设施跟不上，旅游文化单一，景点重复现象严重，在很大程度上限制了旅游业的进一步发展。

（九）保险消费仍有较大空间

随着改革的深入，人们对教育、医疗、养老等预期支出的增加，人们的保险意识加强，保险支出明

表11 城镇居民人均居住支出

	2000年(元)	1995年(元)	增长(%)
居住支出	500	250	100.1
1. 住房	202	104	101.6
其中:建材	76	46	65.1
房租	97	40	141.3
维修	28	17	64.5
2. 水电燃料及其它	298	146	103.9
其中:水	34	14	146.5
电	128	55	131.5

显增加。2000年,人均非储蓄性保险支出17元,比1995年增长261.3%;人均储蓄性保险支出103元,比1995年增长476.3%。人均保险支出依然比较低,合计只有120元,保险消费仍有较大发展空间。但是,目前保险业中存在一些问题,如保险条款及程序比较复杂,保险承诺兑现中存在不少问题,让居民对保险业即爱又怕。

(十)居民投资继续偏好有价证券

老百姓的投资理念增强,银行储蓄不再是老百姓的唯一选择,尤其是经过几次降息,储蓄增值功能减弱,老百姓纷纷寻找多种投资渠道。国债,以其良好的政府信誉和相对较高的回报率;股市,以其门槛低、进出方便、高收益、高风险的特点,吸引了众多私人投资。居民购置有价证券明显增加,2000年,人均购置有价证券43元,比1995年增长45.7%。

(十一)贷款消费成为新时尚

随着人们消费观念的改变,住房和汽车等多种消费贷款方式成为消费新时尚。2000年,人均购置房屋从银行贷款56元,比1995年增加11.3倍。但是,贷款手续繁锁,在很大程度上制约了信贷消费的充分发展,作为消费的一种新方式,政府有必要进一步加强引导和管理。

(十二)家庭服务社会化

"九五"期间,家庭服务社会化趋势明显,2000年,人均家庭服务支出46元,比1995年翻了一番。其中:保姆费增长了172.2%。

三、"九五"时期成功的两大因素

(一)政治稳定、社会稳定、民心稳定是经济发展的基础

"九五"期间,国内外形势复杂多变,特别是亚洲金融危机席卷全球,对许多西方发达国家也造成很大的影响。中国在这场风暴中昂然挺立潮头,保持人民币不贬值,在国际上提高了中国的信誉,在国内也起到了稳定社会、稳定民心的关键作用。

(二)循序渐进地推进各项改革,促进经济持续稳定向前发展

国有企业改革继续深化,一大批国有大中型企业重新焕发生机和活力。社会保障制度改革不断完善,逐步建立了以养老、待业、医疗保险为主体,社会救济、社会福利、安置优抚等相辅助的社会保障体系。到1999年底,全国共有9433万职工和2900万离退休人员参加了养老保险,9912万人参加了失业保险,2100万人参加了大病医疗费用统筹和医疗统筹。另外还有667个城镇、1682个县建立了最低生活保障制度,525.7万人得到最低生活保障救济。政府机构改革、收入分配体制改革,金融、教育、住房改革等一系列改革的不断深化,对建立和完善社会主义市场经济体制、促进经济发展和社会进步,发挥了重要的作用。

四、展望"十五",任重而道远

"九五"的成就是显著的,但是前进过程中依然存在不少矛盾和问题,需要在今后的发展中解决。

(一)收入差距不断拉大同失业、下岗率上升、最低收入阶层相对恶化等现象交织在一起,是社会稳定的隐患,对社会经济发展有着严重的负面影响

改革开放以来,我国收入分配制度明显改善,"大锅饭"、脑体倒挂等现象得到扭转。"九五"期间,收入差距扩大的幅度相对减缓,但是,城镇低收入阶层的收入状况并没有明显好转,还存在相对恶化的现象。表现为:收入越低,增长幅度越小,减收面越大;60%的中低收入户占总收入的比重一直呈下降趋势,40%的中高收入户占总收入的比重一直呈上升趋势。表明高收入户收入增长速度明显快于低收入户,高低收入户之间的相对差距持续扩大。

虽然,目前大多数城镇制定了最低生活保障线,但在日趋繁荣和现代化的城镇中,贫困不再是简单的生活拮据,而是远远超出实际生活状况的一种社会发展的贫困。在政府和有关部门的支持和帮助下,城镇贫困人员吃饱、穿暖问题不大,但居住、医疗保健和教育都面临着很大困难,一部分低收入家庭的收入来源非常脆弱,一旦面临生病、下岗失业等天灾人祸时,很容易形成新的贫困层。城镇贫困层和暴富群体并存形成明显反差,如果不能有效的解决收入差距拉大与失业率上升叠加的问题,将会引发社会问题,同时影响经济可持续发展。

专栏11.2 20世纪末城市居民的关注焦点

在新旧世纪交替之际,为了全面客观地反映20世纪末城市居民最关心的经济生活问题、百姓对改革开放的切身体会以及现实生活中急需有关部门重视的问题,国家统计局城调总队联合中央电视台《生活》栏目组在全国10个城市对3000户城市居民家庭开展了生活意向调查。

在医疗卫生、住房、社会保障、失业与就业、教育、环保、生活质量、通信网络、投资、交通、税收、旅游、消费者权益保护等与老百姓生活密切相关的十大问题中,关注率最高的前三个热点问题是:医疗卫生制度改革,关注率87%;社会保障制度完善,关注率81.8%;失业与就业,关注率68.1%。其它热点问题依次为住房改革、环境保护、生活质量、教育体制改革,交通、旅游、通信网络、投资等,关注率分别为65.4%、63.6%、61.1%、54.5%、43.3%、23.2%、21.1%和16.8%。

与1996年相比,医疗卫生制度改革依然是百姓最关注的问题,关注率由1996年的47.92%上升为87.0%;随着下岗失业人员的增加以及住房政策的逐步落实,社会保障制度的完善、失业就业问题成为百姓新的关注热点,住房制度改革落在社会保障制度和失业就业问题之后。人们对社会保障制度的关注从第4名上升为第2名,对失业就业问题的关注从第6名上升为第3名,关注率分别提高了53和48个百分点,对住房制度改革的关注由第2名下降为第4名。近几年,物价稳定,工资改革基本到位,人们不再过多地关注物价和工资改革问题,但随着人民生活水平的提高,环保、生活质量、教育体制改革、交通通信、旅游和投资成为老百姓关注的新问题。

一、医疗卫生是城市居民的首要关注。目前,我国的医疗制度改革正进入攻坚阶段,很多政策还不明朗,医疗卫生制度改革因此成为百姓首要关注的问题,关注率为87%。72%的人认为医疗条件明显改善,病人可以自主选择医生,看病很方便。59.1%的人同意部分药品价格下降,95.5%的人认为政府部门应当重视医药费及医疗费合理收取问题,55.3%的人把医药费及医疗费的合理收取作为第一个需要政府重视和解决的问题。

二、社会保障制度有待进一步完善。随着改革深入发展,社会保障体系的建立与完善已成为保证改革不断前进的重要环节。近几年,我国在社会保障方面做了很多努力,包括完善医疗、失业、养老保险制度;增加中低收入阶层的收入;制定最低生活保障线和最低工资标准。70.6%的人认为我国的社会保障制度正逐渐完善,33%的人认为保险条款及程序比较复杂,有待简化;46.9%的人认为保险承诺兑现中存在不少问题,应引起有关部门重视。

三、失业、下岗与再就业成为新的关注热点。我国正经历前所未有的大规模结构调整,随着失业、下岗人数的增加,再就业成为城市居民新的关注热点。71.4%的人认为政府机构改革增加了就业难度,只有34%的人对多数下岗职工实现再就业表示认同,42.3%同意或基本同意政府给职工开辟更多再就业机会,半数以上的人对政府开辟再就业机会和多数下岗职工实现再就业持否定态度。扩大再就业渠道成为继合理收取医药费及医疗费之后老百姓急需政府解决的首要问题。81%的人认为政府应当对再就业工程加大关心力度。

(执笔:龚红斌)

(二)社会就业压力加大,城镇贫困家庭生活困难

“九五”期间,我国经历了前所未有的大规模结构调整。在过去4年中,受国有企业减员增效影响,平均每年下岗633万人,至2001年,绝大多数国有企业下岗职工将从再就业中心脱离出去,形成300万左右的失业人群高峰。政府机构改革使本来就比较严峻的就业市场雪上加霜,就业难度进一步加大。有关调查表明,以失业者和国有下岗职工为户主的家庭平均月收入为272元,远远低于全国平均水平,生活状况非常恶劣。为此,我国政府采取了一系列措施,来解决下岗职工再就业问题,但

表 12 “九五”期间城镇不同收入家庭收入比较

年份		平均	最低	困难户	较低	中偏下	中等	中偏上	较高	最高
		100%	10%	其中:5%	10%	20%	20%	20%	10%	10%
2000	收入(元)	6280	2653	2325	3634	4624	5898	7487	9434	13311
	比重(%)	100	4.8	2.1	6.3	15.4	18.8	22.6	13.8	18.0
	减收面(%)	31.2	54.1			37.4	26.5	22.5	19.7	
1995	收入(元)	4283	2170	1976	2775	3360	4069	4955	6032	8222
	比重(%)	100	5.8	2.7	7.0	16.3	19.0	22.4	13.0	16.6
收入名义增长(%)		46.6	22.3	17.7	31	37.6	44.9	51.1	56.4	61.9

再就业工程效果并不尽如人意。调查中，只有34%的人对多数下岗职工实现再就业表示认同，42.3%的人同意政府给职工开辟了更多的再就业机会，半数以上的人对政府开辟再就业机会和多数下岗职工实现再就业持不认可态度。因此，扩大再就业渠道成为继合理收取医药费及医疗费之后老百姓急需政府解决的重点问题。

（三）增强环保意识，提高全民素质

环保似乎是生产环节的问题，与消费关系不大。但事实上需求决定生产，生产带动消费，消费、生产、需求是密不可分的。改革开放后，居民生活有了很大的提高，资源消耗、浪费越来越大。无限制的索取，地球资源将会越来越少，这是需要全社会关注的大问题。提高全民环保意识，是持续发展的需要。

（执笔：黄朗辉　王人代　龚红娥）

国际对比

世界贸易强国的基本特征以及我国的差距

改革开放以来,我国对外经济贸易发展异常迅速,国际地位上升。现已跻身于世界前10名对外经济贸易大国之列。但是与世界其他对外经济贸易大国相比,存在着一定的差距,还有很大的发展空间和潜力。本文通过对1999年商品和服务进出口贸易额居世界前8位国家(即美国、德国、日本、英国、法国、加拿大、意大利、荷兰)主要对外经济贸易指标的比较研究,概括对外经济贸易强国的基本特征,在此基础上,分析目前我国与贸易强国之间的差距。

一、世界贸易强国的基本特征

通过对外商品贸易规模和结构、对外服务贸易、对外贸易条件、资本流入和流出等四个方面主要指标的综合比较和分析研究表明,世界8个贸易强国在对外经济贸易方面,首先表现出规模"大"的特征,商品和服务贸易、对外直接投资等各项主要指标在规模上均居世界前列;其次表现出实力"强"的特征,在国际贸易和资本市场上占居明显的比较优势和竞争优势,凭借其强大的经济、技术和资本实力,从对外经济贸易活动中取得最大的经济利益。概括地说,对外经济贸易强国至少应包括三个方面的内涵:一是贸易强国首先应该是贸易大国;二是对外经济贸易强国同时应该是经济强国,比较优势和竞争优势明显;三是对外经济贸易强国应该是一个高度开放的国家。

对外经济贸易强国应具备如下4个方面的特征:

1.经济高度发达。在世界前8个贸易强国中,6个国家的国内生产总值(GDP)居世界前6位,加拿大和荷兰分居世界第9位和第13位;7个国家人均GDP在20000美元以上,加拿大也接近这一水平,而美国和日本超过30000美元。8个国家人均GDP相当于世界人均GDP平均水平的4~6倍。作为经济强国,它们的经济、技术和资本实力雄厚,科学技术发展程度高,商品和服务的技术和质量具有较强的国际竞争力,这是成为世界贸易强国的技术和物质基础。据美国《财富》杂志公布,1999年美国和日本分别有179家和107家进入世界500强,其他国家进入500强的公司数目均居世界前列,而且在产业上主要分布在制造业和高新技术领域,企业产品的国际竞争力强劲,有力地推动了本国对外经济贸易的发展。

2.对外经济贸易规模大,其影响力强,辐射面广,在某种程度上影响着世界贸易和国际市场价格的变化,以及国际资本流动的方向。自80年代以来,这8个国家商品进出口总额稳居世界前8位,其中1998年美国、德国、日本商品进出口分别占世界总额的14.7%、9%、6%,是世界上三个最大的贸易强国,英国和法国在5.4%左右,意大利、加拿大、荷兰在3.5~4.2%之间。其中,各国在钢铁、机器设备、化学制品等资本和技术密集型产品出口方面居世界前列。例如,美国化学制品、机器和交通设备出口总额居世界首位,汽车出口居世界第三位。德国钢铁产品、化学产品、纺织品、汽车出口居世界首位,机器和交通设备出口居世界第2位。日本钢铁产品出口居世界第2位,机器和交通设备出口居世界第3位,其中办公和电信设备、汽车产品出口均居世界第2位。法国钢铁产品出口居世界第4位,化学制品出口居世界第3位,机器和交通设备居世界第4位。英国钢铁产品出口居世界第8位,化学产品出口居世界第4位,机器和交通设备出口居世界第5位。意大利钢铁出口居世界第5位,机器和交通设备出口居世界第6位。加拿大机器和交通设备出口居世界第7位,其中汽车产品出口居世界第4位。荷兰化学产品出口居世界第7位。

这些国家作为世界产品和资本的主要供应者和需求者,对外经济贸易活动在很大程度上直接左右着世界贸易和资本市场的变化方向和趋势。在这里,应注意区分对外经济贸易强国和对外贸易发展程度高的国家。对于一些国家,如新加坡和马来西亚，尽管对外经济贸易高度发展，在本国经济发展中发挥极其重要的作用，对外贸易依存度（出口占GDP比重）在90～200%之间，但是它们不能被称作为对外经济贸易强国，因为对世界贸易的影响和作用有限。

3. 在对外经济贸易活动中，占居明显的竞争优势。一是通过参与国际分工，充分发挥本国资源的比较优势和经济技术的竞争优势，在质量和技术上保持世界一流水平，高新技术产品和服务进出口贸易所占的比重大，其贸易条件始终处于有利地位，能以较少的出口产品换回更多的进口物品。统计数据表明，如果以1990年为100，近年来，发达国家贸易条件指数为105%左右，处于较优势地位，而发展中国家则为97%，较为劣势。尤其是日本的贸易条件一直趋于上升，从进出口贸易中获取较大的经济利益。其次是法国、意大利和美国，贸易条件始终呈有利态势。德国、英国、荷兰除了个别年份以外，贸易条件指数基本持平。加拿大贸易条件相对较差，这在很大程度上与其商品进出口结构有关。

世界前8个贸易强国
1991～1998年贸易条件指数
（1990＝100）

	美国	日本	法国	英国	意大利	加拿大	荷兰
1991年	100.9	110.1	100.7	99.9	103.8	97.8	98.8
1996年	101.9	126.4	105.5	100.2	105.9	100.9	101.6
1997年	102.8	125.1	105.5	101.5	105.5	99.8	

资料来源：国际货币基金组织（IMF）《国际金融统计年鉴》

二是凭借国内充裕的资本实力和良好的投资环境，通过海外直接投资和吸引外国投资，从国际融资中获取最大的经济利益。

4. 对外开放度大。作为WTO的创始国，这8个国家普遍遵循国际贸易规则，奉行自由化国际贸易政策，对外开放程度大。主要标志为：一是平均关税率低。经过多个回合的多边贸易谈判，8个国家的平均关税率大幅度下降，其中平均关税最低的是美国，1999年为4.8%，其次是欧盟国家，为5.6%，日本和加拿大分别为6.6%和7.1%。但同时，在推进全球贸易自由化、打破世界贸易封锁的同时，美、日、欧利用进口配额、出口补贴、反倾销政策等各种非关税壁垒，抵制外国商品进入，保护本国贸易，使得国际贸易的竞争日趋激烈。二是市场开放范围大。按照WTO协议，在这些国家中不仅商品市场，而且服务市场和资本市场同时对外开放，对商品和服务贸易、资本流进与流出的限制性规定少。三是外贸依存度相对较高。除美国、日本由于国内经济高度发达，贸易依存度偏低，1997年商品和服务出口占GDP比重分别为12%和11%以外，其他国家相对较高，在30%左右，其中加拿大为41%，荷兰为56%。

二、我国对外经济贸易发展的差距

自80年代以来，我国对外经济贸易发展速度迅猛，1980～1999年我国进出口贸易增长了5倍，外商直接投资规模扩大了24倍。目前我国在世界上已确立了对外经济贸易大国的地位，主要表现在：

1. 进出口贸易总额跻身于世界前列。2000年我国进出口总额为4743亿美元，首次超过意大利、荷兰，居世界第7位。我国是世界上第四大纺织品出口国和第一大服装出口国；我国旅游服务出口额居世界第7位，也超过了加拿大和荷兰。

2. 资本流入规模大，吸引外资能力居世界前列。2000年实际利用外商直接投资为407亿美元，仅次于美国、英国和瑞典之后居世界第四位，是吸收外国直接投资最多的发展中国家，占全球外国直接投资总额的5%。

但是，我国作为一个发展中国家，人均GDP还不到1000美元，与世界前8个贸易强国相比，存在着经济发展水平低，科学技术较为落后，产品的国际竞争力相对较弱，国内资金不足等问题。我国对外经济贸易，特别是在技术和资本方面，对世界贸易的影响有限，目前还称不上对外经济贸易强国。我国与世界前8个贸易强国的差距主要表现在：

1. 在资源、劳动密集型产品、价格上具有较大的比较优势，在商品和服务的质量与技术方面竞争优势不大。从商品和服务的进出口结构来看，服务贸易发展较弱，1999年我国服务贸易出口额为238亿美元，占我国出口总额的比重为12.2%，居世界第14位；服务贸易进口额为313亿美元，占我国进口总额的18.9%，居世界第12位。在商品出口构成方面，我国主要在初级产品和劳动密集型产品方面占有明显的比较优势，在知识和技术密集型产品出口方面处于劣势。其中初级产品我国商品出口总额的13%，纺织品和服装出口占23%。在世界钢铁、汽车出口市场上比重甚微。在制成品进口结构方面，以机器和设备为主，占商品进口总额的41%。

2. 贸易条件于我不利。长期以来我国贸易条件处于十分不利的地位，出口换汇成本昂贵。一是由于国际市场上初级产品贸易条件指数一直呈下降趋势，而初级产品在我国出口中占相当的比例。二是即使同类产品，由于质量差，档次低，我国出口商品的价格也要低于发达国家同类产品的价格。这是我国贸易条件较差的主要原因之一。三是在制成品出口构成上，主要通过劳动密集优势和价格优势扩大出口规模，占领国际市场，以价取胜，例如纺织品和服装出口比较重大，价格低廉，而同时对国外机器和交通设备等技术产品的需求量大，不可避免地使得我国进出口商品交换价格比例差距拉大，贸易条件处于劣势地位，这也是发展中国家在世界贸易中所具有的共同现象。

3. 资本流出规模小，在国际融资中是一个被动的接受者。1998 年我国对外直接投资仅为 16 亿美元，外国直接投资流入净额达 439 亿美元，是世界第二大资本净输入国，仅次于美国。这在很大程度上也反映出我国国力较弱，缺乏建设资金，需要依赖国际资本帮助发展经济。

4. 对外开放程度较小。我国对外开放时间晚，正处于经济转型时期，各项政策法规有待进一步完善，需要与世界贸易规则接轨。与 8 个贸易强国相比，目前我国海关关税率相对较高，1998 年平均名义关税率为 17.5%，比世界前 8 个贸易强国高出 2－3 倍。对外贸易规则和秩序不规范，不统一，也影响我国进一步对外开放。此外，由于条件尚不成熟，人民币还没有实现全部可自由兑换形式，服务市场尚未完全对外开放，国际资本在我国不能自由流动，等等。这些限制性规定，在很大程度上制约了我国对外经济贸易的发展。

另外，从对外贸易方式的结构来看，据测算，来料加工、来样加工、来料装配等占我国进出口总额的比例为 50% 以上，这无疑夸大了我国对外贸易的实际规模。如果扣除这一因素，我国进出口贸易规模的国际排位将会有所下降。

总而言之，贸易强国只有在工业发达国家才能实现，中国也只有在完成工业化之后，才能达到贸易强国的水平，否则只能是一个“大而不强”的国家。因此，我国要从对外经济贸易大国向强国转变，关键是加快经济发展，提高经济产业化、工业化水平，推进产业结构的优化与升级，增强经济实力和综合国力，实现经济强国的战略目标。在这过程中，应当充分发挥对外经济活动的推动作用。随着加入 WTO，逐步扩大对外开放，必将促进我国对外经济贸易向规模更大、实力更强的方向发展。值得一提的是，对于拥有 12 多亿人口的大国来说，应注意处理好扩大内需与扩大外需之间的关系。特别是在我国经济尚不很发达的情况下，在利用两种资源，开发两个市场过程中，扩大内需仍是推动经济发展的重要因素。

（执笔：余芳东 寇建明）

专栏12.1　2000年中国和世界进出口贸易发展的特点

2000年中国政府继续坚持扩大内需的方针,综合运用积极的财政政策和稳健的货币政策实施宏观调控,使中国经济基本上摆脱了亚洲金融危机带来的负面影响,国内外经济贸易环境不断改善,进出口贸易出现了较好的发展势头。

一、2000年中国进出口贸易发展的主要特点

1.对外贸易实现两位数增长,进出口总额居世界第7位。

据海关最新统计,2000年中国进出口总额为4743.08亿美元,比上年增长31.5%,居世界第7位,排在美、德、日、法、英、加拿大之后。其中出口2492.12亿美元,居世界第7位,首次超过意大利和荷兰;进口2250.97亿美元,首次超过荷兰,居世界第8位。累计实现贸易顺差241.15亿美元。

2.出口市场朝着多元化格局方向发展。

中国10大出口国家和地区排序与上年相同,依次为:美国、香港、日本、韩国、德国、荷兰、英国、新加坡、台湾省和意大利。对前述10大贸易伙伴的出口为1864.5亿美元,占中国出口总额的74.8%,比上年的76.17%下降了1.37个百分点。

3.吸引外资能力继续增强。

到2000年底,全国累计批准设立外商投资企业36000多家,合同外资金额达6000亿美元,实际利用外资3000亿美元。外商投资企业进出口总额2367.14亿美元,接近全国进出口总额的50%。世界500强跨国企业,目前已经有400多家在华投资。

4.高新技术产品出口增加。

据海关统计,2000年中国高新技术产品进出口总额达到895.5亿美元,其中出口370亿美元,高新技术产品出口比上年增长50%,占全国总出口的15%,这有力地促进了中国出口商品结构的优化。但与发达国家相比,中国高新技术产品出口比重偏低。2000年美国的高新技术产品出口比重占44%,荷兰也是44%,日本是39%,新加坡是72%。世界十大出口国平均为40%左右。

二、世界贸易发展的特点及趋势

1.贸易发展速度加快。

据世贸组织统计,1999年世界贸易总额达到6.8万亿美元,2000年将比1999年增长11.8%,创近20年的最新纪录。

2.贸易结构明显变化。

一是服务贸易所占比重显著上升。1999年服务贸易占世界贸易的比重为19.7%,比1989年增加了2.1个百分点;二是货物贸易产品结构不断优化。主要表现为工业制成品贸易持续增长和扩大,在世界贸易中的比重从1989年的70.6%上升到1999年的76.6%。

3.经济区域集团化趋势进一步加强。

90年代以来,区域性经济组织在推动本地区贸易和投资自由化方面已取得实质性进展。在21世纪,各类型的区域及跨区域性的经济合作将继续加强,其目标仍以实现贸易和投资自由化为主。

4.跨国公司日益影响着世界贸易的规模、方向和构成。

跨国公司所带动的贸易已成为世界进出口货易的一个重要影响因素,特别是跨国公司内部贸易额的迅速增加,创造了公司内国际贸易新领域。跨国产业内贸易、公司内部贸易的蓬勃发展,使发展中国家有可能采取原厂委托加工、按客户要求自己设计并制造等方式,成为具有全球影响的某些零部件或最终产品的供应基地。加工贸易的突出特点,造成世界贸易中半成品和零部件等中间产品所占份额迅速增加。

预计今后10年世界商品贸易额年均增长速度在7%左右,世界服务贸易增长率依然超过货物贸易,达10%左右。到2005年全球贸易总额(包括货物贸易和服务贸易)有望达到10万亿美元,其中商品贸易额可达8.5万亿美元。

(执笔:高析)

“九五”时期我国经济和社会发展水平的国际比较

一、经济实力快速增长，国际地位进一步提高

“九五”期间，我们克服亚洲金融危机给我国带来的消极影响，在实现经济“软着陆”之后，又基本解决了内需不足的问题，使国民经济稳步发展，经济实力增强，经济总量与世界排名前六位国家的差距缩小，在世界经济中的比重提高。尤其是在1997年金融危机中，承诺和坚持人民币不贬值，为维护国际金融秩序的稳定发挥了重要作用。

“九五”期间，我国的国内生产总值(GDP)从1995年的57495亿元增加到2000年的89404亿元，首次突破1万亿美元。按可比价格计算，年均增长率为8.3%，大大高于3.8%的世界平均增长率。

表1　1996～2000年主要国家和地区经济增长率

	1996年	1997年	1998年	1999年	2000年	1991～1995年平均	1996～2000年平均
世　界	**4.1**	**4.1**	**2.6**	**3.4**	**4.7**	**2.6**	**3.8**
发达国家(地区)	**3.2**	**3.4**	**2.4**	**3.2**	**4.2**	**2.2**	**3.3**
美　国	3.6	4.4	4.4	4.2	5.2	2.4	4.4
日　本	5.1	1.6	-2.5	0.2	1.4	1.4	1.1
德　国	0.8	1.4	2.1	1.6	2.9	2.0	1.7
法　国	1.1	2.0	3.2	2.9	3.5	1.1	2.5
英　国	2.6	3.5	2.6	2.1	3.1	1.6	2.8
意大利	1.1	1.8	1.5	1.4	3.1	1.3	1.8
加拿大	1.5	4.4	3.3	4.5	4.7	1.7	3.7
澳大利亚	4.0	3.9	5.2	4.4	4.0	3.0	4.3
韩　国	6.8	5.0	-6.7	10.7	8.8	7.5	4.7
中国台湾	5.7	6.8	4.7	5.7	6.5	6.6	5.9
中国香港	4.5	5.0	-5.1	2.9	8.0	5.3	3.0
发展中国家(地区)	**6.5**	**5.7**	**3.5**	**3.8**	**5.6**	**6.1**	**5.0**
中　国	9.6	8.8	7.8	7.1	8.0	12.0	8.3
印　度	7.1	4.8	6.3	6.4	6.7	5.0	6.3
印度尼西亚	8.0	4.5	-13.0	0.3	4.0	7.8	0.5
泰　国	5.9	-1.7	-10.2	4.2	5.0	8.5	0.5
越　南	9.3	8.2	3.5	4.2	4.5	8.2	5.9
马来西亚	10.0	7.3	-7.4	5.7	6.1	9.5	4.1
俄罗斯	-3.4	0.9	-4.9	3.2	7.0	-10.4	0.5
波　兰	6.1	6.8	4.8	4.1	5.0	2.2	5.3
罗马尼亚	4.0	-6.1	-5.4	-3.2	1.3	-2.1	-2.0
匈牙利	1.3	4.6	4.9	4.5	5.5	-2.4	4.1
保加利亚	-10.9	-6.9	3.5	2.4	4.5	-3.5	-1.7
巴　西	2.7	3.6	-0.1	1.0	4.0	3.1	2.2
地区分组							
非　洲	5.7	2.8	3.1	2.2	3.4	1.2	3.4
亚　洲	8.3	6.5	4.1	5.9	6.7	8.7	6.3
中东和欧洲	4.6	5.1	3.1	0.8	4.7	3.5	3.6
欧　盟	1.7	2.6	2.8	2.4	3.4	1.6	2.6
转型期国家	-0.5	1.6	-0.8	2.4	4.9	-7.9	1.5

资料来源：国际货币基金组织数据库。

“九五”期间，世界经济进入新的增长周期，年平均增长率达到3.8%，比“八五”时期的2.6%上升了1.2个百分点。原因是发达国家，特别是美国和欧洲，在这五年中，经济快速发展。发展中国家，尤其是亚洲国家，受1997年末开始的金融危机的影响，经济增长大幅后退，年均增长率只有5%，比90年代前5年的6.1%降低了1.1个百分点。

亚洲金融危机对我国的冲击是十分巨大的。首先我国出口的53%和外资来源的66%在亚洲(1999年数字)。其次周边受危机影响的国家和地区与我国出口结构相当，他们的货币贬值对我国出口形成强劲的竞争，造成人民币贬值的巨大压力。“九五”期间，中国的经济发展与世界总体经济发展大体一致。虽然我国的经济增长率低于超高速增长的“八五”时期，但仍处于世界各国经济增长的前列，而且经济增长更加稳定。

总体上看，我国“九五”经济发展成果之所以显著，不仅是经济发展成果本身，还因为我们首先成功地遏制了“八五”末期超过20%的通货膨胀率；其次是经历了亚洲金融危机对我国的严峻考验之后取得的，因而显得尤其珍贵。

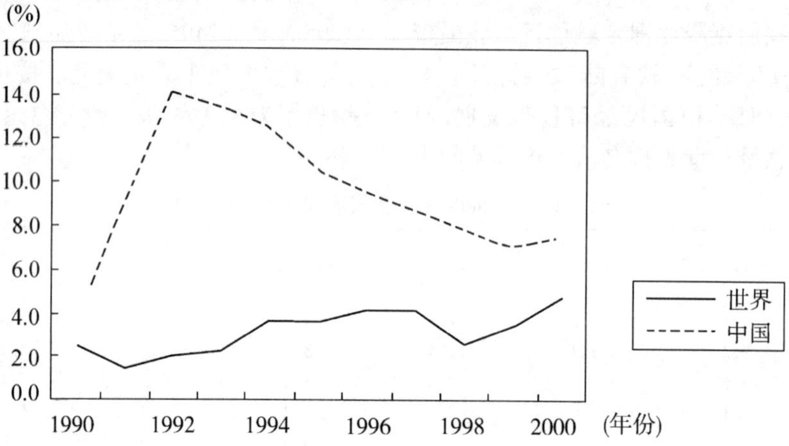

1990～2000年世界和中国经济增长率

“九五”期间，我国在世界经济中的份量也明显加大。我国国内生产总值从1995年占世界的2.1%增加到2000年的2.4%。我国在世界经济中的影响力有所增强。根据世界银行提供的相关资料，1999年我国国内生产总值(GDP)居世界第七位，与1995年世界排名相同，但与前六位国家的差距大幅度缩小。1995年比第六位的意大利少36%，而1999年则仅比它少14%。与前六位相比，除与美国、日本差距在4倍以上外，分别相当于德国、英国、法国和意大利的47%、69%、73%和86%。按照2000年的发展变化情况，到2000年末，中国和意大利的GDP规模已大体一致。

“九五”期间，我国人均国民生产总值逐年上升。据IMF测算，我国人均GNP从1995年的580美元上升到2000年的848美元。按照世界银行划分标准和统计数据，1999年我国人均GNP达到780美元，在世界206个国家中列第140位，从“八五”时期的世界低收入国家进入下中收入国家行列，实现了质的飞跃。

二、主要工农业产品产量居世界前列

中国是一个人口大国，到1999年底人口已达12.59亿，尽管占世界人口的比重从1995年的21.7%降到1999年的21.3%，但仍超过世界的1/5。物质财富的创造和积累是保证我们这样一个大国丰衣足食的基础。

“九五”期间，我国工农业生产继续保持稳定增长的态势，社会供给量持续增加，主要工农业产品产量仍居世界领先地位。1999年农产品中谷物、棉花、油菜籽、水果、蔬菜、肉类、蛋类、鱼类等产量排名世界第一；羊毛、茶叶等产量排名世界第二；麻类居世界第三位；大豆从1995年的第三位退居世界第四位；甘蔗产量，仅次于巴西和印度，居世界第三位。1998年工业产品中煤、水泥、化肥、电视机等产量保持世界第一；钢产量从1995年的第二位超过美国上升为第一位；发电量、棉布等产量居第二位；糖产量从1995年的第四位超过美国，上升到居巴西和印度之后的第三位；原油产量预计仍居世界第五位。

表 2 1999 年我国主要工农业产品产量居世界位次及人均产量的国际比较

	总产量居世界位次	人均产量(公斤/人)			
		中国	世界平均	发达国家	发展中国家
农产品					
谷 物	1	360	347	650	262
小 麦	1	90	98	237	59
稻 谷	1	158	101	20	123
粗 粮	2	105	148	393	80
棉 花	1	3	3	5	3
油菜籽	1	8	7	21	4
大 豆	4	11	26	59	17
麻 类	3	0.13	0.55	0.05	0.69
水 果	1	50	75	95	70
蔬 菜	1	204	108	125	103
肉 类	1	38	38	80	26
蛋	1	17	9	14	8
奶	10	6	95	262	48
羊 毛	2	0.22	0.39	1.05	0.2
水产品①	33	21	26	19	
工业产品					
糖	3	7	22	33	19
棉布(平方米)①	2	20	13		
粗 钢①	1	89	133		
煤①	1	1.1	832		
原 油①	5	131	565		
电(千瓦小时)①	2	923	2423		
水 泥①	1	416	260		
化 肥②	1	24	25	62	15

注:①1997 年数字。②1998 年数字。

资料来源:联合国粮农组织数据库;联合国工业发展组织《工业统计年鉴-2000》。

中国大多数人均农产品产量,基本与世界人均产量持平,略高于发展中国家人均水平,与发达国家的差距还很大。但是,我国奶类 1999 年人均产量只有 6 公斤,世界平均水平为 95 公斤,发达国家为 262 公斤,发展中国家也达到 48 公斤,而奶类是人类改善营养、增强体质的高蛋白食品。人均工业产品产量与世界平均水平还有较大差距,显示我国工业化任务还远未完成。

目前,我国主要工农业产品人均产量仅相当于或低于世界平均水平,说明我国在国内市场的供求还属于低水平平衡,居民消费水平还远未达到富裕程度。预计在今后相当长时期内,中国的人口总量还将保持增长,所以保证农业生产稳步增长、保持一定的工业增长速度,仍是一项长期的、根本性的任务。

三、产业结构调整步伐加快,与国外同类国家差距缩小

"九五"期间,为适应经济发展的阶段性变化和日趋激烈的国际市场竞争环境,我国经济结构调整的进程明显加快,使国民经济在总量大幅度增加的同时,整体素质有一定提高。就业结构也因此趋于优化,为 21 世纪经济的发展打下了基础。尽管我国产业结构还远非合理,但"九五"期间我国经济结构调整迈出重要步伐,与国外同类国家产业结构差距缩小。

从国内生产总值的结构看,第一产业增加值占国内生产总值的比重,由 1995 年的 20.5% 降到 1999 年的 17.7%;第二产业由 1995 年的 48.8% 上升到 1999 年的 49.3%;第三产业由 1995 年的 30.7%上升到 1999 年的 33%。

1997 年世界平均为第一产业占 4.3%,第二产业占 31.6%,第三产业占 61.9%。1998 年中等收入国家第一产业占 8.8%,第二产业占 33%,第三产业占 58%。与之相比中国有较大差距。即使与印度等一些发展程度相当的大国相比,中国的差距也是十分明显的。中国产业结构存在的主要问题是第一产业基础薄弱和第三产业发展不足。由于

表3 1998年一些国家(地区)
三次产业增加值占GDP比重

	第一产业	第二产业	第三产业
世界平均①	**4.3**	**31.6**	**61.9**
高收入国家(地区)①	**1.7**	**30.2**	**65.0**
中等收入国家(地区)	**8.8**	**33.0**	**58.2**
低收入国家(国家)	**23.0**	**38.9**	**38.1**
中国	18.6	49.3	32.1
美国①	1.7	26.2	72.0
日本①	1.7	37.2	61.1
法国	2.3	26.2	71.5
德国①	1.1	…	44.1
印度	29.3	24.7	45.9
印尼	19.5	45.3	35.2
韩国	4.9	43.5	51.6
泰国	11.2	41.2	47.7
俄罗斯	7.3	35.3	57.4
巴西	8.4	28.8	62.8

按照世界银行的划分标准,高收入为人均GNP9360美元以上,低收入为760美元以下。

注:①1997年数字。

资料来源:世界银行数据库。

物质生产部门的创造是建立在大量消耗不可再生资源的基础上,所以要大力发展第三产业不仅是提高经济增长质量的需要,也是解决可持续发展和加强发展后劲的需要。

经济发展和结构的优化,带动了就业结构的优化。1999年,我国就业人数为70586万人,比1995年增加8198万人。第一产业就业人数的比重由1995年的52.2%下降到1999年的50.1%,4年下降了2.1个百分点;第三产业就业人数的比重由1995年的24.8%,上升到1999年的26.9%,4年上升了2.1个百分点。

四、对外经济发展迅速,进入全球八大贸易国行列

"九五"期间,我国累计进出口总额为17740亿美元,比"八五"时期增长60%以上。2000年,我国货物进出口贸易总额为4743亿美元,比1995年的2809亿美元上升了69%。占世界总量的比重也从1995年的2.5%上升到1999年的4%左右。1999年我国货物进出口总额居世界的位次由1995年的第11位跃升至第9位,2000年又超过荷兰和意大利上升至居美国、德国、日本、英国、法国、加拿大之后的第7位。

1999年我国货物贸易出口额为1949亿美元,占世界总量的3.5%,居第九位,而1995年为1488亿美元,占3%,居第10位;1999年进口额为1657亿美元,占世界总量的2.8%,居第10位,而1995年为1321亿美元,占2.6%,居第11位。近年来,世界各国重视服务贸易的发展,中国服务贸易量占总贸易量的比重增长很快,1999年服务贸易出口额从1995年世界第16位上升至第11位;进口额为307亿美元,占世界的2.3%,从第12位上升至第10位。

"九五"期间,对外贸易在国民经济发展中的地位越来越重要。外贸出口已相当于国内生产总值的20%左右。

进出口商品结构进一步改善。从以初级产品为主过渡到以制成品为主,从以劳动密集型产品为主逐步过渡到有高附加值、高技术含量的出口产品。

利用外资规模不断扩大,"九五"期间累计实际利用外资2800多亿美元,是"八五"期间利用外资总额的2倍多,利用外资质量也不断提高。自1993年以来,中国直接利用外资总额一直在美国之后的世界第二位和发展中国家首位。外资企业在国民经济中起着举足轻重的作用。以1999年为例,外资企业工业增加值占全国比重达到20.7%,缴纳工商税占16%,出口产品占50.8%,提供就业岗位2000万个。引进外资对国家整体经济增长、就业、财政收入、国际收支平衡都起着举足轻重的作用。

"九五"期间,国家外汇储备由1995年的736亿美元增加到2000年底的1656亿美元左右,增长了一倍以上,居日本之后的世界第二位。在亚洲金融风暴中,人民币币值保持稳定,为稳定国际经济秩序作出了贡献。

"九五"期间中国加入WTO谈判取得突破性进展,为2001年入世打下坚实基础。加入WTO意味着我国将进一步融入世界经济。开放的程度会加深,范围会进一步扩大,由原来的货物开放,延伸到服务开放,进而延伸到生产要素本身的交流。

五、科技和教育有长足发展,但总体发展水平较低

"九五"前四年我国从事科技开发和研究的经费呈稳步增长态势,按现价计算,"九五"时期我国科研经费支出额年均增长速度为10.9%,高于同期国内生产总值的增长速度。

研究与发展(R&D)活动是科技活动的核心部

分。“九五”时期我国的 R&D 经费支出额呈逐年递增的趋势。按可比价格计算，1996 年到 1999 年年均增长率为 13.8%。而同一时期，美国、日本、德国等发达国家的 R&D 经费平均增长率不超过 2%。从总量上看，我国 R&D 经费支出额占 GDP 的比重从 1995 年的 0.6% 上升到 1999 年的 0.8%，与发达国家平均的 2% 以上相差仍较大，与发展中国家基本一致。

据联合国教科文组织统计，1995 年每百万人口从事研究与开发活动的科技人员数，我国为 547 人，高于发展中国家，如巴西为 227 人，印度为 257 人，但远低于发达国家，如美国为 3732 人，日本为 6309 人。

据世界银行统计数据，1995～1997 年，我国获批准的专利申请量年均增长 20.5%，1997 年达到 6.1 万余件，比 1995 年的 4.2 万件增加 1.9 万件；目前我国发明专利申请量要高于发展中国家，如巴西 1997 年为 3.2 万件，印度 1997 年为 1.1 万件，但与各工业发达国家相比，如日本 1997 年为 41.7 万件，美国为 23.7 万件，我国也有较大差距。

据联合国教科文组织统计，1996 年我国教育经费占国民生产总值的比重为 2.3%，不仅低于印度的 3.2%，更低于日本的 3.6% 和美国的 5.4%。

我国初等和中等教育继续保持较高发展水平，而高等教育在“九五”期间更有出色发展。据联合国教科文组织统计，1997 年我国小学入学率为 123%，中学入学率为 70%，分别高于世界的平均水平 101.8% 和 60.1%。1999 年我国每十万人口拥有大学生数从 1995 年的 240 人上升到 1999 年的 328 人，增长了 36.7%，但仍大大低于世界平均 1515 人的水平。

六、信息产业发展迅速，已成为我国国民经济增长速度最快的行业

“九五”期间，电信业已成为国民经济增长速度最快的行业。电信业对国民经济和社会发展的贡献率显著提高。1998 年，电信业新增增加值占新增国内生产总值的比重从 1995 的 3.8% 上升到 4.9%。信息产业的快速发展，为扩大国内需求，提高人民生活质量，推进国民经济和社会信息化作出了积极的贡献。

到 2000 年年底，全国固定电话用户已经达到 1.4 亿户，移动电话用户突破 9000 万户。固定通信网与移动通信网的规模双双位居世界第二位。全国电话普及率达到 20.1%。

据中国互联网信息中心统计，我国网民数量从 1997 年 10 月的 62 万人上升到 2000 年年底的 2250 万人。据国际互联网软件联盟统计，截止到 2000 年 1 月，中国每万人口平均上网主机 0.57 台，而世界平均为 120 台，美国高达 940 台。个人电脑普及率从 1995 年的每千人 2.3 台上升到 1998 年的 8.9 台，尽管发展速度很快，但仍属世界上发展水平较低的国家，比如 1998 年世界平均电脑普及率为每千人 71 台，2000 年美国的上网人数达到 1.3 亿人，占全美人口总数的一半。我国信息产业高速展势头及其与发达国家存在巨大差距的事实，说明我国国民经济和社会信息化的任务十分艰巨，同时也说明信息产业发展存在巨大潜力。

七、人民生活水平进入小康，居世界中下等水平

“九五”时期，国内价格保持较低水平，城乡居民生活质量大幅提高，实现了由温饱向小康的跨跃。

居民收入有较大提高。2000 年农村居民家庭人均纯收入达到 2253 元，比 1995 年的 1578 元增加了 675 元；城镇居民家庭人均可支配收入为 6280 元，比 1995 年的 4283 元增加 1997 元。

食物消费水平不断增长。据联合国粮农组织统计，1997 年我国居民平均每天摄取食物的热值为 2765 大卡，超过世界平均水平 2702 大卡；蛋白质含量 73 克，已达到世界平均水平(73 克)；脂肪含量 64.4 克，超过发展中国家平均水平(58 克)，但低于世界平均水平(71 克)。

居民居住水平有很大改善。城市人均住房使用面积由 1995 年的 8.1 平方米提高到 1999 年的 9.8 平方米以上，农村人均住房居住面积由 1995 年的 21 平方米增加到 1999 年的 24.2 平方米。尽管如此，我国与发达国家的居住水平相比仍有相当大的差距，如美国人均住房居住面积为 60 平方米，德国为 38 平方米，日本为 31 平方米。

医疗卫生条件得到进一步改善。1998 年我国人口平均期望寿命已达到 70.8 岁，高于世界平均期望寿命 67 岁；婴儿死亡率下降到 33.2‰，低于世界平均 54.5‰。医疗保险体制改革和医疗卫生体制改革也迈出了实质性步伐。社会保障支出占国内生产总值(GDP)的比重由 1995 年的 0.19% 增加

到1999年的0.22%，但仍大大低于发达国家，比如日本为11.8%、美国为12.2%、英国为17.3%，也低于印度的0.3%；随着经济体制改革的进一步深入，各项社会保障工作还要进一步完善。

消费支出结构进一步改善。以恩格尔系数衡量，城镇居民用于食品方面的支出比重由1995年的49.9%下降到1999年的41.9%，农村居民则由58.6%下降到52.6%。到2000年底，我国城乡居民的恩格尔系数将降到50%以下。旅游、终生教育、上网等已成为新的消费热点，人民生活水平和生活方式正在发生质的变化。

八、环保有待加强，商业能源利用效率有待提高

“九五”期间，我国的环境状况与生态保护有所改善。1999年，我国自然保护区面积由1995年的7172万公顷发展到8815万公顷；占国土总面积比重从7.2%上升为8.8%；森林覆盖率达到16.6%，森林面积已居世界第5位，人工林面积居世界首位；森林蓄积量居世界第7位。但我国面临的环境问题依然严峻，我国的森林覆盖率只相当于世界森林覆盖率（27%）的61.3%；全国人均森林面积和人均森林蓄积量只分别相当于世界人均水平的1/5和1/8。且森林质量不高，林地被改变用途或征占现象依然严重，每年平均有216万公顷的林业用地逆转为非林业用地，全国沙化面积也呈递增态势。

能源消费结构与大气污染密切相关。1999年全国主要污染物排放总量与1995年末相比，减少了15%左右。我国能源消费结构中原煤的比重虽然由“八五”时期的75.2%下降到目前的70.7%，但我国燃煤消费量仍居世界首位，约占世界煤炭消费总量的27%。大量使用燃煤并缺乏有效治理造成了严重的环境污染，我国排放的二氧化碳85%是燃煤产生的；排放的二氧化硫中90%和排放的烟尘中73%也是由燃煤产生的。我国的二氧化碳排放量已排在美国之后居世界第二位，占全世界的13%。1998年我国商业能源消费量为13.6亿吨标准煤，占世界能源消费总量的10.9%，居世界第二位。我国每公斤标准煤能源产生的国内生产总值为0.36美元，世界平均值为1.86美元。我国商业能源的利用效率低下，严重影响到经济可持续发展。由于短时期内无法从根本上改进能源消费结构，要求我们进一步提高低硫煤消费比重，提高商业能源利用效率。

“十五”时期是新世纪的开始，我国将继续保持较高的经济增长速度，依然为世界上经济增长较快的国家之一。综合国力有望超过意大利和法国进入世界五强；加入WTO后，我国经济将全面融入世界经济体系，在更大范围内和更深程度上参与国际合作与竞争，对外贸易在质和量上均将有大的改善，贸易位次有望进一步提升，为成为贸易强国打下基础；人民生活水平将进一步提高，社会保障制度也将基本建立；生态建设和环境保护会得到进一步加强；科技教育加快发展，国民素质进一步提高，精神文明建设和民主法制也会取得明显进展。我国在世界上的地位将会进一步提高。

（执笔：石婷 任晓燕）

专栏12.2　中国各地区信息化水平测算与比较研究

为了适应信息化时代国家进行经济发展战略决策对信息化发展水平评估的需要，我们研究和建立了对中国各地区信息化水平进行评价与测算的指标体系和计算方法，并据此对中国各地区间的信息化发展水平、发展进程、存在的问题进行了量化的反映和评价，以便为中国政府制定提高国家综合国力和国际竞争力等发展战略与相关政策提供重要的量化参考依据，促进中国信息化乃至中国现代化的发展。

一、中国各省市信息化水平的测算

1. 指标体系：本研究依据国务院信息化工作领导小组所提出的国家信息化定义和国家信息化体系框架，设制了包括信息资源开发利用、国家信息网络建设、信息技术应用、信息产业发展、信息化人才、信息化发展政策等六个方面的信息化水平总指数的指标体系。

该体系主要用于测算和进行国家信息化发展水平的地区间横向比较，并在此基础上拓展到纵

向比较。测算结果可以量化地反映一个国家、地区或部门的信息化水平与发展态势。

2. 计算方法:根据上述中国各地区信息化水平测算与评价的指标体系,我们采用综合评分分析法对全国及各省市的信息化水平总指数进行测算。其计算的基本公式可表示为:

$$IL = \sum_{s=1}^{n}(\sum_{t=1}^{m} Q_{st}V_{st}) \times V_{st}$$

其中,IL 代表全国及各省市信息化水平总指数的得分,n 为信息化水平构成的要素个数, m 表示信息化水平第 s 个构成要素的指标个数,Q_{st}为第 s 个构成要素的第 t 项指标标准化后的值,V_{st}为第 s 个构成要素的第 t 个指标在其中的权重。

3. 测算结果:我们用设置的信息化水平总指数指标体系和综合评分分析法,对全国及各省(市、区)1995～1998 年信息化水平及其发展状况进行了初步的测算和比较,结果如下:

二、中国信息化水平总指数的分析

1.1998 年中国信息化水平总指数为 25.89。

测算结果显示,1998 年中国信息化水平总指数为 25.89。其中北京市信息化水平总指数为 89.87,居全国第一位;上海市和天津市信息化水平总指数分别为 71.83 和 48.04,居第二位和第三位。排在最后的三个省区为西藏、云南和贵州,得分分别为 13.03、16.37 和 17.66。

2.1995～1998 年中国信息化水平总指数平均每年提高 20.1%。

1995～1998 年中国信息化水平总指数提高了 73.0%,平均每年提高 20.1%。从各个年份看,1998 年、1997 年和 1996 年中国信息化水平总指数的增长速度分别为 32%、13% 和 16%,1998 年中国信息化水平总指数的增长速度比前两年高

1995～1998 年全国及各地区信息化水平总指数与位次

地 区	1998 年		1997 年		1996 年		1995 年	
	位次	指数值	位次	指数值	位次	指数值	位次	指数值
全国合计		**25.89**		**19.58**		**17.31**		**14.89**
北 京	1	89.87	1	80.87	1	68.84	1	53.68
上 海	2	71.83	2	61.08	2	56.73	2	50.47
天 津	3	48.04	3	42.27	3	35.51	3	30.72
福 建	4	40.14	4	36.93	4	31.13	4	30.18
广 东	5	39.03	5	35.75	5	30.48	5	27.17
吉 林	6	37.48	6	34.33	7	24.64	8	23.71
陕 西	7	36.94	7	30.70	9	24.00	9	21.68
辽 宁	8	36.02	8	30.32	8	24.37	6	24.13
浙 江	9	33.03	9	30.06	6	24.83	7	23.99
江 苏	10	32.47	10	28.97	11	23.28	10	21.06
海 南	11	31.38	11	28.57	10	23.35	11	20.89
重 庆	12	30.18	13	24.67				
山 西	13	29.23	14	24.56	13	20.61	13	18.53
黑龙江	14	28.09	15	23.90	12	20.70	12	18.63
宁 夏	15	27.92	12	24.68	14	19.59	14	18.20
湖 北	16	26.64	20	20.58	19	17.16	20	15.84
江 西	17	26.38	18	21.78	17	18.13	16	17.29
湖 南	18	23.40	19	20.64	18	17.98	18	16.54
内 蒙	19	22.83	16	22.70	15	18.89	17	16.69
新 疆	20	22.78	22	18.80	20	16.20	21	14.44
山 东	21	22.66	17	22.09	16	18.47	15	17.35
河 南	22	22.33	21	18.92	23	14.75	22	13.07
青 海	23	21.54	23	17.68	26	12.47	27	10.60
四 川	24	21.31	25	16.64	22	15.06	25	12.25
河 北	25	19.95	24	17.60	21	16.00	19	15.97
安 徽	26	19.58	27	16.05	27	12.34	28	10.25
广 西	27	19.05	28	15.85	25	14.07	23	12.85
甘 肃	28	17.74	26	16.55	24	14.20	24	2.49
贵 州	29	17.66	30	11.51	29	9.99	29	8.55
云 南	30	16.37	29	14.39	28	12.15	26	10.75
西 藏	31	13.03	31	10.77	30	9.37	30	7.94

一倍以上，信息化水平总指数的增长速度呈加快发展之势，表明信息化的发展对中国国民经济发展的影响将越来越大。

三、全国信息化水平发展的五种类型地区比较

全国各地区信息化水平总指数测算结果的比较表明，各省(市、区)信息化水平差距较大，发展极不平衡。1998年按信息化水平总指数的得分，全国各省(市、区)可分为如下五种类型：

1. 信息化水平最强的地区：也称信息化水平第一类地区，包括北京和上海2个直辖市，得分在70分以上，信息化水平总指数平均得分为80.85。他们是全国信息化水平最强的地区，处于全国信息化水平的前列。

2. 信息化水平较强的地区：也称信息化水平第二类地区，包括为天津、福建等6省(市)，他们信息化水平总指数平均得分为39.61，约为最强地区得分的1/2。

3. 信息化水平中等的地区：也称信息化水平第三类地区，包括浙江、江苏等9省(区、市)，他们信息化水平总指数平均得分为29.48，约为最强地区得分的1/3。

4. 信息化水平较低的地区：也称信息化水平第四类地区，包括湖南、内蒙等10省(区)，他们信息化水平总指数平均得分为21.54，约为最强地区的1/4。

5. 信息化水平最低的地区：也称信息化水平第五类地区，包括甘肃、贵州、云南和西藏等4省(区)，平均得分为16.20，约为最强地区的1/5。

今后5至10年是我国经济和社会发展及经济结构战略性调整的重要时期，我们应抓住这次全球信息化发展的重要历史性机遇，全国各地区共同努力，大力推进信息化的进程，以推动我国尽快实现国民经济跨越式发展的战略目标。

(执笔：郑京平　杨京英)

“九五”期间世界经济回顾

“九五”时期是80年代以来世界经济增长速度最快的5年和全球贸易量增长最快的5年，也是70年代以来通胀压力最小的5年。从积极的方面看，全球经济一体化加速发展，以信息技术为主导的高科技浪潮正在全球范围展开，国际贸易自由化进一步取得进展，所有这些都为世界经济增长和贸易发展提供了新的动力。同时，一些消极因素依然存在，比如地区经济不平衡问题，发达国家与发展中国家之间的“数字鸿沟”有扩大趋势，国际金融秩序不稳定，金融危机频频发生，原油价格剧烈波动，所有这些都严重影响着世界经济的发展。

一、全球经济保持较快增长速度，但地区不平衡问题依然存在

“九五”期间，尽管遭受了亚洲金融危机以及随后的巴西金融危机和俄罗斯金融危机的冲击，但在信息技术、生物医药等高新技术进步和经济一体化力量的驱动之下，从总体上看，世界经济保持了较快发展。1996～2000年是80年代以来世界经济增长最快的5年，平均增长速度达3.8%，高于1991～1995年平均增长2.6%的速度(见表1和图1)。

表1 1971～2000年世界主要经济指标(%)

	1971－1975	1976－1980	1981－1985	1986－1990	1991－1995	1996－2000
经济增长率	4.3	4.1	3.0	3.7	2.6	3.8
通货膨胀率	9.5	12.4	13.4	17.8	28.0	6.2
货物和服务贸易量增长率			3.4	6.3	6.1	7.2

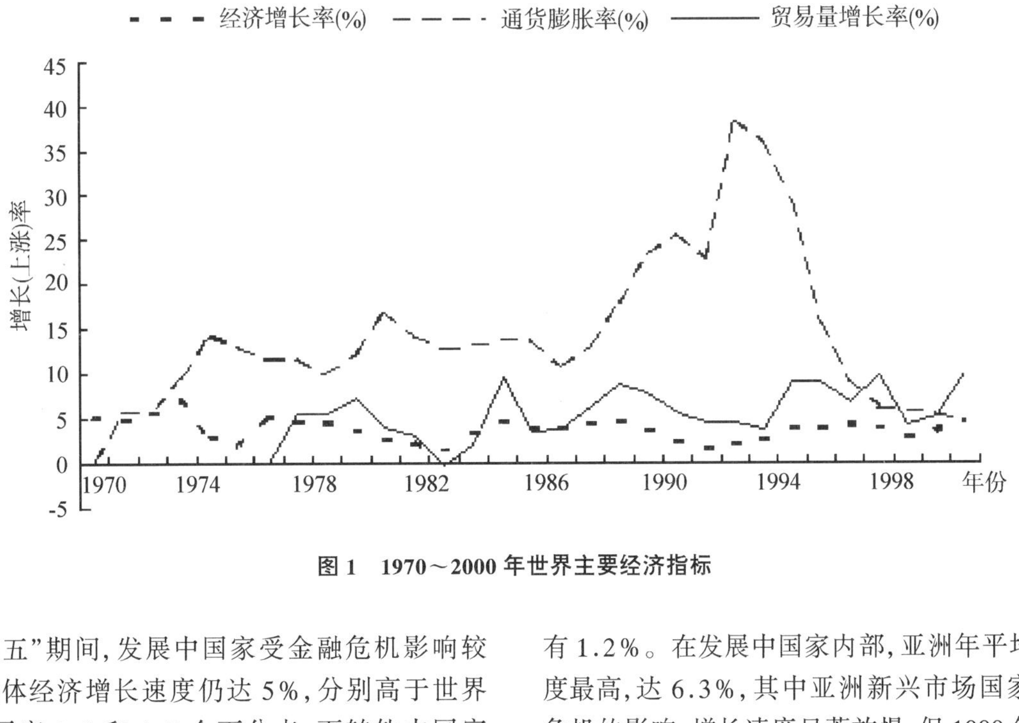

图1 1970～2000年世界主要经济指标

“九五”期间，发展中国家受金融危机影响较大，但整体经济增长速度仍达5%，分别高于世界和发达国家1.2和1.7个百分点；而转轨中国家(地区)经济状况趋于好转，但5年平均增长速度只有1.2%。在发展中国家内部，亚洲年平均增长速度最高，达6.3%，其中亚洲新兴市场国家受金融危机的影响，增长速度显著放慢，但1999年以来已开始反弹，GDP占世界份额略有增加；而非洲、中

东和欧洲、拉丁美洲发展中国家均为3.1%至3.6%的低速增长，其中非洲因人口增长较快，人均收入增长极其缓慢。

与“八五”时期一样，1996年至2000年发达国家的经济增长也很不平衡。美国经济出现了高速增长，年均增长速度为4.3%，高于同期的世界平均增长速度0.5个百分点，GDP占世界的份额较1995年提高6个百分点，达到30%。日本自90年代初经济泡沫破裂后，虽然出现了短暂的经济复苏，但总体经济持续低迷，“九五”期间亦未走出困境，平均增长速度仅为1.1%，GDP占世界的份额下降了3个百分点，降至15%。欧盟(指欧盟15国，下同)经济发展比较稳定，经济增长速度平均为2.6%，大大低于美国，GDP份额2000年降至25%，下降了5个百分点。不过美国、日本和欧盟在世界经济的发展中仍起主导作用，2000年三者GDP的总和占世界经济总量的71%(见图2)。

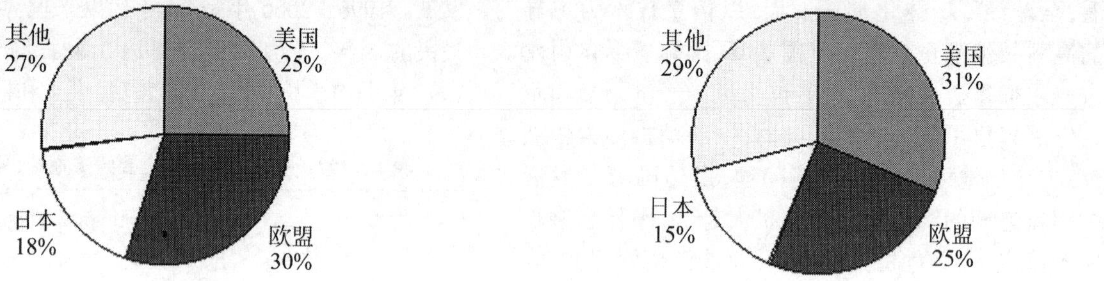

图2 1995年及2000年美、欧、日占世界经济总量的比重

二、全球贸易快速增长，发展中国家贸易增长速度优势丧失

伴随着世界经济的发展，世界贸易的增长也比较快，1996～2000年是80年代以来全球货物和服务贸易量增长最快的5年，年均增长速度达7.2%，高于“八五”时期的6.1%。其中，发达国家出口(包括商品和服务，下同)由“八五”时期平均6.5%上升到7.1%，而发展中国则从9.5%降至7.2%。“八五”时期发展中国家出口年均增长率领先发达国家3个百分点，而“九五”时期两者增长速度则不相上下。

“九五”期间，美国出口占世界出口总量的比重持续增加，1999年达到14%。日本的经济低迷使得其出口占世界比重下滑了1.3个百分点，欧盟的比重也下降了1.5个百分点。亚洲、拉美和俄罗斯则基本持平(见图3)。

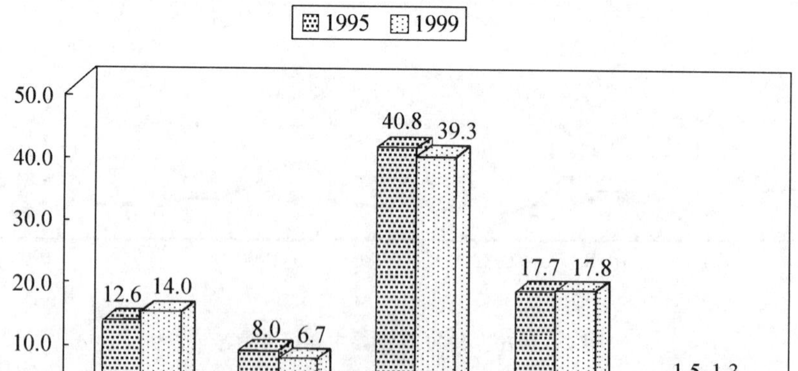

图3 各国(地区)出口额占世界的份额

三、全球通胀压力减轻，整体就业水平提高

在经济发展、世界贸易量扩大的同时，由于科学技术进步和结构性商品过剩，“九五”期间全球的年平均通货膨胀率保持在6.2%的较低水平，较1991～1995年大幅回落21.8个百分点。“九五”时期是70年代以来全球价格最为平稳的5年。其中发达国家的CPI年均上涨1.9%，比前5年下降1.4个百分点；发展中国家的CPI上涨率下降幅度更大，由1991～1995年的平均41 %下降到9.5 %；转轨中国家经过长期的调整，价格水平也趋于稳定，从“八五”时期三位数的通胀率降到“九五”时期的30.3%。美国和欧盟的年均通胀率分别仅为2.5%和1.8%。日本甚至出现了通货紧缩，1999年和2000年出现价格下跌。在发展中国家内部，非洲、中东和美洲地区的通胀压力较大，年均消费价格指数上涨率均达到两位数，其中土耳其5年均在50%以上（见表2）。

表2　1996～2000年世界主要国家和地区经济增长率和通货膨胀率

	国内生产总值增长率(%)					消费价格指数上涨率(%)				
	1996	1997	1998	1999	2000	1996	1997	1998	1999	2000
世　界	4.1	4.1	2.6	3.4	4.7	9.1	6.2	5.7	5.4	4.6
发达国家(地区)	3.2	3.4	2.4	3.2	4.2	2.4	2.1	1.5	1.4	2.3
#欧　盟	1.7	2.6	2.7	2.4	3.4	2.5	1.8	1.4	1.4	2.1
发展中国家(地区)	6.5	5.7	3.5	3.8	5.6	15.3	9.7	10.1	6.6	6.2
非　洲	5.7	2.8	3.1	2.2	3.4	30.2	13.6	9.1	11.8	12.7
亚　洲	8.3	6.5	4.1	5.9	6.7	8.3	4.7	7.5	2.4	2.4
中东和欧洲	4.5	5.1	3.1	0.8	4.7	26.9	25.4	25.3	20.4	17.4
拉丁美洲	3.6	5.4	2.2	0.3	4.3	21.6	13.4	10.2	9.3	8.9
转轨中国家	-0.5	1.6	-0.8	2.4	4.9	42.4	27.3	21.8	43.8	18.3
中　国	9.6	8.8	7.8	7.1	8.0	8.3	2.8	-0.8	-1.4	0.4
中国香港	4.5	5.0	-5.1	2.9	8.0	6.3	5.8	2.8	-4.0	-2.5
中国台湾省	5.7	6.8	4.7	5.7	6.5	3.1	0.9	1.7	0.2	1.6
阿根廷	5.5	8.1	3.9	-3.1	1.7	0.2	0.8	0.9	-1.2	-0.7
巴　西	2.7	3.6	-0.1	1.0	4.0	15.8	6.9	3.2	4.9	7.5
加拿大	1.5	4.4	3.3	4.5	4.7	1.6	1.6	1.0	1.8	2.6
埃　及	4.9	5.5	5.6	6.0	5.0	7.0	6.2	4.7	3.8	3.0
法　国	1.1	2.0	3.2	2.9	3.5	2.1	1.3	0.7	0.6	1.6
德　国	0.8	1.4	2.1	1.6	2.9	1.2	1.5	0.6	0.6	2.0
印　度	7.1	4.8	6.3	6.4	6.7	9.0	7.2	13.2	4.7	5.6
印度尼西亚	8.0	4.5	-13.0	0.3	4.0	7.9	6.6	58.0	20.8	3.2
意大利	1.1	1.8	1.5	1.4	3.1	3.9	1.7	1.8	1.6	2.6
日　本	5.1	1.6	-2.5	0.2	1.4	0.1	1.7	0.6	-0.3	-0.7
韩　国	6.8	5.0	-6.7	10.7	8.8	4.9	4.4	7.5	0.8	2.3
马来西亚	10.0	7.3	-7.4	5.7	6.1	3.5	2.7	5.3	2.8	3.2
墨西哥	5.2	6.8	5.0	3.5	6.5	34.4	20.6	15.9	16.6	9.5
菲律宾	5.8	5.2	-0.6	3.3	4.0	9.0	5.9	9.7	6.7	5.0
俄罗斯	-3.4	0.9	-4.9	3.2	7.0	47.6	14.7	27.7	85.9	18.6
新加坡	7.5	8.4	0.4	5.4	8.0	1.4	2.0	-0.3	0.1	1.4
南　非	4.2	2.5	0.6	1.2	3.0	7.4	8.6	6.9	5.2	4.7
泰　国	5.9	-1.7	-10.2	4.2	5.0	5.9	5.6	8.1	0.3	1.7
土耳其	7.0	7.6	3.1	-5.0	4.6	82.3	85.7	84.6	65.0	54.9
英　国	2.6	3.5	2.6	2.1	3.0	3.0	2.8	2.7	1.6	2.9
美　国	3.6	4.4	4.4	4.2	5.0	2.9	2.3	1.6	2.1	3.4
越　南	9.3	8.2	3.5	4.2	4.5	5.6	3.1	7.8	4.2	0.5

“九五”期间国际市场初级品价格总体保持在低位，并逐年有所下降，与“八五”期间的缓慢上涨形成鲜明对照；而原油价格（指迪拜、布伦特和西得克萨斯三地原油平均价）则先跌后升，呈“V”字状，波动剧烈，与“八五”期间的窄幅震荡有显著不同。自1995年以来，原油价格经历了一个小幅攀升的过程，随后大幅下挫，直到OPEC成员国于1999年3月达成限产协议后，原油价格才开始不断上涨。世界各国对油市的关注也随之逆转，从当初担心油价下滑到每桶5美元转为担心油市过热，有些国家甚至担心油价继续上涨会导致新的石油危机。迫于国际社会的压力，OPEC决定增加产量，这在一定程度上抑制了价格的上涨。2000年底，原油价格已比1995年上涨近90%（见图3）。

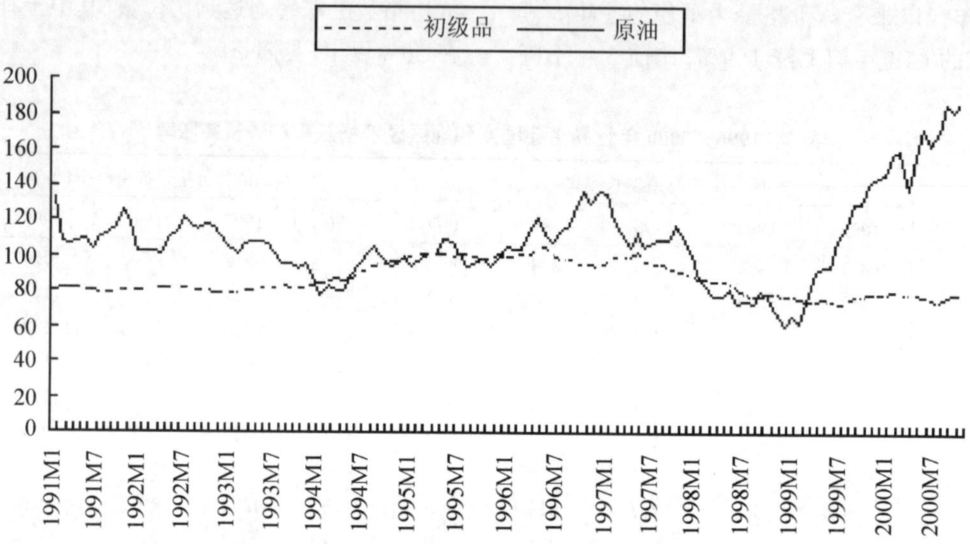

图4　1991～2000年国际市场初级品及原油价格指数（1995年＝100）

“九五”期间全球就业状况好于90年代初。以信息技术为基础的新经济通过创造新的需求从而创造了更多的就业机会。从总体上看，主要工业化国家的失业率呈下降趋势，1996～2000年平均为6.8%，较前五年的平均失业率降低了0.8个百分点。美国的失业率由1995年的5.5%降至4%，欧盟由10.7%降至8.4%，日本受经济不景气的影响，失业率由3.2%上升到4.7%。亚洲国家由于受到亚洲金融危机的影响，“九五”期间的失业率较“八五”略有增加。

四、国际资本市场规模扩大，金融危机频频发生

90年代以来，由于大量资本流向国际市场寻求高回报，国际金融市场资本量持续增加。1999年1月1日欧元正式启动，尽管欧元并不象多数人预期的那样坚挺，但还是顺利地被国际社会所接受，成为世界主要货币之一。这为金融业合并注入新动力，并进一步加速了资本跨国流动。更重要的是，信息和高科技产业突飞猛进的发展使金融创新和衍生工具大量问世，这为资本流动创造了所需的外部环境。国际资本的流动以惊人的速度和日新月异的形式使全球资本急剧膨胀，这在促进经济发展的同时，也成为国际金融安全中的不稳定因素。1995～1999年国际上先后爆发了3次金融危机。1997年7月2日，泰国爆发了金融危机并蔓延至东南亚地区及韩国，乃至日本，最终影响到了全球经济的发展。在这场危机中，12个全球最大的新兴市场国家的货币平均贬值39%，而在5个受危机影响最严重的国家（印尼、韩国、马来西亚、菲律宾和泰国），货币贬值达80%。随后1998年8月俄罗斯和1999年1月巴西也相继爆发了金融危机。危机的频频发作引起国际社会对金融安全的重视，但由于现行金融体系缺乏国际协调；同时，在信用关系远远超出国界时，现行体系又缺乏相应的防范机制，因此如何对金融市场全球化进行有效的监管并建立一个安全的国际金融体系成为国际社会面临的重要问题。

从全球储蓄与投资的关系看，美国是世界最大

的净资本流入国，每年都有相当于国内生产总值1.8%以上的国外净储蓄流入美国，这一比例在"九五"期间持续上升，2000年已升至3.6%。美国的国外净储蓄主要来自欧洲、日本和亚洲新兴工业化国家。

从汇率变化来看，美元相对于欧元(欧洲货币单位)和日元呈强势，特别是1997年亚洲金融危机以来，美国成为国际金融资本的避风港，从而推动美元升值。在国际资本的支持下，在信息技术为主导的高科技股带动下，美国道－琼斯股指和纳斯达克股指连创新高，美国股市的高涨反过来又成为促进美元进一步坚挺的重要因素。

主要国家(地区)的主导利率水平各不相同。美国主导利率从1996年2月至1998年9月维持5%不变。1998年10月和11月数次降息后，4.5%的利率一直维持到1999年7月。从1999年8月起，美联储一直担心经济过热，连续数次升息，2000年底主导利率达6%。在日本，为了缓解通货紧缩问题，降息和保持低利率水平一直是货币政策的主旋律，到"九五"末期，日本实行的是近乎零利率的政策。在欧洲，欧元启动后，欧洲央行的主要目标就是遏止通货膨胀，在1999年4月降息后，利率一直保持上升趋势，2000年底主导利率为4.77%。

(执笔：闫海琪)

专栏12.3 1999年世界500家最大企业的排行与比较分析

美国《财富》杂志于2000年7月评选的世界500家最大企业排行榜的资料显示，1999年世界500家最大企业营业额达126960亿美元，比1998年增长了10.6%，也是近四年来最快的一年；利润总额达5540亿美元，增长了25.7%。

1. 从世界500强的前十位看，传统经济企业仍占据重要地位

1999年美国通用汽车公司连续第四年居世界500家大企业之首，其营业额达到1766亿美元；美国的沃尔－马特百货公司以1668亿美元的营业额位居第二名；美国的埃克森—美孚石油公司居第三位，营业额达1639亿美元。居第四位至第十位的企业分别是福特汽车公司、戴姆勒－克莱斯勒公司、三井物产公司、三菱公司、丰田汽车公司、通用电气公司和伊滕忠公司。排在前十位的企业，其营业额均有不同程度的增长；利润额方面，除福特汽车公司和三菱公司为负增长外，其他企业均为正增长。

1999年世界500强前十位企业基本上为传统经济企业，它们的营业额合计达14025亿美元，占500强企业营业总额的11.1%，传统经济企业仍占据着重要地位。

2. 从世界500强企业的行业分布看，新经济行业的排位上升，新经济企业的效益远好于传统经济企业

与信息技术密切相关的银行业继续保持其营业额与利润额双第一的地位。从营业额看，1999年银行业有64家企业上榜，其营业额达13844亿美元，占世界500家大企业营业总额的10.9%，比上年增长7.2%，企业上榜数和营业额仍居各行业首位。从利润额看，1999年银行业的利润额达1023亿美元，比1998年增长一倍，占世界500家大企业利润总额的18.5%，继续居各行业首位。银行业的资产总额和股东权益也分别居各行业首位。

电信、计算机技术和制药等新经济领域行业的企业整体表现良好，其中电信业表现突出，其营业额和利润额的排名在46个行业中名列第6位和第2位，营业额和利润额分别比上年增长18.5%和9.4%。而矿业、金属业等传统行业企业出现亏损。

3. 信息产业成为世界经济发展的支柱行业

1999年在世界500强企业中，与信息产业直接相关的通讯业、电子和电气设备业、计算机和办公设备业、计算机服务和软件业、网络通信业、出版和印刷业的营业额达到18095亿美元，比上年增长9.2%，占500强大企业营业总额的14.3%；利润额达到1157亿美元，比上年增长22.4%，占500强大企业获利总额的20.9%，显示出信息产业已经成为世界经济发展的支柱产业。

4. 发达国家大企业在世界500强中仍占据绝对优势

1999年上榜的500家最大企业分布在世界26个国家和地区，其中美、日、欧等发达国家的企业达466家，比上年减少8家，占500家企业的93.2%，仍占据绝对的优势。其中，美国上榜企业达到179个，其营业额达46806亿美元，500强营业总额的36.9%。日本上榜企业107家，营业额达到29308亿美元，占23.1%。

5. 新兴市场国家（地区）企业正在崛起

1999年由于新兴市场国家（地区）逐渐摆脱了金融危机的阴影，经济出现了复苏的新局面，使上榜企业数量大增，由上年的26家增加到34家，营业额与利润额分别达到6406亿美元和79亿美元，分别比上年猛增了43.1%和62.4%，结束了上年分别下降19.6%和79.5%的惨状。

6. 中国上榜大企业的数目增加

1999年上榜的中国企业数量由上年的8家上升到11家。其中，中国内地企业有9个，增加了4个；香港特区企业有1个；台湾省企业有1个。

7. 世界500强企业在全球经济中越来越具有举足轻重的地位

从规模来看，1999年世界500强企业经营规模达12.7万亿美元，相当于全球国内生产总值的40%左右，500强企业在世界经济中发挥着重大作用。

从速度来看，1994～1999年的五年间，世界500强企业营业额年平均增长速度达4.4%，比同期世界经济年平均增长速度高0.8个百分点，500强企业在世界经济中的影响力越来越强。

（执笔：杨京英 王强）

“十五”时期世界经济发展展望

一、“十五”期间世界经济发展趋势分析

“十五”期间(2001～2005),世界经济将会继续保持平稳运行的格局,总体形势会略好于“九五”时期。经济增长率将达到3.9%,略高于“九五”时期的3.8%。通货膨胀率可望继续得到较好的抑制。主要国家居民消费价格指数(CPI)年平均上涨率将低于“九五”期间的水平。全球经济环境宽松,经济一体化进程进一步加快,将使世界贸易量继续扩大,年均增长速度将达到8%,高于“九五”期间7.2%的水平。

第一,从区域发展看,增长格局略有变动,总体趋好。

1. 美国经济。此轮美国经济增长已持续近10年,尤其是近两三年,增长率均超过4%,已出现过热态势,通货膨胀压力较大。而且,还存在着国内投资大于储蓄,每年近3000亿美元的贸易赤字;股市泡沫等不利因素。但是由于美联储及时采取6次升息措施,经济已开始降温。另一方面,新经济发展带来的劳动生产率提高,以及以高利率为基础的美元地位和美国的投资环境,仍在吸引着国外资本源源不断地流入,使得这种降温将是比较温和的,年均经济增长仍可维持在3.6%左右。

2. 欧盟(欧元区)经济。随着欧元的正式启动,欧元区乃至整个欧盟,正在享受着货币统一和区域联盟带来的好处。在美国新经济的示范作用下,该地区的高新技术产业也在蓬勃发展,企业兼并重组,特别是跨国兼并重组带动的经济结构调整迅速展开,企业生产能力增强,就业增加,对外贸易扩大。尽管该地区在货币统一后,还存在着宏观政策的统一协调难度加大等困扰,但该区域的经济发展正处在25年来最佳时期,今后5年的经济增长率可达3.8%。

3. 日本经济。日本经济由于存在着一些深层次问题,如生产能力、不良债权和雇用等”三大过剩”;政府财政赤字和国家债务过大;雇用关系,政府与企业,金融企业与非金融业关系等经济体制问题。加上政权的稳定性仍较差。因此,日本经济在近2～3年的复苏仍会十分艰难。

4. 亚洲其他国家经济。在经历了金融危机之后,亚洲国家普遍进行了金融体制改革和经济结构调整,并开始注意协调政府与市场的关系。国际资本正在回流,世界经济增长和世界贸易量的扩大也为该地区注入了活力。

此外,俄罗斯等转轨中国家在经历了十多年的动荡后也进入平稳复苏阶段,经济将开始正增长。印度经济在软件等新兴产业的带动下,也将步入稳定增长时期,1999年和2000会计年度增幅已达6～7%。

第二,高技术,特别是以网络经济为重要内容的新经济的影响。

“十五”期间,将是世界高科技取得重要进展的五年。科学技术的突飞猛进,新经济的发展,一方面,将会大大提高劳动生产率;并创造出一些新的需求,从而促进全球经济增长,促进贸易量的扩大,降低通货膨胀率。另一方面,会带来因结构调整和劳动力素质供需差异而造成的失业问题。

第三,全球经济一体化进程加快,特别是跨国公司发展的影响。

全球经济一体化进程的加快,将会大大促进商品和生产要素在全球范围内的流动和优化配置,跨国公司的发展将在这一进程中起到重要的作用。这一趋势将进一步推动世界贸易的发展,推动技术、管理和信息的广泛应用和传播,从而促进经济增长,降低通货膨胀压力。但与此同时,不利的方面是将会使金融风险或经济危机传播更加迅速。

第四,商品结构性过剩的影响。

“九五”时期由于科技的迅猛发展,以及金融危机的影响,一些商品的生产能力出现了结构性过剩,如钢材、汽车、飞机、电子计算机、芯片等等。“十五”期间,随着世界经济增长速度的加快,这一现象将有所好转。但是一方面这一过程需要时间

来消化。另一方面,由于科技发展太快,这种结构性过剩很难全部消除。因此,国际价格的上涨不可能象短缺经济时代那样无法抑制,总体上说会是比较温和的。

二、“十五”时期世界经济发展变化的特点

第一,经济增长将进一步加快,且波动减弱。

如上文所示,2001～2005年世界经济的增长速度将接近4%左右,高于“九五”时期。

第二,全球经济,特别是区域经济一体化程度将进一步提高。

——贸易自由化将继续推进。由于发达国家贸易份额占全球贸易的60%以上,为保持其在国际贸易中的主导地位会继续推动贸易自由化。就目前情况而言,即使多边贸易谈判被暂时搁浅,但双边和区域内的贸易自由化安排仍会继续推进,现有的109个区域性贸易协定将有力地促进地区内贸易的发展。另外电子化贸易手段普遍使用,如电子数据交换(EDI)、电子商务(EC)、电子贸易撮合(ETM)和电子资金转帐(ETF)等,以及商品标准趋同和贸易合同标准化均为贸易提供便利条件,有利于打破因信息和渠道垄断造成的壁垒,促使国际贸易自由化的发展。

—— 全球并购将继续扩大并呈现出新趋势。在贸易和投资自由化及市场全球化的大趋势下,全球经济结构调整和竞争的加剧,将加速跨国公司之间的并购和重组。

——区域合作将在全球经济一体化过程中扮演重要角色,成为各国关注的焦点。90年代后期,区域经济组织的发展突破了仅在经济水平相近的国家间形成的传统作法,出现了由经济发展水平悬殊的发达国家与发展中国家共同建立并实现区域贸易自由化的新趋势。

第三,高新技术发展和经济结构调整将进一步加快。

“十五”期间,信息技术、生物工程(特别是基因工程)、新材料、航空航天技术等高新技术的发展将进一步加快。特别是信息技术和网络经济的迅速发展,使时空的概念发生了质的变化,大大加强信息生产、传递、储存和处理的能力和效率,使信息成为经济发展的一种重要的资源,并成为21世纪初世界高新技术发展的核心。

第四,“十五”期间国际资本流动的规模和速度均将继续扩大。

近年来随着经济全球化,特别是金融全球化的推进,国际资本流动速度加快,有力地促进了经济发展,但也形成了巨额国际游资,目前平均每天有超过12000多亿美元的资金在金融市场上流动,其数额超出了绝大多数国家所拥有的资产总值,加上金融衍生工具所产生的杠杆作用,其冲击力是巨大的,对各国金融体制构成潜在威胁。预计“十五”期间,这一趋势将继续扩大。尽管抑制投机资金的流动和加强对国际金融业务的监管已经成为国际社会的共识,但由于利益的牵制和问题的复杂性,现有的旧体系还难以有大的变革,诱发国际金融风波的因素并未根除,货币和资本市场动荡不定的局面仍将继续存在。

第五,失业问题仍将比较突出,特别是对于发展中国家来说更是如此。

“十五”期间世界经济增长速度快于“九五”期间,从总量上看,将有助于解决失业问题,但由于经济增长的拉动在一定程度上依赖于以信息和网络技术为核心的高新科技的应用与发展,主要不是靠劳动力投入的量,而是靠劳动力投入的质和由此带来的劳动生产率的提高,因此,吸纳的劳动力数量较传统经济少。另一方面,结构调整速度的加快也会对劳动力提出较高要求,因结构调整而失业的传统经济条件下的劳动力,一时还很难适应以高新技术为支撑的新经济的需求。所以,我们认为就业问题仍然将困扰着各国政府。

三、世界经济对中国经济的影响

1. 对我国进出口贸易的影响。

有利因素为:(1)“十五”期间世界经济增长和贸易量的扩大均略好于“九五”时期。(2)加入世贸组织之后,可促进中国的进出口。一方面,世贸组织缔约方对中国出口所施加的限额将立即被取消,一些贸易壁垒也将逐步取消,有利于中国出口的增长。另一方面,中国进口市场对外开放是一逐步过程,进口关税和非关税保护措施的取消还有2至5年不等的过渡期。这有利于中国保持进出口平衡或略有盈余。(3)国际市场价格变化平稳,有助于中国扩大进出口贸易。

不利因素有:(1)尽管东亚和东南亚国家在渡过金融危机之后,各国货币币值开始逐步回升,但

与危机发生前相比，还是有较大贬值，加之中国出口商品结构与这些国家相似，因而东亚和东南亚国家出口竞争力的恢复对我出口构成竞争压力。(2)美国经济软着陆后，会有欧洲、日本以及其他亚洲国家经济的回升来弥补，但考虑到美国作为中国传统的、最重要的出口市场之一，其进口需求增长放缓，需要我们在调整出口地区结构的同时，也要确保出口产品结构能适应新的需求结构，这将对我国出口造成一定影响。(3)我国目前已是世界第7大出口国，货物出口占GDP的比重1999年已达19.6%，但“过分依赖外需的战略已表现出其局限性”(世界银行首席经济学家斯蒂格利茨语)，出口基数越大，市场准入和市场扩张所遇到的困难也越大。(4)预计“十五”期间国际市场原油价格将维持在较高水平，这对于中国这样一个原油净进口国来讲(1999年净进口原油相当于国内产量的26%)，将加大进口成本。

2. 对引进外资的影响。

有利方面。(1)加入世界贸易组织之后2至6年，中国将逐步对外资开放有关的投资领域和提高中外合资企业中外方股权上限，更重要的是中国正式加入世贸组织之后，会加强外商对中国投资前景的信心。(2)“十五”期间国际经济环境的相对改善，特别是占中国外资来源绝大部分的东亚和东南亚国家摆脱金融危机的影响后，必将恢复和扩大对外投资能力。

不利方面。(1)“十五”期间，发达国家投资回报率将维持较高水平，对外资吸引力增强，发展中国家资本净流入将相对减少。(2)在外来直接投资和技术转让中跨国公司购并将继续占据主导地位。而这种购并绝大部分是在发达国家之间进行的，因而不利于资本向发展中国家流动。况且跨国公司购并中国国有企业目前还存在着许多障碍。(3)主要发达国家的利率将会维持在较高水平。世界银行预测半年期伦敦同业拆借美元名义利率将从1999年的5.5%上升2000年和2001年的6.5%，2002年将回落到5.5%；剔除通胀因素(用同期消费物价指数来缩减)之后的实际利率将大体上涨至3.5%至4%，远高于1994年至1997年的2.9%。这也会影响资本向发展中国家流动。(4)欧洲和拉美对中国形成强有力的竞争。据美国基耳尼公司的调查，从地区看，北美是投资者首选地，欧洲次之，然后是拉美，亚洲随后；从国家看，美国长期高居第一，英国已取代中国而跃升至第二位。

综合上述两方面的因素，对于“十五”期间中国引进外资来说，还是有利因素为主，特别是加入世贸组织以及周边地区经济的好转。预计“十五”期间，实际利用外资的水平将大体为年均550亿美元左右，与“九五”期间相当。

3. 劳务输出输入的影响。

有利方面：(1)中国加入世贸组织之后，世界贸易组织的多边优惠条件也适用于服务贸易领域，这也给我国的劳务输出和输入提供了更大的发展舞台。(2)我国目前每年的劳务输出仅占世界的1%，这与我国经济在世界的地位相比还很小，因此具有很大的发展潜力。(3)从我国劳务输出的地区结构来看，绝大部分集中在周边国家(1999年亚洲占我国全部劳务输出的65%以上)，其次是北美洲和非洲(分别占9%和8%)，而“十五”期间除北美洲经济增长率稍稍降低外，亚洲和非洲经济增长率均将有所提高，因而对劳务需求将有所增强。

不利方面主要是：国际劳务市场尽管容量大，但地区结构和需求结构与我国的实际有很大差距，这给我国劳务输出的扩大造成一定的困难。

4. 对物价和人民币汇率的影响。

未来几年，国际市场除原油以外的初级品价格将温和上升，且基本上属于1998年和1999年下跌之后的反弹。原油价格将会有一定的波动，但出现暴涨和暴跌的可能性不大，而且原油在中国进口中的比重还较低(“九五”期间平均为3.8%)，加之国内市场成品油价长期高于国际市场，国际市场油价上涨对中国的影响还有一个缓冲过程。“十五”期间主要国家和地区的居民消费价格指数的涨幅也低于“九五”期间。因此，输入型通货膨胀对我国的压力不大。

关于汇率的演变，预计持续5年之久的美元对欧元和日元的总体强势还将维持一年左右时间，但随后对欧元将走弱，对日元将相对稳定。因此，基本与美元挂钩的人民币将在近期内有一定的升值压力，但随后得到缓解。加入世贸组织，近期内不会对外汇供求关系发生重大影响，因而不会造成人民币币值波动。人民币与美元的汇率仍可维持在1:8.3左右的水平。不过，随着人民币在“十五”时期可兑换范围的逐步扩大，国际资本市场的变动将对人民币产生更直接的影响。

5. 对改革开放和产业调整的影响。

首先，“入世”将对我国的改革开放产生积极的推动作用。目前，改革开放已处在攻坚阶段，向前迈进一步总会受到方方面面利益的牵制，加入世贸组织意味着我们只能按照有关协议规定的时间表开放市场，要想在激烈的竞争面前取胜，必须进行体制改革，特别是国有企业的改革。例如，在2至6年过渡期（主要在“十五”期间）内，如下产业将被迫进行改革和调整：电信业、汽车业、银行业、证券业、保险业、农业、零售业等。

其次，“入世”有利于中国具有比较优势产业进行国际竞争。“入世”后，这些产业的产品将可以享受多边贸易的优惠条件。比如纺织业，有关国家对中国纺织品的进口配额将在5年内取消，而特殊“保护”措施则在8年内取消。

四、政策建议

（一）加快改革步伐，实现体制创新，强化法制建设

中国经济当前面临的各种矛盾和困难，根源在于体制瓶颈。而且我们面临的国际形势和加入WTO等现实都说明现在已不是“要不要改革”，“怎么改革”和“何时改革”的问题，而是必须按照加入WTO后符合国际惯例，对我国有利的方向，采取倒计时的方式，制定时间表，一步步深化改革的问题。改革的重点：一是企业改革。关键是明确产权，完善公司法人治理结构，建立比较完善的现代企业制度。二是金融体制改革。在加强法律法规建设的基础上，要进一步推动国有商业银行的改革，使之成为真正意义上的商业银行。与此同时，加快发展民营银行或金融机构，为民间投资提供必要的金融服务。三是实现宏观调控体系的创新。最重要的是进一步转变政府职能，真正做到政资分开、政企分开。政府主要是维持秩序，创造良好的投资和经营环境，从具体的经营活动中摆脱出来，将政府的宏观调控手段转移到依靠法律的轨道上，协调好财税、金融、计划三大宏观调控手段。四是适应加入WTO后的新形势，建立既符合国际规则和惯例，又具有中国特色的法律体制。因为法治是市场经济发展的重要保障，也是我们在与外商打交道时处于有利地位的重要保障。五是理顺收入分配关系，建立全国统一的、覆盖全社会的社会保障体系。

（二）继续对外开放，营造有利于我国的国际环境，充分利用好两个市场，两种资源

一是力促“东盟+3”区域经济联盟的形成。为了在与欧盟、北美自由贸易区竞争中处于更加有利的地位，为了能更好地抵御外来冲击和一旦受冲击后，便于摆脱危机，渡过难关，中国应积极加强与日本的沟通与合作，推动亚洲区域经济联盟的形成。目前，正在酝酿的“东盟+3”模式是一个很好的方向，关键在于中日之间的合作和努力。不彻底解决与日本的关系，要想形成一个有利的周边环境是不现实的。

二是继续利用好外资。一方面，要通过进一步开放投资领域来吸引外资；另一方面，要通过制度创新，靠透明、廉洁、高效的行政管理工作和蓬勃发展的经济来吸引外资。

三是继续扩大进出口贸易。对出口而言，一方面要继续实行出口商品零税率政策；另一方面，要放宽对民营企业自办出口的限制，将民营企业、国有企业和外商投资企业同等看待。对进口而言，主要是建立必要的法律法规，照章办事，特别是对破坏环境，有不正当竞争行为的进口货物或服务进行认真监管；另一方面，要通过对国有企业的改革，消除利用进出口搞损公肥私的条件。

四是鼓励国内资金向海外投资（即所谓“走出去”）。在这一问题上需要注意防止两种资金外流，一是国有资产外流。对于国有企业在境外投资需要慎重。因为许多国有企业在境内监管都不容易，到境外后要监管好就更加困难。二是违规资金外流。

（三）进一步做好宏观调控工作

一是把“发展是硬道理”放在首位。经济实力是国际地位的重要基础。要继续实行积极的财政政策（至少在“十五”的头两年），进一步充分利用货币政策，并注意二者的相互协调。

二是努力解决就业问题。扩大就业和吸纳再就业的领域，从所有制看将主要是非国有经济单位；从产业结构看将主要是第三产业和第二产业中通过结构优化升级形成的新增长点。扩大就业的途径，也要从单纯依赖提高经济增长速度，转为在既定速度的基础上，更多地通过提高经济社会化、市场化水平，增加劳动力市场的弹性来提高经济增长的就业弹性系数。此外，还要通过提高劳动者素质、实行劳动预备制度、非全日制或分阶段式的灵活工作制度等方式，降低全社会劳动参与率，缓解就业压力。特别应注意教育和再教育的作用。

三是改善投资环境，创造良好的投资氛围。关键是实行境内外企业、国有企业和民营企业一视同

专栏 12.4 中国从世界低收入国家进入下中收入国家行列

按照世界银行的三年平均汇率方法计算，1999 年我国的人均国民生产总值达到 780 美元，从世界低收入国家进入下中收入国家行列。这是我国首次跨入中等收入组，表明我国综合国力有较大提高，人民生活水平在世界上的位次也大幅度上升。

世界银行根据世界所有国家和地区的人均收入情况，划分了三个档次的收入组别：高收入组、中等收入组和低收入组。其中中等收入组又细分为下中收入组和上中收入组。根据经济发展和各国收入的变化情况，这个标准每年都会调整一次，比如 1990 年高、中、低收入组的划分标准分别是：人均 GNP 高于 6000 美元为高收入组、高于 500 美元并低于 6000 美元为中等收入组，低于 500 美元为低收入组；而 1999 年这个标准则提高到人均 GNP 高于 9266 美元为高收入组、高于 756 美元并低于 9266 美元为中等收入组，低于 756 美元为低收入组。

改革开放以来，我国国民经济得到迅猛发展，人民生活水平稳步提高。以美元计算的人均 GNP 从 1978 年的 190 美元上升到 1999 年的 780 美元。在世界银行计算的 186 个国家和地区中的人均 GNP 排名也连年上升，从 1978 年的第 189 位，上升到 1998 年的第 131 位。特别是 20 世纪 90 年代以来，上升速度明显加快。1970 至 1990 年的 20 年间，按现价计算的人均国民生产总值年均增长 5.3%，位次仅上升了 8 位；而 1990 年至 1998 年仅 8 年时间，年均增长 11.8%，在世界上的位次跃升了 35 位；1999 年更实现了质的跨跃，从低收入组跨入下中收入组的行列。

70 年代以来我国人均 GNP 及在世界的排名 单位：美元

	1970	1975	1978	1980	1985	1990	1995	1997	1998	1999
人均 GNP	120	200	190	220	280	320	520	710	750	780
位次	174	173	189	180	169	166	142	134	131	

资料来源：世界银行数据库。

1999 年处于下中收入组的国家共有 54 个，包括：土耳其、白俄罗斯、泰国、罗马尼亚、埃及、保加利亚、菲律宾和斯里兰卡等，中国列本组的倒数第三位，仅列于圭亚那和洪都拉斯之前。

目前我国的人均 GNP 水平在世界上仍处于较低水平，1999 年中国的人均 GNP 仅相当于高收入组平均水平(25730 美元)的 3%，中等收入组平均水平(2000 美元)的 39%，发展的任务还十分艰巨，要想赶上世界发达国家的水平还有很长的路要走。

（执笔：石婷）

仁，提高政府管理部门的服务意识，从分配制度的改革入手，保证行政工作与利益脱钩。

四是鼓励技术创新。科技创新的主要任务是建设国家创新体系和企业技术创新体系，在加强对国外先进科技学习、引进、吸收、消化的同时，加快培养和提高自主创新能力，改变对引进技术过度依赖和消化不良的状况，逐步把用市场换技术和用技术换技术结合起来，实现更高层次的进口替代，为结构优化升级造就新的技术基础。在科技创新上，要充分发挥政府和市场两个方面的积极作用，建立和不断强化国家科技创新体系，集中力量重点支持少数重大技术创新的基础领域和项目，同时为企业建立自主技术创新体系提供环境和条件，特别是要依靠市场的作用，逐步建立企业对引进技术的消化、吸收、应用及再创新的机制。

五是充分认识环境保护的长期性、艰巨性和不可逆转性，通过立法确保经济发展过程中环境不受破坏，进而实现可持续发展。

六是促进产业结构调整与战略性升级。首先，要从转移农业劳动力、加大大型农业基础设施和科学研究等方面入手，解决好农业的发展问题。其次，通过发展高新技术产业，实现第二、三产业的战略性调整。要加快发展信息产业和网络经济，处理好新经济与传统经济的关系，不能把二者割裂开来，对立起来。一方面要充分利用高新技术手段改造传统经济,继续发挥传统经济的优势;另一方面要充分利用新经济能够创造需求的特点,扩大需求,促进经济发展。第三,要将结构调整纳入全球经济这一大范围内去考虑,要根据中国加入WTO以后的形势变化,在产品分工和产业分工方面更多的与国际分工链条联系起来,使产业结构调整融入国际分工的体系。做到这一点不仅需要对产业选择的审慎,更重要的是,要在国有企业改革、公司的治理结构以及人才流动机制方面进行更大的政策调整。

(执笔:郑京平　郑泽香　陈胜春　闫海琪)

专栏 12.5　中国人文发展指数逐年提高

据《2000年人文发展报告》统计:世界人文发展指数为0.712(其中期望寿命指数为0.70、教育指数为0.74和收入指数为0.70)。名列前十位的国家均为发达国家,依次为加拿大、挪威、美国、澳大利亚、冰岛、瑞典、比利时、荷兰、日本和英国。这10个国家平均人文发展指数为0.927,远远高出世界平均水平。

中国的人文发展指数从1990年的0.614、1995年的0.65上升到1998年的0.706。在174个国家和地区中排名第99位,虽属于中等人文发展水平国家,但已超过中等人文发展水平国家的平均水平(0.673),并接近世界平均人文发展水平(0.712),中国的人文发展指数呈现出逐年上升的态势。

1998年中国和世界主要国家人文发展指数比较

	预期寿命指数	教育指数	GDP收入指数	人文发展指数
世界总计	0.70	0.74	0.70	0.712
加拿大	0.90	0.99	0.91	0.935
挪威	0.89	0.98	0.93	0.934
美国	0.86	0.97	0.95	0.929
澳大利亚	0.89	0.99	0.90	0.929
冰岛	0.90	0.96	0.92	0.927
瑞典	0.90	0.99	0.89	0.926
比利时	0.87	0.99	0.91	0.925
荷兰	0.88	0.99	0.90	0.925
日本	0.92	0.94	0.91	0.924
英国	0.87	0.99	0.89	0.918
前10位发达国家平均	0.88	0.98	0.91	0.927
中等人文发展水平国家	0.70	0.73	0.59	0.673
其中:中国	0.75	0.79	0.57	0.706

*人文发展指数是反映人类经济和社会发展状况的综合性指标,它是在代表人类发展的三个方面指标(出生时期望寿命、成人识字率和按购买力平价方法计算的人均国民生产总值)的基础上运用加权平均法计算出来的综合指数。这个指数在0~1之间,指数越接近1,说明这个国家经济和社会发展程度越高。鉴于这个指标的重要性和特殊性,联合国开发计划署(UNDP)于1990年开始至今每年都计算和公布人文发展指数。

人文发展指数的计算共分三步,具体为:

(1)对上述三个方面共四个指标分别确定其取值范围

出生时人口的期望寿命:从25岁到85岁;

15岁以上成人识字率:从0%到100%;

综合入学率:从0%到100%;

人均国民生产总值(PPPUS $):从 $100 到 $40,000;

(2)在此基础上,按下列公式分别计算其指数,即计算期望寿命指数、教育指数和人均国民生产总值指数。

指数=(实际值-最小值)/(最大值-最小值)

(3)将三个指数进行简单平均,即可得到人文发展指数(HDI)。

执笔:任晓燕

附录Ⅰ

2000 年香港经济回顾及 2001 年展望

2000 年香港经济回顾

一、整体概况

2000 年香港经济，在 1999 年复苏的基础上，呈现出强劲增长势头。全年经济实际增长达 10.5%，大大高于 1999 年 3.1% 的增幅。这既是香港自 1987 年以来的最高增长率，也是亚太地区乃至全球的最高增幅。

2000 年香港经济大幅增长是由出口贸易和旅游业的快速增长带动的。全球经济好转，与香港经贸关系密切的中国内地经济稳步增长，为香港经济全面复苏提供了良好的外部环境，再加上过去两年来，香港本地价格竞争力的改善和生产力的提高，有效地刺激了出口；创新科技启动，经济转型加快，新设备的购置、新技术的应用，成为拉动经济复苏的新动力。按价值计算，香港创造的货物及服务已经超过金融危机前的水平，香港经济已经走出 3 年多的恢复性增长，开始步入实质性增长阶段。

2000 年第一季度，香港本地生产总值增长强劲，与 1999 年同期相比实质增长达 14.1%，第二季度及第三季度也都有 10.8% 的强劲增长。但由于 1999 年第四季度香港本地生产总值增长较高，2000 年第四季度同比增长则稍有回落，为 6.8%。2000 年，按现价计算的香港本地生产总值初步估算为 12717 亿港元，扣除价格变动因素，以 1990 年价格计算的香港本地生产总值为 8937 亿港元，实际增长 10.5%。

在香港本地生产总值的支出构成中，香港本地消费开支在 1999 年扭转下降趋势，恢复小幅增长后，2000 年显著增长。由于就业人数的增加，工资收入的实际增长，以及零售业普遍开展的折扣促销，2000 年第一季度和第二季度消费增长尤为迅速，零售量分别达 14.2% 和 10.4%，第三季度和第四季度由于上年同期基准较高，回落至 5.8% 和 2.5%，但全年合计仍有 8.1% 的高增长率；私人消费开支在2000年第一季度大幅增长，实际增长高达 8.7%，第二季度及第三季度也有显著增长，分别为 5.0% 和 5.6%，第四季度稍微放缓，增长 2.8%，全年增长稳健，实际增长达 5.4%。2000 年政府消费开支继 1999 年实际增长 3.3% 之后，2000 年全年又有 2.1% 的实际增幅，其中第一、第二及第三季度分别比上年实际增长 3.7%、2.7%、2.5%，第四季度则有 0.6% 的轻微下降。

表 1　香港本地生产总值

（按 1990 年不变价计算）　单位：亿港元、%

年份	季	本地生产总值	同比增长
1997		8290	5.0
1998		7851	-5.3
1999		8091	3.1
	1	1833	-2.9
	2	1925	1.1
	3	2124	4.3
	4	2209	9.2
2000		8937	10.5
	1	2091	14.1
	2	2134	10.8
	3	2353	10.8
	4	2359	6.8

资料来源：《香港统计月刊》2001 年第 4 期。

二、香港的对外贸易

2000 年，香港对外贸易大幅度增长。外贸进出口被誉为“推动经济增长的火车头”，带领香港走出经济低谷，步向复苏。出口和进口均有大幅度飚升，进出口总额达 32307 亿港元，比上年增长 17.8%。其中，出口实际增长 17%，进口实际增长 18%。

2000 年香港外贸出口大幅度增长，其有利因素在于：中国内地经济持续增长，大多数东亚经济体持续复苏，美国和欧洲的经济增长稳健，带动全球主要市场的进口需求；香港在过去两年多以来，不断调整成本/价格和提高生产力，出口竞争力增强，也有利于出口。2000年全年合计，整体货物出

表2　按主要开支组成部分划分的香港本地生产总值

（按1990年不变价计算）　　单位：亿港元、%

指标	1998		1999		2000		2000年比1999年增长
	总值	比重	总值	比重	总值	比重	
总额	7850.7	100.0	8091.0	100.0	8936.5	100.0	10.5
政府消费	621.2	7.9	642.0	7.9	655.3	7.3	2.1
私人消费	4637.0	59.1	4670.3	57.7	4924.6	55.1	5.4
固定资本形成总额	2815.5	35.9	2325.3	28.7	2530.1	28.3	8.8
净进口	803.2	10.2	331.2	4.1	526.9	5.9	59.1
服务净输出	728.0	9.3	893.2	11.0	1185.8	13.3	32.8
库存增减	－147.8	－1.9	－108.7	－1.3	167.6	1.9	－

资料来源：《香港统计月刊》2001年第4期。

口（包括转口及港产品出口）15727亿港元，实质增长17%，大大高于1999年的4%，是自1992年以来的最高增长率。各季度同比分别增长21%、18%、18%及13%。但出口增长在接近年底时减缓，这一方面是上年基数较高的原因，另一方面是美国经济增长减缓而导致的全球需求减弱所致。

在货物出口中，2000年的转口贸易额第一、第二、第三和第四季度分别比上年实际增长21%、19%、19%及15%，全年达13920亿港元，实际增长18%，较1999年的5%明显升高，是1993年以来的最高增长率。港产品出口额在2000年第一季度大幅上升，实际增长16%，第二及第三季均上升8%，但在第四季则下降1%，全年合计达1810亿港元，实际增长8%，与1999年下降7%形成鲜明对照。

内地仍是香港整体货物出口的最大市场，香港输往内地的整体出口达5430亿港元，实际增长19%，占香港整体货物出口的35%。其中，香港输往内地的转口货物达4888亿港元，占香港转口贸易总值的35%，比上年实际增长20%；内地同样也是香港转口货物的最大来源地，占香港转口贸易总额的61%，为8500亿港元，比上年实际增长18%。内地也是港产品出口的最大的两个市场之一，输往内地的港产品占2000年港产品出口总值的30%，为542亿港元，比上年增长7%。

由于香港本地内部需求旺盛及转口货物大幅增长，2000年香港进口货物总值大幅增加，达16580亿港元，比上年实际增长18%，1999年则仅有0.2%的轻微增长。留用进口货物2000年第一季度大幅增长，实际增幅达27%，第二、第三季度则分别增长18%和17%，第四季度增势有所减缓，增长8%，全年实际增幅达17%。

由于香港经济持续复苏，本地需求旺盛，香港本地留用的进口货物大幅增加，2000年香港的有形贸易赤字扩大至850亿港元，相当于进口货值的5.1%。

无形贸易方面，访港旅游业收益显著，离岸贸易和其他与贸易有关的服务输出大幅增长，2000年服务输出大幅上升，达3340亿港元，实际增长14%，比1999年提高4个百分点；另一方面，服务输入仅微升3%，为1850亿港元，2000年无形贸易盈余由1999年的1130亿港元上升至1490亿港元。综合起来，2000年有形贸易及无形贸易仍有600亿港元的盈余。

三、香港的财政金融业

2000年，香港经济成功扭转逆境，强劲复苏，归功于香港市场灵活应变的特性，更归功于香港特区政府面对经济困境时采取的务实的财政政策。为了促使香港从经济逆境中早日复苏，2000年至2001年度的财政预算案没有任何新增税项或加税措施，反而提出了多项收入宽减建议。如将柴油税优惠税率的宽减期限延长，将股票交易印花税削减10%，以加强香港作为国际金融中心的的竞争力。在政府的经常性开支中拨款，推行一系列的培训、再培训、和与就业有关的服务，协助综合社会保障援助计划受助人和可能申请援助人士自力更生及推行开支新措施，为老人、残疾人士及学生提供更多服务或经济援助。同时，通过继续暂停招聘公务员，取消职位空缺和获拨款职位，削减公务员编制。11月又宣布，继续冻结四项最直接影响居民生活的收费，包括水费、排污费、学费和医疗收费，并再次延长六个月的柴油优惠税率。这一系列务实的财政政策，虽然对香港政府的财政造成了一定的压力，但对于经济复苏所起的作用却有目共睹。

表3 香港贸易基本情况

(按现价计算)

单位:亿港元、%

指标	1998	1999	1999年比1998年增长	2000	2000年比1999年增长
进出口总额	27767.4	27417.2	-1.3	32306.5	17.8
进口	14290.9	13927.2	-2.5	16579.6	19.0
整体出口	13476.5	13490.0	0.1	15726.9	16.6
#港产品出口	1884.5	1706.0	-9.5	1809.7	6.1
其中:输往内地	560.7	504.1	-10.1	541.6	7.4
美国	548.4	513.6	-6.3	544.4	6.0
英国	100.6	103.9	3.3	106.8	2.8
日本	64.4	54.6	-15.2	50.8	-7.0
转口	11592.0	11784.0	1.7	13917.2	18.1
其中:输往内地	4073.7	3991.9	-2.0	4888.2	22.5
美国	2598.6	2694.4	3.7	3110.5	15.4
日本	641.9	675.1	5.2	820.5	21.5
英国	422.6	455.4	7.8	523.6	15.0
德国	421.6	441.2	4.6	506.0	14.7
法国	213.2	228.4	7.1	252.1	10.4

资料来源:《香港统计月刊》2001年第4期。

2000年香港金融市场大体稳定。港元在2000年表现非常稳定。港元兑美元的市场汇率紧贴总结余的兑换保证汇率走势,在7.774和7.799之间小幅波动。在联系汇率制下,港元汇率紧贴美元走势,兑换几乎所有主要货币均上升,港元兑日元、英镑及马克分别上升11.6%、8.2%和6.4%。但由于人民币及美元兑港元稍有升值,2000年贸易加权名义港汇指数上升3.4%,由1999年底的131.5上升到2000年底的136.0。

利率方面,香港本地利率随美国联邦基金目标利率走势,2000年上半年连翻上调,下半年则逐渐缓和。三个月期的香港银行同业拆出利率由1999年底的5.7厘上升至2000年5月的7.0厘,年底则又回落至5.8厘。香港银行公会厘定的储蓄存款利率和各主要商业银行的最优惠贷款利率随美国利率上升,从2000年2月到5月分别上调100个基点至4.75厘和9.5厘,年内其余时间则保持稳定。另一方面,定期存款利率升幅则较小。

港元存款继1999年增长4.5%后,2000年又增长5.0%,经调整包括外币掉期存款的港元存款为18480亿港元,香港认可机构的存款总额2000年底达34820亿港元,增长9.6%。港元贷款在2000年扭转了自1998年以来下降趋势,增长2.8%,为16530亿港元。由于港元存款增长快于贷款增长,港元贷存比自1999年底的91.3%又下降至2000年底的89.4%。

受美国股市影响,香港本地股市在2000年大幅波动。由于电讯及科技股票价格飚升,恒生指数于三月底创出18302点的历史高位。但由于美国股市下挫、担心美国调高利率及两岸局势紧张,恒生指数在5月份下滑至13723点。其后恒生指数虽于7、8月份又有强劲反弹,但由于受到国际油价上升、美国股市再度下滑的影响,恒生指数再度下挫,2000年底报收15096点,较1999年底低11%。

四、香港的劳动就业

2000年,随香港经济的强劲复苏,带动整体就业人口增长,香港劳动力市场明显改善,失业率稳步下降。

2000年香港劳动人口增长温和,比1999年增长1.2%,平均劳动人口为338.3万人,其中女性142万人,占42.1%。劳动人口参与率为60.7%,比上年微降0.2个百分点。女性劳动人口参与率为49.1%,比上年上升0.4个百分点;男性劳动人口参与率为73.2%,比上年下降0.6个百分点。

由于经济强劲复苏,2000年就业人数显著增长,全年平均增长2.6%,扭转了前两年就业人口下降的趋势。失业人口显著减少，2000年，失业总人数由20.9万人减少至16.8万人，经季节性调整的失业率明显回落，由1999年第四季度的6.0%下降至2000年第四季度的4.4%。就业不足率也有下降，从1999年第四季度的2.8%下降至2000年第四季度的2.7%，2000年第四季度就业不足人数也由1999年第四季度的9.5万人减少至9.1万人。就业人口的每周工作时数仍然较高，维持在每周48小时左右，每周工作50小时或以上的人数比例则由1999年第四季度的33%微升至2000年第四季度的34%。

表4　香港劳动人口、失业及就业不足统计

单位：万人、%

指标	1998	1999	2000	2000比1999年增长
劳动人口	330.6	334.3	338.3	1.2
#男	197.1	196.4	196.0	-0.2
女	133.4	137.9	142.3	3.2
劳动人口参与率	61.1	60.9	60.7	-0.2
#男	74.5	73.8	73.2	-0.6
女	48.2	48.7	49.1	0.4
失业人数	15.5	20.9	16.8	-19.6
经季节性调整的失业率	4.7	6.3	5.0	-1.3
就业不足人数	8.4	9.9	9.6	-3.3
就业不足率	2.5	3.0	2.8	-0.2

资料来源：《香港统计月刊》2001年第4期。

经过前两年的冻薪和减薪，以货币计算的香港劳工收入于2000年第二和第三季度均较1999年同期上升2%，以货币计算的工资也较去年同期分别上升1%。扣除物价因素，2000年第二季度劳工收入实际增长7%，第三季度实际增长5%。同期劳工工资则分别实际增长5%和3%。

五、香港的物业市场

2000年大部分时间，香港住宅物业市场表现疲软，主要是由于供应过多及置业信心不足。2000年上半年，按揭利率连续三次上调，加上4月份卖地成绩未达到预期，及香港股市在第二季度下挫，令住宅物业市场低迷。其后政府虽澄清“八万五”房屋计划已经不存在，加上房屋委员会根据市场情况调整了公营房屋政策，银行因竞争激烈而推出更优惠的按揭贷款计划，市场气氛于7、8月份有所好转。但鉴于大量新楼宇陆续落成供应市场，及置业人士担心股市进一步下挫，普遍谨慎，投资者也因此大多报观望态度，直到年底，市场的整体气氛依然平淡。

住宅楼宇价格在2000年第一季度小幅度上升2%，但随后三季则下滑7%、3%及4%。2000年第四季度与前一年平均价格相比，下降13%，与1997年第三季度的高峰比较，大幅下跌，跌幅为51%。相对而言，2000年私人住宅楼宇租务市场则颇为活跃，租金保持平稳，2000年第四季度与一年前相比，上升了1%，但与1997年第三季度的高峰比较，下跌了29%。

商业楼宇方面，由于受经济强劲复苏及中国即将加入市贸的影响，租务需求回升，2000年写字楼租务市场有所好转，2000年全年合计，租金平均上升4%。写字楼销售交投有所增加，但售价仍无起色，2000年全年合计，租金平均下降14%。得益于零售业的增长，铺位的租务市场稍有起色，全年合计，租金保持平稳。工业楼宇市场依然低迷，工业楼宇租金和价格分别比上年下降4%和9%。

2000年楼宇及建设活动继续下降，楼宇及建设整体开支比1999年下降了8%，私营机构及公营部门的楼宇及建设开支分别比1999年下降8%和9%。

六、香港的旅游业

2000年香港旅游业摆脱了低潮局面，全年访港游客达到1306万人次，比上年增长15%，超过了历史最高年1996年的1297万人次。从3月份开始，访港游客连续10个月超100万。内地仍是访港旅客最大的来源地，379万人，占访港旅客总数的29%，比1999年增长18%；其次是台湾，239万人，占18%，比1999年增长16%；南亚及东南亚旅客175万人，增长16%；日本138万人，增长18%；来自美国和英国的旅客也显著增加，分别为97万和37万人，分别比上年增长12%和10%。

旅游业是香港经济重要支柱产业，随访港旅客人数的增长，2000年香港旅游业收入明显回升。2000年香港旅游业为香港带来了593亿港元的收益，比上年增长9%，相当于香港本地生产总值的5%。但由于本地零售店给予旅客价格折扣，加上来自东亚发展中国家旅客较多，而这些旅客一般购买力较低，停留时间较短，因此人均旅客消费额在降低，比1999年降低了5%，为4539港元，但这已比1999年14%的下降幅度有明显好转。2000年底，香港酒店入住率达87%，比1999年底增加4个百分点，是自1996年以来的最高入住率。

2000年香港居民离港人数5890万人，比1999年增长11%。内地仍是香港居民最热门的旅游目的地，占离港人数的85%，为5008万人。其次，前往澳门的421万人，占7%；前往南亚及东南亚，北亚的比例则分别为4%和1%。

表5 香港旅游业概况 单位：万人

指标	1998	1999	2000	2000年比1999年增长
抵港旅客人数	5774.2	6456.0	7203.5	11.6
#访港旅客人数	1016.0	1132.8	1306.0	15.3
其中：中国内地	267.2	320.7	378.6	18.1
台湾	188.6	206.3	238.6	15.6
东南亚国家	110.6	133.9	153.9	15.0
日本	110.1	117.4	138.2	17.7
美国	82.8	85.9	96.6	12.5
加拿大	20.8	22.6	25.3	11.9
访港旅客消费额(亿港元)	563.0	542.8	592.8	9.2
访港旅客人均消费(港元)	5541.0	4791.0	4539.0	-5.3
酒店入住率(%)	76.0	79.0	83.0	5.1
本港居民离港人数	4759.4	5314.4	5890.1	10.8
其中目的地为：中国内地	3914.1	4517.5	5008.3	10.9
澳门	425.7	379.4	420.7	10.9
泰国	57.7	48.6	52.8	8.7
日本	56.5	46.5	46.0	-1.0
台湾	38.1	42.0	46.9	11.6

资料来源：《香港统计月刊》2001年第4期。

七、香港的物价

2000年，香港消费物价连续第二年下降。但随着前几个月消费开支的显著回升，虽然零售商仍普遍给予顾客价格折扣和其他优惠，但部分货品及服务的折扣幅度已比以前减少。此外，部分公共服务收费也有提高。工资恢复轻微增长，租金在近几月也止跌回稳。留用进口货物价格整体上持续温和上升，虽然留用进口食品和消费品价格的下降幅度减少，但其他用途类别的留用进口货物价格尤其燃料价格却大幅回升。在这些因素的作用下，消费物价下降的趋势已逐渐缓和。

综合消费物价指数下降幅度在2000年年内显著减小，由第一季度的5.1%减至第二季度的4.5%，第三季度更大幅减至2.8%，第四季再进一步减至2.2%。全年合计，下降3.7%，低于1999年4.0%的降幅。其中，衣着、耐用品、基本食品和外出用膳等商品的价格降幅均趋温和。甲类消费物价指数、乙类消费物价指数的走势也大体相似。2000年全年合计，甲类消费物价指数和乙类消费物价指数分别下降2.8%和3.8%，小于1999年3.3%和4.7%的降幅。

本地生产总值平减物价指数2000年前三季度下降6.9%、7.5%和6.4%，第四季由于私人消费开支平减物价指数及政府消费开支平减物价指数的降幅在年内逐步减小抵消本地固定资本形成总额平减物价指数的扩大降幅，下降5.4%，降幅稍小。2000年全年合计，本地生产总值平减物价指数下跌6.5%，降幅超过1999年的5.1%。

表6 香港的物价

（比上年同期增长%）

年份	季	综合物价指数	甲类消费物价指数	乙类消费物价指数	丙类消费物价指数
1998		2.8	2.6	2.8	3.2
1999		-4.0	-3.3	-4.7	-3.7
	1	-1.8	-1.5	-2.4	-1.2
	2	-4.0	-3.5	-4.7	-3.5
	3	-5.9	-5.0	-6.7	-5.8
	4	-4.1	-3.0	-5.0	-4.2
2000		-3.7	-2.8	-3.8	-4.5
	1	-5.1	-4.1	-5.4	-5.9
	2	-4.5	-3.4	-4.6	-5.5
	3	-2.8	-2.0	-2.9	-3.7
	4	-2.2	-1.6	-2.2	-2.8

资料来源：《香港统计月刊》2001年第4期。

2001年香港经济展望

一、2001年香港经济总体情况预计

继2000年香港经济全面增长的走势，2001年香港经济将会继续增长。

2001年，支持香港经济增长的有利因素大于不利因素。外围方面，香港所处的国际经济环境十分有利：

1. 美国经济可望实现较为平滑的“软着陆”、西欧和亚洲各国内部需求将持续增长、日本与东南亚地区的内部贸易正蓬勃兴起，这些对香港经济来说都是有利因素。

2. 中国内地经济增长强劲，国家即将实施“十五”计划，将给香港带来巨大的发展市场。内地产业结构调整、科技创新、西部开发、即将加入世贸组织、进一步开放服务业等，都给香港提供了新的机遇，使香港在金融、贸易、航运、信息、资金和会计、法律服务等方面发挥更大的作用，促进香港经济的全面复苏和进一步繁荣。

中国将加入世界贸易组织，不仅意味着经济将全方位地对外开放，贸易、投资机会的大量涌现，更意味着一个规范化、符合国际惯例的营商环境将在内地加速确立。

国家实施西部大开发，为香港充分发挥优势提供了新的历史机遇。香港要“把握机遇，发挥优势”，当好中介角色，发展连接海内外市场的网络，吸引更多内地和海外的企业前来香港开设地区总部，同时也鼓励和支持香港中小企业到内地发展。

内部方面，香港经济正走向新时代。一年来，以资讯科技产业为特征和动力的新经济在香港迅速崛起，并引发了生产、销售、消费、企业经营与管理方式等一系列重大变革，有力地推动了经济转型和产业结构的调整。香港资本市场也出现了重大变化，融资结构和股市结构均出现了调整，资讯科技公司成为市场投资的重要方向。网络经济及其相关产业蓬勃发展，被视为香港新经济的增长点。传统产业也加速了科技创新，加大科技投资，改革传统的经营管理模式。第三次经济结构转型已经全面启动，新经济已具雏形。

尽管香港经济还存在着通缩较重、失业率偏高、房地产市场低迷等问题，但经济已全面复苏且增长势头强劲。预计香港本地生产总值继2000年10.5%的大幅增长后，2001年将平稳增长，达4%左右。

二、对2001年香港需求情况的预计

2001年，内部消费和固定资本投资对经济增长的推动作用将进一步增强。

政府消费开支方面，根据香港特区政府2000年至2001年财政年度开支预算修订及2001年至2002年财政年度开支预算草案，以国民会计方式计算的政府消费开支在2000年上升2%后，预计2001年会增加2.5%。

私人消费方面，随着经济的复苏，劳工市场的改善，就业情况好转和收入增加及利率下降，均有助于消费的增长。预计2001年消费开支继2000年的显著增长后，将有温和增长。预计2001年本地消费开支有轻微上升，实际增长2.5%。

本地固定资本形成总额方面，整体投资开支继去年显著回升后，预计2001年有一定回升。新年伊始，美联储多次减息，港元利率随着美元利率逐步回落，这将直接刺激香港的股市和楼市，有助于减轻中小企业利息负担，增加其贷款需求，对投资有利。由于英商前景好转，私营部门用于机器及设备的开支保持增长，但速度放缓。公营部门用于机器及设备的开支继连续三年下降后，今年可望恢复增长。预计2001年机器及设备总开支会有7%的增长。楼宇及建设活动方面，私营机构楼宇及建造活动于2000年持续减少，但下降幅度已逐渐减小，2001年将保持这一趋势；公营部门楼宇及建造活动短期内仍然疲软，但随着九广西铁及九铁马鞍山至大围铁路、地铁将军澳支线、迪斯尼乐园计划地盘平整等工程的加快进行，2001年稍后将会有明显回升。预计2001年楼宇及建设总开支将小幅下降1%。

综合投资开支各个组成部分，预计本地固定资本形成总额在2001年会有约4%的实际增长。

三、对2001年香港外贸情况的预计

2001年，全球贸易环境基调仍然良好：美国整体经济正在软着陆，出现衰退的风险不太大；欧盟方面，受相互配合财政政策的支持，经济将保持稳定增长；日本政府不断增加开支和工业投资回升，明年经济可望继续温和复苏；中国2001年经济仍然会有较高增长，并将在2001年第三季正式加入世界贸易组织；欧洲经济明显转好，都会对香港经济有利。2001年年初，美国多次减息，香港将跟随美联储减息，这将有利于香港产品出口，有助于抵消因美国经济快速放缓对香港出口增长下降造成的影响。但基于美国和欧盟经济增长速度放慢导致全球需求的减少，香港所在的东亚地区及香港本地内部需求增长速度放慢，及近期东亚货币贬值而导致的香港出口产品相对价格竞争力的降低，加上2000年基数较高，2001年香港的出口前景不如2000年乐观，但仍会保持一定幅度的持续增长，增长幅度将放慢。

按主要市场分析，输往美国的货物出口在2000年取得14%的高增长，但年底时增势有所放慢，预计2001年香港输往美国的货物出口会保持这一趋势。但随美国内需求因美联储连翻降息而有所恢复，输往美国的货物出口有可能在2001年晚些时候得到改善。

由于欧盟经济持续增长和欧元兑港元比价较高，预计2001年输往欧盟的货物出口继续稳定增长，但会低于2000年12%的高额增长。

中国内地方面，内地经济保持快速增长，内部需求旺盛，加上内地市场更加开放，关税进一步降

专栏 13.1 香港廉政公署

60年代后期,香港贪污之风猖獗。"走后门"的办事方式令贪污风气迅速滋长,行贿公职人员、私人机构收受"黑市回佣"已成惯例。当时的政府却对遏止贪污罪行显得无能为力。

70年代初,大众对于贪污情况已忍无可忍,葛柏事件成为政府决心对付贪污的契机。1973年外籍总警司葛柏在接受贪污调查期间轻易逃离香港,激起民愤,市民上街抗议,宣泄不满。为回应民怨,当时的港督麦理浩委任高级副按察司百里渠成立委员会,调查葛柏潜逃事件并提出对策。委员会最后建议政府成立一个独立及有足够权力打击贪污的新组织致力肃贪倡廉工作。

1974年2月,廉政公署正式成立,独立于包括警队的其他政府部门,同时廉政专员亦直接向港督(现为行政长官)负责,以确保廉政公署的独立性。

为要在反贪污工作中取得成果,廉政公署自成立之初便制定了一套独特的策略,即以三管齐下的方式,打击贪污。三管包括:调查;预防;教育。为落实三管齐下的策略,廉政公署成立了执行处、防止贪污处及社区关系处三个专责部门,执行上述三项任务。执行处接受市民举报贪污、研究及调查怀疑贪污的罪行。防止贪污处审视各政府部门及公共机构的工作常规及程序,以减少可能出现贪污的情况;另外,该处亦应私营机构的要求,提供防贪顾问服务。社区关系处教导市民认识贪污的祸害,并争取市民积极支持反贪的工作。三个部门的工作相辅相成,以求达致最高成效。而署内的行政工作则由行政总部负责。

廉政公署致力维护本港公平正义,安定繁荣,务必与全体市民齐心协力,坚定不移,以执法、教育、预防三管齐下,肃贪倡廉。廉政公署现雇有职员1314名,大部分以合约形式受聘,其中逾半数职员已在公署服务超过10年。公署人员无论何时都要维护本署的良好声誉,并严格遵守以下的专业守则:坚守诚信和公平的原则、尊重任何人的合法权利、不惧不偏,大公无私执行职务、绝对依法行事、不以权位谋私、根据实际需要严守保密原则、为自己的行为及所作的指示承担责任、言行抑制而有礼、在个人及专业修养上力求至善。

(执笔:石毅华)

低,这些因素都有利于香港输往内地的出口,预计2001年香港输往内地的货物出口虽有所放慢但仍会保持较高增长。

随着日本越来越多的企业从国外购买原料,预计2001年香港输往日本的出口虽较2000年增长23%会有所降低,但仍将有较高增幅。

香港输往东亚其他地区的的出口,预计2001年会大大低于2000年的增速。

综合上述情况,预计2001年整体货物出口增长5.5%。其中,转口增长7%;港产品出口下降6%。

服务输出在2000年上升14%后,可望进一步回升,预计2001年会有6.5%的增长。访港旅游业会持续增长,中国内地旅客仍有较大增长,但来自于其他地方的旅客增长会减慢,因此预计2001年访港旅游业增长可能会稍为放慢。

留用进口货物在2000年大幅增长18%后,预计在2001年会有约5%的增长。本港留用进口货物在2000年上升17%后,预计2001年会与2000年基本持平,不再会有较大的增长。留用进口消费品由于香港本地消费需求增长放慢而增速减缓,留用进口原料及半成品由于在2000年增加了存货及出口前景相对不如去年,有下降的可能。留用进口资本货物表现较好,但增速也会比上年有所下降。

由于本地居民长线旅游大多转向短线旅行,整体旅游开支会继续减少。金融及其他商业服务输入由于香港经济增长放慢而增长减缓,但各类与贸易有关的服务输入会随香港的商品贸易持续增长而增长。服务输入在2000年上升3%后,预计在2001年会小幅增长1.5%。

四、对2001年香港物价走势的预计

2001年,受2000年工资租金下调及日本和大部分东亚国家货币贬值,石油价格下降的影响,消

专栏13.2 香港回归“马照跑”

“舞照跳,马照跑,股照炒”,作为香港回归后实行“一国两制”方针的重要特征广为人知。随着内地改革开放的不断深入,跳舞、炒股已司空见惯,唯独“跑马”还被视为资本主义的“专利”,体现着香港与内地制度的不同。

“跑马”,严格说应叫赛马。香港的赛马活动,是在英国人占领香港不久后,由英国人引入的。初时只在每年农历新年举行一次,只限外国人参加。

1844年,香港黄泥涌谷的一片平地即被辟为马场。从此黄泥涌谷又称为快活谷、跑马地。香港赛马初期主要是娱乐,基本没有赌博内容。

1890年,香港开始举办赛马博彩,从此这项娱乐活动具有了赌博意义,赛马也被称为赌马。但直至第二次世界大战前,赌马一直属于只有外国人和少数上层港人参与的高级娱乐活动。主要是因为费用太高。直到20世纪50年代以后,随着费用的相对降低,赌马才逐步成为大众化的活动。

目前,香港赛马的入场费是10港币,每张下注的马票最低也是10港币,高了不限。每逢赛马日,除数万马迷直接进场观赛、下注外,更多人是聚集在投注站或在家中,通过电视、广播了解赛情、下注的。马迷约占600多万港人中的1/3,200多万。

赛马、赌马是由香港赛马会独家主办的。每年9月初到次年6月下旬为一个马季,每逢周三、周六(或周日)分别安排夜、日赛马各一场,全季共78场。一般日场比赛从中午1点半开始,安排10场比赛,半小时一场;夜场从7点半开始,安排7场比赛。

现在,香港有两个马场。位于港岛铜锣湾附近的快活谷马场始建于1844年,几经扩建,现可容纳2万多观众;1978年填海建成的“新界”沙田马场,可容纳6万多观众。

目前,香港的赛马占了多项世界之“最”:国际赛事参赛国家最多,参与人数最多,投注金额与人口比例最高,每个马季比赛场数最多,等等。

(执笔:石毅华)

费物价在短期内仍会疲软。但随着香港经济逐步好转,工资、租金的逐渐回升,以及部分公用事业收费提高,2001年后期通缩将被轻微通胀取代。

预计2001年综合消费物价指数不会有太大变动。私人消费开支平减物价指数在2000年下降4.4%后,预计2001年会有0.5%的轻微下降。政府消费开支平减物价指数由于受公务员薪酬趋势的影响,预计在2001年会仅微升1%,2000年则下降1.8%。

本地生产总值平减物价指数的各个组成部分中:楼宇及建造开支平减物价指数由于建筑投标价格在过去一年中呈下降趋势,加上预计2001年楼宇及建造产量增长减缓,于2000年下降0.5%后,预计2001年会再下降2.5%。机器及设备开支平减物价指数则因日元贬值影响,扭转2000年上升0.7%的趋势,预计2001年会下降1%。对外贸易方面,继2000年出口货物的价格下降0.5%后,预计2001年出口货物的价格没有太大变动。服务输出的价格在2001年也会保持稳定。进口货物价格在2000年上升0.8%后,预计2001年保持平稳。服务输入的价格在2000年保持平稳,预计2001年则会小幅下降0.5%。

综合上述各平减物价指数预计计算,预计本地生产总值平减物价指数和本地内部需求平减物价指数在2001年均会下降1%,远低于2000年6.5%和5.4%的跌幅。

(执笔:石毅华)

2000年澳门经济和社会发展状况及展望

回归前的澳门经济连续四年下滑，社会治安形势严峻，黑社会势力猖獗，澳葡当局留下的财政储备十分有限，公务员本地化进展缓慢，致使特区政府面临人才短缺的局面。澳门回归祖国后，各方面发生了巨大的变化，在短短一年时间里，实现了平稳过渡。行政、立法、司法机关运作顺畅，经济开始出现恢复性增长，居民安居乐业，社会治安明显好转。

澳门特区政府成立一年来，在“固本培元，稳健发展”的总方针指导下，经济呈现出良好的发展势头。2000年澳门经济增长率预计为4%，尽管经济仍处于复苏阶段，增长幅度也不算很大，但却是四年来的首次增长。澳门的四大经济支柱除建筑地产业发展疲软外，旅游博彩业、金融业和出口加工业都呈现出增长的乐观态势。

一、2000年澳门经济和社会发展状况

1.进出口贸易取得佳绩。

2000年，澳门进出口贸易表现不俗，进出口总额达到385亿澳门元，比1999年的339亿澳门元增长13.6%，其中出口额达到204亿澳门元，比上年增长15.9%，其中本地产品出口及转口分别上升13.5%及30.1%。进口额达到181亿澳门元，比上年增长11%。贸易盈余约为23亿澳门元，比上年增长78.4%。

表1 商品进出口贸易指标

单位：亿澳门元

主要指标	1999年	2000年	2000年比1999年增长(%)
进出口总额	338.8	384.8	13.6
出口	175.8	203.8	15.9
本地产品出口	150.4	170.8	13.5
转口	25.4	33.0	30.1
进口	163.0	181.0	11.0
贸易盈余	12.8	22.8	78.4

2000年，纺织品及成衣类的出口为168亿澳门元，比上年增长14.1%，占澳门出口总额的82.5%。非纺织品类的出口为35.8亿澳门元，比上年增长25.4%，仅占澳门出口总额的17.5%，其中占比重较大的是机器设备与零件类及鞋类，分别为8.9亿澳门元和6.4亿澳门元，比上年增长34.9%和27.4%，各占出口总额的4.4%及3.1%。

2000年，澳门的两大主要出口市场仍为美国及欧盟，两者合计占出口总额的76.7%。对美国出口额为98.4亿澳门元，比1999年增长19.2%，占出口总额的48.3%；对欧盟出口额为57.9亿澳门元，比1999年增长9.2%，占出口总额的28.4%，其中对葡萄牙、荷兰、法国、英国及德国的出口额比上年分别增长77.3%、31.6%、11.2%、7.8%及2.2%，而对丹麦的出口额则下跌9.5%。出口到亚太地区的商品总额占全部出口的20.1%，出口额比1999年增长16.7%，其中出口中国内地、日本及中国香港分别上升28.7%、11.6%及11.3%，但对澳大利亚及中国台湾省的出口额则分别下降22.8%及20.0%。

表2 主要商品大类统计的出口总额

单位：亿澳门元

主要出口货物	1999年	2000年	2000年比1999年增长(%)	各大类商品占总出口的比重(%)	
				1999年	2000年
出口总计	175.8	203.8	15.9	100.0	100.0
纺织品及成衣	147.3	168.0	14.1	83.8	82.5
成衣：					
针织	75.8	82.6	9.0	43.1	40.5
梭织	53.5	63.6	19.0	30.4	31.2
纺织布料	11.2	12.5	10.9	6.4	6.1
纺织纱及线	5.7	7.6	33.9	3.2	3.7
其他	1.1	1.8	55.3	0.6	0.9
非纺织品	28.5	35.8	25.4	16.2	17.5
机器设备与零件	6.6	8.9	34.9	3.7	4.4
鞋类	5.0	6.4	27.4	2.9	3.1
水泥	1.4	1.1	-24.2	0.8	0.5
其他	15.5	19.4	25.2	8.8	9.5

表 3 按主要出口市场统计的商品出口额

单位:亿澳门元

主要出口市场	1999年		2000年		2000年出口比1999年增长%
	总额	构成(%)	总额	构成(%)	
总计	175.8	100.0	203.8	100.0	15.9
欧盟	53.0	30.2	57.9	28.4	9.2
其中:					
法国	9.2	5.2	10.2	5.0	11.2
荷兰	5.3	3.0	7.0	3.4	31.6
德国	15.5	8.8	15.8	7.8	2.2
英国	13.0	7.4	14.0	6.9	7.8
丹麦	1.9	1.1	1.8	0.9	-9.5
葡萄牙	0.3	0.2	0.6	0.3	77.3
美国	82.5	46.9	98.4	48.3	19.2
日本	1.1	0.6	1.2	0.6	11.6
中国台湾省	2.1	1.2	1.7	0.8	-20.0
中国香港	11.9	6.8	13.3	6.5	11.3
澳大利亚	0.4	0.2	0.3	0.2	-22.8
其他	8.5	4.8	10.2	5.0	19.7

2000年澳门的商品进口总额达181亿澳门元,比上年增长11%。其中,燃料及润滑油、消费品与原料及半成品分别比上年增长35.5%、22.5%及7.4%;而资本货物的进口额则下跌8.7%。原料及半成品类中,纺织材料占77.7%,进口额为73.2亿澳门元,增长13.5%;而建筑材料仅占1.9%,进口额为1.8亿澳门元,下跌25.6%;毛皮、纸品及塑胶工业原料及半成品类占3.7%,进口额为3.4亿澳门元,增长4.0%。

2000年澳门的进口主要来自亚太地区,占总进口的84.2%,进口额比1999年增长15.3%。其中由澳大利亚、韩国、中国内地、中国台湾省及日本的进口额分别增长53.3%、41.9%、27.9%、10.9%及5.3%,而来自香港的进口额下降6.3%。从美国进口占澳门进口总额的4.5%,2000年达到8.2亿澳门元,比上年下跌1.3%。欧盟占澳门进口总额的9.6%,达17亿澳门元,下跌17.3%,其中由德国、葡萄牙及英国的进口额则分别比上年下降58.4%、32.6%及9.2%,而来自法国的进口额下降77.9%。

2. 失业率有所上升。

澳门2000年失业率为6.8%,与1999年的6.4%相比有所上升。为扭转失业率上升势头,特区政府制定了一系列政策,采取多项培训活动和拓展就业渠道,积极帮助解决失业工人的就业和生活问题。尽管2000年全年澳门的失业率比1999年略有上升,但第三季度失业率由第二季度的7.1%下降至6.7%,显示就业状况有好转迹象。此外,澳门第三季度各主要行业的失业率较上年同期有所改善,改善比较明显的有建筑业、餐饮业和批发及零售业,制造业的失业率也有所好转。

2000年第三季度的劳动力参与率为62.4%,比上年同期减少2.3个百分点,三个季度呈逐季下降趋势;就业不足率为3.2%,比上年同期增加1.9个百分点。

表 4 劳动力参与率、失业率及就业不足率

单位:%

年份	劳动力参与率		失业率		就业不足率	
		比上年同期相比变动		比上年同期相比变动		比上年同期相比变动
1999年						
第一季度	64.5	-0.8	5.7	2.4	1.2	-0.3
第二季度	64.2	-1.2	6.3	2.1	1.5	-0.1
第三季度	64.7	-0.6	6.9	1.6	1.3	0.0
第四季度	65.6	0.4	6.6	1.2	1.0	-0.7
2000年						
第一季度	64.0	-0.5	6.7	1.0	2.0	0.8
第二季度	63.5	-0.7	7.1	0.8	2.7	1.2
第三季度	62.4	-2.3	6.7	-0.2	3.2	1.9

在收入方面,2000年第三季度工人每月工作收入中位数为4810澳门元,与上年同期相比基本持平。如果从行业分析,收入最高的几个行业为公共行政、防卫及强制性社会保障和医疗卫生及社会福利,收入最低的两个行业为制造业和家庭服务业。

3. 消费价格水平有所下降。

2000年,澳门综合消费价格指数比上年下降1.6%。其中,粮食及不含酒精饮品下降1.5%,服装类下降5.4%,房租类下降1.7%,烟酒类下降0.7%,家居用品下降1.6%,药物及医疗上升0.6%,交通及通讯下降1.6%,教育、文化及消闲下降0.9%,其他物品及服务上升0.2%。

4. 旅游业恢复,旅游人次创历史新高。

受亚洲金融危机影响,1997年和1998年访澳游客连续两年下跌,1999年虽有所恢复,但仍未达到1996年的水平。2000年来澳门的游客人数达到916万人次,创历史纪录,比1999年增长23%。

2000年,来澳门游客主要来自中国香港、中国内地和中国台湾省,分别占总数的54.1%、24.8%和14.3%,三地来澳人数分别为423万、165万和

表5 旅游指标

	1999年	2000年	2000年比1999年增长%
入境旅客(千人次)	7443.9	9162.2	23.1
经空路	672.9	834.2	24.0
经陆路	2334.7	3137.5	34.4
经海路	4436.3	5190.5	17.0
入境旅客按来源地分类(千人次)			
中国香港	4229.8	4954.6	17.1
中国内地	1645.2	2274.7	38.3
中国台湾省	984.8	1311.0	33.1
其他	584.1	621.8	6.5
酒店住客数目(千人)	2179.9	2591.8	18.9
平均留宿时间(天数)	1.4	1.3	−7.0
房间入住率(%)	55.4	59.2	3.8
五星、四星及三星酒店	59.4	62.6	3.2
酒店客房供应数目(间)	8848	8611	−2.7
五星、四星及三星酒店	7795	7724	−0.9

98万,分别比上年增长17.1%、38.3%和33.1%。

2000年,在来澳门旅游的游客中,经海路入境的为519万人次,占入境旅客总数的56.7%,从陆路入境的旅客为314万人次,占入境旅客总数的34.2%,从海路入境和从陆路入境的旅客均主要来自中国内地和香港;经空路入境的旅客为83万人次,占入境旅客总数的9.1%。

澳门旅游业的迅速发展,带动了博彩业、酒店业、饮食业、零售业、交通运输业的同步发展。2000年酒店住客数目比上年增长18.9%,房间入住率提高3.8个百分点。博彩业在2000年前3个季度创下的收益也比去年同期增长26%,接近10年来最高水平。博彩业的税收是构成政府财政收入的主要来源,在政府财政收入中批给赌博专营权的直接税为54.7亿澳门元,比上年增长26.1%。

5. 建筑地产业仍处于低潮。

2000年新建成楼宇总面积为370万平方米,比上年下跌44.6%。其中用于住宅的楼宇面积为23万平方米,下跌25.2%;用于商业用的楼宇面积为5万平方米,下跌57.4%;用于其它用的楼宇面积为9万平方米,下跌57%。2000年用于新动工楼宇的建筑准照为34个,比上年减少38.2%;建筑面积为20万平方米,比上年减少51.4%。建筑地产业的不景气,导致建材消耗减少,水泥消耗量由1999年的103056吨减少到2000年的79997吨,下跌22.4%。

在不动产交易方面,在2000年全年所订立的不动产买卖及按揭贷款契约共13426宗,比1999年增加3.1%;而所订立的契约金额共计72.9亿澳门元,比1999年减少43.2%。

表6 建筑业指标

	1999年	2000年	2000年比1999年增长(%)
建成楼宇总面积(千平方米)	668.8	370.3	−44.6
住宅	307.7	230.1	−25.2
商业	128.6	54.8	−57.4
工业	33.9	0.0	17.0
其他	198.5	85.4	−57.0
新动工楼宇			
建筑准照	55.0	34.0	−38.2
建筑面积(千平方米)	417.2	202.8	−51.4
水泥消耗量(吨)	103056.0	79997.0	−22.4

另外,2000年新组建的建筑业公司数仅为61家,低于1999年的80家,这也从一个方面反映了澳门建筑地产业发展趋"冷"。

6. 政府收支略有节余。

2000年澳门政府财政收入为90.79亿澳门元,比1999减少46.4%,扣除指定的帐目后减少10.6%;财政支出为87.65亿澳门元,比1999年减少47.3%,扣除指定的帐目后减少11%;财政盈余比1999年略有增加,达到3.14亿澳门元。从财政收入构成看,除经常收入中的间接税和批给赌博专营权的直接税略高于1999年外,其他项目均低于1999年。从财政支出构成看,2000年所有支出项目额均低于1999年。

7. 货币和金融。

2000年11月末,澳门广义货币供应量(M2)为893.86亿澳门元,比1999年同期的897.97亿澳门元,减少0.5%。其中流通货币为16.87亿澳门元,增长3.2%;活期及储蓄存款为190.68亿澳门元,减少0.1%;预先通知及定期存款为686.31亿澳门元,减少0.6%。

在货币币种方面,2000年11月末,澳门元在货币供应量中所占的份额为26.7%,比上年同期的30.8%下降4.1个百分点;港元在货币供应量中仍占主导地位,占53.2%,比上年同期提高1.7个百分点。

本地信贷表现依然疲软,2000年11月余额为451.57亿澳门元。其中对机构及私人信贷比上年同期下跌3.9%;而对公共部门的信贷较上年同期增长9.1%。

表 7　财政收支状况

单位:百万澳门元

	1999 年	2000 年	2001 年预算	2000 年比 1999 年增减(%)
收入	16942.6	9079.2	13521.3	-46.4
扣除指定的帐目	9859.0	8815.9	9649.1	-10.6
经常收入	9073.8	8441.2	9058.4	-7.0
批给赌博专营权的直接税	4335.7	5467.8	5568.8	26.1
其他直接税	1651.6	1427.6	1447.1	-13.6
间接税	495.9	532.6	490.7	7.4
财产收益	2058.7	545.4	1050.9	-73.5
其它经常收入	531.8	467.7	501.0	-12.1
资本收入	755.9	337.4	570.7	-55.4
投资资产的出售、转移及其他收入	355.9	31.0	10.4	-91.3
往年盈余	400.0	306.4	560.3	-23.4
公共债务	0.0	0.0	0.0	
非从支付中扣减的退回	29.3	37.3	20.0	27.4
指定的帐目	7083.6	263.3	3872.2	-96.3
开支	16636.2	8764.9	13521.3	-47.3
扣除指定的帐目	9552.6	8501.7	9649.1	-11.0
经常开支	8152.6	7484.1	8022.2	-8.2
资本开支	1400.0	1017.6	1627.0	-27.3
投资	1122.4	865.1	1500.0	-22.9
其他资本开支	277.6	152.5	127.0	-45.1
指定的帐目	7083.6	263.3	3872.2	-96.3
盈余	306.4	314.2	0.0	2.5

在对外净资产方面,外汇储备为 262.5 亿澳门元,折合 32.7 亿美元,比上年同期增长 14.1%,除金融管理局外的其他金融机构对外净资产增长 21.3%。

表 8　综合货币概况

单位:百万澳门元

	1999 年 11 月	2000 年 11 月	2000 年 11 月比上年同期增减(%)
货币供应量(M2)	89797	89386	-0.5
流通货币	1634	1687	3.2
活期及储蓄存款	19092	19068	-0.1
预先通知及定期存款	69071	68631	-0.6
按货币划分			
澳门元	27728	23903	-13.8
港元	46228	47460	2.7
其他货币	15841	18024	13.8
本地信贷	46963	45157	-3.8
公共	189	206	9.1
机构及私人	46774	44952	-3.9
对外净资产	58409	69196	18.5
澳门金融管理局	23004	26246	14.1
其他金融机构	35405	42950	21.3

在汇率方面,因澳门元通过港元与美元间接挂钩,澳门元汇率的变化主要随着美元汇率的变动而改变。2000 年 1 月至 11 月与 1999 年同期相比,澳门元对美元、日元、人民币等贬值,其中对日元贬值 6.7%,而对英镑和欧元等有不同程度的升值。

表 9　澳门元对主要外币的兑换率

(每百外币折合澳门元)

	1999 年 1 月至 11 月	2000 年 1 月至 11 月
美　元	799.1	802.5
德国马克	438.1	380.1
英　镑	1293.1	1220.6
法国法郎	130.6	113.3
欧　元	822.6	743.5
日　元	7.0	7.5
人民币	96.5	96.9

1998 年和 1999 年是银行业经营最差的年份。而 2000 年,随着澳门经济步入正轨,银行经营情况略有改善。2000 年前 10 个月澳门银行业整体贷款规模增长,银行在贷款业务上仍采取谨慎态度,选择贷款的对象仍较小心。由于 1999 年本地银行的储备较充分,且 2000 年银行呆坏帐有改善,部分银行可以回拨,使得 2000 年银行整体盈利有较大增长。银行盈利的主要来源是贸易投资及出口信贷增加,

而不是销售楼宇的收入,因此,在房地产不景气的情况下,银行业仍可保持盈利增长。由于目前澳门银行体系资金积压较多,且存在贷存比率偏低的特点,因此扩大资本输出,特别是加大向中国内地的资本输出,将会为澳门银行提供更多发展商机。

二、2001年澳门经济发展展望

2001年澳门经济可望继续改善,政府提出增长2%至3%的初步目标将有望达到。主要依据是:特区政府将继续完善市场环境,培育新的经济增长点;澳门社会的凝聚力比较强,各方面对经济好转抱有强烈的企盼,并为此共同努力,从而有助于政策措施的实施;美国经济放慢对澳门经济不利,但全球利率趋降则是好消息;欧元回升及欧洲经济保持较快增长也将利于澳门出口加工工业及整体经济;按新预算,特区政府将适当扩大公共投资支出,同时适当运用财政资源扶助中小企业发展,将为经济发展带来新的动力。

展望2001年,在主要支柱行业方面,由于政府大力推广旅游资源,旅游博彩业发展的良好势头将可保持;出口贸易仍会有较好发展;由于供求失衡矛盾非短期所能解决,建筑地产业仍难有起色,将继续处于调整期;银行业可望保持恢复性增长。应当指出,澳门经济的发展不应仅以旅游博彩业为主,它还应是多元化的,应利用自己独特的地理、政治优势,发展经济的其他领域,特别是应与珠海地区加速融合,利用珠江三角洲经济成长带,促进澳门的进一步兴旺发达。

(执笔:任晓燕)

专栏13.3 澳门回归祖国后的六大变化

2000年12月20日是澳门回归祖国一周年纪念日。澳门回归一年来所发生的变化和取得的成绩,可归纳为以下六个方面:

一、"一国两制"和《基本法》得到落实。以行政长官何厚铧为首的特区政府坚决贯彻"一国两制"方针,按《基本法》行事,社会和经济不断向好的方向发展。

二、"澳人治澳"顺利实施。澳门回归祖国,结束外国人长期统治后,实现了以爱国者为主体的澳门人治理澳门。这一年中,澳门同胞发挥了主人翁精神,积极参与社会生活,在搞好社会治安和发展经济中,贡献自己的力量。

三、社会治安显著改善。回归后,特区政府把解决治安问题作为首要工作,在中央政府的大力支持下,很快扭转了局面。现在,发案率下降,破案率上升,群众拍手称快,对经济发展和社会稳定起了重要作用。

四、澳门整体经济开始复苏,而且初步呈现稳定发展的势头。2000年经济增长率达到4%,扭转了连续4年的负增长局面。这是很可喜的。其中,旅游业呈现出兴旺景象,全年来澳旅客916万人次,创历史新高。

五、澳门回归祖国后,同内地的多领域合作进一步加强,真正做到优势互补,共同发展。2000年澳门在内地新投资323个项目,比上年同期增长67%;实际投入资金达3亿美元。许多澳门企业家已到中西部考察。澳门同胞还积极支持北京申办奥运会,呼吁和推动海峡两岸按照"一国两制"方式实现统一。

六、澳门对外交流继续发展。"一国两制"下的澳门特别行政区得到了国际社会的普遍认同和肯定。

万事开头难,有了特区的良好开局,澳门居民对"一国两制"和澳门的前景更加充满信心。

(执笔:任晓燕)

附录 Ⅱ

“九五”时期中国经济大事记

1996年

全国计划会议强调1996年要把抑制通胀作为宏观调控的首要任务，把加强农业放在发展国民经济的首位。财政工作会议强调，1996年继续贯彻适度从紧财政政策。体改工作会议确定1996年体改工作以全国改革为中心环节，务求实现重点突破。

1月份 国务院就改革和调整我国进口税收政策发出通知，决定从1996年4月1日起，将我国进口关税总水平逐步降低到一般发展中国家的平均水平。

3月5～17日 第八届全国人民代表大会第四次会议在北京召开。会议表决批准了《中华人民共和国国民经济和社会发展“九五”计划和2010年远景目标纲要》。

中国人民银行降低存贷款利率。中国人民银行决定从5月1日起，降低金融机构各项存贷款利率。存款利率平均降低0.98个百分点，并取消华侨人民币储蓄存款利率种类，合并到相应期限档次的人民币储蓄利率中。贷款利率平均降低0.75个百分点。

6月9日 新华社报道，我国将在全国范围内推进城市最低生活保障制度，以保障城市贫困居民最基本的生活。

中国人民银行决定降低存贷款利率。经国务院批准，中国人民银行决定自1996年8月23日起，再次降低金融机构各项存贷款利率。存款利率水平平均降低1.5个百分点，贷款利率水平平均降低1.2个百分点。人民银行与金融机构的存、贷款利率也作适当调整。

国务院决定扩大吸收外商直接投资生产性项目审批权项。新华社9月14日报道，为了进一步扩大对外开放，国务院决定适当扩大内地省、自治区和计划单列市，国务院有关部委、直属机构以及其他有关院、总公司吸收外商直接投资的审批权限，由现行项目总投资额1000万美元以下提高到3000万美元以下。

11月21～24日 中共中央和国务院在北京召开中央经济工作会议。全会对1997年经济工作提出“稳中求进”的总体要求，强调坚持以邓小平建设有中国特色的社会主义理论为指导，全面贯彻党的基本方针，落实十四届五、六中全会的精神，切实推进两个根本转变，继续实行适度从紧的财政货币政策，降低物价上涨幅度，加强农业基础地位，加快改革特别是国有企业改革步伐，加大结构调整力度，培育新的经济增长点，积极开拓市场，提高对外开放水平，促进国民经济持续、快速、健康发展和社会全面进步。

我国实行人民币经常项目可兑换。11月27日，中国人民银行行长戴相龙正式致函国际货币基金组织，宣布中国自1996年12月1日起，实行人民币经常项目下的可兑换。这使我国外汇管理体制与国际通行规则接轨，为外商对华贸易和来华投资、为中国企业走向国际市场提供宽松的环境和有利条件。

1997年

1月1日 我国钢产量跃居世界第一。冶金部宣布，1996年我国钢产量突破1亿吨，跃居世界第一位。这是我国钢铁工业发展中一个新的里程碑。在数量快速增长的同时，钢铁工业结构也发生了巨大变化，钢材产销率保持在99%左右，自给率已达88%。

3月1～14日 第八届全国人民代表大会第五次会议在京举行。江泽民、李鹏、乔石等出席会议。会议表决通过了关于政府工作报告的决议；通过修订的刑法和国防法；通过九届人大代表名额、选举问题决定和香港特区选举代表办法，通过了关于批准设立重庆直辖市的决定等。

5月18日 北京至九龙的97次直通旅客列车驶出北京西站，北京至九龙直通旅客列车正式开行。国务院副总理吴邦国出席开行典礼并剪彩。

中共中央、国务院5月19日发表了《关于进一步加强土地管理切实保护耕地的通知》。

5月21日　国务院证券委、中国人民银行、国家经贸委作出规定，严禁国有企业和上市公司炒作股票。

6月5日　中国人民银行发出《关于禁止银行资金违规流入股票市场的通知》。

9月12～18日　中国共产党第十五次全国代表大会在京举行。江泽民代表第十四届中央委员会向大会作题为《高举邓小平理论伟大旗帜，把建设有中国特色社会主义事业全面推向21世纪》的报告。大会选出新一届中央委员会、中央纪律检查委员会，并通过关于十四届中央委员会报告等决议。大会还通过了关于《中国共产党章程修正案》的决议和关于中央纪律检查委员会工作报告的决议。大会号召，全党同志高举邓小平理论伟大旗帜，在党中央的领导下，团结和带领全国各族人民、满怀信心地把建设有中国特色社会主义事业全面推向21世纪。江泽民、李鹏、乔石、李瑞环、朱镕基、刘华清、胡锦涛等出席了开幕和闭幕大会。

10月23日　经国务院批准，中国人民银行决定从即日起，降低金融机构存、贷款利率。各项存款年利率平均下调1.1个百分点，各项贷款年利率平均下调1.5个百分点。

中华民族治黄史上带有里程碑意义的黄河小浪底工程，今天实现截流。小浪底被中外专家公认为最具挑战性的工程，截流后滔滔黄河水即从此改道，穿过左岩山体的三条巨大导流洞，注入下游河道。

11月8日　举世瞩目的三峡工程胜利实现大江截流，李鹏总理宣布截流成功，江泽民总书记发表重要讲话指出，这是我国现代化建设的一件大事，也是人类改造和利用自然史上的一个壮举，它标志着三峡水利枢纽工程一期工程顺利完成，并转入二期工程。

11月17～19日　中共中央和国务院在北京召开全国金融工作会议。会议的主要任务是以邓小平理论和党的十五大精神为指导，对解决金融改革和发展中的重大问题作出具体部署。

12月2日　国家重点建设工程南昆铁路全线开通运营。

12月9～11日　中共中央、国务院在北京召开中央经济工作会议。

中共中央总书记江泽民就当前国际国内形势，认真贯彻落实十五大提出的经济工作的各项任务，明年经济工作的总体要求、工作重点和主要任务作了重要讲话。中央政治局常委、国务院总理李鹏和中央政治局常委、国务院副总理朱镕基分别就今年经济工作情况、明年经济工作的部署和经济改革、发展的几个问题作了重要讲话。

12月16日　为期4天的全国计划会议今天在北京结束。这次会议的任务是贯彻党的十五大精神，落实中央经济工作会议的部署，讨论和安排1998年国民经济和社会发展计划(草案)，研究如何继续推进两个根本性转变，加快经济结构的战略性调整，加强和改善宏观调控，促使国民经济持续快速健康发展和社会全面进步。

12月22日电　全国体改工作会议召开。国务院总理李鹏给大会发来贺信，中共中央政治局委员、国务委员兼国家体改委主任李铁映作了题为《认真贯彻落实十五大精神，开创经济体制改革的新局面》的主题报告。

李铁映指出，根据中央经济工作会议部署，明年经济体制改革的主要任务是：坚持社会主义市场经济的改革方向，进一步调整和完善所有制结构，加快国有企业建立现代企业制度步伐，大力推进国有经济战略性改组。加快结构调整。妥善安置分流富余人员，实施再就业工程。深化金融体制改革，继续加强和完善宏观调控。推进粮棉流通体制改革，积极发展农业产业化经营。积极推进机构改革，转变政府管理经济方式，探索建立国有资产管理、监督和营运体制。深化社会保障和住房制度改革。着力搞好城市综合配套改革，力争在建立新体制方面取得实质性进展。

中国人民银行近日颁发《关于改进国有商业银行贷款规模管理的通知》，决定从1998年1月1日起，取消对国有商业银行贷款限额的控制，在推行资产负债比例管理和风险管理的基础上，实行“计划指导、自求平衡、比例管理、间接调控”的新管理体制。

1998年

1月9日　中央农村工作会议在北京召开。江泽民总书记会见出席会议的代表时强调，今年是全面贯彻十五大精神的第一年，改革、发展、稳定各方面的任务很重，搞好农业和农村工作具有特别重要的意义。不管遇到什么困难，务必实现农业增产、农民增收、农村稳定。

2月16日 国家第二批大型企业集团试点单位——国投集团在北京正式成立。国务院副总理邹家华在成立大会上的讲话指出，通过组建集团，可以更好更快地培育和形成适应社会主义市场经济要求的政府投资主体，建立起投资风险责任约束机制，促进投资体制改革的深化。

国投集团是以国家开发投资公司为母公司组建的企业集团，成员包括母公司和现有的10家全资子公司，以及由母公司和全资子公司控股、参股的21家大型企业。国股集团目前资产总计达467亿元。

3月5～19日 九届全国人大一次会议在北京举行。会议批准李鹏总理所作的政府工作报告，通过了八届人大常委会工作报告等6个决议，选举江泽民为国家主席、胡锦涛为国家副主席，李鹏为九届全国人大常委会委员长，决定朱镕基为国务院总理。会议批准的国务院机构改革方案，将国务院原有40个机构减少为29个。在闭幕会上，江泽民、李鹏作了重要讲话。

3月21日 经国务院批准，中国人民银行决定自即日起对存款准备金制度实行改革；3月25日起降低金融机构存、贷款利率。

4月2日 新华社报道，经中央批准，中纪委对领导干部亲属经商作出规定。省(部)级以上领导干部的配偶、子女及其亲属，不准在该领导干部管辖范围的中外合资企业中接受外方委派或推荐出任高级职位。

4月27～29日 全国粮食流通体制改革工作会议在北京召开。国务院总理朱镕基出席会议并作了重要讲话。他强调，粮食流通体制改革的基本原则是“四分开一完善”，即实行政企分开、储备与经营分开、中央与地方责任分开、新老财务帐目分开，完善粮食价格机制。

5月5日 全国人大澳门特别行政区筹委会在北京正式成立，钱其琛任筹委会主任委员。李鹏委员长向筹委会全体委员颁发了任命书。

5月14日 中国人民银行正式推出《个人住房贷款管理办法》，此次颁布的《办法》和去年4月份人民银行颁布的《个人住房担保贷款管理试行办法》相比，主要有以下不同：一是扩大了贷款可用于购买住房的范围。原《办法》规定，个人住房贷款只能用于购买用公积金建造的自用普通住房，而新《办法》规定，个人住房贷款可用于购买所有自用普通住房。二是扩大了贷款的实施城市范围。原《办法》规定，个人住房贷款业务只在安居工程试点城市实施，而新《办法》则取消了这一限制，即所有城镇均可开展个人住房贷款业务。三是扩大了办理个人住房贷款的金融机构范围。原《办法》由于规定个人住房贷款只能用于安居工程试点城市居民购买用公积金建造的自有普通住房，因而实际上只有工、建、农三家银行可以办理个人住房贷款业务，新《办法》取消上述限制条款后，实际上所有银行均可办理个人住房贷款业务。

5月14日 中共中央、国务院召开的国有企业下岗职工基本生活保障和再就业工作会议在北京开幕。中共中央总书记、国家主席江泽民在会上作了重要讲话。

5月21日 财政部、监察部、公安部、最高人民法院、最高人民检察院、国家工商行政管理局六部门召开落实“收支两条线”规定全国电视电话会议。尉健行在会上要求加强“收支两条线”管理，保证公正执法，依法行政。

5月28日 我国第一条时速200公里铁路——广深电气化铁路建成。这标志着我国电气化铁路建设迈上历史新台阶。

6月2日 全国宣传贯彻中共中央办公厅、国务院办公厅《关于坚决反对和制止在统计上弄虚作假的通知》电视电话会议在京召开。中共中央政治局委员、书记处书记、国务院副总理温家宝在会上发表讲话指出，改革和发展的新形势要求统计做到科学、准确、及时、全面，首先要确保数据的真实。真实是统计工作的生命，失去了真实性，就失去了统计的作用，甚至会导致决策的失误。统计工作必须真实地反映国民经济运行的态势，客观地反映国民经济和社会发展的成果及存在的问题，有喜报喜，有忧报忧，来不得半点的虚假。要确保统计的真实可靠，就要坚持实事求是的原则，对党和人民负责，坚决维护统计的客观性，排除各种利益主体的干扰；就要进一步健全统计法制，完善统计制度，严格内部管理，严肃纪律；就要加快统计信息处理、传输技术和数据库体系的现代化建设，提高统计水平。

温家宝要求各级统计机构和统计人员必须遵守“约法三章”。一是讲真话、报实数，如实地提供统计资料；二是遵守职业道德，不编造虚假数据；三是坚持原则，敢于抵制和大胆揭发在统计上的弄虚作假行为。温家宝说，各级领导干部必须做“说实话、鼓实劲、办实事”的表率。温家宝强调指出,各级纪检、组织、监察、统计机关必须加大监督检查力度。要各司其职,通力合作,严格按照法律和党纪、政纪的有关规定,认真查处统计上弄虚作假的案件。各级党委和政府要重视和加强对统计工作的领导,加强统计队伍的建设,特别要配备好统计部门的领导班子。要支持对统计工作的监督检查,坚决刹住在统计上弄虚作假的歪风。

7月1日　中国人民银行决定降低金融机构存、贷款利率,并同时降低中央银行准备金存款利率和再贷款利率。

此次降息,金融机构存款利率平均下调 0.49 个百分点,贷款利率平均下调 1.12 个百分点。中长期存、贷款利率下调幅度均大于短期存、贷款利率下调幅度。其中,存款利率,活期下调 0.27 个百分点,三个月、半年定期分别下调 0.09 和 0.18 个百分点。一年、二年定期分别下调 0.45 和 0.72 个百分点,三年、五年定期分别下调 1.26 和 1.44 个百分点;贷款利率,六个月以上和一年期分别下调 0.45 和 0.99 个百分点,一年以上至三年期(含三年)下调 1.89 个百分点,三年以上至五年期(含五年)下调 2.07 个百分点,五年期以上的下调 2.34 个百分点。

人民银行对金融机构准备金存款利率,由现行的 5.22%下调为 3.51%,下调 1.71 个百分点;对金融机构贷款平均利率,由现行的 7.43%下调到 5.61%,下调 1.82 个百分点;再贴现利率,由现行的 6.03%下调为 4.32%,下调 1.71 个百分点。这将有利于促进商业银行在加强防范金融风险的同时,适当增加贷款,支持今年经济实现增长 8%的目标。

8月11日　中国人民银行副行长刘明康在国务院新闻办公室举行的中外记者招待会上宣布,经国务院批准,中国人民银行决定继续扩大外资银行经营人民币业务的试点。

继续扩大外资银行经营人民币业务的试点工作,主要包括三方面内容:一、增加部分外资银行在上海浦东试点经营人民币业务。被批准的银行必须迁址浦东,同时可以保留浦西支行。二、批准深圳为第二个允许外资银行试点经营人民币业务的城市。三、完善外资银行在上海浦东、深圳试点经营人民币业务的有关规定。包括允许个案报批增加人民币营运资金;适当放宽同业拆借控制;允许在适当时候开办大额可转让定期存单业务;允许外资银行参与发放人民币银团贷款。

8月18日　财政部发行 2700 亿元特别国债。

11月23～27日　朱镕基总理在辽宁考察国有大中型企业时强调指出,要努力实现国有企业改革和摆脱困境的目标。

朱镕基指出,目前国有大中型企业面临困难的原因是多方面的。从宏观上说,长期低水平重复建设,造成很多产品生产能力严重过剩,导致企业开工不足,这种状况如不改变,国有企业就无法搞好。1998 年以来,国务院下决心停止再上一般加工工业项目,制止重复建设;加大了产业结构调整力度,对那些产品无市场、无效益、资源枯竭,亏损累累、扭亏无望的企业,有计划、有步骤地实行关闭、破产;同时采取积极的财政政策,加大基础设施建设力度,扩大内需,刺激消费。这些政策都为国有企业改革和脱困创造了十分有利的宏观环境,只要坚持几年,基本上制止了重复建设,调整和压缩了过剩的生产能力,国有大中型骨干企业具备发挥生产能力的市场空间,那时就完全有条件实现扭亏为盈。

朱镕基指出,从目前的情况看,导致企业亏损的一个主要原因是冗员太多。企业要扭亏,要增效,必须减人,否则没有出路。实行下岗分流、减员增效,本身就是国有企业改革的一项大政策。下岗职工要全部进入企业再就业服务中心,要保证及时发放基本生活费,切实保障他们的基本生活。对离退休人员,要确保及时足额发放养老金。为了实现上述要求,1998 年中央财政拿出 80 亿元支持地方,1999 年地方一定要把这些资金列入自己的预算,加以确保。同时,要大力开拓新的就业渠道,让下岗职工早日实现再就业。

朱镕基强调,搞好国有企业当前的关键是要有一个好的领导班子,尤其是一把手。朱镕基说,要精心搞好企业内部管理。管理出精品,管理出效益。要在质量管理、财务成本管理方面狠下功夫,这是企业管理的基本功。

朱镕基说,党中央、国务院关于国有企业改革的方针、政策,是认真总结改革的实践经验形成的,又被实践证明是切实有效的。可以说,这是有中国特色的国有企业改革与发展的道路。只要坚定不移地贯彻执行,扎扎实实地做工作,国有企业是完全能够搞好的。要抵制各种错误言论的误导。把国有小企业改革片面归结为一个“卖”字,搞“一卖了之”,是完全违背党的十五大精神和中央方针的。不是不可以卖,但卖不是唯一的方式,也不是主要的方式。其实一些地方实际做法并不是“卖”,而是半卖半送、名卖实送,还冲掉了银行的大笔债权,造成国有资产严重流失,这种做法必须坚决制止。

全国城镇医疗保险制度改革工作会议在京召开,李岚清要求各地按国务院部署切实推进这项改革。

12月12日 中共中央政治局委员、国务院副总理温家宝与出席会议的代表举行了座谈。

温家宝说,国家在财政非常困难的情况下,通过发行国债来搞这样大规模的基础设施建设,是一项关系经济全局的重大决策,中央下了很大的决心。这既是当前拉动经济增长的迫切需要,也是为下个世纪初增强经济发展后劲打基础。现在的关键是要把这笔资金用好,决不能乱铺摊子,搞重复建设,搞“豆腐渣”工程。因此各级政府及各级计划部门和有关单位一定要本着对人民、对子孙后代高度负责的精神,把国债投资项目搞好,提高投资效益,确保工程质量。

他说,中央作出增发1000亿元长期国债并配套1000亿元银行贷款的加快基础设施建设的重大决策后,工程建设进展顺利,工程质量总的情况是好的。

温家宝指出,在这项工作中也存在一些问题,特别是在保证工程质量方面还有不少问题需要认真解决。对此,他提出以下要求:第一,要加强项目的前期工作。第二,完善招标投标的管理方法。第三,严格工程管理。第四,合理有效地使用资金,确保重点。

12月15日 今起,全国军队、武警部队所办的经营性企业与军队、武警部队彻底脱钩,由全国交接工作办公室和各省、自治区、直辖市交接办公室接收。中央政法机关的经营性企业交接工作年底前完成。

12月6日 中国人民银行宣布:从12月7日起降低金融机构存、贷款利率,并同时降低中央银行准备金存款利率和再贷款利率。

此次降息,金融机构的存款利率平均下调0.5个百分点,其中活期、三个月定期存款利率不变,一年期定期存款利率由4.77%降为3.78%,其他各档次存款利率作了相应调整;金融机构贷款利率平均下调0.5个百分点,其中一年期贷款利率由6.93%降为6.39%,其他各档次贷款利率作了相应调整。人民银行对金融机构的准备金存款利率,由现行的3.51%下调为3.24%;再贷款平均利率由现行的5.61%下调到5.06%;再贴现利率由现行的4.32%下调为3.96%。

12月7~9日 中央经济工作会议在京召开。江泽民总书记在会上发表了重要讲话。会议提出了1999年经济工作的总体要求、工作重点和需要把握的重大问题。

会议指出,今年,我们遇到两大挑战,一是亚洲金融危机蔓延并继续加深,国际金融市场持续动荡,世界经济受到严重影响,我国经济也受到不小冲击;二是国内发生了严重的洪涝灾害,给灾区群众生命财产造成重大损失,对国民经济发展带来直接影响。这些新的问题再加上社会经济生活中长期积累的种种矛盾,使今年的经济工作面临严峻复杂的局面。

在经济发展保持良好态势的同时,经济体制改革迈出重大步伐。多项改革按照原定的部署有序推进,并在一些难点上取得了重要进展。深化粮食流通体制改革、国有企业改革和金融体制改革做了大量工作,取得新的成效。住房制度改革、医疗保险制度改革已经出台。投融资体制改革、完善财税制度改革正在抓紧制定方案。军队、武警部队、政法机关和党政机关同所办经营性公司脱钩的工作全面展开。国务院机构改革顺利进行,取得了重大成果。

会议认为,我们能够在巨大的困难面前经受住考验,并取得突出成绩的主要原因:一是20年来的改革开放积极稳步推进,国民经济快速发展,综合国力显著增强,为承受和抗御风险奠定了比较雄厚的物质技术基础。二是面对亚洲金融危机的影响,中央及时果断地提出“坚定信心,心中有数,未雨绸缪,沉着应付,埋头苦干,趋利避害”的指导思想,作出了扩大内需,实行积极的财政政策,加强基础设施建设,推动经济发展和保持人民币汇率稳定等重大决策。三是各地区、各部门认真贯彻中央的方针政策,执行中央的部署,积极主动工作,充分发挥了我们的政治优势。

会议指出,必须清醒地看到在前进道路上出现的新情况新问题。当前经济工作比较突出的问题是:受国际市场需求萎缩等因素影响,出口大幅度下降;城镇居民的收支预期尚未出现明显好转,农民收入增长放慢,最终消费需求不旺;相当一部分企业经营困难,国有企业职工下岗和再就业压力继续增加;金融机构多年积累的问题日益显露,财政收支矛盾突出;经济结构调整迟缓,经济增长质量不高。对此,我们要有针对性地采取措施,积极加以解决。

会议指出,1999年在我们党和国家的历史上,将是具有特殊意义的一年。这一年,我们将庆祝中华人民共和国成立50周年,我国政府将恢复对澳门行使主权。做好明年的经济工作,意义十分重大。会议确定1999年经济工作的总体要求是:高举邓小平理论伟大旗帜,深入贯彻落实党的十五大和十五届三中全会精神,继续推进改革开放,把扩大国内需求作为促进经济增长的主要措施,稳定和加强农业,深化国有企业改革,调整经济结构,努力开拓城乡市场,千方百计扩大出口,防范和化解金融风险,整顿经济秩序,保持国民经济持续快速健康发展和社会全面进步,迎接建国50周年。

会议提出,明年要着重抓好三项重点工作:

第一,稳定和加强农业。

第二,深化国有企业改革。

第三,搞好金融工作。

会议认为,做好明年经济工作,需要把握好四个重大问题:

第一,在保持经济适度快速增长的同时,把工作的着力点放在优化结构、提高经济增长的质量和效益上来。

第二,扩大国内需求、开拓国内市场,是我国经济发展的基本立足点和长期战略方针。

第三,继续实行积极的财政政策,是明年仍须采取的一项重要政策措施。

第四,在深化改革促进发展的过程中,把确保社会政治稳定放在突出位置。

1998年全国工商税收完成8551.74亿元,比1997年增长13.3%,增收1003.36亿元。其中,国内增值税和消费税完成4553.34亿元,比1997年增长12.5%,增收506.08亿元,完成预算4455亿元的102.2%,超收98.34亿元。

1999年

1月8日 外经贸部决定从1999年1月起对全国大型工业企业实行进出口经营权登记备案制。

1月25日 经国务院批准,从1月1日起,我国提高了部分商品的出口退税率。

中宣部、劳动和社会保障部联合发出通知,要求加强国有企业下岗职工基本生活保障和再就业工作与确保企业离退休人员基本养老金按时足额发放的政策宣传工作。

1月26日 外经贸部部长石广生在会上发表讲话时指出,1999年我国外经贸工作的主要任务是千方百计扩大出口,力争一定程度的增长;更多更好地利用外资,保持引资的相当规模,提高引资的质量和水平。

1月27日 戴相龙在国务院新闻办举行的中外记者招待会上指出,中央银行今年将实行适当增加货币供应量的政策。

2月2日 1998年我国旅游创汇达126.02亿美元,位居世界第7位,比上年提高一个位次。

国务院于2月1日至2日在京召开全国基础设施建设工程质量工作会议,朱镕基在闭幕会上强调指出,抓好工程质量管理,是当前经济工作中一项关系全局的重大任务。

2月22日 《金融违法行为处罚办法》,1999年1月14日已由国务院第13次常委会议通过,并于2月22日发布施行。

2月25日 经国务院同意,国家经贸委、财政部、中国人民银行日前联合发出《关于出售国有小型企业中若干问题意见的通知》,强调出售国有小型企业要依法规范操作。

2月25日 财政部在京举行了1999年记账式(一期)国债承购合同签字仪式,来自中国人民银行、中央国债登记结算有限责任公司和有关金融机构的80余名代表出席了签字仪式。本期国债发行对象为全国银行间债券市场国内法人机构成员,发行总额180亿元,期限7年,年利润4.88%,利息按年支付。1999年2月26日开始发行和计息。本期国债通过中央国债登记结算有限责任公司托管注册,并在全国银行间债券市场上市交易。

1999年记账式(一期)国债采取由银行间债券市场成员承购的方式发行。中国建设银行、天津市商业银行、中保人寿保险有限公司、上海浦东新区农村信用社联社等45家商业银行、保险公司和农村信用社联社积极承购了本期国债。

3月1日 经国务院批准,自1999年3月1日起,我国对邮政电信资费进行结构性调整。这次调整适当提高邮政资费,较大幅度地降低电信业务资费。

3月3日 中国人民银行近日发布《关于开展个人消费信贷指导意见》,要求各有关金融机构积极稳妥地开展消费信贷业务。

3月3～11日 中国人民政治协商会议第九

届全国委员会第二次会议在北京举行。

3月5～15日 第九届全国人民代表大会第二次会议在北京举行。

3月10日 总额为500亿元的1999年凭证式(一期)国债3月10日起面向城乡居民个人发行。

3月15日 《中华人民共和国合同法》由中华人民共和国第九届全国人民代表大会第二次会议通过,国家主席江泽民签署第十五号主席令公布,自1999年10月1日起施行。

3月18日 经中国人民银行批准,国家开发银行与中国光大银行签订协议,光大银行于即日起整体接收原中国投资银行的债权、债务,并接收原投资银行北京、天津、沈阳等29个分支行所属的137个同城营业网点。

3月18日 中国再保险公司正式成立。中国再保险公司是在原中保再保险有限公司基础上组建而成的。组建后的中国再保险公司具有完全独立的法人资格,由国家财政出资,注册资本金30亿元人民币,外汇资本金1亿美元。公司有11个职能部门,总部设在北京,公司总经理是戴凤举。

3月24日 中国大洋协会负责人日前宣布,经过多年努力,我国已经在北太平洋圈定了一块7.5万平方公里、面积相当于渤海的大洋矿区,从而为我国的可持续发展开辟了一块战略性资源基地。

3月31日 为积极稳妥地推进我国金融业对外开放步伐,中国人民银行决定取消外资银行在华设立营业性分支机构的地域限制,从现在的上海、北京、天津、深圳等23个城市和海南扩大到所有中心城市,并于近日新批了两家美国银行在华增设分行,增批两家外资银行深圳分行经营人民币业务。

4月20日 经国务院批准,中国首家经营商业银行不良资产的公司——中国信达资产管理公司在京宣布成立。该公司是具有独立法人资格的国有独资金融企业,主要任务是收购、管理、处置由中国建设银行剥离的不良资产,以最大限度保全资产、减少损失为主要经营目标。

中国信达资产管理公司注册资本金100亿元人民币,由财政部全额拨付。该公司设监事会,行使对公司重大经营决策审议和监督的职能。该公司总部设在北京,并根据业务需要在北京以外地区设立5个分支机构。

4月29日 1999年记账式(二期)国债发行。发行对象为经中国人民银行批准的全国银行间债券市场国内法人机构成员,总额160亿元,期限10年,年利率4.72%。

5月7日 我国将改革进出口商品许可证管理体制。外经贸部将授权该部配额许可事务局统一管理全国许可证签发工作,外经贸部机关各司局将不再承担直接管理全国许可证签发工作的职能。

5月17日 劳动保障部、民政部、财政部联合发出通知,要求各地有关部门做好国有企业下岗职工基本生活保障、失业保险、城市居民最低生活保障制度三条保障线的衔接工作。

5月21日 劳动和社会保障部、国家计委等部门近日联合出台了3个医疗改革配套办法。它们是:《城镇职工基本医疗保险定点医疗机构管理暂行办法》、《城镇职工基本医疗保险定点零售药店管理暂行办法》和《城镇职工基本医疗保险用药范围管理暂行办法》。

6月10日 经国务院批准,中国人民银行决定从即日起降低金融机构存、贷款利率,并同时降低中央银行准备金存款利率、再贷款和再贴现利率。

此次降息,金融机构存款利率平均下降1个百分点,贷款利率平均下降0.75个百分点。其中,一年期定期存款利率由现行的3.78%降为2.25%,一年期贷款利率由现行的6.39%降为5.85%,逾期贷款利率由现行的日利率万分之三(折年率10.8%)降为万分之二点一(折年率为7.56%);金融机构在人民银行的准备金存款利率由现行的3.24%降为2.07%,人民银行对金融机构再贷款利率平均下调1.35个百分点,其中一年期再贷款利率由现行的5.13%下调到3.78%;再贴现利率由现行的3.96%下调到2.16%。

6月17日 财政部举行1999年记账式(三期)国债(规模为94亿元)承销合同签字仪式。

本期国债的发行对象为全国银行间债券市场国内法人机构成员,发行总额为94亿元人民币,期限7年,年利率为3.20%,利息按年支付,6月18日开始发行和计息,发行结束后在银行间债券市场上市交易。本期国债通过中央国债登记结算有限责任公司托管注册。

7月1日 经国务院批准,即日起提高部分商品的出口退税率。其中,服装的出口退税率提高到17%;服装以外的纺织原料及制品,机电产品中除机械及设备、电器及电子产品、运输工具、仪器仪表等四大类产品(目前已执行17%退税率)以外的其它机电产品，以及法定税率为17%且现行退税率为13%、11%的商品，出口退税率统一提高到15%；法定税率为17%且现行退税率为9%的其它商品，出口退税率提高到13%；农产品以外的法定税率为13%且现行退税率未达到13%的商品，出口退税率统一提高到13%。

经过此次调整，我国出口商品的综合退税率平均提高了2.95个百分点，退税率档次由现行的17%、13%、11%、9%、5%五档简并为17%、15%、13%、5%四档。

7月14日　我国第一部引导高技术产业化发展的指南性文件《当前国家优先发展的高技术产业化重点领域指南》正式向社会公布，138个领域被确定为今明两年我国高技术发展的重点。

7月16日　中国人民银行1999年凭证式(二期)国债开始面向社会发行，到8月31日结束。在此期间内，包销本期国债的商业银行及邮政储蓄的部分营业网点面向社会公众销售，售完为止。本期国债发行规模500亿元，其中：三年期350亿元，五年期150亿元。

7月20日　经国务院批准，从1999年7月1日起提高部分商品出口退税率。经过此次调整，我国出口商品的综合退税率平均提高2.95个百分点，退税率档次由现行的五档：17%、13%、11%、9%、和5%简并为17%、15%、13%和5%四档。

8月2日　国家统计局发布《涉外社会调查活动管理暂行办法》，本办法从1999年8月15日起施行。

8月3日　中国人民银行、国家经贸委、国家计委、财政部和国家税务总局5部门联合下发《封闭贷款管理暂行办法》。此办法对封闭贷款的贷款条件、审核程序、管理方式等作出统一规定，以便规范和指导各地更好地开展封闭贷款业务。

8月4日　国家计委、国家统计局、国家经贸委和财政部共同参与修改《大中小型企业划分标准》，今后将实行新的划分标准。

8月31日　修正的《中华人民共和国个人所得税法》正式公布并开始实施。

财政部发布1999年第5号公告：

一、增发国债定名为记账式(六期)国债(简称"本期国债")，总额600亿元，期限10年，实行浮动利率，各年付息利率按本付息期起息日当日一年期银行储蓄存款利率加0.3个百分点确定。

9月6日　党中央、国务院决定提高全国城镇中低收入居民收入，此举对促进居民消费，扩大国内需求，拉动经济增长有重要意义。

这次调整城镇中低收入居民收入政策的主要内容包括：从1999年7月1日起，将国有企业下岗职工基本生活费水平、失业保险金水平、城镇居民最低生活保障水平提高30%；增加机关事业单位在职职工工资和离退休人员离退休费；提高企业离退休人员养老金标准；一次性补发1999年6月底前拖欠的企业离退休人员统筹项目内的养老金；提高部分优抚对象抚恤标准等。

9月22日　中国共产党十五届四中全会在北京举行，会议审议并通过《中共中央关于国有企业改革和发展若干重大问题的决定》。决定认为推进国有企业改革和发展是一项重要而紧迫的任务，并确立了国有企业改革和发展的主要目标和指导方针，提出要从战略上调整国有经济布局，推进国有企业战略性改组，建立和完善现代企业制度等各项重要措施。

10月9日　财政部发出公告，1999年凭证式(三期)国债550亿元从10月10日起面向社会公开发行。

中国东方资产管理公司在北京成立，其主要任务是收购、管理、处置中国银行剥离的不良资产，最大限度地减少损失、保全资产。

11月15日　中美签署关于中国加入WTO双边协议。对此中国政府和美国政府发表了两国政府关于签署中国加入世界贸易组织问题双边协议的新闻公报。中美双方均认为这是一个有利于双方的"双赢"协议。这一协议的签署将有利于加快中国加入WTO的进程，有利于促进中美经贸合作的全面发展，有利于中美关系的改善和发展，并将为世界经济的发展与繁荣注入新的动力。

11月15～17日　中央经济工作会议召开。

11月18日　经国务院同意，财政部等六部门联合发布了《关于公布第三批取消的各种基金(资金、附加、收费)项目的通知》，公布取消73项各种基金项目。

11月20日　全国计划工作会议在北京召开。会议总结了1999年宏观调控政策取得的成效，分析了未来发展的有利条件和需要研究解决的主要问题，提出了2000年经济和社会发展的主要目标和任务。

全国经贸工作会议提出2000年经贸工作的指导思想：坚持以企业工作为中心，把结构调整摆在更加突出的位置，进一步深化企业改革，搞好总量控制，大力开拓市场，加快技术进步，加强企业管理，努力实现国有企业改革与脱困3年目标，为国有企业跨世纪发展奠定良好的基础。

11月21日 中国人民银行决定：从即日起下调金融机构法定存款准备金率。

这次法定存款准备金率下调2个百分点，即由8%下调到6%，金融机构可用资金将增加近2000亿元。

12月7日 为鼓励技术创新和高新技术发展，财政部和税务总局出台有关税收规定。

国家税收总局日前决定追加65.85亿元退指标。至此，1999年累计下达的出口退税计划指标已达635.85亿元。

全国糖业控制总量、调整结构座谈会传出信息，2000年我国食糖产量控制目标是750万吨。

12月20日 我国政府从今日起恢复了对澳门行使主权，中华人民共和国澳门特别行政区正式成立。

12月29日 经国务院批准，国务院关税税则委员会决定自2000年1月1日起，局部调整海关进口税则列目，并降低部分纺织品进口关税税率。

2000年

1月1日 国务院决定，从即日起，对设在中西部地区的国家鼓励类外商投资企业，实行新的优惠政策，即在现行优惠政策执行期满后的3年内，可以减按15%的税率征收企业所得税。

1月4日 国家经贸委对今年煤炭生产提出要求和目标，煤炭工业再关井压产1.6亿吨。

据国家税务总局消息，到1999年12月31日，全国税收收入圆满实现了增收1000亿元目标，并历史性的突破万亿大关。

1月5日 国家计委主任曾培炎在国务院新闻办公室举行的记者招待会上说，近两年来，我国共完成国债投资2000亿元左右。在今后两年内，我国将继续通过实施积极的财政政策，完成1万多亿元国债项目投资。

1月8日 铁道部部长傅志寰在全国铁路工作会议上宣布，1999年铁路完成运输收入998亿元，比上年增长8.3%，提前一年实现扭亏目标。

1月11日 海关总署统计，1999年全国海关税收1589.6亿元，增长80.8%，创历史最高水平。

1月13日 中共中央举办省部级主要领导干部财税研讨班。江泽民总书记强调，要深入研究改革和建设的战略性问题，全面落实跨世纪发展的宏伟任务。

1月14日 1999年我国进出口额双创历史新高，外贸总额3607亿美元，增长11.3%；出口增长6.1%，进口增长18.2%，实现顺差291亿美元。

2月3日 国家经贸委副主任石万鹏指出，今年全国纺织工作目标是：70%的地区实现盈利，国有企业平均资产负债率降低到65%左右，产品产销率提高到97%以上，工业经济效益综合指数达到全国工业平均水平。

2月26日 财政部发布今年第2号公告，宣布2000年凭证式(一期)国债将于3月1日开始发行，总额为500亿元。其中二年期100亿元，票面利率2.55%；三年期350亿元，票面利率2.89%；五年期50亿元，票面利率3.14%。

2月27日 国务院办公厅日前转发国务院体改办等八部门共同制定的《关于城镇医疗卫生体制改革的指导意见》，《意见》要求建立新的医疗机构分类管理制度，将医疗机构分为非营利性和营利性两类进行管理。

2月28日 国家统计局发布《中华人民共和国1999年国民经济和社会发展统计公报》。国家统计局局长刘洪说，1999年我国国民经济稳定增长，居民生活继续改善，实现了发展和改革的各项预期目标。

3月3日 中国人民银行今天宣布批准7家符合条件的外资银行在上海和深圳经营人民币业务。到目前为止，在我国获准经营人民币业务的外资银行已达32家，其中，上海24家，深圳8家。

3月5日 朱镕基总理在政府工作报告中对西部大开发战略做了论述。他指出，实施西部大开发，加快中西部地区发展战略，是党中央贯彻邓小平关于我国现代化建设“两个大局”战略思想，面向新世纪所作出的重大决策。实施西部大开发是一项系统工程和长期任务，当前和今后一段时期，要集中力量抓好这样几个方面：加快基础设施建设；切实搞好生态环境保护和建设；根据实际条件着力发展有自己特色的优势产业和高新技术产业；大力发展科技和教育；进一步扩大对外开放。

3月3～11日 中国人民政治协商会议第九届全国委员会第三次会议在北京举行。会议号召人民政协各级组织、各参加单位和全体委员，充分认识肩负的历史责任,自觉服从和服务于国家大局,牢牢把握团结和民主两大主题,切实履行政治协商、民主监督、参政议政职能,进一步开创人民政协工作的新局面。

3 月 5～15 日　第九届全国人民代表大会第三次会议在北京举行。会议审议和批准了朱镕基总理代表国务院所作的《政府工作报告》,审查和批准了国家计委主任曾培炎同志受国务院委托所作的《关于 1999 年国民经济和社会发展计划执行情况与 2000 年国民经济和社会发展计划草案的报告》;审查和批准了财政部部长项怀诚同志受国务院委托所作的《关于 1999 年中央和地方预算执行情况及 2000 年中央预算草案的报告》。会议号召全国各族人民紧密团结在以江泽民同志为核心的党中央周围,高举邓小平理论伟大旗帜,坚持党的基本路线,抓住机遇,开拓进取,坚实信心,团结奋斗,把建设有中国特色社会主义的伟大事业胜利推向新世纪。

3 月 17 日　为进一步提高股票发行核准工作的透明度,根据《中华人民共和国证券法》的有关规定,中国证监会发布修订后的《股票发行核准程序》。

3 月 22 日　国家计委和国家经贸委发出通知,下放对《外商投资产业指导目录》鼓励类中不需要国家综合平衡的外商投资项目审批权。

《国有重点金融机构监事会暂行条例》和《国有企业监事会暂行条例》发布实施。

4 月 1 日　国务院发布《个人存款帐户实名制规定》。

国务院办公厅转发民政部、国家计委、国家经贸委、教育部、财政部、劳动保障部、国土资源部、建设部、外经贸部、卫生部、税务总局《关于加快实现社会福利社会化的意见》。

4 月 12 日　国家计委公布今年西部地区新开工“十大工程”。

4 月 24 日　全国兼并破产和职工再就业工作领导小组消息,今年的兼并破产和关闭工作从结构调整的战略高度着眼,紧紧围绕着控制总量、扭亏脱困的目标进行,重点放在钢铁、制糖、煤炭、有色、军工、纺织等六大行业。

5 月 1 日　今年第二期凭证式国债今天开始发行。本期国债发行总额为 600 亿元,其中,2 年期 120 亿元,票利率 2.55%;3 年期 300 亿元,票利率 2.89%;5 年期 180 亿元,票利率 3.14%。

《中华人民共和国大气污染防治法》已由第九届全国人民代表大会第十五次会议修订通过,现予以公布,并从 2000 年 9 月 1 日起实施。

5 月 11 日　国家经贸委在关井压产第四次电视电话会议上提出,坚决完成今年全国再关闭各类小煤矿 1.89 万处,压减小煤矿产量 1.2 亿吨,全国煤炭总量控制在 9 亿吨以内的任务。

经国务院批准,国家计委发布《工程建设项目招标范围和规模标准规定》,并已于今年 5 月 1 日起执行。

5 月 18 日　今年记帐式(三期)国债今天开始发行。本期国债发行总额为 200 亿元,期限 2 年,票利率 2.44%,到期一次性还本付息。

5 月 23 日　财政部发布公告,今年第四期记帐式国债今天开始发行。本期国债发行总额为 140 亿元,期限 10 年,实行浮动利率,票面利率随一年期银行存款利率的变化而浮动。

6 月 6 日　国家计委发出通知,从今年 6 月 1 日起再次提高国内成品油价格。通知规定,汽油出厂价每吨提高 300 元,提价幅度 11%;柴油出厂价每吨提高 100 元,提价幅度 4.3%。各地市场零售中准价相应等额提高。这是继今年 2 月、5 月两次提高成品油价格后的第三次提价,其直接原因是国际市场油价出现大幅度上扬。

6 月 11 日　信息产业部公布第三批获准从事电信与信息服务业务的经营单位名单。

6 月 24 日　据外经贸部消息,中国“入世”的主要法律文件、议定书和工作组报告书的基本框架已经形成。

6 月 29 日　国务院发布《企业财务会计报告条例》。

7 月 5 日　中共中央、国务院出台《关于促进小城镇健康发展的若干意见》。《意见》指出,加快城镇化进程的时机和条件已经成熟。抓住机遇,适时引导小城镇健康发展,应当作为当前和今后较长时期农村改革与发展的一项重要任务。

7 月 14 日　经国务院批准,国家计委发出通知,自 7 月 14 日起,再次提高国内成品油价格。汽、柴油出厂价格每吨分别提高 200 元和 180 元,各地市场零售中准价相应等额提高,石油、石化集团公司以国家规定的中准价为基础,在上下 5%的浮动幅度内制定和公布各地具体零售价格。其他油品按规定的比价关系相应调整。

7 月 19 日　我国两家境外上市公司华能国际和山东华能在京签署吸收合并协议,华能国际将以

57.68亿人民币的价格合并山东华能,这是目前我国上市公司中规模最大的一次合并。

7月25日 中国人民银行颁布实施《企业集团财务公司管理办法》。

8月4日 国务院批准成立中国储备粮管理总公司,专门负责中央储备粮油的经营管理。

8月6日 首条城市高架轨道——上海明珠线电气化工程全线建成。

8月18日 国务院委派监事会进驻百家重点大型国有企业,监事会不参与不干预企业经营决策和管理。

8月23日 信息产业部部长吴基传宣布,今年1～6月,我国移动电话用户新增1599.2万户,平均每月新增266.5万户,到6月底我国移动电话用户数量达到5928.7万户,超过日本,位居世界第二,仅次于美国。

今年以来,全国20多个省、区、市发生了20多年来罕见的旱灾。截止到8月18日,全国夏秋两季农作物累计受旱面积达4.6亿亩,3500多万人、2000多万头牲畜因旱发生饮水困难。

9月1日 国家计委出台价格政策,运用价格杠杆,促进西部开发。进一步下放5项价格管理权限,采取支持性政策筹集建设资金,推进教育受费改革促进高等教育发展,促进退耕还林还草和农业结构调整。

9月18日 我国保险基金管理取得初步成效,目前社会保险基金当年收支规模5000亿元,累计结余近1000亿元。

9月20日 国家计委和国家经贸委联合发布了《当前国家重点鼓励发展的产业、产品和技术目录(2000年修订)》,以推进经济结构的战略性调整,促进产业升级,提高竞争力。

美国参议院通过美对华永久正常贸易关系议案。

9月22日 国家统计局自本月起停止公布商品零售价格指数,今后价格指数的统计、公布和使用将由过去的商品零售价格指数改为居民消费价格指数。这是我国价格统计体系的一次重大调整。

10月16日 据国家统计局消息,今年前三个季度,GDP分别增长8.1%、8.3%和8.2%,季度之间发展比较均衡,国民经济步入适度增长平台。

10月19日 《中共中央关于制定国民经济和社会发展第十个五年计划的建议》发表。

中国石油化工股份公司分别在纽约、中国香港和伦敦成功挂牌上市,共计筹资37.3亿美元,是至今为止我国唯一一家在香港、纽约和伦敦三地同时上市的特大型国有企业。

10月23日 国家计委再次调整国内成品油价格。

11月1日 经过两年的准备,第五次全国人口普查工作今天正式开始,普查登记工作在11月10日结束。

11月3日 江泽民主席发布中华人民共和国第四十号、四十一号主席令,公布《中华人民共和国中外合作经营企业法》和《中华人民共和国外资企业法》,分别自2000年10月31日和公布之日起施行。

11月7日 国务院新闻办公室和信息产业部联合发布《互联网站从事登载新闻业务管理暂行规定》。

11月17日 国家计委再次调整国内成品油价格。汽、柴油出厂价格和零售中准价格每吨分别降低250元和130元,其中,柴油价格是与国际市场接连轨后首次下降。

11月28日～12月1日 中央经济工作会议在北京召开,江泽民总书记和朱镕基总理发表了重要讲话。

12月3日 全国计划会议在北京召开。会上,国家计委主任曾培炎总结了2000年宏观调控政策取得的成果和“九五”计划完成情况,提出了2001年宏观调控的主要任务,部署了下一阶段“十五”计划纲要的编制工作,强调了进一步提高计划工作水平的要求。

12月8日 世界贸易组织工作组第十四次会议结束,我国与有关国家在知识产权、服务贸易等领域磋商获得重要进展。

12月16日 外经贸部和铁道部联合发出今年第4号令,宣布允许外国投资者以合资、合作两种方式在中国设立中外合营铁路货运公司。

12月20日 国家计委发出通知,汽、柴油出厂价格和零售中准价格每吨分别降低20元和300元。

12月21日 宝钢三期工程建成投产,概算投资623.4亿元,是我国工业迄今最大规模投资项目。目前,宝钢已形成1100万吨的生产能力。

12月26日 2001年1月1日起电信资费大幅调整,国内国际长途每6秒分别收费0.07元和0.80元,固定本地电话3分钟后按每分钟计费。

12月28日 国务院发出通知,西部大开发统一政策措施出台。当前和今后一段时期，实施西部大开发的重点任务是：加快基础设施建设；加强生态和环境保护建设；巩固农业基础地位，调整工业结构，发展特色旅游业；发展科技教育和文化卫生事业。

12月30日　经国务院批准，从2001年1月1日起，我国将再次自主降低关税总水平，关税总水平将从目前的16.4%下降为15.3%，平均降幅为6.6%。

统计资料

表1 全国行政区划(一)

(2000年底) 单位:个

省级区划名称	地级区划数	#地级市	县级区划数	#县级市	地县级市个数	市辖区数
全国	**333**	**259**	**2074**	**400**	**659**	**787**
北京市			5			13
天津市			4			14
河北省	11	11	138	23	34	35
山西省	11	10	97	12	22	22
内蒙古自治区	12	5	84	15	20	17
辽宁省	14	14	44	17	31	56
吉林省	9	8	41	20	28	19
黑龙江省	13	12	66	19	31	64
上海市			3			16
江苏省	13	13	58	28	41	51
浙江省	11	11	62	24	35	26
安徽省	17	17	61	5	22	45
福建省	9	9	60	14	23	25
江西省	11	11	80	10	21	19
山东省	17	17	92	31	48	47
河南省	17	17	110	21	38	48
湖北省	13	12	66	24	36	35
湖南省	14	13	88	16	29	34
广东省	21	21	77	31	52	45
广西壮族自治区	14	9	81	10	19	29
海南省	2	2	17	7	9	3
重庆市			26	4	4	14
四川省	21	18	140	14	32	40
贵州省	9	4	78	9	13	9
云南省	16	4	120	11	15	8
西藏自治区	7	1	72	1	2	1
陕西省	10	9	87	4	13	20
甘肃省	14	5	76	9	14	10
青海省	8	1	39	2	3	4
宁夏回族自治区	4	3	17	2	5	7
新疆维吾尔自治区	15	2	85	17	19	11
香港特别行政区						
澳门特别行政区						
台湾省						

注:本表资料来源于民政部《行政区划简册》。

表2　全国行政区划(二)

(2000年底)

单位:个

省级区划名称	县辖区数	镇数	乡数	#民族乡	街道办事处
全国	**255**	**20312**	**23199**	**1356**	**5902**
北京市		139	71	5	127
天津市		114	98	2	90
河北省	3	900	1073	54	229
山西省	2	559	1225		168
内蒙古自治区	3	416	1150	20	197
辽宁省		656	466	88	519
吉林省		459	397	33	232
黑龙江省		479	731	69	1031
上海市		171	3		93
江苏省	20	1203	271	1	317
浙江省		970	752	35	106
安徽省		973	876	9	209
福建省		628	367	18	113
江西省		759	1036	4	98
山东省	1	1351	627	6	319
河南省		844	1285	18	287
湖北省		860	466	12	283
湖南省	8	1055	1310	98	209
广东省		1556	33	7	337
广西壮族自治区		745	616	63	67
海南省	3	205	103	17	19
重庆市	81	675	822	46	87
四川省	103	1790	3274	104	205
贵州省		692	771	245	75
云南省		496	1098	193	55
西藏自治区	1	112	606	8	8
陕西省	6	919	1100	3	116
甘肃省	8	267	1287	39	109
青海省		49	391	82	28
宁夏回族自治区		72	232	1	37
新疆维吾尔自治区	16	198	662	76	132
香港特别行政区					
澳门特别行政区					
台湾省					

表3 按国民经济行业分组的法人单位数

单位:个

行业门类	1996年	1997年	1998年	1999年
总　　计	**4402276**	**4344278**	**4417508**	**4221995**
农、林、牧、渔业	142003	142557	139496	135932
采掘业	102454	101469	106272	93453
制造业	1275912	1238692	1309299	1209389
电力、煤气及水的生产和供应业	27078	26670	26712	26595
建筑业	126704	125471	125533	112968
地质勘探业、水利管理业	20858	20821	21104	20150
交通运输、仓储及邮电通信业	62793	61713	62559	57883
批发和零售贸易、餐饮业	742608	731866	726655	712442
金融、保险业	73824	74054	73941	69029
房地产业	39693	40903	44606	44051
社会服务业	154697	153461	160825	156948
卫生、体育和社会福利业	116075	116167	116604	116209
教育、文化艺术及广播电影电视业	267591	265168	266837	261996
科学研究和综合技术服务业	46335	47694	47986	47868
国家机关、政党机关和社会团体	1163943	1158144	1148491	1118239
其他行业	39708	39428	40588	38843

表 4　国民经济与社会发展总量指标(一)

指　　标	单　位	1985 年	1990 年	1995 年	1999 年	2000 年
人口						
年底总人口	万　人	105851	114333	121121	125909	126583
市镇人口	万　人	25094	30191	35174	38892	45844
乡村人口	万　人	80757	84142	85947	87017	80739
就业和工资						
从业人员数	万　人	49873	63909	67947	70586	71150
#职工人数	万　人	12358	14059	14908	11773	11259
职工工资总额	亿　元	1383	2951	8100	9876	10656
职工平均工资	元	1148	2140	5500	8346	9371
国民经济核算						
国内生产总值	亿　元	8964	18548	58478	82067	89404
第一产业	亿　元	2542	5017	11993	14472	14212
第二产业	亿　元	3867	7717	28538	40558	45488
工业	亿　元	3449	6858	24718	35087	39570
建筑业	亿　元	418	859	3820	5471	5918
第三产业	亿　元	2556	5814	17947	27038	29704
#交通运输仓储邮电通信业	亿　元	407	1148	3055	4460	4919
批发零售贸易餐饮业	亿　元	878	1420	4932	6910	7307
支出法国内生产总值	亿　元	8792	18320	58511	82430	90269
#最终消费	亿　元	5773	11365	33635	49685	54841
资本形成总额	亿　元	3386	6444	23877	30496	33320
固定资产投资						
全社会固定资产投资总额	亿　元	2543	4517	20019	29855	32619
基本建设	亿　元	1074	1704	7404	12455	13215
更新改造	亿　元	449	830	3299	4485	5077
房地产开发	亿　元		253	3149	4103	4902
其他投资	亿　元	1020	1730	6167	8812	9425
财政和金融						
国家财政收入	亿　元	2005	2937	6242	11444	13380
国家财政支出	亿　元	2004	3084	6824	13188	15879
金融机构各项存款年底余额	亿　元				108779	123804
金融机构各项贷款年底余额	亿　元				93734	99371
货币和准货币(M_2)	亿　元		15293	60751	119898	134610
货币(M_1)	亿　元		6951	23987	45837	53147
流通中现金币(M_0)	亿　元		2644	7885	13456	14653
主要农业、工业产品产量						
粮食	万　吨	37911	44624	46662	50839	46218
棉花	万　吨	415	451	477	383	442
油料	万　吨	1578	1613	2250	2601	2955
肉类	万　吨				5821	6125
原煤	亿　吨	8.7	10.8	13.6	10.5	10.0
原油	万　吨	12490	13831	15005	16000	16300
发电量	亿千瓦小时	4107	6212	10070	12393	13556
钢	万　吨	4679	6635	9536	12426	12850
汽车	万　辆	43.7	51.4	145.3	183.2	207.0

表 5 国民经济与社会发展总量指标(二)

指 标	单 位	1985 年	1990 年	1995 年	1999 年	2000 年
建筑业						
建筑企业房屋施工面积	万平方米	35491.8	37923	89862.8	147262.5	155175
建筑企业房屋竣工面积	万平方米	17073	19553	35666.3	73924.5	73835
交通和邮电						
货物周转量	亿吨公里	18365	26208	35730	40496	44452
旅客周转量	亿人公里	4437	5628	9002	11300	12261
沿海主要港口货物吞吐量	万 吨	31154	48321	80166	105162	125603
邮电业务总量	亿 元	62.21	155.54	988.9	3330.8	4792.7
本地电话年末用户	万 户	312.0298	685.0303	4070.6	10872	14485
移动电话用户	万 户		1.83	362.9416	4329.6	8453
国内商业和对外贸易						
社会消费品零售总额	亿 元	4305	8300.1	20620	31134.7	34152.6
进出口总额	亿美元	696	1154.4	2808.6	3606	4743
出口额	亿美元	273	620.9	1487.8	1949.3	2492
进口额	亿美元	422.5	533	1321	1657.2	2251
利用外资						
实际利用外资额	亿美元	46.5	102.9	481.3	526.6	593.6
# 外商直接投资	亿美元	16.6	34.9	375.2	403.2	407.2
旅游						
入境旅游人数	万人次	1783.31	2746.18	4638.65	7279.56	8344.4
国内旅游人数	万人次			62900	71900	74400
国际旅游收入	亿美元	13	22	87	141	162.3
国内旅游收入	亿 元			1376	2832	3176
教育、科技、文化、卫生						
学校数	所	938173	867924	764955	674173	644426
专任教师数	万 人	869	947	995	1074	1091
在校学生数	万 人	18633	17553	19677	21782	21931
国有企事业单位专业技术人员	万 人	782	1081	1913	2143	2165
科技研究与发展经费支出	亿 元			349	679	
技术市场成交额	亿 元		75.1	268	523	651
图书出版数	亿册(张)	66.7	56.4	63	73	64
杂志出版数	亿 册	25.6	17.9	23	29	29
报纸出版数	亿 份	246.8	211.3	263	318	
医院、卫生院数	个	59614	62454	67807	66935	66509
医生数	万 人	141.3	176.3	191.8	204.5	207.6
医院、卫生院床位数	万 张	223	262	284	293	294.8
城市公用事业						
城市煤气和天然气供气量	亿立方米	41	149	194	212	234.5
城市公共交通客运总量	亿人次	255	277	299	326	341.1
城市公共绿地面积	万公顷	3.3	5.7	9.4	13.2	14.3

注:1.由于计算误差的影响,支出法国内生产总值不等于按生产法计算的国内生产总值。
2.本表价值量指标中,邮电业务总量按 1990 年不变价格计算,其余按当年价格计算。
3.社会消费品零售总额 1990 年及以前为社会商品零售总额。

表6　国民经济与社会发展速度指标(一)

指　　标	2000年为下列各年%				平均每年增长%		
	1985年	1990年	1995年	1999年	1986－1990年	1991－1995年	1996－2000年
人口							
年底总人口	119.6	110.7	104.5	100.5	1.6	1.2	0.9
市镇人口	182.7	151.8	130.3	117.9	3.8	3.1	5.4
乡村人口	100.0	96.0	93.9	92.8	0.8	0.4	－1.2
就业和工资							
从业人员数	142.7	111.3	104.7	100.8	5.1	1.2	0.9
#职工人数	91.1	80.1	75.5	95.6	2.6	1.2	－5.5
职工工资总额	770.5	361.1	131.6	107.9	16.4	22.4	5.6
职工平均工资	229.9	204.1	153.5	111.4	2.4	5.8	9.0
国民经济核算							
国内生产总值	383.0	262.3	148.8	108.0	7.9	12.0	8.3
第一产业	178.2	145.3	118.5	102.4	4.2	4.2	3.5
第二产业	547.6	356.4	159.9	109.6	9.0	17.4	9.8
工业	570.8	367.3	162.7	109.9	9.2	17.7	10.2
建筑业	367.1	268.7	134.4	106.2	6.4	14.9	6.1
第三产业	372.6	238.0	148.1	107.8	9.4	10.0	8.2
#交通运输仓储邮电通信业	450.2	281.6	166.2	109.4	9.8	11.1	10.7
批发零售贸易餐饮业	257.3	205.5	143.1	108.4	4.6	7.5	7.4
固定资产投资							
全社会固定资产投资总额	1282.6	722.1	162.9	109.3	16.5	36.9	11.2
基本建设	1230.0	775.6	178.5	106.1	10.7	36.1	14.3
更新改造	1130.6	611.6	153.9	113.2	19.7	34.1	9.2
房地产开发		1935.5	155.7	119.5		73.0	6.4
其他投资	924.3	544.9	152.8	107.0	16.4	30.5	10.6
财政和金融							
国家财政收入	667.4	455.6	214.3	116.9	7.9	16.3	16.5
国家财政支出	792.3	515.0	232.7	120.4	9.0	17.2	18.4
金融机构各项存款年底余额				113.8			
金融机构各项贷款年底余额				106.0			
货币和准货币(M_2)		880.2	221.6	112.3		31.8	17.2
货币(M_1)		764.6	221.6	115.9		28.1	17.2
流通中现金币(M_0)		554.2	185.8	108.9		24.4	13.2
主要农业工业产品产量							
粮食	121.9	103.6	99.0	90.9	3.3	0.9	－0.2
棉花	106.5	98.0	92.7	115.4	1.7	1.1	－1.5
油料	187.2	183.2	131.3	113.6	0.4	6.9	5.6
肉类				105.2			
原煤	114.9	92.6	73.5	95.2	4.4	4.7	－6.0
原油	130.5	117.9	108.6	101.9	2.1	1.6	1.7
发电量	330.1	218.2	134.6	109.4	8.6	10.1	6.1
钢	274.6	193.7	134.8	103.4	7.2	7.5	6.1
汽车	473.7	402.7	142.5	113.0	3.3	23.1	7.3

表 7 国民经济与社会发展速度指标(二)

指标	2000年为下列各年%				平均每年增长%		
	1985年	1990年	1995年	1999年	1986－1990年	1991－1995年	1996－2000年
建筑业							
建筑企业房屋施工面积	437.2	409.2	172.7	105.4	1.3	18.8	11.5
建筑企业房屋竣工面积	432.5	377.6	207.0	99.9	2.7	12.8	15.7
交通和邮电							
货物周转量	242.0	169.6	124.4	109.8	7.4	6.4	4.5
旅客周转量	276.3	217.9	136.2	108.5	4.9	9.8	6.4
沿海主要港口货物吞吐量	403.2	259.9	156.7	119.4	9.2	10.7	9.4
邮电业务总量	7705.3	3082.1	484.6	143.9	20.1	44.8	37.1
本地电话年末用户	4642.2	2114.5	355.8	133.2	17.0	42.8	28.9
移动电话用户		461912.6	2329.0	195.2		188.1	87.7
国内商业和对外贸易							
社会消费品零售总额	793.3	411.5	165.6	109.7	14.0	23.2	10.6
进出口总额	681.5	410.9	168.9	131.5	10.6	19.5	11.0
出口额	911.2	401.4	167.5	127.8	17.9	19.1	10.9
进口额	532.8	421.9	170.4	135.8	4.8	19.9	11.3
利用外资							
实际利用外资额	1276.6	576.9	123.3	112.7	17.2	36.1	4.3
#外商直接投资	2453.0	1166.8	108.5	101.0	16.0	60.8	1.6
旅游							
入境旅游人数	467.9	303.9	179.9	114.6	9.0	11.1	12.5
国内旅游人数			118.3	103.5			3.4
国际旅游收入	1298.4	731.7	185.9	115.1	12.2	31.5	13.2
国内旅游收入			230.8	112.1			18.2
教育、科技、文化、卫生							
学校数	68.7	74.2	84.2	95.6	－1.5	－2.5	－3.4
专任教师数	125.5	115.2	109.6	101.6	1.7	1.0	1.9
在校学生数	117.7	124.9	111.5	100.7	－1.2	2.3	2.2
国有企事业单位专业技术人员	277.0	200.3	113.2	101.0	6.7	12.1	2.5
技术市场成交额		866.8	242.6	124.5		29.0	19.4
图书出版数	95.2	112.6	100.5	86.7	－3.3	2.3	0.1
杂志出版数	111.3	159.2	121.8	100.0	－6.9	5.5	4.0
报纸出版数					－3.1	4.5	
医院、卫生院数	111.6	106.5	98.1	99.4	0.9	1.7	－0.4
医生数	146.9	117.8	108.2	101.5	4.5	1.7	1.6
医院、卫生院床位数	132.3	112.3	103.9	100.7	3.3	1.6	0.8
城市公用事业							
城市煤气和天然气供气量	569.2	157.4	120.9	110.6	29.3	5.4	3.9
城市公共交通客运总量	133.6	123.2	114.1	104.6	1.6	1.6	2.7
城市公共绿地面积	433.3	250.9	152.1	108.3	11.6	10.5	8.8

注:本表价值量指标中,除国内生产总值、邮电业务总量和平均工资按可比价格计算,其他按当年价格计算;平均每年增长速度除固定资产投资额按累计法计算,其他按水平法计算。

表8　“九五”时期国民经济与社会发展主要指标(一)

指　标	单　位	“八五”时期合计	“九五”时期合计	“八五”时期平均增长速度	“九五”时期平均增长速度
劳动就业(期末数)					
年末从业人员	万　人	67947	71150	1.2	0.9
#城镇	万　人	19093	21274	2.8	2.2
国民核算					
国内生产总值	亿　元	188128	392163	12.0	8.3
第一产业	亿　元	39421	71292	4.2	3.5
第二产业	亿　元	88140	195501	17.4	9.8
#工业	亿　元	76593	169540	17.7	10.2
第三产业	亿　元	60567	125371	10.0	8.2
固定资产投资					
全社会固定资产投资总额	亿　元	63808	138795	36.9	11.2
基本建设	亿　元	23584	56114	36.1	14.3
更新改造	亿　元	10898	21624	34.1	9.2
房地产开发	亿　元	8708	19014	73.0	6.4
其他投资	亿　元	20618	42043	30.5	10.6
财政					
国家财政收入	亿　元	22442	50759	16.3	16.5
国家财政支出	亿　元	24388	57037	17.2	18.4
收支差额	亿　元	-1945	-6277		
金融(期末数)					
货币和准货币(M_2)	亿　元	60751	134610	31.8	17.2
货币(M_1)	亿　元	23987	53147	28.1	17.2
流通中现金币(M_0)	亿　元	7885	14653	24.4	13.2
国家外汇储备	亿美元	736	1656	46.0	17.6
居民储蓄存款余额	亿　元	29662	64332	33.0	16.7
利用外资					
实际利用外资额	亿美元	1610.6	2897.8	36.1	4.3
#外商直接投资	亿美元	1141.8	2134.8	60.8	1.6

表 9 “九五”时期国民经济与社会发展主要指标(二)

指标	单位	“八五”时期合计	“九五”时期合计	“八五”时期平均增长速度	“九五”时期平均增长速度
主要工农业产品产量					
粮食	万吨	224616	248156	0.9	-0.2
棉花	万吨	2303	2155	1.1	-1.5
油料	万吨	9323	12238	6.9	5.56
水产品	万吨	9391	19197	15.3	11.2
原煤	亿吨	60	61	4.7	-6.0
原油	万吨	72446	80208	1.6	1.7
发电量	亿千瓦小时	42060	59788	10.1	6.1
钢	万吨	42947	57853	7.5	6.1
发电设备	万千瓦	7276	8984	6.4	-5.6
汽车	万辆	590	859	23.1	7.3
水泥	万吨	182550	270893	17.8	4.7
交通运输					
货物周转量	亿吨公里	156705	197816	6.4	4.5
沿海主要港口货物吞吐量	万吨	335971	498976	10.7	9.4
邮电通信业					
邮电业务总量	亿元	2635	13670	44.8	37.1
国内商业					
社会消费品零售总额	亿元	67297	146513	23.2	10.6
对外经济贸易					
进出口总额	亿美元	10143	17739	19.5	11.0
出口额	亿美元	5183	9617	19.1	10.9
进口额	亿美元	4960	8122	19.9	11.3
差额	亿美元	223	1495		
教育					
研究生招生数	万人	21	42	11.5	20.3
普通高等学校招生数	万人	412.0	686.0	8.7	19.0
生活					
城镇居民可支配收入	元	2817	5512	7.9	5.7
农村居民人均纯收入	元	1042.6	2128.3	4.3	4.7

注:1. 本表价值量指标除邮电业务总量按 1990 年不变价格计算外,其他均按当年价格计算。
2. 国内生产总值、邮电业务总量和居民收入的增长率按可比价格计算。
3. 城镇居民可支配收入和农村居民纯收入“八五”和“九五”时期绝对数为五年平均数。

表10　国民经济与社会发展结构指标

单位：%

指　标	1985年	1990年	1995年	1999年	2000年
总人口	**100.0**	**100.0**	**100.0**	**100.0**	**100.0**
城镇	23.7	26.4	29.0	30.9	36.2
乡村	76.3	73.6	71.0	69.1	63.8
从业人员	**100.0**	**100.0**	**100.0**	**100.0**	**100.0**
第一产业	62.4	60.1	52.2	50.1	50.0
第二产业	20.8	21.4	23.0	23.0	22.5
第三产业	16.8	18.5	24.8	26.9	27.5
国内生产总值	**100.0**	**100.0**	**100.0**	**100.0**	**100.0**
第一产业	28.4	27.1	20.5	17.6	15.9
第二产业	43.1	41.6	48.8	49.4	50.9
第三产业	28.5	31.3	30.7	33.0	33.2
固定资产投资总额	**100.0**	**100.0**	**100.0**	**100.0**	**100.0**
基本建设	42.2	37.7	37.0	41.7	40.5
更新改造	17.7	18.4	16.5	15.0	15.6
房地产开发	-	5.6	15.7	13.7	15.0
其他投资	40.1	38.3	30.8	29.5	28.9
财政收入	**100.0**	**100.0**	**100.0**	**100.0**	**100.0**
中央	38.4	33.8	52.2	51.1	52.2
地方	61.6	66.2	47.8	48.9	47.8
财政支出	**100.0**	**100.0**	**100.0**	**100.0**	**100.0**
中央	39.7	32.6	29.2	31.5	34.7
地方	60.3	67.4	70.8	68.5	65.3
实际利用外资额	**100.0**	**100.0**	**100.0**	**100.0**	**100.0**
对外借款	57.8	63.5	21.5	19.4	16.8
外商直接投资	35.7	33.9	78.0	76.6	68.6
外商其他投资	6.4	2.6	0.5	4.0	14.6
农林牧渔业产值	**100.0**	**100.0**	**100.0**	**100.0**	**100.0**
农业	69.2	64.7	58.4	57.5	55.7
林业	5.2	4.3	3.5	3.6	3.7
牧业	22.1	25.7	29.7	28.5	29.7
渔业	3.5	5.4	8.4	10.3	10.9
工业总产值	**100.0**	**100.0**	**100.0**	**100.0**	**100.0**
轻工业	47.1	49.4	47.3	49.2	40.0
重工业	52.9	50.6	52.7	50.8	60.0
在校学生数	**100.0**	**100.0**	**100.0**	**100.0**	**100.0**
大学生	0.9	1.2	1.5	1.9	2.6
中学生	27.3	29.1	31.5	35.9	38.1
小学生	71.8	69.7	67.0	62.2	59.3
卫生机构医生数	**100.0**	**100.0**	**100.0**	**100.0**	**100.0**
中医	23.8	20.9	18.7	16.5	16.2
西医师	42.6	60.0	61.8	63.2	64.1
西医士	33.5	18.8	19.0	19.7	19.0

注：2000年轻重工业结构为国有及规模以上非国有工业企业口径。

表 11 平均每天主要社会经济活动

指 标	单 位	1985 年	1990 年	1995 年	1999 年	2000 年
平均每天创造的财富						
国内生产总值	亿 元	24.6	50.8	160.2	224.8	244.9
第一产业	亿 元	7.0	13.7	32.9	39.6	38.9
第二产业	亿 元	10.6	21.1	78.2	111.1	124.6
第三产业	亿 元	7.0	15.9	49.2	74.1	81.4
财政收入	亿 元	5.5	8.0	17.1	31.4	36.7
财政支出	亿 元	5.5	8.4	18.7	36.1	43.5
粮食	万 吨	103.9	122.3	127.8	139.3	126.6
棉花	万 吨	1.1	1.2	1.3	1.0	1.2
油料	万 吨	4.3	4.4	6.2	7.1	8.1
电子计算机	部		225	2290	11096	18411
原煤	万 吨	238.9	295.9	372.6	287.7	274.0
发电量	亿千瓦小时	11.3	17.0	27.6	34.0	37.1
原油	万 吨	34.2	37.9	41.1	43.8	44.7
钢	万 吨	12.8	18.2	26.1	34.0	35.2
平均每天消费量						
最终消费支出	亿 元	15.8	31.1	92.2	136.1	150.2
居民消费	亿 元	12.6	25.0	73.8	107.9	118.2
政府消费	亿 元	3.2	6.2	18.3	28.2	32.1
能源消费量	万吨标准煤	210.1	270.4	359.4	356.5	350.7
社会消费品零售总额	亿 元	10.4	19.9	56.5	85.3	93.6
平均每天其他经济活动						
城镇新建住宅面积	万平方米	51.5	47.4	102.7	153.2	139.7
农民个人新建住宅面积	万平方米	190.5	185.8	181.5	228.5	232.9
货运量	万 吨	2043.0	2659	3383	3542	3711
客运量	万 人	1699.0	2117	3213	3820	4046
沿海主要港口货运吞吐量	万 吨	85.4	132.4	219.6	288.1	344.1
邮电业务总量	亿 元	0.2	0.4	2.7	9.1	13.1
移动电话用户	万 户		0.01	0.99	11.86	23.16
进出口总额	亿美元	1.9	3.2	7.7	9.9	13.0
实际利用外资额	亿美元	0.1	0.3	1.3	1.4	1.6
居民新增储蓄额	亿 元	1.1	5.3	22.3	17.1	13.6
平均每天人口变动						
出生	万 人	6.1	6.5	5.7	5.3	
死亡	万 人	2.0	2.1	2.1	2.2	
结婚	万 对	2.3	2.6	2.5	2.4	2.3
离婚	对	1255	2192	2891	3292	3321

注:1.本表价值量指标除邮电业务总量按1990年不变价格计算外,其余均按当年价格计算。
2.城镇新建住宅面积1990年及以后包括城镇及工矿区个人新建住宅面积。

表12　按人口平均的主要农产品产量

单位:公斤/人

年　份	粮　食	棉　花	油　料	糖　料	水产品	水　果
1978	319	2.3	5.5	24.9	4.9	6.9
1980	327	2.8	7.9	29.7	4.6	6.9
1985	361	3.9	15.0	57.5	6.7	11.1
1986	367	3.3	13.8	54.9	7.7	12.6
1987	372	3.9	14.1	51.2	8.8	15.4
1988	358	3.8	12.0	56.2	9.6	15.1
1989	364	3.4	11.6	51.9	10.3	16.4
1990	393	4.0	14.2	63.4	10.9	16.5
1991	378	4.9	14.2	73.2	11.7	18.9
1992	380	3.9	14.1	75.6	13.4	21.0
1993	387	3.2	15.3	64.7	15.5	25.6
1994	374	3.6	16.7	61.6	18.0	29.4
1995	387	4.0	18.7	65.0	21.0	35.0
1996	419	3.5	18.3	68.7	23.1	38.2
1997	402	3.7	17.5	76.3	29.3	41.4
1998	412	3.6	18.6	78.8	31.4	43.9
1999	406	3.1	20.7	66.5	32.9	49.8
2000	366	3.5	23.4	60.4	33.9	49.3

注:本表计算中所使用的人口数字为年平均人口数(下表同)。

表13　按人口平均的主要工业产品产量

年　份	布 (米)	糖 (公斤)	钢 (公斤)	原　煤 (吨)	原　油 (公斤)	发电量 (千瓦小时)
1978	11.5	2.4	33.2	0.7	109	268
1980	13.7	2.6	37.8	0.6	108	306
1985	14.0	4.3	44.5	0.8	119	391
1986	15.4	4.9	48.9	0.8	123	421
1987	16.0	4.7	51.9	0.9	124	459
1988	17.1	4.2	54.0	0.9	124	495
1989	16.9	4.5	55.1	0.9	123	523
1990	16.6	5.1	58.4	1.0	122	547
1991	15.8	5.6	61.7	0.9	123	589
1992	15.9	7.0	69.5	1.0	122	647
1993	19.6	6.5	76.0	1.0	123	712
1994	17.7	5.0	77.7	1.0	123	779
1995	21.6	4.6	79.2	1.1	125	836
1996	17.2	5.2	82.3	1.2	129	888
1997	20.2	5.7	88.6	1.1	131	923
1998	19.4	6.6	93.1	1.0	130	939
1999	19.9	6.9	99.1	0.8	128	989
2000	21.9	5.5	101.7	0.8	129	1073

表14 城市建设基本情况

指　　标	单　位	1985年	1990年	1995年	1999年	2000年
城市人口	亿　人	2.1	3.3	3.8	3.8	3.9
#非农业人口	亿　人	1.2	1.5	1.8	2.0	2.1
城市面积	万平方公里	44.8	116.6	117.2	81.3	87.8
#建成区面积	万平方公里	0.9	1.2	1.9	2.2	2.2
城市维护建设资金收入	亿　元	116.8	210.5	774.4	1627.1	1988.9
#城市“两项”维护建设资金收入	亿　元	46.1	87.7	185.6	282.3	291.4
城市维护建设税	亿　元	32.5	65.1	140.9	219.2	237.3
公用事业附加	亿　元	13.0	22.6	44.7	63.1	54.1
供水综合生产能力	亿立方米/日	0.4	1.4	1.9	2.2	2.2
供水总量	亿立方米	128.0	382.3	496.6	467.5	469.0
#生活用水	亿立方米	51.9	100.1	158.1	189.6	200.0
用水人口	亿　人	0.9	1.6	2.2	2.4	2.5
#非农业用水人口	亿　人		1.3	1.7	1.9	2.0
城市公共交通标准运营车辆	万标台	3.8	7.0	13.6	18.9	20.6
城市公共交通客运总量	亿人次	255.4	276.8	299.0	326.0	341.1
出租汽车数	万　辆	2.5	11.1	50.4	79.1	82.5
城市煤气和天然气供气总量	亿立方米	41.2	149.0	194.0	212.1	234.5
液化石油气供气总量	万　吨	60.2	203.0	488.7	761.3	1053.7
用气人口	亿　人	0.3	0.6	1.3	1.7	1.8
用气普及率	%		42.2	68.4	81.7	84.2
集中供热能力						
蒸汽	万吨/小时	0.1	2.0	6.8	7.0	7.5
热水	万兆瓦		2.0	3.5	8.1	9.7
集中供热总量						
蒸汽	万　吨	896	7117	16414	22169	23951
热水	亿百万千焦		2.2	7.5	7.0	8.3
集中供热面积	亿平方米	0.3	2.1	6.5	9.7	11.1
道路长度	万公里	3.8	9.5	13.0	15.2	16.0
道路面积	亿平方米	3.6	8.9	11.8	17.7	19.0
污水年排放量	亿平方米			350.3	355.7	331.8
污水处理能力	万立方米/日	154	1302	2463	4421	4741
污水年处理量	亿立方米			69.0	113.6	113.6
建成区绿化覆盖面积	万公顷		24.6	46.1	59.4	63.2
城市公共绿地面积	万公顷	3.3	5.7	9.4	13.2	14.3
人均公共绿地面积	平方米		3.9	5.0	6.5	6.8
垃圾、粪便清运量	亿　吨	0.6	0.9	1.4	1.4	1.5
垃圾、粪便无害化年处理量	万　吨	232	212	6014	8821	8824
城市人均使用面积	平方米		9.9	11.8	14.2	14.9
城市人均居住面积	平方米	5.2	6.7	8.1	9.8	10.3

注：城市面积1996年以后统计口径有变化。

表15　人口数

（年底数）

单位：万人

年份	总人口	按性别分		按城乡分	
		男	女	城镇人口	乡村人口
1978	96259	49567	46692	17245	79014
1980	98705	50785	47920	19140	79565
1985	105851	54725	51126	25094	80757
1990	114333	58904	55429	30191	84142
1991	115823	59466	56357	30543	85280
1992	117171	59811	57360	32372	84799
1993	118517	60472	58045	33351	85166
1994	119850	61246	58604	34301	85549
1995	121121	61808	59313	35174	85947
1996	122389	62200	60189	35950	86439
1997	123626	63131	60495	36989	86637
1998	124810	63629	61181	37942	86868
1999	125909	64189	61720	38892	87017
2000	126583	65355	61228	45844	80739

表16　人口出生率、死亡率、自然增长率

单位：(‰)

年份	全国			城镇	乡村
	出生率	死亡率	自然增长率	自然增长率	自然增长率
1978	18.25	6.25	12.00	8.44	12.49
1980	18.21	6.34	11.87	8.69	12.35
1985	21.04	6.78	14.26		
1990	21.06	6.67	14.39	10.43	15.79
1991	19.68	6.70	12.98	9.99	14.04
1992	18.24	6.64	11.60	9.70	12.18
1993	18.09	6.64	11.45	9.38	12.17
1994	17.70	6.49	11.21	9.60	12.04
1995	17.12	6.57	10.55	9.23	11.09
1996	16.98	6.56	10.42	8.82	11.08
1997	16.57	6.51	10.06	8.94	10.53
1998	16.03	6.50	9.53	8.36	10.04
1999	15.23	6.46	8.77	7.67	9.25

注：1.以上两表1980年以前数据为户籍统计数；1985－1989年数据根据1990年人口普查数据有所调整；
1990－1999年数据为人口变动情况抽样调查推算数，2000年数据是第五次全国人口普查快速汇总的11月1日零时数。
2.城镇人口包括中国人民解放军现役军人。
3.1978－1980年的城镇人口是指辖区内全部人口；乡村人口是指县人口，但不包括镇人口。
1985－1999年的城镇人口是指设区的市所辖的区人口和不设区的市所辖街道人口以及不设区的市所辖镇的居民委员会人口和县辖镇的居民委员会人口；乡村人口是指除城镇人口以外的人口。
2000年的城镇人口是第五次全国人口普查快速汇总数据，城镇人口是按国家统计局1999年发布的《关于统计上划分城乡的规定(试行)》计算的。

表 17 各地区年底总人口

单位：万人

地　区	1996 年	1997 年	1998 年	1999 年	2000 年
全国总计	**122389**	**123626**	**124810**	**125909**	**126583**
北　京	1259	1240	1246	1257	1382
天　津	948	953	957	959	1001
河　北	6484	6525	6569	6614	6744
山　西	3109	3141	3172	3204	3297
内蒙古	2307	2326	2345	2362	2376
辽　宁	4116	4138	4157	4171	4238
吉　林	2610	2628	2644	2658	2728
黑龙江	3728	3751	3773	3792	3689
上　海	1419	1457	1464	1474	1674
江　苏	7110	7148	7182	7213	7438
浙　江	4343	4435	4456	4475	4677
安　徽	6070	6127	6184	6237	5986
福　建	3261	3282	3299	3316	3471
江　西	4105	4150	4191	4231	4140
山　东	8738	8785	8838	8883	9079
河　南	9172	9243	9315	9387	9256
湖　北	5825	5873	5907	5938	6028
湖　南	6428	6465	6502	6532	6440
广　东	6961	7051	7143	7270	8642
广　西	4589	4633	4675	4713	4489
海　南	734	743	753	762	787
重　庆	—	3042	3060	3075	3090
四　川	11430	8430	8493	8550	8329
贵　州	3555	3606	3658	3710	3525
云　南	4042	4094	4144	4192	4288
西　藏	244	248	252	256	262
陕　西	3543	3570	3596	3618	3605
甘　肃	2467	2494	2519	2543	2562
青　海	488	496	503	510	518
宁　夏	521	530	538	543	562
新　疆	1689	1718	1747	1774	1925

注：1. 1996—1999 年数据为人口变动情况抽样调查推算数。2000 年数据为第五次全国人口普查快速汇总 11 月 1 日零时数，各省总人口包括外来人口，不包括外出人口。

2. 全国总计包括中国人民解放军现役军人数，但不包括香港、澳门特别行政区和台湾省数据；分省数据中未包括中国人民解放军现役军人数。

表18 按城乡分的从业人员

单位:万人

年份	合计	城镇小计	#国有单位	#集体单位	#股份合作单位	#联营单位	#有限责任公司	#股份有限公司
1978	40152	9514	7451	2048				
1980	42361	10525	8019	2425				
1985	49873	12808	8990	3324		38		
1990	63909	16616	10346	3549		96		
1991	64799	16977	10664	3628		49		
1992	65554	17241	10889	3621		56		
1993	66373	17589	10920	3393		66		164
1994	67199	18413	11214	3285		52		292
1995	67947	19093	11261	3147		53		317
1996	68850	19815	11244	3016		49		363
1997	69600	20207	11044	2883		43		468
1998	69957	20678	9058	1963	136	48	484	410
1999	70586	21014	8572	1712	144	46	603	420
2000	71150	21274	8102	1499	155	42	687	457

表18续表

年份	#私营企业	#港澳台商投资单位	#外商投资单位	#个体	乡村小计	#乡镇企业	#私营企业	#个体
1978				15	30638	2827		
1980				81	31836	3000		
1985			6	450	37065	6979		
1990	57	4	62	614	47293	9265	113	1491
1991	68	69	96	692	47822	9609	116	1616
1992	98	83	138	740	48313	10625	134	1728
1993	186	155	133	930	48784	12345	187	2010
1994	332	211	195	1225	48786	12017	316	2551
1995	485	272	241	1560	48854	12862	471	3054
1996	620	265	275	1709	49035	13508	551	3308
1997	750	281	300	1919	49393	13050	600	3522
1998	973	294	293	2259	49279	12537	737	3855
1999	1053	306	306	2414	49572	12704	969	3827
2000	1268	310	332	2136	49876		1139	2934

表 19 按三次产业分的从业人员

（年底数）

年份	从业人员总计（万人）				构成（以合计为 100）		
		第一产业	第二产业	第三产业	第一产业	第二产业	第三产业
1978	40152	28318	6945	4890	70.5	17.3	12.2
1980	42361	29122	7707	5532	68.7	18.2	13.1
1985	49873	31130	10384	8359	62.4	20.8	16.8
1990	63909	38428	13654	11828	60.1	21.4	18.5
1991	64799	38685	13867	12247	59.7	21.4	18.9
1992	65554	38349	14226	12979	58.5	21.7	19.8
1993	66373	37434	14868	14071	56.4	22.4	21.2
1994	67199	36489	15254	15456	54.3	22.7	23.0
1995	67947	35468	15628	16851	52.2	23.0	24.8
1996	68850	34769	16180	17901	50.5	23.5	26.0
1997	69600	34730	16495	18375	49.9	23.7	26.4
1998	69957	34838	16440	18679	49.8	23.5	26.7
1999	70586	35364	16235	18987	50.1	23.0	26.9
2000	71150	35575	16009	19566	50.0	22.5	27.5

表 20 国民经济各行业从业人员

（2000 年底）

单位：万人

行业	从业人员合计	城镇从业人员					乡村从业人员
			国有单位	集体单位	其他单位	私营企业和个体	
全国总计	**71150**	**21274**	**8102**	**1499**	**2011**	**3404**	**49876**
农、林、牧、渔业	33355	557	496	14	6	41	32798
采掘业	597	597	451	35	99	12	
制造业	8043	3934	1432	532	1337	633	4109
电力、煤气及水的生产和供应业	284	284	234	9	40		
建筑业	3552	860	392	272	116	80	2692
地质勘查业、水利管理业	110	110	108	2	…		
交通运输、仓储及邮电通信业	2029	858	567	58	56	178	1171
批发和零售贸易、餐饮业	4686	2934	544	293	173	1924	1752
金融、保险业	327	327	223	70	33		
房地产业	100	100	63	7	30		
社会服务业	921	921	327	64	93	438	
卫生、体育和社会福利业	488	488	427	59	1		
教育、文化艺术和广播电影电视业	1565	1565	1508	53	4		
科学研究和综合技术服务业	174	174	151	8	15		
国家机关、政党机关和社会团体	1104	1104	1099	5			
其他行业	5643	201	79	17	7	98	5442

表21 各地区从业人员

(年底数)

地区	从业人员(万人)					"九五"时期平均每年增长(%)
	1996年	1997年	1998年	1999年	2000年	
全国总计	**68850**	**69600**	**69957**	**70586**	**71150**	**0.9**
北京	661	661	624	622	622	-1.5
天津	485	492	427	421	407	-3.7
河北	3391	3415	3383	3340	3441	0.4
山西	1478	1483	1429	1434	1419	-0.6
内蒙古	1043	1050	1007	1017	1017	-0.2
辽宁	2031	2063	1818	1796	1813	-2.3
吉林	1258	1237	1127	1103	1079	-3.0
黑龙江	1567	1659	1723	1680	1635	1.0
上海	764	770	670	677	673	-2.6
江苏	3748	3746	3635	3596	3559	-1.1
浙江	2702	2700	2651	2661	2700	0.0
安徽	3246	3322	3311	3313	3373	1.0
福建	1594	1613	1622	1631	1660	1.2
江西	2064	2078	1971	1961	1935	-1.2
山东	4650	4707	4657	4699	4662	0.2
河南	4829	5017	5000	5205	5572	3.5
湖北	2692	2709	2616	2572	2508	-1.5
湖南	3548	3591	3499	3496	3462	-0.3
广东	3691	3784	3737	3761	3861	1.1
广西	2417	2452	2471	2482	2530	1.2
海南	335	331	321	326	334	-0.1
重庆		1690	1645	1639	1636	-1.1
四川	6295	4618	4535	4482	4436	-6.9
贵州	1892	1927	1946	1976	2046	2.0
云南	2214	2248	2270	2273	2295	1.0
西藏	118	120	118	122	123	1.6
陕西	1798	1812	1802	1781	1813	0.4
甘肃	1175	1186	1176	1186	1182	0.4
青海	232	235	230	241	239	1.1
宁夏	250	260	260	271	274	2.4
新疆	672	691	678	670	672	0.3

表22 各地区职工人数

(2000年底)

单位:万人

地 区	年末人数	#国有单位	#集体单位	#股份合作单位	#联营单位	#有限责任公司	#股份有限公司	#港澳台商投资单位	#外商投资单位
全国总计	**11259**	**7878**	**1447**	**150**	**40**	**666**	**442**	**299**	**314**
北 京	398	256	42	7	4	29	13	12	21
天 津	193	105	23	1	2	22	6	10	24
河 北	539	420	58	6	1	26	17	5	7
山 西	370	277	48	5		29	8	2	1
内蒙古	264	197	25	3	1	26	8	2	2
辽 宁	587	409	91	6	1	30	21	10	20
吉 林	330	247	42	2		13	17	2	6
黑龙江	532	390	75	8	1	22	29	3	3
上 海	307	181	27	4	2	21	19	19	33
江 苏	673	411	115	17	5	46	29	19	29
浙 江	373	197	53	17	2	52	24	15	13
安 徽	393	269	66	6	1	28	17	2	4
福 建	318	167	33	4	3	12	8	51	40
江 西	292	232	33	3		16	4	3	1
山 东	790	542	104	12	3	43	36	12	38
河 南	718	455	137	6	2	68	34	9	5
湖 北	529	406	64	5	1	13	31	4	5
湖 南	441	361	54	3	1	8	10	3	3
广 东	748	418	105	11	7	35	28	102	43
广 西	283	225	26	1		15	9	3	4
海 南	78	65	4		1	1	2	2	2
重 庆	209	147	30	4	1	13	10	2	3
四 川	515	372	70	5	1	32	29	3	3
贵 州	194	154	19	1	1	15	3	1	1
云 南	273	221	24	4		12	9	2	1
西 藏	16	15	1						
陕 西	328	265	29	3		17	10	1	2
甘 肃	201	165	25	4		4	1		1
青 海	47	41	5			1			
宁 夏	63	50	5	1		4	2		1
新 疆	256	219	15	1		12	6	1	1

表23　人民物质文化生活状况

项　目	单　位	1990年	1995年	1999年	2000年
就　业					
每一农村劳动力负担人数	人	1.64	1.56	1.54	1.52
每一城镇就业者负担人数	人	1.77	1.73	1.77	1.86
年末城镇登记失业率	%	2.5	2.9	3.1	3.1
收　入					
农村居民家庭人均纯收入	元	686	1578	2210	2253
农村居民家庭人均纯收入指数	1978=100	311.2	383.7	473.5	483.5
城镇居民人均可支配收入	元	1510	4283	5854	6280
城镇居民人均可支配收入指数	1978=100	198.1	290.3	360.6	383.7
职工年平均工资	元	2140	5500	8346	9371
消费水平					
全国居民	元	803	2236	3129	3415
农村居民	元	571	1434	1918	
城镇居民	元	1686	4874	6750	
农村居民家庭人均生活消费支出	元	585	1310	1577	1670
农村居民家庭恩格尔系数	%	58.80	58.62	52.56	50.13
城镇居民家庭人均消费性支出	元	1279	3538	4616	4998
城镇居民家庭恩格尔系数	%	54.25	49.92	41.86	39.18
储　蓄					
城乡居民年底储蓄存款余额	亿　元	7120	29662	59622	64332
平均每人储蓄存款余额	元	623	2449	4735	
住　房					
农村人均住房面积	平方米	17.8	21.0	24.4	24.8
城市人均使用面积	平方米	9.9	11.8	14.2	14.9
城市人均居住面积	平方米	6.7	8.1	9.8	10.3
城市公用事业					
用气普及率	%	42.2	68.4	81.7	84.2
人均公共绿地面积	平方米	3.9	5.0	6.5	6.8
文　化					
城镇每百户有彩色电视机	台	59.0	89.8	111.6	116.6
农村每百户有电视机	台	44.4	80.7	100.6	101.7
广播综合人口覆盖率	%	74.7	78.8	90.5	92.1
电视综合人口覆盖率	%	79.4	84.5	91.6	93.4
教育卫生					
学龄儿童入学率	%	97.8	98.5	99.1	99.1
每万人口在校大学生数	人	18.0	24.0	32.8	46.0
每万人口医院、卫生院床位数	张	23.0	23.4	23.9	23.3
每万人口医生数	人	15.4	15.8	16.7	16.8

注:1.本表价值量指标按当年价格计算;指数按可比价格计算。
　2.城市住房人均使用面积和居住面积为建设部数字。

表 24 城乡居民家庭人均收入及指数

年份	农村居民家庭人均纯收入		城镇居民家庭人均可支配收入	
	绝对数（元）	指数（1978 年 = 100）	绝对数（元）	指数（1978 年 = 100）
1978	133.6	100.00	343.4	100.00
1980	191.3	138.99	477.6	127.02
1985	397.6	268.94	739.1	160.39
1990	686.3	311.20	1510.2	198.10
1991	708.6	317.43	1700.6	212.37
1992	784.0	336.15	2026.6	232.91
1993	921.6	346.91	2577.4	255.13
1994	1221.0	364.36	3496.2	276.83
1995	1577.7	383.67	4283.0	290.34
1996	1926.1	418.20	4838.9	301.56
1997	2090.1	437.44	5160.3	311.85
1998	2162.0	456.21	5425.1	329.94
1999	2210.3	473.54	5854.0	360.62
2000	2253.4	483.48	6280.0	383.69

注：本表指数按可比价格计算。

表 25 城乡居民储蓄存款年底余额和年增加额

单位：亿元

年份	年底余额			年增加额		
	总计	定期	活期	总计	定期	活期
1978	210.6	128.9	81.7	29.0	17.2	11.8
1980	399.5	304.9	94.6	118.5	138.5	-20.0
1985	1622.6	1225.2	397.4	407.9	324.3	83.6
1990	7119.8	5911.2	1208.6	1923.4	1695.8	227.6
1991	9241.6	7691.7	1549.9	2121.8	1780.5	341.3
1992	11759.4	9425.2	2334.2	2517.8	1733.5	784.3
1993	15203.5	11971.0	3232.5	3444.1	2545.8	898.3
1994	21518.8	16838.7	4680.1	6315.3	4867.7	1447.6
1995	29662.3	23778.2	5884.1	8143.5	6939.5	1204.0
1996	38520.8	30873.4	7647.4	8858.5	7095.2	1763.3
1997	46279.8	36226.7	10053.1	7759.0	5353.3	2405.7
1998	53407.5	41791.6	11615.9	7615.4	5473.7	2141.7
1999	59621.8	44955.1	14666.7	6253.0	3198.5	3054.5
2000	64332.4	46141.7	18190.7	4976.7	1310.3	3666.4

表 26　城镇居民家庭基本情况

指　标	单　位	1985 年	1990 年	1995 年	1999 年	2000 年
调查户数	**户**	**24338**	**35660**	**35520**	**40044**	**42220**
平均每户家庭人口数	人	3.89	3.50	3.23	3.14	3.13
平均每户就业人口数	人	2.15	1.98	1.87	1.77	1.68
平均每户就业面	%	55.27	56.57	57.89	56.37	53.67
平均每一就业者负担人数（包括就业者本人）	人	1.81	1.77	1.73	1.77	1.86
平均每人全年可支配收入	**元**	**739.08**	**1510.16**	**4282.95**	**5854.02**	**6279.98**
平均每人全部年收入	**元**	**748.92**	**1522.79**	**4288.09**	**5888.77**	**6316.81**
国有单位职工工资	元	455.88	857.59	2590.03	3448.40	3500.63
集体单位职工工资	元	113.52	170.39	400.40	345.24	312.33
其他所有制职工工资	元			68.53	214.76	269.82
个体经营劳动者收入	元	10.20	18.71	90.60	160.49	246.24
被聘用或留用的离退休人员收入	元	4.56	15.51	42.86	60.39	60.74
其他就业者收入	元	1.95	3.79	8.44	15.58	30.96
其他劳动收入	元	12.36	22.61	96.91	190.87	197.74
财产性收入	元	3.74	15.60	90.43	128.65	128.38
转移性收入	元	65.88	250.01	587.61	1257.17	1461.68
平均每人实际支出	**元**	**722.40**	**1413.94**	**4102.94**	**5686.13**	**6147.38**
# 消费性支出	元	673.20	1278.89	3537.57	4615.91	4998.00
非消费性支出	元		37.16	561.11	1067.06	1146.12
恩格尔系数	%	52.25	54.25	49.92	41.86	39.18

注：1.本表为城镇居民家庭抽样调查资料。
2.可支配收入指居民家庭在支付个人所得税之后，所余下的实际收入。计算公式为：
可支配收入 = 实际收入 - 个人所得税 - 家庭副业生产支出 - 记帐补贴

表 27　城镇居民收入与支出结构

单位：元

项　目	1996 年	1997 年	1998 年	1999 年	2000 年
平均每人全部年收入	**4844.8**	**5188.5**	**5458.3**	**5888.8**	**6316.8**
最低收入户	2453.6	2456.1	2505.0	2646.7	2678.3
# 困难户	2242.9	2186.0	2228.8	2356.5	2350.8
低收入户	3148.6	3246.2	3329.1	3518.4	3658.5
中等偏下收入户	3779.8	3988.0	4134.9	4391.6	4651.7
中等收入户	4580.0	4922.3	5148.8	5543.2	5930.8
中等偏上收入户	5599.3	6074.2	6404.9	6942.0	7525.0
高收入户	6826.8	7495.3	7918.5	8674.9	9484.7
最高收入户	9250.4	10297.5	11021.5	12147.8	13390.5
平均每人消费性支出	**3919.5**	**4185.6**	**4331.6**	**4615.9**	**4998.0**
最低收入户	2327.3	2333.0	2397.6	2523.1	2540.1
# 困难户	2175.5	2148.0	2214.5	2327.5	2320.4
低收入户	2780.8	2895.4	2979.3	3137.3	3274.9
中等偏下收入户	3265.5	3427.5	3503.2	3694.5	3947.9
中等收入户	3816.3	4064.6	4179.6	4432.5	4794.6
中等偏上收入户	4482	4822.2	4980.9	5347.1	5894.9
高收入户	5204.4	5709.5	6003.2	6443.3	7102.3
最高收入户	6485.80	7314.8	7594.0	8262.4	9250.6

表 28 各地区城镇居民人均可支配收入

单位:元

地区	1996 年	1997 年	1998 年	1999 年	2000 年
全国总计	**4838.9**	**5160.3**	**5425.1**	**5854.0**	**6280.0**
北京	7332.0	7813.2	8472.0	9182.8	10349.7
天津	5967.7	6608.4	7110.5	7649.8	8140.5
河北	4442.8	4958.7	5084.6	5365.0	5661.2
山西	3702.7	3989.9	4098.7	4342.6	4724.1
内蒙古	3431.8	3944.7	4353.0	4770.5	5129.1
辽宁	4207.2	4518.1	4617.2	4898.6	5357.8
吉林	3805.5	4190.6	4206.6	4480.0	4810.0
黑龙江	3768.3	4090.7	4268.5	4595.1	4912.9
上海	8178.5	8438.9	8773.1	10931.6	11718.0
江苏	5185.8	5765.2	6017.9	6538.2	6800.2
浙江	6955.8	7358.7	7836.8	8428.0	9279.2
安徽	4512.8	4599.3	4770.5	5064.6	5293.6
福建	5172.9	6143.6	6485.6	6859.8	7432.3
江西	3780.2	4071.3	4251.4	4720.6	5103.6
山东	4890.3	5190.8	5380.1	5809.0	6490.0
河南	3755.4	4093.6	4219.4	4532.4	4766.3
湖北	4364.0	4673.2	4826.4	5212.8	5524.5
湖南	5052.1	5209.7	5434.3	5815.4	6218.7
广东	8157.8	8561.7	8839.7	9125.9	9761.6
广西	5033.3	5110.3	5412.2	5619.5	5834.4
海南	4926.4	4849.9	4852.9	5338.3	5358.3
重庆		5322.7	5466.6	5896.0	6276.0
四川	4482.7	4763.3	5127.1	5477.9	5894.3
贵州	4221.2	4441.9	4565.4	4934.0	5122.2
云南	4978.0	5558.3	6042.8	6178.7	6324.6
西藏	6556.3			6908.7	7426.3
陕西	3809.6	4001.3	4220.2	4654.1	5124.2
甘肃	3353.9	3592.4	4009.6	4475.2	4916.3
青海	3834.2	3999.4	4240.1	4703.4	5170.0
宁夏	3612.1	3836.5	4112.4	4472.9	4912.4
新疆	4649.9	4844.7	5000.8	5319.8	5644.9

表 29　各地区城镇居民人均收支情况

（2000 年）

单位：元

地　区	全部收入	#可支配收入	实际支出	#消费性支出	#非消费性支出	恩格尔系数（%）
全国总计	**6316.8**	**6280.0**	**6147.4**	**4998.0**	**1146.1**	**39.18**
北　京	10416.4	10349.7	10083.6	8493.5	1590.1	36.30
天　津	8165.1	8140.5	8146.9	6121.0	2025.8	40.10
河　北	5686.2	5661.2	5503.8	4348.5	1154.1	34.91
山　西	4745.3	4724.1	5045.6	3941.9	1101.7	34.91
内蒙古	5150.8	5129.1	4955.6	3927.8	1021.4	34.46
辽　宁	5389.0	5357.8	5515.9	4356.1	1157.7	40.68
吉　林	4829.2	4810.0	4793.0	4020.9	770.8	39.36
黑龙江	4945.5	4912.9	4771.4	3824.4	939.6	38.42
上　海	11802.4	11718.0	11324.3	8868.2	2456.1	44.15
江　苏	6841.5	6800.2	6645.4	5323.2	1320.4	41.14
浙　江	9334.2	9279.2	8786.1	7020.2	1759.5	39.20
安　徽	5331.6	5293.6	5258.5	4233.0	1021.3	45.71
福　建	7486.4	7432.3	7108.7	5638.7	1466.5	44.66
江　西	5129.5	5103.6	4344.5	3623.6	717.1	43.04
山　东	6521.6	6490.0	6060.4	5022.0	1037.0	34.73
河　南	4784.0	4766.3	4486.5	3830.7	654.7	36.20
湖　北	5542.6	5524.5	5643.6	4644.5	997.9	38.31
湖　南	6261.2	6218.7	6433.3	5218.8	1211.1	37.24
广　东	9853.7	9761.6	9325.4	8016.9	1306.5	38.62
广　西	5881.7	5834.4	6097.7	4852.3	1228.4	39.90
海　南	5416.2	5358.3	5049.1	4082.6	933.0	49.31
重　庆	6296.7	6276.0	6175.6	5569.8	603.9	41.45
四　川	5925.6	5894.3	5713.8	4855.8	856.6	41.48
贵　州	5137.2	5122.2	5075.8	4278.3	794.8	42.95
云　南	6369.6	6324.6	6520.2	5185.3	1330.4	40.34
西　藏	7477.5	7426.3	9827.5	5554.4	4263.7	46.27
陕　西	5149.3	5124.2	5304.1	4276.7	1026.9	35.82
甘　肃	4944.3	4916.3	4862.5	4126.5	735.8	37.63
青　海	5196.7	5170.0	5078.2	4185.7	888.1	40.88
宁　夏	4948.0	4912.4	5873.2	4200.5	1669.7	35.73
新　疆	5686.5	5644.9	5276.7	4422.9	844.7	36.38

表 30 农村居民家庭基本情况

指 标	单 位	1985 年	1990 年	1995 年	1999 年	2000 年
调查户数	**户**	**66642**	**66960**	**67340**	**67430**	**68116**
调查户常住人口	**人**	**341525**	**321429**	**301878**	**286348**	**286166**
平均每户常住人口	人	5.12	4.80	4.48	4.25	4.20
平均每户整、半劳动力	人	2.95	2.92	2.88	2.77	2.76
平均每个劳动力负担人口	人	1.74	1.64	1.56	1.54	1.52
平均每户生产性固定资产原值	**元**	**792.53**	**1258.06**	**2774.27**	**4045.48**	**4676.98**
平均每户经营耕地面积	**亩**	**10.61**	**10.08**	**9.73**	**8.77**	**8.33**
平均每人年收入						
总收入	**元**	**541.57**	**1005.82**	**2362.46**	**3030.20**	**3146.17**
#现金收入	元	350.65	666.28	1571.65	2189.50	2381.56
1.工资性收入	元	72.15	138.80	353.69	630.25	702.29
2.家庭经营收入	元	445.25	815.79	1877.42	2211.57	2251.25
3.转移性收入	元			86.20	145.85	147.59
4.财产性收入	元	24.17	51.23	45.14	42.53	45.04
纯收入	**元**	**397.60**	**686.31**	**1577.74**	**2210.34**	**2253.39**
1.生产性纯收入	元	367.69	657.35	1479.49	2078.62	2129.55
第一产业收入	元	298.28	510.86	996.51	1180.02	1136.08
第二产业收入	元	29.47	70.68	287.24	564.30	598.27
第三产业收入	元	39.94	75.81	195.74	334.30	395.20
2.非生产性纯收入	元	29.91	28.96	98.25	131.72	123.84
现金收入	**元**	**350.65**	**666.28**	**1571.65**	**2189.50**	**2381.56**
1.工资性收入	元	68.89	136.43	352.88	628.43	700.40
2.家庭经营收入	元	251.68	481.19	1116.73	1380.24	1498.79
3.转移性收入	元			83.08	142.57	143.49
4.财产性收入	元	30.08	48.66	18.96	38.27	38.89
储蓄借贷收入	元	72.10	119.44	286.93	349.66	426.91
平均每人年支出						
总支出	元	485.51	903.47	2138.33	2390.37	2652.38
#生活消费支出	元	317.42	584.63	1310.36	1577.42	1670.11
恩格尔系数	%	57.79	58.80	58.62	52.56	50.13
现金支出	元	331.23	639.09	1545.81	1917.23	2140.34
房屋使用情况						
平均每人年内新建房屋面积	平方米	1.08	0.82	0.78	1.27	0.87
平均每人年末住房面积	平方米	14.70	17.83	21.01	24.35	24.82

表31　各地区农村居民人均纯收入

单位:元

地　区	1996年	1997年	1998年	1999年	2000年
全国总计	**1926.07**	**2090.13**	**2161.98**	**2210.34**	**2253.39**
北　京	3561.94	3661.68	3952.30	4226.59	4604.55
天　津	2999.68	3243.68	3395.70	3411.11	3622.39
河　北	2054.95	2286.01	2405.30	2441.50	2478.86
山　西	1557.19	1738.26	1858.60	1772.62	1905.61
内蒙古	1602.34	1780.19	1981.50	2002.93	2038.21
辽　宁	2149.98	2301.48	2479.80	2501.04	2355.58
吉　林	2125.56	2186.29	2383.60	2260.59	2022.50
黑龙江	2181.86	2308.29	2253.10	2165.93	2148.22
上　海	4846.13	5277.02	5406.80	5409.11	5596.37
江　苏	3029.32	3269.85	3376.80	3495.20	3595.09
浙　江	3462.99	3684.22	3814.60	3948.39	4253.67
安　徽	1607.72	1808.75	1862.90	1900.29	1934.57
福　建	2492.49	2785.67	2946.40	3091.39	3230.49
江　西	1869.63	2107.28	2048.00	2129.45	2135.30
山　东	2086.31	2292.12	2452.80	2549.58	2659.20
河　南	1579.19	1733.89	1864.10	1948.36	1985.82
湖　北	1863.62	2102.23	2172.20	2217.08	2268.59
湖　南	1792.25	2037.06	2064.90	2127.46	2197.16
广　东	3183.46	3467.69	3527.10	3628.95	3654.48
广　西	1703.13	1875.28	1971.80	2048.33	1864.51
海　南	1746.08	1916.90	2018.30	2087.46	2182.26
重　庆	1491.00	1643.21	1720.50	1736.63	1892.44
四　川	1459.09	1680.69	1789.20	1843.47	1903.60
贵　州	1276.67	1298.54	1334.50	1363.07	1374.16
云　南	1229.28	1375.50	1387.30	1437.63	1478.60
西　藏	1353.26	1194.51	1231.50	1309.46	1330.81
陕　西	1165.10	1273.30	1405.60	1455.86	1443.86
甘　肃	1100.59	1185.07	1393.10	1357.28	1428.68
青　海	1173.80	1320.63	1424.80	1466.67	1490.49
宁　夏	1397.80	1512.50	1721.20	1754.15	1724.30
新　疆	1290.01	1504.43	1600.10	1473.17	1618.08

表 32 各地区农村居民家庭收支情况

(2000 年)

单位:元

地区	总收入	#纯收入	总支出	#生活消费	现金收入	现金支出	恩格尔系数(%)
全国总计	**3146.17**	**2253.39**	**2652.38**	**1670.11**	**2381.56**	**2140.34**	**50.1**
北京	5515.65	4604.55	4498.05	3425.71	5092.56	4374.65	38.1
天津	4649.13	3622.39	3127.32	1995.61	3938.48	2940.32	40.1
河北	3307.55	2478.86	2264.78	1365.23	2607.23	1977.44	39.5
山西	2423.85	1905.61	1711.66	1149.01	1836.31	1425.88	48.6
内蒙古	3440.31	2038.21	3123.29	1614.91	2448.89	2355.68	44.8
辽宁	3704.29	2355.58	3385.45	1753.54	3050.75	2783.07	46.5
吉林	3259.07	2022.50	3016.70	1553.35	2296.07	2495.37	45.4
黑龙江	3712.63	2148.22	3390.05	1540.35	2654.57	2821.14	44.3
上海	6399.54	5596.37	5577.53	4137.61	5914.94	5199.98	44.0
江苏	4542.03	3595.09	3434.26	2337.46	3673.63	2970.24	43.5
浙江	5325.17	4253.67	4527.24	3230.88	4863.37	4160.18	43.5
安徽	2585.56	1934.57	2045.56	1321.50	1901.60	1614.69	52.5
福建	4103.55	3230.49	3412.00	2409.69	3617.21	3017.52	48.7
江西	2833.80	2135.30	2447.25	1642.66	2004.94	1861.27	54.5
山东	3880.98	2659.20	3036.21	1770.75	3090.67	2574.97	44.2
河南	2726.08	1985.82	2119.50	1315.83	1854.40	1578.10	49.7
湖北	3008.13	2268.59	2404.65	1555.61	2098.22	1808.57	53.2
湖南	3195.13	2197.16	2964.85	1942.94	2440.74	2363.32	54.2
广东	4590.47	3654.48	3613.14	2646.02	3759.51	3090.91	49.8
广西	2649.18	1864.51	2317.08	1487.96	1975.68	1809.36	55.4
海南	2840.75	2182.26	2145.30	1483.90	2208.68	1643.59	56.9
重庆	2594.95	1892.44	2165.60	1395.53	1627.80	1516.77	53.6
四川	2829.93	1903.60	2431.90	1484.59	1841.69	1709.57	54.6
贵州	1947.47	1374.16	1717.52	1096.64	1136.38	1063.25	62.7
云南	2246.94	1478.60	2066.36	1270.83	1430.02	1360.59	59.0
西藏	1732.32	1330.81	1477.49	1116.59	1174.80	719.55	79.3
陕西	2032.79	1443.86	1917.76	1251.21	1558.95	1599.51	43.5
甘肃	1958.00	1428.68	1639.01	1084.00	1309.03	1226.34	48.4
青海	2000.32	1490.49	1845.80	1218.23	1365.72	1327.21	57.9
宁夏	2819.79	1724.30	2582.63	1417.13	2169.24	2032.23	48.8
新疆	3129.35	1618.08	2819.77	1236.45	2444.30	2353.45	50.0

表33　职工工资总额和构成

年份	绝对数(亿元) 总计	绝对数(亿元) 国有单位	绝对数(亿元) 城镇集体单位	绝对数(亿元) 其他单位	构成(总计=100) 国有单位	构成(总计=100) 城镇集体单位	构成(总计=100) 其他单位
1978	568.9	468.7	100.2		82.4	17.6	
1980	772.4	627.9	144.5		81.3	18.7	
1985	1382.8	1064.8	312.3	5.9	77.0	22.6	0.4
1990	2951.1	2324.1	581.0	46.0	78.7	19.7	1.6
1991	3323.9	2594.9	658.6	70.4	78.1	19.8	2.1
1992	3939.2	3090.4	743.2	105.6	78.4	18.9	2.7
1993	4916.2	3812.7	849.9	253.6	77.5	17.3	5.2
1994	6656.3	5177.4	1023.3	455.6	77.8	15.4	6.8
1995	8100.0	6080.2	1182.0	637.8	77.0	14.9	8.1
1996	9080.0	6792.7	1241.0	761.4	77.2	14.1	8.7
1997	9405.3	7211.0	1253.4	940.8	76.7	13.3	10.0
1998	9296.5	6812.5	1021.6	1462.4	73.3	11.0	15.7
1999	9875.5	7160.8	962.7	1752.0	72.5	9.8	17.7
2000	10656.2	7612.9	919.0	2124.3	71.5	8.6	19.9

注:1.1995年和1996年职工工资总额为推算数,各项相加不等于总计。
　2.1998年及以后各年为在岗职工工资总额(下表同)。

表34　职工工资总额指数

年份	指数(1978年=100) 全部工资总额	指数(1978年=100) 国有单位	指数(1978年=100) 城镇集体单位	指数(1978年=100) 其他单位	指数(上年=100) 全部工资总额	指数(上年=100) 国有单位	指数(上年=100) 城镇集体单位	指数(上年=100) 其他单位
1978	100.0	100.0	100.0		110.5	110.1	112.5	
1980	135.8	134.0	144.2		119.4	118.6	123.3	
1985	243.1	227.2	311.7		122.0	121.6	123.0	163.9
1990	518.7	495.9	579.8		112.7	113.4	108.7	135.7
1991	584.3	553.6	657.3		112.6	111.7	113.4	153.0
1992	692.4	659.4	741.7		118.5	119.1	112.8	150.0
1993	864.2	813.5	848.2		124.8	123.4	114.4	240.2
1994	1170.0	1104.6	1021.3		135.4	135.8	120.4	179.7
1995	1423.8	1297.2	1179.6		121.7	117.4	115.5	140.0
1996	1596.1	1449.3	1238.5		112.1	111.7	105.0	119.4
1997	1653.2	1538.5	1250.9		103.6	106.2	101.0	123.6
1998	1634.1	1453.5	1019.6		100.2	95.8	83.1	156.9
1999	1735.9	1527.8	960.8		106.2	105.1	94.2	119.8
2000	1873.1	1624.3	917.2		107.9	106.3	95.5	121.3

表 35 各地区职工平均工资

（2000 年）

单位：元

地区	平均工资	#国有单位	#集体单位	#股份合作单位	#联营单位	#有限责任公司	#股份有限公司	#港澳台商投资单位	#外商投资单位
全国总计	**9371**	**9552**	**6262**	**7473**	**10663**	**9766**	**11131**	**11914**	**14372**
北京	16350	16431	10005	11126	13086	17122	17762	21082	29621
天津	12480	12721	7646	10826	10516	13636	14922	12337	15018
河北	7781	8146	5187	5709	7057	7735	8112	9028	8620
山西	6918	7249	4193	4955	5295	8669	6345	7588	8984
内蒙古	6974	7261	4826	4548	8453	7284	6888	6015	6831
辽宁	8811	9221	5721	6422	6460	9816	10051	10539	12109
吉林	7924	8121	5501	8408	5248	7837	9587	9055	12309
黑龙江	7835	7792	4708	9177	8366	6628	16282	9946	7565
上海	18531	18865	12020	13825	15402	16468	21757	17232	23525
江苏	10299	11109	6962	7254	9470	10286	11011	11074	13167
浙江	13076	14465	10403	9485	11830	11362	14581	12006	12974
安徽	6989	7471	4762	5134	6057	6672	9082	7062	8341
福建	10584	11170	8140	8248	11915	10613	12674	10084	10397
江西	7014	7249	4676	5250	4392	7993	9571	7149	7131
山东	8772	9656	5586	5510	7189	7765	7723	7201	8792
河南	6930	7453	4913	5637	5063	6925	7547	9227	7794
湖北	7565	7989	5090	5726	7545	7364	7067	7797	10180
湖南	8128	8401	5995	6712	6937	9017	8867	7972	10396
广东	13823	14387	8615	10079	16402	19006	18126	13124	16454
广西	7651	7663	5583	5999	7007	9759	10008	6048	9447
海南	7408	7146	5919	10468	8420	9454	11794	9474	10859
重庆	8020	8390	5816	6463	5780	7046	9715	9007	13085
四川	8323	8909	5749	6183	6099	7256	8346	9482	9466
贵州	7468	7594	5444	5657	5832	8512	8856	9395	8414
云南	9231	9422	7033	6779	9544	9268	10780	9908	12301
西藏	14976	15566	5835	27924	9579	13600	11669	9000	
陕西	7804	8043	4920	5011	7417	8246	9201	8642	12501
甘肃	8560	8916	6806	6112	6405	5625	10626	10884	12672
青海	10050	10744	4785	5967	5963	6287	6726	9000	7643
宁夏	8590	8913	6538	7531	6791	7785	8183	6330	9444
新疆	8717	8731	7489	6987	6615	8989	11187	9544	10792

表 36　国有及国有控股企业从业人员和劳动报酬

（2000 年）

地　区	从业人员（万人）	#女　性	在岗职工（万人）	从业人员劳动报酬（万元）	在岗职工工资总额（万元）	在岗职工平均工资（元）
全国总计	**5732**	**2069**	**5564**	**56070134**	**54754995**	**9632**
北　京	205	69	192	3406397	3262056	16118
天　津	90	31	88	1203389	1177325	13066
河　北	255	91	253	2182081	2158668	8279
山　西	221	71	215	1698707	1656658	7657
内蒙古	135	48	133	991120	979600	7301
辽　宁	466	168	455	4401809	4330111	9375
吉　林	181	62	178	1536584	1514600	8313
黑龙江	354	120	335	2866277	2765323	8101
上　海	188	63	168	3528057	3294560	18698
江　苏	310	115	300	3336596	3260797	10554
浙　江	112	43	108	1630816	1581140	14049
安　徽	173	63	169	1264162	1245324	7286
福　建	96	34	93	1110893	1081814	11358
江　西	153	57	149	1062997	1042395	6909
山　东	358	130	353	3345441	3309012	9275
河　南	341	124	334	2580234	2544122	7590
湖　北	275	109	270	2104989	2077325	7568
湖　南	224	82	214	1778158	1713545	7982
广　东	260	96	256	4221702	4159042	15973
广　西	124	47	120	1012626	997165	8245
海　南	51	22	50	335023	328162	6524
重　庆	158	55	156	1391107	1375533	8430
四　川	245	89	238	2258263	2190483	8858
贵　州	107	38	103	896900	870014	8375
云　南	120	44	118	1172858	1162662	9692
西　藏	5	2	5	62702	60601	13288
陕　西	172	60	169	1453370	1428796	8356
甘　肃	122	45	120	1111032	1093923	9008
青　海	22	8	21	244113	241138	10165
宁　夏	34	12	33	313672	305683	9045
新　疆	171	70	168	1568060	1547421	8646

表 37 国民生产总值和国内生产总值(一)

单位:亿元

年份	国民生产总值	国内生产总值	第一产业	第二产业	工业
1978	3624.1	3624.1	1018.4	1745.2	1607.0
1979	4038.2	4038.2	1258.9	1913.5	1769.7
1980	4517.8	4517.8	1359.4	2192.0	1996.5
“六五”时期	**32315.3**	**32227.0**	**10105.1**	**14257.0**	**12824.0**
1981	4860.3	4862.4	1545.6	2255.5	2048.4
1982	5301.8	5294.7	1761.6	2383.0	2162.3
1983	5957.4	5934.5	1960.8	2646.2	2375.6
1984	7206.7	7171.0	2295.5	3105.7	2789.0
1985	8989.1	8964.4	2541.6	3866.6	3448.7
“七五”时期	**72594.4**	**72550.1**	**19044.2**	**31326.9**	**27672.0**
1986	10201.4	10202.2	2763.9	4492.7	3967.0
1987	11954.5	11962.5	3204.3	5251.6	4585.8
1988	14922.3	14928.3	3831.0	6587.2	5777.2
1989	16917.8	16909.2	4228.0	7278.0	6484.0
1990	18598.4	18547.9	5017.0	7717.4	6858.0
“八五”时期	**187039.8**	**188127.8**	**39420.9**	**88140.3**	**76593.3**
1991	21662.5	21617.8	5288.6	9102.2	8087.1
1992	26651.9	26638.1	5800.0	11699.5	10284.5
1993	34560.5	34634.4	6882.1	16428.5	14143.8
1994	46670.0	46759.4	9457.2	22372.2	19359.6
1995	57494.9	58478.1	11993.0	28537.9	24718.3
“九五”时期	**385729.1**	**392163.4**	**71291.8**	**195500.5**	**169540.1**
1996	66850.5	67884.6	13844.2	33612.9	29082.6
1997	73142.7	74462.6	14211.2	37222.7	32412.1
1998	76967.1	78345.2	14552.4	38619.3	33387.9
1999	80579.3	82067.4	14472.0	40557.8	35087.2
2000	88189.5	89403.5	14212.0	45487.8	39570.3

注:本表按当年价格计算。

表38　国民生产总值和国内生产总值(二)

单位:亿元

年　份	建筑业	第三产业	#交通运输仓储邮电通信业	#批发和零售贸易餐饮业	人均国内生产总值(元/人)
1978	138.2	860.5	172.8	265.5	379
1979	143.8	865.8	184.2	220.2	417
1980	195.5	966.4	205.0	213.6	460
“六五”时期	**1433.0**	**7864.9**	**1446.7**	**1976.5**	**628**
1981	207.1	1061.3	211.1	255.7	489
1982	220.7	1150.1	236.7	198.6	525
1983	270.6	1327.5	264.9	231.4	580
1984	316.7	1769.8	327.1	412.4	692
1985	417.9	2556.2	406.9	878.4	853
“七五”时期	**3654.9**	**22179.0**	**3615.0**	**6827.2**	**1312**
1986	525.7	2945.6	475.6	943.2	956
1987	665.8	3506.6	544.9	1159.3	1104
1988	810.0	4510.1	661.0	1618.0	1355
1989	794.0	5403.2	786.0	1687.0	1512
1990	859.4	5813.5	1147.5	1419.7	1634
“八五”时期	**11547.0**	**60566.6**	**10955.3**	**16895.4**	**3176**
1991	1015.1	7227.0	1409.7	2087.0	1879
1992	1415.0	9138.6	1681.8	2735.0	2287
1993	2284.7	11323.8	2123.2	3090.7	2939
1994	3012.6	14930.0	2685.9	4050.4	3923
1995	3819.6	17947.2	3054.7	4932.3	4854
“九五”时期	**25960.4**	**125371.1**	**20791.4**	**32516.5**	**6312**
1996	4530.3	20427.5	3494.0	5560.3	5576
1997	4810.6	23028.7	3797.2	6159.9	6054
1998	5231.4	25173.5	4121.3	6579.1	6307
1999	5470.6	27037.7	4460.3	6910.3	6547
2000	5917.5	29703.8	4918.6	7306.9	7078

注:各时期人均国内生产总值为该时期各年的平均数。

表 39 国内生产总值构成

（国内生产总值=100）

年份	第一产业	第二产业			第三产业		
			工业	建筑业		#交通运输仓储邮电通信业	#批发和零售贸易餐饮业
1978	28.1	48.2	44.3	3.8	23.7	4.8	7.3
1979	31.2	47.4	43.8	3.6	21.4	4.6	5.5
1980	30.1	48.5	44.2	4.3	21.4	4.5	4.7
1981	31.8	46.4	42.1	4.3	21.8	4.3	5.3
1982	33.3	45.0	40.8	4.2	21.7	4.5	3.8
1983	33.0	44.6	40.0	4.6	22.4	4.5	3.9
1984	32.0	43.3	38.9	4.4	24.7	4.6	5.8
1985	28.4	43.1	38.5	4.7	28.5	4.5	9.8
1986	27.1	44.0	38.9	5.2	28.9	4.7	9.2
1987	26.8	43.9	38.3	5.6	29.3	4.6	9.7
1988	25.7	44.1	38.7	5.4	30.2	4.4	10.8
1989	25.0	43.0	38.3	4.7	32.0	4.6	10.0
1990	27.1	41.6	37.0	4.6	31.3	6.2	7.7
1991	24.5	42.1	37.4	4.7	33.4	6.5	9.7
1992	21.8	43.9	38.6	5.3	34.3	6.3	10.3
1993	19.9	47.4	40.8	6.6	32.7	6.1	8.9
1994	20.2	47.9	41.4	6.4	31.9	5.7	8.7
1995	20.5	48.8	42.3	6.5	30.7	5.2	8.4
1996	20.4	49.5	42.8	6.7	30.1	5.1	8.2
1997	19.1	50.0	43.5	6.5	30.9	5.1	8.3
1998	18.6	49.3	42.6	6.7	32.1	5.3	8.4
1999	17.6	49.4	42.8	6.7	33.0	5.4	8.4
2000	15.9	50.9	44.3	6.6	33.2	5.5	8.2
“六五”时期	31.4	44.2	39.8	4.4	24.4	4.5	6.1
“七五”时期	26.2	43.2	38.1	5.0	30.6	5.0	9.4
“八五”时期	20.9	46.9	40.7	6.1	32.2	5.8	9.0
“九五”时期	18.2	49.9	43.2	6.6	32.0	5.3	8.3

注：本表按当年价格计算。

表40　国内生产总值指数(一)

年　份	国民生产总值	国内生产总值	第一产业	第二产业	
					工　业
1978	100.0	100.0	100.0	100.0	100.0
1979	107.6	107.6	106.1	108.2	108.7
1980	116.0	116.0	104.6	122.9	122.4
1981	122.0	122.1	111.9	125.2	124.5
1982	133.3	133.1	124.8	132.1	131.7
1983	148.2	147.6	135.1	145.8	144.5
1984	170.9	170.0	152.6	166.9	166.0
1985	193.5	192.9	155.4	197.9	196.2
1986	209.9	210.0	160.5	218.2	215.2
1987	234.1	234.3	168.1	248.1	243.6
1988	260.5	260.7	172.3	284.1	280.8
1989	271.5	271.3	177.6	294.8	295.0
1990	283.0	281.7	190.7	304.1	304.9
1991	308.8	307.6	195.2	346.3	348.8
1992	352.2	351.4	204.4	419.5	422.6
1993	398.4	398.8	214.0	502.8	507.5
1994	448.7	449.3	222.6	595.2	603.5
1995	489.1	496.5	233.7	677.7	688.2
1996	536.8	544.1	245.6	759.8	774.3
1997	582.9	592.2	254.2	839.4	861.9
1998	628.4	638.5	263.1	914.2	938.6
1999	673.5	684.1	270.5	988.6	1018.6
2000	729.6	738.8	277.0	1083.7	1119.9
平均每年增长(%)					
1979－2000年	9.5	9.5	4.7	11.4	11.6
“六五”时期	10.8	10.7	8.2	10.0	9.9
“七五”时期	7.9	7.9	4.2	9.0	9.2
“八五”时期	11.6	12.0	4.2	17.4	17.7
“九五”时期	8.3	8.3	3.5	9.8	10.2

注:本表按可比价格计算。

表 41 国内生产总值指数(二)

年 份	建筑业	第三产业	#交通运输仓储邮电通信业	#批发和零售贸易餐饮业	人均国内生产总值
1978	100.0	100.0	100.0	100.0	100.0
1979	102.0	107.8	107.7	108.8	106.1
1980	129.2	114.2	113.8	107.4	113.0
1981	133.3	126.2	116.0	139.6	117.5
1982	137.9	142.6	129.5	145.1	126.2
1983	161.4	164.3	142.5	176.8	137.9
1984	179.0	196.1	163.8	214.8	156.8
1985	218.7	231.9	185.9	276.8	175.5
1986	253.4	260.0	209.7	306.1	188.2
1987	298.7	297.4	230.7	347.3	206.6
1988	322.5	336.7	261.5	396.9	226.3
1989	295.3	354.8	273.8	363.8	231.9
1990	298.8	363.0	297.2	346.5	237.2
1991	327.4	395.0	330.5	362.1	255.5
1992	396.2	444.0	365.2	409.4	288.3
1993	467.5	491.3	410.5	436.4	323.5
1994	531.5	538.3	449.5	469.9	360.4
1995	597.4	583.4	503.4	497.6	393.9
1996	648.2	629.4	561.1	524.3	427.2
1997	665.2	687.1	621.4	568.8	460.3
1998	725.2	744.1	687.5	612.7	491.4
1999	756.2	801.6	765.0	656.9	521.8
2000	802.9	864.1	836.9	712.2	558.7
平均每年增长(%)					
1979－2000年	9.9	10.3	10.0	9.3	8.1
“六五”时期	11.1	15.2	10.3	20.9	9.2
“七五”时期	6.4	9.4	9.8	4.6	6.2
“八五”时期	14.9	10.0	11.1	7.5	10.7
“九五”时期	6.1	8.2	10.7	7.4	7.2

注:本表按可比价格计算。

表42　国内生产总值指数(三)

(上年=100)

年份	国民生产总值	国内生产总值	第一产业	第二产业	工业	建筑业	第三产业	#交通运输仓储邮电通信业	#批发和零售贸易餐饮业	人均国内生产总值
1978	111.7	111.7	104.1	115.0	116.4	99.4	113.7	108.9	123.1	110.2
1979	107.6	107.6	106.1	108.2	108.7	102.0	107.8	107.7	108.8	106.1
1980	107.8	107.8	98.5	113.6	112.7	126.7	105.9	105.7	98.7	106.5
1981	105.2	105.2	107.0	101.9	101.7	103.2	110.4	101.9	130.0	103.9
1982	109.3	109.1	111.5	105.6	105.8	103.4	113.0	111.7	103.9	107.5
1983	111.1	110.9	108.3	110.4	109.7	117.1	115.2	110.0	121.9	109.3
1984	115.3	115.2	112.9	114.5	114.9	110.9	119.4	115.0	121.5	113.7
1985	113.2	113.5	101.8	118.6	118.2	122.2	118.3	113.5	128.9	111.9
1986	108.5	108.8	103.3	110.2	109.6	115.9	112.1	112.8	110.6	107.2
1987	111.5	111.6	104.7	113.7	113.2	117.9	114.4	110.0	113.5	109.8
1988	111.3	111.3	102.5	114.5	115.3	108.0	113.2	113.3	114.3	109.5
1989	104.2	104.1	103.1	103.8	105.1	91.6	105.4	104.7	91.7	102.5
1990	104.2	103.8	107.3	103.2	103.4	101.2	102.3	108.6	95.2	102.3
1991	109.1	109.2	102.4	113.9	114.4	109.6	108.8	111.2	104.5	107.7
1992	114.1	114.2	104.7	121.2	121.2	121.0	112.4	110.5	113.1	112.8
1993	113.1	113.5	104.7	119.9	120.1	118.0	110.7	112.4	106.6	112.2
1994	112.6	112.6	104.0	118.4	118.9	113.7	109.6	109.5	107.7	111.4
1995	109.0	110.5	105.0	113.9	114.0	112.4	108.4	112.0	105.9	109.3
1996	109.8	109.6	105.1	112.1	112.5	108.5	107.9	111.4	105.4	108.4
1997	108.6	108.8	103.5	110.5	111.3	102.6	109.1	110.8	108.5	107.7
1998	107.8	107.8	103.5	108.9	108.9	109.0	108.3	110.6	107.7	106.8
1999	107.1	107.1	102.8	108.1	108.5	104.3	107.5	109.3	107.2	106.1
2000	108.3	108.0	102.4	109.6	109.9	106.2	107.8	109.4	108.4	107.1

注:本表按可比价格计算。

表 43 各地区国内生产总值和平均增长速度

地 区	国内生产总值(亿元)					"九五"时期平均每年增长(%)
	1996 年	1997 年	1998 年	1999 年	2000 年	
北 京	1615.7	1810.1	2011.3	2174.5	2460.5	10.0
天 津	1102.4	1235.3	1336.4	1450.1	1639.4	11.3
河 北	3453.0	3953.8	4256.0	4569.2	5076.3	11.1
山 西	1308.0	1480.1	1486.1	1506.8	1640.1	7.6
内蒙古	984.8	1099.8	1192.3	1268.2	1403.9	10.0
辽 宁	3157.7	3582.5	3881.7	4171.7	4668.3	8.9
吉 林	1337.2	1446.9	1557.8	1669.6	1831.1	9.8
黑龙江	2402.6	2708.5	2798.9	2897.4	3252.0	8.5
上 海	2902.2	3360.2	3688.2	4035.0	4551.2	11.3
江 苏	6004.2	6680.3	7200.0	7697.8	8584.7	11.2
浙 江	4146.1	4638.2	4987.5	5364.9	6024.3	11.0
安 徽	2339.3	2670.0	2805.5	2908.6	3031.8	10.3
福 建	2583.8	3000.4	3286.6	3550.2	3920.0	11.7
江 西	1517.3	1715.2	1852.0	1963.0	2000.0	7.9
山 东	5960.4	6650.0	7162.2	7662.1	8542.4	11.0
河 南	3661.2	4079.3	4356.6	4576.1	5126.1	10.1
湖 北	2970.2	3450.2	3704.2	3858.0	4276.3	10.8
湖 南	2647.2	2993.0	3118.1	3326.8	3688.9	9.2
广 东	6519.1	7315.5	7919.1	8464.3	9506.0	10.3
广 西	1869.6	1817.3	1903.0	1953.3	2035.6	6.6
海 南	389.5	409.9	438.9	471.2	518.5	8.5
重 庆	1179.1	1350.1	1429.3	1479.7	1589.6	9.4
四 川	2985.2	3320.1	3580.3	3711.6	4016.8	8.9
贵 州	713.7	793.0	841.9	911.9	993.3	8.7
云 南	1491.6	1644.2	1793.9	1855.7	1955.3	8.4
西 藏	64.8	77.0	91.2	105.6		4.8
陕 西	1175.4	1300.0	1381.5	1487.6	1661.0	9.0
甘 肃	714.2	781.3	869.8	932.0	983.0	9.3
青 海	183.6	202.1	220.2	238.4	263.1	8.7
宁 夏	193.6	210.9	227.5	241.5	265.3	9.7
新 疆	912.2	1050.1	1116.7	1168.6	1364.7	8.0

注:本表绝对数按当年价格计算,增长速度按可比价格计算。

表 44　各地区国内生产总值(一)

(2000 年)

地　区	国内生产总值(亿元)	第一产业	第二产业	工　业	建筑业
北　京	2460.5	90.0	935.8	737.0	198.8
天　津	1639.4	73.5	811.5	738.9	72.6
河　北	5076.3	824.6	2551.8	2244.1	307.7
山　西	1640.1	168.0	835.7	714.5	121.2
内蒙古	1403.9	351.8	559.7	454.4	105.3
辽　宁	4668.3	510.0	2307.3	2075.3	232.0
吉　林	1831.1	399.7	792.0	648.3	143.7
黑龙江	3252.0	353.0	1885.0	1678.0	207.0
上　海	4551.2	81.7	2186.9	1991.6	195.3
江　苏	8584.7	1028.0	4439.0	3846.7	592.3
浙　江	6024.3	650.0	3194.3	2894.3	300.0
安　徽	3031.8	732.2	1294.9	1099.1	195.9
福　建	3920.0	638.0	1711.0	1470.0	241.0
江　西	2000.0	485.0	695.0	532.0	163.0
山　东	8542.4	1268.6	4226.6	3723.4	503.1
河　南	5126.1	1160.0	2410.0	2075.0	335.0
湖　北	4276.3	662.3	2123.7	1903.3	220.4
湖　南	3688.9	781.2	1463.2	1234.4	228.8
广　东	9506.0	990.3	4853.1	4294.6	558.4
广　西	2035.6	536.6	741.5	616.3	125.3
海　南	518.5	196.6	101.7	65.0	36.7
重　庆	1589.6	283.3	656.6	526.6	130.0
四　川	4016.8	935.2	1715.9	1409.3	306.7
贵　州	993.3	270.3	385.7	308.5	77.2
云　南	1955.3	436.2	840.2	697.1	143.2
西　藏					
陕　西	1661.0	279.1	731.9	549.6	182.3
甘　肃	983.0	193.0	439.9	328.0	111.9
青　海	263.1	38.5	113.2	80.0	33.2
宁　夏	265.3	46.3	120.0	93.0	27.0
新　疆	1364.7	288.0	587.0	422.0	165.0

注:1.本表绝对数按当年价格计算,增长速度按可比价格计算。
2.全国与各地区的国内生产总值系分别计算,故各地相加不等于全国数据。

表 45 各地区国内生产总值(二)

(2000 年)

地区	第三产业	#交通运输仓储邮电通信业	#批发和零售贸易餐饮业	国内生产总值比上年增长(%)
北京	1434.7	192.9	222.6	11.0
天津	754.4	177.1	157.9	10.8
河北	1699.9	405.1	447.4	9.5
山西	636.4	146.0	135.2	7.7
内蒙古	492.3	140.0	133.0	9.9
辽宁	1851.0	361.3	627.4	8.9
吉林	639.4	141.0	151.7	9.0
黑龙江	1014.0	177.6	274.2	8.1
上海	2282.6	308.7	479.2	10.8
江苏	3117.7	541.3	862.5	10.6
浙江	2180.0	440.7	800.3	10.9
安徽	1004.7	179.0	315.0	8.0
福建	1571.0	444.0	384.0	9.5
江西	820.0	193.7	173.8	8.0
山东	3047.3	539.5	791.9	10.5
河南	1556.1	385.3	374.3	9.4
湖北	1490.3	256.9	439.1	9.3
湖南	1444.5	287.6	348.1	9.0
广东	3662.7	897.0	945.7	10.5
广西	757.4	160.9	271.7	7.2
海南	220.2	47.7	69.0	8.8
重庆	649.7	98.2	153.0	8.5
四川	1365.7	249.4	381.6	9.3
贵州	337.4	61.7	82.0	8.7
云南	678.9	120.1	190.6	7.1
西藏				
陕西	649.9	156.9	111.9	9.0
甘肃	350.1	48.1	116.2	8.7
青海	111.5	19.7	21.1	9.0
宁夏	99.0	19.1	21.9	9.6
新疆	489.7	127.4	117.7	8.2

表 46　各地区国内生产总值构成

（2000年，国内生产总值＝100）

地区	国内生产总值	第一产业	第二产业	工业	建筑业	第三产业	#交通运输仓储邮电通信业	#批发和零售贸易餐饮业
北京	100.0	3.7	38.0	30.0	8.1	58.3	7.8	9.0
天津	100.0	4.5	49.5	45.1	4.4	46.0	10.8	9.6
河北	100.0	16.2	50.3	44.2	6.1	33.5	8.0	8.8
山西	100.0	10.2	51.0	43.6	7.4	38.8	8.9	8.2
内蒙古	100.0	25.1	39.9	32.4	7.5	35.1	10.0	9.5
辽宁	100.0	10.9	49.4	44.5	5.0	39.7	7.7	13.4
吉林	100.0	21.8	43.3	35.4	7.8	34.9	7.7	8.3
黑龙江	100.0	10.9	58.0	51.6	6.4	31.2	5.5	8.4
上海	100.0	1.8	48.1	43.8	4.3	50.2	6.8	10.5
江苏	100.0	12.0	51.7	44.8	6.9	36.3	6.3	10.0
浙江	100.0	10.8	53.0	48.0	5.0	36.2	7.3	13.3
安徽	100.0	24.2	42.7	36.3	6.5	33.1	5.9	10.4
福建	100.0	16.3	43.6	37.5	6.1	40.1	11.3	9.8
江西	100.0	24.3	34.8	26.6	8.2	41.0	9.7	8.7
山东	100.0	14.9	49.5	43.6	5.9	35.7	6.3	9.3
河南	100.0	22.6	47.0	40.5	6.5	30.4	7.5	7.3
湖北	100.0	15.5	49.7	44.5	5.2	34.9	6.0	10.3
湖南	100.0	21.2	39.7	33.5	6.2	39.2	7.8	9.4
广东	100.0	10.4	51.1	45.2	5.9	38.5	9.4	9.9
广西	100.0	26.4	36.4	30.3	6.2	37.2	7.9	13.3
海南	100.0	37.9	19.6	12.5	7.1	42.5	9.2	13.3
重庆	100.0	17.8	41.3	33.1	8.2	40.9	6.2	9.6
四川	100.0	23.3	42.7	35.1	7.6	34.0	6.2	9.5
贵州	100.0	27.2	38.8	31.1	7.8	34.0	6.2	8.3
云南	100.0	22.3	43.0	35.7	7.3	34.7	6.1	9.7
西藏	100.0							
陕西	100.0	16.8	44.1	33.1	11.0	39.1	9.4	6.7
甘肃	100.0	19.6	44.7	33.4	11.4	35.6	4.9	11.8
青海	100.0	14.6	43.0	30.4	12.6	42.4	7.5	8.0
宁夏	100.0	17.5	45.2	35.1	10.2	37.3	7.2	8.2
新疆	100.0	21.1	43.0	30.9	12.1	35.9	9.3	8.6

注：本表按当年价格计算。

表 47 各地区国内生产总值项目构成(一)

单位:亿元

地区	劳动者报酬				固定资产折旧			
	1996 年	1997 年	1998 年	1999 年	1996 年	1997 年	1998 年	1999 年
北京	774.1	867.5	979.9	1053.1	245.3	304.3	384.9	400.5
天津	545.2	627.5	708.8	755.3	174.0	184.7	209.1	217.5
河北	1875.9	2107.3	2253.9	2475.4	397.7	513.9	568.1	651.7
山西	671.8	749.0	761.8	777.2	161.1	176.2	183.8	197.2
内蒙古	556.0	698.0	783.4	825.8	118.5	124.4	166.5	177.4
辽宁	1569.2	1812.0	1974.3	2024.3	465.0	537.8	616.7	709.2
吉林	822.7	893.2	978.7	1025.7	185.3	237.6	251.4	269.4
黑龙江	1153.2	1293.6	1328.1	1356.1	343.1	386.9	411.1	435.9
上海	1033.6	1154.3	1279.4	1429.7	364.2	407.7	489.8	580.9
江苏	3077.6	3433.6	3664.1	3841.1	771.3	912.2	1034.9	1148.3
浙江	1924.4	2203.7	2349.9	2471.2	346.7	439.3	487.0	572.7
安徽	1128.5	1360.2	1486.9	1534.2	252.7	298.3	368.8	398.7
福建	1329.7	1549.2	1699.3	1823.7	289.8	352.5	391.7	433.0
江西	954.4	1102.7	1152.1	1210.4	155.1	209.9	251.6	300.7
山东	2636.7	3010.4	3262.6	3532.0	827.8	1118.1	1317.5	1374.1
河南	2379.2	2605.0	2653.7	2781.9	482.4	554.1	597.4	620.0
湖北	1795.6	2108.5	2260.4	2246.7	369.9	525.5	613.6	685.8
湖南	1729.8	1960.7	2008.1	2076.2	341.6	407.8	398.3	433.9
广东	3268.2	3596.9	4224.8	4346.6	1020.1	1126.6	1251.7	1436.8
广西	1274.0	1150.9	1293.5	1287.1	158.2	167.5	188.8	195.0
海南	228.7	244.5	258.7	274.3	54.7	64.7	70.0	73.7
重庆	691.6	768.4	809.2	823.5	134.0	121.1	207.3	226.3
四川	1687.7	1898.1	2098.7	2140.1	326.5	487.7	574.3	612.3
贵州	459.2	505.4	553.7	595.7	81.0	90.5	98.5	113.6
云南	705.7	770.6	806.2	890.6	199.8	217.3	215.4	283.7
西藏	52.9	57.9	56.5	67.7	6.4	11.4	27.9	24.1
陕西	716.4	778.5	792.1	819.4	155.6	182.0	197.1	241.4
甘肃	389.9	413.6	457.9	490.4	92.3	101.2	107.0	118.1
青海	116.5	130.7	137.5	150.9	25.7	32.3	35.0	38.7
宁夏	115.9	126.6	136.3	147.9	28.5	33.4	37.5	43.4
新疆	511.0	593.1	651.9	652.6	154.6	172.8	189.9	195.2

注:本表按当年价格计算。

表48 各地区国内生产总值项目构成(二)

单位:亿元

地区	生产税净额				营业盈余			
	1996年	1997年	1998年	1999年	1996年	1997年	1998年	1999年
北京	265.5	300.3	274.1	294.9	330.9	338.1	372.4	425.9
天津	134.5	166.6	184.2	241.7	248.6	256.4	234.4	235.5
河北	355.8	404.4	442.1	440.0	823.6	928.2	991.9	1002.2
山西	184.5	206.0	198.0	173.5	290.6	348.9	342.5	358.9
内蒙古	103.7	114.9	101.7	114.5	206.6	162.5	140.6	150.5
辽宁	343.8	392.0	423.5	446.4	779.7	840.8	867.2	991.9
吉林	165.3	165.9	179.3	190.7	163.9	150.2	148.3	183.8
黑龙江	433.8	475.9	494.4	506.8	472.4	552.0	565.3	598.7
上海	572.6	709.7	798.6	886.9	931.8	1088.6	1120.4	1137.6
江苏	704.4	817.5	866.3	914.1	1451.0	1517.1	1634.7	1794.4
浙江	489.6	567.4	574.8	647.8	1385.4	1427.8	1575.8	1673.2
安徽	297.7	324.7	400.2	415.5	660.4	686.8	549.6	560.2
福建	259.9	291.1	331.4	361.3	704.5	807.7	864.2	932.3
江西	139.4	182.0	186.7	197.8	268.4	220.7	261.6	254.1
山东	662.0	860.1	977.7	1040.8	1834.0	1661.4	1604.5	1715.2
河南	453.3	509.4	485.7	579.8	346.3	410.7	619.8	594.5
湖北	372.3	443.2	483.9	568.0	432.4	373.0	346.3	357.5
湖南	266.6	317.2	366.6	420.3	309.3	307.3	345.2	396.3
广东	1005.6	1135.7	1277.0	1372.7	1225.3	1456.3	1165.6	1308.2
广西	182.0	204.4	197.9	204.0	255.4	294.4	223.0	267.2
海南	41.9	40.5	50.5	55.4	64.3	60.1	59.7	67.9
重庆	83.5	134.9	194.8	207.9	270.1	325.7	218.0	222.0
四川	359.7	364.8	418.1	439.7	611.3	569.5	489.1	519.5
贵州	118.5	137.0	143.4	160.9	55.0	60.1	46.3	41.7
云南	310.7	398.5	477.5	432.1	275.4	257.8	294.8	249.3
西藏	-0.2	2.5	4.3	5.2	5.7	5.3	2.5	8.6
陕西	130.2	151.2	194.6	215.5	173.2	188.3	197.7	211.4
甘肃	113.4	121.6	133.4	147.1	118.7	144.9	171.6	176.5
青海	16.1	21.6	20.7	25.0	25.2	17.6	27.1	23.8
宁夏	22.3	25.8	35.7	32.0	27.0	25.2	18.0	18.2
新疆	111.2	117.2	121.7	132.0	135.3	167.0	153.2	188.8

注:本表按当年价格计算。

表49 支出法国内生产总值

年份	支出法国内生产总值（亿元）	最终消费	资本形成总额	货物和服务净出口	最终消费率（%）	资本形成率（%）
1978	3605.6	2239.1	1377.9	-11.4	62.1	38.2
1979	4073.9	2619.4	1474.2	-19.7	64.3	36.2
1980	4551.3	2976.1	1590.0	-14.8	65.4	34.9
“六五”时期	**32423.4**	**21435.0**	**11200.8**	**-212.4**	**66.1**	**34.5**
1981	4901.4	3309.1	1581.0	11.3	67.5	32.3
1982	5489.2	3637.9	1760.2	91.1	66.3	32.1
1983	6076.3	4020.5	2005.0	50.8	66.2	33.0
1984	7164.4	4694.5	2468.6	1.3	65.5	34.5
1985	8792.1	5773.0	3386.0	-366.9	65.7	38.5
“七五”时期	**71406.3**	**45275.0**	**26202.0**	**-70.7**	**63.4**	**36.7**
1986	10132.8	6542.0	3846.0	-255.2	64.6	38.0
1987	11784.0	7451.2	4322.0	10.8	63.2	36.7
1988	14704.0	9360.1	5495.0	-151.1	63.7	37.4
1989	16466.0	10556.5	6095.0	-185.5	64.1	37.0
1990	18319.5	11365.2	6444.0	510.3	62.0	35.2
“八五”时期	**186845.7**	**109711.0**	**75288.6**	**1846.1**	**58.7**	**40.3**
1991	21280.4	13145.9	7517.0	617.5	61.8	35.3
1992	25863.6	15952.1	9636.0	275.5	61.7	37.3
1993	34500.6	20182.1	14998.0	-679.5	58.5	43.5
1994	46690.7	26796.0	19260.6	634.1	57.4	41.3
1995	58510.4	33634.9	23877.0	998.5	57.5	40.8
“九五”时期	**395776.7**	**234514.9**	**149536.9**	**11725.0**	**59.3**	**37.8**
1996	68330.4	40003.9	26867.2	1459.3	58.5	39.3
1997	74894.2	43579.4	28457.6	2857.2	58.2	38.0
1998	79853.3	46405.9	30396.0	3051.5	58.1	38.1
1999	82429.7	49684.6	30496.3	2248.8	60.3	37.0
2000	90269.0	54841.0	33319.8	2108.2	60.8	36.9

注：1.支出法国内生产总值不等于按生产法计算的国内生产总值，是由于计算误差的影响。
2.本表按当年价格计算；各时期最终消费率和资本形成率为该时期合计数的比率。

表50 支出法国内生产总值结构(一)

年份	资本形成总额				最终消费	
	绝对数(亿元)		比重(%)(资本形成总额=100)		绝对数(亿元)	
	固定资本形成总额	存货增加	固定资本形成总额	存货增加	居民消费	农村居民
1978	1073.9	304.0	77.9	22.1	1759.1	1092.4
1979	1151.2	323.0	78.1	21.9	2005.4	1259.7
1980	1318.0	272.0	82.9	17.1	2317.1	1427.3
“六五”时期	**9221.8**	**1979.0**	**82.3**	**17.7**	**16918.0**	**10827.9**
1981	1253.0	328.0	79.3	20.7	2604.1	1630.8
1982	1493.2	267.0	84.8	15.2	2867.9	1826.5
1983	1709.0	296.0	85.2	14.8	3182.5	2063.4
1984	2125.6	343.0	86.1	13.9	3674.5	2385.7
1985	2641.0	745.0	78.0	22.0	4589.0	2921.5
“七五”时期	**20535.0**	**5667.0**	**78.4**	**21.6**	**36406.0**	**21362.2**
1986	3098.0	748.0	80.6	19.4	5175.0	3210.0
1987	3742.0	580.0	86.6	13.4	5961.2	3630.1
1988	4624.0	871.0	84.1	15.9	7633.1	4473.2
1989	4339.0	1756.0	71.2	28.8	8523.5	4919.8
1990	4732.0	1712.0	73.4	26.6	9113.2	5129.1
“八五”时期	**64393.8**	**10894.8**	**85.5**	**14.5**	**86212.3**	**43634.0**
1991	5940.0	1577.0	79.0	21.0	10315.9	5639.8
1992	8317.0	1319.0	86.3	13.7	12459.8	6571.6
1993	12980.0	2018.0	86.5	13.5	15682.4	7867.2
1994	16856.3	2404.3	87.5	12.5	20809.8	10308.3
1995	20300.5	3576.5	85.0	15.0	26944.4	13247.1
“九五”时期	**138445.6**	**11091.2**	**92.6**	**7.4**	**186467.0**	**89202.0**
1996	23336.1	3531.1	86.9	13.1	32152.3	16398.0
1997	25154.2	3303.4	88.4	11.6	34854.6	17436.8
1998	28180.8	2215.1	92.7	7.3	36921.1	17667.3
1999	29475.5	1020.8	96.7	3.3	39398.7	18093.7
2000	32299.0	1020.8	96.9	3.1	43140.4	19606.1

注:本表按当年价格计算;各时期比重为该时期合计数的比重。

表51 支出法国内生产总值结构(二)

年份	最终消费					
	绝对数(亿元)		比重(%)			
			最终消费=100		居民消费=100	
	城镇居民	政府消费	居民消费	政府消费	农村居民	城镇居民
1978	666.7	480.0	78.6	21.4	62.1	37.9
1979	745.7	614.0	76.6	23.4	62.8	37.2
1980	889.8	659.0	77.9	22.1	61.6	38.4
"六五"时期	**6090.1**	**4517.0**	**78.9**	**21.1**	**64.0**	**36.0**
1981	973.3	705.0	78.8	21.3	62.6	37.4
1982	1041.4	770.0	78.8	21.2	63.7	36.3
1983	1119.1	838.0	79.2	20.8	64.8	35.2
1984	1288.8	1020.0	78.3	21.7	64.9	35.1
1985	1667.5	1184.0	79.5	20.5	63.7	36.3
"七五"时期	**15043.8**	**8869.0**	**80.4**	**19.6**	**58.7**	**41.3**
1986	1965.0	1367.0	79.1	20.9	62.0	38.0
1987	2331.1	1490.0	80.0	20.0	60.9	39.1
1988	3159.9	1727.0	81.5	18.5	58.6	41.4
1989	3603.7	2033.0	80.7	19.3	57.7	42.3
1990	3984.1	2252.0	80.2	19.8	56.3	43.7
"八五"时期	**42578.4**	**23498.7**	**78.6**	**21.4**	**50.6**	**49.4**
1991	4676.1	2830.0	78.5	21.5	54.7	45.3
1992	5888.2	3492.3	78.1	21.9	52.7	47.3
1993	7815.2	4499.7	77.7	22.3	50.2	49.8
1994	10501.5	5986.2	77.7	22.3	49.5	50.5
1995	13697.4	6690.5	80.1	19.9	49.2	50.8
"九五"时期	**97265.0**	**48047.9**	**79.5**	**20.5**	**47.8**	**52.2**
1996	15754.3	7851.6	80.4	19.6	51.0	49.0
1997	17417.7	8724.9	80.0	20.0	50.0	50.0
1998	19253.9	9484.8	79.6	20.4	47.9	52.1
1999	21304.9	10286.0	79.3	20.7	45.9	54.1
2000	23534.2	11700.7	78.7	21.3	45.4	54.6

注:本表按当年价格计算;各时期比重为该时期合计数的比重。

表52　各地区最终消费(一)

单位:亿元

地区	最终消费				居民消费	
	1996年	1997年	1998年	1999年	1996年	1997年
北京	617.9	703.4	809.8	954.1	452.0	492.9
天津	494.9	575.8	622.7	716.8	370.9	443.9
河北	1553.8	1740.2	1848.2	1983.8	1243.3	1399.0
山西	754.5	852.5	791.3	857.1	581.4	620.5
内蒙古	573.1	639.8	664.0	724.5	448.4	496.3
辽宁	1728.7	1943.9	2128.1	2330.5	1327.7	1485.8
吉林	811.4	928.4	969.2	1030.4	684.5	772.9
黑龙江	1413.7	1552.6	1624.3	1730.8	1112.2	1200.5
上海	1252.3	1423.6	1526.3	1719.5	1008.7	1135.2
江苏	2721.8	3020.9	3161.9	3339.8	2218.7	2417.8
浙江	1806.9	2004.3	2172.3	2355.4	1496.3	1619.0
安徽	1368.5	1612.2	1690.4	1861.2	1172.2	1383.5
福建	1394.5	1619.6	1717.3	1830.6	1075.3	1239.9
江西	953.6	1030.4	1102.4	1171.6	758.4	796.8
山东	2997.9	3293.9	3533.3	3809.1	1994.2	2384.5
河南	1945.0	2155.0	2235.1	2358.3	1540.3	1696.5
湖北	1646.7	1783.4	1941.2	1983.1	1390.6	1496.8
湖南	1753.3	1956.2	2062.8	2212.5	1409.4	1540.7
广东	3621.8	4109.3	4375.4	4511.6	2902.1	3172.8
广西	1259.3	1255.8	1308.7	1342.9	919.9	936.7
海南	208.9	222.3	239.0	258.5	168.3	176.8
重庆	739.8	827.2	862.2	924.1	618.2	670.5
四川	1859.7	2065.6	2153.8	2247.2	1523.0	1689.4
贵州	595.6	652.6	685.1	725.8	497.2	529.7
云南	858.7	983.8	1089.9	1256.5	722.8	806.3
西藏	40.5	47.9	52.9	59.2	31.1	35.8
陕西	779.4	884.6	899.9	903.8	578.2	656.4
甘肃	485.4	516.8	528.1	547.8	381.6	405.7
青海	131.1	132.7	139.3	151.5	96.4	97.6
宁夏	124.6	130.7	141.5	154.0	92.7	97.0
新疆	579.7	640.3	677.2	745.2	423.4	465.1

注:本表按当年价格计算。

表53 各地区最终消费(二)

单位:亿元

地区	居民消费		政府消费			
	1998年	1999年	1996年	1997年	1998年	1999年
北京	563.6	633.8	165.9	210.5	246.2	320.4
天津	470.1	503.8	124.0	131.9	152.6	213.0
河北	1444.8	1523.6	310.5	341.2	403.4	460.2
山西	579.3	584.4	173.1	232.0	212.0	272.7
内蒙古	503.7	540.2	124.7	143.6	160.3	184.4
辽宁	1578.5	1707.3	401.1	458.1	549.6	623.2
吉林	794.4	824.7	126.9	155.5	174.8	205.7
黑龙江	1232.4	1297.7	301.6	352.1	391.8	433.1
上海	1201.8	1352.9	243.6	288.4	324.4	366.6
江苏	2513.5	2594.2	503.2	603.2	648.4	745.6
浙江	1678.2	1727.9	310.6	385.3	494.1	627.5
安徽	1453.4	1559.1	196.4	228.7	237.0	302.1
福建	1284.4	1337.1	319.1	379.8	432.9	493.5
江西	823.0	865.9	195.3	233.6	279.4	305.7
山东	2554.6	2821.9	1003.7	909.4	978.7	987.3
河南	1727.8	1778.9	404.7	458.4	507.3	579.5
湖北	1593.6	1593.9	256.2	286.6	347.5	389.2
湖南	1601.8	1690.7	343.8	415.6	461.0	521.8
广东	3330.1	3435.0	719.7	936.5	1045.3	1076.6
广西	952.6	978.8	339.4	319.1	356.0	364.1
海南	186.8	201.5	40.6	45.5	52.2	57.0
重庆	678.5	716.4	121.7	156.6	183.6	207.8
四川	1758.2	1827.0	336.7	376.2	395.6	420.2
贵州	548.7	568.1	98.4	122.9	136.5	157.7
云南	847.9	975.3	135.9	177.4	242.0	281.2
西藏	38.1	42.3	9.4	12.1	14.9	16.9
陕西	667.3	683.5	201.1	228.2	232.5	220.3
甘肃	405.8	419.2	103.8	111.2	122.3	128.6
青海	103.2	109.9	34.7	35.0	36.0	41.5
宁夏	103.7	108.7	31.9	33.7	37.7	45.3
新疆	492.1	530.4	156.3	175.1	185.1	214.8

注:本表按当年价格计算。

表54 各地区资本形成率和最终消费率

单位：%

地区	资本形成率				最终消费率			
	1996年	1997年	1998年	1999年	1996年	1997年	1998年	1999年
北京	66.0	65.7	68.2	70.2	36.8	37.6	39.6	43.9
天津	55.5	54.0	54.6	49.8	44.9	46.6	46.6	49.4
河北	44.8	46.5	47.7	47.8	45.0	44.0	43.4	43.4
山西	37.4	38.7	48.3	45.6	57.9	57.9	53.4	57.1
内蒙古	46.2	43.7	44.9	44.2	59.3	59.1	56.8	57.7
辽宁	34.2	32.0	31.6	30.8	54.9	54.3	54.8	55.9
吉林	44.8	37.6	39.1	39.2	60.6	63.2	61.7	61.3
黑龙江	35.3	34.8	38.7	33.4	60.4	58.8	57.3	60.2
上海	66.4	59.9	53.6	47.8	43.2	42.4	41.4	42.6
江苏	46.8	44.3	46.3	46.6	45.5	45.7	44.1	43.8
浙江	48.9	48.3	49.9	46.9	43.4	43.4	43.7	43.9
安徽	41.7	39.9	39.8	36.1	58.5	60.4	60.3	64.0
福建	46.1	45.7	47.4	47.3	53.5	53.9	51.6	51.7
江西	36.0	38.7	39.1	39.1	64.9	61.9	61.3	61.3
山东	46.9	48.3	48.4	47.7	50.9	49.7	49.3	49.7
河南	41.0	41.8	42.9	42.9	53.1	52.8	51.3	51.5
湖北	41.4	44.5	45.8	47.6	56.1	52.9	53.6	52.1
湖南	33.8	34.1	33.3	34.0	66.2	65.4	66.2	66.5
广东	41.7	37.4	38.5	38.4	55.6	56.2	55.3	53.3
广西	33.1	31.8	34.2	33.1	67.4	69.1	68.8	68.8
海南	48.2	46.1	47.2	47.6	53.6	54.5	54.6	54.9
重庆	35.3	39.7	41.9	40.0	62.7	61.3	60.3	62.5
四川	37.8	37.8	39.8	39.5	62.3	62.2	60.2	60.5
贵州	37.1	39.0	42.2	47.3	81.8	80.7	78.3	79.6
云南	41.1	42.8	42.9	40.1	57.6	59.8	60.8	67.7
西藏	40.9	39.7	39.1	42.3	60.8	60.5	57.8	57.2
陕西	45.9	42.0	46.5	45.6	66.3	68.0	65.1	60.8
甘肃	39.1	41.5	42.5	44.2	68.0	66.1	60.7	58.8
青海	48.4	54.9	57.7	58.1	69.9	63.8	62.1	62.7
宁夏	50.0	49.3	56.1	59.0	64.4	62.0	62.2	63.8
新疆	50.1	53.8	61.4	49.8	63.6	61.0	60.6	63.8

注：本表按当年价格计算。

表 55 居民消费水平及指数

年份	绝对数(元)			指数(1978 年 = 100)		
	全国居民	农村居民	城镇居民	全国居民	农村居民	城镇居民
1978	184	138	405	100.0	100.0	100.0
1979	207	158	434	106.5	106.1	105.2
1980	236	178	496	115.8	115.5	111.9
1981	262	199	562	125.0	125.5	123.7
1982	284	221	576	133.2	136.0	124.2
1983	311	246	603	143.6	150.8	127.3
1984	354	283	662	160.3	170.4	136.3
1985	437	347	802	181.3	194.4	147.5
1986	485	376	920	189.3	199.3	158.2
1987	550	417	1089	200.0	207.9	172.0
1988	693	508	1431	214.9	220.4	187.3
1989	762	553	1568	213.8	218.8	184.4
1990	803	571	1686	221.0	219.5	198.1
1991	896	621	1925	239.4	234.2	216.6
1992	1070	718	2356	270.3	257.2	249.9
1993	1331	855	3027	292.2	272.8	272.1
1994	1746	1118	3891	304.8	285.4	276.7
1995	2236	1434	4874	327.7	308.7	289.6
1996	2641	1768	5430	357.5	351.9	296.7
1997	2834	1876	5796	372.4	363.6	307.0
1998	2972	1895	6217	393.1	370.2	332.4
1999	3129	1918	6750	419.4	379.1	368.0
2000	3415			450.8		
平均每年增长(%)						
1979 - 2000 年				7.1		
“六五”时期				9.4	11.0	5.7
“七五”时期				4.0	2.5	6.1
“八五”时期				8.2	7.1	7.9
“九五”时期				6.8		

注:本表绝对数按当年价格计算,指数按可比价格计算。

表56 各地区居民消费水平及增长速度

地区	消费水平(元/人)				1999比1998年增长(%)
	1996年	1997年	1998年	1999年	
北京	4208	4557	5178	5784	11.9
天津	4129	4937	5209	5551	5.8
河北	1925	2151	2207	2312	6.0
山西	1880	1985	1835	1833	0.1
内蒙古	1939	2127	2141	2279	6.4
辽宁	3250	3629	3829	4128	8.4
吉林	2643	2940	3015	3132	6.2
黑龙江	2994	3210	3276	3431	7.5
上海	7742	8699	9202	10328	9.7
江苏	3121	3382	3498	3594	6.2
浙江	3412	3670	3784	3877	3.0
安徽	1945	2275	2370	2523	6.6
福建	3356	3826	3934	4066	5.2
江西	1857	1930	1973	2056	5.4
山东	2287	2722	2899	3194	10.2
河南	1686	1842	1862	1902	5.3
湖北	2398	2559	2706	2691	3.2
湖南	2199	2390	2471	2594	4.0
广东	4235	4523	4686	4760	2.3
广西	2008	2025	2040	2079	7.0
海南	2376	2458	2562	2729	6.3
重庆	2052	2211	2224	2336	6.3
四川	1860	2050	2121	2191	5.4
贵州	1446	1479	1511	1542	2.9
云南	1800	1982	2059	2340	15.9
西藏	1312	1473	1551	1708	8.9
陕西	1630	1835	1852	1884	5.6
甘肃	1550	1629	1612	1650	4.0
青海	1967	1965	2047	2150	5.4
宁夏	1785	1852	1947	2014	4.8
新疆	2398	2615	2745	2936	10.3

注:绝对数按当年价格计算,增长速度按可比价格计算。

表 57 全社会固定资产投资

年 份	投资总额（亿元）	国有及其他经济	集体经济	个体经济	比上年增长（%）
“六五”时期	**7997.6**	**5330.5**	**1012.0**	**1655.1**	**19.4**
1981	961.0	667.5	115.2	178.3	5.5
1982	1230.4	845.3	174.3	210.8	28.0
1983	1430.1	952.0	156.3	321.8	16.2
1984	1832.9	1185.2	238.7	409.0	28.2
1985	2543.2	1680.5	327.5	535.2	38.8
“七五”时期	**20593.5**	**13342.7**	**2750.0**	**4500.8**	**16.5**
1986	3120.6	2079.4	391.8	649.4	22.7
1987	3791.7	2448.8	547.0	795.9	21.5
1988	4753.8	3020.0	711.7	1022.1	25.4
1989	4410.4	2808.2	570.0	1032.2	-7.2
1990	4517.0	2986.3	529.5	1001.2	2.4
“八五”时期	**63808.3**	**44973.6**	**10422.8**	**8411.9**	**36.9**
1991	5594.5	3713.8	697.8	1182.9	23.9
1992	8080.1	5498.7	1359.4	1222.0	44.4
1993	13072.3	9278.8	2317.3	1476.2	61.8
1994	17042.1	12312.6	2758.9	1970.6	30.4
1995	20019.3	14169.7	3289.4	2560.2	17.5
“九五”时期	**138795.0**	**98837.0**	**20781.3**	**19176.7**	**11.2**
1996	22974.0	16102.2	3660.6	3211.2	14.8
1997	24941.1	17660.8	3850.9	3429.4	8.8
1998	28406.2	20469.6	4192.2	3744.4	13.9
1999	29854.7	21320.4	4338.6	4195.7	5.1
2000	32619.0	23284.0	4739.0	4596.0	9.3

注：增长速度未扣除价格因素，各时期增长速度为该时期平均增长速度（以下表同）。

表58　按管理渠道分的固定资产投资及增长率

年份	投资额(亿元)			比上年增长(%)		
	基本建设	更新改造	房地产开发	基本建设	更新改造	房地产开发
“六五”时期	**3410.1**	**1495.2**		**6.7**	**27.2**	
1981	442.9	195.3		-20.8	20.1	
1982	555.5	250.4		25.4	28.2	
1983	594.1	291.1		6.9	16.3	
1984	743.2	309.3		25.1	6.2	
1985	1074.4	449.1		44.6	45.2	
“七五”时期	**7349.0**	**3977.4**	**1034.1**	**10.7**	**19.7**	
1986	1176.1	619.2	101.0	9.5	37.9	
1987	1343.1	758.6	149.9	14.2	22.5	48.5
1988	1574.3	980.6	257.2	17.2	29.3	71.6
1989	1551.7	788.8	272.7	-1.4	-19.6	6.0
1990	1703.8	830.2	253.3	9.8	5.2	-7.1
“八五”时期	**23584.3**	**10898.2**	**8708.0**	**36.1**	**34.1**	**73.0**
1991	2115.8	1023.2	336.2	24.2	23.3	32.7
1992	3012.7	1461.1	731.2	42.4	42.8	117.5
1993	4615.5	2195.9	1937.5	53.2	50.3	164.9
1994	6436.7	2918.6	2554.1	39.5	32.9	31.8
1995	7403.6	3299.4	3149.0	15.0	13.0	23.3
“九五”时期	**56114.1**	**21623.8**	**19013.9**	**14.3**	**9.2**	**6.4**
1996	8610.8	3622.7	3216.4	16.3	9.8	2.1
1997	9917.0	3921.9	3178.4	15.7	8.5	-1.2
1998	11916.4	4516.7	3614.2	20.2	15.2	13.7
1999	12455.3	4485.1	4103.2	4.5	-0.7	13.5
2000	13214.6	5077.4	4901.7	6.1	13.2	19.5

表 59 各地区固定资产投资

单位:亿元

地 区	1996 年	1997 年	1998 年	1999 年	2000 年	"九五"时期合 计
全国总计	**22974.0**	**24941.1**	**28406.2**	**29854.7**	**24242.8**	**130418.8**
北 京	889.7	989.7	1124.6	1171.2	1186.3	5361.5
天 津	438.5	500.7	571.1	576.5	526.2	2613.0
河 北	1182.6	1426.0	1591.8	1770.5	1047.8	7018.7
山 西	311.8	376.7	454.9	477.6	456.5	2077.5
内蒙古	262.1	278.7	316.8	348.2	347.3	1553.1
辽 宁	881.7	986.6	1057.7	1119.5	1028.2	5073.7
吉 林	363.0	361.2	431.8	500.0	484.9	2140.9
黑龙江	568.6	669.9	770.1	751.7	740.7	3501.0
上 海	1996.9	1981.5	1966.4	1855.8	1678.8	9479.4
江 苏	1963.1	2175.0	2450.4	2441.9	1645.3	10675.7
浙 江	1611.4	1608.6	1801.7	1958.1	1444.6	8424.4
安 徽	609.8	677.9	722.6	703.5	573.8	3287.6
福 建	779.8	880.9	1053.0	1084.7	810.5	4608.9
江 西	317.3	329.5	400.6	454.4	321.9	1823.7
山 东	1528.5	1742.5	1935.6	2220.6	1563.9	8991.1
河 南	1039.4	1209.5	1289.7	1206.8	884.6	5630.0
湖 北	935.2	1023.5	1156.8	1239.1	988.2	5342.8
湖 南	684.1	667.4	796.9	883.9	634.4	3666.7
广 东	2363.2	2291.1	2644.1	2937.0	2535.7	12771.1
广 西	476.4	479.8	562.3	578.8	397.7	2495.0
海 南	181.0	161.5	173.4	194.8	150.3	861.0
重 庆		375.6	493.0	525.3	458.4	1852.3
四 川	1113.2	926.3	1145.3	1224.4	1016.4	5425.6
贵 州	193.6	222.3	278.4	311.9	288.3	1294.5
云 南	456.3	538.6	660.4	664.0	504.1	2823.4
西 藏	29.4	34.5	41.3	53.6	48.6	207.4
陕 西	343.7	393.2	517.6	587.8	529.1	2371.4
甘 肃	207.0	242.1	301.5	355.5	322.1	1428.2
青 海	77.7	88.4	108.8	117.2	131.9	524.0
宁 夏	72.1	85.8	106.8	128.1	123.9	516.7
新 疆	388.7	447.0	514.8	526.7	519.9	2397.1

注:1.由于有不分地区项目,因此分地区相加不等于总计(以下分地区表同)。
2.2000 年数据不含城乡集体与个体。

表60　分行业基本建设投资

主要行业	投资额（亿元）		2000年比上年增长		比重（%）	
	1999年	2000年	绝对数（亿元）	速度（%）	1999年	2000年
全国总计	**12455.3**	**13214.6**	**759.3**	**6.1**	**100.0**	**100.0**
一、第一产业	**755.3**	**824.1**	**68.7**	**9.1**	**6.1**	**6.2**
农林牧渔水利业	755.3	824.1	68.7	9.1	6.1	6.2
二、第二产业	**4065.1**	**4367.6**	**302.6**	**7.4**	**32.7**	**33.1**
1.工业	3888.8	4195.0	306.2	7.9	31.2	31.7
1)能源工业	2644.4	2960.5	316.1	12.0	21.2	22.4
煤炭	105.8	97.5	-8.4	-7.9	0.9	0.7
石油	402.3	451.3	49.1	12.2	3.2	3.4
电力	2136.3	2411.7	275.4	12.9	17.2	18.3
2)原材料工业	461.7	365.9	-95.8	-20.8	3.7	2.8
冶金	143.4	85.7	-57.8	-40.3	1.2	0.6
有色	43.1	53.7	10.6	24.6	0.3	0.4
化工	262.4	204.1	-58.3	-22.2	2.1	1.5
森林	12.9	22.5	9.7	75.1	0.1	0.2
3)机械电子工业	380.6	424.6	44.0	11.6	3.1	3.2
机械	238.8	213.4	-25.4	-10.6	1.9	1.6
电子	141.8	211.1	69.4	48.9	1.1	1.6
4)轻纺工业	266.8	283.1	16.3	6.1	2.1	2.1
纺织	34.9	43.4	8.5	24.5	0.3	0.3
轻工	231.9	239.7	7.7	3.3	1.9	1.8
5)其他工业	135.3	161.0	25.7	19.0	1.1	1.2
2.建筑业	176.3	172.7	-3.7	-2.1	1.4	1.3
三、第三产业	**7634.9**	**8022.9**	**388.1**	**5.1**	**61.3**	**60.7**
1.运输邮电通信业	3342.4	3564.2	221.9	6.6	26.9	27.0
#邮电通信业	449.0	653.4	204.4	45.5	3.6	4.9
2.商业饮食供销仓储业	402.5	389.5	-13.0	-3.2	3.2	2.9
3.房地产公用服务咨询业	1485.7	1663.9	178.2	12.0	11.9	12.6
4.文教卫生广播福利业	891.3	1007.3	116.0	13.0	7.2	7.6
5.科研综合技术服务业	86.7	103.4	16.7	19.2	0.7	0.8
6.金融保险业	122.3	92.9	-29.3	-24.0	1.0	0.7
7.其他行业	1304.1	1201.8	-102.3	-7.8	10.4	9.1

表61 各地区基本建设投资

单位:亿元

地区	1996年	1997年	1998年	1999年	2000年	"九五"时期合计
全国总计	**8610.8**	**9917.0**	**11916.4**	**12455.3**	**13214.6**	**56114.1**
北京	313.9	374.3	415.5	445.3	447.0	1996.0
天津	169.6	203.4	262.5	263.0	280.4	1178.9
河北	375.1	479.4	544.0	581.4	624.4	2604.3
山西	148.1	197.4	255.1	265.1	276.5	1142.2
内蒙古	139.5	157.4	172.8	172.3	232.5	874.5
辽宁	326.3	397.3	438.1	421.7	451.3	2034.7
吉林	194.4	177.5	200.8	230.2	274.5	1077.4
黑龙江	232.2	344.3	308.5	340.0	382.5	1607.5
上海	644.5	762.0	844.2	786.8	703.8	3741.3
江苏	469.0	567.5	712.7	709.4	751.4	3210.0
浙江	424.2	509.6	619.5	680.4	791.8	3025.5
安徽	193.1	214.1	251.4	272.3	318.0	1248.9
福建	241.2	274.2	343.6	363.7	333.1	1555.8
江西	114.5	130.3	173.0	173.2	194.0	785.0
山东	451.6	513.6	641.0	713.0	784.1	3103.3
河南	395.7	443.3	518.1	507.9	594.8	2459.8
湖北	398.4	435.6	517.7	557.8	594.4	2503.9
湖南	235.4	237.0	306.6	326.6	367.7	1473.3
广东	905.2	891.1	1039.9	1191.7	1151.5	5179.4
广西	174.5	183.0	240.5	259.7	267.8	1125.5
海南	138.2	126.9	135.7	137.8	127.0	665.6
重庆		120.9	186.2	190.6	215.5	713.2
四川	417.9	428.6	530.2	551.8	640.8	2569.3
贵州	85.7	95.8	126.0	130.4	146.6	584.5
云南	168.3	225.8	297.9	320.9	331.8	1344.7
西藏	28.7	30.3	35.3	46.0	45.0	185.3
陕西	135.3	173.9	251.0	279.4	302.0	1141.6
甘肃	101.4	121.7	157.1	187.5	199.8	767.5
青海	51.4	58.4	72.9	72.8	97.6	353.1
宁夏	37.5	47.3	58.4	69.1	85.0	297.3
新疆	212.9	256.0	332.1	332.8	373.8	1507.6

表62　分行业更新改造投资

主要行业	投资额（亿元）		2000年比上年增长		比重（%）	
	1999年	2000年	绝对数（亿元）	速度（%）	1999年	2000年
全国总计	**4485.1**	**5077.4**	**592.3**	**13.2**	**100.0**	**100.0**
一、第一产业	**49.5**	**50.0**	**0.5**	**1.0**	**1.1**	**1.0**
农林牧渔水利业	49.5	50.0	0.5	1.0	1.1	1.0
二、第二产业	**2558.6**	**3003.6**	**445.1**	**17.4**	**57.0**	**59.2**
1.工业	2527.3	2964.6	437.3	17.3	56.3	58.4
1)能源工业	749.8	928.9	179.1	23.9	17.1	18.3
煤炭	85.7	74.6	－11.1	－13.0	2.0	1.5
石油	240.7	366.1	125.4	52.1	5.5	7.2
电力	423.5	488.3	64.8	15.3	9.6	9.6
2)原材料工业	617.5	732.0	114.5	18.5	14.1	14.4
冶金	246.5	278.0	31.5	12.8	5.6	5.5
有色	65.9	95.2	29.3	44.5	1.5	1.9
化工	302.6	355.7	53.1	17.6	6.9	7.0
森林	2.6	3.2	0.6	24.0	0.1	0.1
3)机械电子工业	423.0	510.8	87.8	20.8	9.6	10.1
机械	311.3	355.3	44.1	14.2	7.1	7.0
电子	111.7	155.5	43.8	39.2	2.5	3.1
4)轻纺工业	457.6	566.0	108.3	23.7	10.4	11.1
纺织	86.2	137.9	51.7	60.0	2.0	2.7
轻工	371.4	428.0	56.6	15.2	8.5	8.4
5)其他工业	279.4	226.9	－52.5	－18.8	5.1	4.5
2.建筑业	31.3	39.1	7.8	24.9	0.7	0.8
三、第三产业	**1877.0**	**2023.8**	**146.8**	**7.8**	**41.8**	**39.9**
1.运输邮电通信业	1374.3	1521.1	146.9	10.7	31.3	30.0
#邮电通信业	1051.9	1209.3	157.3	15.0	24.0	23.8
2.商业饮食供销仓储业	61.1	71.7	10.6	17.4	1.4	1.4
3.房地产公用服务咨询业	244.8	261.9	17.2	7.0	5.6	5.2
4.文教卫生广播福利业	41.5	50.7	9.2	22.2	0.9	1.0
5.科研综合技术服务业	18.8	35.7	16.9	89.9	0.4	0.7
6.金融保险业	9.4	5.4	－4.0	－42.9	0.2	0.1
7.其他行业	127.1	77.2	－49.9	－39.3	2.0	1.5

表 63 各地区更新改造固定资产投资

单位:亿元

地 区	1996 年	1997 年	1998 年	1999 年	2000 年	"九五"时期合 计
全国总计	**3622.7**	**3921.9**	**4516.7**	**4485.1**	**5077.4**	**21623.8**
北 京	168.0	191.2	252.4	175.2	185.9	972.7
天 津	106.7	133.7	119.6	103.6	111.9	575.5
河 北	212.3	255.0	293.3	324.2	305.9	1390.7
山 西	81.5	87.4	89.4	85.8	110.8	454.9
内 蒙 古	53.9	48.8	51.6	55.9	59.6	269.8
辽 宁	187.0	241.4	259.8	260.9	284.2	1233.3
吉 林	62.4	57.7	83.2	99.4	114.3	417.0
黑 龙 江	119.1	117.5	219.5	141.2	230.3	827.6
上 海	414.5	386.2	365.0	393.6	402.0	1961.3
江 苏	239.5	268.8	296.0	297.9	339.4	1441.6
浙 江	110.3	113.2	171.2	209.6	240.7	845.0
安 徽	101.6	115.0	109.7	122.9	152.8	602.0
福 建	92.5	137.3	168.3	172.6	176.5	747.2
江 西	60.3	65.9	66.2	69.5	75.1	337.0
山 东	237.2	263.5	283.5	312.9	390.2	1487.3
河 南	155.7	169.3	165.4	159.5	163.4	813.3
湖 北	191.9	211.8	227.0	221.8	245.2	1097.7
湖 南	118.6	107.3	115.5	143.3	176.8	661.5
广 东	273.2	273.5	326.9	368.6	432.8	1675.0
广 西	71.3	59.1	69.7	70.1	80.2	350.4
海 南	8.5	7.5	6.3	7.6	10.2	40.1
重 庆		65.4	89.2	92.1	89.9	336.6
四 川	168.8	117.8	196.1	167.7	173.9	824.3
贵 州	43.6	55.1	62.8	65.2	88.0	314.7
云 南	107.0	122.5	130.1	89.8	74.6	524.0
西 藏	0.3	2.3	3.1	3.4	2.9	12.0
陕 西	76.5	63.0	84.0	88.8	132.1	444.4
甘 肃	52.3	60.6	76.3	79.3	88.4	356.9
青 海	10.9	13.6	13.7	15.3	17.1	70.6
宁 夏	17.4	18.0	18.5	18.4	22.2	94.5
新 疆	68.6	73.9	76.1	61.1	75.9	355.6

表 64　房地产开发投资资金来源

指　　标	到位资金(亿元)		#地方企业		比上年增长(%)	
	1999年	2000年	1999年	2000年		#地方企业
一、资金来源合计	**5696.7**	**6691.8**	**5484.7**	**6435.1**	**17.5**	**17.3**
1.上年末结余资金	900.8	1005.9	855.4	961.5	11.7	12.4
2.本年资金来源小计	4795.9	5686.0	4629.3	5473.6	18.6	18.2
(1)国家预算内资金	10.0	7.2	9.9	7.2	-28.0	-27.3
(2)国内贷款	1111.6	1289.1	1066.2	1222.9	16.0	14.7
(3)债券	9.9	6.4	9.9	6.2	-35.4	-37.4
(4)利用外资	256.6	164.5	241.5	157.3	-35.9	-34.9
#外商直接投资	180.5	118.3	174.8	112.9	-34.5	-35.4
(5)自筹资金	1344.6	1599.2	1290.4	1538.4	18.9	19.2
#自有资金	612.4	793.2	582.0	764.6	29.5	31.4
(6)其他资金	2063.2	2619.5	2011.4	2541.8	27.0	26.4
#定金及预收款	1619.5	2154.0	1582.1	2091.9	33.0	32.2
二、各项应付款	**966.8**	**940.2**	**940.5**	**904.9**	**-2.8**	**-3.8**
#工程款	595.7	588.8	583.8	568.6	-1.2	-2.6
设备材料款	44.9	44.1	43.8	42.2	-1.8	-3.7

表 65　房地产开发投资和商品房销售情况

指　　标	实际完成		2000年比上年增长		比重(%)	
	1999年	2000年	绝对数	速度(%)	1999年	2000年
一、房地产开发投资额(亿元)	**4103.2**	**4901.7**	**798.5**	**19.5**	**100.0**	**100.0**
国有经济投资	1364.8	1380.3	15.5	1.1	33.3	28.2
商品房建设投资	3112.5	3675.6	563.1	18.1	75.9	75.0
土地开发投资	318.9	378.5	59.6	18.7	7.8	7.7
按工程用途分:						
住宅投资	2638.5	3318.7	680.2	25.8	64.3	67.7
办公楼投资	338.6	292.6	-46.0	-13.6	8.3	6.0
商业营业用房投资	484.3	547.8	63.5	13.1	11.8	11.2
其它投资	641.8	742.7	100.9	15.7	15.6	15.2
二、房屋建筑面积及价值						
施工面积(万平方米)	56857.6	63529.0	6671.4	11.7		
#新开工面积	22579.4	28259.0	5679.6	25.2	39.7	44.5
竣工面积(万平方米)	21410.8	23027.9	1617.1	7.6		
竣工价值(亿元)	2467.6	2590.5	122.9	5.0		
三、商品房销售情况						
商品房销售面积(万平方米)	14556.5	16984.1	2427.6	16.7		
商品房销售额(亿元)	2987.9	3572.0	584.1	19.5		
#销售给个人	2095.9	2840.3	744.4	35.5	70.1	79.5

表 66 各地区房地产开发企业(单位)完成投资额

单位:亿元

地　区	1996 年	1997 年	1998 年	1999 年	2000 年	"九五"时期合　计
全国总计	**3216.4**	**3178.4**	**3614.2**	**4103.2**	**4901.7**	**19013.9**
北　京	328.2	330.3	377.4	421.5	522.1	1979.4
天　津	71.5	80.8	106.7	117.0	133.9	509.9
河　北	48.3	48.8	61.3	87.6	108.4	354.3
山　西	14.8	18.2	27.9	35.0	36.7	132.6
内蒙古	10.3	10.8	22.8	29.0	44.8	117.7
辽　宁	135.4	139.9	150.4	182.2	264.3	872.2
吉　林	30.2	25.3	36.4	53.0	63.5	208.3
黑龙江	48.9	45.2	58.7	82.0	104.1	338.9
上　海	657.8	614.3	577.1	514.8	551.9	2915.9
江　苏	232.6	241.6	300.2	330.5	357.1	1462.0
浙　江	243.5	215.4	226.7	272.0	356.6	1314.2
安　徽	42.5	47.6	57.8	74.1	88.1	310.1
福　建	151.7	148.3	165.6	178.6	198.8	843.0
江　西	26.4	25.1	27.1	33.6	37.9	150.1
山　东	103.3	107.8	131.9	173.6	219.7	736.3
河　南	54.8	51.8	58.1	70.4	77.9	313.0
湖　北	118.4	126.5	131.2	123.9	134.6	634.6
湖　南	40.2	34.0	42.1	55.5	74.0	245.9
广　东	528.8	528.3	602.7	710.2	831.2	3201.2
广　西	43.2	33.5	32.7	33.0	38.9	181.4
海　南	17.0	8.0	10.2	6.2	10.0	51.3
重　庆	55.6	67.5	97.3	112.5	139.6	472.5
四　川	90.6	100.3	119.5	142.5	194.4	647.2
贵　州	15.8	15.3	19.4	31.4	42.1	123.9
云　南	34.8	39.8	64.7	92.1	79.2	310.6
西　藏	0.2	0.7	0.7	0.8	0.7	3.0
陕　西	30.1	29.5	51.4	68.3	77.7	257.1
甘　肃	17.2	18.3	21.3	24.3	27.6	108.7
青　海	2.3	2.5	8.7	11.2	13.2	37.8
宁　夏	5.5	6.0	11.3	13.0	15.4	51.2
新　疆	16.4	17.2	14.9	23.4	57.4	129.4

表 67　各地区房地产开发企业(单位)住宅竣工面积

单位:万平方米

地　区	1996 年	1997 年	1998 年	1999 年	2000 年	“九五”时期合　计
全国总计	**12232.6**	**12464.7**	**14125.7**	**17640.7**	**18948.5**	**75412.1**
北　京	470.8	478.3	588.7	908.3	1013.7	3459.7
天　津	318.5	254.4	357.2	431.1	523.4	1884.6
河　北	299.1	326.6	432.5	636.2	638.6	2333.0
山　西	142.6	168.9	183.1	231.1	263.1	988.8
内蒙古	88.0	109.2	141.1	206.7	291.7	836.8
辽　宁	719.1	768.9	850.7	1057.6	1286.8	4683.1
吉　林	221.0	172.9	238.1	276.5	255.0	1163.4
黑龙江	317.1	294.1	392.9	428.9	629.3	2062.2
上　海	992.3	1177.2	1242.0	1229.2	1312.2	5952.9
江　苏	1290.9	1277.5	1471.6	1837.1	1715.1	7592.2
浙　江	1368.5	1260.6	1101.0	1274.2	1247.6	6251.9
安　徽	311.6	366.6	460.5	503.1	610.3	2252.1
福　建	419.6	500.1	450.9	604.2	684.8	2659.5
江　西	251.4	216.3	197.3	286.2	186.3	1137.5
山　东	618.2	622.9	847.8	1193.6	1102.9	4385.3
河　南	370.2	287.5	344.6	394.9	534.5	1931.7
湖　北	437.7	449.9	565.5	580.3	749.2	2782.6
湖　南	222.0	228.4	268.8	406.0	439.3	1564.5
广　东	1569.7	1570.5	1803.1	2182.5	2138.7	9264.5
广　西	190.1	201.7	190.5	160.8	131.1	874.1
海　南	41.7	27.0	22.4	21.9	31.6	144.6
重　庆	275.0	357.7	421.2	438.6	622.1	2114.5
四　川	539.8	593.6	627.8	805.9	997.9	3565.0
贵　州	105.2	106.5	116.5	189.4	201.6	719.2
云　南	241.7	205.4	243.3	370.4	277.1	1337.9
西　藏	1.1	9.0	4.3	5.8		
陕　西	167.4	186.1	224.9	536.0	495.7	1610.0
甘　肃	97.1	101.9	106.2	147.7	151.6	604.4
青　海	19.4	17.7	49.4	58.8	47.8	193.1
宁　夏	60.4	54.0	102.0	93.8	106.0	416.2
新　疆	65.5	73.7	79.9	143.9	263.5	626.6

表 68 各地区房地产开发企业(单位)住宅销售面积

单位:万平方米

地 区	1996 年	1997 年	1998 年	1999 年	2000 年	“九五”时期合 计
全国总计	**6898.5**	**7864.3**	**10827.1**	**12997.9**	**15136.9**	**53724.6**
北 京	183.1	256.2	377.0	484.7	898.2	2199.2
天 津	114.4	180.2	233.4	247.8	378.0	1153.9
河 北	172.0	164.5	272.5	346.0	400.7	1355.7
山 西	82.3	117.2	117.9	108.5	167.5	593.4
内 蒙 古	61.6	67.5	99.7	157.3	209.9	596.0
辽 宁	437.6	401.7	577.2	671.9	783.5	2871.9
吉 林	95.1	84.1	144.0	178.6	192.0	693.8
黑 龙 江	164.1	171.1	266.8	294.7	424.1	1320.8
上 海	528.6	616.4	1056.8	1243.3	1326.6	4771.8
江 苏	753.3	953.1	1176.6	1343.2	1431.7	5657.8
浙 江	806.8	879.0	1031.0	1155.5	1143.4	5015.6
安 徽	212.4	214.4	352.9	383.9	457.4	1621.0
福 建	234.3	346.1	441.7	511.6	582.1	2115.9
江 西	137.1	117.6	153.3	206.0	147.2	761.2
山 东	369.4	431.3	615.2	779.7	882.5	3078.1
河 南	215.3	201.6	262.9	275.3	436.5	1391.6
湖 北	214.1	259.4	381.6	401.5	581.1	1837.7
湖 南	120.1	131.5	170.7	264.8	321.4	1008.5
广 东	895.7	1020.5	1354.1	1622.4	1747.0	6639.7
广 西	108.2	138.6	160.0	140.9	130.4	678.0
海 南	13.6	13.8	18.8	33.4	41.9	121.5
重 庆	145.4	199.7	359.7	364.6	490.8	1560.2
四 川	340.3	411.2	528.9	643.6	761.1	2685.1
贵 州	47.2	59.6	85.0	126.2	184.8	502.9
云 南	190.9	152.0	205.2	298.5	242.0	1088.6
西 藏	2.7	4.2	3.6	1.0		
陕 西	109.1	109.5	168.0	410.3	340.4	1137.3
甘 肃	57.6	71.2	71.0	92.8	95.7	388.3
青 海	10.1	8.3	12.3	25.7	26.4	82.8
宁 夏	34.5	30.2	53.5	64.0	81.0	263.2
新 疆	41.5	52.5	76.0	120.4	231.8	522.3

表 69　国家财政收支分项目数

单位:亿元

指　　标	1985 年	1990 年	1995 年	1999 年	2000 年
财政总收入	**2004.8**	**2937.1**	**6242.2**	**11444.1**	**13380.1**
中央	769.6	992.4	3256.6	5849.2	6986.1
地方	1235.2	1944.7	2985.6	5594.9	6394.0
财政总收入指数(上年=100)	122.0	110.2	119.6	115.9	116.9
财政收入按项目分					
#各项税收	2040.8	2821.9	6038.0	10682.6	12571.0
#工商税收	1097.5	1859.0	4589.7	8885.4	
关税	205.2	159.0	291.8	562.2	750.4
农牧业税	42.1	87.9	278.1	423.5	
企业亏损补贴	-507.0	-578.9	-327.8	-290.0	-278.9
教育费附加收入			83.4	126.1	147.2
预算外资金收入	1530.0	2708.6	2406.5		
地方财政预算外资金收入	44.1	60.6	171.7		
债务收入	89.9	375.5	1549.8	3715.0	4180.1
#国内债务	60.6	197.3	1510.9	3702.1	4148.7
向国外借款	29.3	178.2	38.9		
财政总支出	**2004.3**	**3083.6**	**6823.7**	**13187.7**	**15879.4**
中央	795.3	1004.5	1995.4	4152.3	5514.3
地方	1209.0	2079.1	4828.3	9035.4	10365.1
财政总支出指数(上年=100)	117.8	109.2	117.8	122.1	120.4
财政支出按项目分					
#国内基本建设支出	554.6	547.4	789.2	2116.6	2143.4
增拨企业流动资金	14.3	10.9	34.8	56.4	70.8
挖潜改造资金和科技三项费用	103.4	153.9	494.5	766.1	853.6
地质勘探费	29.6	36.2	66.3	83.7	88.8
工交商部门事业费	35.2	46.9	102.8	128.1	149.8
支援农村生产支出和各项农业事业费	101.0	221.8	430.2	677.5	745.8
文教科学卫生事业费	316.7	617.3	1467.1	2408.1	2732.5
抚恤和社会福利救济费	31.2	55.0	115.5	179.9	212.8
国防费	191.5	290.3	636.7	1076.4	1207.4
行政管理费	130.6	303.1	872.7	1525.7	1782.1
政策性补贴支出	261.8	380.8	364.9	697.6	1050.2
预算外资金支出	1375.0	2707.1	2331.3		
债务支出	39.6	190.1	883.0	1923.4	2300.6

注:1.本表 2000 年数据摘自九届全国人大四次会议《关于 2000 年中央和地方预算执行情况及 2000 年中央和地方预算草案的报告》。
　2.财政总收入和财政总支出不包括国内外债务收支。

表 70 国家财政收支总额和指数

年　份	财政收入（亿元）	财政支出（亿元）	收支差额（亿元）	指数(上年=100)	
				财政收入	财政支出
1978	1132.3	1122.1	10.2	129.5	133.0
1979	1146.4	1281.8	-135.4	101.2	114.2
1980	1159.9	1228.8	-68.9	101.2	95.9
“六五”时期	**7402.8**	**7483.2**	**-80.4**	**111.6**	**110.3**
1981	1175.8	1138.4	37.4	101.4	92.5
1982	1212.3	1230.0	-17.7	103.1	108.0
1983	1367.0	1409.5	-42.6	112.8	114.6
1984	1642.9	1701.0	-58.2	120.2	120.7
1985	2004.8	2004.3	0.6	122.0	117.8
“七五”时期	**12280.6**	**12865.7**	**-585.1**	**107.9**	**109.0**
1986	2122.0	2204.9	-82.9	105.8	110.0
1987	2199.4	2262.2	-62.8	103.6	102.6
1988	2357.2	2491.2	-134.0	107.2	110.1
1989	2664.9	2823.8	-158.9	113.1	113.3
1990	2937.1	3083.6	-146.5	110.2	109.2
“八五”时期	**22442.1**	**24387.5**	**-1945.4**	**116.3**	**117.2**
1991	3149.5	3386.6	-237.1	107.2	109.8
1992	3483.4	3742.2	-258.8	110.6	110.5
1993	4349.0	4642.3	-293.4	124.8	124.1
1994	5218.1	5792.6	-574.5	120.0	124.8
1995	6242.2	6823.7	-581.5	119.6	117.8
“九五”时期	**50759.3**	**57036.5**	**-6277.2**	**116.5**	**118.4**
1996	7408.0	7937.6	-529.6	118.7	116.3
1997	8651.1	9233.6	-582.5	116.8	116.3
1998	9876.0	10798.2	-922.2	114.2	116.9
1999	11444.1	13187.7	-1743.6	115.9	122.1
2000	13380.1	15879.4	-2499.3	116.9	120.4

注:1.各计划时期指数为该时期年平均发展速度。
2.1985年及以前,价格补贴冲减财政收入,1985年以后改列财政支出。为统一口径,本表对1985年及以前数字做了调整。
3.本表不包括国内外债务收支。

表71　财政收入、债务收入和财政支出占国内生产总值的比重

单位：%

年　份	财政收入占 国内生产总值的比重	债务收入占 国内生产总值的比重	财政支出占 国内生产总值的比重
1978	31.2		31.0
1979	28.4	0.9	31.7
1980	25.7	1.0	27.2
“六五”时期	**23.0**	**1.4**	**23.2**
1981	24.2	2.5	23.4
1982	22.9	1.6	23.2
1983	23.0	1.3	23.8
1984	22.9	1.1	23.7
1985	22.4	1.0	22.4
“七五”时期	**16.9**	**2.0**	**17.7**
1986	20.8	1.4	21.6
1987	18.4	1.9	18.9
1988	15.8	1.8	16.7
1989	15.8	2.4	16.7
1990	15.8	2.0	16.6
“八五”时期	**11.9**	**2.4**	**13.0**
1991	14.6	2.1	15.7
1992	13.1	2.5	14.0
1993	12.6	2.1	13.4
1994	11.2	2.2	12.4
1995	10.7	2.7	11.7
“九五”时期	**12.9**	**4.0**	**14.5**
1996	10.9	2.9	11.7
1997	11.6	3.3	12.3
1998	12.6	4.2	13.8
1999	13.9	4.5	16.1
2000	15.0	4.7	17.8

注：财政收入不包括债务收入。

表 72　国家财政预算收入和预算外收入

单位:亿元

年　　份	国家财政预算收入	中　　央	地　　方	国家财政预算外收入	中　　央	地　　方
1978	1132.3	175.8	956.5			
1979	1146.4	231.3	915.0	452.9		
1980	1159.9	284.4	875.5	557.4		
"六五"时期	**7402.8**	**2583.0**	**4819.7**	**5090.0**		
1981	1175.8	311.1	864.7	601.1		
1982	1212.3	346.8	865.5	802.7	270.7	532.0
1983	1367.0	490.0	876.9	967.7	359.9	607.8
1984	1642.9	665.5	977.4	1188.5	470.5	717.9
1985	2004.8	769.6	1235.2	1530.0	636.1	893.9
"七五"时期	**12280.6**	**4104.4**	**8176.2**	**11494.3**	**4597.4**	**6897.0**
1986	2122.0	778.4	1343.6	1737.3	716.6	1020.7
1987	2199.4	736.3	1463.1	2028.8	828.0	1200.8
1988	2357.2	774.8	1582.4	2360.8	907.2	1453.6
1989	2664.9	822.5	1842.4	2658.8	1072.3	1586.6
1990	2937.1	992.4	1944.7	2708.6	1073.3	1635.4
"八五"时期	**22442.2**	**9038.4**	**13403.7**	**12799.7**	**3935.6**	**8864.1**
1991	3149.5	938.3	2211.2	3243.3	1381.1	1862.2
1992	3483.4	979.5	2503.9	3854.9	1707.7	2147.2
1993	4349.0	957.5	3391.4	1432.5	245.9	1186.6
1994	5218.1	2906.5	2311.6	1862.5	283.3	1579.2
1995	6242.2	3256.6	2985.6	2406.5	317.6	2088.9
"九五"时期	**50759.3**	**25615.3**	**25144.0**			
1996	7408.0	3661.1	3746.9	3893.3	947.6	2945.7
1997	8651.1	4226.9	4424.2	2826.0	145.1	2680.9
1998	9876.0	4892.0	4984.0	3082.3	164.2	2918.1
1999	11444.1	5849.2	5594.9			
2000	13380.1	6986.1	6394.0			

注:国家财政预算收入不包括债务收入。

表 73　国家财政预算支出和预算外支出

单位:亿元

年　　份	国家财政预算收入	中　　央	地　　方	国家财政预算外收入	中　　央	地　　方
1978	1122.1	532.1	590.0			
1979	1281.8	655.1	626.7			
1980	1228.8	666.8	562.0			
"六五"时期	**7483.2**	**3725.6**	**3757.6**			
1981	1138.4	625.7	512.8			
1982	1230.0	651.8	578.2	734.5	227.1	507.5
1983	1409.5	759.6	649.9	875.8	300.4	575.4
1984	1701.0	893.3	807.7	1114.7	420.2	694.5
1985	2004.3	795.3	1209.0	1375.0	562.1	813.0
"七五"时期	**12865.7**	**4420.3**	**8445.4**	**10774.7**	**4239.0**	**6535.5**
1986	2204.9	836.4	1368.6	1578.4	640.9	937.4
1987	2262.2	845.6	1416.6	1840.8	741.6	1099.1
1988	2491.2	845.0	1646.2	2145.3	842.9	1302.4
1989	2823.8	888.8	1935.0	2503.1	975.9	1527.2
1990	3083.6	1004.5	2079.1	2707.1	1037.7	1669.4
"八五"时期	**24387.4**	**7323.1**	**17064.3**	**12098.2**	**3631.4**	**8466.8**
1991	3386.6	1090.8	2295.8	3092.3	1263.3	1829.0
1992	3742.2	1170.4	2571.8	3649.9	1592.8	2057.1
1993	4642.3	1312.1	3330.2	1314.3	198.9	1115.4
1994	5792.6	1754.4	4038.2	1710.4	225.0	1485.4
1995	6823.7	1995.4	4828.3	2331.3	351.4	1979.9
"九五"时期	**57036.5**	**17476.0**	**39560.5**			
1996	7937.6	2151.3	5786.3	3838.3	1034.9	2803.4
1997	9233.6	2532.5	6701.1	2685.5	143.9	2541.6
1998	10798.2	3125.6	7672.6	2918.3	139.7	2778.6
1999	13187.7	4152.3	9035.4			
2000	15879.4	5514.3	10365.1			

注:国家财政预算支出不包括债务支出。

表 74　各地区财政收入情况

单位:亿元

地　区	1996年	1997年	1998年	1999年	2000年	“九五”时期合　计
地方总计	**3746.9**	**4424.2**	**4984.0**	**5594.9**	**6406.1**	**25156.1**
北　京	150.9	182.3	229.4	281.4	345.0	1189.0
天　津	79.0	89.9	101.4	112.8	133.6	516.7
河　北	151.8	176.1	206.8	223.3	248.8	1006.7
山　西	84.2	92.8	104.2	109.2	114.5	504.9
内蒙古	57.3	66.1	77.7	86.6	95.0	382.7
辽　宁	211.7	228.2	264.6	279.6	295.6	1279.8
吉　林	76.4	82.9	93.6	101.3	103.8	458.0
黑龙江	126.9	136.2	157.3	170.1	185.3	775.9
上　海	280.5	332.5	380.7	420.0	485.4	1899.0
江　苏	223.2	255.6	296.6	343.4	448.3	1567.1
浙　江	139.6	157.3	198.1	245.5	342.8	1083.2
安　徽	114.6	140.5	159.2	174.3	178.7	767.3
福　建	142.1	162.9	187.9	208.9	234.1	935.9
江　西	77.1	88.4	97.2	105.1	111.6	479.4
山　东	241.7	290.4	352.4	404.5	463.7	1752.7
河　南	162.1	185.7	208.2	223.4	246.5	1025.8
湖　北	124.5	139.9	169.0	194.4	214.3	842.2
湖　南	130.4	137.2	156.8	166.5	177.0	767.9
广　东	479.4	543.9	640.8	766.2	910.6	3340.8
广　西	90.5	99.2	119.7	133.6	147.1	590.0
海　南	30.7	30.9	33.7	36.1	39.2	170.6
重　庆		59.3	71.1	76.7	87.2	294.4
四　川	209.0	172.9	197.3	211.5	233.9	1024.5
贵　州	49.5	55.9	65.3	74.3	85.2	330.2
云　南	130.0	150.4	168.2	172.7	180.7	802.0
西　藏	2.4	3.0	3.6	4.6	5.4	19.0
陕　西	67.6	76.5	93.3	106.4	115.0	458.8
甘　肃	43.4	46.9	54.0	58.4	61.3	264.0
青　海	9.6	10.9	12.8	14.2	16.6	64.1
宁　夏	12.7	14.1	17.8	18.8	20.8	84.3
新　疆	48.3	54.5	65.4	71.3	79.1	318.6

表 75 各地区财政支出情况

单位:亿元

地区	1996年	1997年	1998年	1999年	2000年	"九五"时期合计
地方总计	**5786.3**	**6701.1**	**7672.6**	**9035.4**	**10436.6**	**39632.0**
北京	187.4	236.4	280.7	355.2	443.0	1502.7
天津	113.2	122.8	137.9	157.4	187.0	718.3
河北	231.9	270.5	301.6	350.8	414.3	1569.1
山西	133.2	143.5	164.4	185.3	224.9	851.4
内蒙古	126.4	142.9	170.3	199.8	247.1	886.5
辽宁	314.8	340.6	390.3	457.9	516.9	2020.5
吉林	145.5	167.8	190.1	234.6	260.7	998.7
黑龙江	208.9	220.4	259.4	339.0	381.9	1409.6
上海	333.2	408.8	470.0	533.5	608.6	2354.1
江苏	310.9	364.4	424.9	484.7	591.3	2176.1
浙江	213.7	240.2	286.8	344.0	431.3	1516.0
安徽	178.7	207.2	242.1	288.6	322.5	1239.1
福建	200.3	224.4	254.9	279.3	324.1	1283.0
江西	131.8	150.2	175.3	207.8	223.2	888.3
山东	359.0	407.8	487.8	550.0	613.0	2417.6
河南	255.3	284.4	323.6	384.3	444.0	1691.6
湖北	197.4	223.7	280.1	336.5	369.8	1407.5
湖南	217.7	230.8	273.6	313.1	347.8	1383.1
广东	601.2	682.7	825.6	965.9	1070.3	4145.7
广西	157.0	170.8	198.4	225.0	258.5	1009.7
海南	45.2	47.8	54.9	56.8	64.0	268.7
重庆		101.0	125.8	150.2	187.6	564.7
四川	326.7	275.1	320.9	363.5	451.9	1738.1
贵州	99.6	111.8	133.1	170.7	200.1	715.3
云南	270.4	313.2	328.0	378.0	414.0	1703.7
西藏	36.8	38.2	45.3	53.3	60.0	233.5
陕西	121.8	137.7	166.2	206.5	271.6	903.8
甘肃	91.0	104.3	125.3	147.8	187.3	655.7
青海	32.7	36.5	44.1	55.7	68.3	237.3
宁夏	29.5	33.6	45.1	49.5	60.8	218.5
新疆	114.9	123.4	146.0	166.3	191.0	741.6

表 76　各地区财政收入决算情况(一)

(2000 年)

单位:万元

地　区	收入合计	#增值税	#营业税	#企业所得税	#企业所得税退税
地方总计	**64060557**	**11399679**	**16256742**	**10054992**	**-138525**
北　京	3449968	459557	1490539	616582	-36314
天　津	1336069	261214	381590	292561	-85
河　北	2487621	436945	461942	354946	-208
山　西	1144762	255173	240567	111532	-6689
内蒙古	950320	133854	186796	105983	-1403
辽　宁	2956274	566997	800239	390181	-1034
吉　林	1038267	204117	255547	142840	-1502
黑龙江	1853379	461244	338898	133158	-2
上　海	4853777	935468	1538082	1031183	-928
江　苏	4483097	1086395	960024	886525	
浙　江	3427745	900353	972052	879077	-32023
安　徽	1787187	262559	319719	233524	-4865
福　建	2341061	353461	582053	321959	-3243
江　西	1115536	150826	263986	95048	
山　东	4636788	896895	876638	818659	-408
河　南	2464694	422382	481846	396014	-90
湖　北	2143450	337775	441120	254244	-4300
湖　南	1770403	260989	343357	135892	-16040
广　东	9105560	1321309	2724229	1674188	-13
广　西	1470539	206622	284979	147960	-322
海　南	391995	28575	115710	24774	
重　庆	872442	147717	242542	89999	-6185
四　川	2338630	338425	566747	347832	-297
贵　州	852324	121820	203388	67843	-231
云　南	1807450	313725	359978	201689	-8829
西　藏	53848	7892	19390	16123	-8
陕　西	1149711	189980	317014	116123	-2293
甘　肃	612849	119471	158995	60957	-857
青　海	165843	29822	41495	22246	-6387
宁　夏	208244	35449	65682	26147	-2464
新　疆	790724	152668	221598	59203	-1505

表 77 各地区财政收入决算情况(二)

(2000 年)

单位:万元

地 区	#个人所得税	#城市建设维护税	#农业税	#国有企业计划亏损补贴	#行政性收费收入
地方总计	**5101814**	**3489588**	**1654453**	**-2301464**	**2857709**
北 京	563847	173539	6074	-541807	71791
天 津	113352	70994	3348	-50000	56812
河 北	169936	118616	70928	-38442	245937
山 西	105842	64317	34899	-31298	43742
内蒙古	50865	46060	66947	-6800	70349
辽 宁	220472	176239	36821	-96570	86441
吉 林	69547	66332	30939	-63860	66226
黑龙江	97314	156717	102767	-29919	50048
上 海	602434	220122	19088	-372325	3079
江 苏	332823	266210	104674	-75362	48458
浙 江	292230	235683	50455	-547970	53205
安 徽	94675	88339	260827	-26703	179404
福 建	247517	97646	18220	-3553	74946
江 西	57271	55555	55788	-2645	89973
山 东	247492	276205	76084	-63177	305651
河 南	128764	136424	81285	-20593	144797
湖 北	105913	118426	94921	-50036	185416
湖 南	114397	113841	84512	-49152	185640
广 东	847976	299973	72941	-59686	410541
广 西	101497	57294	42808	-9420	125257
海 南	42949	14831	5357	-5136	38475
重 庆	72999	47456	41483	-25379	46241
四 川	126431	132280	111741	-31376	111452
贵 州	47324	59654	37333	-6302	43044
云 南	78343	205483	38893	-27211	15036
西 藏	3127	2117		-10156	834
陕 西	44466	71585	39320	-26890	45401
甘 肃	25921	41067	25470	-13259	25057
青 海	7141	10483	4230	-374	4847
宁 夏	12531	12124	7454	-967	9535
新 疆	76418	53976	28846	-15096	20074

表78　各地区财政支出决算情况(一)

(2000年)

单位:万元

地　区	支出合计	#基本建设支出	#挖潜改造支出	#地质勘探费	#科技三项费用	#流动资金
地方总计	**104366240**	**11641405**	**4987664**	**441429**	**1206842**	**215600**
北　京	4429969	574884	327083	4349	38441	6627
天　津	1869757	297084	161112	2534	36933	
河　北	4142992	292008	165326	18554	47416	
山　西	2249264	161358	43291	18577	22579	19058
内蒙古	2471487	343664	92525	25346	18456	77
辽　宁	5169041	529093	271041	17538	96968	
吉　林	2606694	212105	97099	17266	26234	3310
黑龙江	3818736	271794	135381	15719	42156	2000
上　海	6085621	1326644	753121	1194	13515	150000
江　苏	5912750	457956	523863	10526	79241	1935
浙　江	4312958	280042	263372	9425	91987	
安　徽	3224688	400853	137764	20709	21049	
福　建	3241212	291320	110809	9268	51369	952
江　西	2232115	277294	71371	24985	10025	
山　东	6129597	295068	395325	11872	92458	683
河　南	4439892	327994	163141	20310	39708	3814
湖　北	3698047	282054	73628	14817	39921	11388
湖　南	3478324	380819	86561	23230	37969	
广　东	10703189	1533503	292549	12874	214706	3398
广　西	2584866	252679	71491	11910	15229	
海　南	639953	78697	3224	2106	1615	
重　庆	1876433	258184	74243	6146	21341	
四　川	4518818	482355	241783	27539	35980	9822
贵　州	2001093	233575	64123	18772	13425	580
云　南	4140218	604507	158680	13783	32685	1329
西　藏	599693	145768	3465	9974	2261	
陕　西	2715539	414083	67498	22967	25926	571
甘　肃	1873355	204571	71981	17088	13614	36
青　海	682614	109123	12296	5341	5516	
宁　夏	607796	93938	32790	5577	6495	20
新　疆	1909529	228388	21728	21133	11624	

表 79 各地区财政支出决算情况(二)

(2000 年) 单位:万元

地区	#支援农村生产支出	#农业综合开发支出	#农林水利气象等部门事业费	#工业交通等部门事业费	#流通部门事业费	#文体广播事业费
地方总计	**2300387**	**930953**	**3591224**	**898251**	**178519**	**2666549**
北京	98712	24164	39582	20127	2187	92628
天津	22066	7930	16478	6975	251	46354
河北	70794	36847	106428	62909	7212	107850
山西	57393	23782	73472	18780	3005	64985
内蒙古	55361	27614	152357	14387	4941	66084
辽宁	137441	43153	102491	40697	9494	101047
吉林	26416	23233	139530	27089	11094	60911
黑龙江	66112	41407	280119	40174	13640	85710
上海	81937	28396	42525	32763	1113	116716
江苏	167076	65470	146388	37825	4636	170500
浙江	106999	52368	159929	63785	4050	136936
安徽	65691	40684	99562	22626	3549	79151
福建	91163	28072	99579	35822	8092	100358
江西	46747	30841	70135	21750	6501	54808
山东	127960	72395	211560	44937	7305	175745
河南	76312	45373	140274	35335	5190	114886
湖北	74420	32719	112464	39536	10357	98903
湖南	67576	32433	121524	30763	9375	90316
广东	268853	40043	333980	47350	12219	263304
广西	83874	27562	86498	16167	2502	81826
海南	17061	7549	22809	4044	822	16514
重庆	24481	21094	49799	6567	1565	33740
四川	83615	56969	248674	35401	10614	106266
贵州	47462	16442	96471	18838	5337	57826
云南	163951	28987	199080	73341	19139	106336
西藏	13397	8877	27320	19172	619	20080
陕西	67413	21312	162352	43584	9090	76041
甘肃	38199	10115	101798	11830	1322	57512
青海	12663	7428	30192	8532	597	13867
宁夏	14928	8558	33106	3895	1763	18094
新疆	24314	19136	84748	13250	938	51255

表80 各地区财政支出决算情况(三)

(2000年)

单位:万元

地区	#教育事业费	#科学事业费	#卫生经费	#抚恤和社会福利救济费	#行政事业单位离退休经费	#社会保障补助支出
地方总计	**16225710**	**774320**	**4822958**	**2108270**	**4351655**	**5480788**
北京	600709	62070	285305	111436	181622	44755
天津	307965	13301	86869	28386	7425	174027
河北	736852	20794	174630	106812	204415	225350
山西	380507	10807	104507	51541	140629	182633
内蒙古	297521	12018	91072	40656	152023	146199
辽宁	651122	32238	170888	145394	227001	735066
吉林	358104	17547	93788	49705	177174	192626
黑龙江	489795	27297	136114	58615	47216	448503
上海	841031	73169	325811	72495	59543	64537
江苏	1174225	46259	325667	135494	205120	116273
浙江	781943	39404	272422	80142	35053	57559
安徽	539913	13907	117124	79268	181575	192444
福建	619815	31263	161326	59525	158099	70326
江西	379526	11544	103154	45784	83702	162072
山东	1180122	38543	282598	155043	248742	160953
河南	772534	23362	172990	101567	258848	256807
湖北	576590	15419	190881	88514	132295	286969
湖南	508830	17541	118790	73506	200466	281159
广东	1447466	109580	477313	143037	429525	197211
广西	447127	21344	116401	39947	95354	77596
海南	96303	3826	28021	14433	32042	32649
重庆	254532	7293	80400	54157	123270	205691
四川	648035	32218	218485	100685	200030	277924
贵州	317809	15448	110566	31922	12892	118670
云南	622859	33280	223789	88609	263198	158853
西藏	69788	1868	32365	9279	11320	10758
陕西	382990	14468	82890	56709	104364	250022
甘肃	274617	12122	80568	34235	95057	135710
青海	72712	1918	28220	14014	78829	82051
宁夏	80830	4059	23519	8843	25098	53824
新疆	313538	10413	106485	28517	179728	81571

表 81　各地区财政支出决算情况(四)

(2000 年)

单位:万元

地　区	# 国防支出	# 行 政 管理费	# 武装警察部队支出	# 公检法司支 出	# 城 市 维护费	# 政策性补贴支出	# 支援不发达地区支出
地方总计	**90447**	**9366428**	**132513**	**7139945**	**4670412**	**4028961**	**1229351**
北　京	780	209237		335916	237058	91891	257
天　津	785	89182	751	122307	158954	52219	164
河　北	3239	373495	3188	331025	135634	214895	48091
山　西	2310	271913	1784	153021	70142	92108	34267
内 蒙 古	1809	242583	2713	145405	73168	186028	43543
辽　宁	8515	309706	2564	322457	302934	246169	16533
吉　林	2602	180167	6863	158410	81416	393940	18896
黑 龙 江	3891	259248	6855	219457	162005	444204	31884
上　海	2111	226210		343093	231487	86070	
江　苏	3702	557050	7371	403569	470433	122953	5619
浙　江	3015	439777	7465	350119	335422	60205	16322
安　徽	3704	347527	2632	189001	105081	155154	53346
福　建	6656	270523	9364	213019	102123	122724	35328
江　西	1332	210217	2546	153539	74438	119808	29692
山　东	3840	622058	3908	379550	388747	188804	11686
河　南	1485	478380		315271	159194	310106	63486
湖　北	1820	369252	2434	233733	125192	141941	41828
湖　南	3367	327797	3791	256110	149062	127822	46802
广　东	8122	1009542	27060	944016	534781	181131	25363
广　西	4027	282021	5409	215983	81372	70576	72148
海　南	828	64798	1314	46157	23056	13463	12291
重　庆	1685	185102	7452	134334	90341	66756	33336
四　川	7933	513038	7233	316066	138246	200473	100517
贵　州	1659	243089	1248	145316	64898	38447	88819
云　南	6215	372394	10317	234401	146200	57764	138795
西　藏	541	106392	1651	34407	3848	11834	20395
陕　西	900	276547	2324	152539	73820	53876	51091
甘　肃	1024	195859	973	95226	51109	84126	81494
青　海	512	67060	783	37208	6067	16791	29913
宁　夏	417	45521	532	31562	17710	17031	19783
新　疆	1621	220743	1988	127728	76474	59652	57662

表82　国家财政债务收入、支出

单位：亿元

年份	债务收入	#国外借款	债务支出	国内债务还本付息	国外借款还本付息	归还人民银行借款和付息
1979	35.3	35.3				
1980	43.0	43.0	28.6		24.4	4.2
1985	89.9	29.2	39.6		32.6	7.0
1986	138.3	75.7	50.2	8.0	34.5	7.7
1987	169.6	106.5	79.8	23.2	52.0	4.7
1988	270.8	138.6	76.8	28.4	42.6	5.7
1989	283.0	144.1	72.4	19.3	45.8	7.2
1990	375.5	178.2	190.4	113.8	68.2	8.4
1991	461.4	180.1	246.8	156.7	80.2	9.9
1992	669.7	208.9	438.6	342.4	80.3	15.9
1993	739.2	357.9	336.2	224.3	89.2	22.7
1994	1175.3	146.7	499.4	365.0	107.2	27.2
1995	1549.8	38.9	883	784.1	71.7	27.2
1996	1967.3	119.5	1355	1266.3	60.8	28.0
1997	2476.8	64.8	1918.4	1820.4	70.8	27.2
1998	3310.9	82.2	2352.9	2245.6	76.6	30.5
1999	3715.0		1923.4	1792.3	91.0	27.2
2000	4180.1		2300.6			

注：1.1987年由财政负责偿还的重点建设债券54亿元和1989年发行的保值公债125亿元未列入当年债务合计中。
2.1995年债务支出未包括转作下年债务还本付息支出4.6亿元。

表83　国家外债余额

单位：亿美元

债务类型	1995年	1996年	1997年	1998年	1999年	2000年
总　计	**1065.9**	**1162.8**	**1309.6**	**1460.4**	**1518.3**	**1457.3**
按债务类型分						
外国政府贷款	220.6	221.6	207.8	224.1	265.6	246.1
国际金融组织贷款	148.0	167.4	192.1	229.5	251.4	263.5
国际商业贷款	526.3	569.5	647.7	682.2	653.8	947.7
其他	171.0	204.3	262.0	324.6	347.5	
按偿还期限分						
长期债务余额	946.7	1021.7	1128.2	1287.0	1366.5	1326.5
短期债务余额	119.2	141.1	181.4	173.4	151.8	130.8

表 84 金融、证券、保险基本情况

（年底数）

项 目	单 位	1996 年	1997 年	1998 年	1999 年	2000 年
金融						
银行系统机构总数	个	161113	163070	153348	112141	
银行系统职工人数	万人	200.5	202.8	200.1	205.1	
金融机构资金来源	亿元	79033.7	95008.1	110420.5	123230.6	135483.7
#各项存款	亿元	68595.6	82390.3	95697.9	108778.9	123804.4
金融机构资金运用	亿元	79033.7	95008.1	110420.5	123230.6	135483.7
#各项贷款	亿元	61156.6	74914.1	86524.1	93734.3	99371.1
货币供应量						
货币和准货币(M2)	亿元	76094.9	90995.3	104498.5	119897.9	134610.3
货币(M1)	亿元	28514.8	34826.3	38953.7	45837.2	53147.2
流通中现金(M0)	亿元	8802.0	10177.6	11204.2	13455.5	14652.7
金融机构现金收入	亿元			203966.5	233399	277067.1
#商品销售收入	亿元			25851.3	27731.1	32593.1
服务事业收入	亿元			9970.9	11387.6	13316.4
金融机构现金支出	亿元			204993.1	235650.4	278264.3
#工资及对个人其他支出	亿元			18231.2	19001.9	20397.9
农副产品采购支出	亿元			9023.8	5863.4	7126
黄金储备	万盎司	1267	1267	1267	1267	1267
外汇储备	亿美元	1050.3	1398.9	1450.0	1546.8	1655.7
证券						
境内上市公司(A、B股)	家	530	745	851	949	1088
境外上市公司(H股)	家	25	42	43	46	52
股票发行额	亿股	86.1	267.6	105.6	122.9	512.0
股票筹资额	亿元	425.1	1293.8	841.5	944.56	2103.1
保险						
保险系统机构总数	个			8745	8717	
保险系统职工人数	万人			17.3	17.2	17.2
保险公司经济技术指标						
保险金额	亿元			725286	666427	508579
保费	亿元			1256	1406	1598
赔款及给付	亿元			532	508	526

注:金融机构现金收入和支出数为当年增量。

表85　金融机构信贷收支

（年底余额）

单位：亿元

项　　目	1996年	1997年	1998年	1999年	2000年
资金来源总计	**79033.7**	**95008.1**	**110420.5**	**123230.6**	**135483.7**
一、各项存款	68595.6	82390.3	95697.9	108778.9	123804.4
企业存款	22450.2	28656.3	32486.6	37182.4	44093.7
财政存款	1274.2	1572.4	2187.9	2128.1	3508.1
机关团体存款	968.9	858.6	1285.4	1814.5	2224.3
城乡储蓄存款	38520.8	46279.8	53407.5	59621.8	64332.4
农业存款	1364.1	1533.0	1748.0	2126.3	2642.9
信托类存款		2634.7	2886.4	3072.2	2873.6
其他类存款		855.6	1696.2	2833.7	4129.4
二、金融债券	2484.2	29.9	56.2	39.5	30.2
三、对国际金融机构负债	120.2	196.5	174.4	371.9	368.3
四、货币流通量	8802.0	10177.6	11204.2	13455.5	14652.7
五、其它	-968.3	2213.8		584.8	-3371.9
资金运用总计	**79033.7**	**95008.1**	**110420.5**	**123230.6**	**135483.7**
一、各项贷款	61156.6	74914.1	86524.1	93734.3	99371.1
1.短期贷款	40210.0	55418.3	60613.2	63887.6	65748.1
工业贷款	14213.3	16526.6	17821.5	17948.9	17019.3
商业贷款	15332.6	18356.6	19752.4	19890.9	17868.5
建筑业贷款	973.8	1591.1	1628.7	1476.9	1617.1
农业贷款	1919.1	3314.6	4444.2	4792.4	4889.0
乡镇企业贷款	2821.9	5035.8	5580.0	6161.3	6060.8
私营企业及个体贷款	279.8	386.7	471.6	579.1	654.6
三资企业贷款	1346.3	1891.0	2487.5	2985.8	3049.8
其他短期贷款	3323.2	8315.9	8427.2	10052.4	14589.0
2.中长期贷款	12672.6	15468.7	20717.8	23968.3	27931.2
3.信托类贷款	2819.5	2322.1	2521.3	2504.6	2409.7
4.其它类贷款	5454.4	1705.0	2671.9	3373.8	3282.1
二、有价证券贷款	5644.9	3671.7	8112.2	12505.8	19651.1
三、在国际金融机构资产	69.1	534.4	461.8	604.1	576.3
四、金银占款	234.3	12.0	12.0	12.0	12.0
五、外汇占款	9578.7	13467.2	13728.3	14792.4	14291.1
六、财政借款	2350.3	2408.7	1582.1	1582.1	1582.1

表 86 金融机构现金收入和支出

单位:亿元

项目	国家银行		金融机构		
	1996 年	1997 年	1998 年	1999 年	2000 年
收入总计	**120263.3**	**141612.6**	**203966.5**	**233399.04**	**277067.1**
商品销售收入	19108.9	19891.1	25851.3	27731.1	32593.1
服务事业收入	5136.5	5984.7	9970.9	11387.6	13316.4
税款收入	644.4	732.5	1194.6	1387.3	1585.8
农村信用社收入	2820.6	1542.3			
乡镇企事业收入	2669.2	3105.6			
城乡个体经营收入	2104.8	2659.4	8456.0	9068.0	10651.9
储蓄存款收入	68525.7	84956.4	130888.1	154778.3	183022.8
其他金融机构收入	4752.1	4858.1	2753.8	2391.8	3059.5
汇兑收入	2133.5	2536.0	3623.0	4577.4	5935.3
有价证券收入	588.2	1106.5	1663.7	1421.5	1917.5
其他收入	11779.4	14240.0	19565.1	20656.0	24984.8
支出总计	**121179.9**	**142988.3**	**204993.1**	**235650.4**	**278264.3**
工资及对个人其他支出	14013.0	14480.3	18231.2	19001.9	20397.9
农副产品采购支出	3695.5	4354.4	9023.8	5863.4	7126.0
行政企业管理费支出	6599.9	7195.8	11074.9	12901.7	15298.2
农村信用社支出	3876.0	2197.4			
乡镇企事业支出	3172.8	3530.9			
城乡个体经营支出	2488.8	3028.2	10026.6	11438.1	13318.5
储蓄存款支出	66787.5	84892.8	129307.8	154844.1	184907.0
其他金融机构支出	3601.2	3360.7	2278.3	1977.4	2105.6
汇兑支出	2057.6	2185.9	2744.4	3080.5	3789.8
工矿产品收购支出	1335.3	1363.3			4653.2
有价证券支出	606.6	744.6	1361.2	1126.5	1303.7
其他支出	12945.7	15654.0	20944.9	25416.8	25364.4

表87 证券市场主要指标

种类	单位	1996年	1997年	1998年	1999年	2000年
境内上市公司数(A、B股)	家	530	745	851	949	1088
境外上市公司(H股)	家	25	42	43	46	52
股票发行额	亿股	86.1	267.6	105.6	122.9	512.0
股票总发行股本	亿股	1219.5	1942.7	2526.8	3089.0	3791.7
股票市价总值	亿元	9842.4	17529.2	19505.6	26471.2	48090.9
证券成交金额	亿元	57409.4	83657.5	67379.7	72758.3	60826.7
国债发行额	亿元	1847.8	2411.8	3228.8	4015.0	
企业债发行额	亿元	268.9	255.2	147.9	200.0	
股票筹资额	亿元	425.1	1293.8	841.5	944.6	2103.1
证券投资基金规模	亿元			120.0	505.0	562.0
上证综合指数(收盘)	%	917.0	1194.1	1146.7	1366.6	2073.5
深证综合指数(收盘)	%	327.5	381.3	343.9	402.2	635.7
投资者开户数	万户	2307.2	3333.3	3911.1	4481.2	5801.1
期货总成交额量	亿元	84119.2	61170.7	36967.2	22343.0	16082.3

注:证券成交金额包括股票、债券和证券投资基金。

表88 中外资保险公司业务经济技术指标

单位:亿元

项目	保险金额		保费		赔款及给付	
	1999年	2000年	1999年	2000年	1999年	2000年
合计	**666427**	**508579**	**1406**	**1598**	**508**	**526**
财产保险公司	**138683**	**161521**	**527**	**608**	**280**	**308**
企业财产保险	64769	69603	113	118	51	51
家庭财产保险	4252	5829	12	13	5	4
机动车辆保险	24357	34041	306	373	171	203
船舶保险	12404	9834	11	11	10	9
货物运输保险	14877	17735	35	36	14	16
卫星及核能保险	848	2667	2	3	2	2
建筑、安装工程保险及责任保险	2890	3357	6	6	2	2
责任保险	6528	6682	17	21	9	11
保证保险	448	541	1	2	1	1
信用保险	256	388	2	3	2	1
农业保险	749	499	6	4	5	3
其他保险	6305	10345	15	18	10	5
人寿保险公司	**527744**	**347058**	**879**	**990**	**228**	**218**
寿险	46670	69282	770	882	190	174
健康险	31396	27277	41	28	11	12
人身意外伤害险	449678	250499	67	80	27	32

表 89 农村基层组织和农业基本情况(一)

项　目	单　位	1985 年	1990 年	1995 年	1999 年	2000 年
农村基层组织						
乡镇数	个	91138	55838	47136	44741	43735
#镇数	个	83182	11392	17282	19184	19692
村民委员会	个	940617	743278	740150	737429	734715
农村人口、劳动力资源						
乡村户数	万户	19007	22237	23282	23811	24149
乡村人口数	万人	84420	89590	91675	92216	92820
乡村劳动力	万人	37065	42010	45042	46897	47962
1.按性别分						
男劳动力	万人	20153	22552	24037	24996	25518
女劳动力	万人	16912	19458	21004	21901	22444
2.按行业分						
农林牧渔业	万人	30351.5	33336.4	32334.5	32911.8	32797.5
工　业	万人	2741.0	3228.7	3970.7	3953.0	4108.6
建筑业	万人	1130.1	1522.8	2203.6	2531.9	2691.7
交通运输业、仓储及邮电通讯业	万人	434.1	635.3	983.0	1115.8	1170.6
批发零售贸易业餐饮业	万人	462.6	693.2	1170.4	1584.6	1751.8
其他非农行业	万人	1945.8	2569.8	4379.7	4799.3	5441.9
农业机械拥有量						
农业机械总动力	万千瓦	28433	28708	36118	48996	52574
农用大中型拖拉机	台	852357	813512	671846	784216	827003
农用大中型拖拉机	万千瓦	3730.3	2745.5	2404.0	2772.8	2873.4
小型拖拉机	万台	382.4	698.1	864.6	1200.3	1264.4
小型拖拉机	万千瓦	4557.8	6231.4	7848.0	11008.9	11663.9
大中型拖拉机机引农具	万部	112.8	97.4	99.1	132.0	140.0
小型拖拉机机引农具	万部	320.2	648.8	958.0	1621.0	1788.8

注：1.本表分行业劳动力是按从事的主行业划分的，如以农业为主，兼营商业的，仍作为农业劳动力。
2.工业劳动力中包括村及村以下办工业的劳动力。
3.本表乡镇数是指经国家批准设立乡、镇人民政府的乡和农村建制镇，不包括县政府驻地镇和工矿区。

表 90　农村基层组织和农业基本情况(二)

项　　目	单　位	1985 年	1990 年	1995 年	1999 年	2000 年
农用排灌柴油机	万台	286.5	411.1	491.2	645.0	688.1
农用排灌柴油机	万千瓦	3491.2	3348.5	3839.1	4934.6	5232.6
农用载重汽车	万辆	43.0	62.4	79.4	93.4	94.2
农用载重汽车	万千瓦	4181.7	4621	6090.9	6881.8	6763.4
渔用机动船	万艘	17.3	32.1	37.7	41.7	45.6
渔用机动船	万千瓦	499.2	696	965.6	1253.1	1338.2
灌溉、施肥、用电量						
有效灌溉面积	千公顷	44036	47403	49281	53158	53851
化肥施用量	万吨	1775.8	2590.3	3593.7	4124.3	4146.0
乡村办水电站个数	个	55754	52387	40699	31678	28558
乡村办水电站发电能力	万千瓦	380.2	428.8	519.5	664.1	692.8
农村用电量	亿千瓦小时	508.9	844.5	1655.7	2173.4	2421.3
农作物总播种面积	**千公顷**	**143625**	**148362**	**149879**	**156373**	**156300**
粮食	千公顷	108845	113466	110060	113161	108463
谷物	千公顷			89310	91617	85264
#稻谷	千公顷	32070	33064	30744	31284	29962
小麦	千公顷	29218	30753	28860	28855	26653
玉米	千公顷	17694	21401	22776	25904	23056
豆类	千公顷			11232	11190	12660
薯类	千公顷	8572	9121	9519	10355	10538
油料	千公顷	11800	10900	13101	13906	15400
棉花	千公顷	5141	5588	5422	3726	4041
麻类	千公顷	1230	495	376	205	262
糖料	千公顷	1526	1679	1820	1644	1514
烟叶	千公顷	1313	1593	1470	1374	1437
蔬菜	千公顷	4753	6338	9515	13347	15237
茶园面积	千公顷	1045	1061	1115	1130	1089
果园面积	千公顷	2736	5179	8098	8667	8932

表 91 农林牧渔业总产值

单位:亿元

年份	总产值	农业	林业	牧业	渔业
1978	1397.0	1117.6	48.1	209.3	22.1
1980	1922.6	1454.1	81.4	354.2	32.9
1985	3619.5	2506.4	188.7	798.3	126.1
1990	7662.1	4954.3	330.3	1967.0	410.6
1991	8157.0	5146.4	367.9	2159.2	483.5
1992	9084.7	5588.0	422.6	2460.5	613.6
1993	10995.5	6605.1	494.0	3014.4	882.0
1994	15750.5	9169.2	611.1	4672.0	1298.2
1995	20340.9	11884.6	709.9	6045.0	1701.3
1996	22353.7	13539.8	778.0	6015.5	2020.4
1997	23788.4	13852.5	817.8	6835.4	2282.7
1998	24541.9	14241.9	851.3	7025.8	2422.9
1999	24519.1	14106.2	886.3	6997.6	2529.0
2000	24915.8	13873.6	936.5	7393.1	2712.6

注:本表按当年价格计算。

表 92 农林牧渔业总产值指数

(1978 年 = 100)

年份	总产值	农业	林业	牧业	渔业
1978	100.0	100.0	100.0	100.0	100.0
1980	109.1	106.4	113.7	122.6	103.9
1985	161.6	152.2	176.2	203.4	185.1
1990	203.9	186.5	179.5	282.0	346.7
1991	211.4	188.2	193.7	306.9	373.2
1992	224.9	196.2	208.6	333.9	430.3
1993	242.5	206.5	225.4	369.8	509.5
1994	263.3	213.2	245.3	431.4	611.4
1995	291.9	230.1	257.7	495.4	730.3
1996	319.3	248.0	272.2	551.6	832.4
1997	340.8	259.1	281.2	607.3	928.2
1998	361.1	271.9	289.4	651.9	1009.9
1999	377.9	283.6	298.6	681.6	1082.5
2000	391.5	287.6	314.7	724.5	1152.9

注:本表按可比价格计算。

表 93　各地区农林牧渔业总产值和指数

(2000 年)

地　区	农林牧渔业总产值(亿元)	农　业	林　业	牧　业	渔　业	农林牧渔业总产值指数(上年=100)
全国总计	**24915.8**	**13873.6**	**936.5**	**7393.1**	**2712.6**	**103.6**
北　京	195.2	91.1	5.4	90.6	8.1	113.1
天　津	156.3	83.4	1.4	51.8	19.8	104.2
河　北	1544.7	846.7	25.4	613.7	58.9	105.7
山　西	322.4	218.3	12.7	89.7	1.6	109.3
内蒙古	543.2	308.4	23.6	205.5	5.7	102.5
辽　宁	967.4	463.5	19.7	304.2	180.0	99.2
吉　林	609.4	320.3	11.4	268.7	9.0	94.4
黑龙江	625.1	414.4	18.3	175.7	16.8	99.3
上　海	216.5	89.8	1.4	87.4	37.9	103.9
江　苏	1869.7	1096.0	30.2	430.5	313.0	105.0
浙　江	1062.9	520.4	67.8	177.3	297.4	104.6
安　徽	1220.0	675.3	64.0	349.4	131.3	101.7
福　建	1037.3	421.0	82.3	208.2	325.8	103.1
江　西	760.3	387.3	51.1	221.8	100.1	102.8
山　东	2294.3	1300.4	47.6	599.2	347.1	103.9
河　南	1981.5	1264.3	56.2	641.6	19.5	105.4
湖　北	1125.6	615.7	40.2	338.8	130.9	102.8
湖　南	1221.7	633.8	51.0	455.9	80.9	104.2
广　东	1640.7	807.9	59.6	389.7	383.4	104.0
广　西	829.0	418.8	38.8	275.3	96.1	100.2
海　南	311.9	145.0	48.1	50.3	68.6	111.5
重　庆	412.6	244.7	10.8	142.0	15.1	100.9
四　川	1413.3	785.4	49.1	541.5	37.3	104.9
贵　州	413.0	279.6	18.0	110.7	4.6	103.8
云　南	680.9	416.4	49.7	201.5	13.3	106.5
西　藏	51.2	26.4	1.3	23.5	…	101.9
陕　西	464.9	327.8	27.2	106.4	3.5	104.6
甘　肃	323.0	239.0	11.2	71.7	1.2	104.9
青　海	57.0	24.9	1.5	30.5	0.1	97.5
宁　夏	77.8	47.0	3.1	25.7	1.9	103.8
新　疆	461.2	340.9	7.6	109.2	3.4	105.2

表 94 化肥施用量、小水电站和农村用电量及灌溉面积

年 份	化 肥 施用量 (万吨)	乡村小型水电站		农村用电量 (亿千瓦小时)	有 效 灌溉面积 (千公顷)		机电排灌 面积占灌溉 面积比重 (%)
		个 数 (个)	发电能力 (万千瓦)			#机电排灌	
1978	884	82387	228.4	253.1	44965	24895	55.4
1980	1269	80319	304.1	320.8	44888	25315	56.4
1985	1776	55754	380.2	508.9	44036	24629	55.9
1990	2590	52387	428.8	844.5	47403	27148	57.3
1991	2805	49644	456.9	963.2	47822	27629	57.8
1992	2930	48082	478.6	1106.9	48590	28283	58.2
1993	3150	45153	481.7	1244.8	48646	31625	65.0
1994	3318	48722	503.7	1473.9	48759	31528	64.7
1995	3594	40699	519.5	1655.7	49281	32205	65.3
1996	3828	37743	533.7	1812.7	50381	32891	65.3
1997	3981	36117	562.4	1980.1	51239	34370	67.1
1998	4086	33211	634.8	2042.1	52296	34716	66.4
1999	4124	31678	664.1	2173.4	53158	35639	67.0
2000	4146	28558	692.8	2421.3	53851	35937	66.7

注:1. 化肥施用量按有效成份 100% 计算。
2. 农村用电量包括国家电网的供电量和农村自办电站供电量,不包括在农村的国有单位的用电量。

表 95 主要农作物播种面积及比例

单位:千公顷

年 份	农作物 总播种 面 积	粮 食 播种面积	占总播种 面积(%)	油 料 播种面积	占总播种 面积(%)	棉 花 播种面积	占总播种 面积(%)
1978	150104	120587	80.3	6222	4.1	4867	3.2
1980	146379	117234	80.1	7928	5.4	4920	3.4
1985	143626	108845	75.8	11800	8.2	5141	3.6
1990	148362	113466	76.5	10900	7.3	5588	3.8
1991	149586	112314	75.1	11530	7.7	6538	4.4
1992	149007	110560	74.2	11489	7.7	6835	4.6
1993	147741	110509	74.8	11142	7.5	4985	3.4
1994	148241	109544	73.9	12081	8.2	5528	3.7
1995	149879	110060	73.4	13101	8.7	5422	3.6
1996	152381	112548	73.9	12556	8.2	4722	3.1
1997	153969	112912	73.3	12381	8.0	4491	2.9
1998	155706	113787	73.1	12919	8.3	4459	2.9
1999	156373	113161	72.4	13906	8.9	3726	2.4
2000	156300	108463	69.4	15400	9.9	4041	2.6

表96　主要农产品产量(一)

单位:万吨

年　份	粮　食	谷　物	#稻　谷	#小　麦	#玉　米	豆　类	薯　类
1978	30477		13693	5384	5595		3174
1980	32056		13991	5521	6260		2873
1985	37911		16857	8581	6383		2604
1990	44624		18933	9823	9682		2743
1991	43529	39566	18381	9595	9877	1247	2716
1992	44266	40170	18622	10159	9538	1252	2844
1993	45649	40517	17751	10639	10270	1950	3181
1994	44510	39389	17593	9930	9928	2096	3025
1995	46662	41612	18522	10221	11199	1788	3263
1996	50454	45127	19510	11057	12747	1790	3536
1997	49417	44349	20074	12329	10431	1876	3192
1998	51230	45625	19871	10973	13295	2001	3604
1999	50839	45304	19848	11388	12808	1894	3641
2000	46218	40522	18791	9964	10600	2010	3685

表97　主要农产品产量(二)

单位:万吨

年　份	棉　花	油　料	#花　生	#油菜籽	#芝　麻	麻　类	#黄红麻
1978	216.7	521.8	237.7	186.8	32.2	135.0	54.5
1980	270.7	769.1	360.0	238.4	25.9	144.0	54.9
1985	414.7	1578.4	666.4	560.7	69.1	445.0	206.0
1990	450.8	1613.2	636.8	695.8	46.9	110.0	72.6
1991	567.5	1638.3	630.3	743.6	43.5	88.0	51.3
1992	450.8	1641.2	595.3	765.3	51.6	94.0	61.9
1993	373.9	1803.9	842.1	693.9	56.3	96.0	67.2
1994	434.1	1989.6	968.2	749.2	54.8	75.0	35.4
1995	476.5	2250.3	1023.4	977.7	58.3	89.7	37.1
1996	420.3	2210.6	1013.8	920.1	57.5	79.5	36.5
1997	460.3	2157.4	964.8	957.8	56.6	74.9	43.0
1998	450.1	2313.9	1188.6	830.0	65.6	49.5	24.8
1999	382.9	2601.2	1263.9	1013.2	74.3	47.1	16.5
2000	441.7	2954.8	1443.7	1138.1	81.1	52.9	12.6

表 98 主要农产品产量(三)

单位:万吨

年份	糖料	甘蔗	甜菜	茶叶	烟叶	#烤烟
1978	2382	2112	270	26.8	124.2	105.2
1980	2911	2281	631	30.4	84.5	71.7
1985	6047	5155	892	43.2	242.5	207.5
1990	7215	5762	1453	54.0	262.7	225.9
1991	8419	6790	1629	54.2	303.1	267.0
1992	8808	7301	1507	56.0	349.9	311.9
1993	7624	6419	1205	60.0	345.1	303.6
1994	7345	6093	1253	58.8	223.8	194.0
1995	7940	6542	1398	58.9	231.4	207.2
1996	8229	6688	1673	59.3	323.4	294.5
1997	9387	7890	1497	61.3	425.1	390.8
1998	9790	8343	1447	66.5	236.4	208.8
1999	8334	7470	864	67.6	246.9	218.5
2000	7635	6628	807	68.3	255.2	223.8

表 99 主要农产品产量(四)

单位:万吨

年份	水果	#苹果	#柑橘	#梨	#葡萄	#香蕉
1978	657.0	227.5	38.3	151.7	10.4	8.5
1980	679.3	236.3	71.3	146.6	11.0	6.1
1985	1163.9	361.4	180.8	213.7	36.1	63.1
1990	1874.4	431.9	485.5	235.3	85.9	145.6
1991	2176.1	454.0	633.3	249.8	91.6	198.1
1992	2440.1	655.6	516.0	284.6	112.5	245.1
1993	3011.2	907.0	656.1	321.7	135.2	270.1
1994	3499.8	1112.9	680.5	404.3	152.2	289.8
1995	4214.6	1400.8	822.5	494.2	174.2	312.5
1996	4652.8	1704.7	845.7	580.7	188.3	253.6
1997	5089.3	1721.9	1010.2	641.5	203.3	289.2
1998	5452.9	1948.1	859.0	727.5	235.8	351.8
1999	6237.6	2080.2	1078.7	774.2	270.8	419.4
2000	6225.1	2043.1	878.3	841.2	328.2	494.1

表100　主要林产品产量

单位:万吨

年　份	橡　胶	松　脂	生　漆	油桐籽	油茶籽	核　桃
1978	10.2	33.8	0.2	39.1	47.9	11.3
1980	11.3	42.1	0.3	30.3	49.0	11.9
1985	18.8	34.4	0.2	37.9	61.9	12.2
1990	26.4	43.5	0.3	35.1	52.3	15.0
1991	29.6	44.0	0.3	32.8	62.1	15.2
1992	30.9	46.9	0.3	43.7	62.9	16.4
1993	32.6	58.1	0.3	42.1	48.8	19.2
1994	37.4	56.9	0.3	43.5	63.1	21.0
1995	42.4	54.8	0.3	40.5	62.3	23.1
1996	40.2	58.1	0.7	40.8	69.7	23.8
1997	45.2	70.1	0.4	45.4	85.7	25.0
1998	46.2	54.3	0.5	43.9	72.3	26.5
1999	49.0	57.1	0.5	44.8	79.3	27.4
2000	48.0	54.5	0.5	45.7	82.3	35.9

表101　水产品产量

单位：千吨

年　份	水产品总产量	海水产品	#天然生产	#人工养殖	淡水产品	#天然生产	#人工养殖
1978	4653.5	3594.8	3145.2	449.5	1058.7	296.4	762.3
1980	4497.0	3257.0	2812.7	444.3	1239.9	338.5	901.5
1985	7051.5	4197.5	3485.2	712.3	2854.1	476.3	2377.7
1990	12370.2	7132.9	5508.9	1624.1	5237.3	783.0	4454.2
1991	13507.8	8001.0	6096.4	1904.6	5506.8	914.9	4591.9
1992	15571.2	9336.5	6912.3	2424.2	6234.7	901.0	5333.7
1993	18230.0	10760.4	7673.4	3087.0	7469.6	1028.5	6441.1
1994	21432.3	12415.0	8958.3	3456.7	9017.3	1166.9	7850.4
1995	25171.8	14391.3	10268.4	4122.9	10780.5	1372.9	9407.6
1996	32880.9	20128.8	12489.8	7639.0	12752.2	1762.7	10989.5
1997	36017.8	21764.2	13853.8	7910.4	14253.5	1886.4	12367.1
1998	39065.1	23567.2	14966.8	8600.4	15497.9	2283.6	13214.3
1999	41224.1	24719.2	14976.2	9743.0	16504.9	2277.7	14227.2
2000	42784.8	25387.4	14774.5	10612.9	17397.5	2263.7	15133.8

表102 牲畜饲养情况

单位：万头(只)

年份	大牲畜年底头数	牛	马	驴	骡	骆驼
1996	13360.6	11031.8	871.5	944.4	478.0	34.9
1997	14541.8	12175.7	891.2	952.8	480.6	35.0
1998	14803.5	12435.4	898.1	955.8	473.9	33.5
1999	15025.0	12698.3	891.4	934.8	467.3	33.0
2000	15151.6	12866.3	876.6	922.7	453.0	32.6

年份	肉猪出栏头数	牛出栏头数	猪年底头数	羊年底只数	山羊	绵羊
1996	41225.1		36283.6	23728.3	12315.8	11412.5
1997	46483.7	3283.9	40034.8	25575.7	13480.1	12095.6
1998	50215.2	3587.2	42256.3	26903.5	14168.3	12735.2
1999	51977.2	3766.2	43019.8	27925.8	14816.3	13109.5
2000	52673.3	3964.8	44681.5	29031.9	15715.9	13316.0

表103 畜产品产量

年份	肉类产量(万吨)	#猪牛羊肉	猪肉	牛肉	羊肉	奶类(万吨)	#牛奶
1996	4584.0	3694.7	3158.0	355.7	181.0	735.8	629.4
1997	5268.8	4249.9	3596.3	440.9	212.8	681.1	601.1
1998	5723.8	4598.2	3883.7	479.9	234.6	744.5	662.1
1999	5820.7	4647.4	3890.7	505.4	251.3	806.9	717.6
2000	6124.6	4838.2	4031.4	532.8	274.0	919.1	827.4

年份	绵羊毛(吨)	#细羊毛	#半细羊毛	山羊毛(吨)	羊绒(吨)	禽蛋(万吨)	蜂蜜(万吨)
1996	298102	121020	74099	35255	9585	1965.2	18.4
1997	255059	116054	55683	25865	8626	1897.1	21.1
1998	276760	115752	60725	31417	9799	2020.2	20.7
1999	283152	114103	73700	31849	10180	2134.7	23.0
2000	292502	117386	84921	33266	11057	2243.3	24.6

表104 各地区粮食产量

单位:万吨

地区	1996年	1997年	1998年	1999年	2000年	“九五”时期合计
全国总计	**50453.5**	**49417.1**	**51229.5**	**50838.6**	**46217.5**	**248156.2**
北京	237.4	237.5	239.2	201.0	144.2	1059.3
天津	207.0	206.2	210.1	174.9	124.1	922.2
河北	2789.5	2746.7	2917.5	2746.3	2551.1	13751.0
山西	1077.1	901.4	1081.5	821.7	853.4	4735.0
内蒙古	1535.3	1421.0	1575.4	1428.5	1241.9	7202.1
辽宁	1660.1	1313.5	1828.9	1648.8	1140.0	7591.2
吉林	2326.6	1808.3	2506.0	2305.6	1638.0	10584.5
黑龙江	3046.6	3104.5	3008.5	3074.6	2545.5	14779.7
上海	226.3	230.2	212.6	208.1	174.0	1051.2
江苏	3476.4	3563.8	3415.1	3559.0	3106.6	17120.9
浙江	1516.8	1493.5	1435.2	1393.0	1217.7	7056.2
安徽	2674.1	2802.7	2591.0	2771.2	2472.1	13311.1
福建	952.2	961.8	958.1	942.2	854.7	4669.0
江西	1766.3	1767.7	1555.5	1732.7	1614.6	8436.8
山东	4332.7	3852.2	4264.8	4269.0	3837.7	20556.5
河南	3839.9	3894.7	4009.6	4253.3	4101.5	20098.9
湖北	2484.4	2634.4	2475.8	2451.9	2218.5	12265.0
湖南	2701.5	2801.9	2647.9	2725.4	2767.9	13644.6
广东	1839.2	1897.7	1947.6	1967.1	1760.1	9411.7
广西	1509.3	1544.8	1557.1	1575.0	1528.5	7714.7
海南	197.7	213.9	210.8	217.0	199.6	1038.9
重庆		1157.7	1122.5	1111.6	1106.9	4498.7
四川	4495.7	3461.3	3519.7	3551.4	3372.0	18400.1
贵州	1012.6	1025.9	1100.0	1125.2	1161.3	5425.0
云南	1246.2	1271.9	1319.5	1399.3	1467.8	6704.7
西藏	77.7	79.2	85.0	92.2	96.2	430.3
陕西	1217.3	1044.4	1303.1	1081.6	1089.1	5735.5
甘肃	820.6	766.2	872.0	814.9	713.5	3987.1
青海	123.8	127.6	128.2	103.6	82.7	565.9
宁夏	257.9	256.6	294.9	293.3	252.7	1355.4
新疆	805.3	830.0	836.6	799.3	783.7	4054.9

表105 各地区棉花产量

单位:万吨

地区	1996年	1997年	1998年	1999年	2000年	"九五"时期合计
全国总计	**420.3**	**460.3**	**450.1**	**382.9**	**441.7**	**2155.2**
北京	0.3	0.2	0.2	0.2	0.2	1.0
天津	0.5	0.4	0.6	0.6	1.8	3.9
河北	25.8	24.9	27.0	22.3	30.0	130.0
山西	7.2	4.4	5.6	4.4	4.5	26.2
内蒙古		0.1	0.2	0.2	0.2	0.7
辽宁	1.1	1.5	1.8	0.5	0.6	5.4
吉林						
黑龙江						
上海	0.4	0.4	0.5	0.2	0.1	1.6
江苏	53.7	50.7	46.2	24.6	31.4	206.7
浙江	6.8	4.8	6.5	4.0	2.9	25.1
安徽	27.0	30.1	29.0	19.5	27.4	133.0
福建					0.0	0.0
江西	12.3	13.2	7.6	6.3	6.8	46.3
山东	37.2	35.4	41.3	33.9	59.0	206.8
河南	73.6	79.0	72.8	70.7	70.4	366.5
湖北	43.0	58.1	32.5	28.2	30.4	192.2
湖南	19.0	25.6	19.2	17.7	15.8	97.3
广东						
广西	0.1	0.1	0.1	0.1	0.1	0.5
海南						
重庆	0.0	0.1	0.1	0.1	0.0	0.3
四川	12.3	10.7	10.2	7.6	5.9	46.7
贵州	0.1	0.1	0.2	0.1	0.1	0.6
云南	0.1	0.1	0.1	0.1	0.1	0.3
西藏						
陕西	3.1	2.1	2.3	2.0	2.7	12.2
甘肃	2.6	3.4	6.1	4.3	5.7	22.1
青海						
宁夏						
新疆	94.0	115.0	140.0	135.4	145.6	630.0

表106　各地区油料产量

单位:万吨

地　区	1996年	1997年	1998年	1999年	2000年	"九五"时期合　计
全国总计	**2210.6**	**2157.4**	**2313.9**	**2601.2**	**2954.8**	**12237.8**
北　京	2.9	2.7	2.8	2.8	3.8	15.1
天　津	3.1	3.0	3.8	2.3	3.3	15.6
河　北	120.7	118.0	138.8	129.5	147.0	653.9
山　西	37.3	28.1	42.5	25.5	44.8	178.2
内蒙古	81.4	73.1	90.3	100.9	116.4	462.1
辽　宁	17.0	16.1	23.4	19.8	29.6	105.8
吉　林	21.7	15.9	21.3	31.4	39.0	129.3
黑龙江	16.8	18.2	16.9	39.3	43.8	134.9
上　海	16.2	10.7	6.8	13.4	16.4	63.4
江　苏	147.5	141.9	115.6	184.0	225.6	814.8
浙　江	52.1	48.9	35.5	54.1	57.9	248.5
安　徽	177.2	205.0	176.5	268.1	285.1	1111.8
福　建	23.0	24.4	24.6	25.8	25.8	123.6
江　西	101.0	105.6	84.3	94.4	96.7	482.1
山　东	309.3	240.9	335.6	320.5	356.9	1563.3
河　南	278.5	276.7	312.1	349.3	392.6	1609.0
湖　北	181.8	195.5	216.7	228.3	287.2	1109.4
湖　南	118.1	129.3	120.7	130.2	139.3	637.6
广　东	74.2	75.5	79.3	74.5	78.8	382.3
广　西	51.6	55.5	54.4	54.7	58.6	274.9
海　南	8.0	8.4	9.5	9.6	10.1	45.6
重　庆	0.0	23.3	25.1	24.1	31.1	103.6
四　川	156.8	134.2	146.4	151.6	193.0	782.0
贵　州	55.6	59.0	62.2	67.3	74.3	318.5
云　南	18.8	17.4	17.5	20.6	27.0	101.3
西　藏	3.5	3.4	3.0	4.1	4.0	18.0
陕　西	37.4	36.7	35.5	31.9	38.8	180.3
甘　肃	43.1	35.6	45.5	43.8	41.7	209.6
青　海	17.1	18.4	21.0	28.5	19.4	104.4
宁　夏	7.9	6.2	8.6	10.4	7.0	40.1
新　疆	31.0	30.0	37.5	60.5	60.1	219.0

表107 各地区主要农产品产量

(2000年)

单位:万吨

地 区	糖 料	水 果	猪 肉	牛 肉	羊 肉	奶 类	水产品
全国总计	**7635.3**	**6225.1**	**4031.4**	**532.8**	**274.0**	**919.1**	**4278.5**
北 京		58.6	29.1	3.3	1.6	30.4	7.5
天 津		28.3	17.3	2.8	2.0	16.5	24.2
河 北	11.5	677.3	242.8	65.3	24.6	96.2	80.9
山 西	21.0	204.5	43.5	7.3	7.0	35.9	2.6
内蒙古	141.3	21.4	76.6	21.8	31.8	83.0	7.2
辽 宁	28.7	250.0	117.0	25.8	3.4	21.9	338.5
吉 林	44.4	48.6	95.5	33.5	3.2	15.0	14.0
黑龙江	254.8	19.2	87.1	27.1	3.5	156.5	38.2
上 海	6.8	22.5	25.9		0.7	25.9	28.9
江 苏	28.3	176.4	205.7	5.1	15.8	25.7	308.8
浙 江	98.5	170.4	89.8	0.9	2.6	11.2	469.5
安 徽	32.1	110.6	184.8	31.9	11.2	4.1	159.8
福 建	82.7	356.4	106.5	2.1	1.3	9.9	527.9
江 西	136.8	42.3	143.5	5.2	0.9	5.8	127.1
山 东	0.1	966.6	285.9	69.2	24.8	70.5	698.2
河 南	32.6	364.7	322.9	83.0	32.0	20.2	32.2
湖 北	101.7	215.7	193.5	13.8	3.0	5.9	234.3
湖 南	115.9	150.5	371.8	13.5	6.1	1.1	133.2
广 东	1253.2	643.5	206.8	5.2	0.4	9.5	593.2
广 西	2937.9	360.1	206.8	9.8	2.5	1.7	239.9
海 南	338.9	105.5	22.7	2.1	1.0		83.1
重 庆	9.1	81.7	132.1	4.4	1.9	5.6	20.0
四 川	166.8	252.6	419.1	23.8	16.2	28.9	51.3
贵 州	66.7	31.1	104.8	7.0	4.2	1.7	6.2
云 南	1420.6	77.0	172.6	12.8	5.8	14.7	16.6
西 藏		0.7	0.8	8.5	5.7	20.4	0.2
陕 西	1.8	493.8	60.9	7.9	5.4	63.9	6.1
甘 肃	37.9	121.6	38.9	7.9	7.5	13.7	1.4
青 海	0.1	2.2	7.0	6.4	7.0	21.3	0.1
宁 夏	0.3	19.3	8.8	3.3	3.3	23.6	3.7
新 疆	265.0	151.9	10.8	22.2	37.5	78.2	6.0

注:水产品总数包括水产品总公司17.58万吨。

表 108　全部国有及规模以上非国有工业企业工业增加值

（2000 年）

分　　类	工业增加值(亿元)	比上年增长(%)	构成(工业增加值=100)
工业增加值	**23685**	**11.4**	**100.0**
在总计中:			
轻工业	9506	9.5	40.1
重工业	14179	13.0	59.9
在总计中:			
#国有及国有控股企业	14032	10.1	59.2
在总计中:			
#集体企业	3301	7.4	13.9
股份合作企业	751	11.7	3.2
股份制企业	4954	14.5	20.9
外商及港澳台商投资企业	5333	14.6	22.5

注:1.本表绝对数按当年价格计算,指数按可比价格计算。
2.规模以上非国有企业为年产品销售收入 500 万元以上的企业。

表 109　全部国有及规模以上非国有工业企业工业总产值

（2000 年）

分　　类	工业总产值(亿元)	比上年增长(%)	构成(工业总产值=100)
工业总产值	**84871**	**15.6**	**100.0**
在总计中:			
轻工业	33929	12.9	40.0
重工业	50941	17.8	60.0
在总计中:			
#国有及国有控股企业	41018	13.4	48.3
在总计中:			
#集体企业	12911	10.5	15.2
股份合作企业	2977	17.0	3.5
股份制企业	18192	21.7	21.4
外商及港澳台商投资企业	23011	22.6	27.1

注:1.本表绝对数按当年价格计算,指数按可比价格计算。
2.规模以上非国有企业为年产品销售收入 500 万元以上的企业。

表 110 全部国有及规模以上非国有工业企业主要经济指标

（2000 年）

单位：亿元

指标	总计	#大中型企业	#国有及国有控股企业	#集体企业	#股份制企业	#外商及港澳台商投资企业
企业单位数(个)	158749	21305	54007	40014	23263	26981
其中：亏损企业数(个)	38367	5816	18938	6562	4570	7428
应收帐款净额	14352.62	8876.91	8136.99	1426.19	3283.29	4034.40
产成品	6754.47	3760.33	3446.37	1012.64	1633.14	1640.45
流动资产平均余额	51798.33	33912.32	31724.99	5327.58	12258.71	12064.09
固定资产净值平均余额	50354.12	35953.41	35859.71	3501.41	11324.74	9628.45
资产合计	123983.94	86113.74	83641.01	10272.10	29301.60	25081.98
负债合计	75890.65	51474.32	51246.82	6768.82	17423.67	14337.37
产品销售收入	82314.29	49248.47	42220.19	11418.16	17551.34	21715.62
其中：产品销售成本	66880.43	38902.14	33338.90	9695.94	14199.89	17801.04
产品销售费用	2931.33	1698.50	1201.41	420.67	734.27	1012.10
产品销售税金及附加	1460.40	1212.69	1189.62	101.77	245.49	128.63
管理费用	5165.52	3358.33	3200.77	508.10	1159.49	1158.82
财务费用	1945	1299.95	1230.11	214.58	481.48	390.10
其中：利息支出	1797.45	1244.62	1192.23	178.20	456.99	342.47
利润总额	4261.75	3098.04	2391.93	475.56	874.12	1219.49
亏损企业亏损额	1027.64	575.39	615.77	73.67	167.79	309.94
应交增值税	3514.53	2500.98	2280.25	349.85	790.02	662.49
全部从业人员平均人数(万人)	5531.91	2890.51	3068.72	917.50	1182.30	814.12

注：本表为月报数据；规模以上非国有企业为年产品销售收入 500 万元以上的非国有企业。

表111 各地区全部国有及规模以上非国有工业企业工业总产值和指数

(2000年)

地区	工业总产值(亿元)	#国有及国有控股企业	#集体企业	#股份制企业	#外商及港澳台投资企业	工业总产值比上年增长(%)
全国总计	**84870.6**	**41017.6**	**12910.9**	**18192.2**	**23010.8**	**15.6**
北京	2292.3	1702.5	172.4	288.7	1034.0	20.9
天津	2582.1	869.8	426.0	419.5	1136.0	17.7
河北	3413.6	1835.1	793.1	877.9	381.2	14.7
山西	1224.5	832.3	201.2	378.4	59.2	10.9
内蒙古	740.0	614.8	28.4	354.1	56.0	15.3
辽宁	4169.5	2829.3	342.9	864.5	797.4	16.7
吉林	1679.9	1377.9	99.7	526.7	312.2	16.3
黑龙江	2458.8	2102.3	110.4	420.9	132.8	13.9
上海	6174.9	3158.9	469.9	535.3	3366.0	13.3
江苏	10444.3	3154.3	2224.1	2452.8	2894.8	18.5
浙江	6576.0	1292.4	1152.6	2644.9	1215.8	25.0
安徽	1700.0	1116.9	205.8	416.2	187.7	12.7
福建	2505.7	843.6	163.0	297.9	1538.7	15.4
江西	925.1	738.3	80.5	185.0	98.3	12.8
山东	8311.7	3488.0	2455.5	1643.2	1168.8	17.8
河南	3495.0	1900.9	916.8	877.2	257.7	10.6
湖北	3131.9	1952.4	660.6	740.3	352.4	13.4
湖南	1704.0	1147.6	276.1	395.2	107.5	14.3
广东	12244.8	3306.1	1349.1	1329.4	7206.5	19.0
广西	993.0	683.3	147.4	271.9	107.9	9.0
海南	202.3	132.8	4.9	69.9	43.6	5.1
重庆	956.7	633.6	70.2	374.2	126.4	13.4
四川	2039.5	1280.4	189.1	881.3	158.4	15.1
贵州	621.3	497.4	52.6	186.6	16.5	13.2
云南	1029.0	838.2	89.5	186.3	57.1	6.7
西藏	17.6	14.9	4.5	2.5	0.1	9.3
陕西	1175.5	929.1	76.7	204.5	126.2	10.5
甘肃	781.9	624.6	103.7	49.6	31.7	12.4
青海	193.1	173.5	5.1	87.5	4.8	8.8
宁夏	236.6	179.6	9.6	69.3	16.8	17.0
新疆	850.0	766.9	29.5	160.7	18.8	7.8

注:1.本表绝对数按当年价格计算,增长速度按可比价格计算。
2.规模以上非国有企业为年产品销售收入500万元以上的企业。

表 112 各地区全部国有及规模以上非国有工业企业主要经济指标(一)

(2000 年)

单位:亿元

地 区	产品销售收入	#产品销售成本	#产品销售费用	#产品销售税金及附加	税金总额	利润总额
全国总计	**82314.29**	**66880.43**	**2931.33**	**1460.40**	**4974.93**	**4261.75**
北 京	2575.72	2109.66	102.90	24.75	115.79	110.85
天 津	2603.52	2143.01	92.45	25.00	110.83	171.94
河 北	3372.40	2759.64	106.16	43.72	195.98	180.58
山 西	1098.42	833.47	59.79	15.93	86.72	26.75
内蒙古	733.94	597.33	29.43	11.61	60.97	17.32
辽 宁	4251.46	3580.19	103.11	69.44	260.06	174.97
吉 林	1568.59	1258.89	42.80	33.78	117.69	85.55
黑龙江	2420.75	1480.93	66.43	59.39	262.29	566.53
上 海	6195.07	5031.81	250.61	87.31	315.05	380.85
江 苏	9992.98	8543.06	317.12	86.96	461.55	367.53
浙 江	6223.92	5247.90	197.20	83.75	310.48	343.02
安 徽	1564.71	1283.64	64.89	40.75	120.49	34.33
福 建	2399.20	2009.83	81.42	45.29	122.40	95.70
江 西	883.91	721.33	33.80	22.68	66.74	12.80
山 东	8060.30	6586.76	265.57	97.57	459.42	543.62
河 南	3278.30	2702.57	114.89	57.47	193.17	135.15
湖 北	2990.58	2371.86	113.70	75.21	207.87	89.77
湖 南	1617.25	1289.15	57.01	88.84	175.37	32.55
广 东	11727.64	9660.07	480.94	120.06	432.57	524.52
广 西	956.85	754.57	39.02	18.80	79.84	34.91
海 南	153.64	118.74	13.27	3.28	10.74	4.34
重 庆	950.18	768.56	47.62	20.20	68.60	14.02
四 川	2065.55	1601.03	107.65	49.93	164.75	66.80
贵 州	552.11	398.28	24.48	31.84	68.42	11.22
云 南	1011.98	652.28	24.37	173.55	257.73	67.13
西 藏	10.70	6.98	0.94	0.23	1.10	0.84
陕 西	1120.59	845.03	44.98	28.60	88.00	59.85
甘 肃	737.73	620.47	17.70	17.34	54.58	9.30
青 海	168.32	147.32	4.89	2.80	15.51	1.14
宁 夏	223.58	189.57	6.09	2.94	14.11	3.98
新 疆	796.50	560.69	18.84	21.32	75.84	93.67

表113 各地区全部国有及规模以上非国有工业企业主要经济指标(二)

(2000年)

单位:亿元

地区	亏损企业亏损额	应收帐款净额	产成品	资产总计	负债总计	全部职工平均人数(万人)
全国总计	**1027.64**	**14352.62**	**6754.47**	**123983.94**	**75890.65**	**5531.91**
北京	36.41	540.84	209.21	4197.85	2492.02	109.65
天津	44.57	533.03	180.92	3776.70	2438.43	115.90
河北	38.19	483.93	310.75	5170.20	3189.38	272.66
山西	23.12	314.15	150.42	3016.66	2001.72	178.70
内蒙古	16.55	131.75	83.04	1795.97	1067.93	87.48
辽宁	47.98	793.87	334.20	7845.81	4720.89	281.31
吉林	25.98	381.02	141.54	3175.19	2093.58	134.84
黑龙江	42.78	467.75	187.55	4048.14	2538.54	201.57
上海	73.21	1221.91	438.68	9320.09	4675.72	203.45
江苏	70.19	1513.27	687.92	11091.36	6848.64	521.13
浙江	26.92	864.73	429.08	6266.80	3596.47	315.85
安徽	19.25	295.21	162.46	2821.08	1762.83	161.63
福建	38.27	379.74	182.36	3152.95	1710.73	144.62
江西	18.20	149.73	89.04	1817.72	1248.43	111.00
山东	41.39	878.42	582.90	9698.17	6059.83	527.12
河南	39.42	534.27	320.55	5217.26	3433.94	345.87
湖北	41.46	543.28	202.19	4912.12	3124.84	241.07
湖南	35.92	289.93	138.11	2781.26	1784.19	170.06
广东	151.77	2071.20	950.91	14085.73	8293.58	557.29
广西	17.29	160.12	104.66	1915.84	1308.41	91.31
海南	5.66	40.40	16.62	381.33	249.23	10.82
重庆	28.55	247.95	88.29	1924.28	1271.44	94.95
四川	38.35	457.47	218.51	4584.37	2944.74	210.53
贵州	14.14	186.31	83.50	1369.74	938.99	68.52
云南	22.15	147.93	83.11	2224.37	1211.58	72.34
西藏	0.54	7.39	1.56	50.73	16.82	1.86
陕西	30.49	285.91	148.32	2673.77	1782.43	124.60
甘肃	11.05	162.38	101.38	1739.10	1133.32	88.09
青海	4.00	60.77	18.59	699.47	487.21	15.66
宁夏	4.52	66.11	26.86	507.19	306.18	24.36
新疆	19.15	140.33	80.47	1703.30	1143.63	46.89

表 114 各地区全部国有及规模以上非国有工业企业主要经济效益指标

(2000 年)

地区	综合指数(%)	总资产贡献率(%)	资本保值增值率(%)	资产负债率(%)	流动资产周转次数(次)	成本费用利润率(%)	全员劳动生产率(元/人)	产品销售率(%)
全国总计	**117.83**	**9.40**	**110.80**	**61.21**	**1.59**	**5.54**	**39657**	**97.71**
北京	120.56	6.74	112.37	59.36	1.38	4.52	60937	98.51
天津	123.59	9.35	99.01	64.57	1.61	7.07	43623	98.32
河北	114.29	9.14	107.22	61.69	1.69	5.72	32884	97.76
山西	80.37	5.71	114.62	66.36	0.99	2.56	19466	96.81
内蒙古	88.80	6.69	120.45	59.46	1.26	2.41	21989	98.91
辽宁	103.62	7.26	112.36	60.17	1.44	4.31	31840	98.45
吉林	108.48	8.18	121.81	65.94	1.27	5.72	31903	98.09
黑龙江	238.73	22.88	113.96	62.71	1.59	32.17	31650	98.21
上海	146.34	9.09	113.83	50.17	1.51	6.50	81431	98.88
江苏	117.61	9.34	110.89	61.75	1.88	3.84	45739	97.12
浙江	139.88	13.00	117.00	57.39	2.07	5.85	53285	97.09
安徽	92.41	7.38	106.29	62.49	1.35	2.30	29346	98.52
福建	120.57	8.96	110.74	54.26	1.80	4.21	49798	97.39
江西	78.25	6.32	106.91	68.68	1.23	1.49	19423	97.82
山东	132.89	12.47	112.86	62.48	2.07	7.30	36395	97.85
河南	98.53	8.46	101.42	65.82	1.49	4.34	24124	98.00
湖北	103.02	7.81	106.46	63.61	1.52	3.23	37752	97.80
湖南	93.55	9.49	104.49	64.15	1.50	2.15	24469	98.93
广东	126.89	8.69	110.80	58.88	1.80	4.78	57622	96.85
广西	99.26	7.99	113.21	68.29	1.42	3.86	29530	97.96
海南	95.92	5.54	105.59	65.36	1.06	2.91	44304	94.71
重庆	84.64	6.31	118.28	66.07	1.11	1.51	27816	98.59
四川	94.16	7.10	107.74	64.23	1.16	3.40	30079	98.32
贵州	85.99	7.71	114.59	68.55	0.91	2.26	27084	95.51
云南	142.77	16.01	105.42	54.47	1.27	8.50	47566	98.57
西藏	106.70	8.30	86.66	33.17	0.61	8.65	27400	91.25
陕西	101.81	7.80	121.81	66.66	1.08	5.80	25286	96.97
甘肃	74.71	5.47	101.53	65.17	1.03	1.29	20060	98.11
青海	70.21	5.00	108.24	69.65	0.71	0.64	24237	97.66
宁夏	81.68	5.39	119.84	60.37	1.16	1.82	20437	96.33
新疆	147.56	12.32	104.67	67.14	1.40	14.08	33863	97.65

表115 主要工业产品产量(一)

年份	化学纤维(万吨)	纱(万吨)	布(亿米)	机制纸及纸板(万吨)	糖(万吨)	原盐(万吨)
1978	28.5	238.2	110.3	439	227	1953
1980	45.0	292.6	134.7	535	257	1728
1985	94.8	353.5	146.7	911	451	1479
1990	165.4	462.6	188.8	1372	582	2023
1991	191.0	460.8	181.7	1479	640	2410
1992	213.0	501.7	190.7	1725	829	2838
1993	237.4	501.5	203.0	1914	771	2943
1994	280.3	489.5	211.3	2138	592	2996
1995	341.2	542.2	260.2	2812	559	2978
1996	375.5	512.2	209.1	2638	640	2904
1997	471.6	559.8	248.8	2733	703	3083
1998	510.0	542.0	241.0	2126	826	2243
1999	600.0	567.0	250.0	2159	861	2812
2000	694.0	657.0	277.0	2487	700	3128

表116 主要工业产品产量(二)

年份	合成洗涤剂(万吨)	自行车(万辆)	家用洗衣机(万台)	家用电冰箱(万台)	彩色电视机(万台)	房间空调器(万台)
1978	32.4	854.0	0.04	2.8	0.4	0.02
1980	39.3	1302.4	24.5	4.9	3.2	1.3
1985	100.5	3227.7	887.2	144.8	435.3	12.4
1990	151.4	3141.6	662.7	463.1	1033.0	24.1
1991	146.2	3676.8	687.2	469.9	1205.1	63.0
1992	166.6	4083.6	707.9	485.8	1333.1	158.0
1993	188.3	4149.6	895.9	596.7	1435.8	346.4
1994	217.5	4364.9	1094.2	768.1	1689.2	393.4
1995	299.8	4472.2	948.4	918.5	2057.7	682.6
1996	262.2	3361.2	1074.7	979.7	2537.6	786.2
1997	279.9	2999.3	1254.5	1044.4	2711.3	974.0
1998	280.3	2312.5	1207.3	1060.0	3497.0	1156.9
1999	286.5	2397.6	1342.2	1210.0	4262.0	1337.6
2000	297.5	2906.8	1443.0	1279.0	3936.0	1826.7

表 117 主要工业产品产量(三)

年 份	原 煤 (亿吨)	原 油 (万吨)	天 然 气 (亿立方米)	发 电 量 (亿千瓦小时)	#水 电
1978	6.2	10405	137.3	2566	446
1980	6.2	10595	142.7	3006	582
1985	8.7	12490	129.3	4107	924
1990	10.8	13831	153.0	6212	1267
1991	10.9	14099	160.7	6775	1247
1992	11.2	14210	157.9	7539	1307
1993	11.5	14524	167.7	8395	1518
1994	12.4	14608	175.6	9281	1674
1995	13.6	15005	179.5	10070	1906
1996	14.0	15733	201.1	10813	1880
1997	13.7	16074	227.0	11356	1960
1998	12.5	16100	232.8	11670	1989
1999	10.5	16000	252.0	12393	1966
2000	10.0	16300	277.3	13556	2212

注:原煤包括无烟煤、褐煤、烟煤,不包括石煤,1986 年以后数字中包括个体产量。

表 118 主要工业产品产量(四)

年 份	生 铁 (万吨)	钢 (万吨)	成品钢材 (万吨)	焦 炭 (万吨)	木 材 (万立方米)
1978	3479	3178	2208	4690	5162
1980	3802	3712	2716	4343	5359
1985	4384	4679	3693	4802	6323
1990	6238	6635	5153	7328	5571
1991	6765	7100	5638	7352	5807
1992	7589	8094	6697	7984	6174
1993	8739	8956	7716	9320	6390
1994	9741	9261	8428	11477	6615
1995	10529	9536	8980	13510	6767
1996	10723	10124	9338	13643	6710
1997	11511	10894	9979	13731	6395
1998	11864	11559	10738	12806	5966
1999	12539	12426	12110	12074	5237
2000	13103	12850	13146	9696	4500

注:1.成品钢材已扣除钢铁工业内部重复加工的钢材。
2.2000 年焦炭为机制焦炭,其他年份包括土焦。

表 119　主要工业产品产量(五)

年　份	水　泥 (万吨)	平板玻璃 (万重量箱)	硫　酸 (万吨)	农用化肥 (万吨)	乙　烯 (万吨)	汽　车 (万辆)
1978	6524	1784	661.0	869.3	38.0	14.9
1980	7986	2466	764.3	1232.1	49.0	22.2
1985	14595	4942	676.4	1322.2	65.2	43.7
1990	20971	8067	1196.9	1879.7	157.2	51.4
1991	25261	8712	1332.9	1979.5	176.1	71.4
1992	30822	9359	1408.7	2047.9	200.3	106.7
1993	36788	11086	1336.5	1956.3	202.7	129.9
1994	42118	11925	1536.5	2272.8	212.9	136.7
1995	47561	15732	1811.0	2548.1	240.1	145.3
1996	49119	16069	1883.6	2809.0	304.0	147.5
1997	51174	16631	2036.9	2821.0	358.6	158.3
1998	53600	17194	2171.0	3010.0	377.3	163.0
1999	57300	17420	2356.0	3251.0	435.0	183.2
2000	59700	18215	2427.0	3186.0	470.0	207.0

注:农用化肥按有效成份 100%计算。

表 120　主要工业产品产量(六)

年　份	程控交换机 (万线)	传真机 (万部)	复印机械 (万部)	移动通信设备 (万部)	电子计算机 (部)	微型电子计算机 (万部)
1990			2.4			8.2
1991			3.0			16.3
1992			4.4			12.6
1993	981.4		6.1			14.7
1994	1340.3		4.1			24.6
1995	2091.6	136.1	21.8	1213.1	1416.0	83.6
1996	2274.8	137.9	63.9	1142.4	1331.0	138.8
1997	2787.3	162.5	107.8	1441.3	2443.0	206.6
1998	4219.9	128.7	117.9	2215.2	4237.0	291.4
1999	4726.0	160.0	210.3	3203.0	8199.0	405.0
2000	7136.0	196.3	156.6	1505.0	8625.0	672.0

注:1.2000 年移动通信设备中不包括移动电话机,其他年份包括。

表 121 各地区钢产量

单位:万吨

地区	1996 年	1997 年	1998 年	1999 年	2000 年	“九五”时期合计
全国总计	**10124.1**	**10894.2**	**11559.0**	**12426.0**	**12850.0**	**57853.3**
北京	794.7	801.7	803.2	734.5	803.4	3937.6
天津	201.0	236.8	254.9	317.7	356.8	1367.2
河北	908.6	1056.1	1103.9	1303.9	1230.1	5602.6
山西	355.8	399.0	420.0	452.3	470.9	2098.0
内蒙古	432.0	453.3	404.4	416.3	423.6	2129.5
辽宁	1369.3	1354.9	1406.5	1492.2	1553.8	7176.7
吉林	119.1	139.0	152.0	169.9	159.3	739.3
黑龙江	84.2	88.4	79.1	77.5	89.0	418.2
上海	1441.9	1532.4	1603.8	1668.6	1778.7	8025.4
江苏	446.6	475.0	520.4	654.5	617.2	2713.7
浙江	143.7	152.4	147.4	192.6	145.0	781.1
安徽	361.3	385.7	405.8	424.3	438.9	2016.0
福建	80.5	89.3	113.3	123.5	124.9	531.6
江西	173.0	173.8	222.9	267	319.9	1156.6
山东	447.6	523.1	579.3	623.3	635.4	2808.7
河南	309.9	334.2	366.6	392	404.8	1807.5
湖北	707.7	790.3	809.6	851.6	895.9	4055.2
湖南	190.0	243.7	270.6	306.5	304.1	1314.9
广东	224.7	248.7	263.7	303.2	287.0	1327.2
广西	87.3	98.6	112.8	118.9	112.0	529.6
海南	0.4		0.2	0.2	0.2	0.9
重庆		138.9	163.9	173.6	179.7	656.1
四川	688.5	548.8	567.9	609.1	602.4	3016.7
贵州	59.5	78.8	100.3	140.1	166.9	545.6
云南	161.8	184.0	176.2	178.7	187.1	887.8
西藏						0.0
陕西	54.1	48.0	52.5	50.5	53.7	258.7
甘肃	146.6	170.7	178.4	227.9	227.2	950.8
青海	40.7	43.1	43.5	44.7	42.9	215.0
宁夏	6.3	8.2	8.3	8.3	0.8	32.0
新疆	87.5	97.2	104.0	95.7	112.2	496.6

注:1996 年重庆市数据包含在四川省中。

表122　各地区发电量

单位:亿千瓦小时

地　区	1996年	1997年	1998年	1999年	2000年	“九五”时期合计
全国总计	**10813.1**	**11355.5**	**11670.0**	**12393.0**	**13556.0**	**59787.6**
北　京	141.6	146.4	144.5	143.2	145.3	720.9
天　津	146.0	178.2	165.3	181.3	211.5	882.3
河　北	651.4	694.1	687.1	769.6	844.4	3646.6
山　西	526.9	546.0	554.0	569.8	620.3	2817.0
内蒙古	323.8	342.2	350.4	380.6	439.2	1836.2
辽　宁	584.0	615.2	608.1	610.5	645.6	3063.3
吉　林	294.0	280.0	281.3	299.6	313.5	1468.4
黑龙江	410.3	432.9	423.8	411.5	426.7	2105.2
上　海	428.6	458.5	483.2	498	553.1	2421.4
江　苏	756.9	777.0	754.3	787.1	909.7	3985.0
浙　江	448.4	485.8	492.1	528.5	624.8	2579.6
安　徽	325.8	329.3	308.8	308.2	355.4	1627.6
福　建	284.1	310.2	321.9	356	403.7	1675.9
江　西	183.3	179.8	181.1	187.8	203.4	935.3
山　东	793.0	840.3	823.8	910.5	1005.3	4372.9
河　南	594.0	630.8	631.1	659	694.9	3209.8
湖　北	476.0	490.5	506.1	508	534.8	2515.4
湖　南	339.1	346.0	345.7	332.5	354.4	1717.7
广　东	908.7	981.2	1004.4	1104.4	1292.7	5291.4
广　西	226.1	237.3	245.0	253.4	283.0	1244.8
海　南	32.8	34.6	35.5	37	39.1	179.0
重　庆		148.2	158.7	158.3	167.9	633.1
四　川	618.0	492.0	475.6	443.9	500.2	2529.7
贵　州	248.8	255.8	291.8	334.5	404.7	1535.5
云　南	253.7	253.1	264.6	298.2	297.8	1367.4
西　藏	4.3	5.8		6.3	6.6	23.0
陕　西	268.7	269.8	246.0	255.1	272.3	1311.8
甘　肃	235.7	246.4	250.0	262.4	253.5	1248.0
青　海	61.8	84.3	100.5	114.4	133.8	494.7
宁　夏	111.6	113.4	110.6	112.3	136.6	584.6
新　疆	136.0	150.6	158.3	167.1	182.1	794.1

注:1996年重庆市数据包含在四川省中。

表 123 各地区微型电子计算机产量

单位：万部

地区	1996 年	1997 年	1998 年	1999 年	2000 年	"九五"时期合计
全国总计	**138.8**	**206.6**	**291.4**	**405.0**	**672.0**	**1713.8**
北京	28.1	59.8	160.9	178.99	257.9	685.6
天津	12.0	0.3	0.4	0.56	1.0	14.3
河北						
山西	0.1				0.1	0.2
内蒙古			5.6	9.5	7.3	22.4
辽宁	3.4	7.6	13.9	23.11	83.7	131.7
吉林			1.1	0.35	0.4	1.9
黑龙江		2.4	6.5	6.66	4.2	19.8
上海	6.2	8.5	21.2	40.09	42.0	118.0
江苏	6.7	9.9	20.2	3.43	11.6	51.8
浙江	10.2	6.3	0.7	0.07	2.1	19.3
安徽		0.2	2.5	8.08	14.2	24.9
福建	5.5	16.1	15.7	51.93	88.8	178.0
江西	0.5	1.0	0.7	0.59	2.7	5.4
山东	3.9	7.4	16.6	20.66	31.1	79.6
河南	0.1	0.1	0.4	0.33	0.6	1.5
湖北				2.6	2.6	5.2
湖南				1.77		1.8
广东	58.4	79.6	74.8	111.43	169.7	494.0
广西		0.1		1.17	1.6	2.8
海南						
重庆		3.6	1.1	0.08		4.8
四川	2.0	0.5	2.2	5.73	5.0	15.4
贵州		1.1	6.2	3.52	3.0	13.7
云南	0.5	0.2	2.8	0.13		3.6
西藏						
陕西	1.1	1.9	4.6	6.53	5.7	19.8
甘肃						
青海						
宁夏						
新疆	0.2	0.1		0.23		0.5

注：1996 年重庆市数据包含在四川省中。

表124　各地区主要工业产品产量

(2000年)

地　区	原　煤（万吨）	原　油（万吨）	水　泥（万吨）	农用化肥（万吨）	汽　车（万辆）	程控交换机（万线）	移动通信设备（万部）
全国总计	**99800.0**	**16300.0**	**59700.0**	**3185.7**	**207.0**	**7136.0**	**1505.0**
北　京	553.0		827.0	6.8	12.5	1019.4	1421.6
天　津		764.0	267.8	12.1	10.2	206.0	0.2
河　北	5781.2	518.3	4694.6	195.2	1.4	86.5	
山　西	19602.7		1193.7	160.7	0.1		
内蒙古	7247.3		630.0	35.5	0.1		
辽　宁	4454.9	1401.1	1954.9	97.6	8.2	55.5	
吉　林	1636.7	348.5	758.9	14.7	32.5	43.6	
黑龙江	4974.4	5306.7	903.7	39.2	13.4		
上　海		52.7	311.7	13.7	25.3	1091.6	1.6
江　苏	2479.0	155.0	4599.5	192.4	9.1	247.0	43.4
浙　江	73.0		4256.6	59.2	1.0	73.9	
安　徽	4678.3		1905.6	157.6	10.7		
福　建	375.0		1513.6	59.8	3.0	1.6	0.9
江　西	1813.8		1463.0	45.0	13.4	1.7	
山　东	8038.6	2675.7	6547.1	424.2	6.1	410.4	
河　南	7577.9	562.2	3723.4	258.6	0.8	68.5	0.2
湖　北	389.3	75.1	2460.9	221.1	19.6		
湖　南	1490.8		2395.7	141.7	1.8	1.7	0.1
广　东	161.7	1393.2	5872.4	34.7	3.9	3554.9	36.4
广　西	706.7	3.3	2198.4	53.3	13.1	0.1	
海　南	2.0		315.1	25.5	0.3		
重　庆	1149.9		1402.8	72.3	24.6	9.6	
四　川	2062.0	17.3	2766.4	263.5	2.4		
贵　州	3676.8		783.9	84.1	0.1	2.4	
云　南	994.1		1512.0	174.4	2.2		
西　藏	2.1		49.3				
陕　西	1983.9	746.4	989.4	93.9	1.9	261.4	
甘　肃	1632.7	55.3	723.5	50.6			0.3
青　海	145.4	200.0	123.7	67.1			
宁　夏	1581.0	139.0	280.3	59.5			
新　疆	2745.8	1848.2	894.6	71.8	0.1		

表 125 能源生产总量和构成

年份	能源生产总量（万吨标准煤）	构成（能源生产总量=100）			
		原煤	原油	天然气	水电
1978	62770	70.3	23.7	2.9	3.1
1980	63735	69.4	23.8	3.0	3.8
1985	85546	72.8	20.9	2.0	4.3
1990	103922	74.2	19.0	2.0	4.8
1991	104844	74.1	19.2	2.0	4.7
1992	107256	74.3	18.9	2.0	4.8
1993	111059	74.0	18.7	2.0	5.3
1994	118729	74.6	17.6	1.9	5.9
1995	129034	75.3	16.6	1.9	6.2
1996	132616	75.2	17.0	2.0	5.8
1997	132410	74.1	17.3	2.1	6.5
1998	124250	71.9	18.5	2.5	7.1
1999	109126	68.3	21.0	3.1	7.6
2000	109000	67.2	21.4	3.4	8.0

表 126 能源消费总量和构成

年份	能源生产总量（万吨标准煤）	构成（能源生产总量=100）			
		煤煤	石油	天然气	水电
1978	57144	70.7	22.7	3.2	3.4
1980	60275	72.2	20.7	3.1	4.0
1985	76682	75.8	17.1	2.2	4.9
1990	98703	76.2	16.6	2.1	5.1
1991	103783	76.1	17.1	2.0	4.8
1992	109170	75.7	17.5	1.9	4.9
1993	115993	74.7	18.2	1.9	5.2
1994	122737	75.0	17.4	1.9	5.7
1995	131176	74.6	17.5	1.8	6.1
1996	138948	74.7	18.0	1.8	5.5
1997	138173	71.5	20.4	1.7	6.2
1998	132214	69.6	21.5	2.2	6.7
1999	130119	68.0	23.2	2.2	6.6
2000	128000	67.0	23.6	2.5	6.9

表127 建筑业企业概况

年份	企业单位数（个）	从业人员（万人）	总产值		增加值	
			绝对数（亿元）	指数（上年=100）	绝对数（亿元）	指数（上年=100）
1980	57404	982.7	347.0			
1985	93750	1701.4	985.1	283.9		
1986	88771	1800.6	1330.8	135.1		
1987	87474	1852.5	1603.6	120.5		
1988	87224	1899.4	1959.4	122.2		
1989	80106	1773.4	2169.5	110.7		
1990	74145	1716.7	1947.6	89.8		
1991	73094	1783.3	2284.8	117.3		
1992	77857	1961.2	3298.7	144.4		
1993	94582	2156.7	5498.4	166.7		
1994	94942	2448.8	7684.4	139.8	1322.1	
1995	96935	2511.9	9505.0	123.7	1668.6	126.2
1996	108555	2992.3	11579.2	121.8	2405.6	144.2
1997	95956	2804.6	12462.6	107.6	2540.5	105.6
1998	90926	2778.9	13740.7	110.3	2783.8	109.6
1999	96648	2765.7	15151.5	110.3	3022.3	108.6
2000	49722	1970.5	11759.0	77.6	2937.0	97.2

注：1.本表绝对数和指数均按当年价格计算。
2.本表2000年数据和下表为资质等级四级及以上建筑业企业数据。

表128 建筑业企业生产完成情况

项目	单位	1996年	1997年	1998年	1999年	2000年
单位工程施工个数	个	699661	678767	649512	679663	680716
#本年新开工个数	个	400415	429920	424692	437376	412028
投标承包个数	个	188001	223488	260506	299306	311924
单位工程竣工个数	个	419246	442604	415501	446236	408795
#优良工程个数	个	124436	131337	126069	142507	131682
房屋建筑施工面积	万平方米	129087	128680	137594	147263	155175
#本年新开工面积	万平方米	58969	61446	72523	75762	80010
投标承包面积	万平方米	54728	67324	79512	92591	100054
房屋建筑竣工面积	万平方米	60048	62244	65683	73925	73835
#住宅面积	万平方米	31965	33458	38083	45757	44350
#优良品面积	万平方米	19935	22489	24354	29981	30592

表 129 各地区建筑业总产值和房屋建筑面积

地区	总产值(亿元)		施工面积(万平方米)		竣工面积(万平方米)	
	1999年	2000年	1999年	2000年	1999年	2000年
全国总计	**11152.9**	**11759.0**	**147262.5**	**155175.3**	**73924.9**	**73835.1**
北京	681.4	726.0	6824.3	7244.2	2632.2	2808.5
天津	222.7	230.0	2087.0	2101.4	901.9	930.1
河北	432.1	444.7	5950.3	5821.2	3524.8	3170.7
山西	239.8	253.3	1908.6	1759.9	847.3	708.2
内蒙古	116.9	117.6	1561.7	1698.0	933.2	882.7
辽宁	489.3	553.0	5046.3	6157.8	2693.9	2773.9
吉林	171.4	179.4	1447.3	1566.8	928.9	941.2
黑龙江	299.6	274.4	2598.2	2688.0	1588.0	1449.4
上海	568.3	518.9	4693.5	4066.5	1707.2	1496.6
江苏	1330.0	1427.1	18638.5	19868.6	10449.1	11232.8
浙江	1128.3	1261.3	13326.6	16123.9	6044.6	6607.9
安徽	277.3	296.6	4243.6	4452.2	2249.7	2460.7
福建	251.1	250.1	3990.0	3797.7	1824.1	1305.3
江西	102.2	102.1	2447.7	2259.0	1218.6	1109.4
山东	767.3	833.7	10121.0	10648.1	5551.7	5077.1
河南	317.0	353.8	5016.5	5277.4	2584.8	2606.8
湖北	399.0	439.2	5797.4	6724.2	2872.8	3275.4
湖南	333.9	356.7	5180.9	5278.9	2681.8	2674.7
广东	872.0	876.7	15534.3	15878.0	6236.2	6052.4
广西	149.1	153.8	2428.8	2560.0	1212.5	1224.6
海南	33.4	27.4	412.4	356.3	172.1	121.4
重庆	317.6	337.4	5481.9	6160.0	2974.8	2811.4
四川	649.5	676.0	9817.1	10196.7	5429.3	5671.1
贵州	96.7	98.5	1670.8	1713.5	694.4	638.0
云南	311.5	286.5	3726.9	3324.3	2217.6	1894.5
西藏	13.5	3.7	69.6	28.5	60.0	4.8
陕西	218.3	240.1	2335.2	2172.5	1042.8	976.7
甘肃	118.8	130.1	2107.5	2060.6	1033.0	1054.2
青海	39.7	39.6	386.9	345.3	223.8	274.3
宁夏	48.3	57.6	568.3	672.6	351.7	416.2
新疆	156.9	213.9	1843.1	2173.2	1042.5	1184.1

注:本表为资质等级四级及以上建筑业企业数据(下表同)。

表130　建筑业主要效益指标

（2000年）

地　区	企　业 个　数 （个）	计算劳动生产率的平均人数（万人）	按建筑业总产值计算的劳动生产率（元/人）	人　均 竣工产值 （元/人）	人　均 施工面积 （平方米）	人　均 竣工面积 （平方米）
全国总计	**49722**	**2032.63**	**57851**	**38680**	**77.9**	**37.5**
北　京	1771	82.66	87834	58683	87.6	34.0
天　津	459	25.51	90155	66984	82.4	36.5
河　北	1758	92.12	48274	32104	63.2	34.4
山　西	950	37.68	67232	22476	46.7	18.8
内蒙古	960	31.74	37040	27633	53.5	27.8
辽　宁	2664	100.97	54768	35729	61.0	27.5
吉　林	723	33.01	54353	40907	47.5	28.5
黑龙江	1435	57.59	47646	30404	46.7	25.2
上　海	1514	39.60	131044	79106	102.7	37.8
江　苏	3946	222.07	64262	48962	89.5	50.6
浙　江	3628	148.18	85117	54887	108.8	44.6
安　徽	1551	70.95	41809	30996	62.8	34.7
福　建	1914	34.90	71652	39771	108.8	37.4
江　西	1001	28.62	35682	22720	78.9	38.8
山　东	4601	169.14	49290	29591	63.0	30.0
河　南	2456	77.47	45667	29429	68.1	33.6
湖　北	2096	89.15	49262	37530	75.4	36.7
湖　南	1823	78.31	45543	32955	67.4	34.2
广　东	2917	133.01	65909	44970	119.4	45.5
广　西	1295	33.60	45762	38255	76.2	36.4
海　南	215	7.28	37621	21187	48.9	16.7
重　庆	1723	76.46	44122	26583	80.6	36.8
四　川	3108	161.23	41927	29739	63.2	35.2
贵　州	640	21.31	46210	28930	80.4	29.9
云　南	1528	55.01	52086	34154	60.4	34.4
西　藏	81	1.30	28195	4326	21.9	3.7
陕　西	846	40.71	58986	30247	53.4	24.0
甘　肃	572	33.08	39321	24762	62.3	31.9
青　海	251	8.64	45802	25866	399.7	317.5
宁　夏	523	10.73	53717	42942	62.7	38.8
新　疆	773	30.60	69908	52298	71.0	38.7

表 131 各种运输线路长度

（年底数） 单位：万公里

年份	铁路营业里程	公路里程	内河航道里程	民用航空航线里程	#国际航线	输油(气)管道里程
1978	5.17	89.02	13.60	14.89	5.53	0.83
1980	5.33	88.33	10.85	19.53	8.12	0.87
1985	5.51	94.24	10.91	27.72	10.60	1.17
1990	5.78	102.83	10.92	50.68	16.64	1.59
1991	5.78	104.11	10.97	55.91	17.74	1.62
1992	5.81	105.67	10.97	83.66	30.30	1.59
1993	5.86	108.35	11.02	96.08	27.87	1.64
1994	5.90	111.78	11.10	104.56	35.19	1.68
1995	6.26	115.70	11.10	112.90	34.82	1.72
1996	6.49	118.58	11.08	116.65	38.63	1.93
1997	6.60	122.64	10.98	142.50	50.44	2.04
1998	6.64	127.85	11.03	150.58	50.44	2.31
1999	6.74	135.17	11.65	152.22	52.33	2.49
2000	6.86	140.27	11.93	150.29	50.84	2.48

表 132 民用航空航线及飞机架数

指标	1985年	1990年	1995年	1998年	1999年	2000年
民用航空航线条数(条)	**268**	**437**	**797**	**1122**	**1115**	**1165**
国际航线	27	44	85	131	128	133
国内航线	233	385	694	983	987	1032
地区航线	8	8	18	8	22	42
民用航空航线里程(万公里)	**27.7**	**50.7**	**112.9**	**150.6**	**152.2**	**150.3**
国际航线	10.6	16.6	34.8	50.4	52.3	50.8
国内航线	16.0	32.9	75.1	99.4	99.9	99.5
地区航线	1.1	1.1	3.0	0.7	0.3	5.6
民用航班使用机场(个)	**82**	**94**	**139**	**143**	**142**	**139**
民用飞机架数(架)	**472**	**499**	**852**	**953**	**949**	**982**
#运输飞机			416	523	510	527
大型飞机			330	443	445	462
小型飞机			86	80	65	65
通用飞机			306	278	285	301

注：1. 1999年以前民航航线合计数据为国际、国内和地区之和，1999年起为国际和国内之和，地区航线为国内其中项。
2. 民用飞机合计中含教学校验用飞机。

表133 货运量

单位:万吨

年 份	货运量总计	铁 路	公 路	水 运	管 道	民用航空
1978	248946	110119	85182	43292	10347	6.4
1980	546537	111279	382048	42676	10525	8.9
1985	745763	130709	538062	63322	13650	19.5
1990	970602	150681	724040	80094	15750	37.0
1991	985793	152893	733907	83370	15578	45.2
1992	1045899	157627	780941	92490	14783	57.5
1993	1115771	162663	840256	97938	14845	69.4
1994	1180273	163093	894914	107091	15092	82.9
1995	1234810	165855	940387	113194	15274	101.1
1996	1296200	168803	983860	127430	15992	115.0
1997	1278087	172019	976536	113406	16002	124.7
1998	1267200	164082	976004	109555	17419	140.1
1999	1292650	167196	990444	114608	20232	170.0
2000	1354542	174440	1038813	122391	18700	196.7

注:1980年以后公路运输量和1985年以后水路运输量都包括个体及社会车船完成的运输量,1997年以后铁路运量包括国家、地方和合资铁路运输量(以下各表同)。

表134 货物周转量

单位:亿吨公里

年 份	货物周转量总 计	铁 路	公 路	水 运	管 道	民用航空
1978	9829	5345	274	3779	430	1.0
1980	12026	5717	764	5053	491	1.4
1985	18365	8126	1903	7729	603	4.2
1990	26207	10622	3358	11592	627	8.2
1991	27986	10972	3428	12955	621	10.1
1992	29218	11576	3755	13256	617	13.4
1993	30510	11955	4071	13861	608	16.6
1994	33261	12458	4486	15687	612	18.6
1995	35730	12870	4695	17552	590	22.3
1996	36454	12970	5011	17863	585	24.9
1997	38368	13253	5272	19235	579	29.1
1998	38046	12517	5483	19406	606	33.5
1999	40496	12838	5724	21263	628	42.3
2000	44452	13902	6129	23734	636	50.3

表 135 客运量

单位：万人

年　份	客运量总计	铁　路	公　路	水　运	民用航空
1978	253993	81491	149229	23042	231
1980	341785	92204	222799	26439	343
1985	620206	112110	476486	30863	747
1990	772682	95712	648085	27225	1660
1991	806048	95080	682681	26109	2178
1992	860855	99693	731774	26502	2886
1993	996634	105458	860719	27074	3383
1994	1092883	108738	953940	26165	4038
1995	1172596	102745	1040810	23924	5117
1996	1244722	94162	1122110	22895	5555
1997	1326094	93308	1204583	22573	5630
1998	1378717	95085	1257332	20545	5755
1999	1394413	100164	1269004	19151	6094
2000	1476671	103171	1347392	19386	6722

表 136 旅客周转量

单位：亿人公里

年　份	旅客周转量总计	铁　路	公　路	水　运	民用航空
1978	1743	1093	521	101	28
1980	2281	1383	730	129	40
1985	4437	2416	1725	179	117
1990	5628	2613	2620	165	230
1991	6178	2828	2872	177	301
1992	6949	3152	3193	198	406
1993	7858	3483	3701	196	478
1994	8591	3636	4220	184	552
1995	9002	3546	4603	172	681
1996	9143	3325	4909	161	748
1997	10055	3585	5541	156	774
1998	10636	3773	5943	120	800
1999	11300	4136	6199	107	857
2000	12261	4533	6657	101	971

表137　各地区全社会货物周转量

单位:亿吨公里

地　　区	1996年	1997年	1998年	1999年	2000年	#铁　路	#公　路	#水　运
全国总计	**36454.1**	**38368.6**	**38045.3**	**40495.5**	**44452.3**	**13902.1**	**6129.4**	**23734.2**
北　　京	372.4	366.2	333.8	334.8	363.1	280.4	82.6	
天　　津	356.1	364.5	365.9	4791.0	4621.9	252.7	62.7	4306.6
河　　北	2097.6	2059.7	1952.5	2116.8	2323.9	1500.5	555.4	268.0
山　　西	737.5	773.2	762.4	795.0	866.0	595.9	270.0	…
内 蒙 古	789.1	813.6	759.5	870.6	943.2	731.2	211.9	
辽　　宁	1384.2	1403.0	1229.9	1587.9	1745.5	963.7	209.4	572.4
吉　　林	501.9	520.7	464.8	491.7	492.1	406.2	85.6	0.3
黑 龙 江	903.3	957.1	844.0	909.7	918.2	736.7	161.9	19.5
上　　海	211.6	170.8	206.3	5454.7	6286.9	43.6	56.4	6187.0
江　　苏	1154.8	1096.4	1075.1	1367.4	1459.3	372.2	340.7	746.4
浙　　江	900.8	914.8	897.9	1002.0	1199.8	187.2	280.0	732.6
安　　徽	941.4	876.0	887.2	956.0	1050.9	616.9	274.7	159.3
福　　建	594.6	617.1	674.1	880.0	929.2	152.5	195.0	581.7
江　　西	443.6	500.2	569.4	603.9	645.0	462.0	147.2	35.8
山　　东	1258.9	1290.8	1238.9	2764.0	4033.0	799.5	405.8	2827.8
河　　南	1639.0	1607.6	1519.7	1506.3	1553.5	1178.9	363.9	10.7
湖　　北	833.6	854.9	830.3	1009.9	1081.1	543.1	232.7	305.3
湖　　南	1012.8	986.0	969.0	981.3	1066.4	624.8	297.8	143.8
广　　东	918.0	911.8	935.2	2768.7	3276.9	540.1	487.2	2249.6
广　　西	578.9	613.4	647.5	647.2	707.0	421.5	209.4	76.0
海　　南	271.3	309.4	270.2	181.0	310.0	2.0	39.1	269.0
重　　庆		236.4	215.2	273.9	289.0	110.8	72.5	105.7
四　　川	868.1	633.8	614.9	590.7	622.9	423.4	187.7	11.8
贵　　州	317.7	332.4	330.3	370.0	404.1	334.1	65.9	4.1
云　　南	352.3	384.6	415.2	444.5	481.9	184.3	296.7	1.0
西　　藏	4.7	18.9	7.9	13.8	13.5		13.5	
陕　　西	518.4	529.8	527.0	547.2	573.0	429.1	143.6	0.3
甘　　肃	508.0	526.1	533.6	581.5	639.5	530.1	109.4	0.1
青　　海	64.7	70.6	73.6	79.7	86.6	50.0	36.6	
宁　　夏	141.9	156.9	168.4	186.3	205.2	148.4	56.9	
新　　疆	399.6	443.8	413.4	459.7	457.3	280.2	177.2	
不分地区	15377.3	17028.1	17312.2	4928.3	4806.4			4119.6

注:不分地区数据中,1999年以前包括合资铁路企业、管道运输企业、民航运输企业及中远集团海外公司完成数。1999年起,合资铁路企业完成数含在各地区数据中,其他内容与以前相同。

表138 各地区全社会旅客周转量

单位:亿人公里

地区	1996年	1997年	1998年	1999年	2000年			
						#铁路	#公路	#水运
全国总计	**9142.6**	**10055.3**	**10636.7**	**11300.2**	**12261.0**	**4532.6**	**6657.4**	**100.5**
北京	73.4	76.6	82.9	98.5	118.2	65.4	52.8	
天津	77.4	81.2	82.3	86.6	91.6	73.0	18.6	…
河北	492.0	526.5	679.0	740.1	795.8	390.2	405.6	
山西	168.0	177.2	185.7	198.2	219.3	83.4	135.9	…
内蒙古	155.8	166.1	171.0	186.8	200.1	83.8	116.3	
辽宁	397.8	430.8	447.4	462.2	495.8	325.2	159.9	10.7
吉林	168.2	176.1	184.2	196.9	206.7	129.8	76.8	0.1
黑龙江	277.3	331.5	344.2	366.8	377.4	162.8	214.5	0.1
上海	50.2	49.4	64.6	69.1	73.6	35.4	34.1	4.1
江苏	646.6	650.3	670.3	713.9	762.7	166.8	594.5	1.4
浙江	503.4	532.4	554.9	585.3	609.8	151.4	449.5	8.9
安徽	366.5	385.4	410.4	491.7	519.0	203.2	314.1	1.7
福建	279.6	298.1	321.8	356.7	403.9	72.4	330.0	1.4
江西	253.9	299.8	334.0	369.0	418.9	246.4	171.3	1.2
山东	363.1	413.7	441.2	507.3	549.1	222.3	323.5	3.3
河南	597.3	636.3	650.3	704.2	759.4	405.3	353.8	0.3
湖北	339.5	385.7	431.9	458.7	512.6	202.7	297.5	12.4
湖南	545.0	580.5	599.2	662.9	714.6	392.7	318.4	3.5
广东	699.2	846.7	877.4	802.9	937.0	242.4	685.4	9.2
广西	318.8	369.5	377.8	428.5	451.5	101.0	347.9	2.5
海南	52.7	61.2	51.2	53.9	60.5	0.1	57.7	2.6
重庆		197.9	206.1	227.5	242.7	41.4	170.1	31.1
四川	554.1	465.7	468.6	463.0	496.8	134.7	358.7	3.4
贵州	181.3	191.0	201.8	229.3	238.4	120.8	116.5	1.0
云南	125.4	142.8	159.2	200.2	205.5	33.5	171.2	0.8
西藏	1.7	2.8	3.0	4.1	4.1		4.1	
陕西	245.1	264.9	264.5	294.5	331.1	179.7	151.0	0.4
甘肃	177.9	183.9	200.7	208.4	226.0	155.2	70.6	0.2
青海	20.1	29.9	23.5	26.5	29.7	11.5	18.2	
宁夏	26.7	33.2	38.9	47.7	52.1	20.7	31.4	
新疆	170.0	199.8	192.5	201.5	186.8	79.4	107.4	
不分地区	814.6	868.4	916.2	857.3	970.5			

注:不分地区数据中,1999年以前包括合资铁路、民航运输企业完成数,1999年起,仅含民航企业数。

表 139　沿海主要港口货物吞吐量

单位:万吨

港　口	1985年	1990年	1995年	1999年	2000年
总　计	**31154**	**48321**	**80166**	**105162**	**125603**
大　连	4381	4952	6417	8505	9084
营　口	98	237	1156	1945	2268
秦皇岛	4419	6945	8382	8261	9743
天　津	1856	2063	5787	7298	9566
烟　台	689	668	1361	1646	1774
青　岛	2611	3034	5103	7257	8636
日　照		925	1452	2003	2674
连云港	929	1137	1716	2017	2708
上　海	11291	13959	16567	18641	20440
宁　波	1040	2554	6853	9660	11547
福　州		561	1032	1481	2426
厦　门		529	1314	1773	1965
深　圳			3080	4663	5697
广　州	1772	4163	7299	10157	11128
湛　江	1231	1557	1885	1751	2038
海　口	170	288	468	674	808
八　所	388	431	275	380	378
三　亚	78	37	42	27	48
其他港口	201	4281	9977	17023	22675

表 140　沿海主要港口分货类吞吐量

单位:万人

货物种类	1985年	1990年	1995年	1999年	2000年
总　计	**31154**	**48321**	**80166**	**105162**	**125603**
煤　炭	8464	16866	23239	26319	32536
石　油	7549	8964	12957	18773	23397
金属矿石	2196	3450	8595	10410	11892
钢　铁	3000	1593	3837	3960	4970
矿建材料	1450	2467	4970	6273	7255
水　泥	256	709	1749	957	983
木　材	1166	689	823	902	1047
非金属矿石	603	1470	2272	2100	2579
化肥和农药	968	2281	2491	1753	1803
盐	648	799	586	423	526
粮　食	1888	2963	4314	4333	5616
其　他	2966	6070	14333	28959	32999

表 141 邮电局、所数及邮电通信电路

年份	邮电局、所（万处）	邮路及农村投递线路（万公里）	#航空邮路	长途电话业务电路（路）	#全自动电路	长途光缆线路长度（公里）	长途微波线路长度（公里）
1978	4.96	486.33	14.65	18801	388		13958
1980	4.95	473.71	16.33	22011	636		13958
1985	5.31	498.21	22.65	37551	3624		17275
1990	5.36	498.31	39.34	112437	64180	3334	33626
1991	5.40	497.48	39.26	151779	106493	6490	39282
1992	5.49	502.15	42.39	234276	192485	14388	54418
1993	5.70	513.83	51.25	420323	387391	38666	64368
1994	6.04	514.65	52.12	615809	592575	73290	76485
1995	6.19	523.19	58.56	735545	717635	106882	79634
1996	7.25	547.70	74.04	998287	962349	130159	71503
1997	7.93	576.61	103.71	1146121	1146121	150754	65013
1998	10.22	621.54	148.26	1576483	1576483	194100	66518
1999	6.66	632.71	156.97	2299447	2299447	239735	65228
2000	7.10	643.00		2201746	2201746	286642	121947

表 142 邮电业务量(一)

年份	邮电业务总量（亿元）	邮政业务总量	电信业务总量	邮电业务总量指数（上年=100）	函件（亿件）	特快专递（万件）	报刊期发数（万份）
1978	34.09	14.92	19.17	104.6	28.4		11250
1980	39.03	17.02	22.01	106.3	33.1		16431
1985	62.21	25.70	36.51	118.3	46.8		30172
1990	155.54	45.95	109.59	126.0	54.9	343.3	20078
1991	204.38	52.75	151.63	131.4	52.1	566.7	23277
1992	290.94	64.36	226.57	142.4	57.2	959.2	25104
1993	462.71	80.26	382.45	159.0	68.7	2156.2	25511
1994	688.19	95.89	592.30	148.7	76.5	4019.5	24096
1995	988.85	113.34	875.51	143.7	79.6	5562.7	21689
1996	1342.04	133.29	1208.75	135.7	78.7	7096.6	21157
1997	1773.29	144.34	1628.95	132.1	68.4	6878.9	21875
1998	2431.21	166.28	2264.94	137.1	65.5	7665.5	22989
1999	3330.82	198.44	3112.60	137.0	60.8	9091.3	25035
2000	4792.70	232.80	4559.90	143.9	77.7	11031.4	20090

注：邮电业务总量按1990年不变价格计算。

表143　邮电业务量(二)

年　份	集邮业务(万枚)	长途电话(万次)	无线寻呼用户(万户)	移动电话用户(万户)	电子信箱用户(户)
1978		18574			
1980		21404			
1985		38254			
1990	71233	116292	44	2	
1991	123523	172921	87	5	
1992	167303	287380	222	18	
1993	210885	506853	561	64	
1994	236849	757639	1033	157	2329
1995	239250	1013966	1739	363	6068
1996	303436	1273951	2536	685	10107
1997	451729	1554026	3255	1323	15246
1998	502850	1825941	3908	2386	20959
1999	522475	1782532	4675	4330	19855
2000	453501	2107542	4884	8453	

表144　邮电业务量(三)

年　份	本地电话年末用户(万户)	城市电话	#住　宅	乡村电话	#住　宅	公用电话(万户)
1978	192.5	119.2		73.4		1.2
1980	214.1	134.2		79.9		1.4
1985	312.0	219.0	4.1	93.1	2.0	2.7
1990	685.0	538.4	152.7	146.6	30.7	4.6
1991	845.1	670.8	239.0	174.2	49.5	5.4
1992	1146.9	920.6	415.4	226.3	79.0	8.4
1993	1733.2	1407.4	800.4	325.8	139.5	15.8
1994	2729.5	2246.8	1489.4	482.7	274.9	38.7
1995	4070.6	3263.6	2358.4	807.0	551.4	85.0
1996	5494.7	4277.8	3224.6	1216.9	907.3	138.0
1997	7031.0	5244.4	4057.2	1786.6	1406.6	193.9
1998	8742.1	6259.8	4911.1	2482.3	2070.7	259.5
1999	10871.6	7463.3	5894.4	3408.4	2949.2	297.4
2000	14485.0	9313.7	7219.4	5171.3	4597.8	352.0

表 145 邮电通信设备拥有量

年份	长途自动交换机容量（路端）	本地电话局用交换机容量（万门）	中央国有	地方国有	电话机（万部）	中央国有	地方国有
1978	1863	405.9	174.9	230.9	368.8	236.4	132.4
1980	1969	443.2	200.3	242.9	418.6	284.1	134.6
1985	11522	613.4	336.5	276.9	626.0	476.1	149.9
1990	161370	1231.8	826.1	405.8	1233.2	1026.1	205.2
1991	286325	1492.2	1033.1	459.0	1459.2	1215.7	238.7
1992	521885	1915.1	1355.5	559.6	1863.7	1544.9	301.0
1993	1206091	3040.8	2210.3	830.5	2631.3	2147.5	419.9
1994	2416296	4926.2	3723.4	1202.9	3958.6	3148.1	653.8
1995	3518781	7203.6	5456.4	1747.2	5762.3	4346.3	1152.1
1996	4162009	9291.2	6923.7	2367.6	7732.0	5537.8	1509.0
1997	4368305	11269.2	8406.8	2862.4	10111.1	6745.2	2042.6
1998	4491595	13823.7	9951.4	3872.3	13123.4	7963.3	2773.9
1999	5032026	15346.1	11094.1	4252.0	17567.4	9505.4	3732.4
2000	5615498	17826.7	13307.2	4519.5	25604.8	21085.9	4518.9

表 146 邮电通信服务水平

指标	单位	1995 年	1996 年	1997 年	1998 年	1999 年	2000 年
平均每一邮电局所服务面积	平方公里	155.1	132.6	122.3	93.9	144.0	135.3
平均每一邮电局所服务人口	万人	2.0	1.7	1.6	1.2	1.9	1.8
平均每人每年发函件数	件	6.6	6.6	5.6	5.3	4.9	6.4
平均每百人订有报刊数	份	18.0	17.6	17.7	18.4	20	16.4
全国电话普及率	部/百人	4.7	6.3	8.1	10.5	13.0	20.1
城市电话普及率	部/百人	15.8	22.4	26.1	27.7	28.4	39.2
设有邮电局所的乡(镇)比重	%	78.1	78.2	78.7	77.6	79.4	
开办特快专递业务的地(市)比重	%	94.6	95.2	95.2	97.2	95.8	
开办特快专递业务的县(市)比重	%	79.5	85.9	87.2	89.3	87.9	
通邮的国家和地区	个	141	141	145	145	145	145
通电话的乡(镇)比重	%	96.5	95.7	89.2	92.9	97.7	
进入长话自动网的乡(镇)比重	%	60.5	71.2	81.7	87.5	87.5	

表 147　社会消费品零售总额(一)

(按销售单位所在地分)

单位:亿元

年　份	社会消费品零售总额	市	县	县以下	社会消费品零售总额比上年增长(%)
1978	1558.6	505.2	380.4	673.0	8.8
1979	1800.0	584.7	347.5	867.8	15.5
1980	2140.0	733.6	399.4	1007.0	18.9
“六五”时期	**15450.8**	**6044.3**	**2747.6**	**6658.9**	**15.0**
1981	2350.0	843.3	431.9	1074.8	9.8
1982	2570.0	920.5	471.3	1178.2	9.4
1983	2849.4	1057.3	520.8	1271.3	10.9
1984	3376.4	1348.7	586.4	1441.3	18.5
1985	4305.0	1874.5	737.2	1693.3	27.5
“七五”时期	**34611.5**	**15261.2**	**5863.2**	**13487.1**	**14.0**
1986	4950.0	2018.0	902.0	2030.0	15.0
1987	5820.0	2427.0	1030.0	2363.0	17.6
1988	7440.0	3260.8	1264.3	2914.9	27.8
1989	8101.4	3666.8	1329.5	3105.1	8.9
1990	8300.1	3888.6	1337.4	3074.1	2.5
“八五”时期	**69756.1**	**39262.9**	**10547.3**	**19945.9**	**23.2**
1991	9415.6	4529.8	1491.2	3394.6	13.4
1992	10993.7	5470.3	1689.8	3833.6	16.8
1993	12462.1	7224.9	2039.5	3197.7	28.4
1994	16264.7	9661.2	2407.2	4196.3	30.5
1995	20620.0	12376.7	2919.6	5323.7	26.8
“九五”时期	**146512.8**	**89628.7**	**18571.7**	**38312.4**	**10.6**
1996	24774.1	14951.2	3280.0	6542.9	20.1
1997	27298.9	16650.4	3500.1	7148.4	10.2
1998	29152.5	17825.2	3681.9	7645.4	6.8
1999	31134.7	19091.6	3892.5	8150.6	6.8
2000	34152.6	21110.3	4217.2	8825.1	9.7

注:1.1992 年及以前为社会商品零售总额(下表同),农业生产资料零售额包括在县以下零售额之中;

2.本表绝对数和增长速度均按当年价格计算,各计划时期增长速度为该时期平均增长速度,其中“八五”时期和 1993 年按可比口径计算。

表 148 社会消费品零售总额(二)

(按行业分)

单位:亿元

年份	批发零售贸易业	餐饮业	其他行业	#制造业	#农业生产者
1978	1363.7	54.8	140.1	73.2	31.1
1979	1540.5	63.7	195.8	103.6	47.5
1980	1768.0	80.0	292.0	165.0	69.0
"六五"时期	**12170.3**	**632.1**	**2648.4**	**1376.7**	**794.2**
1981	1915.4	87.6	347.0	195.4	89.4
1982	2068.1	98.4	403.5	216.8	110.8
1983	2269.1	112.1	468.2	249.7	133.0
1984	2645.5	137.1	593.8	314.1	170.0
1985	3272.2	196.9	835.9	400.7	291.0
"七五"时期	**25742.8**	**1707.2**	**7161.5**	**3100.2**	**2902.3**
1986	3717.8	232.8	999.4	457.6	375.0
1987	4343.5	283.0	1193.5	537.1	461.0
1988	5544.6	366.5	1528.9	686.1	595.0
1989	6009.5	405.1	1686.8	720.3	698.0
1990	6127.4	419.8	1752.9	699.1	773.3
"八五"时期	**48394.0**	**4636.1**	**16726.0**	**5603.8**	**8344.7**
1991	6903.9	492.0	2019.7	788.0	909.8
1992	7922.2	589.7	2481.8	939.4	1077.4
1993	8726.9	800.1	2935.1	1062.9	1436.2
1994	11039.7	1175.1	4049.9	1272.8	2143.7
1995	13801.3	1579.2	5239.5	1540.7	2777.6
"九五"时期	**97093.3**	**14226.8**	**35192.7**	**10087.1**	**19336.3**
1996	16205.1	2024.9	6544.1	1775.3	3261.9
1997	18108.3	2433.3	6757.3	1987.9	3744.9
1998	19185.8	2816.4	7150.3	2037.6	4088.7
1999	20551.8	3199.6	7383.3	2094.5	4205.0
2000	23042.3	3752.6	7357.7	2191.8	4035.8

表149　各地区社会消费品零售总额(一)

单位:亿元

地　区	1996年	1997年	1998年	1999年	2000年	2000年比上年增长(%)
全国总计	**24774.1**	**27298.9**	**29152.5**	**31134.7**	**34152.6**	**9.7**
北　京	923.7	1051.5	1167.2	1313.3	1443.3	9.9
天　津	470.0	535.0	587.1	657.3	736.6	12.1
河　北	1022.1	1195.0	1332.6	1458.8	1613.9	10.6
山　西	449.6	503.9	547.1	587.1	629.1	7.2
内蒙古	330.9	367.9	399.5	437.4	484.0	10.7
辽　宁	1289.4	1450.6	1568.7	1696.1	1847.6	8.9
吉　林	555.6	619.7	680.4	734.0	810.9	10.5
黑龙江	782.2	880.2	949.7	1016.2	1094.0	7.7
上　海	1161.3	1325.2	1471.0	1590.4	1722.3	8.3
江　苏	1932.9	2118.1	2238.0	2394.1	2604.1	8.8
浙　江	1599.4	1757.2	1909.1	2075.8	2298.8	10.7
安　徽	727.1	859.8	924.8	979.1	1054.3	7.7
福　建	832.5	987.7	1132.5	1246.3	1372.8	10.2
江　西	490.4	558.5	605.1	650.5	704.9	8.4
山　东	1691.7	1914.2	2127.2	2310.1	2545.9	10.2
河　南	1118.9	1358.8	1496.2	1616.0	1786.7	10.6
湖　北	1145.7	1345.3	1481.4	1617.1	1789.4	10.7
湖　南	947.4	1041.6	1125.3	1229.2	1364.7	11.0
广　东	2577.9	2918.7	3316.3	3656.0	4071.9	11.4
广　西	611.3	673.7	733.9	791.3	859.2	8.6
海　南	121.6	133.4	147.9	157.7	172.5	9.4
重　庆	423.4	507.9	553.7	596.3	643.4	7.9
四　川	1091.4	1212.4	1298.6	1382.6	1523.7	10.2
贵　州	233.5	265.5	289.9	313.8	343.7	9.5
云　南	414.2	467.1	500.1	539.0	583.2	8.2
西　藏	26.5	32.6	35.0	37.9	42.9	13.2
陕　西	432.1	490.5	518.8	557.1	607.6	9.1
甘　肃	259.5	278.5	303.7	331.6	362.7	9.4
青　海	62.5	66.7	70.6	75.2	82.1	9.2
宁　夏	65.7	71.2	77.2	82.7	90.2	9.1
新　疆	295.4	310.4	327.5	347.4	374.5	7.8

表 150 各地区社会消费品零售总额(二)

(2000 年)

单位:亿元

地区	按销售单位所在地分			按行业分			
	市	县	县以下	批发零售贸易业	餐饮业	#制造业	#农业生产者
全国总计	**21110.3**	**4217.2**	**8825.1**	**23042.3**	**3752.6**	**2191.8**	**4035.8**
北京	1138.5	92.6	212.2	1025.5	86.4	86.9	6.4
天津	564.5	58.6	113.5	379.2	79.0	31.0	61.0
河北	749.5	312.8	551.6	1121.1	162.6	140.4	147.0
山西	369.2	132.5	127.4	423.3	54.3	36.7	88.4
内蒙古	288.4	117.1	78.5	314.5	48.1	34.7	66.1
辽宁	1529.9	102.3	215.4	1355.1	219.7	52.4	188.3
吉林	596.4	55.6	158.9	674.6	98.7	12.9	18.7
黑龙江	785.1	160.6	148.3	848.6	98.5	39.7	88.1
上海	1398.9	81.2	242.2	1368.2	127.7	45.4	168.0
江苏	1598.1	187.0	819.0	1905.3	241.4	182.4	225.2
浙江	1255.2	225.4	818.2	1600.5	214.0	150.9	260.6
安徽	499.0	234.5	320.8	666.2	117.1	85.3	163.8
福建	778.0	178.6	416.2	991.5	157.2	67.5	93.3
江西	333.7	159.8	211.4	433.2	60.1	48.2	139.6
山东	1573.0	243.6	729.3	1618.7	265.4	280.3	259.5
河南	874.2	381.3	531.2	1113	209.6	234.4	168.7
湖北	1128.5	177.7	483.2	1107.4	192.4	98.1	307.7
湖南	710.1	255.1	399.5	885.0	139.6	69.8	243.2
广东	2685.7	221.8	1164.4	2894.3	646.6	180.1	259.9
广西	416.4	176.4	266.4	590.9	96.3	44.1	109.0
海南	113.6	14.8	44.1	103.9	22.9	4.5	35.2
重庆	361.6	88.9	192.9	383.2	54.6	38.3	15.5
四川	713.1	271.2	539.4	885.3	222.4	89.9	275.8
贵州	197.4	66.8	79.5	232.4	42.3	18.0	43.1
云南	309.3	139.1	134.8	376.5	74.9	27.0	90.0
西藏	16.3	18.5	8.1	33.9	4.2	1.8	2.1
陕西	400.7	103.1	103.8	380.7	63.1	52.5	97.9
甘肃	234.0	57.5	71.2	235.2	46.6	16.7	46.4
青海	50.7	19.8	11.6	56.9	11.3	3.6	8.1
宁夏	58.9	16.6	14.7	54.0	10.9	3.7	19.9
新疆	233.7	65.1	75.7	242.3	38.2	22.0	51.2

表151　各种价格指数

（2000年，以下列各年为100）

项　　目	1985年	1990年	1995年	1999年
居民消费价格指数	331.0	200.6	109.3	100.4
城市居民	355.1	214.5	111.0	100.8
农村居民	314.0	190.3	107.8	99.9
商品零售价格指数	276.7	170.7	99.5	98.5
#食品类	353.2	208.4	97.2	97.5
农业生产资料价格指数	288.0	182.4	96.8	99.1
农产品收购价格指数	245.2	149.4	77.4	96.4
#粮食类	254.3	158.0	72.5	90.2
经济作物类	244.4	157.1	80.5	101.8
农村工业品零售价格指数	249.2	161.0	101.0	98.8
工农业商品综合比价指数	101.6	107.8	130.5	102.5
原材料、燃料、动力购进价格指数		228.5	102.5	105.1
工业品出厂价格指数		190.6	98.7	102.8
固定资产投资价格指数			106.3	101.1

表152　各种价格分类指数(一)

（上年＝100）

项　　目	1996年	1997年	1998年	1999年	2000年
居民消费价格指数	**108.3**	**102.8**	**99.2**	**98.6**	**100.4**
一、食品	107.6	99.9	96.8	95.8	97.4
#粮食	106.5	91.1	96.9	96.9	88.6
油脂类	92.1	101.5	100.0	94.5	86.8
肉禽及其制品	104.5	105.5	90.9	90.7	98.5
蛋类	116.5	79.3	100.9	91.6	84.5
水产品	106.0	100.2	93.9	93.3	101.7
鲜菜	119.7	100.0	99.9	100.7	105.5
饮食业	109.4	104.7	101.1	99.9	99.7
二、衣着	107.4	103.0	99.2	97.3	99.1
#服装	107.1	103.1	98.9	96.6	99.1
三、家庭设备及用品	103.8	100.7	98.4	97.7	97.7
#耐用消费品	100.8	98.5	97.3	97.0	96.6
四、医疗保健用品	109.3	104.7	102.8	100.9	100.3
五、交通和通讯工具	98.8	97.4	95.8	94.5	93.8
交通工具	99.0	97.8	96.5	95.8	95.9
通讯工具	98.2	96.3	93.9	91.9	89.9
六、娱乐教育文化用品	110.4	100.9	96.6	96.8	97.4
七、居住	111.4	108.3	101.7	101.7	104.8
八、服务项目	116.0	116.5	110.1	110.6	114.1
#学杂保育费	120.0	119.0	116.4	119.2	128.8

表 153 各种价格分类指数(二)

(上年=100)

项 目	1996 年	1997 年	1998 年	1999 年	2000 年
商品零售价格指数	**106.1**	**100.8**	**97.4**	**97.0**	**98.5**
一、食品类	107.7	99.8	96.8	95.8	97.5
粮食	107.5	92.1	96.8	96.4	90.1
油脂类	92.1	101.6	100.7	94.4	86.2
肉禽蛋	106.4	101.3	92.6	91.1	96.1
水产品	105.6	101.2	94.2	93.6	102.7
鲜菜	118.4	99.5	100.3	100.4	105.3
干菜	114.1	102.1	98.2	99.1	99.2
鲜果	102.8	92.1	95.7	99.4	95.7
干果	110.3	106.6	94.8	91.5	99.1
其他食品	108.8	103.0	99.2	97.8	100.9
饮食业	108.6	104.7	101.1	99.6	99.8
二、饮料、烟酒类	105.1	101.2	98.8	97.3	98.0
饮料	106.2	102.1	99.1	98.4	98.5
烟酒	104.8	100.9	98.7	97.0	97.8
三、服装鞋帽类	108.5	103.5	99.3	97.3	99.2
四、纺织品类	106.4	101.9	99.1	98.0	98.6
棉布	109.3	102.8	100.2	98.5	98.9
棉花化纤混纺布	105.1	101.7	99.4	97.7	98.5
化纤布	104.9	101.2	97.0	97.5	99.0
呢绒	107.9	102.3	99.5	98.0	98.4
绸缎	104.2	101.6	99.8	98.4	98.8
其他纺织品	107.0	102.0	99.6	98.1	98.1
五、中、西药品类	108.8	104.4	102.8	101.0	100.2
中药	112.8	108.4	108.1	105.6	104.6
西药	106.2	101.6	99.1	97.9	97.3
医疗用品	106.8	103.5	101.0	100.1	99.6
六、化妆品类	105.0	102.3	100.5	99.6	98.9
七、书报、杂志类	136.9	112.8	105.1	104.9	105.4
八、文化体育用品类	106.7	101.7	99.0	99.5	98.9
文化用品	106.2	100.9	98.4	99.5	98.7
体育用品	108.1	104.1	100.8	99.4	99.5
九、日用品类	105.3	102.3	99.0	97.9	98.1
十、家用电器类	98.7	95.6	93.9	94.0	93.6
十一、首 饰 类	99.4	97.8	90.9	94.5	97.6
十二、燃 料 类	105.0	107.3	96.1	100.4	117.7
十三、建筑装璜材料类	101.2	99.0	97.1	98.3	98.4
十四、机电产品类	95.8	95.5	92.3	95.1	95.6

表 154　各种价格分类指数(三)

(上年=100)

项　　目	1996 年	1997 年	1998 年	1999 年	2000 年
服务项目价格指数	**116.0**	**116.5**	**110.1**	**110.6**	**114.1**
# 电讯费	103.5	118.8	100.8	99.0	100.9
交通费	117.0	106.5	102.9	104.1	105.6
文娱费	122.8	113.8	110.5	108.0	108.2
学杂保育费	120.0	119.0	116.4	119.2	128.8
修理及其他服务费	109.7	108.1	103.8	102.2	100.5
医疗保健服务费	112.4	122.9	117.2	111.7	111.1
农业生产资料价格指数	**108.4**	**99.5**	**94.5**	**95.8**	**99.1**
小农具	113.2	106.9	100.1	98.8	99.3
饲料	109.6	94.8	102.6	97.0	93.4
幼禽家畜	102.7	132.9	86.4	82.9	119.0
大牲畜	107.7	98.9	98.9	99.0	100.3
半机械化农具	105.5	101.4	99.6	98.3	98.2
机械化农具	103.6	99.0	97.6	96.4	96.5
化学肥料	110.8	92.2	91.4	94.9	92.9
农药及农药械	109.5	98.6	96.4	95.3	95.3
农机用油	103.9	109.0	94.9	103.9	123.9
其他	110.3	98.1	96.3	98.1	98.6
农产品收购价格指数	**104.2**	**95.5**	**92.0**	**87.8**	**96.4**
# 粮食	105.8	90.2	96.7	87.1	90.2
经济作物	105.7	98.0	91.2	83.7	101.8
禽畜产品	103.3	101.8	86.9	88.5	99.0
干鲜果	99.5	88.6	94.5	88.1	98.6
水产品	103.4	91.7	93.9	92.5	100.5

表 155　固定资产投资价格指数

(上年=100)

项　　目	1996 年	1997 年	1998 年	1999 年	2000 年
固定资产投资	**104.0**	**101.7**	**99.8**	**99.6**	**101.1**
建筑安装工程	105.1	102.9	100.5	100.3	102.4
设备、工器具购置	101.6	98.1	97.5	97.5	97.4
其他费用	104.3	102.9	100.4	99.9	101.0

表 156　原材料、燃料、动力购进价格分类指数

(上年=100)

项　　目	1996 年	1997 年	1998 年	1999 年	2000 年
全部原材料、燃料、动力	**103.9**	**101.3**	**95.8**	**96.7**	**105.1**
燃料、动力类	110.2	109.3	99.1	100.9	115.4
黑色金属材料类	99.3	97.4	95.1	94.7	100.9
有色金属材料类	92.4	96.2	88.3	98.9	110.3
化工原料类	98.0	97.1	93.6	97.6	105.6
木材及纸浆类	101.9	100.9	96.7	100.4	99.8
建材类	102.5	99.7	98.6	98.8	101.5
农副产品类	114.7	102.0	94.5	89.8	99.9
纺织原料类	94.5	94.7	94.3	96.8	102.4

表 157 工业品出厂价格指数

(上年=100)

项 目	1996 年	1997 年	1998 年	1999 年	2000 年
全部工业品	**102.9**	**99.7**	**95.9**	**97.6**	**102.8**
生产资料	103.5	99.7	95.4	98.3	105.1
采掘工业	108.9	105.5	98.4	104.5	124.9
原材料工业	101.7	100.0	93.4	98.2	108.4
加工工业	104.1	98.1	96.8	97.1	98.6
生活资料	102.1	99.6	96.9	96.4	97.8
食品类	104.7	100.8	98.9	97.4	96.0
衣着类	100.5	101.1	96.2	96.1	100.6
一般日用品类	102.1	98.3	96.7	96.0	98.0
耐用消费品类	97.7	94.9	94.0	95.6	96.4
按工业部门分					
冶金工业	97.7	97.3	93.1	95.8	103.3
电力工业	113.1	114.0	105.5	100.9	102.4
煤炭工业	113.7	108.0	96.6	94.8	98.1
石油工业	104.6	107.4	93.0	109.6	144.3
化学工业	103.4	95.5	92.9	96.5	101.0
机械工业	101.6	98.1	97.0	97.0	97.4
建材工业	104.3	99.6	96.6	97.7	99.6
森林工业	98.2	99.3	95.4	100.1	99.2
食品工业	104.2	99.6	98.6	96.7	95.8
纺织工业	96.0	98.0	94.1	96.0	104.7
缝纫工业	108.2	103.9	97.7	98.0	99.4
皮革工业	111.3	98.3	98.3	96.8	100.2
造纸工业	116.1	94.5	94.1	95.9	99.9
文教艺术用品工业	101.5	100.0	94.4	93.6	99.2
其他工业	108.5	108.8	102.8	99.9	102.1

表 158 建筑业价格指数

(上年=100)

项 目	1996 年	1997 年	1998 年	1999 年	2000 年
建筑业总产值	**105.1**	**102.9**	**100.5**	**100.3**	**102.4**
直接费用	104.1	103.2	100.0	99.9	102.7
人工费	116.2	113.6	104.8	103.0	107.0
材料费	101.6	100.8	98.9	98.9	102.1
#钢材	99.8	99.1	96.5	97.0	103.5
木材	101.8	101.3	98.5	102.0	100.5
水泥	102.7	100.6	98.8	99.9	99.6
地方材料	104.0	101.9	100.5	100.3	101.2
其他材料	103.2	102.0	100.8	99.3	100.7
间接费用	112.2	101.7	103.5	102.4	101.1

表 159 各地区居民消费价格指数

(上年=100)

地区	1996年	1997年	1998年	1999年	2000年		
						城市	农村
全国	**108.3**	**102.8**	**99.2**	**98.6**	**100.4**	**100.8**	**99.9**
北京	111.6	105.3	102.4	100.6	103.5	103.5	
天津	109.0	103.1	99.5	98.9	99.6	99.6	
河北	107.1	103.5	98.4	98.1	99.7	100.5	99.1
山西	107.9	103.1	98.6	99.6	103.9	104.7	103.0
内蒙古	107.6	104.5	99.3	99.8	101.3	101.3	101.2
辽宁	107.9	103.1	99.3	98.6	99.9	100.0	99.7
吉林	107.2	103.7	99.2	98.0	98.6	98.3	99.6
黑龙江	107.1	104.4	100.4	96.8	98.3	98.7	97.2
上海	109.2	102.8	100.0	101.5	102.5	102.5	
江苏	109.3	101.7	99.4	98.7	100.1	100.0	100.1
浙江	107.9	102.8	99.7	98.8	101.0	100.9	101.1
安徽	109.9	101.3	100.0	97.8	100.7	100.9	100.5
福建	105.9	101.7	99.7	99.1	102.1	103.2	101.3
江西	108.4	102.0	101.0	98.6	100.3	102.1	99.1
山东	109.6	102.8	99.4	99.3	100.2	101.2	99.3
河南	110.5	103.5	97.5	96.9	99.2	99.1	99.2
湖北	109.4	103.2	98.4	97.8	99.0	100.0	98.2
湖南	107.7	102.8	100.2	100.5	101.4	101.3	101.4
广东	107.0	101.9	98.2	98.2	101.4	102.2	100.0
广西	106.5	100.8	97.0	97.7	99.7	100.0	99.5
海南	104.3	100.8	97.3	98.3	101.1	101.5	100.2
重庆	109.7	103.1	96.4	99.3	96.7	96.7	
四川	109.3	105.1	99.6	98.5	100.1	99.7	100.6
贵州	109.1	103.4	100.1	99.2	99.5	99.2	100.2
云南	108.7	104.3	101.7	99.7	97.9	97.6	98.4
西藏				100.0	99.9	100.4	99.8
陕西	109.7	104.8	98.4	97.8	99.5	100.3	99.0
甘肃	110.2	102.9	99.0	97.6	99.5	99.2	100.1
青海	110.8	104.8	100.7	99.5	99.5	99.6	99.4
宁夏	106.8	103.8	100.0	98.7	99.6	99.7	99.5
新疆	110.5	103.7	100.2	97.4	99.4	100.1	97.6

表 160 进出口总额

年份	按人民币计算(亿元)			按美元计算(亿美元)		
	进出口总额	出口额	进口额	进出口总额	出口额	进口额
1978	355.0	167.6	187.4	206.4	97.5	108.9
1979	454.6	211.7	242.9	293.3	136.6	156.7
1980	570.0	271.2	298.8	381.4	181.2	200.2
“六五”时期	**5634.4**	**2609.1**	**3025.3**	**2524.1**	**1200.5**	**1323.6**
1981	735.3	367.6	367.7	440.3	220.1	220.2
1982	771.3	413.8	357.5	416.1	223.2	192.9
1983	860.1	438.3	421.8	436.2	222.3	213.9
1984	1201.0	580.5	620.5	535.5	261.4	274.1
1985	2066.7	808.9	1257.8	696.0	273.5	422.5
“七五”时期	**19202.4**	**9260.6**	**9941.8**	**4864.1**	**2325.3**	**2538.8**
1986	2580.4	1082.1	1498.3	738.5	309.4	429.1
1987	3084.2	1470.0	1614.2	826.5	394.4	432.1
1988	3821.8	1766.7	2055.1	1027.9	475.2	552.7
1989	4155.9	1956.0	2199.9	1116.8	525.4	591.4
1990	5560.1	2985.8	2574.3	1154.4	620.9	533.5
“八五”时期	**71498.2**	**36661.8**	**34836.4**	**10143.4**	**5183.1**	**4960.3**
1991	7225.8	3827.1	3398.7	1356.3	718.4	637.9
1992	9119.6	4676.3	4443.3	1655.3	849.4	805.9
1993	11271.0	5284.8	5986.2	1957.0	917.4	1039.6
1994	20381.9	10421.8	9960.1	2366.2	1210.1	1156.1
1995	23499.9	12451.8	11048.1	2808.6	1487.8	1320.8
“九五”时期	**147129.2**	**79763.7**	**67365.5**	**17739.3**	**9616.9**	**8122.4**
1996	24133.8	12576.4	11557.4	2898.8	1510.5	1388.3
1997	26967.2	15160.7	11806.5	3251.6	1827.9	1423.7
1998	26857.7	15231.6	11626.1	3239.5	1837.1	1402.4
1999	29896.3	16159.8	13736.5	3606.3	1949.3	1657.0
2000	39274.2	20635.2	18639.0	4743.1	2492.1	2251.0

注:1979 年前为外贸部门数字,1980 年起为海关数字。

表161　海关出口主要商品数量和金额

品　名	数量单位	1995年		1999年		2000年	
		数　量	金　额（亿美元）	数　量	金　额（亿美元）	数　量	金　额（亿美元）
肉用猪	万头	253	2.8	196	2.4	203	2.3
鲜冻猪肉	万吨	15	2.5	5	0.7	5	0.7
水产品	万吨	61	20.9	109	19.4	120	22.7
谷物及粉	万吨	42	0.8	738	11.9	1378	16.9
蔬菜	万吨	158	15.7	217	14.3	245	15.8
茶叶	吨	166572	2.7	199608	3.4	227662	3.5
猪肉罐头	吨	63822	1.2	38338	0.6	38175	0.6
大豆	万吨	38	1.0	20	0.6	21	0.6
花生及花生仁	万吨	39	2.6	34	1.9	40	2.3
生丝	吨	12710	3.0	12089	2.4	12532	2.7
棉花	吨	21619	0.5	236322	2.8	292475	3.1
兔毛	吨	4395	0.7	5185	0.5	4990	0.6
钨矿砂	吨	260	0.01	80	0.001		
药材	吨	136549	4.4	150997	2.1	175661	2.1
煤	万吨	2862	10.1	3741	10.8	5505	14.6
石油	万吨	2300	30.3	1362	18.6	1858	42.6
棉纱	吨	179875	5.8	173987	5.3	210602	6.3
棉布	万米	372949	34.1	299625	27.1	321248	30.9
丝绸	万米	18840	6.6	11438	3.2	13425	3.8
家用陶瓷器			5.5		8.2		9.1
织物服装			199.5		254.3		299.3
普通缝纫机	万架	452	2.1	339	1.0	436	1.4
机床	万台	251	2.7	339	2.3	438	3.0
轴承			3.0		4.4		5.4
电扇	万台	9491	7.6	14010	6.5	11245	7.0
自行车	万辆	1262	5.4	2270	7.8	3286	10.2

表 162 海关进口主要商品数量和金额

品名	数量单位	1995年		1999年		2000年	
		数量	金额(亿美元)	数量	金额(亿美元)	数量	金额(亿美元)
谷物及谷物粉	万吨	2027	35.8	339	5.2	315	5.9
食糖	万吨	295	9.0	42	0.9	64	1.2
植物油	万吨	373	24.3	223	11.8	202	7.5
天然和合成橡胶	万吨	63	7.5	108	8.8	156	13.1
原木	万立方米	258	3.7	1014	12.5	1361	16.6
胶合板			5.6		2.5		2.4
纺织用合成纤维	万吨	76	13.2	83	7.7	100	11.0
纸浆	万吨	82	6.7	310	14.1	335	21.2
羊毛及羊毛条	吨	283668	9.4	198624	6.4	300687	10.4
石油	万吨	3148	44.2	5743	73.4	8832	185.2
铁矿砂	万吨	4115	12.3	5527	13.8	6997	18.6
纯碱	万吨	8	0.1	4	0.05	13	0.1
已内酰胺	万吨	12	1.8	22	2.3	24	3.4
化肥	万吨	1991	37.4	1335	22.5	1189	17.3
农药	吨	34712	1.6	47714	2.4	41138	1.9
纸及纸板(未切成形)	万吨		17.4	650	33.7	595	33.0
钢材(含钢铁丝)	万吨	1397	66.7	1486	70.1	1596	85.4
铜及铜合金	吨	187504	4.1	547736	8.8	812126	15.0
铝及铝合金	吨	387925	5.1	534004	6.8	914099	13.3
机床	台	134269	22.0	89384	15.1	104794	18.9
船舶	艘	1305	6.7	1409	1.3	908	1.3
汽车及汽车底盘	辆	158115	15.4	34906	8.1	42371	11.9
飞机	架	31	10.5	63	23.2	85	16.3
电视显像管	万只	1085	5.8	949	8.9	954	8.5
电视机	万台	116	3.4	26	1.4	10	0.6
录音机、收录机及组合音响	万台	333	1.6	122	0.4	102	0.4

表163 各地区海关进出口总额

（按境内目的地、货源地分）

单位：亿美元

地 区	1996年	1997年	1998年	1999年	2000年	
						出口额
全国总计	**2898.8**	**3251.6**	**3240.5**	**3606.3**	**4743.1**	**2492.1**
北 京	149.3	156.2	157.8	183.7	242.4	76.6
天 津	101.6	106.9	110.8	134.1	171.6	76.8
河 北	42.1	39.8	42.4	45.3	54.9	32.8
山 西	21.5	24.2	21.2	23.0	27.9	20.9
内蒙古	10.1	9.7	9.3	12.7	23.9	11.2
辽 宁	135.7	147.7	137.6	146.3	200.7	105.9
吉 林	24.8	24.7	22.0	25.5	29.9	14.9
黑龙江	43.3	44.0	31.9	30.2	39.9	24.2
上 海	278.9	303.6	312.0	380.5	547.0	246.4
江 苏	222.8	253.7	280.7	328.6	492.0	263.8
浙 江	144.3	162.5	167.5	202.6	315.2	204.8
安 徽	23.9	26.4	25.4	28.2	36.9	21.2
福 建	158.8	192.6	181.1	184.0	229.6	136.3
江 西	11.9	12.3	14.8	15.1	20.5	11.9
山 东	180.9	200.6	192.0	208.0	282.5	160.9
河 南	24.8	24.0	21.1	24.0	31.2	15.8
湖 北	31.0	32.1	31.9	30.7	38.9	19.0
湖 南	20.0	20.5	20.3	22.3	29.9	16.3
广 东	1120.1	1325.7	1314.5	1433.9	1754.9	934.3
广 西	24.1	24.8	23.9	18.7	22.9	16.4
海 南	19.5	19.3	15.7	10.4	10.9	6.1
重 庆		14.8	10.9	13.2	18.5	10.6
四 川	39.2	21.6	23.9	27.3	27.8	14.3
贵 州	6.1	7.1	6.6	6.9	8.6	4.8
云 南	22.0	16.3	15.9	17.2	18.8	10.9
西 藏	1.7	1.4	0.9	1.7	1.5	1.1
陕 西	18.2	17.1	21.1	20.8	23.9	13.3
甘 肃	6.1	5.2	5.6	5.6	6.9	4.2
青 海	2.0	1.5	1.8	1.9	2.3	1.4
宁 夏	2.2	2.7	3.0	4.0	5.3	3.5
新 疆	11.9	12.6	16.9	19.9	25.9	11.5

表 164 签订利用外资合同额

年份	合计		对外借款		外商直接投资		外商其他投资额（亿美元）
	项目（个）	金额（亿美元）	项目（个）	金额（亿美元）	项目（个）	金额（亿美元）	
1979－2000	**（342745）**	**（7692.12）**	**（1683）**	**（1385.38）**	**363409**	**6758.46**	**259.58**
1979－1982	949	205.48	27	135.49	922	60.10	9.89
1983	522	34.30	52	15.13	470	17.32	1.85
1984	1894	47.91	38	19.16	1856	26.51	2.24
1985	3145	98.67	72	35.34	3073	59.32	4.01
“七五”时期	**23183**	**634.42**	**455**	**363.21**	**22728**	**240.36**	**30.85**
1986	1551	117.37	53	84.07	1498	28.34	4.96
1987	2289	121.36	56	78.17	2233	37.09	6.10
1988	6063	160.04	118	98.13	5945	52.97	8.94
1989	5909	114.79	130	51.85	5779	56.00	6.94
1990	7371	120.86	98	50.99	7273	65.96	3.91
“八五”时期	**230369**	**4092.56**	**630**	**511.26**	**229739**	**3554.99**	**26.31**
1991	13086	195.83	108	71.61	12978	119.77	4.45
1992	48858	694.39	94	107.03	48764	581.24	6.12
1993	83595	1232.73	158	113.06	83437	1114.36	5.31
1994	47646	937.56	97	106.68	47549	826.80	4.08
1995	37184	1032.05	173	112.88	37011	912.82	6.35
“九五”时期	**（82863）**	**（2578.78）**	**（409）**	**（305.79）**	**104621**	**2799.86**	**184.43**
1996	24673	816.10	117	79.62	24556	732.77	3.71
1997	21138	610.58	137	58.72	21001	510.04	41.82
1998	19850	632.01	51	83.85	19799	521.02	27.14
1999	17022	520.09	104	83.60	16918	412.23	24.26
2000					22347	623.80	87.50

注：1. 1997 年起将对外发行股票从对外借款项中剔除，列入外商其他投资额中。
2. 括号中的合计数未加入 2000 年数据。

表165　实际利用外资额

年　份	合　计 (亿美元)	对外借款	外商直接投资	外商其他	实际利用外资额占国内生产总值比重(%)
1979-2000	**6336.98**	**1627.95**	**4465.52**	**243.51**	
1979-1982	124.57	106.90	11.66	6.01	
1983	19.81	10.65	6.36	2.80	0.66
1984	27.05	12.86	12.58	1.61	0.87
1985	46.47	26.88	16.61	2.98	1.52
“七五”时期	**462.84**	**301.26**	**142.61**	**18.97**	
1986	72.58	50.14	18.74	3.70	2.46
1987	84.52	58.05	23.14	3.33	2.63
1988	102.26	64.87	31.94	5.45	2.55
1989	100.59	62.86	33.92	3.81	2.24
1990	102.89	65.34	34.87	2.68	2.65
“八五”时期	**1610.62**	**455.82**	**1141.76**	**13.04**	
1991	115.54	68.88	43.66	3.00	2.84
1992	192.02	79.11	110.07	2.84	3.97
1993	389.60	111.89	275.15	2.56	6.50
1994	432.13	92.67	337.67	1.79	7.98
1995	481.33	103.27	375.21	2.85	6.99
“九五”时期	**2897.84**	**559.02**	**2134.79**	**204.03**	
1996	548.04	126.69	417.25	4.10	6.82
1997	644.08	120.21	452.57	71.30	7.30
1998	585.57	110.00	454.63	20.94	6.30
1999	526.59	102.12	403.19	21.28	5.42
2000	593.56	100.00	407.15	86.41	5.50

注:1997年起将对外发行股票从对外借款项中剔除,列入外商其他投资额中。

表 166 各地区外商直接投资额

金额单位:万美元

地区	1996 年	1997 年	1998 年	1999 年	2000 年	"九五"时期合计
全国总计	**4172552**	**4525704**	**4546275**	**4031871**	**4071481**	**21347883**
北京	155290	159286	216800	197525	168368	897269
天津	200637	251135	211361	176399	116601	956133
河北	82587	110064	142868	104202	67923	507644
山西	13802	26592	24451	39129	22472	126446
内蒙古	7186	7325	9082	6456	10568	40617
辽宁	173768	220470	219045	106173	204446	923902
吉林	45155	40227	40917	30120	33701	190120
黑龙江	54841	73485	52639	31828	30086	242879
上海	394094	422536	360150	283665	316014	1776459
江苏	521009	543511	663179	607756	642550	2978005
浙江	152050	150345	131802	123262	161266	718725
安徽	50661	43443	27673	26131	31847	179755
福建	408451	419666	421211	402403	343191	1994922
江西	30068	47768	46496	32080	22724	179136
山东	259041	249294	220274	225878	297119	1251606
河南	52356	69204	61654	52135	56403	291752
湖北	68004	79019	97294	91488	94368	430173
湖南	70344	91702	81816	65374	67833	377069
广东	1162362	1171083	1201994	1165750	1128091	5829280
广西	65618	87986	88613	63512	52466	358195
海南	78908	70554	71715	48449	43080	312706
重庆	19412	38675	43107	23893	24436	149523
四川	23132	24846	37248	34101	43694	163021
贵州	3138	4977	4535	4090	2501	19241
云南	6537	16566	14568	15385	12812	65868
陕西	32509	62816	30010	24197	28842	178374
甘肃	9002	4144	3864	4104	6235	27349
青海	100	247		459		806
宁夏	555	671	1856	5134	1741	9957
新疆	6390	2472	2167	2404	1911	15344
部门	25545	35595	17886	38389	38192	155607

注:全国总计中包括部门统计数据,故各地区相加不等于全国总计。

表167　各地区外商投资企业进出口商品总值

单位:亿美元

地　区	1996年	1997年	1998年	1999年	2000年		
						出口额	进口额
全国总计	**1371.1**	**1526.2**	**1576.8**	**1745.1**	**2367.1**	**1194.4**	**1172.7**
北　京	32.3	34.9	40.8	51.2	77.7	28.7	49.0
天　津	70.2	78.9	81.6	98.5	136.9	63.8	73.1
河　北	14.4	12.0	13.3	14.6	15.8	10.1	5.7
山　西	1.8	1.8	1.8	4.1	4.2	1.5	2.7
内蒙古	1.5	1.6	1.0	1.1	1.8	1.4	0.4
辽　宁	63.7	74.0	68.7	82.6	123.0	62.5	60.5
吉　林	8.7	7.2	8.5	9.6	11.2	3.9	7.3
黑龙江	7.2	6.4	4.4	4.4	4.7	2.7	2.0
上　海	148.7	166.0	182.2	226.7	334.1	142.6	191.5
江　苏	121.4	141.9	166.3	196.4	301.8	144.5	157.3
浙　江	47.3	47.0	47.1	56.6	93.9	53.5	40.4
安　徽	6.8	6.4	6.2	8.3	9.5	4.0	5.5
福　建	95.2	105.4	106.2	113.4	140.6	76.0	64.6
江　西	1.6	1.5	1.8	2.9	3.2	1.6	1.6
山　东	85.1	96.4	94.6	101.9	139.3	79.3	60.0
河　南	6.2	5.1	4.7	4.6	5.8	3.1	2.7
湖　北	11.3	11.1	9.4	9.1	10.5	4.3	6.2
湖　南	3.6	3.3	2.8	3.0	4.8	1.8	3.0
广　东	609.7	695.1	709.1	733.2	920.4	495.1	425.3
广　西	7.0	6.8	7.1	4.8	5.5	3.4	2.1
海　南	6.4	3.5	4.2	3.9	4.6	3.1	1.5
重　庆			3.9	2.3	3.2	1.0	2.2
四　川	11.4	10.6	3.1	4.3	6.1	2.4	3.7
贵　州	0.7	0.9	0.6	0.5	0.6	0.4	0.2
云　南	2.5	2.3	1.5	1.4	2.0	0.8	1.2
西　藏	0.6	0.6	0.1	0.1	0.06	0.04	0.02
陕　西	3.6	3.6	3.5	3.3	3.5	1.1	2.4
甘　肃	0.7	0.7	0.6	0.4	0.6	0.4	0.2
青　海	0.09	0.03	0.06	0.01	0.09	0.02	0.07
宁　夏	0.4	0.4	0.4	0.5	0.6	0.4	0.2
新　疆	1.0	0.8	1.2	1.4	1.1	0.9	0.2

表 168 旅游人数和旅游收入

指　　标	1996 年	1997 年	1998 年	1999 年	2000 年
旅游人数					
入境旅游人数(万人次)	5112.8	5758.8	6347.8	7279.6	8344.4
外国人	674.4	742.8	710.8	843.2	1016.0
#日本	154.9	158.2	157.2	185.5	220.2
韩国	69.4	78.1	63.3	99.2	134.5
菲律宾	24.4	27.7	25.6	29.8	36.4
新加坡	28.6	31.7	31.6	35.2	39.9
英国	20.5	22.8	24.3	25.9	28.4
德国	17.9	18.5	19.2	21.8	23.9
俄罗斯	55.6	81.4	69.2	83.3	108.0
加拿大	15.7	17.4	19.6	21.4	23.7
美国	57.6	61.6	67.7	73.6	89.6
澳大利亚	13.3	15.7	18.6	20.4	23.4
华侨	15.5	9.9	12.1	10.8	7.6
港澳同胞	4249.5	4794.3	5407.5	6167.1	7009.9
台湾同胞	173.4	211.8	217.4	258.5	310.9
国内旅游人数(万人次)	63900	64400	69450	71900	74400
旅游收入					
国际旅游收入(亿美元)	102.0	120.7	126.0	141.0	162.3
国内旅游收入(亿元)	1638.4	2112.7	2391.2	2831.9	3175.5

表 169 国内旅游情况

年　份	总人数(百万人次)	城镇居民	农村居民	总花费(亿元)	城镇居民	农村居民	人均花费(元)	城镇居民	农村居民
1994	524	205	319	1023.5	848.2	175.3	195	415	55
1995	629	246	383	1375.7	1140.1	235.6	219	464	61
1996	640	256	384	1638.4	1368.4	270.0	256	534	70
1997	644	259	385	2112.7	1551.8	560.9	328	600	146
1998	695	250	445	2391.2	1515.1	876.1	345	607	197
1999	719	284	435	2831.9	1748.2	1083.7	394	615	250
2000	744	329	415	3175.5	2235.3	940.3	427	679	227

表 170 各地区国际旅游人数和旅游创汇总额

地 区	1999 年			2000 年		
	旅游人数（万人次）	#外国人	旅游创汇总额（亿美元）	旅游人数（万人次）	#外国人	旅游创汇总额（亿美元）
北 京	252.39	205.02	24.96	282.09	237.96	27.68
天 津	32.08	28.15	2.09	35.62	32.14	2.32
河 北	37.09	32.22	1.24	41.43	35.90	1.42
山 西	13.78	10.11	0.43	16.53	11.66	0.50
内蒙古	36.84	36.35	1.20	39.19	38.74	1.26
辽 宁	49.13	38.63	3.04	61.22	50.05	3.82
吉 林	15.95	14.11	0.45	22.27	19.19	0.58
黑龙江	40.71	36.06	1.48	55.17	50.47	1.89
上 海	165.68	128.73	13.64	181.40	143.90	16.13
江 苏	134.41	80.44	6.20	160.95	98.15	7.24
浙 江	94.78	50.67	4.10	112.59	64.75	5.14
安 徽	25.12	13.83	0.67	31.84	16.79	0.86
福 建	135.60	35.30	7.25	161.33	49.75	8.94
江 西	13.86	4.10	0.50	16.31	5.54	0.62
山 东	62.20	41.79	2.65	72.31	48.01	3.15
河 南	30.01	16.03	1.14	32.50	18.21	1.24
湖 北	30.54	22.33	1.05	45.08	35.73	1.46
湖 南	38.58	13.48	1.85	45.40	15.79	2.21
广 东	876.02	148.77	32.72	1198.94	212.85	41.12
广 西	77.07	37.07	2.02	122.91	50.80	3.07
海 南	45.65	7.32	1.05	48.68	9.37	1.09
重 庆	18.49	13.36	0.97	26.61	19.29	1.38
四 川	37.34	17.95	0.97	46.20	19.97	1.22
贵 州	16.70	6.57	0.55	18.39	7.12	0.61
云 南	104.00	72.50	3.50	100.11	66.59	3.39
西 藏	10.08	9.26	0.36	15.00	13.58	0.52
陕 西	63.03	50.16	2.72	71.28	58.48	2.80
甘 肃	14.46	9.46	0.37	21.31	14.34	0.55
青 海	2.05	0.89	0.04	3.26	1.46	0.07
宁 夏	0.60	0.45	0.02	0.78	0.58	0.03
新 疆	22.38	19.02	0.86	25.61	20.84	0.95

表 171 教育事业基本情况

指标	1985 年	1990 年	1995 年	1999 年	2000 年
学校数(所)	**938173**	**867924**	**764955**	**674173**	**644426**
普通高等学校	1016	1075	1054	1071	1041
中等学校	104848	100777	95216	90811	89763
# 专业学校	3557	3982	4049	3962	3646
普通中学	93221	87631	81020	77213	77268
小学	832309	766072	668685	582291	553622
专任教师(万人)	**868.8**	**946.9**	**994.8**	**1073.7**	**1090.5**
普通高等学校	34.4	39.5	40.1	42.6	46.3
中等学校	296.7	349.2	388.3	445.0	458.2
# 专业学校	17.4	23.4	25.7	27.4	25.6
普通中学	265.2	303.3	333.4	384.1	400.6
小学	537.7	558.2	566.4	586.1	586.0
招生数(万人)	**4149.9**	**3940.7**	**4978.5**	**5092.7**	**5218.3**
普通高等学校	61.9	60.9	92.6	159.7	220.6
中等学校	1789.8	1815.8	2354.1	2903.5	3051.3
# 专业学校	66.8	73.0	138.1	163.4	132.6
普通中学	1606.9	1619.6	2025.9	2546.0	2735.1
小学	2298.2	2064.0	2531.8	2029.5	1946.5
在校学生(万人)	**18633.1**	**17553.1**	**19677.3**	**21782.1**	**21930.9**
普通高等学校	170.3	206.3	290.6	413.4	556.1
中等学校	5092.6	5105.4	6191.5	7820.7	8361.6
# 专业学校	157.1	224.4	372.2	515.5	489.5
普通中学	4706.0	4586.0	5371.0	6771.3	7368.9
小学	13370.2	12241.4	13195.2	13548.0	13013.3
毕业生数(万人)	**3310.6**	**3422.0**	**3678.9**	**4559.2**	**4749.8**
普通高等学校	31.6	61.4	80.5	84.8	94.9
中等学校	1279.1	1497.5	1636.9	2160.7	2235.6
# 专业学校	42.9	66.1	83.9	140.1	150.7
普通中学	1194.9	1342.1	1429.0	1852.7	1908.6
小学	1999.9	1863.1	1961.5	2313.7	2419.2
研究生数(万人)					
在学人数	8.7	9.3	14.5	23.4	30.1
招生数	4.7	3.0	5.1	9.2	12.9
毕业生数	1.7	3.5	3.2	5.5	5.9
成人教育学校					
学校数(所)	328988	317956	579027	725631	667366
在校学生数(万人)	1553.3	3978.2	6681.6	8346.2	7715.8
# 大学生	172.5	166.6	257.0	305.5	353.6
幼儿园					
园数(所)	172262	172322	180438	181136	175836
幼儿数(万人)	1479.7	1972.2	2711.2	2326.3	2244.2
特殊教育学校					
学校数(所)	375	746	1379	1520	1539
在校学生数(万人)	4.2	7.2	30	37.2	37.8
教育经费投入(亿元)	**224.9**	**659.4**	**1878.0**	**3349.0**	

注:1. 1999 年普通高等学校招生数和在校学生数包括成人高等学校中招收的"新高职"学生数。
2. 在校生数中未包括研究生数。

表172　各级学校在校学生数

单位:万人

年　份	总　计	研究生	高等学校	中等学校	#中等专业学　校	#普　通中　学	小　学
1978	21348	1.1	85.6	6637	89	6548	14624
1980	20421	2.2	114.4	5678	124	5508	14627
1985	18642	8.7	170.3	5093	157	4706	13370
1990	17562	9.3	206.3	5105	224	4586	12241
1991	17604	8.8	204.4	5227	228	4684	12164
1992	17784	9.4	218.4	5354	241	4771	12201
1993	18069	10.7	253.6	5384	282	4739	12421
1994	18822	12.8	279.9	5707	320	4982	12823
1995	19692	14.6	290.6	6192	372	5371	13195
1996	20569	16.3	302.1	6636	423	5740	13615
1997	21325	17.6	317.4	6995	465	6018	13995
1998	21655	19.9	340.9	7341	498	6301	13954
1999	21805	23.4	413.4	7821	516	6771	13548
2000	21961	30.1	556.1	8362	490	7369	13013

表173　平均每万人口在校学生数

年　份	各级学校在校学生数占全国人口比重(%)	平均每万人口中(人)			各级学生占学生总数比重(%)		
		大学生	中学生	小学生	大学生	中学生	小学生
1978	22.2	8.9	690	1519	0.4	31.1	68.5
1979	21.4	10.5	621	1510	0.5	29.0	70.5
1980	20.7	11.6	575	1482	0.6	27.8	71.6
1981	19.6	12.8	503	1439	0.7	25.7	73.6
1982	18.6	11.4	465	1382	0.6	25.0	74.4
1983	18.0	11.8	454	1330	0.6	25.3	74.1
1984	18.0	13.5	472	1316	0.7	26.2	73.1
1985	17.6	16.1	481	1263	0.9	27.3	71.8
1986	17.4	17.5	495	1226	1.0	28.5	70.5
1987	16.9	17.9	494	1174	1.1	29.3	69.6
1988	16.2	18.6	473	1129	1.1	29.2	69.7
1989	15.7	18.5	448	1098	1.2	28.7	70.1
1990	15.4	18.0	447	1071	1.2	29.1	69.7
1991	15.2	17.6	451	1050	1.2	29.7	69.1
1992	15.2	18.6	457	1041	1.2	30.1	68.7
1993	15.2	21.4	454	1048	1.4	29.8	68.8
1994	15.7	23.4	476	1070	1.5	30.3	68.2
1995	16.3	24.0	511	1089	1.5	31.5	67.0
1996	17.0	24.7	542	1112	1.5	32.3	66.2
1997	17.2	25.7	566	1132	1.5	32.8	65.7
1998	17.3	27.3	588	1118	1.6	33.9	64.5
1999	17.3	32.8	621	1076	1.9	35.9	62.2
2000	17.4	46.0	661	1028	2.6	38.1	59.3

表 174 初中和小学毕业生升学率及小学学龄儿童入学率

年份	初中		小学		学龄儿童	
	毕业生数（万人）	升学率（%）	毕业生数（万人）	升学率（%）	学龄儿童数（万人）	入学率（%）
1978	1693	40.9	2288	87.7	-	-
1980	965	45.9	2053	75.9	12220	93.9
1985	998	41.7	2000	68.4	10362	96.0
1990	1109	40.6	1863	74.6	9741	97.8
1991	1086	42.6	1897	75.7	9807	97.8
1992	1102	43.4	1872	79.7	11156	97.2
1993	1134	44.1	1842	81.8	11432	97.7
1994	1166	46.4	1900	86.6	11950	98.4
1995	1244	48.3	1962	90.8	12375	98.5
1996	1298	48.8	1934	92.6	12877	98.8
1997	1463	51.5	1960	93.7	13347	98.9
1998	1603	50.7	2117	94.3	13369	98.9
1999	1614	50.0	2314	94.4	12991	99.1
2000	1634	51.2	2419	94.9	12445	99.1

表 175 各级学校教师负担学生数

年份	高等学校		中等学校		小学	
	教师数（万人）	平均每个教师负担学生数（人）	教师数（万人）	平均每个教师负担学生数（人）	教师数（万人）	平均每个教师负担学生数（人）
1978	20.6	4.2	328.1	20.2	522.6	28.0
1979	23.7	4.3	319.1	18.9	538.2	27.2
1980	24.7	4.6	317.1	17.9	549.9	26.6
1981	25.0	5.1	300.9	16.7	558.0	25.7
1982	28.7	4.0	287.1	16.4	550.5	25.4
1983	30.3	4.0	282.7	16.4	542.5	25.0
1984	31.5	4.4	282.1	17.2	537.0	25.2
1985	34.4	5.0	296.7	17.2	537.7	24.9
1986	37.2	5.1	311.5	17.1	541.4	24.3
1987	38.5	5.1	326.6	16.5	543.4	23.6
1988	39.3	5.3	338.9	15.5	550.1	22.8
1989	39.7	5.2	342.3	14.8	554.4	22.3
1990	39.5	5.2	349.2	14.6	558.2	21.9
1991	39.1	5.2	355.7	14.7	553.2	22.0
1992	38.8	5.6	362.4	14.8	552.7	22.1
1993	38.8	6.5	366.8	14.7	555.2	22.4
1994	39.6	7.1	375.7	15.2	561.1	22.9
1995	40.1	7.2	388.3	15.9	566.4	23.3
1996	40.3	7.5	404.0	16.4	573.6	23.7
1997	40.5	7.8	418.6	16.7	579.4	24.2
1998	40.7	8.4	431.2	17.0	581.9	23.9
1999	42.6	9.7	445.0	17.6	586.1	23.1
2000	46.3	12.0	458.2	18.2	586.0	22.2

表 176　普通高等学校和中等专业学校分科学生数

单位:万人

指　标	1999 年			2000 年		
	毕业生数	招生数	在校生数	毕业生数	招生数	在校生数
普通高等学校	**84.8**	**154.9**	**408.6**	**95.0**	**220.6**	**556.1**
哲　学	0.1	0.2	0.5	0.1	0.2	0.6
经济学	13.4	23.7	61.4	15.9	36.3	87.6
法　学	3.2	6.9	17.4	4.4	11.5	27.2
教育学	4.0	6.7	16.7	4.2	10.7	23.6
文　学	12.1	23.0	56.4	14.7	34.3	81.9
历史学	1.3	1.9	5.6	1.4	2.2	6.2
理　学	9.0	15.6	42.1	9.8	20.2	53.7
工　学	32.6	60.8	161.3	35.4	83.2	214.8
农　学	2.8	5.2	14.2	3.0	6.9	18.2
医　学	6.2	10.8	32.9	6.0	15.0	42.3
中等专业学校	**140.1**	**163.4**	**515.5**	**150.7**	**132.6**	**489.5**
工　科	40.6	54.3	179.8	46.3	46.1	176.6
农　科	5.1	6.8	20.7	5.9	4.7	19.3
林　科	1.2	1.7	5.2	1.3	1.3	4.9
医药卫生	13.6	17.4	52.7	13.0	17.9	56.8
财　经	21.2	18.2	62.2	21.7	12.8	52.3
管　理	15.4	19.1	57.8	16.9	14.3	54.0
政　法	4.5	6.2	14.2	4.8	4.8	14.5
艺　术	4.5	7.9	23.1	5.8	7.4	24.5
体　育	1.9	2.7	7.5	2.0	2.5	7.6
师　范	32.1	29.1	92.3	33.0	20.7	79.0

表 177　各级成人学校在校学生数

单位:万人

类　别	1985 年	1990 年	1995 年	1998 年	1999 年	2000 年
成人高等学校	**172.5**	**166.6**	**257.0**	**282.2**	**305.5**	**353.6**
广播电视大学	67.4	38.8	54.2	48.4	48.7	34.7
职工、农民高等学校	26.1	23.1	31.5	32.7	32.9	33.3
管理干部学院	4.0	5.4	14.8	17.2	17.1	16.7
教育学院	24.7	25.3	21.4	21.2	22.7	25.8
独立函授学院	1.0	1.6	1.4	1.3	1.2	1.3
普通高等学校办函授部或夜大学、干部专修科	49.3	52.1	133.9	161.4	182.8	241.9
成人中等学校	**547.0**	**1529.4**	**5646.3**	**6676.0**	**7503.9**	**6876.9**
中等专业学校	134.7	158.8	242.9	305.1	302.1	247.0
中学	412.3	88.5	74.2	77.8	65.2	50.7
技术培训学校	–	1282.2	5329.2	6293.1	7136.6	6579.1
成人初等学校	**833.8**	**2282.1**	**778.3**	**538.6**	**536.8**	**485.2**
职工初等学校	11.6	47.2	14.5	11.9	19.8	11.8
农民初等学校	822.2	2234.9	763.7	526.7	517.1	473.5
#扫盲班	519.0	559.8	487.6	311.1	283.2	253.0

表 178 科学技术基本情况

指　　标	单　位	1991 年	1995 年	1999 年	2000 年
科技活动					
科技机构数	个	19839	24985	22223	
# 大中型工业企业	个	8792	13107	11237	
科技活动人员数	万人	229	262	291	
# 科学家和工程师	万人	132	155	159	
科技活动经费支出总额	亿元	388	847	1285	
# 研究与发展经费支出	亿元		349	679	
研究与发展经费支出占国内生产总值比重	%		0.60	0.83	
技术成果和国家奖励					
科技成果登记数	项	32653	31099	31060	32858
# 应用技术成果	项	28258	27431	26706	28843
国家奖励	项	958	795	602	288
# 国家自然科学奖	项	53	57	57	15
国家技术发明奖	项	173	131	69	23
国家科技进步奖	项	732	607	476	250
重点技术创新项目	项	502		663	280
技术市场成交额	亿元	95	268	523	651
成功发射卫星	次	0	2	4	6
科技服务					
出版地图	种		970	1344	1150
气象台站	个	2586	2587	2623	2623
卫星云图接收站点	个	79	156	315	315
地震台数	个	1125	1183	1258	1234
海洋观测和监测站点	个	1228	809	672	927
质量监督					
产品质量检验机构	个		5000	5500	5500
# 国家检测中心	个		235	229	230
抽查产品	类	138	185	207	235
抽查产品	种	3902	6713	8345	9705
样品合格率	%	90.0	75.4	78.6	78.9
专利					
专利申请受理量	件	50040	83045	134239	170682
国内	件	45686	69535	109958	140339
国外	件	4354	13510	24281	30343
专利申请批准量	件	24616	45064	100156	105345
国内	件	21395	41881	92101	95236
国外	件	3221	3183	6511	10109

表179　科学研究支出

单位：亿元

年　份	国家财政支　出	科学研究支出合　计	科　技三项费用	科　学事业费	科　研基建费	其他科研事 业 费	科学研究支出占财政总支出比重（%）
1978	1122.1	52.9	25.5	15.5	6.7	5.3	4.71
1979	1281.8	62.3	28.4	18.6	9.4	5.9	4.86
1980	1228.8	64.6	27.6	19.6	11.3	6.1	5.26
“六五”时期	**7483.2**	**403.3**	**172.7**	**131.0**	**67.1**	**32.5**	**5.39**
1981	1138.4	61.6	24.1	21.5	10.5	5.6	5.41
1982	1230.0	65.3	26.4	22.4	11.2	5.4	5.31
1983	1409.5	79.1	35.5	25.1	11.9	6.6	5.61
1984	1701.0	94.7	42.3	30.1	14.7	7.6	5.57
1985	2004.3	102.6	44.4	32.0	18.8	7.4	5.12
“七五”时期	**12865.7**	**614.5**	**276.9**	**182.6**	**98.3**	**56.7**	**4.78**
1986	2204.9	112.6	49.6	34.6	20.3	8.1	5.11
1987	2262.2	113.8	50.6	29.5	22.9	10.8	5.03
1988	2491.2	121.1	54.1	35.7	19.7	11.7	4.86
1989	2823.8	127.9	59.1	38.5	17.9	12.4	4.53
1990	3083.6	139.1	63.5	44.4	17.5	13.7	4.51
“八五”时期	**24387.5**	**1146.2**	**519.5**	**361.7**	**151.0**	**114.0**	**4.70**
1991	3386.6	160.7	73.3	54.2	18.4	14.8	4.74
1992	3742.2	189.3	89.4	57.2	24.6	18.1	5.06
1993	4642.3	225.6	106.6	65.6	34.0	19.5	4.86
1994	5792.6	268.3	114.2	87.9	36.1	30.1	4.63
1995	6823.7	302.4	136.0	96.9	38.0	31.5	4.43
“九五”时期							
1996	7937.6	348.6	155.0	109.7	48.6	35.4	4.39
1997	9233.6	408.9	190.0	127.1	42.7	49.0	4.43
1998	10798.2	438.6	189.9	151.9	47.3	49.5	4.06
1999	13187.7	543.9	272.8	168.1	52.9	50.1	4.12

表 180 国有企事业单位专业技术人员数

项目	1985 年	1990 年	1995 年	1999 年	2000 年
国有企事业单位职工人数(万人)	**8990**	**10346**	**10955**	**8336**	**7878**
专业技术人员总计(万人)	**781.7**	**1080.9**	**1913.4**	**2143.1**	**2165.1**
工程技术人员	340.4	510.1	562.6	565.5	555.1
农业技术人员	45.1	55.1	53.6	65.4	67.0
卫生技术人员	216.1	272.0	303.5	333	337.2
科学研究人员	33.6	29.1	30.3	28.4	27.5
教学人员	146.5	214.6	963.4	1150.8	1178.3
构成(总计=100)					
工程技术人员	43.5	47.2	29.4	26.4	25.6
农业技术人员	5.8	5.1	2.8	3.1	3.1
卫生技术人员	27.6	25.2	15.9	15.5	15.6
科学研究人员	4.3	2.7	1.6	1.3	1.3
教学人员	18.7	19.9	50.4	53.7	54.4
平均每万名职工有专业技术人员(人)	**869.5**	**1044.7**	**1746.6**	**2570.9**	**2748.3**
工程技术人员	378.6	493.0	513.6	678.4	704.6
农业技术人员	50.2	53.3	48.9	78.5	85.0
卫生技术人员	240.4	262.9	277.0	399.5	428.0
科学研究人员	37.4	28.1	27.7	34.1	34.9
教学人员	163.0	207.4	879.4	1380.5	1495.7

注:1991 年起专业技术人员包括企、事业单位(不含行政机关)人员数,教学人员包括社会和自然科技领域及小学教师人数。

表 181 国有企事业单位分行业专业技术人员

单位:万人

行业分类	1986 年	1990 年	1995 年	1999 年	2000 年
总计	**825.3**	**1080.9**	**1913.4**	**2143.1**	**2165.1**
农林牧渔业	55.9	77.2	101.7	110.1	111.6
工业	220.3	290.6	351.2	315.6	298.8
地质勘查业、水利管理业	16.6	18.0	15.7	36.4	34.9
建筑业	37.1	50.4	71.2	55.8	55.7
交通运输、仓储及邮电通讯业	27.8	41.5	54.9	69.6	72.1
批发和零售贸易、餐饮业	12.0	23.2	27.5	20.1	18.6
房地产业、社会服务业	6.4	12.5	22.1	38.5	36.9
卫生体育和社会福利业	165.7	214.2	246.1	275.5	280.5
教育文化艺术及广播电影电视业	173.8	231.0	935.3	1122.1	1157.1
科学研究及综合技术服务业	57.6	67.8	69.8	75.3	72.0
金融保险业	1.4	3.4	8.1	9.6	9.2
其他行业	2.0	3.3	9.8	14.5	17.7

表182　文化、卫生和体育基本情况

项　　目	单　　位	1985年	1990年	1995年	1999年	2000年
文化事业						
艺术表演团体	个	3317	2805	2682	2632	2622
文化馆	个	2965	2955	2886	2905	2911
公共图书馆	个	2344	2527	2615	2767	2769
博物馆	个	711	1013	1194	1364	1373
档案馆	个	2807	2954	3024	3046	3055
广播综合人口覆盖率	%	68.3	74.7	78.8	90.5	92.1
电视综合人口覆盖率	%	68.4	79.4	84.5	91.6	93.4
全国有线电视用户	万户				7700	7950
出版报纸总印数	亿份	246.8	211.3	263.3	318.4	
出版杂志总印数	亿册	25.6	17.9	23.4	28.5	28.5
出版图书总印数	亿册(张)	66.7	56.4	63.2	73.2	63.5
卫生事业						
卫生机构数	万个	20.1	20.9	19.0	31.1	32.5
#医院、卫生院	个	59614	62454	67807	66935	66509
卫生防疫机构	个	3410	3618	3629	4023	4065
妇幼保健机构	个	2724	2820	2832	2630	2598
医院、卫生院床位数	万张	222.9	262.4	283.6	292.8	294.8
市	万张	96.2	138.7	174.0	188.7	191.4
县	万张	126.7	123.7	109.7	104.2	103.4
卫生机构人员数	万人	431.3	490.6	537.3	557.0	559.1
#卫生技术人员数	万人	341.1	389.8	425.7	445.9	449.1
#医生	万人	141.3	176.3	191.8	204.5	207.6
护师、护士	万人	63.7	97.5	112.6	124.5	126.7
卫生事业费	亿元	…	…	163.3	235.6	
体育事业						
当年达到国家体育锻炼标准人数	万人	4362	7478	13296	14316	15202
县以上体委举办运动会	次	26949	30158	28041	26816	26196
新发展等级运动员	人	67392	65540	79436	80617	97011
创造世界纪录	次	9	16	24	50	30
获得世界冠军	个	46	54	102	92	110

表 183 文化艺术广播电视事业单位数

单位：个

年份	电影放映单位	艺术表演团体	广播电台	电视台	文化馆	公共图书馆	博物馆
1978	115946	3150	93	32	2748	1218	349
1980	125440	3533	106	38	2912	1732	365
1985	182434	3317	213	202	2965	2344	711
1990	146184	2805	635	509	2955	2527	1013
1991	139639	2772	724	543	2894	2535	1075
1992	133766	2753	812	586	2900	2565	1106
1993	113000	2707	987	684	2886	2579	1130
1994	94000	2698	1107	766	2887	2596	1161
1995	94000	2682	1202	837	2886	2615	1194
1996	69000	2664	1244	880	2892	2631	1219
1997	69000	2663	1363	923	2901	2661	1282
1998	72813	2652	298	347	2901	2731	1339
1999	72813	2632	296	357	2905	2767	1364
2000	54190	2622	307	357	2911	2769	1373

注：1998 年及以后广播电台和电视台只包括省、地（市）级数，不再包括县级数。

表 184 图书、杂志和报纸出版数

年份	图书		杂志		报纸	
	种数（种）	总印数（亿册、亿张）	种数（种）	总印数（亿册）	种数（种）	总印数（亿份）
1978	14987	37.7	930	7.6	186	127.8
1980	21621	45.9	2191	11.2	188	140.4
1985	45603	66.7	4705	25.6	1445	246.8
1990	80224	56.4	5751	17.9	1444	211.3
1991	89615	61.4	6056	20.6	1524	236.5
1992	92148	63.4	6486	23.6	1657	257.9
1993	96761	59.3	7011	23.5	1788	263.8
1994	103836	60.1	7325	22.1	1953	253.2
1995	101381	63.2	7583	23.4	2089	263.3
1996	112813	71.6	7916	23.1	2163	274.3
1997	120106	73.1	7918	24.4	2149	287.6
1998	130613	72.4	7999	25.4	2053	300.4
1999	141831	73.2	8187	28.5	2038	318.4
2000		63.5		28.5		

表185　卫生机构数和床位数

年　份	卫生机构(个)	#医院、卫生院	医院、卫生院床位(万张)	市	县	每千人口医院、卫生院床位数(张)
1978	169732	64421	185.6	71.6	114.0	1.93
1979	176793	65009	193.2	74.0	119.2	1.99
1980	180553	65450	198.2	76.8	121.4	2.01
1981	190126	65911	201.7	80.3	121.4	2.02
1982	193438	66149	205.4	83.3	122.1	2.02
1983	196017	66662	211.0	87.0	124.0	2.05
1984	198256	67169	216.6	91.9	124.7	2.08
1985	200866	59614	222.9	96.2	126.7	2.11
1986	203139	59693	229.7	103.3	126.4	2.14
1987	204960	60429	240.5	112.8	127.7	2.20
1988	205988	61383	250.3	125.5	124.8	2.25
1989	206724	61929	256.8	133.5	123.3	2.28
1990	208734	62454	262.4	138.7	123.7	2.30
1991	209036	63101	268.9	144.8	124.1	2.32
1992	204787	61352	274.4	152.4	122.0	2.34
1993	193586	60784	279.5	159.6	119.9	2.36
1994	191742	67857	283.1	170.7	112.4	2.36
1995	190057	67807	283.6	174.0	109.6	2.34
1996	188803	67964	286.6	179.1	107.5	2.34
1997	315033	67911	290.3	184.2	106.1	2.35
1998	314097	67081	291.4	187.2	104.2	2.33
1999	310996	66935	292.8	188.7	104.2	2.39
2000	324771	66509	294.8	191.4	103.4	2.33

注:1997年开始,原不列入卫生机构数的"个体开业人员",改称私人办"诊所"后计入卫生机构总数中。

表186　卫生机构人员数

单位:万人

年　份	总　计	#卫生技术人员	#医生	中　医	西医师	西医士	#护师护士	每千人口医生数(人)
1978	310.6	246.4	103.3	25.1	35.9	42.3	40.7	1.07
1979	334.4	264.2	108.8	25.8	39.5	43.5	42.1	1.12
1980	353.5	279.8	115.3	26.2	44.7	44.4	46.6	1.17
1981	379.6	301.1	124.4	29.0	51.6	43.6	52.5	1.24
1982	395.8	314.3	130.7	30.3	55.7	44.5	56.4	1.29
1983	409.0	325.3	135.3	31.3	58.8	45.0	59.6	1.31
1984	421.4	334.4	138.1	32.4	59.7	45.8	61.6	1.32
1985	431.3	341.1	141.3	33.6	60.2	47.3	63.7	1.33
1986	444.6	350.7	144.4	34.1	61.9	48.2	68.1	1.34
1987	456.4	360.9	148.2	34.6	64.5	48.7	71.8	1.36
1988	467.8	372.4	161.7	36.2	89.9	35.2	82.9	1.46
1989	478.7	380.9	171.8	37.0	102.3	32.1	92.2	1.52
1990	490.6	389.8	176.3	36.9	105.8	33.1	97.5	1.54
1991	502.5	398.5	178.0	36.3	106.5	34.7	101.2	1.54
1992	514.0	407.4	180.8	36.4	107.9	36.0	104.0	1.54
1993	521.5	411.7	183.2	35.8	111.5	35.1	105.6	1.55
1994	530.7	419.9	188.2	36.1	115.9	35.4	109.4	1.57
1995	537.3	425.7	191.8	35.9	118.6	36.5	112.6	1.58
1996	541.9	431.2	194.1	34.8	120.7	37.5	116.3	1.59
1997	551.6	439.8	198.5	34.6	123.6	39.2	119.8	1.61
1998	553.6	442.4	200.0	34.0	124.7	40.2	121.9	1.60
1999	557.0	445.9	204.5	33.7	129.3	40.3	124.5	1.67
2000	559.1	449.1	207.6	33.7	133.0	39.5	126.7	1.68

注:1980年及以前医生数中未包括中西医结合高级医师。

表 187 群众体育活动和等级运动员人数

年份	当年达到国家体育锻炼标准人数（万人）	县以上体委举办运动会（次）	新发展等级运动员（人）	#国际级运动健将	#运动健将	#一级运动员
1978	423	19019	729	–	67	36
1980	857	22753	47214	–	1147	804
1985	4362	26949	67392	113	852	1079
1990	7478	30158	65540	97	827	1539
1991	8210	29633	68305	37	1297	2028
1992	10087	28607	61119	181	687	1965
1993	11660	25624	58141	72	896	1307
1994	10436	24623	62353	111	753	2149
1995	13296	28041	79436	165	982	1937
1996	13494	26902	61281	111	713	2249
1997	13102	26597	68752	84	589	2196
1998	14171	26663	69247	97	885	3485
1999	14316	26816	80617	201	761	3376
2000	15202	26196	97011	51	1221	2837

表 188 创造世界纪录和获得世界冠军情况

年份	创造世界纪录			获得世界冠军		
	项数（项）	次数（次）	人数（人）	项数（项）	个数（个）	人数（人）
1978	3	3	6	4	4	4
1980	7	15	17	3	3	3
1985	5	9	6	42	46	70
1990	14	16	17	54	54	61
1991	31	50	29	88	93	86
1992	42	106	31 人 4 队	86	89	68
1993	57	124	38 人 7 队	101	103	106
1994	41	72	26 人 4 队	79	79	86
1995	13	24	14 人 2 队	98	102	187
1996	22	30	17 人 1 队	72	75	58
1997	29	43	29 人 2 队	87	92	96
1998	31	68	30 人 3 队	75	83	89
1999	24	50	16 人	91	92	129
2000	22	30	14 人 2 队	92	110	109

注：1991 年及以前各年的集体项目的队数折合在人数中。

表189　社会保障基本情况

项　　目	单　位	1996年	1997年	1998年	1999年	2000年
一、社会救济和社会优抚						
社会救济对象人数	万人次	7881	5856	5816	5293	8584
#城镇居民最低生活保障人数	万人	85	88	184	266	382
农村居民最低生活保障人数	万人				266	319
优抚对象人数	万人	3940	3959	3936	3908	3808
#国家抚恤补助优抚对象人数	万人	447	448	447	446	468
二、社会福利事业						
收养性单位	个	42829	42385	42131	40430	42103
国有	个	2202	2216	2288	2561	3490
集体和民办	个	40627	40169	39843	37869	38613
收养性单位床位	万张	100.8	103.1	105.8	108.7	112.4
国有	万张	17.9	18.7	19.7	21.2	24.6
集体和民办	万张	82.9	84.4	86.1	87.5	87.8
年末收养人数	万人	77.0	79.0	80.0	82.6	84.3
国有	万人	13.7	14.4	15.0	16.0	18.8
集体和民办	万人	63.2	64.2	65.0	66.6	65.5
三、社会福利企业						
单位数	万个	5.9	5.6	5.1	4.6	4.2
残疾人数	万人	93.6	91.0	85.6	82.6	88.4
四、社区服务						
城镇社区服务设施	万个	13	13	15	16	20
#社区服务中心	个	5055	5113	6154	7623	8101
农村社会保障服务网络数	个	15751	17795	18749	19152	19492
五、社会保障						
参加基本养老保险职工人数	万人	8758	8671	8476	9502	10448
参加基本养老保险的离退休人数	万人	2358	2533	2727	2984	3170
参加大病医疗统筹的职工人数	万人	791	1082	1108	1040	1045
领取失业救济金的失业人数	万人	331	319	158	271	330
农村社会养老保险投保人数	万人	6594	7035	8025	6461	6172

表 190 环境保护基本情况

项目	单位	1996 年	1997 年	1998 年	1999 年	2000 年
一、环保系统建设情况						
环保系统人员总数	万人	9.6	10.3	11.2	12.1	12.9
环境监理人员数	万人	1.7	2.0	2.3	2.8	3.1
环境监测人员数	万人	3.7	3.7	3.7	4.0	4.0
环境监测站数	个	2223	2170	2127	2203	2249
二、环境污染防治						
建设项目环境影响评价制度执行率	%	81.6	85.0	91.1	90.4	91.5
建设项目"三同时"制度执行率	%	90.0	95.0	95.3	98.0	98.0
完成环境污染限期治理项目数	个	5717	4533	11935	24907	38101
环境污染限期治理项目投资额	亿元	42.4	78.9	69.4	138.5	208
工业废水排放达标率	%	59.1	61.8	67.0	72.1	82.2
工业废气治理率	%	84.4	86.3	87.1	85.1	89.8
工业固体废物综合利用率	%	43.0	45.6	48.3	51.7	51.8
建成城市烟尘控制区数	个	2319	2339	2446	1952	2718
烟尘控制区面积	平方公里	12961	15791	13796	16000	18000
建成城市环境噪声达标区数	个	1734	1822	1814	1778	2288
环境噪声达标区面积	平方公里	6222	6913	8148	8975	13000
取缔、关停污染严重企业数	个	60700	65244		9175	19498
三、环境生态保护						
全国自然保护区总数	个	799	926	926	1146	1227
#国家级	个	106	124	136	137	155
全国自然保护区面积	万公顷	7185	7698	7671	8815	9821
自然保护区面积占国土总面积比重	%	7.2	7.7	7.7	8.8	9.9
全国生态示范区数	个				222	275
#国家级	个				154	213

表 191　香港特别行政区主要社会经济指标(一)

指　　标	1990 年	1995 年	1998 年	1999 年	2000 年
国内生产总值					
按 1990 年固定价格计算					
国内生产总值年增长率(%)	3.4	3.9	5.3	3.1@	10.5@
国内生产总值(百万港元)	582549	755832	785073	809097@	893650@
人均国内生产总值(港元)##	102121	122778	118134	120389@	131483@
按现价计算					
国内生产总值年增长率(%)	11.2	6.6	4.9	-2.2@	3.3@
国内生产总值(百万港元)	582549	1077145	1259306	1231363@	1271697@
人均国内生产总值(港元)##	102121	174972	189495	183219@	187105@
国民生产总值					
按现价计算					
国民生产总值(百万港元)		1097656	1288068	1266140@	1293237@
人均国民生产总值(港元)##		178304	193823	188394@	190274@
国外净要素收入(百万港元)		20511	28762	34777	21540@
人口、生命统计					
年中人口数(千人)##	5704.5	6156.1	6645.6	6720.7	6796.7
粗出生率(‰)##	12.0	11.2	8.0	7.6	8.0*
粗死亡率(‰)##	5.2	5.1	4.9	5.0	4.9*
劳动、工资					
劳动人口(千人)##	2748.1	3000.7	3305.5	3342.5	3382.7
劳动人口参与率(%)##	63.2	62.0	61.1	60.9	60.7
失业率(%)##	1.3	3.2	4.7	6.3	5.0
就业不足率(%)##	0.9	2.1	2.5	3.0	2.8
实际工资指数(1992 年 9 月 = 100)	100.1	101.6	104.4	108.9	112.5
土地、房屋、建筑					
期内获批准可动工兴建					
私人居住单位	27365	19750	33843	44323	31366
送达土地注册处登记的文件					
涉及的价值(百万港元)					
楼宇及地段买卖合约	108370	283226	364612	287010	242996
楼宇转让契约	108527	309475	348352	300059	273040
地段转让契约	21420	49656	24311	35670	19921
房屋					
新落成房屋委员会租住单位①	32619	14559	9759	31806	47552*
新落成居者有其屋计划的					
居住单位①⑩	15612	19328	18020	16558	32714*

表 192 香港特别行政区主要社会经济指标(二)

指　　标	1990 年	1995 年	1998 年	1999 年	2000 年
政府收支、货币、金融(百万港元)					
政府总收入①	89524	180045	216115#	232995	222855**
政府总支出及资本投资①	85557	183158	239356	223043	234206**
货币供应定义三					
港币②	571215	1278288	1826233	1922962	1999152
外币③④	716813	1085675	1296112	1438843	1649322
总计	1288028	2363963	3122345	3361805	3648473
在港使用的贷款及垫款⑥	689368	1398193	1960371	1819792	1861434
港币汇率指数					
(贸易总值加权,1983 年 11 月=100)	107.9	121.8	137.5	134.2	135.0
贸易业、运输业、服务业					
增加值(百万港元)					
批发业	9458	14098	13493	14241@	
零售业	20156	32884	29781	30513@	
进出口贸易业	85593	184571	209507	209222@	
运输及有关行业	40484	74214	80361	85679@	
仓储、通讯、金融(银行除外)					
及商用服务业	37439	82635	98421	98600@	
消费物价指数					
(1994 年 10 月至 1995 年 9 月=100)					
综合消费物价指数	64.8	101.9	117.9	113.2	109.1
甲类消费物价指数	65.4	101.8	117.0	113.2	110.1
乙类消费物价指数	64.9	101.9	117.9	112.4	108.1
丙类消费物价指数⑨	63.6	102.0	118.9	114.5	109.4
工业					
工业生产指数(1986 年=100)	123	126	110	103	103*
工业用电消耗量(万亿焦耳)	24934	20222	18489	17547	17769
工业煤气消耗量(万亿焦耳)	583	978	888	914	982
运输、通讯、旅游					
进出香港货物⑧					
卸货量(千吨)	60757	119651	126414	127940	130349
装货量(千吨)	29968	73316	78999	81754	86919
领牌车辆(辆)	370160	466068	500673	503974	516782
抵港旅客(人次)⑫	6580850	10199994	10159646	11328272	13059477
酒店入住率(%)	79	85	76	79	83
对外贸易					
港产品出口(百万港元)	225875	231657	188454	170600	180967
转口(百万港元)	413999	1112470	1159195	1178400	1391722
进口(百万港元)	642530	1491121	1429092	1392718	1657962
贸易价格比率指数(1990 年=100)	100.0	98.7	101.6	100.8	99.9

表193　香港特别行政区主要社会经济指标(三)

指　　标	1990年	1995年	1998年	1999年	2000年
教育					
日校小学学生人数(人)⑤	524919	467718	476802	491851	493979
日校中学学生人数(人)	431381	459845	455872	453465	456693
大学教育资助委员会资助课程的学生人数(人)	57824	75557	84538	83754	81381
医疗卫生					
死亡人数(人)	29201	30894	32680	33387	33993*
死于心脏病人数(人)	4976	4886	5060	5220	5315*
死于癌症人数(人)	8669	9680	10691	10977	11176*
婴儿死亡率(‰)⑪	5.9	4.4	3.2	3.2	2.9*
社会福利					
综合社会保障援助					
个案件数⑦	66675	136201	232819	228015	228263
发放金额①(百万港元)	960.1	4831.1	13028.7	13623.4	13559.9*
公共福利金					
个案件数⑦	444517	498166	526742	535452	550585
发放金额①(百万港元)	2159.8	3682.7	4737.3	4883.3	5129.7*
交通意外伤亡援助					
获批个案件数①	5310	5102	5809	5797	5998
发放金额①(百万港元)	49.9	110.7	164.8	133.5	129.9*
治安					
举报案件合计	88300	91886	71962	76771	77245
暴力案件总计	18820	17087	14682	15705	14812
被捕人数总计	44013	53098	40422	40745	40930

注:本表数据由香港特别行政区政府统计处提供,国家统计局整理编辑。1996年及以前年份数据均指原香港地区。

* 初步数字。* * 2000年为修订预算。@数据在日后得到更多资料时会作出修订。

包括截至1999年10月31日为止的土地基金投资净值的变动。

自2000年8月起,「居住人口」方法已取代「广义时点」方法用以编制香港的人口数字。追溯至1996年的修订人口数字经已编制。本表内的人口及与人口有关数字为根据新方法编制的数据。虽然这些数字是根据新方法编制,但它们仍可与较早年份的数字作概括性比较。

①财政年度数字。指当年4月1日至第二年3月31日。②包括外币掉期存款。③已扣除外币掉期存款。④《中华人民共和国香港特别行政区基本法》规定,港币是香港特别行政区的法定货币。外币指港币以外的其他货币,因而人民币亦视作外币。⑤1997年及以后的数字包括由国际小学呈报的预备班学生。⑥不包括贸易融资的贷款。⑦财政年度终结数字。⑧进出香港货物包括空运、海运、河运、公路及铁路运输的货物。1999年4月及以后经公路运输的货物数字是采用新估计方法编制得来。⑨1999年6月及以前称为“恒生消费物价指数”。⑩包括私人参建居屋计划。⑪按每千人登记活产婴儿计算。⑫1998年及以后的数字包括经澳门访港的非澳门居民旅客人数。

表194 澳门特别行政区主要社会经济指标(一)

指标	1990年	1995年	1998年	1999年	2000年
国内生产总值 ②⑤					
以1996年不变价格计算					
国内生产总值实质增长率(支出法)(%)	8.0	3.3	-4.6	-2.9	…
国内生产总值(百万澳门元)	41738	55526	52580	51074	…
人均国内生产总值(澳门元)	124606	135661	123341	117327	…
以当年价格计算					
国内生产总值名义增长率(支出法)(%)	18.6	10.4	-7.1	-5.2	…
国内生产总值(百万澳门元)	26175	55333	51902	49210	…
人均国内生产总值(澳门元)	78144	135190	121750	113044	…
人口及生命统计					
年中人口估计(千人)	335	409	426	434	438p
粗出生率(‰)	20.5	14.4	10.4	9.6	8.8p
粗死亡率(‰)	4.4	3.3	3.2	3.2	3.1p
劳动、就业					
劳动人口(千人)	168.6	187.1	210.7	216.2	214.6p
劳动力参与率(%)	66.6	65.3	65.3	64.7	63.4p
失业率(%)	3.2	3.6	4.6	6.4	6.8p
就业不足率(%)	2.3	2.6	1.5	1.3	2.9p
就业人口(千人) ①	163.3	180.3	201.0	202.5	200.1p
(i)制造业	53.2	39.2	41.5	44.5	39.3p
(ii)零售及批发业	35.2	25.5	33.5	31.3	30.9p
(iii)餐厅及酒店业	..	20.7	23.2	21.7	21.6p
(iv)团体、社会及个人服务业	45.0	54.3	52.3	56.6	58.0p
对外贸易					
出口(百万澳门元)	13638	15913	17084	17580	20380
本地产品出口(百万澳门元)	…	…	14904	15044	17080
转口(百万澳门元)	…	…	2180	2536	3300
进口(百万澳门元)	12343	16267	15596	16300	18098
贸易条件指数 (1996 = 100)	100.7	104.3	102.2	103.1	100.7
工业生产					
工业电力消耗量 (百万千瓦小时)	…	138.1	176.7	168.3	149.4
建筑					
新建及扩建私人楼宇单位数目(个)	11574	9432	8321	5389	3146
新建及扩建私人楼宇总面积(平方米)	1056671	1221131	969192	668778	370315
新动工的私人楼宇单位数目(个)	…	12584	3825	3619r	1167
新动工的私人楼宇总面积(平方米)	…	1581985	569987	417225r	202776
楼宇单位买卖数目(个)	8463	14284	12776	11039	10211
不动产买卖契约数目(宗)	8559	13582	13361	12230	12484
不动产按揭贷款数目(宗)	6610	8522	8696	7363	7367
运输、通讯、旅游					
进出澳门货运车辆数目(千辆)⑥	264.3	487.0	243.1	241.9	454.1
领牌车辆(千辆)	51.2	70.9	107.3	114.2	114.2
电话线(千条)⑦	96.4	189.9	251.1	300.1	320.9
访澳旅客(千人次)	5942.2	7752.5	6948.5	7443.9	9162.2
酒店入住率(%)	69	57	51	54r	58

表 195　澳门特别行政区主要社会经济指标(二)

指　　标	1990 年	1995 年	1998 年	1999 年	2000 年
政府收支、货币、金融(百万澳门元)					
政府总收入 ②	5998	16195	15548	16943	8816* p
政府总开支 ②	5490	15472	15506	16636	8502* p
货币供应(广义货币供应量 M2)					
澳门元 ③	6947	20126	25796	28169	23903**
港元	14990	38986	45530	46702	47460**
其他货币	8652	10172	14891	15268	18024**
总计	30589	69284	86217	90140	89386**
本地机构及私人贷款及垫款	15743	38790	47271	45941	44403**
消费物价指数(包括屋租)					
(1999 年 10 月至 2000 年 9 月 = 100)					
综合消费物价指数	…	…	104.46	101.12	99.49
甲类消费物价指数	…	…	104.09	100.99	99.56
乙类消费物价指数	…	…	104.15	101.00	99.42
房屋　(期末值)					
社会房屋(个)	4871	6528	7824	9084	…
教育 ④					
学前教育学生(人)	20814	19770	17354	16061p	…
小学生(人)	34972	46703	48269	46972p	…
中学生(人)	17601	23440	31782	34745p	…
高等教育学生(人)	7425	6933	10014	8758p	…
医疗卫生					
死亡登记人数(人)	1482	1351	1356	1374	1338
死于心脏病人数(人)	…	…	292	274	…
死于癌症人数(人)	283	…	335	366	…
婴儿死亡率(按每千名出生登记活产婴儿计算)	8.4	5.6	6.1	4.1	…
社会保障					
供款单位数目	…	6541	7360	7609	8451p
总发放援助次数	…	80803	129742	157889	163363p
总发放金额(千澳门元)	…	43335	111461	147164	201912p
治安					
罪案数目(宗)	5514	7181	8487	9262	8925
囚犯数目(期末值,人)	719	482	711	788	847

注:本表数据由澳门特别行政区政府统计暨普查局提供,国家统计局整理编辑。1998 年及以前数据均指原澳门地区。

①1990 年的资料,参考期为 5 月并且“零售及批发业”和“餐厅及酒店业”同为一项分类,故未能分列。就有关就业人数行业分类方面,在 1997 年及以前是根据“澳门行业分类第一版”作分类,而自 1998 年起,则采用“澳门行业分类第一修订版”。当中较显著的差异在于,室内装修工作在前一分类中被归入“团体、社会及个人服务”,而在后一分类则被归入“建筑”一项。

②1999 年数字在日后得到更多资料时会作出修订。

③“中华人民共和国澳门特别行政区基本法”说明,澳门元是澳门特别行政区的法定货币。

④不包括特殊教育学生。第 n 年的学生人数是指 n/n + 1 学年年底学生人数。

⑤澳门特别行政区出版刊物中称为“本地生产总值”。

⑥自 2000 年开始包括进出关闸及路城边检站的数字。

⑦1990 年的数字不包括流动电话数字。

* 因 2000 年指定之账目收入及支出未能提供,故 2000 年的政府总收入及总支出不能与 1999 年直接比较。

** 2000 年 11 月数字。.. 不适用。…未能提供。p 临时性资料。r 更正资料。